한 번에
수능까지

완성하는
중학국어

지 은 이 | IAP BOOKS
기   획 | 유동훈, 양다원
개   발 | 고하은, 이선민
디 자 인 | 정은아, 박성진, 정수진, 최미나
조   판 | 정수진, 최미나
영   업 | 한기영, 이경구, 박인규, 정철교, 하진수, 김남준, 이우현
마 케 팅 | 박혜선, 남경진, 이지원, 김여진

국어 학습의 혁명 IAP BOOKS

섹션뽀개기

현대시, 현대소설, 고전운문, 고전산문, 극수필, 독서, 화법과 작문, 문법 총 8권으로 구성되어 있습니다. 실전에 들어가기 전 꼭 알아야 할 기본 개념을 체크하고, 각 갈래별로 유형과 개념이 잘 나타난 대표 유제를 통해 문제 접근법과 풀이 방법을 익힐 수 있습니다. 또한 수능 및 전국연합 기출 문제를 선별하여 앞에서 학습한 개념과 관련된 문제를 통해 실제 문제에 대한 해결력을 기르고 수능 감각을 익힐 수 있도록 하였습니다. 자기 주도학습을 할 수 있도록 인강을 제공하고, SLS 시스템을 통해 취약 영역도 보완하도록 지원하고 있습니다.

섹션뽀개기 실전편

문학, 독서, 화법과 작문, 언어와 매체 총 4권으로 구성되어 있습니다. 각 항목별로 개념과 대표 유제, 실전 문제를 단계별로 제공하여 스스로 문제를 풀고 해결해 나갈 수 있도록 편집되었습니다. 자기 주도학습을 할 수 있도록 인강을 제공하고, SLS 시스템을 통해 취약 영역도 보완하도록 지원하고 있습니다.

기승전결 모의고사

LEVEL 1(Ⅰ·Ⅱ·Ⅲ·Ⅳ), LEVEL 2(Ⅰ·Ⅱ·Ⅲ·Ⅳ), LEVEL 3(Ⅰ·Ⅱ·Ⅲ·Ⅳ), LEVEL 4(Ⅰ·Ⅱ·Ⅲ·Ⅳ)등 총 16권으로 구성되어 있습니다. 권당 실전 모의고사 9회가 수록되어 있고, 주차별로 1회씩 학습하도록 구성했습니다. 수능, 평가원, 교육청에서 출제되었던 실전 모의고사와 자체적으로 만들고 리믹스한 모의고사로 편성되어 있습니다. 자기 주도 학습을 할 수 있도록 인강을 제공하고, SLS 시스템을 통해 취약 영역도 보완하도록 지원하고 있습니다.

분기승천 국어

레벨별 4종씩 총 8권으로 구성되어 있습니다. 분기별로 학습할 수 있도록 권당 13강으로 편성되어 있고, 1강당 4세트씩 권당 42세트 이상 구성되어 학교, 학원 등 교육기관에서 주차별 학습을 하도록 최적화되어 있습니다. 자기 주도학습을 할 수 있도록 인강을 제공하고, SLS 시스템을 통해 취약 영역도 보완하도록 지원하고 있습니다.

리딩플러스 국어

총 8단계로 구성되어 아이들이 다양한 갈래의 책을 읽고, 책에 관련된 문제를 풀어보며 글쓰기 실력을 향상시킬 수 있는 독서논술 교재입니다. 책을 읽으면서 궁금해할 만한 것이나 중요한 개념을 안내하는 배경 지식, 책에 등장한 어휘 관련 문제, 책에서 발췌한 제시문에 대한 독해력·사고력 문제를 통해 아이들이 흥미롭게 독서 활동을 할 수 있도록 하고, 책을 읽은 후 느낀 점 등을 독후활동지로 정리할 수 있도록 구성되어 있으며, SLS 시스템을 통해 온라인으로도 학습할 수 있도록 지원하고 있습니다.

어휘어법

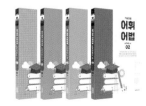

LEVEL 1(Ⅰ·Ⅱ), LEVEL 2(Ⅰ·Ⅱ), LEVEL 3(Ⅰ·Ⅱ), LEVEL 4(Ⅰ·Ⅱ) 등 총 8권으로 구성되어 있습니다. 학기별로 학습할 수 있도록 권당 18~26강으로 편성되어 있고, 모듈 프로세스를 통해서 영역별 학습이 가능하게 만들어져 있습니다. 사자성어·속담·한자어·관용어·혼동어휘 등을 교재별로 모듈화하여 단계별로 학습하고 주차별로 테스트를 하도록 구성되어 있습니다.

SLS
Smart Learning Solution

상쾌한 **향상**을 경험하다
국어 문제의 해결사 SLS

학습자 맞춤형 문제은행 출제 마법사
Smart Learning Solution
학생들에게 1:1 과외의 효과를!

초등 4학년부터 고등 3학년까지!
개별 학생에게 맞춘 유연한 문제은행 출제 마법사
시스템이기에 더욱 빠르고 학습진단 및 분석, 그리고 이에 맞춘 처방까지!
학생들의 성적이 달라집니다!

온라인
교재 학습

▸ 온라인 제공 문제 서비스
▸ 출판사, 난이도별 문제

차별화된
인강시스템

▸ 모든 문항별 강의 동영상
▸ 강좌별 영상 강의

SMART LEARNING SOLUTION

SLS

유사 문제
자동 추천 기능

▸ 오답 문제와 유사한 문제 제공
▸ 오답 문제 완전 정복

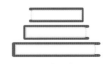

130만
국어 문항 DB

▸ 국내 최대 DB
▸ 수능, 내신 모든 문항의 DB

한

수

구성과특징

1. 지문 분석

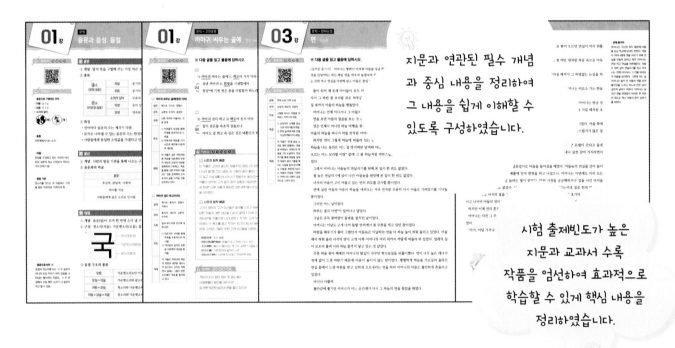

지문과 연관된 필수 개념과 중심 내용을 정리하여 그 내용을 쉽게 이해할 수 있도록 구성하였습니다.

시험 출제빈도가 높은 지문과 교과서 수록 작품을 엄선하여 효과적으로 학습할 수 있게 핵심 내용을 정리하였습니다.

2. 유형별 문제풀이

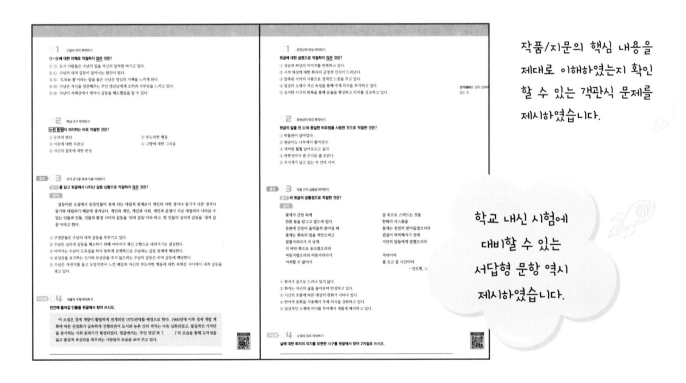

작품/지문의 핵심 내용을 제대로 이해하였는지 확인할 수 있는 객관식 문제를 제시하였습니다.

학교 내신 시험에 대비할 수 있는 서답형 문항 역시 제시하였습니다.

3. 복습하기

단원에서 학습하였던 지문과 작품의 중심 내용을 간략한 표로 정리하였습니다.

다음 단원으로 넘어가기 전에 빈칸 채우기와 단답형 문항을 통해 성취 기준을 점검할 수 있도록 하였습니다.

4. 정답 및 풀이

문제편에서 학습한 지문과 작품의 자세한 분석과 문제 해설을 확인할 수 있습니다.

목차

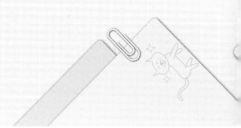

한수

01

Contents

1 단모음

① 개념 : 발음하는 도중에 입술 모양이나 혀의 위치가 달라지지 않는 모음
② 종류 : ㅏ, ㅐ, ㅓ, ㅔ, ㅗ, ㅚ, ㅜ, ㅟ, ㅡ, ㅣ (10개)

2 이중 모음

① 개념 : 발음하는 도중에 입술 모양이나 혀의 위치가 달라지는 모음
② 종류 : ㅑ, ㅒ, ㅕ, ㅖ, ㅘ, ㅙ, ㅛ, ㅝ, ㅞ, ㅠ, ㅢ (11개)

3 단모음의 분류

① 혀의 최고점에 따른 분류

전설 모음	혀의 최고점이 앞쪽에 놓여 발음되는 모음 → ㅣ, ㅟ, ㅔ, ㅚ, ㅐ **암기 Tip!** 키위제의해
후설 모음	혀의 최고점이 뒤쪽에 놓여 발음되는 모음 → ㅡ, ㅜ, ㅓ, ㅗ, ㅏ **암기 Tip!** 금붕어좋아

② 혀의 높이에 따른 분류

고모음	입을 조금 벌리고 혀의 높이를 높여 발음하는 모음 → ㅣ, ㅟ, ㅡ, ㅜ
중모음	입을 보통으로 벌리고 혀의 높이를 중간으로 하여 발음하는 모음 → ㅔ, ㅚ, ㅓ, ㅗ
저모음	입을 크게 벌리고 혀의 높이를 낮춰 발음하는 모음 → ㅐ, ㅏ

③ 입술의 모양에 따른 분류

원순 모음	입술을 둥글게 오므려서 발음하는 모음 → ㅗ, ㅜ, ㅚ, ㅟ
평순 모음	입술을 평평하게 펴서 발음하는 모음 → ㅣ, ㅔ, ㅐ, ㅡ, ㅓ, ㅏ

4 단모음 체계표

혀의 최고점	전설 모음		후설 모음	
입술의 모양 혀의 높낮이	평순 모음	원순 모음	평순 모음	원순 모음
고모음	ㅣ	ㅟ	ㅡ	ㅜ
중모음	ㅔ	ㅚ	ㅓ	ㅗ
저모음	ㅐ		ㅏ	

01 모음의 특징 파악하기

모음에 대한 설명으로 적절하지 <u>않은</u> 것은?

① 'ㅡ'와 'ㅖ'는 입술을 평평하게 펴서 발음한다.

② 이중 모음은 총 11개로 'ㅟ'와 'ㅚ'는 이중 모음에 해당한다.

③ 단모음은 발음할 때 혀의 높이에 따라 세 종류로 분류할 수 있다.

④ 전설 모음과 후설 모음의 분류 기준은 발음할 때의 혀의 최고점의 위치이다.

⑤ 발음할 때 입술 모양이나 혀의 위치의 변화 여부에 따라 단모음과 이중 모음으로 구분할 수 있다.

02 모음 구분하기

다음 중 의미를 구별해주는 모음에 대한 설명으로 적절한 것은?

① '의사'와 '이사'의 의미를 구별해주는 모음 'ㅢ'와 'ㅣ'는 모두 단모음에 해당한다.

② '원인'과 '연인'의 의미를 구별해주는 모음 'ㅝ'와 'ㅕ'는 모두 이중 모음에 해당한다.

③ '개미'와 '거미'의 의미를 구별해주는 모음 'ㅐ'와 'ㅓ'는 모두 원순 모음에 해당한다.

④ '구리'와 '고리'의 의미를 구별해주는 모음 'ㅜ'와 'ㅗ'는 입술 모양에 따라 구별된다.

⑤ '축가'와 '축구'의 의미를 구별해주는 모음 'ㅏ'와 'ㅜ'는 혀의 최고점의 위치에 따라 구별된다.

중요 03 모음의 분류 파악하기

보기 의 질문에 대한 대답으로 적절한 것은?

보기

안녕하세요. 제 이름은 할머니가 지어 주신 이름이에요. 두 글자 모두 단모음으로 이루어져 있으며 저모음과 고모음이 각각 한 번씩 사용되고 있어요. 고모음의 경우 혀의 최고점이 앞쪽에 놓여 발음되는 모음에도 속해요. 제 이름은 무엇일까요?

① 예리   ② 민지   ③ 기쁨   ④ 수아   ⑤ 아리

서답형 04 단모음의 분류 기준 파악하기

보기 는 단모음을 두 가지로 구분한 것이다. 보기 의 분류 기준을 쓰시오.

보기

ㅣ, ㅔ, ㅐ, ㅡ, ㅓ, ㅏ ↔ ㅟ, ㅚ, ㅜ, ㅗ

문제풀이

※ 다음 글을 읽고 물음에 답하시오.

쓰기 윤리의 개념을 명확하게 정의하기는 어렵지만, 기존 연구에 따르면 '쓰기라는 표현 행위를 수행하는 개인이나 사회 구성원들이 지켜야 할 행동 규범' 또는 '쓰기를 수행하는 과정에서 필자가 지켜야 하는 기본적인 도리' 등으로 정의할 수 있다. 이러한 정의들을 종합하면 쓰기 윤리는 필자가 글을 쓰는 과정에서 준수해야 할 윤리적 규범을 말한다.

쓰기에서 준수해야 하는 윤리적 규범의 핵심은 남의 정신적 산물을 표절하지 않는 것이다. 객관적인 사실을 바탕으로 진솔하게 글을 쓰되 다른 사람이 쓴 글을 참고할 때는 그 출처를 명확하게 밝혀, 그 사람에 대해 존중의 예를 표시해야 한다. 또한 필자는 독자와의 신뢰와 존중을 바탕으로 사실만을 전달하고 진실한 의미를 부여하고자 노력해야 한다.

미래 사회 시민으로 성장할 학생들의 쓰기 윤리의 현실은 어떠할까? 남녀 공학인 S 중학교 학생 951명을 대상으로 쓰기 윤리를 위반한 경험을 조사한 결과 전체 학생의 11%만이 쓰기 윤리를 위반한 경험이 없다고 응답했다. 많은 학생이 글을 쓰는 과정에서 '가끔' 혹은 '매우 많이' 쓰기 윤리를 위반한 경험이 있다고 응답했다. 실제 S 중학교 학생들은 최근 사회에서 벌어지고 있는 비윤리적 글쓰기와 타인의 지적 재산권의 중요성을 인식하고 있었지만, 자신의 글쓰기 행위에서는 쓰기 윤리를 지키지 못했다.

학생들이 쓰기 윤리를 위반하는 이유는 환경 요인과 쓰기 동기 요인으로 나누어 생각해 볼 수 있다. 첫째, 쓰기 윤리를 강조하지 않는 환경 요인을 원인으로 지적할 수 있다. 지금까지의 쓰기 교육은 내용을 생성하는 방법과 쓰기 결과만을 중시하고 내용을 정당하게 수집하는 방법이나 작성한 글에 대해 윤리적 문제를 판단하는 과정에 대한 교육을 소홀히 하여 학생들이 이를 제대로 학습하지 못했기 때문이다. 둘째, 외적 보상을 강조하는 쓰기 동기 요인을 지적할 수 있다. 칭찬, 성적이나 상 등을 위해 글을 쓰는 분위기가 강하게 형성되어 있어 학생들이 쓰기 윤리를 위반하게 되는 경우가 많기 때문이다.

학생들의 쓰기 활동의 대부분은 학교, 교실, 가정을 중심으로 이루어지고 있다. 또한 쓰기 활동과 관련된 심리적 요인은 학교생활이나 수업, 교사나 친구, 부모와의 관계, 성적 등과 관련이 있다. 이러한 점을 고려하면, 학생들의 쓰기 윤리 의식을 높이기 위해서는 학교를 중심으로 하는 교육적 방안을 수립해야 한다. 나아가 가정과 사회에서도 타인의 지적 재산권과 진실성 있는 사회적 소통을 위한 쓰기 행위의 중요성을 강조해야 한다. 책임감 있는 자세로 글을 쓴다면, 올바른 글쓰기 문화를 정착시킬 수 있을 뿐만 아니라 우리 사회의 건강한 의사소통 문화를 만들어 갈 수 있을 것이다.

01 내용의 전개 방식 파악하기

윗글에 대한 설명으로 적절하지 않은 것은?

① 중심 개념을 정의하며 내용을 설명하고 있다.

② 상반된 주장들을 나열하며 현상을 분석하고 있다.

③ 질문의 형식을 통해 독자의 흥미를 유발하고 있다.

④ 조사 결과를 인용하여 내용의 신뢰성을 높이고 있다.

⑤ 문제 상황이 발생한 원인을 분석하여 제시하고 있다.

02 핵심 내용 파악하기

윗글을 통해 알 수 있는 내용으로 적절하지 않은 것은?

① 타인의 자료를 인용할 때에는 반드시 출처를 밝혀야 한다.

② 쓰기 윤리는 사회의 구성원들이 지켜야 할 행동 규범 중 하나이다.

③ 글을 쓸 때 필자는 내용을 과장하여 더 큰 감동을 이끌어 낼 수 있다.

④ 정당하게 자료를 수집하는 방법에 대한 교육을 소홀히 해서는 안 된다.

⑤ 쓰기 윤리는 건강한 의사소통 문화를 만들기 위해 필요한 윤리적 규범이다.

중요 03 핵심 내용 적용하기

윗글을 바탕으로 보기 의 상황을 분석한 내용으로 적절하지 않은 것은?

보기

A는 학교에서 진행되었던 '바이러스 예방 글쓰기 대회'에서 금상을 받고자 반 친구들을 대상으로 '하루에 손을 몇 번 씻는가'에 대해 설문조사를 진행하였다. 설문조사 결과 67%의 학생들이 하루에 3번 이상 손을 씻는다고 대답했고, A는 보고서의 신뢰도를 높이고자 80% 이상의 학생들이 하루에 3번 이상 손을 씻는다고 적어서 보고서를 제출했다. 또한 유튜브에 올라온 사진을 캡처하여 출처를 밝히지 않고 보고서에 첨부하였다. 그 결과 A는 대회에서 금상을 수상하였다.

① A는 윤리적 판단에 대한 학습이 부족하다.

② A는 독자와의 신뢰를 바탕으로 하여 글을 썼다.

③ A는 쓰기 과정보다 쓰기 결과를 더 중시하고 있다.

④ A가 책임감 있는 자세로 보고서를 작성했다고 보기 어렵다.

⑤ A에게 외적 보상이 쓰기 윤리를 위반하는 동기로 작용하였다.

서답형 04 세부 내용 파악하기

윗글에서 필자가 강조하는 쓰기 윤리의 핵심을 3어절로 쓰시오.

문제풀이

문학 - 고전운문

님이 오마 하거늘 _ 작자 미상

| 정답 및 해설 | 4쪽

갈래	사설시조
성격	해학적, 과장적
주제	임을 애타게 기다리는 마음
특징	① 사설시조 특유의 해학성과 낙천성이 나타남. ② 임을 기다리며 허둥대는 마음과 행동을 열거법을 사용해 생동감 있게 표현함.
해제	이 작품은 임에 대한 간절한 그리움을 솔직하면서도 해학적으로 노래하고 있는 사설시조이다. 조선 후기에 등장한 사설시조는 중장이 장황한 것이 특징인데 이 작품에서도 이러한 특징이 잘 나타난다. 중장에서는 주추리 삼대를 임으로 착각하고 임을 만나러 가기 위해 허둥지둥 달려가는 화자의 모습을 음성 상징어를 통해 생생하게 그려내고 있다.

※ 다음 글을 읽고 물음에 답하시오.

님이 오마 하거늘 저녁밥을 일찍 지어 먹고

중문 나와서 대문 나가 문지방* 위에 달려가 앉아 손으로 이마를 가리고 오는가 가는가 건너편 산을 바라 보니 **거무희끗한 것**이 서 있기에 저것이야 말로 임이로다 버선 벗어 품에 품고 신도 벗어 손에 쥐고 **곰븨님븨 님븨곰븨 천방지방 지방천방** 진 데 마른 데 가리지 않고 워렁충창 건너 가서 **정을 담은 말**을 하려 하고 곁눈으로 흘긋 보니 작년 칠월 십삼 일에 껍질 벗긴 **주추리 삼대**가 **알뜰히도** 나를 속였구나

모쳐라* 밤이기에 망정이지 행여 낮이었으면 남들 웃길 뻔 했구나

– 작자 미상, 〈님이 오마 하거늘〉 –

조선 후기에 등장한 사설시조

사설시조는 조선 중기 이후 실학의 등장과 함께 서민 의식이 성장하면서 등장하였다. 조선 전기의 시조가 양반과 사대부들의 문학이었다면 조선 후기의 사설시조는 사대부들의 전유물에서 벗어나 평민층과 아녀자들도 즐길 수 있는 문학으로 확대되었다. 일반적인 평시조가 초장, 중장, 종장의 3장 구성에, 3~5음절씩 4개의 음보로 이루어져 있다면, 사설시조는 4음보의 정형성이 파괴되고 중장이 길어져 산문과 비슷한 형식으로 이루어져 있다. 또한 조선 전기의 평시조가 유교적 충의 이념과 자연에서의 강호가도를 주제로 쓰였다면, 조선 후기의 사설시조는 남녀 간의 사랑이나 현실 사회에 대한 비판을 노래했다는 점에서 차이를 보인다.

두꺼비 파리를 물고 두엄 위에 치달아 앉아

건너편 산 바라보니 송골매 떠 있거늘, 가슴이 섬뜩하여 풀쩍 뛰어 내달리다 두엄 아래 자빠졌구나

모쳐라 날쌘 나이기에 망정이지 멍이 들 뻔했구나

– 작자 미상, 〈두꺼비 파리를 물고〉

* 문지방(門地枋): 출입문 밑의, 두 문설주 사이에 마루보다 조금 높게 가로로 댄 나무.
* 모쳐라: '마침'의 옛말.

01 표현상의 특징 파악하기

윗글에 대한 설명으로 적절하지 않은 것은?

① 시·공간적 배경이 구체적으로 드러나 있다.

② 솔직하고 낙천적인 화자의 사고관이 드러나 있다.

③ 임을 기다리는 화자의 모습을 해학적으로 표현하고 있다.

④ 여성 화자의 목소리로 오지 않는 임에 대한 원망을 드러내고 있다.

⑤ 음성 상징어를 사용하여 화자의 모습을 생동감 있게 표현하고 있다.

02 시어의 의미 파악하기

윗글의 시어에 대한 해석으로 적절하지 않은 것은?

① '거무희끗한 것'은 화자가 임이라고 착각한 대상이다.

② '곰븨님븨 님븨곰븨 천방지방 지방천방'은 급히 달려가는 화자의 모습을 과장해서 묘사한 것이다.

③ '정을 담은 말'은 임에게 화자가 전달하고 싶은 말이다.

④ 화자는 '주추리 삼대'에 감정을 이입하여 임을 만나지 못한 안타까움을 표현하고 있다.

⑤ 화자는 얄미운 대상에 대해 '알뜰히도'라고 표현하며 멋쩍은 심정을 반어적으로 표현하고 있다.

중요 03 작품 간의 공통점, 차이점 파악하기

윗글과 보기를 비교한 내용으로 적절한 것은?

> **보기**
>
> 고인도 날 못 보고 나도 고인을 못 보네
> 고인을 못 뵈어도 가던 길 앞에 있네
> 가던 길 앞에 있거든 아니 가고 어쩌겠는가
>
> — 이황, 〈고인도 날 못 보고〉

① 윗글은 〈보기〉와 같은 방식으로 종장을 시작하고 있다.

② 윗글은 〈보기〉와 달리 두 편 이상의 시조가 이어지고 있다.

③ 윗글은 〈보기〉와 달리 기존의 형식에서 벗어나 종장이 길어지는 형식을 보여 주고 있다.

④ 윗글과 〈보기〉 모두 초장, 중장, 종장의 형식과 4음보의 율격이 일정하게 지켜지고 있다.

⑤ 윗글이 한자어나 관념적 표현을 주로 사용한다면 〈보기〉는 고유어와 해학적 표현을 사용하고 있다.

* 고인(古人): 옛날 사람.
여기서는 공자, 맹자, 주자와 같은 성현을 이름.

서답형 04 소재의 의미 파악하기

화자가 본 '거무희끗한 것'의 진짜 정체가 무엇인지 윗글에서 찾아 쓰시오.

문제풀이

※ 다음 글을 읽고 물음에 답하시오.

　오늘도 또 우리 수탉이 막 쫓기었다. 내가 점심을 먹고 나무를 하러 갈 양으로 나올 때이었다. 산으로 올라서려니까 등 뒤에서 푸드득푸드득, 하고 닭의 횃소리*가 야단이다. 깜짝 놀라서 고개를 돌려보니 아니나 다르랴, 두 놈이 또 얼리었다*.

　점순네 수탉(은 대강이*가 크고 똑 오소리같이 실팍하게* 생긴 놈)이 덩저리* 작은 우리 수탉을 함부로 해내는 것이다. 그것도 그냥 해내는 것이 아니라 푸드득 하고 면두*를 쪼고 물러섰다가 좀 사이를 두고 또 푸드득 하고 모가지를 쪼았다. 이렇게 멋을 부려 가며 여지없이 닭을 놓는다. 그러면 이 못생긴 것은 쪼일 적마다 주둥이로 땅을 받으며 그 비명이 킥, 킥 할 뿐이다. 물론 미처 아물지도 않은 면두를 또 쪼이어 붉은 선혈*은 뚝뚝 떨어진다.

　이걸 가만히 내려다보자니 내 대강이가 터져서 피가 흐르는 것같이 두 눈에서 불이 번쩍 난다. 대뜸 지게막대기를 메고 달려들어 점순네 닭을 후려칠까 하다가 생각을 고쳐먹고 헛매질*로 떼어만 놓았다.

　이번에도 점순이가 쌈을 붙여 놨을 것이다. 바짝바짝 내 기를 올리느라고 그랬음에 틀림없을 것이다. **고놈의 계집애가 요새로 들어서서 왜 나를 못 먹겠다고 고렇게 아르렁거리는지 모른다.**

　나흘 전 감자 조간*만 하더라도 나는 저에게 조금도 잘못한 것은 없다.

[A]
> 　계집애가 나물을 캐러 가면 갔지 남 울타리 엮는 데 쌩이질*을 하는 것은 다 뭐냐. 그것도 발소리를 죽여 가지고 등 뒤로 살며시 와서,
> 　"얘! 너 혼자만 일하니?" / 하고 긴치* 않은 수작을 하는 것이다.
> 　어제까지도 저와 나는 이야기도 잘 않고 서로 만나도 본 척 만 척하고 이렇게 점잖게 지내던 터이련만 오늘로 갑작스레 대견해졌음은 웬일인가. 항차* 망아지만한 계집애가 남 일하는 놈 보고……

　"그럼 혼자 하지 떼루 하디?" / 내가 이렇게 내뱉은 소리를 하니까,

　"너 일하기 좋니?" / 또는,

　"한여름이나 되거든 하지 벌써 울타리를 하니?"

　잔소리를 두루 늘어놓다가 남이 들을까 봐 손으로 입을 틀어막고는 그 속에서 깔깔댄다. 별로 우스울 것도 없는데 **날씨가 풀리더니 이놈의 계집애가 미쳤나 하고 의심하였다.** 게다가 조금 뒤에는 즈 집께를 할금할금 돌아보더니 행주치마의 속으로 꼈던 바른손을 뽑아서 나의 턱밑으로 불쑥 내미는 것이다. 언제 구웠는지 아직도 더운 김이 홱 끼치는 굵은 감자 세 개가 손에 뿌듯이 쥐였다.

　"느 집엔 이거 없지?"

하고 생색* 있는 큰소리를 하고는 **제가 준 것을 남이 알면은 큰일 날 테니 여기서 얼른 먹어 버리**란다. 그리고 또 하는 소리가,

　"너, 봄 감자가 맛있단다."

　"난 감자 안 먹는다, 너나 먹어라."

　나는 고개도 돌리려 하지 않고 일하던 손으로 그 감자를 도로 어깨너머로 쑥 밀어 버렸다.

그랬더니 그래도 가는 기색이 없고 뿐만 아니라 째근째근하고 심상치 않게 숨소리가 점점 거칠어진다. 이건 또 뭐야, 싶어서 그때에야 비로소 돌아다보니 나는 참으로 놀랐다. 우리가 이 동리에 들어온 것은 근 삼 년째 되어 오지만 여태껏 가무잡잡한 점순이의 얼굴이 이렇게까지 홍당무처럼 새빨개진 법이 없었다. 게다가 눈에 독을 올리고 한참 나를 요렇게 쏘아보더니 나중에는 눈물까지 어리는 것이 아니냐. 그리고 바구니를 다시 집어 들더니 이를 꼭 악물고는 엎어질 듯 자빠질 듯 논둑으로 힁하니 달아나는 것이다.

[B]
어쩌다 동리 어른이,

"너 얼른 시집가야지?"

하고 웃으면,

"염려 마서유. 갈 때 되면 어련히 갈라구!"

이렇게 천연덕스레 받는 점순이었다. 본시 부끄럼을 타는 계집애도 아니려니와 또한 분하다고 눈에 눈물을 보일 얼병이*도 아니다. 분하면 차라리 나의 등허리를 바구니로 한번 모질게 후려 째리고* 달아날지언정.

그런데 고약한 그 꼴을 하고 가더니 그 뒤로는 나를 보면 잡아먹으려고 기를 복복 쓰는 것이다.

설혹 주는 감자를 안 받아먹은 것이 실례라 하면, 주면 그냥 주었지 '느 집엔 이거 없지'는 다 뭐냐. 그러잖아도 저희는 마름*이고 우리는 그 손에서 배재*를 얻어 땅을 부치므로 일상 굽실거린다. 우리가 이 마을에 처음 들어와 집이 없어서 곤란으로 지낼 제 집터를 빌리고 그 위에 집을 또 짓도록 마련해 준 것도 점순네의 호의였다. 그리고 우리 어머니 아버지도 농사 때 양식이 달리면 점순네한테 가서 부지런히 꾸어다 먹으면서 인품 그런 집은 다시없으리라고 침이 마르도록 칭찬하곤 하는 것이다. 그러면서도 열일곱씩이나 된 것들이 수군수군하고 붙어 다니면 동리의 소문이 사납다고 주의를 시켜 준 것도 또 어머니였다. 왜냐하면 내가 점순이하고 일을 저질렀다가는 점순네가 노할 것이고, 그러면 우리는 땅도 떨어지고 집도 내쫓기고 하지 않으면 안 되는 까닭이었다.

그런데 이놈의 계집애가 까닭 없이 기를 복복 쓰며 나를 말려 죽이려고 드는 것이다.

눈물을 흘리고 간 담날 저녁나절이었다. 나무를 한 짐 잔뜩 지고 산을 내려오려니까 어디서 닭이 죽는 소리를 친다. 이거 뉘 집에서 닭을 잡나, 하고 점순네 울 뒤로 돌아오다가 나는 고만 두 눈이 똥그래졌다. 점순이가 저희 집 봉당*에 홀로 걸터앉았는데 이게 치마 앞에다 우리 **씨암탉을 꼭 붙들어 놓고는**,

"이놈의 닭! 죽어라, 죽어라."

요렇게 **암팡스레* 패주**는 것이 아닌가. 그것도 대가리나 치면 모른다마는 아주 알도 못 낳으라고 그 볼기짝*께를 주먹으로 콕콕 쥐어박는 것이다.

- 김유정, 〈동백꽃〉 -

＊전체 줄거리

소작농의 아들인 '나'는 나무를 하러 가는 길에 '나'의 집 수탉과 점순이네 수탉이 닭싸움을 하는 것을 본다. 점순이가 또 싸움을 붙여 놓은 것이다. 나흘 전 점순이가 주는 감자를 '나'가 거절한 뒤부터 점순이는 '나'의 집 닭을 괴롭힌다. '나'의 집 암탉이 알을 낳지 못하게 엉덩이를 쥐어박는가 하면, '나'의 집 수탉과 자기 집 수탉을 싸우게 한다. '나'는 닭싸움에서 이기기 위해 수탉에게 고추장을 먹여 보지만 소용이 없다. 나무를 하고 내려오는 길에, '나'는 점순이가 닭싸움을 붙여 놓은 옆에서 피리를 부는 것을 보고 순간 화가 치밀어 점순이네 수탉을 죽이고 만다. 점순이는 '나'에게 화를 내었다가, '나'가 엉겁결에 울음을 터트리자 다음부터 그러지 말라고 하고 둘은 함께 노란 동백꽃 속으로 파묻힌다.

✔ **한방에! 어휘풀이**

＊ **횃소리**: 닭이 홰를 치는 소리.
＊ **얼리다**: 둘 이상의 사람이나 짐승이 한데 섞여 어우러지다.
＊ **대강이**: '머리'를 속되게 이르는 말.
＊ **실팍하다**: 사람이나 물건 따위가 보기에 매우 실하다.
＊ **덩저리**: '몸집'을 낮잡아 이르는 말.
＊ **면두**: '볏'의 방언.
＊ **선혈(鮮血)**: 생생한 피.
＊ **헛매질**: 마치 때릴 것 같은 시늉을 하여 남을 위협하는 짓.
＊ **쪼간**: 어떤 사건이나 작간. 작간은 '간악한 꾀'를 뜻함.
＊ **쌩이질**: 한창 바쁠 때에 쓸데없는 일로 남을 귀찮게 구는 짓.
＊ **긴하다(緊하다)**: 꼭 필요하다.
＊ **항차**: 하물며.
＊ **생색(生色)**: 다른 사람 앞에 당당히 나설 수 있거나 자랑할 수 있는 체면.
＊ **얼병이**: 얼간이.
＊ **째리다**: '때리다'의 방언.
＊ **마름**: 지주를 대리하여 소작권을 관리하는 사람.
＊ **배재**: 땅을 소작할 수 있는 권리.
＊ **봉당(封堂)**: 안방과 건넌방 사이의 마루를 놓을 자리에 마루를 놓지 아니하고 흙바닥 그대로 둔 곳.
＊ **암팡스럽다**: 몸은 작아도 야무지고 다부진 면이 있다.
＊ **볼기짝**: 뒤쪽 허리 아래, 허벅다리 위의 양쪽으로 살이 불룩한 부분.

01 인물의 태도, 심리 파악하기

윗글의 인물에 대한 이해로 적절하지 <u>않은</u> 것은?

① '나'는 신분의 차이 때문에 점순이와 거리를 두어야 했다.
② '나'는 점순이의 호의를 받아들이지 못한 것에 대해 미안해했다.
③ '나'는 점순이가 자신을 싫어해서 닭싸움을 붙이고 있다고 생각했다.
④ '나'는 자신의 집 닭이 점순이네 닭에게 당하는 것을 보고 화가 났다.
⑤ '나'는 점순이가 주는 감자를 거절한 뒤 점순이의 반응을 보고 놀랐다.

02 장면의 의미 파악하기

[A], [B]를 이해한 내용으로 가장 적절한 것은?

① [A]는 점순이의 행동에 대한 '나'의 긍정적 평가가 나타나 있다.
② [B]는 점순이의 성격을 말과 행동을 통해 간접적으로만 제시하고 있다.
③ [A]는 평소와 다른 점순이의 모습이, [B]는 평소의 점순이의 모습이 드러나 있다.
④ [A]는 '나'의 행동에 대한 점순이의 반응을 예상하고, [B]는 실제 반응을 보여 주고 있다.
⑤ [A]는 점순이의 행동을 의아해하는, [B]는 점순이의 말을 이해하지 못하는 '나'의 태도가 서술되어 있다.

중요 03 외적 준거를 참고하여 작품 이해하기

보기 를 참고하여 윗글을 이해한 내용으로 적절하지 <u>않은</u> 것은?

> **보기**
>
> 〈동백꽃〉은 1인칭 주인공 시점으로, 서술자 '나'는 소작농의 아들이고 점순이는 마름의 딸이다. 즉, 두 인물 사이에는 사회적 권력 차이가 존재한다. '나'에 대한 자신의 마음을 적극적으로 표현하는 점순이와는 달리, '나'는 아직 사랑의 감정에 눈뜨지 못한 데다가 눈치마저 없다. 이로 인해 '나'는 점순이의 말과 행동에 담긴 의도를 제대로 파악하지 못하고 자신이 판단한 대로 서술한다. '나'를 서술자로 설정함으로써 독자는 점순이의 관심을 알아채지 못하는 '나'의 어수룩한 모습을 보며 재미를 느낄 수 있다.

① '나'가 '고놈의 계집애가 요새로 들어서서 왜 나를 못 먹겠다고 고렇게 아르렁거리는지 모'르는 것은, 점순이가 '나'에게 거절당한 일로 화가 났음을 모르기 때문이다.
② '나'가 점순이의 말을 듣고 '날씨가 풀리더니 이놈의 계집애가 미쳤나 하고 의심하'는 것은, 점순이의 행동에 담긴 의도를 아는 독자로 하여금 재미를 느끼게 한다.
③ 점순이가 '나'에게 감자를 주며 '제가 준 것을 남이 알면은 큰일 날 테니 여기서 얼른 먹어 버리'라고 하는 것은, '나'에 대한 자신의 애정을 표현하는 행동이다.
④ '나'가 '설혹 주는 감자를 안 받아먹은 것이 실례라 하면'이라고 생각하는 것은, 점순이가 '나'에게 화를 내는 이유를 제대로 파악하지 못했기 때문이다.
⑤ 점순이가 '나'의 집 '씨암탉을 꼭 붙들어 놓고' '암팡스레 패주'는 것은, 소작농의 아들인 '나'에게 사회적 권력을 과시하기 위한 행동이다.

서답형 04 소재의 기능 파악하기

'나'에 대한 점순이의 애정을 나타내는 소재를 윗글에서 찾아 2음절로 쓰시오.

문제풀이

복습하기

문법

¹☐☐☐	발음하는 도중에 입술 모양이나 혀의 위치가 달라지지 않는 모음
	① 혀의 최고점에 따라 – 전설 모음, 후설 모음
	② 혀의 ²☐☐ 에 따라 – 고모음, 중모음, 저모음
	③ ³☐☐ 의 모양에 따라 – 원순 모음, ⁴☐☐ 모음
⁵☐☐☐☐	발음하는 도중에 입술 모양이나 혀의 위치가 달라지는 모음

비문학

1~2문단	⁶☐☐☐☐ 의 개념과 핵심
3문단	쓰기 윤리와 관련된 학생들의 실태
4문단	학생들이 쓰기 윤리를 위반하는 두 가지 이유 – ① ⁷☐☐ 요인, ② 쓰기 동기 요인
5문단	쓰기 윤리 의식을 높이기 위한 방안

문학 – 님이 오마 하거늘(작자 미상)

초장	⁸☐ 이 온다는 소식에 마음이 급해짐.
중장	⁹☐☐☐☐☐ 를 임으로 착각하여 반겨 맞으러 나감.
종장	자신의 행동에 대해 겸연쩍어함.

문학 – 동백꽃(김유정)

'나'가 ¹⁰☐☐☐ 를 엮고 있을 때 점순이가 다가옴.

↓

점순이가 준 ¹¹☐☐ 를 '나'가 거절함.

↓

다음 날 '나'는 점순이가 '나'의 집 ¹²☐☐☐ 을 괴롭히는 것을 봄.

↓

점순이가 자기 집 ¹³☐☐ 과 '나'의 집 ¹³☐☐ 을 싸움 붙임.

정답: 1 단모음   2 높이   3 입술   4 평순   5 이중 모음   6 쓰기 윤리   7 환경   8 임   9 주추리 삼대   10 울타리   11 감자   12 씨암탉   13 수탉

한수

02

Contents

※ **자음**
소리를 낼 때 공기의 흐름이 발음 기관에서 장애를 받고 나오는 소리

※ **소리 나는 위치**

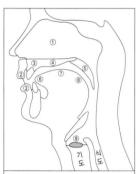

① 코안
② 입술
③ 윗잇몸
④ 센입천장(경구개)
⑤ 여린입천장(연구개)
⑥ 혀끝
⑦ 혓바닥
⑧ 혀 뒤
⑨ 목청(성대)

※ **안울림소리와 울림소리**
• 안울림소리: 구강 통로가 폐쇄되거나 마찰이 생겨서 나는 소리
→ 파열음, 파찰음, 마찰음
• 울림소리: 성대를 떨게 한 공기가 구강이나 비강으로 흘러나갈 때 덜 막혀 울리는 소리
→ 비음, 유음, 모든 모음

※ **소리의 세기별 느낌**
• 예사소리: 경쾌하고 가벼운 느낌
• 된소리: 단단하고 급한 느낌
• 거센소리: 격하고 거센 느낌
예 단단하다 – 딴딴하다 – 탄탄하다

1 소리 나는 위치에 따른 분류

입술소리 (순음)	두 입술 사이에서 나는 소리 → ㅂ, ㅃ, ㅍ, ㅁ
잇몸소리 (치조음)	윗잇몸과 혀끝이 닿아서 나는 소리 → ㄷ, ㄸ, ㅌ, ㅅ, ㅆ, ㄴ, ㄹ
센입천장소리 (경구개음)	센입천장과 혓바닥 사이에서 나는 소리 → ㅈ, ㅉ, ㅊ
여린입천장소리 (연구개음)	여린입천장과 혀의 뒷부분 사이에서 나는 소리 → ㄱ, ㄲ, ㅋ, ㅇ
목청소리 (후음)	목청 사이에서 나는 소리 → ㅎ

2 소리 내는 방법에 따른 분류

	파열음	공기의 흐름을 막았다가 터뜨리면서 내는 소리 → ㅂ, ㅃ, ㅍ / ㄷ, ㄸ, ㅌ / ㄱ, ㄲ, ㅋ
안울림 소리 (무성음)	파찰음	공기의 흐름을 막았다가 서서히 터뜨리면서 마찰시켜 내는 소리 → ㅈ, ㅉ, ㅊ
	마찰음	입안이나 목청 사이의 통로를 좁히고 그 틈으로 공기를 내보내 마찰시켜 내는 소리 → ㅅ, ㅆ / ㅎ
울림 소리 (유성음)	비음	입안의 통로를 막고 코로 공기를 내보내면서 내는 소리 → ㅁ, ㄴ, ㅇ
	유음	혀끝을 잇몸에 가볍게 대었다가 떼거나, 혀끝을 윗잇몸에 댄 채 공기를 그 양옆으로 흘려 내보내면서 내는 소리 → ㄹ

3 소리의 세기에 따른 분류

예사소리	성대를 편안히 둔 상태에서 보통의 세기로 나는 소리 → ㅂ, ㄷ, ㄱ, ㅅ, ㅈ
된소리	성대가 긴장된 상태에서 숨이 거의 없이 나는 소리 → ㅃ, ㄸ, ㄲ, ㅆ, ㅉ
거센소리	숨이 거세게 나오는 소리 → ㅍ, ㅌ, ㅋ, ㅊ

01 자음의 특징 파악하기

자음에 대한 설명으로 적절하지 않은 것은?

① 우리말의 음운 중 울림소리는 'ㄴ, ㄹ, ㅁ, ㅇ'만 있다.
② 자음은 소리 나는 위치에 따라 다섯 개로 분류할 수 있다.
③ 자음은 공기의 흐름이 발음 기관에서 장애를 받고 나오는 소리이다.
④ 자음은 총 19개로, 안울림소리 15개와 울림소리 4개로 이루어져 있다.
⑤ 파열음과 파찰음은 소리의 세기에 따라 3개로 나눌 수 있지만, 마찰음은 2개로 나뉜다.

02 소리 내는 방법에 따른 자음의 분류 파악하기

자음을 소리 내는 방법에 따라 분류했을 때 적절하지 않은 것은?

① 'ㄹ'은 자음 중 유일한 유음으로 비음과 함께 울림소리에 해당한다.
② 'ㄱ, ㄲ, ㅋ'은 파찰음으로 파열음과 마찰음의 성질을 모두 가지고 있다.
③ 'ㅂ, ㅃ, ㅍ'은 파열음으로 공기의 흐름을 막았다 터뜨리면서 내는 소리이다.
④ 'ㅁ, ㄴ, ㅇ'은 비음으로 입안의 통로를 막고 코로 공기를 내보내면서 내는 소리이다.
⑤ 'ㅎ'은 마찰음으로 입안이나 목청 사이의 통로를 좁히고 그 틈으로 공기를 내보내 마찰시켜 내는 소리이다.

중요 03 된소리의 특징 파악하기

보기 의 ㉠에 해당하는 소리를 초성으로 사용한 단어로 적절한 것은?

보기

　　자음은 소리의 세기에 따라 예사소리, 된소리, 거센소리로 나눌 수 있다. 그중, [　　㉠　　]는 성대가 긴장된 상태에서 숨이 거의 없이 나는 소리이다.

① 파도　　　　② 청소　　　　③ 섞박지　　　　④ 소쩍새　　　　⑤ 스파게티

서답형 04 소리나는 위치에 따른 자음의 분류 파악하기

보기 의 문장에서 쓰인 센입천장소리의 개수를 쓰시오.

보기

　　　　　　　　춘천에 가면 꼭 자전거를 타야 해.

문제풀이

한방에! 개념정리

한방에! 핵심정리

갈래	설명문
주제	기후변화로 인한 해수면의 상승
해제	이 글은 지구가 뜨거워지고 있는 기후 변화와 관련된 구체적인 조사 결과를 인용하여 그 심각성에 대해 설명하고 있다. 영국 리즈대학교의 연구팀의 조사 결과에 따르면 온실가스로 인한 지구 온난화로 인해 23년간 약 23조 톤의 얼음이 사라졌다. 이는 곧 해수면의 상승으로 이어진다. 이대로 온실가스 배출량이 2030년까지 지속된다면 우리나라 국토의 5% 이상이 물에 잠길 것이다. 이런 온실가스 배출량을 줄이고 지구가 뜨거워지는 것을 막기 위한 유일한 해결책은 '탄소중립' 뿐이다.

※ 문단 중심 내용

1문단	이누이트 원주민의 생존을 위협하는 기후변화
2문단	기후변화로 인한 해수면의 상승
3문단	극지방에서 발생하는 북극 증폭 현상
4문단	지구 온난화가 지속될 경우 나타날 수 있는 우리나라의 피해
5문단	지구 온난화의 해결책 '탄소중립'

※ 다음 글을 읽고 물음에 답하시오.

  세계에서 가장 큰 섬으로 유명한 그린란드는 섬의 약 80%가 얼음으로 덮여 있다. 우리에게 에스키모로 잘 알려진 이누이트(Inuit)는 기원전 2500년부터 그린란드에 살았다. 춥고 척박한 지역에서 수천 년 동안 살아온 이누이트 원주민들의 삶은 평온할 수 없었다. 그러나 최근에 원주민들의 생존 자체를 위협하는 심각한 문제가 발생하였다. 전 세계적 기후변화에 따라 그린란드를 뒤덮은 얼음이 빠르게 녹기 시작한 것이다.

  영국 리즈대학교의 연구팀은 1994년부터 2017년까지 23년간 전 세계에서 약 28조 톤의 얼음이 사라졌다고 밝혔다. 이중 7조 6000억 톤은 그린란드에서 발생했고, 이는 전 세계에서 사라진 얼음의 약 25%에 해당한다. 실제 그린란드의 빙하는 이미 심각하게 녹고 있다. 육지를 덮고 있던 얼음과 바닷물이 얼어 있던 해빙이 함께 녹으면서 세계의 해수면도 점차 상승하고 있다.

  더 큰 문제는 전 지구의 온도가 동일하게 상승하고 있지 않다는 점이다. 극지방은 평균적인 지구 온난화 속도보다 2배 이상 더 빠르게 발생하고 있다. 미국항공우주국(NASA)에 따르면 일반적으로 적도 부근보다는 북반구 고위도 지역인 시베리아, 알래스카, 캐나다 북부 등 이누이트가 거주하는 지역에서 온도 증가율이 더 높은 것으로 나타났다. 이러한 ⓐ '북극 증폭' 현상은 극지방의 환경 특성 때문에 발생한다. 일반적으로 눈과 빙하는 반사율이 높아 많은 양의 햇빛을 반사할 수 있다. 하지만 온실가스로 인해 지구 온도가 상승하여 극지방의 눈과 빙하가 녹으면, 태양복사 에너지가 그대로 지표면과 해수면에 흡수되고 이 지역의 온난화가 더욱 가속화되는 것이다.

  위와 같이 ⓑ 지구 온난화로 인하여 눈과 빙하가 녹으면 해수면이 상승하고 태양복사 에너지가 더 많이 흡수되면서 더 많은 눈과 빙하가 녹게 되는 악순환이 지속되고 있다. 그리고 그 피해는 극지방을 넘어 전 세계로 퍼져나가고 있다. 국제환경단체 그린피스(Greenpeace)에 따르면 2030년까지 현 온실가스 배출량이 지속된다면 우리나라 국토 5% 이상이 물에 잠기고, 약 332만 명이 침수 피해를 볼 것으로 예상된다. 침수 피해는 특히 인천과 부산 등 주요 해안 도시에 넓게 나타날 것이다. 이대로면 10년 내 인천국제공항과 해운대가 물에 잠기게 될 것이다.

  현재 지구의 온도는 산업화 이전 대비 약 1.09도 높아졌다. 산업혁명 이전에 만 년 동안 겨우 0.5도 정도의 온난화가 자연적으로 진행된 것과 비교하면, 역사상 유례없는 속도로 지구가 뜨거워지고 있다. 이누이트와 우리의 삶을 지속하게 하는 유일한 해결책은 기후변화에 대응하는 '탄소중립' 뿐이다. 탄소중립은 이산화탄소를 배출한 만큼 이산화탄소를 흡수하는 방안을 세워 이산화탄소의 실질적인 배출량을 '0'으로 만드는 것이다. 각 나라에서는 지구 온난화의 주범인 이산화탄소의 배출량을 조절하기 위해 탄소중립과 관련된 운동을 활발하게 시행하고 있고, 2006년, 〈옥스퍼드 사전〉은 탄소중립을 올해의 단어로 선정하기도 했다.

01 세부 내용 파악하기

윗글에 대한 설명으로 적절하지 않은 것은?

① 세계적 기후변화는 이누이트 원주민들의 생존을 위협한다.
② 극지방의 온도 상승 속도는 다른 지역의 두 배 이상 빠르다.
③ 온실가스 배출이 지금처럼 지속되면 우리나라의 5%가 침수된다.
④ 그린란드의 얼음이 녹으면 태양복사 에너지가 해수면에 흡수된다.
⑤ 산업혁명 이전에는 지구의 온도가 상승하는 현상이 발생하지 않았다.

02 핵심 내용 파악하기

ⓐ와 ⓑ에 대한 설명으로 적절한 것은?

① ⓐ는 ⓑ에 속한 현상 중 하나이다.
② ⓐ는 ⓑ의 문제 해결을 위한 방법이다.
③ ⓐ와 달리 ⓑ는 특정 지역에서 나타난다.
④ ⓐ와 ⓑ의 근본 원인은 태양복사 에너지이다.
⑤ ⓐ와 ⓑ는 서로 반대의 성향을 지니는 현상이다.

중요 03 핵심 내용 적용하기

윗글과 보기 를 분석한 내용으로 적절한 것은?

보기

　독일 포츠담기후변화연구소는 2016년 캐나다 앨버타주에서 발생한 화재의 원인으로 기후변화에 따른 대기 정체 현상을 지적하였다. 기온이 상승하면 적도와 극지방의 온도 차이는 점점 줄어 바람의 순환이 느려지게 된다. 이는 날씨에 영향을 주어 건조한 조건과 폭염이 지속되는 상황을 만들어 화재에 취약한 환경이 조성되기 때문이다.

① 세계의 해수면이 상승하는 현상은 폭염으로 인하여 점차 사라질 것이다.
② 지구 온난화 현상 이외의 다양한 원인으로 인해 기후가 급격하게 변하고 있다.
③ 온실가스가 계속 배출되면 침수 피해 대신에 기록적인 폭염이 자주 발생하게 된다.
④ 극지방의 눈과 빙하가 녹아 많은 양의 햇빛을 반사하게 되면 폭염과 같은 이상 현상이 발생한다.
⑤ 극지방의 온도가 증가하면 해수면이 상승할 뿐만이 아니라 대기 순환에도 악영향을 미치게 된다.

서답형 04 세부 내용 파악하기

보기 에서 설명하고 있는 '이것'이 무엇인지 윗글에서 찾아 쓰시오.

보기

　'이것'을 실행하는 방안에는 크게 세 가지가 있다. 첫 번째는 이산화탄소 배출량에 상응하는 만큼의 숲을 조성하여 이산화탄소를 흡수하고 산소를 공급하는 것이다. 두 번째는 화석연료를 대체할 수 있는 태양열, 풍력 에너지 등의 재생에너지 분야에 적극 투자하는 방법이다. 세 번째는 이산화탄소 배출량에 상응하는 탄소배출권을 구매하는 것이다.

문제풀이

※ 다음 글을 읽고 물음에 답하시오.

오늘은 우리도 짧은 시 한 편 써 보자
그동안 배운 비유와 상징 이미지도
㉠ 때깔 좋게 버무려 맛있는 시를 빚어 보렴
말 끝나기도 전에 으아-
인상 찌푸리며 비명 질러 대던 아이들은
시제 두어 개를 칠판에 써 놓으니
금방 연필 들고 공책 위에 납작 몸을 낮춘다
㉡ 먹이 앞에 순해지는 강아지처럼
소풍날 보물찾기 나선 꼬마들처럼
녀석들이 이제 무얼 찾아 들고 나타날까
㉢ 갓 피어난 별꽃 한 점일까
㉣ 오래전에 잃어버린 무지갯빛 구슬일까
짐짓 **가려 둔 흉터**일까
이마 짚고 턱 괴며 골똘한 얼굴들
교실에는 아련한 눈빛으로 팔랑팔랑
시의 꽃가루를 찾는 **나비**도 몇 마리 있다
물론, 선뜻 씹히지 않는 **생의 먹잇감**에
끙끙대며 씨름하는 강아지들이 더 많다
만지작거리다 밀어 놓은 **언어의 허물**
책상 위에 지우개 가루만 소복이 쌓인다
㉤ 그 속에 사금*처럼 시가 반짝이고 있다

- 조향미, 〈시 창작 시간〉 -

01 내용상의 특징 파악하기

윗글에 대한 설명으로 적절하지 <u>않은</u> 것은?

① 시에서 말하고 있는 화자는 국어 선생님이다.
② 학생들은 시를 창작하기 위해 글감을 찾고 있다.
③ 다양한 비유를 사용하여 학생들을 묘사하고 있다.
④ 화자는 학생들을 애정 어린 시선으로 바라보고 있다.
⑤ 시어의 사전적 의미를 파악하면 시를 수월하게 이해할 수 있다.

02 시어의 의미 파악하기

윗글의 시어에 대한 설명으로 적절하지 <u>않은</u> 것은?

① '가려 둔 흉터'는 학생들이 가지고 있는 아픔으로 시의 글감을 나타내고 있다.
② '나비'는 시의 주제를 찾아, 시를 쓰고 있는 학생들을 빗대어 표현한 것이다.
③ '생의 먹잇감'은 시가 완성되어 가고 있음을 암시하고 있다.
④ '끙끙대며 씨름하는 강아지'는 '나비'와 대비되는 존재로 아직 글감을 찾지 못한 학생을 표현한 것이다.
⑤ '언어의 허물'은 시를 고쳐 쓰는 과정에서 나온 지우개 가루를 나타내고 있다.

중요 03 외적 준거를 통해 표현상의 특징 파악하기

보기 를 참고하여 ㉠~㉤을 이해한 것으로 적절하지 <u>않은</u> 것은?

보기

　　비유는 표현하고자 하는 개념이나 사물을 다른 어떤 개념이나 사물에 빗대어 표현하는 것을 말한다. 비유는 돌려 말하기로써 직접 말하는 것보다 표현의 신선함을 주고, 추상적인 대상을 구체화하며 이미지를 형성해 내어 원래 표현하고자 하는 대상을 더욱 생생하게 전달해 주는 효과가 있다. 이러한 비유의 방법에는 직유법, 의인법, 은유법, 활유법 등이 있다.

① ㉠은 시를 짓는 과정을 음식을 만드는 과정에 비유함으로써 표현의 즐거움을 주고 있다.
② ㉡은 시를 쓰는 학생들의 모습을 생생하게 표현하기 위해 직유법을 활용하고 있다.
③ ㉢은 학생들의 꿈과 희망을 은유적으로 표현한 것이다.
④ ㉣은 의인법을 사용하여 잊고 있었던 소중한 추억을 생명력있게 표현하고 있다.
⑤ ㉤은 고쳐 쓰는 과정을 통해 완성된 학생들의 시를 비유적으로 표현하여 시인이 말하고자 하는 바를 돌려 말하고 있다.

서답형 04 시어의 의미 파악하기

ⓐ, ⓑ에 들어갈 말로 적절한 것을 찾아 차례대로 쓰시오.

　　윗글의 (ⓐ)은/는 '생의 먹잇감'과 마찬가지로 화자가 제시한 (ⓑ)을/를 비유적으로 표현한 것이다.

문제풀이

02강

춘향전 _작자 미상

| 정답 및 해설 | 12쪽

한방에! 개념정리

한방에! 핵심정리

갈래	판소리계 소설, 애정 소설
성격	서사적, 서민적, 해학적, 풍자적, 비판적
주제	① 유교적 정조 관념의 고취 ② 탐관오리에 대한 민중의 저항 ③ 신분을 초월한 남녀 간의 사랑 ④ 민중의 신분 상승에 대한 욕망
특징	① 해학과 풍자가 돋보임. ② 판소리의 특징이 드러남.
해제	이 작품은 본래 판소리로 불리다가 소설로 정착된 판소리계 소설로, 다양한 이본이 존재한다. 주제 또한 다양한데, 이는 이 작품의 독자층이 넓었다는 사실과 관련이 있다. 민중들은 신분을 초월한 사랑과 춘향의 신분 상승, 몽룡의 징벌에 대리 만족을 느꼈고, 양반들은 정절을 지키는 춘향의 모습이 당시의 유교 윤리에 부합되었기 때문에 만족한 것이다.

＊ 전체 줄거리

퇴기 월매의 딸 성춘향은 단옷날 그네를 타다가 남원 부사의 아들 이몽룡과 사랑에 빠진다. 그러나 몽룡의 아버지가 한양으로 가게 되며 춘향과 몽룡은 이별한다. 새로 부임한 변 사또는 포악하고 탐욕스러운 인물로, 백성들을 괴롭히고 춘향에게 수청을 강요하다가 춘향이 거절하자 옥에 가둔다. 한편, 몽룡은 한양에서 장원 급제하여 암행어사가 되어 남원으로 돌아온다. 몽룡은 거지로 변장하고 변 사또의 생일잔치에 참여하여 변 사또를 처벌하고 춘향을 구해낸다. 춘향과 몽룡, 월매, 그리고 춘향의 몸종 향단이까지 모두 서울로 가게 되고 춘향과 몽룡은 백년해로한다.

※ 다음 글을 읽고 물음에 답하시오.

[앞부분 줄거리] 퇴기 월매의 딸 성춘향과 남원 부사의 아들 이몽룡은 사랑에 빠지지만, 몽룡의 아버지가 한양으로 가게 되며 헤어진다. 새로 부임한 변 사또는 포악하고 탐욕스러운 인물로, 백성들을 괴롭히고 춘향에게 수청을 강요하다가 춘향이 거절하자 옥에 가둔다. 한편, 몽룡은 암행어사가 되어 남원으로 돌아와서는 거지로 변장하여 변 사또의 생일잔치에 참여한다.

이때 어사또 하는 말이,

"걸인*이 어려서 한시깨나 읽었더니 좋은 잔치 당하여서 술과 안주를 포식하고 그냥 가기 염치없으니 차운* 한 수 하사이다."

운봉이 반겨 듣고 필연*을 내어 주니, 좌중 사람들이 다 짓지도 않았는데 순식간에 글 두 귀를 지었으되, 백성들의 형편을 생각하고 본관 사또의 정체를 생각하며 지었겠다.

[A]
金樽美酒千人血	금동이의 아름답게 빚은 술은 일천 백성의 피요
玉盤佳肴萬姓膏	옥쟁반의 맛좋은 안주는 일만 백성의 기름이라
燭淚落時民淚落	촛불의 눈물이 떨어질 때 백성의 눈물 떨어지니
歌聲高處怨聲高	노랫소리 높은 곳에 원망 소리 높도다

이렇듯이 지었으되 본관 사또는 몰라보는데 운봉이 글을 보며 속으로, / '아뿔싸, 일이 났다!'

이때 어사또가 하직하고 간 연후에 **각 아전들을 불러 분부**하되, / "야야. 일이 났다."

공방* 불러 돗자리 단속, 병방* 불러 역마 단속, 관청색* 불러 다과상 단속, 옥형리* 불러 죄인 단속, 집사 불러 형구 단속, 형방* 불러 문부* 단속, 사령 불러 숙직 단속, 한참 이리 요란할 제 사정 모르는 저 본관 사또가,

"여보, 운봉은 어디를 다니시오?"

"소피* 보고 들어오오."

본관 사또가 술주정이 나서 분부하되, / "춘향을 급히 올리라."

이때에 어사또 **부하들과 내통**한다. 서리를 보고 눈길을 보내니 서리*, 중방* 거동 보소. 역졸을 불러 단속할 제 이리 가며 수군, 저리 가며 수군수군. 서리, 역졸 거동 보소. 외올*망건 공단 모자 새 패랭이* 눌러쓰고, 석 자 감발* 새 짚신에 한삼 고의* 산뜻하게 차려입고, 육모 방망이 사슴 가죽끈을 손목에 걸어 쥐고, 여기서 번쩍 저기서 번쩍, 남원읍이 우글우글. 청파 역졸 거동 보소. 달 같은 마패를 햇빛같이 번쩍 들어,

"암행어사 출두야."

외치는 소리에 강산이 무너지고 천지가 뒤집히는 듯 초목금수*인들 아니 떨랴.

(중략)

본관 사또가 똥을 싸고 멍석 구멍 생쥐 눈 뜨듯 하고, 안으로 들어가서,

"어 추워라. **문 들어온다 바람 닫아라.** 물 마르다 목 들여라."

관청색은 상을 잃고 문짝을 이고 내달으니, 서리, 역졸 달려들어 휘닥딱.

"애고 나 죽네." / 이때 어사또 분부하되,

"이 골은 대감이 좌정하시던* 골이라. 소란을 금하고 객사로 옮겨라."

자리에 앉은 후에. / "본관 사또는 봉고파직*하라."

분부하니, / "본관 사또는 봉고파직이오."

사대문에 방을 붙이고 옥형리 불러 분부하되,

"네 고을 옥에 갇힌 죄수를 다 올리라." / 호령하니 죄인을 올린다.

다 각각 죄를 물은 후에 죄가 없는 자는 풀어 줄새, / "저 계집은 무엇이냐?"

형리 여쭈오되,

"기생 월매의 딸이온데 관청에서 포악한 죄로 옥중에 있삽내다."

"무슨 죄인고?" / 형리 아뢰되,

"본관 사또 수청 들라고 불렀더니 수절이 정절이라, 수청 아니 들려 하고 사또에게 악을 쓰며 달려든 춘향이로소이다."

어사또 분부하되,

"너 같은 년이 수절한다고 관장에게 포악하였으니 살기를 바랄쏘냐. 죽어 마땅하되 내 수청도 거역할까?"

춘향이 기가 막혀,

"내려오는 관장*마다 모두 명관이로구나. 어사또 들으시오. 충암절벽 높은 바위가 바람 분들 무너지며, 청송녹죽 푸른 나무가 눈이 온들 변하리까. 그런 분부 마옵시고 어서 바삐 죽여 주오."

하며,

"향단아, 서방님 어디 계신가 보아라. 어젯밤에 옥 문간에 오셨을 때 천만당부* 하였더니 어디를 가셨는지 나 죽는 줄 모르는가."

어사또 본부하되, / "얼굴 들어 나를 보라."

하시니 춘향이 고개 들어 위를 살펴보니, 걸인으로 왔던 낭군이 분명히 어사또가 되어 앉았구나. 반웃음 반 울음에,

"얼씨구나 좋을시고 어사 낭군 좋을시고. 남원 읍내 가을이 들어 떨어지게 되었더니, 객사에 봄이 들어 이화춘풍 날 살린다. 꿈이냐 생시냐? 꿈을 깰까 염려로다."

한참 이리 즐길 때에 춘향 어미 들어와서 끝없이 즐거워하는 말을 어찌 다 설화하랴*.

춘향의 높은 절개 광채 있게 되었으니 어찌 아니 좋을쏜가. 어사또 남원의 공무 다한 후에 춘향 모녀와 향단이를 서울로 데려갈새, 위의*가 찬란하니 세상 사람들이 누가 아니 칭찬하랴.

이때 춘향이 남원을 하직할새, 영귀하게* 되었건만 고향을 이별하니 일희일비가 아니 되랴.

[B]
놀고 자던 부용당아 / 너 부디 잘 있거라 / 광한루 오작교며 / 영주각도 잘 있거라
'봄풀은 해마다 푸르건만 / 떠난 객은 돌아오지 않는다'고 이른 시는 / 나를 두고 이름이라
다 각기 이별할 제 / 길이길이 무고하옵소서* / 다시 보기 기약 없네

- 작자 미상, 〈춘향전〉 -

한방에! 어휘 풀이

* 걸인(乞人): 남에게 빌어먹고 사는 사람.
* 차운(次韻): 남이 지은 시의 운자(韻字)를 따서 시를 지음. 또 그런 방법.
* 필연(筆硯): 붓과 벼루를 아울러 이르는 말.
* 공방(工房): 조선 시대에, 공예·건축·토목·공사 따위에 관한 일을 맡아보던 구실아치.
* 병방(兵房): 조선 시대에, 군사에 관한 일을 맡아보던 구실아치.
* 관청색(官廳色): 조선 시대에, 수령의 음식물을 맡아보던 구실아치.
* 형리(刑吏): 지방 관아의 형방에 속한 구실아치.
* 형방(刑房): 조선 시대에, 법률이나 감옥 등에 관한 일을 맡아보던 구실아치.
* 문부(文簿): 나중에 자세하게 참고하거나 검토할 문서와 장부.
* 소피(所避): '오줌'을 완곡하게 이르는 말.
* 서리(書吏): 조선 시대에, 중앙 관아에 속하여 문서의 기록과 관리를 맡아보던 하급의 구실아치.
* 중방(中房): 고을 원의 시중을 들던 사람.
* 외올: 여러 겹이 아닌 단 하나의 올.
* 패랭이: 댓개비로 엮어 만든 갓.
* 감발: 버선이나 양말 대신에 발에 감는 좁고 긴 무명천.
* 고의: 남자의 여름 홑바지.
* 초목금수(草木禽獸): 풀과 나무와 날짐승과 길짐승을 아울러 이르는 말. 온갖 생물을 이른다.
* 좌정하다(坐定하다): 자리를 잡고 앉아 일을 보다.
* 봉고파직(封庫罷職): 어사나 감사가 못된 짓을 많이 한 고을의 원을 파면하고 관가의 창고를 봉하여 잠금.
* 관장(官長): 관가의 으뜸이란 뜻으로, 시골 백성이 고을 원을 높여 이르던 말.
* 천만당부(千萬當付): 간곡한 당부.
* 설화하다(說話하다): 있지 아니한 일에 대하여 사실처럼 재미있게 말하다.
* 위의(威儀): 위엄이 있고 엄숙한 태도나 차림새.
* 영귀하다(榮貴하다): 지체가 높고 귀하다.
* 무고하다(無故하다): 사고 없이 평안하다.

29

01 작품의 내용 파악하기

윗글을 이해한 내용으로 적절하지 <u>않은</u> 것은?

① 어사또는 춘향을 시험하기 위해 수청을 들라고 하였다.
② 춘향은 처음에는 어사또가 누구인지 알아보지 못하였다.
③ 본관 사또는 암행어사가 출두하자 의연하게 대처하였다.
④ 형리는 어사또에게 춘향이 옥에 갇힌 이유를 설명하였다.
⑤ 운봉은 어사또가 지은 시를 보고 그의 정체를 알아차렸다.

02 삽입 시의 의미 이해하기

[A], [B]를 이해한 내용으로 가장 적절한 것은?

① [A]에는 오지 않는 어사또에 대한 원망이, [B]에는 서울로 떠나는 기대감이 담겨 있다.
② [A]에는 미래에 대한 비관이, [B]에는 고향에 돌아오지 못하리라는 예상이 담겨 있다.
③ [A]에는 본관 사또의 폭정에 대한 비판이, [B]에는 정든 고향을 떠나는 슬픔이 담겨 있다.
④ [A]에는 백성들의 고통에 대한 안타까움이, [B]에는 몽룡의 안녕을 비는 마음이 담겨 있다.
⑤ [A]에는 잔치에 준비된 술과 안주에 대한 만족감이, [B]에는 봄에 대한 그리움이 담겨 있다.

> * 비관(悲觀): 앞으로의 일이 잘 안될 것이라고 봄.
> * 폭정(暴政): 포악한 정치.
> * 안녕(安寧): 아무 탈 없이 편안함.

중요 03 외적 준거를 바탕으로 작품 감상하기

보기 를 바탕으로 윗글을 감상한 내용으로 적절하지 <u>않은</u> 것은?

보기

〈춘향전〉은 본래 판소리인 〈춘향가〉가 소설로 정착된 것으로, 4·4조의 운문 및 현재형 사건 전개 등 판소리의 특징이 일부 나타난다. 판소리에서 소리꾼이 자신 있는 부분이나 관객의 호응이 좋은 부분을 늘렸던 것을 반영하여 장면의 극대화가 이루어졌으며, 반어적 표현과 언어유희 등으로 인물이나 사건을 우습게 표현하여 비꼼으로써 풍자의 효과를 얻게 되었다. 또한 양반과 평민의 욕구를 함께 만족시켜야 했기 때문에 양반의 한자어와 평민의 비속어가 섞여 있다. 한편으로는, 서술자가 인물을 평가하는 편집자적 논평 등 고전소설의 전형적인 특징도 찾아볼 수 있다.

① 운봉이 '각 아전들을 불러 분부'하는 장면이나, 어사또가 '부하들과 내통'하는 장면은, 장면의 극대화가 이루어진 것이군.
② 본관 사또가 '문 들어온다 바람 닫아라'라고 하는 것은, 언어유희로 본관 사또를 우스꽝스럽게 표현하여 풍자한 것이군.
③ 형리가 '본관 사또 수청 들라고 불렀더니 수절이 정절이라'라고 하는 것은, 양반의 언어와 평민의 언어가 섞여 사용된 예시이군.
④ 춘향이 '얼씨구나 좋을시고 어사 낭군 좋을시고'라고 하는 것은, 판소리의 특징인 4·4조의 운문이 나타난 것이군.
⑤ 춘향을 가리켜 '높은 절개 광채 있게 되었으니 어찌 아니 좋을쏜가'라고 하는 것은, 서술자가 인물을 평가하는 편집자적 논평이군.

서답형 04 소재의 의미 파악하기

빈칸에 들어갈 말로 적절한 것을 찾아 쓰시오.

> '층암절벽 높은 바위'와 '청송녹죽 푸른 나무'는 모두 춘향의 (　　　)을/를 표현한 것이다.

문제풀이

복습하기

문법

① 소리 나는 위치에 따른 분류

입술소리	두 입술 사이에서 나는 소리 → ㅂ, ㅃ, ㅍ, ㅁ
잇몸소리	윗잇몸과 ¹□□ 이 닿아서 나는 소리 → ㄷ, ㄸ, ㅌ, ㅅ, ㅆ, ㄴ, ㄹ
센입천장소리	센입천장과 ²□□□ 사이에서 나는 소리 → ㅈ, ㅉ, ㅊ
³□□□□□ 소리	³□□□□□ 과 혀의 뒷부분 사이에서 나는 소리 → ㄱ, ㄲ, ㅋ, ㅇ
목청소리	목청 사이에서 나는 소리 → ㅎ

② 소리 내는 방법에 따른 분류

⁴□□□ 소리	파열음	공기의 흐름을 막았다가 터뜨리면서 내는 소리
	파찰음	공기의 흐름을 막았다가 서서히 터뜨리면서 마찰시켜 내는 소리
	⁵□□□	입안이나 목청 사이의 통로를 좁히고 그 틈으로 공기를 내보내 마찰시켜 내는 소리
⁶□□ 소리	비음	입안의 통로를 막고 코로 공기를 내보내면서 내는 소리
	유음	몸에 댄 채 공기를 그 양옆으로 흘려 내보내면서 내는 소리

③ 소리의 세기에 따른 분류: 예사소리, 된소리, 거센소리

비문학

1문단	이누이트 원주민의 생존을 위협하는 기후변화	4문단	지구 온난화가 지속될 경우 나타날 수 있는 우리나라의 피해
2문단	기후변화로 인한 ⁷□□□ 의 상승	5문단	지구 온난화의 해결책 '⁹□□□□'
3문단	극지방에서 발생하는 ⁸□□□□ 현상		

문학 – 시 창작 시간(조향미)

1~3행	시 창작을 제안하는 선생님
4~8행	¹⁰□□ 를 받고 시를 쓰기 위해 노력하는 학생들
9~13행	글감을 찾는 학생들의 모습
14~18행	시를 쓰는 두 종류의 학생들 – 시의 꽃가루를 찾는 ¹¹□□ ↔ 생의 먹잇감에 끙끙대며 씨름하는 ¹²□□□
19행~21행	차근차근 시를 완성해 가는 학생들

문학 – 춘향전(작자 미상)

¹³□□□ (이몽룡)	본관 사또를 벌주고 춘향 모녀와 향단이를 서울로 데려감.
¹⁴□□	걸인이 지은 시를 읽고 걸인의 정체를 알아차림.
¹⁵□□	본관 사또의 ¹⁶□□ 요구를 거부하여 옥에 갇힘.

정답
1 혀끝   2 혓바닥   3 여린입천장   4 안울림   5 마찰음   6 울림   7 해수면   8 북극 증폭   9 탄소중립   10 시제   11 나비
12 강아지   13 어사또   14 운봉   15 춘향   16 수청

한수

03

Contents

✅ 한방에! 개념정리

✅ 한방에! 핵심정리

갈래	연설
화제	학교 폭력 없는 행복한 학교를 만들자.
특징	① 구체적인 자료를 참고하여 설득력을 높임. ② 설득적인 어조로 주제를 직접적으로 드러냄. ③ 학교 폭력 없는 학교 만들기의 필요성과 실천 방안들을 제시함.

※ 다음은 연설이다. 물음에 답하시오.

여러분, 안녕하십니까? '학교 폭력 없는 행복한 학교 만들기'라는 주제로 이야기를 할 김동국입니다.

교육부가 발표한 2018년 1차 학교 폭력 실태 조사에 따르면 중학생의 0.7퍼센트가 학교 폭력을 경험한 적이 있다고 합니다. 피해 유형별로는 언어폭력, 집단 따돌림, 스토킹, 사이버 괴롭힘의 비율이 높았습니다. 학생들이 대부분의 시간을 보내는 학교에서 이러한 폭력이 일어난다면 학생들은 깊은 상처를 입게 될 것입니다.

제 친구의 이야기를 들려드리겠습니다. 학교 폭력을 당했던 제 친구는 사소한 일에도 심하게 놀라고 항상 불안해하며 전혀 위험하지 않은 상황에서도 불안감을 느낍니다. 악몽에 시달려 잠도 제대로 자지 못한다고 합니다. 우울함과 절망감에 빠져 있는 친구의 모습을 보며 저는 눈물을 흘리지 않을 수 없었습니다. 이것이 제 친구만의 일일까요? 우리의 일이 될 수도 있습니다. 학생들의 행복한 학교생활을 위해 학교 폭력이 없는 행복한 학교 만들기는 반드시 필요합니다.

그렇다면 학교 폭력을 없애기 위해 우리가 실천할 수 있는 방법에는 어떤 것들이 있을까요? 먼저 서로를 존중하고 배려하는 태도를 가져야 합니다. 우리는 모두가 동등하고 소중한 사람입니다. 또한 주변에 관심을 가져야 합니다. 우리의 무관심 속에서 고통을 받고 있는 친구는 없는지 관심을 갖고 그들에게 먼저 손을 내미는 여유를 가집시다. 이러한 생각을 가지고 서로가 서로에게 좋은 친구가 되도록 노력한다면 학교 폭력을 없앨 수 있을 것입니다.

서로가 서로를 존중하고 배려하며 서로 관심을 갖고 어울리는 학교의 모습, 이것이 우리 모두가 원하는 행복한 학교의 모습일 것입니다. 떠올릴 때마다 행복한 학교, 매일 가고 싶은 학교, 여러분의 노력으로 만들 수 있습니다. 감사합니다.

✅ 한방에! 지식더하기

청중을 고려하여 말하기

계획하기	청중의 관심과 요구를 분석하여 말하기 계획을 세운다.
내용 마련하기	청중과 말하기의 목적을 고려하여 사용할 설득 전략을 생각하고 필요한 자료를 수집하여 말할 내용을 정리한다.
내용 조직하기	'도입 – 전개 – 정리'의 구성에 따라 개요를 작성한다.
표현하기	적절한 설득 전략을 사용해 발표문을 작성하고 청중의 반응을 고려하며 말한다.

설득 전략

이성적 설득	자료나 경험 등을 통해 논리적이고 이성적인 방법으로 주장을 뒷받침하는 방법
감성적 설득	청중의 공감과 동정, 혹은 공포와 분노 등의 감정에 호소하여 사람들의 마음을 설득하는 방법
인성적 설득	화자의 전문성과 사회성 등을 바탕으로 청중이 메시지를 신뢰하게 하는 방법

01 연설 내용 조직하기

위 연설자가 연설 전에 세운 연설 계획으로 적절하지 않은 것은?

① '도입 – 전개 – 정리'의 구성에 따라 말해야겠어.

② 학생들이 실천할 수 있는 방안을 제시해야겠어.

③ 연설의 목적을 가장 먼저 밝히며 시작해야겠어.

④ 학교 폭력을 당했던 나의 경험을 이야기하며 감정에 호소해야겠어.

⑤ 마지막에는 발표 내용을 요약하며 함께 노력해야 함을 당부해야겠어.

02 연설의 내용 파악하기

위 연설에서 알 수 있는 내용으로 적절하지 않은 것은?

① 서로 존중하고 배려하는 태도를 가져야 한다.

② 학교 폭력의 가해자들은 엄중한 처벌을 받아야 한다.

③ 주변에 관심을 가지며 함께 살아가는 사회를 만들어야 한다.

④ 학교 폭력이 없는 학교를 만들기 위해 모두가 노력해야 한다.

⑤ 학교 폭력을 없애는 것은 행복한 학교생활을 위해 반드시 필요하다.

중요 ▶ 03 연설의 표현 전략 파악하기

윗글에서 사용하고 있는 연설 방법을 보기 에서 모두 고른 것은?

> 보기
>
> ㉠ 구체적 수치를 제시하여 신뢰성을 높이고 있다.
> ㉡ 청중에게 질문을 하며 청중의 관심을 모으고 있다.
> ㉢ 문제 상황에 대해 청중에게 감정적으로 호소하고 있다.
> ㉣ 정보전달을 목적으로 구체적인 개념을 예시와 함께 설명하고 있다.

① ㉠, ㉡   ② ㉠, ㉡, ㉢   ③ ㉠, ㉡, ㉣   ④ ㉡, ㉢, ㉣   ⑤ ㉠, ㉡, ㉢, ㉣

서답형 04 연설 내용 이해하기

위 연설에서 학교 폭력 없는 학교를 만들기 위한 실천 방법이 제시된 문단을 쓰시오.

문제풀이

03강 빛의 이중적 본질

| 정답 및 해설 | 16쪽

※ 다음 글을 읽고 물음에 답하시오.

16, 17세기에 들어서면서 과학자들은 빛의 본질이 탁구공과 같은 입자인지, 아니면 소리나 물결과 같은 파동인지를 두고 진지한 논쟁을 벌여왔다.

빛의 입자설에 대한 주장은 뉴턴으로부터 출발했는데, 뉴턴은 프리즘 실험을 통해 빛이 눈에 보이지 않는 작은 입자이며, 이 때문에 직진, 굴절, 반사 등의 물리적 현상이 일어난다고 주장하였다. 뉴턴의 이 주장은 오랫동안 정설로 받아들여졌다. 그러나 19세기 초 토머스 영의 겹실틈 실험으로 빛이 입자가 아닌 파동이라는 주장이 힘을 얻게 된다. 토머스 영은 빛이 지나가는 길에 두 개의 틈을 낸 판 하나를 세워놓고 뒤쪽에는 스크린을 놓고 스크린 방향을 향해 빛을 무작위로 쐈다. 빛이 입자라면 틈이 아닌 벽면을 맞은 입자가 튕겨져 나가고, 틈으로 통과한 빛만이 스크린에 도달해 결국 스크린에는 일자 형태의 띠가 나타나야 하는데, 토머스 영의 예상과는 다르게 스크린에 무수한 빛 무늬가 만들어졌다. 이는 빛이 입자가 아니라 파동성을 가지고 있음을 드러낸 것으로, 이 실험을 통해 당시 우세하던 빛이 입자라는 주장을 부정하고 빛이 파동이라는 것을 공고히 하게 된다.

[A]

그 후 1905년, 아인슈타인은 금속에 빛을 쪨 때 금속 내부의 전자가 튀어나오는 현상을 발견한다. 이것은 빛이 파동이라면 절대 설명할 수 없는 현상이었다. 이러한 현상을 목격한 아인슈타인은 빛에는 입자화된 에너지 알갱이인 광자가 존재하고, 이것이 전자와 충돌하면서 에너지를 전달한다는 광전효과를 주장했다. 이와 더불어 금속 표면에 특정한 값보다 큰 진동수의 빛을 쪼이면 빛의 세기가 약하더라도 금속에서 전자가 방출되지만, 아무리 센 빛을 쪼여 주더라도 빛의 진동수가 특정 값보다 작으면 전자가 방출되지 않는 현상을 발견했다. 이는 금속에서 튀어나오는 전자인 광전자의 운동에너지는 빛의 세기가 아닌 빛의 진동수에 비례함을 의미한다. 아인슈타인은 광전효과를 통해 빛의 입자설을 주장하며, 기존의 과학계에 자리 잡고 있던 빛의 파동설을 완벽하게 뒤집어 놓았고, 노벨 물리학상을 타게 되었다.

광전효과 이후 빛이 파동인지 입자인지 정의를 내리는 것이 모호해졌다. ㉠ 기존의 물리학적 상식으로는 겹실틈 실험과 광전효과를 동시에 설명할 수 없었기 때문이다. 이에 대해 아인슈타인은 빛의 본질을 하나로 정의를 내릴 수 있는 것이 아닌, 입자와 파동의 두 가지 성질을 모두 지니고 있다는 빛의 양자설을 주장했다. 또한 아인슈타인의 광전효과는 광자의 운동을 관찰하는 양자역학*을 탄생시켰다. 양자역학은 원자나 분자 등 아주 작은 물질세계를 설명하는 현대 물리학의 기본이론으로, 반도체와 레이저 등 현대 전자기기도 모두 양자역학을 이용하고 있다고 해도 과언이 아니다.

한방에! 어휘풀이

* 양자역학(量子力學): 입자 및 입자 집단을 다루는 현대 물리학의 기초 이론. 입자가 가지는 파동과 입자의 이중성, 측정에서의 불확정 관계 따위를 설명한다.

01 세부 내용 파악하기

윗글에 대한 설명으로 적절하지 <u>않은</u> 것은?

① 광전효과의 등장은 빛의 본질을 정의 내리는 것에 혼란을 야기했다.
② 뉴턴은 프리즘 실험을 통해 빛이 탁구공과 같은 입자임을 증명했다.
③ 금속에 빛을 쬐면 전자가 튀어나오는 현상은 빛의 입자적 성질 때문이다.
④ 19세기 초 토머스 영은 겹실틈 실험을 하기 전에는 빛이 파동이라고 믿었다.
⑤ 겹실틈 실험의 결과 일자 형태의 띠 무늬가 나왔다면 빛이 입자라고 할 수 있었다.

02 핵심 내용 파악하기

㉠이 의미하는 바로 적절한 것은?

① 빛은 양립할 수 없는 하나의 본질만을 가진다.
② 빛은 세기에 따라 달라지는 에너지를 가지고 있다.
③ 빛은 광자로 구성되어 있어 특정한 구조에만 반응한다.
④ 빛은 물결과 같은 성질을 지니기 때문에 굴절과 반사를 일으킨다.
⑤ 빛은 원자나 분자와 같이 눈에 보이지 않는 아주 작은 물질세계를 설명할 수 있다.

중요 03 핵심 내용 적용하기

[A]를 바탕으로 보기 를 이해한 내용으로 가장 적절한 것은?

보기

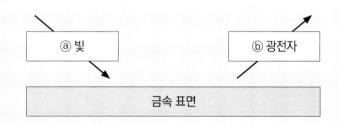

① ⓐ의 빛은 특정 값보다 큰 진동수의 빛이 되겠군.
② ⓑ의 운동에너지는 빛의 세기에 비례하고 있겠군.
③ ⓐ와 ⓑ는 서로 다른 진동수에 의해서 발생하는군.
④ ⓑ는 빛이 파동성을 가지기 때문에 발생할 수 있군.
⑤ ⓐ의 진동수가 특정한 값보다 작으면 ⓑ가 방출되겠군.

서답형 04 중심 내용 파악하기

보기 의 ㉮에 들어갈 적절한 말을 윗글에서 찾아 2음절로 쓰시오.

보기

　　1323년 과학자 콤프턴은 X-선을 흑연에 쏘아 그때 튕겨 나오는 X-선의 파장에 따른 세기를 산란 각도에 따라 측정하는 실험을 진행했다. 이 실험은 광자가 흑연 속의 전자와 충돌해 튕겨 나간다는 전제를 바탕으로 한 것으로, 빛이 (　㉮　)(이)라는 믿음을 기반에 두고 있다.

문제풀이

03강 사우가 _이신의

✔ 한방에! 핵심정리

갈래	평시조, 연시조
성격	예찬적, 의지적, 교훈적
주제	사우의 지조와 절개 예찬
특징	① 영탄적 표현과 설의법을 활용함. ② 대조적인 대상을 제시하여 자연물의 속성을 강조함.
해제	이 작품은 불안정한 정치 상황 속에서 자신의 안위를 위해 지조를 꺾는 선비들과는 달리, 절개를 지키겠다는 화자의 굳은 의지를 자연물을 통해 보여 주고 있다. 화자는 사군자인 소나무, 국화, 매화, 대나무를 네 벗(사우)으로 칭하며 혹독한 환경 속에서도 변치 않는 속성을 통해 올곧은 선비의 기상을 나타내고 있다.

✔ 한방에! 어휘풀이

* 늠연하다(凜然하다): 위엄이 있고 당당하다.
* 풍상(風霜): 바람과 서리를 아울러 이르는 말.
* 동리(東籬): 동쪽 울타리.
* 춘광(春光): 봄철의 볕. 또는 봄철의 경치.
* 번폐하다: 마다하다.
* 엄상(嚴霜): 늦가을에 아주 되게 내리는 서리.
* 청고하다(淸高하다): 맑고 고결하다.
* 청풍(淸風): 부드럽고 맑은 바람.
* 흔덕흔덕: 큰 물체 따위가 둔하게 자꾸 흔들리는 모양.

※ 다음 글을 읽고 물음에 답하시오.

바위에 서 있는 솔이 늠연한* 것이 반가온여
㉠ 풍상*을 겪어도 여위는 줄 전혀 없다
어쩌다 봄빛을 가져 고칠 줄 모르느냐

〈제1수〉

동리*에 심은 국화 귀한 줄 뉘 아느냐
춘광*을 번폐하고* ㉡ 엄상*에 혼자 피니
어즈버 청고한* 내 벗이 다만 넌가 하노라

〈제2수〉

꽃이 무한하되 매화를 심은 뜻은
㉢ 눈 속에 꽃이 피어 한 빛인 것이 귀하도다
하물며 그윽한 향기는 아니 귀하지 않겠는가

〈제3수〉

㉣ 백설이 잦은 날에 대를 보려 창을 여니
온갖 꽃 간데없고 대숲이 푸르러셰라
어째서 ㉤ 청풍*을 반겨 흔덕흔덕* 하느냐

〈제4수〉

– 이신의, 〈사우가〉 –

✔ 한방에! 같이볼작품

내 벗이 몇이냐 하니 수석과 송죽*이라
동산에 달 오르니 그 더욱 반갑구나
두어라 이 다섯밖에 또 더하여 무엇하리

<제1수>

구름 빛이 좋다 하나 검기를 자로* 한다
바람 소리 맑다 하나 그칠 적이 하노매라
좋고도 그칠 뉘 없기는 물뿐인가 하노라

<제2수>

꽃은 무슨 일로 피면서 쉬이 지고
풀은 어이하여 푸르는 듯 누르나니
아마도 변치 아닐손 바위뿐인가 하노라

<제3수>

더우면 꽃 피고 추우면 잎 지거늘
솔아 너는 어찌 눈서리를 모르느냐
구천*에 뿌리 곧은 줄을 그로 하여 아노라

<제4수>

나무도 아닌 것이 풀도 아닌 것이
곧기는 뉘 시키며 속은 어이 비었느냐
저렇게 사시*에 푸르니 그를 좋아하노라

<제5수>

작은 것이 높이 떠서 만물을 다 비추니
밤 중의 광명이 너만 한 이 또 있느냐
보고도 말 아니 하니 내 벗인가 하노라

<제6수>

– 윤선도, 〈오우가〉

* 수석(水石)과 송죽(松竹): 물과 바위, 소나무와 대나무.
* 자로: 자주.
* 구천(九泉): 땅속 깊은 밑바닥.
* 사시(四時): 봄·여름·가을·겨울의 네 철.

01 표현상의 특징 파악하기

윗글에 대한 내용으로 가장 적절한 것은?

① 동일한 구절을 반복하여 시의 주제를 강조하고 있다.

② 도치법을 활용하여 대상에 대한 비판을 제시하고 있다.

③ 대상에 감정을 이입하여 화자의 내적 갈등을 드러내고 있다.

④ 말을 건네는 방식을 사용하여 대상과의 친밀감을 드러내고 있다.

⑤ 가까운 곳에서 먼 곳으로 시선을 이동하여 풍경을 묘사하고 있다.

02 소재의 의미 파악하기

㉠~㉤ 중 의미가 나머지와 다른 것은?

① ㉠　　　　　② ㉡　　　　　③ ㉢　　　　　④ ㉣　　　　　⑤ ㉤

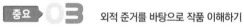 **중요 03** 외적 준거를 바탕으로 작품 이해하기

보기 를 참고하여 윗글을 이해한 내용으로 가장 적절한 것은?

보기

　　연시조는 하나의 제목 아래 두 개 이상의 평시조가 엮인 시조의 한 형식이다. 연시조에서는 각 수의 구조를 유사하게 하여 내적 통일성을 꾀하는 경우가 많은데, 부분적으로 내적 통일성에서 벗어난 표현을 활용하여 신선한 느낌을 주기도 한다.

① 각 수의 중장에서 중심 소재를 언급하여 내적 통일성을 지키고 있군.

② 〈제1수〉와 〈제4수〉는 중장에서 색채 이미지를 활용하여 내적 통일성을 획득하고 있군.

③ 〈제2수〉와 〈제3수〉는 종장에서 후각적 심상을 활용하여 내적 통일성을 획득하고 있군.

④ 〈제2수〉는 다른 수와 달리 종장을 감탄형 어미로 완결하여 내적 통일성에서 벗어나고 있군.

⑤ 〈제3수〉는 다른 수와 달리 초장을 의문형 어미로 완결하여 내적 통일성에서 벗어나고 있군.

서답형 04 작품의 내용 이해하기

빈칸에 공통으로 들어갈 말로 적절한 것을 윗글에서 찾아 1음절로 쓰시오.

　윗글의 화자가 〈제4수〉의 (　　　　)을/를 예찬하는 이유는 (　　　　)이/가 겨울에도 푸르기 때문이다.

문제풀이

사랑 손님과 어머니 _ 주요섭

| 정답 및 해설 | 19쪽

갈래	단편 소설
성격	서정적, 애상적
주제	어머니와 사랑 손님의 사랑과 이별
특징	① 시간의 흐름에 따라 사건이 전개됨. ② 대화와 행동으로 인물의 심리를 드러냄. ③ 어린아이의 시선으로 어머니와 사랑 손님을 바라봄.
해제	이 작품은 어머니와 사랑 손님의 사랑과 이별이라는 통속적인 내용을 어린아이의 시선으로 그려 내었다. 두 사람은 서로에게 호감을 느끼고 있지만 결국 인연을 맺지 못한다. 이는 남녀평등, 자유연애와 같은 근대적 가치가 수용되었음에도 여성의 재혼을 금하는 봉건적 인습이 힘을 발휘하는 시대적 분위기를 반영한 것이다.

※ 다음 글을 읽고 물음에 답하시오.

[앞부분 줄거리] 여섯 살 소녀 '나'는 과부인 어머니와 함께 산다. 어느 날, 아버지의 옛 친구인 아저씨가 동리의 학교 교사로 와 '나'의 집 사랑에 하숙*을 든다. '나'는 어머니에게 유치원에서 가져온 꽃을 주며 아저씨가 주었다고 말한다. 어머니는 꽃을 소중히 간직하고, 꽃이 시들자 찬송가 책 사이에 끼워 둔다. 아저씨가 어머니에게 편지를 준 뒤, 어머니는 '나'를 불러 사람들의 시선 때문에 '나'에게는 아빠가 생길 수 없다고 말한다.

그 날 밤, 저녁밥 먹고 나니까 어머니는 나를 불러 앉히고 머리를 새로 빗겨 주었습니다. 댕기를 새 댕기로 드려* 주고, 바지, 저고리, 치마, 모두 새것을 꺼내 입혀 주었습니다.

"엄마, 어디 가?" / 하고 물으니까, / "아니."

하고 웃음을 띠면서 대답합니다. 그러더니, 풍금 옆에서 내리어 새로 다린 하얀 ㉠손수건을 내리어 내 손에 쥐어 주면서,

"이 손수건, 저 사랑 아저씨 손수건인데, 이것 아저씨 갖다 드리구 와, 응. 오래 있지 말구 손수건만 갖다 드리구 이내 와, 응." / 하고 말씀하셨습니다.

손수건을 들고 사랑으로 나가면서 나는 접어진 손수건 속에 무슨 발각발각하는* 종이가 들어 있는 것처럼 생각되었습니다마는, 그것을 펴 보지 않고 그냥 갖다가 아저씨에게 주었습니다.

아저씨는 방에 누워 있다가 벌떡 일어나서 손수건을 받는데, 웬일인지 아저씨는 이전처럼 나보고 **빙그레 웃지도 않고 얼굴이 몹시 파래졌습니다.** 그리고는, 입술을 질근질근 깨물면서 말 한마디 아니하고 그 손수건을 받더군요.

나는 어째 이상한 기분이 들어서 아저씨 방에 들어가 앉지도 못하고, 그냥 되돌아서 안방으로 도로 왔지요. 어머니는 ㉡풍금* 앞에 앉아서 무엇을 그리 생각하는지 가만히 있더군요. 나는 풍금 옆으로 가서 가만히 옆에 앉아 있었습니다. 이윽고, 어머니는 조용조용히 풍금을 타십니다. 무슨 곡조인지는 몰라도 어째 구슬프고 고즈넉한* 곡조야요.

밤이 늦도록 어머니는 풍금을 타셨습니다. 그 구슬프고 고즈넉한 곡조를 계속하고 또 계속하면서…….

여러 밤을 자고 난 어떤 날 오후에 나는 오래간만에 아저씨 방엘 나가 보았더니, 아저씨가 짐을 싸느라고 분주하겠지요. 내가 아저씨에게 손수건을 갖다 드린 다음부터는 웬일인지 아저씨가 나를 보아도 언제나 퍽 슬픈 사람, **무슨 근심이 있는 사람처럼 아무 말도 없이 나를 물끄러미 바라다만 보고 있어서,** 나도 그리 자주 놀러 오지는 않았던 것입니다. 그랬었는데 이렇게 갑자기 짐을 꾸리는 것을 보고 나는 놀랐습니다.

"아저씨, 어데 가우?" / "응, 멀리루 간다." / "언제?" / "오늘 기차 타구!"

"응, 기차 타구……. 갔다가 언제 또 오우?"

아저씨는 아무 대답도 없이 서랍에서 예쁜 ㉢인형을 하나 꺼내서 내게 주었습니다.

"옥희, 이것 가져, 응. 옥희는 아저씨 가구 나문 아저씨 이내 잊어버리구 말겠지!"

나는 **갑자기 슬퍼**졌습니다.

"아니." / 하고 얼른 대답하고, 인형을 안고 안으로 들어왔습니다.

"엄마, 이것 봐, 아저씨가 이것 나 줬다우. 아저씨가 오늘 기차 타구 먼 데루 간대."

하고 내가 말했으나, 어머니는 대답이 없으십니다.

"엄마, 아저씨 왜 가우?" / "학교 방학했으니깐 가지."

"어디루 가우?" / "아저씨 집으로 가지 어디루 가."

"갔다가 또 오우?" / 어머니는 대답이 없으십니다.

"난 아저씨 가는 거 나쁘다." / 하고 입을 쫑긋했으나, 어머니는 그 말에 대답 않고,

"옥희야, 벽장에 가서 ㉣ 달걀 몇 알 남았나 보아라." / 하고 말씀하셨습니다.

나는 깡충깡충 방 안으로 들어갔습니다. 달걀은 여섯 알이 있었습니다.

"여스 알." / 하고 나는 소리쳤습니다. / "응, 다 가지고 이리 나오너라."

어머니는 그 달걀 여섯 알을 다 삶았습니다. 그 삶은 달걀 여섯 알을 손수건에 싸 놓고, 또 반지*에 소금을 조금 싸서 한 귀퉁이에 넣었습니다.

"옥희야, 너 이것 갖다 아저씨 드리고, 가시다가 찻간*에서 잡수시랜다구, 응."

그 날 오후에 아저씨가 떠나간 다음, 방에서 아저씨가 준 인형을 업고 자장자장 잠을 재우고 있었습니다. 어머니가 부엌에서 들어오시더니,

"옥희야, 우리 뒷동산에 바람이나 쐬러 올라갈까?" / 하십니다.

"응, 가, 가." / 하면서 나는 좋아 덤비었습니다. 잠깐 다녀올 터이니 집을 보고 있으라고 외삼촌에게 이르고, 어머니는 내 손목을 잡고 나섰습니다.

"엄마, 나 저, 아저씨가 준 인형 가지고 가?" / "그러럼."

나는 인형을 안고 어머니 손목을 잡고 뒷동산으로 올라갔습니다. 뒷동산에 올라가면 정거장이 빤히 내려다보입니다.

"엄마, 저 정거장 봐, 기차는 없군."

어머니가 아무 말씀도 없이 가만히 서 계십니다. 사르르 바람이 와서 어머니 모시* 치맛자락을 산들산들 흔들어 주었습니다. 그렇게 **산 위에 가만히 서 있는** 어머니는 **다른 때보다도 한층 더 이쁘게 보였**습니다.

저편 산모퉁이에서 기차가 나타났습니다.

"아, 저기 기차가 온다." / 하고 나는 좋아서 소리쳤습니다. 기차는 정거장에 잠시 머물더니, 금시에 뻑 하고 소리를 지르면서 움직였습니다.

"기차 떠난다." / 하면서 나는 **손뼉**을 쳤습니다. 기차가 저편 산모퉁이 뒤로 사라질 때까지, 그리고 그 굴뚝에서 나는 연기가 하늘 위로 모두 흩어져 없어질 때까지, 어머니는 가만히 서서 그것을 바라다보았습니다.

뒷동산에서 내려오자 어머니는 방으로 들어가시더니, 이때까지 뚜껑을 늘 열어 두었던 풍금 뚜껑을 닫으십니다. 그리고는, 거기 쇠를 채우고 그 위에다가 이전 모양으로 반짇고리를 얹어 놓으십니다. 그리고는, 그 옆에 있는 찬송가를 맥없이 들고 뒤적뒤적하시더니, 빼빼 마른 ㉤ 꽃송이를 그 갈피에서 집어 내시고,

"옥희야, 이것 내다 버려라." / 하고 그 마른 꽃을 내게 주었습니다. 그 꽃은 내가 유치원에서 갖다가 어머니께 드렸던 그 꽃입니다.

- 주요섭, 〈사랑 손님과 어머니〉 -

※ **전체 줄거리**

여섯 살 소녀 '나(옥희)'는 과부인 어머니와 함께 산다. 어느 날, '나'의 집 사랑에 아버지의 옛 친구인 아저씨가 하숙을 든다. 아저씨와 어머니는 서로를 의식하고, '나' 또한 아저씨가 아빠였으면 하고 바라게 된다. 그러나 어머니는 주위 시선과 '나'의 미래에 대한 걱정으로 아저씨와의 관계를 정리하기로 결정하고, 아저씨에게 거절의 뜻을 보인다. 결국 아저씨는 '나'의 집을 떠나게 된다.

✔ **한방에! 어휘 풀이**

★ **하숙(下宿)**: 일정한 방세와 식비를 내고 남의 집에 머물면서 숙식함.

★ **드리다**: 땋은 머리 끝에 댕기를 물리다.

★ **발깍발깍하다**: 책장이나 종잇장 따위를 잇따라 넘기는 소리가 나다.

★ **풍금(風琴)**: 페달을 밟아서 바람을 넣어 소리를 내는 건반 악기.

★ **고즈넉하다**: 고요하고 아늑하다.

★ **반지(半紙)**: 얇고 흰 일본 종이.

★ **찻간(車間)**: 기차나 버스 따위에서 사람이 타는 칸.

★ **모시**: 모시풀 껍질의 섬유로 짠 피륙. 베보다 곱고 빛깔이 희며 여름 옷감으로 많이 쓰인다.

01 인물의 행동 이해하기

어머니의 행동을 설명한 내용으로 가장 적절한 것은?

① '나'에게 연주를 들려주기 위해 풍금을 탔다.
② '나'가 놀림 받지 않게 하기 위해 단장해 주었다.
③ 아저씨가 떠나는 모습을 보기 위해 뒷동산에 올라갔다.
④ 아저씨가 떠난다는 사실을 확인하기 위해 직접 물어보았다.
⑤ '나'의 거짓말을 알고 있음을 드러내기 위해 꽃을 버리게 하였다.

02 소재의 의미 파악하기

㉠~㉤에 대한 설명으로 적절하지 않은 것은?

① ㉠: 어머니가 아저씨에게 거절의 뜻을 전한 방식이다.
② ㉡: 어머니가 느끼는 슬픔을 간접적으로 드러내고 있다.
③ ㉢: 아저씨가 어머니에게 잘 보이기 위해 '나'에게 준 것이다.
④ ㉣: 아저씨에 대한 어머니의 애정을 알 수 있다.
⑤ ㉤: 어머니가 아저씨에 대한 마음을 간직하고 있었음을 알 수 있다.

중요 03 외적 준거를 바탕으로 작품 감상하기

보기 를 참고하여 윗글을 감상한 내용으로 적절하지 않은 것은?

보기

〈사랑 손님과 어머니〉는 옥희라는 여섯 살 어린아이의 눈으로 어머니와 아저씨(사랑 손님)의 행동을 관찰하고 있다. 어린아이의 순수한 시선은 어머니와 사랑 손님의 사랑을 아름답게 승화시키며, 이는 주제를 효과적으로 드러내는 역할을 한다. 또한 어린 서술자가 사건과 인물의 심리를 제대로 이해하지 못하여 독자로 하여금 웃음을 짓게 하기도 한다. 이를 통해 독자는 사건과 인물의 심리를 추측하고 상상하는 재미를 느낄 수 있다.

① 아저씨가 손수건을 받고 '빙그레 웃지도 않고 얼굴이 몹시 파래졌'다는 것은, 독자가 아저씨의 심리를 상상할 수 있는 단서가 되는군.
② 아저씨가 '무슨 근심이 있는 사람처럼 아무 말도 없이 나를 물끄러미 바라다만 보고 있'었다는 것은, 독자가 종이에 적힌 내용을 추측할 수 있는 단서가 되는군.
③ '나'가 아저씨가 떠난다는 것을 알고 '갑자기 슬퍼'져서는 어머니에게 '아저씨 가는 거 나쁘다'고 말한 것은, '나'가 어머니의 마음을 이해하고 있었기 때문이군.
④ 어머니가 '산 위에 가만히 서 있'을 때 '다른 때보다도 한층 더 이쁘게 보였'다는 것은, 어린아이의 시선으로 어머니와 아저씨의 사랑을 아름답게 승화한 것이군.
⑤ '나'가 기차가 떠나는 것을 보며 '손뼉을 쳤'던 것은, '나'가 사건을 제대로 이해하지 못하고 철없는 행동을 한 것이군.

* 승화하다(昇華하다): 어떤 현상의 더 높은 상태로 발전하다.

서답형 04 작품의 내용 파악하기

빈칸에 들어갈 말로 적절한 것을 윗글에서 찾아 쓰시오.

아저씨가 '나'의 집을 떠난 표면적인 이유는 아저씨가 교사 일을 하던 동리의 학교가 (   )을/를 했기 때문이다.

문제풀이

복습하기

화법

1 ⬜⬜⬜ 설득	자료나 경험 등을 통해 논리적이고 이성적인 방법으로 주장을 뒷받침하는 방법
2 ⬜⬜⬜ 설득	청중의 공감과 동정, 혹은 공포와 분노 등의 감정에 호소하여 사람들의 마음을 설득하는 방법
3 ⬜⬜⬜ 설득	화자의 전문성과 사회성 등을 바탕으로 청중이 메시지를 신뢰하게 하는 방법

비문학

1문단	빛의 본성에 대한 두 견해
2문단	빛이 파동임을 증명해 낸 토머스 영의 4 ⬜⬜⬜⬜⬜
3문단	빛이 입자임을 증명해 낸 아인슈타인의 5 ⬜⬜⬜⬜
4문단	6 ⬜⬜⬜⬜의 등장

문학 – 사우가(이신의)

제1수	풍상에도 여위지 않는 7 ⬜⬜⬜ 예찬
제2수	엄상에도 혼자 피는 8 ⬜⬜ 예찬
제3수	눈 속에 피어난 9 ⬜⬜ 예찬
제4수	눈이 내리는 날에도 푸른 10 ⬜⬜⬜ 예찬

문학 – 사랑 손님과 어머니(주요섭)

어머니가 아저씨에게 11 ⬜⬜⬜을 가져다 주라고 '나'에게 말함.

⬇

어머니가 밤이 늦도록 12 ⬜⬜을 탐.

⬇

아저씨가 떠나기 전 '나'에게 13 ⬜⬜을 줌.

⬇

어머니는 아저씨에게 14 ⬜⬜을 챙겨 주고, 떠나는 기차를 바라봄.

⬇

집에 돌아온 어머니가 마른 15 ⬜⬜⬜를 버림.

정답	1 이성적 2 감성적 3 인성적 4 겹실틈 실험 5 광전효과 6 양자역학 7 소나무 8 국화 9 매화 10 대나무 11 손수건
	12 풍금 13 인형 14 달걀 15 꽃송이

한수

04

Contents

※ 다음은 학생의 초고이다. 물음에 답하시오.

배드민턴부에 가입하세요

우리 학교의 으뜸 동아리. 당연히 배드민턴부이지요. 배드민턴부는 학생들의 건강과 집중력을 향상하여 학습에 도움을 줄 목적으로 만들어졌어요. 동아리가 만들어진 첫해에는 지역 배드민턴 대회에 나가 3위에 입상하는 성과를 이루었어요.

여러분은 배드민턴이라는 이름의 유래를 알고 있나요? 배드민턴은 인도의 푸나 지역의 민속 경기에서 유래했어요. 이것을 인도에 주둔하고 있던 영국군 장교들이 배워서 영국에 전파하여 배드민턴 지방을 중심으로 보급하기 시작했어요. ⓐ 경기 이름도 배드민턴으로 불리게 되었어요.

배드민턴은 라켓과 셔틀콕만 있으면 장소에 크게 얽매이지 않고 즐길 수 있는 운동이에요. 그러면서도 운동 효과는 매우 뛰어나죠. 먼저 민첩성과 순간적인 판단력을 길러 주어요. 날아오는 공을 쳐 넘기려면 몸을 빠르게 움직여야 하는데 이를 위해서는 순간적으로 어디로 움직일지 결정해야 하기 때문이지요. 또 움직이고 멈추기를 쉴 새 없이 반복하기 때문에 집중력이 향상되어 학습에도 도움이 돼요. 그래서인지 배드민턴부 선생님께서는 "빠르게 움직이는 셔틀콕을 받아치다 보면 집중력이 향상되어 학습에 도움이 된다."ⓒ고 늘 말씀하신답니다. 이 밖에도 배드민턴은 심장과 폐의 기능을 ⓒ 증강하고 근육과 뼈를 튼튼하게 해 주는 효과가 있어요.

ⓓ 그러나 배드민턴은 건강과 공부라는 두 마리의 토끼를 다 잡을 수 있는 운동이에요. 우리 배드민턴부는 가을에 있을 지역 대회 우승을 목표로 열심히 연습하고 있어요. ⓔ 작년 대회에는 초청가수도 오고 푸드트럭도 와서 무척이나 재미있었어요. 1학년 여러분, 우리 배드민턴부 멋지지 않나요? 운동도 함께하고 친구들과 좋은 추억을 남기고 싶지 않나요? 우리 동아리 방은 언제나 열려 있으니 주저하지 마세요.

글쓰기 과정

계획하기	글의 목적, 예상 독자, 매체 등을 고려하여 글쓰기 계획을 마련

↓

내용 마련하기	글의 주제와 관련한 다양한 자료를 수집 → 자료 수집 방법: 책, 신문 기사, 인터넷, 전문가 면담 등

↓

내용 조직하기	수집한 정보 중 글의 주제와 목적에 맞는 내용을 선정하여 '처음 - 중간 - 끝'의 순서에 맞게 글의 개요 작성

↓

초고 쓰기	개요를 바탕으로 주제와 목적이 잘 드러나도록 글로 표현

↓

고쳐 쓰기	완성한 글을 읽어 보며 처음 계획한 대로 썼는지를 점검하고 조정

01 소개 글쓰기 내용 이해하기

윗글의 목적으로 적절한 것은?

① 배드민턴 대회를 홍보하기 위해서 작성한 글이다.
② 배드민턴부를 지역 사회에 홍보하기 위해 작성한 글이다.
③ 배드민턴부의 신입 부원을 모집하기 위해서 작성한 글이다.
④ 배드민턴이 공부에 미치는 영향을 알리기 위해 작성한 글이다.
⑤ 배드민턴의 라켓과 셔틀콕의 특징에 대해 설명하기 위해서 작성한 글이다.

02 소개 글쓰기 내용 점검, 조정하기

윗글을 고쳐 쓰기 위한 방안으로 적절하지 않은 것은?

① ㉠: 문장이 매끄럽게 연결되지 않기 때문에 '이에 따라'를 넣어준다.
② ㉡: 선생님의 말씀을 직접 인용하고 있기 때문에 '라고'로 수정한다.
③ ㉢: 1학년을 대상으로 하고 있기 때문에 대상에 맞춰 단어를 '강조'로 수정한다.
④ ㉣: 앞 문장과의 연결이 자연스럽지 않으므로 '이처럼'으로 수정한다.
⑤ ㉤: 글의 내용상 불필요한 문장이므로 삭제한다.

중요 03 소개 글쓰기 내용 조직하기

보기 는 윗글을 작성하기 위해 세운 작문 계획이다. 윗글과 비교했을 때 적절하지 않은 것은?

보기

- 처음: 배드민턴부 소개 – 배드민턴부를 만든 동기

- 중간: 배드민턴 소개 ┬ 배드민턴의 장점과 효과
  ├ 유명한 배드민턴 선수 소개
  └ 배드민턴과 관련된 드라마 소개

- 끝: 앞으로의 계획 ┬ 지역 대회 우승 목표
  └ 배드민턴부에 들어와 달라는 부탁의 말

① 배드민턴부를 만든 동기를 이야기하면서 글을 시작해야겠어.
② 배드민턴의 장점과 효과에 대해 이야기하면 1학년 아이들이 배드민턴에 흥미를 가지겠지? 네 개 정도 이야기하면 좋을 것 같아.
③ 유명한 배드민턴 선수를 소개하면 1학년 학생들이 조금 더 배드민턴에 관심을 가질 것 같아. 중간 부분에서 적당히 설명하는 것이 좋겠어.
④ 배드민턴과 관련된 드라마를 소개하는 것은 글의 목적과 알맞지 않은 것 같아. 초고를 작성할 때는 삭제하는 것이 좋겠어.
⑤ 마지막으로는 배드민턴부에 들어와 달라는 부탁의 말로 끝내는 것이 깔끔할 것 같아.

서답형 04 설명 글쓰기 내용 분석하기

보기 는 글을 작성하기 전 글쓰기 계획을 작성한 것이다. ⓐ에 들어갈 말을 윗글에서 찾아 1음절로 쓰시오.

보기

- 글의 주제: 배드민턴의 운동 효과와 동아리 소개
- 독자: (ⓐ) → 배드민턴부를 잘 모르는 (ⓐ)에게 배드민턴부를 홍보하자.
- 매체: 동아리 홍보지 → 일일이 홍보지를 나누어 주면 효과적으로 홍보할 수 있어.

문제풀이

04강

독서 – 기술(산업 기술)

홍채 인식

✔ 한방에! 개념정리

✔ 한방에! 핵심정리

갈래	설명문
주제	홍채 인식
해제	이 글은 최근 생체 인식 기술로 각광을 받고 있는 홍채 인식 기술의 원리에 대해 설명하고 있다. 홍채는 개인마다 고유한 패턴을 가지고 있기 때문에 상당히 높은 보안성이 있다고 평가받는다. 홍채 인식의 과정은 일반적으로 홍채 영상의 취득, 홍채 영역 검출, 눈꺼풀 및 속눈썹의 검출과 배제, 홍채 패턴 및 코드 추출, 홍채 코드 매칭 과정으로 이루어진다.

◆ 문단 중심 내용

1문단	홍채 인식의 개념과 홍채의 특징
2문단	홍채 인식의 과정 ①
3문단	홍채 인식의 과정 ②
4문단	생체 인식 기술 중 홍채 인식의 우수성

✔ 한방에! 어휘풀이

★ **식별하다(識別하다)**: 분별하여 알아보다.
★ **배제(排除)**: 받아들이지 아니하고 물리쳐 제외함.

| 정답 및 해설 | 23쪽

※ 다음 글을 읽고 물음에 답하시오.

　최근 각광받는 홍채 인식은 사람의 눈의 홍채를 이용하여 식별하는* 기술이다. 홍채는 동공 주위에 있는 도넛 모양의 막으로, 동공 크기를 조절하여 안구로 들어오는 빛의 양을 조절하며 생후 1~2년간 특정한 패턴을 이루고 그 이후에는 변화하지 않는다. 홍채의 패턴은 유전적 영향을 거의 받지 않으며 개인마다 고유한 패턴을 형성하게 된다. 그래서 일란성 쌍둥이의 경우에도 홍채 패턴이 다르고, 동일인이더라도 왼쪽과 오른쪽 눈의 홍채 패턴이 다르다.

　홍채 인식 과정은 영상 취득, 홍채 영역 검출, 눈꺼풀 및 속눈썹 검출과 배제*, 홍채 패턴 및 코드 추출, 홍채 코드 매칭 과정으로 이루어진다. 우선, 홍채의 영상은 근적외선 카메라로 촬영하여 얻는다. 근적외선 카메라는 눈에 자극을 주지 않기 때문에 동공의 크기와 홍채의 형태가 변하지 않아 홍채 영역을 다양한 흑백 명암으로 나타낼 수 있다. 다음으로 촬영된 영상에서 홍채 영역만 검출한다. 홍채 영역을 검출하기 위해서는 동공과 홍채, 홍채와 공막 사이의 경계면을 모두 구분해야 하는데, 이때 동공과 홍채 사이의 내부 원과 홍채와 공막 사이의 외부 원을 검출할 수 있다. 하지만 이렇게 검출된 홍채 영역은 ⓐ 눈꺼풀과 속눈썹에 의해 가려지는 경우가 많아 홍채 인식의 정확도를 낮추는 요인으로 작용한다. 따라서 촬영된 영상에서 흑백 명암이 크게 변화되는 점을 찾고 이를 활용해서 눈꺼풀과 속눈썹을 배제한다.

　다음으로 눈꺼풀과 속눈썹이 배제된 홍채 영상을 바탕으로 고유한 ⓑ 홍채 패턴을 추출한 후에 홍채 코드의 매칭 과정으로 인증 여부를 판단한다. 이를 위해서는 먼저 홍채 영역을 극좌표계로 표시한다. 여기서 극좌표계는 홍채 패턴 정보를 가지고 있는 특정 홍채 영역을 홍채 중심과의 거리와 각도로 표시하는 것을 의미한다. 홍채 코드 매칭 과정에서는 추출된 홍채 코드가 이미 등록된 홍채 코드와 얼마나 일치하는지를 확인하여 인증 또는 거부를 판단한다.

　홍채 인식과 같이 인간의 신체 부위를 인식해서 본인 인증을 하는 기술을 생체 인식이라고 말한다. 지문 또한 홍채처럼 개인에 따라 고유한 패턴이 있어 생체 인식 기술에 활용되지만, 성장 과정에서 지문이 손상되거나 변형될 가능성이 있다. 이에 반해 홍채 인식은 그러한 우려가 거의 없어 보안성이 높다고 평가받는다. 이외도 안면인식, 음성인식, 정맥인식 등 다양한 방식의 생체 인식 기술이 있다.

48 **한** 번에 **수**능까지 완성하는 중학 국어 [중 2-1]

01 핵심 내용 파악하기

윗글에 대한 설명으로 적절한 것은?

① 홍채 인식 과정과 원리를 설명하고 있다.
② 홍채 인식 기술의 위험성을 경고하고 있다.
③ 홍채 인식의 장점과 단점을 보여 주고 있다.
④ 홍채의 고유한 패턴의 특징을 분석하고 있다.
⑤ 홍채 인식을 대신할 새로운 기술을 제시하고 있다.

02 세부 내용 파악하기

ⓐ와 ⓑ의 관계에 대한 설명으로 적절한 것은?

① ⓐ는 ⓑ를 보호하는 기능을 한다.
② ⓐ는 ⓑ가 측정하려는 대상 중 하나이다.
③ ⓐ는 ⓑ와 같이 유전적 영향을 크게 받는다.
④ ⓐ는 ⓑ가 고유한 특징을 갖게 하는 원인이다.
⑤ ⓐ는 ⓑ의 정확한 측정을 방해하는 장애물이다.

중요 03 핵심 내용 이해하기

윗글을 바탕으로 보기 를 설명한 내용으로 적절하지 않은 것은?

보기

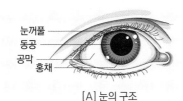

[A] 눈의 구조   [B] 홍채 영상

① [A]의 동공과 홍채 사이의 경계는 [B]의 (나)와 같이 나타난다.
② [A]를 근적외선 카메라로 촬영하여 [B]와 같은 영상을 얻는다.
③ [A]의 홍채 패턴은 [B]의 극좌표계인 (다)를 활용하여 표시한다.
④ [A]의 홍채는 [B]에서 형태의 변화에 따라 다양한 흑백 명암으로 나타난다.
⑤ [A]의 홍채는 [B]의 (가)로 나타나며 고유한 홍채 패턴을 추출 후 매칭을 통해 본인을 인증하는 데 사용된다.

서답형 04 세부 내용 파악하기

빈칸에 들어갈 말로 적절한 것을 골라 차례대로 쓰시오.

(지문 / 홍채)은/는 상처를 입거나, 외부의 자극으로 인해 형태가 변하게 되면 인식이 어렵다는 문제가 있지만 (지문 / 홍채)은/는 그러한 우려가 거의 없기 때문에 보안성이 높다.

문제풀이

북어 _ 배우식

| 정답 및 해설 | 25쪽

갈래	자유시, 산문시
성격	풍자적
주제	부질없는 위협으로 허세를 부리는 세태 풍자
특징	① 북어의 모습을 통해 세태를 풍자함. ② 사물 화자인 북어의 심정이 직접적으로 드러남.
해제	이 작품은 북어를 화자로 내세워 진실과 거짓을 제대로 보지 못하는 사람들에 대한 비판 의식을 드러내고 있다. 북어를 의인화하고, 북어의 외양 묘사와 그에 대한 북어의 인식을 통해 우리 사회의 허위와 허풍을 해학적으로 풍자하고 있다.

※ 다음 글을 읽고 물음에 답하시오.

　　사람한테 잡혀가도 입을 크게 벌리고만 있으면 산다고 아버지한테 귀 닳도록 들었습니다 사람한테 잡혀가도 눈을 크게 부라리고만 있으면 사람들이 겁먹고 도망간다고, 눈을 똑바로 뜨고만 있으면 사람들이 무서워서 벌벌 떨며 도망간다고 아버지한테 귀 빠지게 들었습니다 잘 보이지는 않지만, ㉠ 눈 하나 깜빡대지 않고 크게 뜨고 있는 내가 무섭지요 벌벌 떨리지요?

- 배우식, 〈북어〉 -

밤의 식료품 가게
케케묵은 먼지 속에
죽어서 하루 더 손때 묻고
터무니없이 하루 더 기다리는
북어들,
북어들의 일 개 분대가
나란히 꼬챙이에 꿰어져 있었다.
나는 죽음이 꿰뚫은 대가리를 말한 셈이다.
한 쾌의 혀가
자갈처럼 죄다 딱딱했다.
나는 말의 변비증을 앓는 사람들과
무덤 속의 벙어리를 말한 셈이다.
말라붙고 짜부라진 눈,
북어들의 빳빳한 지느러미.
막대기 같은 생각
빛나지 않는 막대기 같은 사람들이
가슴에 싱싱한 지느러미를 달고
헤엄쳐 갈 데 없는 사람들이
불쌍하다고 생각하는 순간,
느닷없이
북어들이 커다랗게 입을 벌리고
거봐, 너도 북어지 너도 북어지 너도 북어지
귀가 먹먹하도록 부르짖고 있었다.

- 최승호, 〈북어〉

01 표현상의 특징 파악하기

윗글에 대한 설명으로 적절하지 <u>않은</u> 것은?

① 화자의 인식을 통해 현대 사회를 비판하고 있다.

② 화자가 상대에게 말을 건네는 방식을 활용하고 있다.

③ 비슷한 문장 구조를 반복하여 운율을 형성하고 있다.

④ 북어를 의인화하여 주제를 효과적으로 표현하고 있다.

⑤ 북어의 모습을 묘사하여 긍정적인 시선을 드러내고 있다.

02 세부 내용 파악하기

윗글의 화자가 ㉠처럼 행동하고 있는 이유로 가장 적절한 것은?

① 함께 잡힌 동료에게 용기를 주기 위해서이다.

② 사람들을 위협하여 도망가게 하기 위해서이다.

③ 아버지의 모습과 닮아 보이게 하기 위해서이다.

④ 무서운 모습을 보여 사람한테 잡히지 않기 위해서이다.

⑤ 아버지가 죽기 전 남긴 소원을 들어 드리기 위해서이다.

중요 03 작품 간의 공통점, 차이점 파악하기

윗글과 보기 를 비교한 내용으로 적절하지 <u>않은</u> 것은?

보기

밤의 식료품 가게
케케묵은 먼지 속에
죽어서 하루 더 손때 묻고
터무니없이 하루 더 기다리는
북어들,
　　　　　(중략)
막대기 같은 생각
빛나지 않는 막대기 같은 사람들이

가슴에 싱싱한 지느러미를 달고
헤엄쳐 갈 데 없는 사람들이
불쌍하다고 생각하는 순간,
느닷없이
북어들이 커다랗게 입을 벌리고
거봐, 너도 북어지 너도 북어지 너도 북어지
귀가 먹먹하도록 부르짖고 있었다.
　　　　　　　　　　　　- 최승호, 〈북어〉

① 윗글과 〈보기〉의 북어는 모두 비판의 대상이다.

② 윗글과 〈보기〉는 모두 북어를 통해 세태를 풍자하고 있다.

③ 윗글의 화자는 북어이지만, 〈보기〉의 화자는 사람이다.

④ 윗글은 비유법을 활용했지만, 〈보기〉는 활용하지 않았다.

⑤ 윗글은 행의 구분이 없지만, 〈보기〉에는 행의 구분이 있다.

＊ 세태(世態): 사람들의 일
상생활, 풍습 따위에서
보이는 세상의 상태나
형편.

서답형 04 표현상의 특징 파악하기

윗글에서 보기 의 표현법이 사용된 부분을 찾아 2어절로 쓰시오.

보기

쉽게 판단할 수 있는 사실을 의문의 형식으로 표현하여 상대편이 스스로 판단하게 하는 수사법

| 정답 및 해설 | 26쪽

※ 다음 글을 읽고 물음에 답하시오.

요즈음은 가족 모임이나 친구들의 모임 장소가 늘 뷔페식당이다. 결혼식장을 가도 한결같이 뷔페식이다(난, 정말이지 말간 잔치국수가 그립단 말이다).

이곳저곳 ㉠ 피라미드처럼 쌓아 올린 음식들은 먹음직스러워 보이고, 그 앞에 접시를 들고 서 있는 사람들의 얼굴은 만족스러워 보인다. 무언가 선택의 폭이 넓어진 것 같고, 그만큼 더 풍요로워진 느낌이다. 욕심껏 하나하나, 본전 생각에 마음 아리지* 않도록, 사람들은 최선을 다해 음식을 먹고 또 먹는다. 인터넷에서 찾아본 '호텔 뷔페 뽕 뽑기 전략' 지침*대로, ㉡ 가벼운 것에서부터 무거운 것으로, 조금 더 신선한 것을 먹기 위해, 사람들은 줄지어 움직인다. 입맛에 맞지 않아 남겨진 음식들은 종업원에 의해 신속히 치워지고, 사람들은 다시 새 접시를 들고 화수분*처럼 줄지 않는 음식들을 향해 걸어 나간다. ㉢ 음식은 많되 영혼은 없고, 음식은 많되 맛은 언제나 평균적인 뷔페식당으로, 사람들은 오늘도 만족스러운 표정을 지으며 찾아간다. ㉣ 먹어도 먹어도 채워지지 않는 허기에 잠시 고개를 갸우뚱하지만, 그것도 잠깐, 자신의 능력치 이상을 먹기 위해 애쓴다.

㉤ 뷔페들 다녀오셨습니까? 잘하셨습니다. 이제 당신의 허기는 예전보다 갑절은 더 늘어났을 것입니다. ㉥ 허기란 원래 상대적인 것이니까요.

– 이기호, 〈뷔페들 다녀오십니까〉 –

* 내용 구성

처음	뷔페식이 일반화되었지만 글쓴이는 잔치국수가 그리움.
중간	먹어도 먹어도 허기는 채워지지 않지만 사람들은 자신의 능력치 이상을 먹으려고 애씀.
끝	뷔페에 다녀왔어도 허기는 채워지지 않았을 것임.

[리포트]

경기도의 한 뷔페식당 손님이 떠난 자리에는 남은 음식이 가득합니다. 초밥 위의 회만 떼어 먹고 빵은 한 입만 먹고 버리고 먹기 싫은 채소는 그대로 놔둡니다.

뷔페 이용객 : 처음에 배고파서 많이 집다가 먹다 보면 배가 부르잖아요. 그렇게 되면 먹기가 좀 힘드니까.

250여석 규모의 이 뷔페음식점에서만 하루에 100kg, 한 달에 3톤 넘는 음식물쓰레기가 나옵니다. 대부분 남긴 음식입니다. 음식물을 남기면 '벌금'을 내야 한다는 공지도 있지만 실제로 돈을 받는 곳은 드뭅니다. 자칫 손님과 싸움으로 번질 수도 있기 때문입니다.

뷔페 운영자 : 금액으로 따지면 월 한 200 정도 수거비용이 들어가고 있어요. 손님들이 더러 배가 부르다는 이유로...

일부 식당에선 '기부금'을 받아 소아병동에 기부하는 사례도 있습니다. 하지만 음식물쓰레기를 줄이기 위한 적극적인 대안은 되지 못합니다. 욕심내지 않고 먹을 만큼만 먹는 현명한 소비가 필요합니다.

　　　　　　　　　- 2016.05.07 TV조선, <늘어나는 뷔페...'얌체족'들의 음식물쓰레기 폭탄>

올 8월 음식 재사용으로 문제가 됐던 'T 평촌점'은 물론 대형 뷔페식당은 대부분이 이런 음식 재사용이 빈번하게 이뤄지고 있다.

특히 주말에 손님이 많이 몰릴 경우, 이를 폐기 처분하지 않고 냉동 보관했다가 월요일에 다시 사용하는 형태가 많다.

문제의 'T'의 타 지점은 조리시설 위생 기준 위반으로 과태료 처분을 받았다.

백화점에 입점한 유명 음식점인 'A' 한 곳도 조리기구 위생 불량으로 과태료 처분을 받은 것으로 드러났다.

　　　　　　　　　[중략]

국내 60곳 프랜차이즈 뷔페식당의 서울 영등포구 소재 직영점주는 "일단 손님들이 뷔페 음식에 대해 너무 쉽게 먹고 남으면 그만이라는 생각이 대부분"이라며 "중저가 뷔페식당은 더욱 그렇다. 요즘 같은 9월 10월달 주말 기준으로 버리는 양은 무게로만 800kg에 달할 때도 있다."고 어려움을 호소했다.

　　　　　　　　　- 2018.10.18 환경데일리, <대형뷔페식당 위생, 음식물쓰레기 날로 심각>

절대
남기지 마시오.

* 아리다 : 마음이 몹시 고통스럽다.
* 지침(指針) : 생활이나 행동 따위의 지도적 방법이나 방향을 인도하여 주는 준칙.
* 화수분 : 재물이 계속 나오는 보물단지. 그 안에 온갖 물건을 담아 두면 끝없이 새끼를 쳐 그 내용물이 줄어들지 않는다는 설화상의 단지를 이른다.

01 작품의 내용 파악하기

윗글의 내용으로 적절하지 <u>않은</u> 것은?

① 뷔페의 음식은 버려지는 만큼 다시 채워진다.

② 글쓴이는 뷔페식보다 잔치국수를 더 좋아한다.

③ 요즘엔 모임 장소가 뷔페식당인 것이 일반적이다.

④ 사람들의 배고픔은 뷔페식당에서 충분히 채워진다.

⑤ 사람들은 뷔페에서 손해를 보지 않으려고 많이 먹는다.

02 표현상의 특징 파악하기

㉠~㉤ 중 역설의 표현이 사용된 부분으로 가장 적절한 것은?

① ㉠   ② ㉡   ③ ㉢   ④ ㉣   ⑤ ㉤

중요 03 구절의 의미 파악하기

[보기]를 참고했을 때, ⓐ의 실제 의미를 파악한 내용으로 가장 적절한 것은?

보기

> 반어법은 문장의 뜻을 강조하기 위해, 혹은 풍자를 위해 원래 뜻에 반대되는 말을 쓰는 것이다.

① 신선하지 않은 뷔페 음식에 대한 비판이 담겨 있다.

② 뷔페 종업원들의 노동량에 대한 안타까움이 담겨 있다.

③ 뷔페 음식을 먹는 사람들에 대한 못마땅함이 담겨 있다.

④ 뷔페에서 본전을 챙기는 사람들에 대한 놀라움이 담겨 있다.

⑤ 다양한 음식을 먹을 수 있는 뷔페에 대한 만족감이 담겨 있다.

서답형 04 소재의 의미 파악하기

윗글의 글쓴이가 '뷔페 음식'과 대조하여 제시한 소재를 찾아 쓰시오.

문제풀이

복습하기

작문

계획하기	글의 목적, ¹◻◻◻◻, 매체 등을 고려하여 글쓰기 계획을 마련

⬇

내용 마련하기	글의 주제와 관련한 다양한 ²◻◻를 수집 → 자료 수집 방법: 책, 신문 기사, 인터넷, 전문가 면담 등

⬇

내용 ³◻◻◻◻	수집한 정보 중 글의 주제와 목적에 맞는 내용을 선정하여 '처음 - 중간 - 끝'의 순서에 맞게 글의 개요 작성

⬇

⁴◻◻ 쓰기	개요를 바탕으로 주제와 목적이 잘 드러나도록 글로 표현

⬇

⁵◻◻ 쓰기	완성한 글을 읽어 보며 처음 계획한 대로 썼는지를 점검하고 조정

비문학

1문단	⁶◻◻◻◻의 개념과 홍채의 특징
2~3문단	⁶◻◻◻◻의 과정: 영상 취득 → 홍채 영역 검출 → 눈꺼풀 및 ⁷◻◻◻ 검출과 배제 → 홍채 패턴 및 코드 추출 → 홍채 코드 매칭
4문단	생체 인식 기술 중 홍채 인식의 우수성

문학 – 북어(배우식)

북어	• ⁸◻◻◻로부터 입을 크게 벌리고 있으라는 말을 들음.
	• ⁹◻을 똑바로 뜨고 있음.
	• ¹⁰◻◻◻이 자신을 무서워하며 도망갈 것이라고 생각함.

문학 – 뷔페들 다녀오십니까(이기호)

처음	뷔페식이 일반화되었지만 글쓴이는 ¹¹◻◻◻◻가 그리움.
중간	먹어도 먹어도 ¹²◻◻는 채워지지 않지만 사람들은 자신의 능력치 이상을 먹으려고 애씀.
끝	¹³◻◻에 다녀왔어도 허기는 채워지지 않았을 것임.

정답	1 예상 독자 2 자료 3 조직하기 4 초고 5 고쳐 6 홍채 인식 7 속눈썹 8 아버지 9 눈 10 사람들 11 잔치국수
	12 허기 13 뷔페

한수

05

Contents

＊**홑받침과 이어지는 음절이 모음으로 시작할 때**
• 형식 형태소와 결합: 끝소리 자음을 뒤 음절의 첫소리로 옮겨 발음
예 옷이[오시], 꽃을[꼬츨]
• 'ㅏ, ㅓ, ㅗ, ㅜ, ㅟ'로 시작하는 실질 형태소와 결합: 대표음으로 교체 뒤 음절 첫소리로 옮겨 발음
예 겉옷[거돋], 밭 아래[바다래]

＊**예외적인 경우**
• ㄺ: 용언의 어간 말음일 때는 'ㄱ' 앞에서 'ㄹ'로 발음
예 읽고[일꼬], 맑게[말께]
• ㄼ: '밟-'은 자음 앞에서 [밥]으로, '넓-'은 파생어나 합성어의 경우에 [넙]으로 발음
예 밟다[밥따] / 밟아[발바], 넓다[널따] / 넓죽하다[넙쭈카다]

＊**동화의 방향**
• 순행동화: 앞 자음의 영향을 받아 뒤에 오는 자음이 변함.
예 남루[남누]
• 역행동화: 뒤에 오는 자음의 영향을 받아 앞 자음이 변함.
예 국물[궁물]
• 상호동화: 앞 자음과 뒤에 오는 자음이 서로 영향을 주고받아 둘 다 변함.
예 백로[뱅노]

＊**된소리되기**
예사소리였던 것이 된소리로 바뀌는 현상
예 닫다[닫따], 목걸이[목꺼리], 봄바람[봄빠람], 낮잠[낟짬]

＊**반모음**
모음과 같이 발음하지만 음절을 이루지 못하는 아주 짧은 모음. 단모음과 결합하여 이중 모음을 만듦.
예 ㅑ: ㅣ(반모음) + ㅏ(단모음)

---

1 음절의 끝소리 규칙

① **개념**: 음절의 끝에서 'ㄱ, ㄴ, ㄷ, ㄹ, ㅁ, ㅂ, ㅇ'만 발음되는 현상

② **홑받침과 쌍받침의 발음**

음절의 끝	대표음	예시
ㄲ, ㅋ	[ㄱ]	밖[박], 부엌[부억]
ㅌ, ㅅ, ㅆ, ㅈ, ㅊ	[ㄷ]	팥[팓], 옷[옫], 낮[낟], 꽃[꼳]
ㅍ	[ㅂ]	앞[압]

③ **겹받침의 발음**

겹받침	발음	예시
ㄳ, ㄵ, ㄶ, ㄼ, ㄽ, ㄾ, ㅀ, ㅄ	앞 자음을 발음	몫[목], 여덟[여덜], 핥다[할따]
ㄺ, ㄻ, ㄿ	뒷 자음을 발음	닭[닥], 삶[삼], 읊다[읍따]

※ 겹받침은 음절의 받침에 두 개의 자음이 올 때 하나의 자음만 남고 나머지 자음이 탈락하기 때문에 교체가 아닌, '탈락' 현상에 해당

---

2 자음동화

① **개념**: 자음이 그 뒤에 오는 자음과 만날 때, 어느 한쪽이 다른 쪽을 닮아서 그와 비슷하거나 같은 소리로 바뀌기도 하고, 양쪽이 서로 닮아서 두 소리가 다 바뀌기도 하는 현상

② **종류**

비음화	① 비음이 아닌 음운이 비음 'ㄴ, ㅁ'과 만나 비음 'ㄴ, ㅁ, ㅇ'으로 바뀌는 것 예 종로[종노], 국물[궁물] ② 'ㄱ, ㄷ, ㅂ'과 'ㄹ'이 만나 'ㄹ'이 'ㄴ'으로 바뀌는 것 예 독립[독닙 → 동닙], 협력[협녁 → 혐녁], ③ 'ㅁ, ㅇ' 뒤에 'ㄹ'이 만나 'ㄹ'이 'ㄴ'으로 바뀌는 것 예 종로[종노], 담력[담녁]
유음화	유음이 아닌 음운 'ㄴ'이 유음 'ㄹ'의 앞이나 뒤에서 유음 'ㄹ'로 바뀌는 것 예 신라[실라], 칼날[칼랄], 물난리[물랄리]

---

3 구개음화

① **개념**: 끝소리가 'ㄷ', 'ㅌ'인 형태소가 모음 'ㅣ'나 반모음 '[j]'로 시작되는 형식 형태소와 만나 구개음 'ㅈ', 'ㅊ'이 되거나, 'ㄷ' 뒤에 형식 형태소 '히'가 올 때 'ㅎ'과 결합하여 이루어진 'ㅌ'이 'ㅊ'이 되는 현상

② **종류**

ㄷ → [지]	예 굳이[구지], 해돋이[해도지],
ㅌ → [치]	예 밭이[바치], 피붙이[피부치], 같이[가치]
ㄷ + 히 → [티] → [치]	예 갇히다[가티다 → 가치다]

01 음절의 끝소리 규칙 이해하기

음절의 끝소리 규칙에 대한 설명으로 적절하지 <u>않은</u> 것은?

① '여덟'과 '밟다'는 모두 겹받침의 뒷 자음으로 발음한다.

② '옷', '낮', '팥', '꽃'은 모두 끝소리가 [ㄷ]으로 발음된다.

③ 음절의 끝에서 'ㄱ, ㄴ, ㄷ, ㄹ, ㅁ, ㅂ, ㅇ'만 발음되는 현상을 말한다.

④ 겹받침의 경우 겹받침을 이루는 두 개의 자음 중 하나의 자음으로 발음된다.

⑤ 홑받침 뒤에 형식 형태소가 결합할 때는 끝소리 자음을 뒤 음절의 첫소리로 옮겨서 발음한다.

02 구개음화 파악하기

구개음화에 대한 설명으로 적절한 것은?

① '닫다'가 [닫따]로 발음되는 현상은 구개음화로 볼 수 있다.

② '물난리'가 [물랄리]로 발음되는 것은 구개음화가 두 번 일어났기 때문이다.

③ 끝소리 'ㅈ'과 'ㅊ'이 모음 'ㅣ'를 만나면 'ㄷ', 'ㅌ'이 되는 현상을 구개음화라고 한다.

④ '느티나무'의 경우 'ㅌ'이 모음 'ㅣ'와 결합하였기 때문에 [느치나무]라고 발음해야 한다.

⑤ 받침 'ㄷ' 뒤에 형식 형태소 '히'가 결합되어 '티'가 되는 것은 [치]로 발음하기 때문에 '갇히다'의 경우 [가치다]로 발음해야 한다.

중요 ▶ 03 음운의 교체 현상 파악하기

보기 의 ㉠~㉢에 들어갈 말로 적절한 것은?

> **보기**
>
> 음운의 교체 현상에는 크게 세 가지가 있다. '부엌'이 [부억]으로 발음되는 것은 (㉠)으로 인한 것이다. '밥물'이 [밤물]로 발음되는 것은 (㉡)현상 때문이고, '해돋이'가 [해도지]로 발음되는 것은 (㉢)현상으로 인한 것이다.

	㉠	㉡	㉢
①	구개음화	자음동화	음절의 끝소리 규칙
②	음절의 끝소리 규칙	구개음화	자음동화
③	음절의 끝소리 규칙	자음동화	구개음화
④	자음동화	음절의 끝소리 규칙	구개음화
⑤	구개음화	음절의 끝소리 규칙	자음동화

서답형 04 자음동화 이해하기

보기 에서 발음할 때 자음동화가 일어나는 단어의 개수를 쓰시오.

> **보기**
>
> 설날, 팥빵, 국물, 신라, 해돋이, 피붙이, 난로

문제풀이

05강 인상파 그림의 회화적 특징과 미술사적 가치

| 정답 및 해설 | 28쪽

※ 다음 글을 읽고 물음에 답하시오.

1874년 모네가 〈인상, 해돋이〉라는 작품을 출품했을 당시, 이 그림에 대한 미술계의 반응은 매우 부정적이었다. 비평가 루이 르로이는 비아냥거리는 의미로 모네의 작품명에서 명칭을 따와 모네와 그의 동료들을 인상파라고 불렀다. 인상파 이전의 화가들은 배경지식 없이는 이해하기 힘든 특별한 사건이나 인물, 사상 등을 주제로 하여 그림을 그렸다. ㉠그들은 주제를 드러내는 상징적 대상을 잘 짜인 구도 속에 배치하였고, 정교한 채색과 뚜렷한 윤곽선을 중요하게 여겼다. 그들의 입장에서 보면 대상을 의도적인 배치 없이 눈에 보이는 대로 거칠게 그린 듯한 인상파 화가들의 그림은 주제를 알 수 없는 미완성품이었다.

인상파 화가들이 주제로 삼은 것은 빛이었다. 어두운 작업실 대신 밝은 야외로 나가 햇빛 아래에 보이는 일상적인 풍경과 평범한 사람들의 모습을 그렸다. 햇빛과 대기의 상태에 따라 대상의 색과 대상에 대한 인상이 달라진다는 사실에 주목하여 그림으로 표현한 것이다.

인상파 화가들은 시간에 따라 달라지는 빛을 표현하기 위하여 새로운 기법으로 그림을 그렸다. 동일한 사물이라도 빛의 변화에 따라 색이 다르게 보이므로 대상의 고유한 색은 부정하고, 자연광을 이루는 무지개의 일곱 가지 기본색과 무채색만을 사용하여 모든 색을 표현하였다. 또한 대상의 순간적인 인상을 표현하기 위해 빠른 속도로 그려 나가 화면에는 짧고 거친 붓자국이 가득하게 되었다. 대상의 윤곽선 역시 주변의 색과 섞여 흐릿하게 표현되었는데, 이는 시시각각 다르게 보이는 대상의 미묘한 변화와 그 인상까지 그림에 표현되는 효과를 낳게 되었다.

인상파 화가들은 빛과 대상의 색, 그리고 대상이 주는 느낌을 그림의 주제로 삼으면서 그림이 다룰 수 있는 대상의 폭을 '주변에서 보이는 일상적인 풍경과 평범한 사람들의 모습'으로 넓혔다. 이전의 그림과 달리 인상파 그림은 주제를 이해하기 위한 배경지식을 더 이상 필요로 하지 않았다. ㉡그들은 실증주의와 사실주의의 영향을 받아 대상을 눈에 보이는 그대로 재현하고 이를 느끼고 즐길 수 있으면 될 뿐이었다.

01 핵심 내용 이해하기

윗글을 강연하기 위한 제목과 부제로 적절한 것은?

① 눈에 보이는 그대로의 인상을 담다 - 빛과 대기가 선사하는 색의 변화
② 미완성의 작품 속에 담긴 빛의 인상 - 잘 짜인 구도와 배치에 담은 세상
③ 자연광으로 써내린 짧고 거친 붓자국 - 그림과 자연이 하나가 되는 세계
④ 어두운 작업실을 벗어나 빛이 있는 야외로 - 정교한 채색이 주는 아름다움
⑤ 하나의 그림 속에 담긴 다양한 이야기 - 그림을 이해하는 지식의 힘과 기능

02 세부 내용 파악하기

㉠과 ㉡에 대한 설명으로 적절한 것은?

① ㉠은 시간에 따라 달라지는 빛을 표현하려고 노력했다.
② ㉡은 주변의 색과 섞어 대상의 윤곽선을 흐리게 표현했다.
③ ㉠은 무지개의 일곱 가지 색을, ㉡은 대상의 고유한 색을 주로 사용했다.
④ ㉠과 달리 ㉡은 배경지식이 없이는 이해하기 힘든 사건을 주제로 사용했다.
⑤ ㉠과 ㉡은 시시각각 다르게 보이는 대상의 미묘한 변화를 포착하여 표현했다.

중요 03 외적 준거에 적용하기

윗글을 바탕으로 보기 의 그림을 감상한 내용으로 적절하지 않은 것은?

보기

〈인상, 해돋이〉, 1872

① 주변에 보이는 일상적인 풍경을 담고자 노력하였군.
② 특별한 사건이 아닌 대상이 주는 느낌을 주제로 하였군.
③ 대상의 순간적인 인상을 포착하기 위해서 거칠게 표현하였군.
④ 1874년 당시, 기존 화가들은 이 그림을 이상하다고 생각했겠군.
⑤ 빛에 따라 달라지는 대상의 모습을 정교한 채색을 통해 표현하였군.

서답형 04 핵심 내용 파악하기

빈칸에 들어갈 말로 적절한 것을 골라 쓰시오.

〈트루빌 해변의 카미유〉, 1870

이 작품은 1870년 여름 모네가 트루빌 해변에서 신혼여행을 즐기면서 그린 그림이다. 트루빌의 해변에서 느낄 수 있는 해풍과 왁자지껄한 관광객들, 그리고 해안선을 따라 밀려와 하얗게 부서지는 파도가 묘사되어 있다. 이를 통해 모네가 (평범한 풍경 / 상징적 대상)에 주목했음을 알 수 있다.

문제풀이

✔ 한방에! 개념정리

✔ 한방에! 핵심정리

갈래	사설시조
성격	해학적, 과장적
주제	오지 않는 임을 기다리는 간절한 마음과 안타까움
특징	① 임을 기다리는 안타까운 마음을 해학과 과장을 통해 솔직하게 그려냄. ② 사물을 연쇄적으로 나열함으로써 오지 않는 임에 대한 간절한 기다림을 드러냄.
해제	이 작품은 화자와 임을 가로막는 사물들을 연쇄적으로 나열함으로써 중장이 길어지는 사설시조의 특징을 잘 보여 준다. 임에 대한 간절한 그리움과 오지 않는 임에 대한 원망을 해학과 과장을 통해 대담하게 표현하고 있다.

※ 다음 글을 읽고 물음에 답하시오.

어이 못 오던가 무슨 일로 못 오던가

[A]
┌ 　너 오는 길에 무쇠로 성을 쌓고 성 안에 담을 쌓고 담 안에 집을 짓고 집 안에 뒤주*를 놓고
│ 뒤주 안에 궤*를 놓고 궤 안에 너를 결박하여 놓고 쌍배목 외걸쇠에 용거북 자물쇠로 수기수기
└ 잠가 두었느냐 너 어찌 그리 아니 오던가

한 달이 서른 날이니 날 보러 올 하루가 없겠는가

- 작자 미상, 〈어이 못 오던가〉 -

✔ 한방에! 같이볼작품

> 개야미 불개야미 잔등 부러진 불개야미
> 앞발은 헐고 뒷발은 곪은 불개야미 광릉 샘재를 넘어들어 호랑이의
> 허리를 질러물어 치켜들고 북해를 건넌다는 말이 있습니다. 님이시여
> 님이시여
> 온갖 사람들이 온갖 가지 말을 하여도 님께서 가려들으소서
> 　　　　　　　　　　　- 작자 미상, <개야미 불개야미>

✔ 한방에! 어휘풀이

* 뒤주: 쌀 따위의 곡식을 담아 두는 세간의 하나.
* 궤(櫃): 물건을 넣도록 나무로 네모나게 만든 그릇.

세부 내용 파악하기

윗글의 화자에 대한 설명으로 적절한 것은?

① 화자는 임이 오지 않는 이유를 상상하며 원망을 드러내고 있다.
② 화자는 임과 함께 했던 추억들을 회상하며 그리움을 드러내고 있다.
③ 화자는 임이 오지 않는 이유를 자신의 잘못으로 돌리며 자책하고 있다.
④ 화자는 임이 오지 않는 이유를 반복적으로 물으며 임에 대한 분노를 표출하고 있다.
⑤ 화자는 자신이 지금 처한 상황이 더 나아질 것이라는 믿음과 기대감을 드러내고 있다.

표현상의 특징 파악하기

[A]에서 사용되고 있는 표현법으로 적절하지 않은 것은?

① 과장법을 사용해 임이 오지 않는 이유를 상상함으로써 해학성을 높이고 있다.
② 열거법을 사용해 시의 리듬감을 형성하며 화자의 안타까운 심정을 드러내고 있다.
③ 설의법을 사용해 임이 오는 대로 곧장 떠날까 봐 두려운 화자의 마음을 간접적으로 표현하고 있다.
④ 점강법을 사용해 점점 상황의 범위를 좁힘으로써 오지 않는 임에 대한 간절한 기다림을 드러내고 있다.
⑤ 연쇄법을 사용해 임과 나를 가로막는 장애물을 연쇄적으로 나열함으로써 임을 보고 싶어 하는 화자의 간절한
마음을 표현하고 있다.

중요 **03** 작품 간의 공통점 파악하기

보기 **와 윗글을 비교했을 때 적절하지 않은 것은?**

보기

　나무도 돌도 바위도 없는 뫼에 매에게 쫓긴 까투리 안과
　대천 바다 한가운데 일척 석 실은 배에 노도 잃고 닻도 끊고 용총도 끊고 돛대도 꺾이고 키도 빠지고
바람 불어 물결치고 안개 뒤섞여 잦아진 날에 갈 길은 천리만리 남고 사면이 검어 어둑저뭇 천지적막
사나운 파도 치는데 수적 만난 도사공의 안과
　엊그제 임 여읜 내 안이야 어디다 견주어 보리오

　　　　　　　　　　　　　　　　　　　　　　　- 작자 미상, 〈나무도 돌도 바위도 없는 뫼에〉

① 윗글과 〈보기〉는 모두 중장이 길어진 사설시조이다.
② 윗글과 〈보기〉는 모두 화자의 감정이 솔직하게 드러나 있다.
③ 윗글과 〈보기〉는 모두 과장법을 사용해 해학성을 높이고 있다.
④ 윗글과 〈보기〉는 모두 종장의 첫 마디를 3음절로 시작하고 있다.
⑤ 윗글과 〈보기〉는 모두 평시조의 특징인 4음보 율격이 지켜지고 있다.

★ 안: 마음.
★ 용총: 돛대에 매어놓은줄.

서답형 **04** 소재의 의미 파악하기

윗글에서 화자가 생각하는 임을 가로막고 있는 첫 번째 장애물과 마지막 장애물을 차례대로 쓰시오.

05강

달걀은 달걀로 갚으렴 _ 박완서

| 정답 및 해설 | 31쪽

한방에! 개념정리

한방에! 핵심정리

갈래	단편 소설, 성장 소설
성격	교훈적, 성찰적
주제	자연의 가치와 소중함
특징	① 대화를 통해 사건이 전개됨. ② 도시와 자연의 가치를 이야기함.
해제	이 작품은 1970년대의 급격한 산업화로 인한 자연 파괴를 비판하는 동화로, 한뫼와 선생님의 대화에서 이러한 대비가 드러난다. 한뫼는 도시의 가치를 자연보다 높게 평가하지만, 선생님은 자연 역시 도시 이상의 가치가 있다고 말하며 도시에 대해 한뫼가 가진 분노를 달걀로 갚으라고 말한다.

※ 다음 글을 읽고 물음에 답하시오.

[앞부분 줄거리] 문 선생님은 봄뫼의 반 아이들에게 암탉을 나누어 주어 달걀을 판 돈으로 수학여행을 갈 수 있도록 한다. 그런데 봄뫼의 오빠 한뫼가 암탉을 죽이려 한다. 문 선생님은 2년 전 자신의 제자였던 한뫼를 찾아가고, 한뫼는 아이들이 달걀로 여행비를 마련하여 도시 구경을 하는 것을 막고 싶다고 말하며 자신이 도시로 수학여행을 가서 텔레비전을 봤을 때의 경험을 이야기한다.

"그리고 한자리에서 달걀을 백 서른 개나 먹는 아저씨도 보았어요. 그 아저씨는 어찌나 달걀을 빠르게 먹던지 옆에서 깨뜨려 주는 사람이 미처 못 당할 정도였어요. 그렇지만 그 뱃속 큰 아저씨도 백 개를 넘게 먹고 나서부터는 삼키기가 괴로운지 계란 흰자위는 입아귀*로 줄줄 흘리면서 목을 괴롭게 빼고는 억지로 먹더군요. 민박한* 집 아이들은 손뼉을 치며 재미나 하는데, 저는 이상하게 울고 싶었어요."

"그때 왜 울고 싶었는지 지금 생각나니?"

"생각나고말고요. 그동안 도시의 인상은 희미해졌지만 그 일만은 어제 일처럼 생생한걸요. 그때는 저는 제 여행비가 된 제 암탉이 낳은 소중한 달걀에 대해서 생각했어요. 저는 제 달걀을 고스란히 모으기 위해 얼마나 많이 제 동생들을 때리고 쥐어박았는지 몰라요. 특히 봄뫼는 어찌나 날쌔게 달걀을 훔쳐가는지, 아마 제일 많이 쥐어박혔을 거예요. 귀여운 누이동생이 굴뚝 모퉁이에서 서럽게 훌쩍이건 말건 아랑곳하지 않을 만큼 그때 저에게 있어서 달걀은 무엇보다도 소중한 거였어요. 그런 달걀이 도시 사람한테 마구 천대*받고 웃음거리가 되고 있는 걸 보니까, 꼭 제가 업신여김을 당하는 것처럼 분한 생각이 들었어요. 달걀한테 들인 정성과 그동안의 세월까지 아울러 무시당했다 싶으면서 이튿날부터는 도시 구경이 도무지 재미가 없었어요. 여행에서 돌아와서 지금까지 쭉 그때 저를 업신여기던 도시에 대해 어떻게든 앙갚음하지* 않으면 안 될 것 같은 생각에 시달리고 있어요. 달걀을 천대하는 것을 구경하며 손뼉 치고 깔깔대던 도시의 아이들, 어른, 모든 사람에 대한 앙갚음을 위해서 저는 부모님이 힘겨워하시는 것을 못 본 척 중학교에 갔는지도 몰라요."

"그래? 선생님은 처음 듣는 소리구나. 어디 네 앙갚음의 꿈을 얘기해 보렴."

"무지무지한 부자가 되든지. 무지무지한 권세*를 잡든지, 무지무지하게 유명해지든지 해서 저는 도시 사람들을 업신여길 수 있고, 도시 사람들이 저를 우러르고 제 말 한마디에 벌벌 떨게 하고 싶어요."

"그거 참 좋은 생각이로구나. 하지만 그러려면 너무 오랜 세월이 걸리지 않겠니. 그리고 달걀 몇 꾸러미에 대한 앙갚음으로는 너무 지나치지 않을까 몰라. 너무 인색하게 갚아 주는 것도 안 좋지만, 너무 지나치게 갚을 건 또 뭐 있니? ㉠ 달걀은 달걀로 갚으렴."

(중략)

"그렇지만 여행하는 사람이 바뀔 거야. 금년*엔 우리 반 아이들이 도시로 여행하는 게 아니라 우리 반 아이들이 도시 아이들을 초청하는 거야. 우리가 여행 경비까지 부담해 가면서 말야. 왜 진작 그런 생각을 못 했을까. 이건 진짜 기막힌 생각이야. 네 덕이다. 한뫼야, 고맙다."

문 선생님 혼자 뛸 듯이 기뻐할 뿐, 한뫼는 여전히 우울해 보입니다.

"기발한 생각이군요. 선생님, 그렇지만 좋은 생각은 아니에요. 편안한 방에 앉아서 초콜릿을 야금야금 핥으며, 주스를 찔금찔금 마시며, 달걀을 한꺼번에 백 서른 개씩 먹는 쇼를 보고 깔깔대던 아이들을 이 두메산골*로 데려다 어쩌겠다는 거죠?"

"우선 달걀을 보여 줘야지. 그들이 보고 배운 달걀과는 또 다른 달걀을. 너도 도시에 가서 우리가 보고 배운 달걀의 쓸모와는 전혀 다른 달걀의 쓸모를 배웠지 않니? 너는 네가 새롭게 배운 것에 대해 후회하거나 업신여기는 마음을 가져선 안 된다. 사물을 바르게 이해하기 위해선 그 사물의 헤아릴 수 없이 많은 쓸모에 대해 골고루 알아 두는 게 좋아. 아마 도시 아이들도 놀랄 거야. 그들이 천대하고 웃음거리로 삼던 달걀이 얼마나 값어치 있게 쓰여지는가를 알면."

"그것 때문에 여기까지 도시 아이들을 부를 건 없잖아요. 우린 도시에서 달걀만 본 게 아니라 별의별 걸 다 보았는데, 두메산골에 뭐가 있다고……."

"이 두메에 없는 것이 뭐 있니? 나는 도시 사람들이 달걀을 업신여기는 것보다 네가 우리가 가진 것을 업신여기는 것이 더 섭섭하다."

"도시엔 문명이 있어요."

"두메엔 자연이 있다."

"우리가 문명을 보고 깜짝깜짝 놀랄 때마다 도시 아이들은 우리를 시골뜨기 취급했어요."

"당연하지. 우린 시골뜨기니까. 이번에 도시 아이들이 자연을 보고 깜짝 놀랄 차례다. 그러면 걔네들을 서울뜨기 취급하자꾸나."

"그건 재미없을 거예요."

"왜?"

"걔네들은 더욱 으스댈 테니까요."

"우리들 마음속에 시골뜨기보다는 서울뜨기가 더 잘났단 마음이 있으면 걔네들은 으스댈 테고, 시골뜨기나 서울뜨기나 각각 길들인 환경이 다를 뿐 어느 쪽이 못나거나 잘나지 않았다는 걸 알고 있으면 결코 걔네들은 으스대지 못할 거다."

"그렇지만 우린 걔네들보다 모르는 게 너무 많아요. 걔네들 눈엔 우리가 바보처럼 보일 거예요."

"선생님 조카는 도시의 초등학교에서 쭉 반장 노릇만 하는 아이지. 마치 너처럼. 그 녀석이 90점 맞은 자연 시험지를 보니까 글쎄 콩은 외떡잎식물, 옥수수는 쌍떡잎식물이라고 바꾸어 썼더구나. 자연 시험 보기 전날 밤새도록 달달 외우고도 그런 실수를 하다니, 넌 그 녀석이야말로 바보라고 생각하지 않니?"

"도시에 있는 '어린이의 낙원'이란 공원은 참으로 아름다웠어요."

"나도 안다. 우리나라에 있는 공원 중에서 가장 잘 꾸며진 공원으로 누구나 그곳을 손꼽지. 왜 그런 줄 아냐? 그 공원이 가장 자연에 가깝게 꾸며졌기 때문이야. 가장 교묘하게* 자연의 흉내를 냈기 때문이지. 그러나 흉내는 진짜만은 못하지. 아마 도시 아이들은 이곳의 진짜 자연에 넋을 잃을 거다."

- 박완서, 〈달걀은 달걀로 갚으렴〉 -

※ 전체 줄거리

새 학기가 되자 문 선생님은 지난해에도 그래왔듯이 봄뫼의 반 아이들에게 암탉 두 마리를 준다. 암탉이 달걀을 낳으면, 그 달걀을 팔아 수학여행 갈 여비를 마련하기 위해서이다. 그런데 봄뫼의 오빠 한뫼는 암탉을 죽이려고 한다. 봄뫼는 이를 문 선생님에게 상담하고, 문 선생님은 한뫼와 대화를 나눈다. 한뫼는 작년에 달걀을 판 돈으로 도시로 수학여행을 갔을 때, 달걀이 웃음거리가 되는 것을 보고 자신이 업신여겨지는 기분이었다고 말한다. 한뫼는 이 일로 도시에 앙갚음하고 싶어진 것이다. 문 선생님은 달걀은 달걀로 갚으라면서, 달걀을 판 돈으로 도시 아이들을 두메산골로 초대하자고 한다. 문 선생님은 한뫼에게 자연의 가치를 이야기하고, 한뫼는 문 선생님의 말의 의미를 깨닫고 생각을 바꾼다.

✔ 한방에! 어휘풀이

* **입아귀:** 입의 양쪽 구석.

* **민박하다(民泊하다):** 여행할 때에 일반 민가에서 묵다.

* **천대(賤待):** 업신여기어 천하게 대우하거나 푸대접함.

* **앙갚음하다:** 남이 저에게 해를 준 대로 저도 그에게 해를 주다.

* **권세(權勢):** 권력과 세력을 아울러 이르는 말.

* **금년(今年):** 지금 지나가고 있는 이해.

* **두메산골(두메山골):** 도회에서 멀리 떨어져 사람이 많이 살지 않는 변두리나 깊은 곳.

* **교묘하다(巧妙하다):** 짜임새나 생김새 따위가 아기자기하게 묘하다.

01 작품의 내용 파악하기

윗글에 대한 내용으로 적절하지 <u>않은</u> 것은?

① 문 선생님은 한뫼가 두메를 업신여기는 것을 섭섭해하고 있다.

② 한뫼는 자연을 닮게 만든 도시의 공원을 보며 아름다움을 느꼈다.

③ 문 선생님은 도시 아이들은 자연을 보고 으스댈 것이라고 믿고 있다.

④ 한뫼는 대단한 사람이 되어 도시에 복수를 하기 위해 중학교에 진학하였다.

⑤ 문 선생님은 시골 아이들이 아는 것을 도시 아이들은 모른다고 생각하고 있다.

02 구절의 의미 이해하기

㉠의 의미로 가장 적절한 것은?

① 부자가 되어 달걀을 맘껏 사들이자는 것이다.

② 도시 아이들에게도 암탉을 키우게 해 주자는 것이다.

③ 달걀을 백 서른 개보다 더 많이 먹는 연습을 하자는 것이다.

④ 암탉이 낳은 달걀을 도시에 내다 팔아 돈을 마련하자는 것이다.

⑤ 달걀로 여비를 마련하여 도시 아이들을 두메로 초대하자는 것이다.

중요 03 소재의 의미 파악하기

달걀에 대한 한뫼의 생각 변화를 보기 와 같이 정리할 때, [A]에 들어갈 말로 가장 적절한 것은?

보기

도시 방문 전	도시 방문 후
여행비를 마련하기 위한 소중한 존재	[A]

① 닭이 될 수도 있는 가능성을 품은 대상

② 동생과의 사이가 나빠진 원인이 된 대상

③ 도시와 시골의 유대감을 형성해 주는 대상

④ 도시 사람한테 천대받고 웃음거리가 되는 대상

⑤ 도시 아이들이 호기심을 가지고 신기해하는 대상

★ 유대감(紐帶感): 서로 밀접하게 연결되어 있는 공통된 느낌.

서답형 04 인물의 태도 파악하기

ⓐ, ⓑ에 들어갈 인물을 차례대로 쓰시오.

(ⓐ)은/는 도시가 시골보다 뛰어나다고 생각하지만 (ⓑ)은/는 시골도 도시만큼 뛰어나다고 생각한다.

문제풀이

복습하기

음운의 ¹ ☐☐	음절의 끝소리 규칙	음절의 끝에서 'ㄱ, ㄴ, ㄷ, ㄹ, ㅁ, ㅂ, ㅇ'만 발음되는 현상
	자음동화	² ☐☐☐ : 비음이 아닌 음운이 비음 'ㄴ, ㅁ'과 만나 비음 'ㄴ, ㅁ, ㅇ'으로 바뀌는 것
		³ ☐☐☐ : 유음이 아닌 음운 'ㄴ'이 유음 'ㄹ'의 앞이나 뒤에서 유음 'ㄹ'로 바뀌는 것
	⁴ ☐☐☐☐	• 끝소리가 'ㄷ', 'ㅌ'인 형태소가 'ㅣ'나 ⁵ ☐☐☐ 'ㅣ [j]'로 시작되는 형식 형태소와 만나 구개음 'ㅈ', 'ㅊ'이 됨. • 'ㄷ' 뒤에 형식 형태소 'ㅎ'가 올 때 'ㅎ'과 결합하여 이루어진 'ㅌ'이 'ㅊ'이 됨.

비문학

1문단	⁶ ☐☐☐ 의 등장과 그 이전의 회화 경향
2문단	⁷ ☐ 을 주제로 한 인상파 그림의 특징
3문단	빛의 변화에 따른 색채를 표현하기 위한 인상파 화가들의 새로운 회화 기법
4문단	인상파 그림의 미술사적 가치

문학 - 어이 못 오던가(작자 미상)

초장	임이 못 오는 이유에 대해 궁금해함.
중장	임이 오지 못하는 이유에 대해 추측함.
종장	오지 않는 임을 ⁸ ☐☐ 함.

문학 - 달걀은 달걀로 갚으렴(박완서)

한뫼		문 선생님
대단한 사람이 되어 달걀의 복수를 할 것이다.	⇔	달걀은 ⁹ ☐☐ 로 갚으면 된다.
¹⁰ ☐☐ 아이들은 시골을 보고 으스댈 것이다.		¹¹ ☐☐ 뜨기보다 서울뜨기가 더 잘난 것이 아니다.
도시엔 ¹² ☐☐ 이 있다.		두메엔 ¹³ ☐☐ 이 있다.

정답 1 교체   2 비음화   3 유음화   4 구개음화   5 반모음   6 인상파   7 빛   8 원망   9 달걀   10 도시   11 시골   12 문명
13 자연

한수

06

Contents

06강

음운의 변동 (2) 축약

＊축약과 표기
• 자음 축약: 표기 미반영
예 축하[추카] → '축하'로 표기
• 모음 축약: 표기 반영
예 꽃이 피었다/폈다 → 둘 모두 표기

＊음운의 수
축약이 일어날 때는 표기의 수와 발음의 수가 다름
예 넣다[너타] → 표기에서는 음운 5개, 발음에서는 4개

1 자음 축약

① 개념: 예사소리 'ㄱ, ㄷ, ㅂ, ㅈ'이 'ㅎ'을 만나 거센소리 [ㅋ, ㅌ, ㅍ, ㅊ]로 발음되는 현상
② 종류

ㄱ+ㅎ → ㅋ	예 국화[구콰], 좋고[조코], 먹히다[머키다]
ㄷ+ㅎ → ㅌ	예 맏형[마텽], 많다[만타], 하얗다[하야타]
ㅂ+ㅎ → ㅍ	예 급히[그피], 입학[이팍], 잡히다[자피다]
ㅈ+ㅎ → ㅊ	예 좋지[조치], 옳지[올치], 맞히다[마치다]

2 모음 축약

① 개념: 두 형태소가 만날 때, 앞뒤 형태소의 두 모음이 하나의 모음으로 줄어드는 현상
② 종류

ㅣ+ㅓ → ㅕ	예 피-+-어 → 펴, 그리-+-어 → 그려
ㅗ+ㅏ → ㅘ	예 보-+-아 → 봐, 오-+-아 → 와
ㅜ+ㅓ → ㅝ	예 주-+-어 → 줘, 두-+-어 → 둬
ㅗ+ㅣ → ㅚ	예 보-+-이어 → 뵈어(보여)
ㅜ+ㅣ → ㅟ	예 누-+-이어 → 뉘어(누여)
ㅡ+ㅣ → ㅢ	예 쓰-+-이어 → 씌어(쓰여)
ㅚ+ㅓ → ㅙ	예 되-+-었 → 됐

중요 01 모음 축약 이해하기

보기에서 설명하고 있는 음운 변동이 적절하게 사용되지 <u>않은</u> 것은?

보기

두 형태소가 만날 때, 앞뒤 형태소의 두 모음이 하나의 모음으로 줄어드는 현상

① 보- + -아 → 봐　　　　② 되- + -었다 → 됐다　　　　③ 가리- + -어 → 가려
④ 주- + -어라 → 줘라　　　⑤ 트- + -이어 → 틔어

중요 02 자음 축약 이해하기

보기에서 밑줄 친 단어를 발음할 때 일어나는 음운 변동으로 적절한 것은?

보기

친구들이 내 생일을 축<u>하</u>해 주었다.

① 비음화　　　　　　② 구개음화　　　　　　③ 모음 축약
④ 자음 축약　　　　　⑤ 음절의 끝소리 규칙

03 음운의 축약 파악하기

발음할 때 음운의 축약이 일어나지 <u>않는</u> 것은?

① 깊이　　　② 맏형　　　③ 옳지　　　④ 잡히다　　　⑤ 먹히다

서답형 04 자음 축약과 모음 축약의 차이 이해하기

㉠, ㉡에 들어갈 말로 적절한 것을 차례대로 쓰시오.

　'국화'는 발음할 때 [구콰]로 축약되지만 표기에는 반영하지 않는다. 반면, '피었다'는 축약형 '폈다'도 표기에 반영할 수 있다. 즉, (㉠)은/는 발음에서만 일어나고 표기에는 반영하지 않지만, (㉡)은/는 표기에도 반영된다.

06강

최한기의 인식론

| 정답 및 해설 | 35쪽

✔ 한방에! 개념정리

✔ 한방에! 핵심정리

갈래	논설문
주제	최한기의 인식론
해제	이 글은 종래의 성리학을 비판하며 인식의 출발은 오직 경험에 있다는 것을 강조한 최한기의 인식론에 대해 설명하고 있다. 기존의 성리학은 인식의 대상을 오로지 인간 내면의 본성에 맞춰 외부의 것을 인식의 대상으로 설정하지 않았다. 최한기는 이에 대해 반박하며 인식의 대상을 몸 바깥의 사물로 삼았으며, 기존의 성리학과 달리 인식은 선험적으로 구비되는 것이 아닌, 오직 경험을 통해 얻게 되는 것이라 주장하였다. 이러한 최한기의 인식론은 당시 중국 유학에서도 찾아볼 수 없었던 독특한 발상으로 평가할 수 있다.

✱ 문단 중심 내용

1문단	기존의 성리학에 대한 최한기의 비판적 태도
2문단	기존의 성리학과 대립되는 최한기의 주장
3문단	인식의 세 가지 요소
4문단	인식 작용의 3단계
5문단	최한기의 인식론에 대한 평가

※ 다음 글을 읽고 물음에 답하시오.

19세기 철학자 최한기는 인식 대상에 대한 내용이 선험*적으로 구비됨을 인정하지 않았고, 인식의 출발은 오직 경험에 의존하는 것임을 강조하였다. 그는 "사람이 하늘로부터 받은 것이란 바로 한 덩어리의 신기(神氣)*와 기의 통로가 되는 눈, 코, 입 등과 사지(四肢)이니, 갖추어 사용하는 것은 이것들뿐이요, 다시 별도로 다른 것에서 얻어 온 것은 아무것도 없다."라고 말하며 몸 밖의 사물을 인식 대상으로 설정하지 않은 기존의 공부 태도를 비판했다. 이는 하늘로부터 부여받은 관념이 태어날 때부터 이미 갖추어져 있다는 ㉠ 전통 성리학의 본유관념(本有觀念)*을 비판한 것이다.

종래의 성리학은 인간의 도덕적 근거에 대해 형이상학적으로 정의를 내림으로써 인간 내면의 심(心)을 탐구하는 데 집중되어 있었다. 최한기는 경험 이전의 대상에 대한 앎이 선천적으로 인간 본성에 있다는 선험론을 부정하였다. 그는 인간의 본성은 텅 빈 거울과도 같다고 보았으며, 경험을 통하지 않은 어떠한 인식도 인정하지 않았다.

최한기가 생각하는 인식의 세 가지 요소는 인식을 주관하는 '신기'와 인식 자료라고 할 수 있는 인식 대상으로서의 '자연', 그리고 신기와 인식 대상을 이어 주는 '제규제촉(諸竅諸觸)'으로 구성된다. 신기는 인식의 주체로 소통을 가능하게 하는 것이며, 제규제촉은 눈, 코, 입, 귀 등의 모든 감각 기관을 말한다.

[A]
인식의 작용은 크게 세 단계로 나누어 볼 수 있다. 첫 단계는 감각 기관을 통해 인식 대상으로부터 얻은 경험적 자료를 수용하여 인식의 주체인 신기에 기억하는 과정이다. 이후 신기에 기억된 자료들을 바탕으로 논리적 과정을 통해 새로운 지식을 형성하는 것이 두 번째 단계이다. 예를 들어 어떤 사람이 자신의 눈을 통해 사과를 인식하고 이를 신기에 기억하는 것이 첫 단계라면, 사과를 인식한 경험을 바탕으로 유사한 형태와 색깔을 가진 사물을 사과라고 판단하는 것은 두 번째 단계이다. 마지막으로 첫 번째와 두 번째 과정을 거쳐 형성된 지식을 다시 외부 사물에 적용하여 그 결과가 사물의 객관적인 법칙인 유행지리(流行之理)에 부합하는지를 판단하는 것이 세 번째 단계이다.

이러한 최한기의 인식론은 중국 유학에서도 찾아볼 수 없었던 매우 독특한 발상이라고 할 수 있다. 그는 인간 내면으로 집중되었던 관심의 시선을 인간 외부로 돌려 세상의 모든 이치를 자세히 알고자 하였다.

✔ 한방에! 어휘풀이

* 선험(先驗): 경험에 앞서 선천적으로 가능한 인식 능력.
* 신기(神氣): 정신과 기운.
* 본유관념(本有觀念): 감각이나 경험에 의해서가 아니고 나면서부터 가지고 있는 선천적 관념.

01 내용의 전개 방식 파악하기

윗글에 대한 설명으로 적절한 것은?

① 특정한 이론의 역사적 변천 과정을 소개하고 있다.
② 개념적 정의를 바탕으로 새로운 학설을 제시하고 있다.
③ 상반되는 견해를 주장하는 학자들의 의견을 절충하고 있다.
④ 기존과 다른 새로운 이론의 특징을 중심으로 설명하고 있다.
⑤ 이론들 사이의 공통점을 바탕으로 새로운 결론을 도출하고 있다.

02 세부 내용 파악하기

㉠에 대한 설명으로 적절한 것은?

① 인간 내면의 심(心)을 탐구하고자 하였다.
② 몸 밖의 사물을 인식 대상으로 설정하였다.
③ 인간의 본성은 텅 빈 거울과 같다고 보았다.
④ 인식의 주체인 신기를 중요하게 생각하였다.
⑤ 경험을 통하지 않은 인식은 인정하지 않았다.

중요 03 핵심 내용 파악하기

[A]에서 확인할 수 있는 인식의 작용을 보기 에서 모두 고른 것은?

보기

㉠ 경험을 통해 신기를 형성하고 인식하는 과정
㉡ 인식 대상을 감각 기관을 통해 수용하는 과정
㉢ 결과가 유행지리에 부합하는지 판단하는 과정
㉣ 새로운 지식의 가치를 논리적으로 평가하는 과정

① ㉠, ㉡   ② ㉠, ㉢   ③ ㉠, ㉣   ④ ㉡, ㉢   ⑤ ㉢, ㉣

서답형 04 외적 준거를 통해 핵심 내용 파악하기

보기 를 참고하여, 빈칸에 들어갈 말로 적절한 것을 윗글에서 찾아 쓰시오.

보기

　17세기 초부터 조선에 서구의 지식들이 유입되기 시작하면서 조선 사회를 지배하고 있던 주자학이 흔들리기 시작했다. 조선의 일부 지식인들은 사물에 대한 객관적 탐구에 집중하는 서구 지식에 관심을 보이기 시작하며 마음의 이치를 드러내기 위해 관념적인 탐구를 중시하는 주자학의 학문 방식에 대해 의구심을 품었다.

　서구의 지식들을 받아들인 최한기는 (　　　　)을/를 탐구하는 학문 방식을 비판하고 사물에 대한 객관적 탐구를 통한 인식을 중시했다.

문제풀이

06강

물, 수, 제, 비 _정완영

| 정답 및 해설 | 36쪽

※ 다음 글을 읽고 물음에 답하시오.

㉠ 우리 마을 고향 마을 시냇가 자갈밭에
별보다 고운 자갈이 지천으로 깔렸는데
던지면 ㉡ 도마뱀처럼 물길 ㉢ 찰찰 건너갔지

공부도 하기 싫고 노는 것도 시시한 날
나는 냇가로 나가 물수제비 떠먹었지
자갈이 ㉣ 수, 제, 비 되어 퐁당퐁당 ㉤ 나를 달랬지

- 정완영, 〈물, 수, 제, 비〉 -

갈래	정형시, 연시조
성격	회상적, 서정적
주제	물수제비를 뜨며 놀았던 어린 시절의 추억
특징	① 의태어, 의성어를 활용하여 생동감을 드러냄. ② 문장 부호의 사용과 종결 어미의 반복으로 운율을 형성함. ③ 총 2수로 이루어진 현대 시조로, 4음보 율격이 잘 드러남.
해제	이 작품은 화자가 물수제비를 뜨며 무기력하고 무료한 마음을 달랬던 자신의 어린 시절 경험을 회상하며 쓴 연시조이다. 1연에서 화자는 자신이 어렸을 때 살았던 고향 마을의 평화롭고 아름다운 풍경을 묘사하며 물수제비에 대한 기억을, 2연에서는 홀로 시냇가에 나가 자갈로 물수제비를 뜨며 시간을 보내던 모습을 떠올리고 있다.

✔ 한방에! 작가소개

정완영(1919~2016)

현대 시조 시인으로, 자연과 삶의 아름다움에 민족 고유의 정서인 한[恨]을 결합하여 시조로 표현하였다. 1969년 첫 시집 <채춘보>를 시작으로 여러 작품집을 발간하였다.

함께 읽으면 좋은 작품

작가의 다른 작품	정완영, 〈조국〉 정완영, 〈부자상〉
현대 시조	이병기, 〈난초〉 이호우, 〈달밤〉

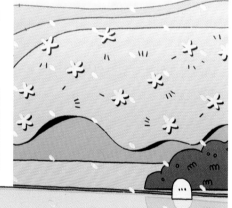

01 표현상의 특징 파악하기

㉠~㉤의 표현상 특징으로 적절하지 않은 것은?

① ㉠: 구절을 네 마디로 끊어 운율을 느끼게 한다.
② ㉡: 은유법을 통해 화자가 물길을 건너가는 모습을 효과적으로 드러낸다.
③ ㉢: 의태어의 활용으로 작품에 생동감을 더한다.
④ ㉣: 자갈이 수면을 치면서 날아가는 모습을 문장 부호를 사용하여 생생하게 전달한다.
⑤ ㉤: 앞서 사용된 어미를 반복하여 리듬감을 부각한다.

02 작품의 내용 파악하기

윗글을 감상한 학생들의 반응으로 적절하지 않은 것은?

① 화자는 과거 자신의 어린 시절을 회상하며 작품을 썼구나.
② 고운 자갈이 깔린 시냇가의 모습을 상상하니 정말 평화롭고 아름다워.
③ 읽을수록 화자가 살던 고향 마을의 모습이 점점 구체적으로 그려지는 듯해.
④ 어린 시절 혼자 물수제비를 뜨며 놀던 화자의 모습에서 외로움과 쓸쓸함이 느껴져.
⑤ 물수제비는 모든 것을 지루하고 무료하게 느꼈던 화자의 마음을 위로하는 소재였구나.

* 무료하다(無聊하다): 흥미 있는 일이 없어 심심하고 지루하다.

중요 **03** 작품 비교하기

윗글과 보기 를 비교한 내용으로 적절하지 않은 것은?

> 보기
>
> 이 몸이 죽고 죽어 일백(一白) 번 고쳐죽어
> 백골(白骨)이 진토(塵土)되어 넋이라도 있고 없고
> 임 향한 일편단심이야 가실 줄이 있으랴
>
> – 정몽주, 〈단심가〉

① 윗글은 〈보기〉와 달리 개성적인 시어나 표현이 드러나 있지 않다.
② 윗글과 〈보기〉 모두 비슷한 시어를 반복하여 운율을 형성하고 있다.
③ 윗글은 〈보기〉와 같은 형식의 시를 연달아 이어 붙인 형식을 갖추고 있다.
④ 윗글과 〈보기〉 모두 글자 수를 일정하게 제한하여 리듬감을 표현하고 있다.
⑤ 윗글은 〈보기〉보다 고유어를 많이 사용함으로써 우리말의 아름다움을 드러내고 있다.

* 백골(白骨): 죽은 사람의 몸이 썩고 남은 뼈.
* 진토(塵土): 티끌과 흙을 통틀어 이르는 말.

* 음수율(音數律): 시에서 음절의 수를 일정하게 하여 이루는 운율.
* 종장(終章): 세 개의 장으로 나누어진 시조의 마지막 장.

서답형 **04** 갈래의 특징 파악하기

윗글의 2연에서 ⓐ에 해당하는 시어를 찾아 쓰시오.

시조는 고려 중엽에 발생하여 현대에까지 창작되고 있는 우리 민족 고유의 정형시로, 시조는 3장 6구의 형식과 4음보, 3·3조 혹은 4·4조의 음수율, ⓐ 종장의 첫 음보는 3음절로 고정해야 한다는 원칙을 지켜야 한다.

06강

토끼전 _ 작자 미상

| 정답 및 해설 | 37쪽

✓ 한방에! 개념정리

✓ 한방에! 핵심정리

갈래	우화 소설, 판소리계 소설
성격	해학적, 풍자적, 교훈적
주제	① 무능한 집권층에 대한 비판 ② 위기를 극복하는 지혜와 헛된 욕심에 대한 경계
특징	① 동물을 의인화하여 인간 사회를 풍자한 우화적 수법을 활용함. ② 창작 당시의 사회적 배경을 바탕으로 민중의 비판 의식을 반영함.
해제	이 작품은 동물을 의인화한 우화 소설로, 구전설화를 바탕으로 만들어진 판소리 〈수궁가〉가 소설로 정착된 판소리계 소설이다. 구전되는 과정에서 여러 사람에 의해 개작되어 다양한 이본이 생겨났고, 〈토끼전〉 이외에도 〈토생전〉, 〈별주부전〉 등 다양한 제목으로 전해져 오고 있다.

※ 다음 글을 읽고 물음에 답하시오.

[앞부분 줄거리] 남해 용왕이 병에 걸렸는데 토끼의 간이 약이 된다고 하여 별주부가 토끼를 찾으러 육지로 간다. 별주부는 높은 벼슬을 주겠다는 말로 토끼를 꾀어 수궁으로 데리고 온다. 수궁에 도착한 토끼는 자신의 간을 내놓으라는 용왕의 말을 듣고 살아날 방법을 생각한다.

용왕의 청천벽력* 같은 분부를 받은 토끼는 아무 대답도 못하고 고개를 들어 임금을 바라보며 눈물만 뚝뚝 떨어뜨렸다.

용왕이 그 모습을 보니 아무 죄 없이 자기 때문에 죽게 된 토끼가 딱하기도 하고 가련하기도 했다. 이왕 죽는 것, 좋은 말로 타일러 웃음이나 머금고 죽게 하자는 마음으로 토끼를 달랬다.

"짐을 위해 죽는 것이 서러워서 눈물을 흘리느냐?"

"죽는 게 서러워서가 아니옵고, 못 죽어서 우나이다."

못 죽어서 울다니 이 무슨 해괴망측*한 말인가. 용왕이 의아해서 물었다.

"그것이 무슨 말인가?"

"용왕님, 제가 아뢸 터이니 잘 들으십시오. 인간 세상에 가면 흔하디흔한 게 저 같은 목숨입니다. 언제 독수리 밥이 될지 사냥개 반찬이 될지 누가 알겠습니까. 사냥꾼이 쳐 놓은 그물에 걸리든 화총 불에 타든 어찌하든 죽는 거야 시간문제이지요. 그렇게 죽고 나면 세상에 살다 간 저를 누가 기억해 주겠습니까?

제가 **배 속의 간**이라도 내어 **대왕의 병을 고치**는 데 쓴다면, 설령 병이 낫지 않더라도 저의 아름다운 이름을 오랫동안 전하게 될 것이니까요. 게다가 행여라도 병환이 나으면 대왕 덕택에 기린각 능원대에 새겨진 저의 이름을 후세에 전할 테니 천재일우*가 따로 없겠지요. 그런데 이 방정맞은 것이 그만 간 없이 왔사오니 절통하기가* 그지없나이다."

용왕이 기막혀하며 껄껄껄 크게 웃었다.

"그대는 참으로 미련하구나. 거짓말을 하더라도 그럴듯하게 할 것이지, 말도 안 되는 그런 말을 누가 곧이듣겠느냐? 네 몸이 여기 와 있는데 네 배 속에 있는 간이 어찌 함께 못 왔는고?"

토끼 역시 용왕의 웃음을 되받아치듯 하늘을 바라보며 크게 웃었다.

"간사하고도 미련한 토끼 같으니라고. 정체가 드러나니 할 말이 없어 웃는구나."

"대왕처럼 그 높은 지위에도 그토록 무식하니 어찌 웃지 않겠습니까? 제 **간이 몸 안팎을 드나드**는 것은 젖내 나는 세 살짜리 아이부터 지팡이 짚고 다니는 노인까지 다 아는 일입니다. 그런데 대왕께서 혼자 모르시니 웃음이 절로 나옵니다.

밤하늘의 밝은 기운이 차고 이지러지는 이치는 달이 맡아서 하고 있습니다. 보름 이전이면 차오르다가 보름 이후면 서서히 줄어드는 거야 아시겠지요. 그 달과 토끼는 깊은 관련이 있어 달의 별명이 '옥토'가 된 것입니다.

또한 바닷물이 나아가고 물러서는 이치는 조수가 맡았기에 사리*에는 물이 많아지고, 조금*에는 적어집니다. 조수 또한 토끼와 인연이 깊어 '삼토'라는 별명이 붙게 되었습니다. 그래서 제 배 속에 있는 간은 달빛 같고 조수 같지요. 보름 전에는 배 안에 두고, 보름 후에는 배 밖에 둡니다. 바다처럼 나아가고 물러가며, 달처럼 차고 이지러지는 고로 약이 되어 좋다 하지요. 만일 다른 짐승처럼 배 속에만 줄곧 있으면 허다한 짐승 중에 하필 토끼의 간이 좋다 하겠습니까?

이달 15일에 명산으로 널리 알려진 낭야산에서 저희 짐승들의 모임이 있었습니다. 그때 제 간을 빼내 파초잎에 곱게 싸서 낭야산 최고봉에 우뚝 선 노송 가지에 높이 매달아 놓고 모임에 나갔다가 저 별주부를 만나 곧바로 따라왔습니다. 다음 달 초하룻날이나 되어야 배 속에 다시 넣을 간을 어찌 가져올 수 있었겠습니까?"

[중간 부분 줄거리] 용왕은 토끼의 말에 넘어가 주변 신하들의 반대에도 토끼에게 성대한 잔치를 열어 준 뒤 별주부와 함께 육지로 나가 간을 찾아오도록 한다. 토끼는 육지에 도착하자 재빠르게 숲속으로 달아난다.

토끼는 바닷물 빛이 보이지 않도록 한참을 훌쩍 가서야 바위 위에 높이 앉아 마음껏 별주부에게 호령했다.

"이놈 자라야! 네 죄를 따지자면 죽여도 아깝지 않도록 괘씸하다. 만일 내 말재주가 네 용왕처럼 미련했더라면, 아까운 이내 목숨 수중 원혼*이 되었겠구나. 옛 책에는 '짐승이 미련하기가 물고기와 같다.' 했는데 너희 물고기들이 미련하기는 우리 털 있는 짐승보다 더하구나.

오장에 붙어 있는 간을 어찌 넣고 빼고 할 수가 있겠느냐? 네 소행을 생각하면 산속으로 잡아다가 푹 삶아서 백소주 안줏감으로 초장이나 찍어 먹으며 우리 동무들과 잔치를 벌이고 싶은 마음 간절하구나. 그러나 임금을 위하는 마음에서 그런 것이며, 만경창파* 그 먼 길을 네 등으로 왕래하며 죽고 사는 고생을 함께하였기에 목숨만은 살려 보내 주겠다. 그리 알고 속히 궁으로 돌아가거라.

좋은 약을 보내기로 네 왕에게 약속했으니, 점잖은 내 체면에 어찌 식언*을 하겠느냐? 내 똥이 매우 좋아 열을 내리게 한다 하여 사람들이 주워서 앓는 아이에게 먹인단다. 내가 살펴보니 네 왕의 두 눈자위에 열기가 아주 많이 몰렸더라. 이걸 갖다가 먹이면 병이 곧 나을 게다."

토끼는 작은 총알 같은 똥을 많이 누어 칡잎에 단단히 싸서 별주부 등에 올려놓고 칡으로 감아 주었다. 별주부는 할 수 없이 토끼 똥을 짊어지고 수궁으로 발길을 돌렸다.

(중략)

한편 토끼를 놓쳐 버린 별주부는 '차라리 육지로 올라가 죽어 버릴까?'하는 생각도 했다. 하지만 처자식과 늙으신 어머니가 마음에 걸려 무거운 발걸음을 옮겨 수궁으로 돌아갔다. 다행스럽게도 토끼가 준 토끼 똥의 효험이 있어 용왕의 병이 씻은 듯이 나았다. 그토록 원하던 충신이 되어 어머니와 아내, 자식 모두 함께 평안한 여생을 누렸다.

또 토끼는 신선을 따라 달나라로 올라가서 이날 이때까지 절구에 약을 찧으며 살아가고 있다.

자라나 토끼가 똑같은 미물*이지만, 깊은 충성심으로나 날렵한 지혜로나 사람보다 못하다 할 수 없다. 그러니 **사람의 이름으로 토끼나 자라만 못하면 얼마나 창피한 노릇**인가.

- 작자 미상, 〈토끼전〉 -

* 전체 줄거리

갑자기 병을 얻게 된 남해 용왕은 병을 낫게 할 방법을 찾지 못하고 날로 병세가 깊어 갔다. 어느 날, 한 도사로부터 토끼의 간을 먹으면 병세가 나을 것이라는 말을 들은 용왕은 기뻐하며 육지에 가 토끼를 잡아 올 신하를 찾는다. 이에 별주부는 자청하여 토끼를 잡아 오기로 한다. 육지에 올라온 별주부는 토끼를 만나고, 온갖 감언이설로 토끼를 유혹하여 궁으로 데려간다. 수궁에 도착한 토끼는 자신의 간을 내놓으라는 용왕의 말을 듣고 살아날 방법을 생각한다. 토끼는 용왕에게 간을 육지에 두고 왔다고 거짓말을 하여 별주부와 함께 육지로 되돌아가며 죽을 위기에서 벗어난다. 육지에 도착한 토끼는 별주부를 비웃고, 용왕의 병을 낫게할 약이라며 자신의 똥을 별주부에게 건넨 뒤 숲속으로 달아난다. 별주부는 토끼의 똥을 가지고 수궁에 돌아가 용왕의 병을 낫게 하고, 토끼는 달나라로 올라가 약을 찧고 산다.

✔ 한방에! 어휘풀이

* 청천벽력(靑天霹靂): 맑게 갠 하늘에서 치는 날벼락이라는 뜻으로, 뜻밖에 일어난 큰 변고나 사건을 비유적으로 이르는 말.
* 해괴망측(駭怪罔測): 말할 수 없이 괴상하고 야릇함.
* 천재일우(千載一遇): 천 년 동안 단 한 번 만난다는 뜻으로, 좀처럼 만나기 어려운 좋은 기회를 이르는 말.
* 절통하다(切痛하다): 뼈에 사무치도록 원통하다.
* 사리: 음력 보름과 그믐 무렵에 밀물이 가장 높은 때.
* 조금(潮금): 조수가 가장 낮은 때를 이르는 말.
* 원혼(冤魂): 분하고 억울하게 죽은 사람의 넋.
* 만경창파(萬頃蒼波): 만 이랑의 푸른 물결이라는 뜻으로, 한없이 넓고 넓은 바다를 이르는 말.
* 식언(食言): 한번 입 밖에 낸 말을 도로 입 속에 넣는다는 뜻으로, 약속한 말대로 지키지 아니함을 이르는 말.
* 미물(微物): 인간에 비하여 보잘것없는 것이라는 뜻으로, '동물'을 이르는 말.

윗글에 대한 설명으로 가장 적절하지 않은 것은?

① 시간의 흐름에 따라 사건이 전개되고 있다.

② 서술자의 주관이 개입되어 주제를 강조하고 있다.

③ 사건이 진행되면서 등장인물의 성격이 변화하고 있다.

④ 동물을 주인공으로 설정하여 현실 사회를 풍자하고 있다.

⑤ 고사성어를 사용하여 인물의 말을 다채롭게 표현하고 있다.

윗글을 읽은 감상으로 적절하지 않은 것은?

① 기지를 발휘해 죽음을 모면한 토끼를 통해 지혜는 위기를 극복하는 중요한 열쇠임을 알 수 있군.

② 토끼의 똥으로 용왕의 병을 고치는 별주부를 통해 착하게 살면 언젠가 복이 온다는 것을 알 수 있군.

③ 용왕의 병을 고치려 토끼를 거짓말로 꾀어 데려오는 별주부를 통해 임금에 대한 충성심을 알 수 있군.

④ 토끼에게 속아 넘어간 용왕을 통해 자신의 욕심을 위해 다른 이를 희생해서는 안 된다는 것을 알 수 있군.

⑤ 벼슬을 얻을 수 있다는 말에 별주부를 따라나선 토끼가 죽을 위기에 처하는 모습을 통해 헛된 욕심을 경계해야 함을 알 수 있군.

보기 를 참고하여 윗글을 이해한 것으로 적절하지 않은 것은?

보기

> 우화란 조선 후기의 대표적인 소설 유형의 하나로, 당대의 부패한 사회상을 비판하거나 사람들에게 교훈을 주려는 목적으로 사물이나 동물을 의인화하여 쓴 소설이다. 〈토끼전〉이 창작되던 시기의 조선 사회는 임진왜란과 병자호란을 겪으며 왕권과 유교적 권위 의식이 약해지고, 이에 따라 지배 계층에 대한 서민들의 부정적·비판적 의식이 고조되던 시기였다. 따라서 〈토끼전〉에서는 조선 후기의 이러한 정치 상황과 사회 현실이 드러나 있다.

① 〈보기〉에 따르면 작품에서 주된 사건이 펼쳐지는 수궁은 조선 후기 사회를 반영한 공간이다.

② 자신의 병을 고치기 위해 토끼 '배 속의 간'을 빼앗으려는 용왕은 서민을 착취하는 지배 계층의 모습을 반영한다.

③ '대왕의 병을 고치'기 위해 자신의 간을 빼앗길 위기에 처하는 토끼는 서민들이 비판적 시선으로 바라보는 인물이다.

④ '간이 몸 안팎을 드나'든다는 거짓말로 용왕과 별주부를 속이고 달아나는 토끼를 통해 당시 왕권이 약화된 조선의 사회상이 드러난다.

⑤ 결말 부분에서 '사람의 이름으로 토끼나 자라만 못하면 얼마나 창피한 노릇'이냐는 교훈을 전달하는 것으로 보아, 우화의 특성을 확인할 수 있다.

윗글에서 보기 의 ㉠에 해당하는 토끼의 대사를 찾아 첫 어절과 마지막 어절을 쓰시오.

보기

> 토끼는 자신의 간을 뺏길 뻔한 상황에서 기지를 발휘하여 위기를 모면한다. 이때 ㉠토끼는 먼저 이치에 맞지 않는 말을 함으로써 용왕의 호기심을 자극하고, 용왕의 질문에 적절하게 대답하는 말하기 방식을 취함으로써 의심을 해소하고 신뢰를 얻고 있다.

문제풀이

복습하기

문법

자음 축약	예사소리 'ㄱ, ㄷ, ㅂ, ㅈ'이 [9]1[ㅎ] 을 만나 거센소리 'ㅋ, ㅌ, ㅍ, ㅊ'이 되는 현상 예 국화[구콰], 좋고[조코]
[9]2[모음] 축약	두 형태소가 만날 때, 앞뒤 형태소의 두 모음이 하나의 이중 모음으로 줄어드는 현상 예 피-+-어 → 펴. 되-+-었 → 됐

비문학

1~2문단	기존의 [9]3[성리학] 에 대한 최한기의 [9]4[비판] 적 태도와 새로운 주장
3~4문단	인식의 세 가지 요소와 [9]5[인식 작용] 의 3단계
5문단	최한기의 인식론에 대한 평가

문학 – 물, 수, 제, 비(정완영)

1연	평화롭고 아름답던 [9]6[고향] 마을의 모습
2연	무료하고 무기력한 '[9]7[나]'를 달래주었던 [9]8[물수제비]

문학 – 토끼전(작자 미상)

토끼의 위기 극복 과정

[9]9[벼슬] 을 얻을 수 있다는 말에 별주부를 따라나섬.

↓

간을 내놓으라는 용왕의 말에 꾀를 내어 [9]10[눈물] 을 떨어뜨림.

↓

자신의 간을 [9]11[낭야산] 최고봉에 우뚝 선 노송 가지에 높이 매달아 두었다며 용왕을 속임.

↓

토끼의 꾀에 속은 용왕으로부터 극진히 대접받은 뒤 [9]12[육지] 로 돌아오게 됨.

↓

별주부와 함께 육지로 올라오자 [9]13[숲속] 으로 달아나며 별주부에게 자신의 똥을 건넴.

↓

신선을 따라 [9]14[달나라] 로 올라가 절구에 약을 찧으며 살아감.

정답 1 ㅎ   2 모음   3 성리학   4 비판   5 인식 작용   6 고향   7 나   8 물수제비   9 벼슬   10 눈물   11 낭야산   12 육지
13 숲속   14 달나라

한수

07

Contents

07강

매체

내가 보는 세상은 진짜일까 _ 김경일

※ 다음 글을 읽고 물음에 답하시오.

안녕하세요? 저는 인지* 심리학자 김경일입니다. 오늘은 제가 연구하는 '착시'에 관해 얘기해 보겠습니다. 착시는 우리가 어떤 대상을 볼 때, 필요 없거나 잘못된 배경지식을 사용하는 바람에 실제와 다르게 해석하는 것을 말합니다. 간단히 말하자면, '그렇게 보았다고 착각하는' 현상이 바로 착시이지요. (중략)

결국, 우리는 사물을 두 번 본다고 할 수 있습니다. 한 번은 감각 그대로, 망막*에 맺힌 상을 인식하는 것이고, 두 번째는 그 감각에 배경지식을 적용한 결과대로, 즉 착시대로 보는 것이죠. 이 둘은 일치하지 않을 때가 많은데, 우리는 착시가 일어난 것을 깨닫지도 못한 채 사물을 보곤 합니다. 착시는 옳다, 그르다 하고 판단할 문제는 아닙니다. 그런데 착시 현상을 우리 생활에 이롭게 이용할 수는 있습니다. 다음 사진을 한번 보시죠.

[A]

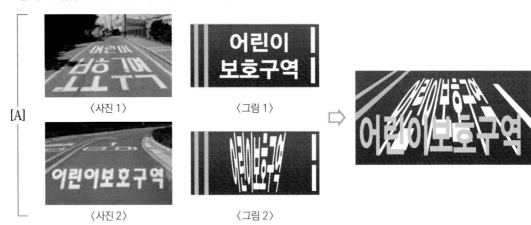

〈사진 1〉　　〈그림 1〉
〈사진 2〉　　〈그림 2〉

이 두 사진을 보면, 도로에 어린이 보호 구역을 알리는 표시가 있습니다. 차의 속도를 늦추고 조심해서 운전하도록 안내하는 글자이지요. 사진 옆에 있는 그림은 '어린이 보호 구역'이라는 글자가 실제로 바닥에 어떻게 그려져 있는지 나타냅니다. 〈사진 1〉은 흔히 볼 수 있는 표시인데 운전자의 눈높이에서는 잘 보이지 않습니다. 이에 비해 〈사진 2〉는 글자가 마치 서 있는 것처럼 잘 보이네요. 도대체 어떻게 했기에 이렇게 보이는 걸까요? 그 해답은 〈그림 1〉과 〈그림 2〉를 비교해 보면 알 수 있습니다. 〈그림 2〉와 같이 글자 윗부분을 아랫부분보다 두껍고 크게 하여 윗부분이 더 가까워 보이도록 했기 때문이지요. 앞에서 보았듯 우리는 '멀리 있는 것은 작게, 가까이 있는 것은 크게 보인다.'라고 알고 있잖아요? 그 지식을 바탕으로 우리의 뇌는 〈그림 2〉의 글자 모양이 아닌, 〈사진 2〉의 모양으로 인식하는 것이죠. 그러고는 다음과 같이 도로에 세워진 글자를 보게 되는 것입니다.

[B]
자, 지금까지 착시에 관해 살펴봤는데 어땠나요? 우리가 원래 알고 있던 지식 때문에 착시가 일어난다는 점이 재미있기도 하고, 신기하기도 하지요? 다시 말하지만, 착시는 옳고 그름을 판단할 수 없는 현상입니다. 그러니 자연스럽게 일어나는 인식의 하나로 받아들이고, 생활에 도움이 되도록 이용해 보는 게 바람직하겠죠. 앞에서 보았던 '어린이 보호 구역' 표시처럼, 착시 현상을 멋지게 활용할 방법을 한번 찾아보면 어떨까요? 그럼, 여기서 강연을 마치겠습니다.

- 김경일, 〈내가 보는 세상은 진짜일까〉 -

01 매체 자료의 효과 파악하기

윗글에 사용된 매체 자료의 효과로 적절하지 않은 것은?

① 듣는 이의 호기심을 유발한다.
② 강연의 현장감과 사실성을 높인다.
③ 듣는 이가 강연에 집중할 수 있도록 돕는다.
④ 듣는 이에게 강연의 주제를 요약하여 제시한다.
⑤ 듣는 이가 강연의 내용을 이해하는 데 도움을 준다.

02 정보 전달을 위한 매체 자료의 생산 이해하기

[A]를 활용할 때 강연자가 했을 생각으로 적절한 것은?

① 착시 현상의 원인을 더 자세히 설명해야겠군.
② 착시 현상에 담긴 과학의 원리를 설명해야겠군.
③ 착시 현상의 원인에 대한 다른 견해를 제시해야겠군.
④ 착시 현상을 통해 새로운 과학적 개념을 설명해야겠군.
⑤ 착시 현상을 우리 생활에 이롭게 활용한 예를 보여줘야겠군.

중요 03 매체 언어의 표현 방법 파악하기

윗글을 바탕으로 보기 를 이해한 내용으로 적절하지 않은 것은?

보기

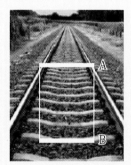

* A가 B보다 길게 보이나 실제로 A, B의 길이는 동일하다.

① 옳고 그름을 판단할 수 없는 현상이다.
② 우리는 착시가 일어난 것을 깨닫지 못한 채 〈보기〉를 본다.
③ 사물이 망막에 맺힌 상을 감각 그대로 인식할 때 일어난다.
④ 어떤 대상을 볼 때 실제와 다르게 해석하기 때문에 발생한다.
⑤ 멀리 있는 것은 작게 보이고, 가까운 것은 크게 보인다는 배경지식이 활용되었다.

서답형 04 매체 자료의 주체적 수용 이해하기

빈칸에 들어갈 말로 적절한 것을 골라 차례대로 쓰시오.

> 착시는 어떤 대상을 볼 때 필요 없거나 잘못된 배경지식을 사용하여 실제와 (같게 / 다르게) 해석하는 것을 말한다. 윗글을 통해 강연자는, 착시는 옳고 그름을 판단할 수 (있는 / 없는) 현상이므로 자연스럽게 일어나는 인식의 하나로 받아들이고 생활에 도움이 되도록 이용해야 한다는 생각을 밝히고 있다.

문제풀이

✔ 한방에! 개념정리

✔ 한방에! 핵심정리

갈래	논설문
주제	인간 중심의 동물원에서 동물 중심의 동물원으로의 패러다임 변화 촉구
해제	이 글은 과거 인간 중심의 동물원이 가진 문제의식을 바탕으로 현재 동물 중심의 동물원으로 바뀌는 세계적 추세를 소개하면서, 이에 따라 동물원이 가진 세 가지 기능의 균형을 적절하게 갖출 수 있도록 노력해야 한다고 주장한다. 인간의 편의와 관리비 절감을 위해 동물들의 서식 환경을 고려하지 않고 설계하여 동물들에게 감금과 억압의 장소였던 동물원은 동물을 단순히 가두어 놓고 구경하는 것이 아닌, 종을 보호하고 동물의 생태 환경을 연구하는 곳으로 그 성격이 점차 바뀌어 가고 있다. 따라서 글쓴이는 동물원의 교육, 보호, 오락이라는 세 가지 기능을 적절하게 갖추면서 동물들이 자신의 본성을 찾아갈 수 있도록 도와야 한다고 말한다.

＊문단 중심 내용

1문단	동물원의 건립 목적
2문단	인간 중심의 동물원으로 인해 위협받는 동물들
3문단	동물 중심 동물원으로의 패러다임 변화 양상
4문단	교육·보호·오락의 기능을 균형 있게 갖추기 위한 동물원의 과제

※ 다음 글을 읽고 물음에 답하시오.

　사람들은 동물을 좋아한다. 고대의 신화부터 현재의 만화, 동화에 이르기까지 인간의 문화 속에 동물은 수도 없이 등장한다. 산업화와 도시화 과정에서 인간과 동물의 관계가 멀어지게 되었지만, 다양한 동물의 모습은 여전히 인간의 호기심을 자극한다. 이러한 인간의 시각적 호기심을 인위적으로 실현하기 위해 만들어진 시설이 동물원이다.

　동물원의 역사는 기원전 15세기로 거슬러 올라간다. 고대 이집트나 로마에서는 동물들의 수집 및 사육을 위해 동물원을 만들었고, 중세에서도 귀족들이 희귀한 동물들을 구해 기르는 것을 취미로 삼았다. 이처럼 아주 오래전부터 인류의 역사와 함께한 동물원은 동물에게 어떤 공간이었을까? 주로 감금과 억압의 장소인 경우가 많았다. 대부분의 동물원에서 종(種)별로 고유하게 지니고 있던 생활 환경과 특성을 무시하고 인간의 편의를 고려한 사육환경을 조성함으로써 많은 사람이 관람할 수 있는 구조로 동물원을 만들어 놓았기 때문이다. 이러한 환경으로 인해 동물들은 극심한 스트레스에 시달리며, 자해, 비정상적인 행동, 우울증 등으로 고통스러운 삶을 살아갈 수밖에 없었다. 자연적인 서식 환경을 고려하지 않고 당장의 편리함과 관리비 절감만을 추구한 디자인 설계가 동물들의 건강과 생명을 위협한 것이다.

　최근 앞서가는 동물원은 이러한 상황에 대해 문제의식을 가지고 ㉠ 근본적인 방향 전환을 꾀하고 있다. 단순하게 동물을 가두어 놓고 구경하는 곳이 아닌 멸종 위기에 처한 동물들을 보전하고 그 생태를 연구하며 자연적인 생태 환경의 중요성을 교육하는 센터로 탈바꿈하는 것이 세계적 추세이다. 이러한 흐름에 맞춰 동물원 내의 공간 구조와 생활 환경을 바꾸어 주는 것을 '환경 및 행동 풍부화'라고 한다. 서울 대공원의 경우 동물원의 환경에 다양한 변화를 주고, 동물들이 지닌 고유한 본능에 맞게 먹이를 제공하는 등 변화하고 있다. 동물원의 패러다임이 바뀌고 있는 것이다.

　동물원의 기능은 교육·보호·오락으로 요약될 수 있다. 특히 대중들에게 생태계에 대한 이해를 도모하도록 교육적 기능을 강화하면서 이 세 기능이 서로 균형을 갖출 수 있도록 노력해야 한다. 이러한 목적을 달성하기 위해서는 동물들의 습성에 맞게 생활 환경을 조성하고 인간과의 접촉을 적절하게 제한해야 한다. 그리고 시각적인 유희의 대상이 되어 온 동물들이 자신들의 본성을 찾아갈 수 있도록 도와주어야 한다.

01 세부 내용 파악하기

윗글에 대한 이해로 적절하지 <u>않은</u> 것은?

① 산업화와 도시화로 인하여 동물에 대한 사람들의 관심이 사라지게 되었다.

② 아주 오래전부터 인류는 다양한 동물들의 모습을 보기 위해 동물원을 만들어 왔다.

③ 동물원은 멸종 위기 동물들의 생태를 연구하고 보전하기 위한 교육 센터로 변화하고 있다.

④ 인간들의 편의와 욕망을 충족시키는 동물원의 구조는 동물의 생명과 건강을 위협하고 있다.

⑤ 서울 대공원은 '환경 및 행동 풍부화'를 위해 동물이 지닌 본성에 맞게 먹이를 제공하고 있다.

02 핵심 내용 파악하기

㉠에 해당하는 사례로 적절하지 <u>않은</u> 것은?

① 돌고래 쇼와 아쿠아리움의 폐지를 주장하는 시위를 벌이는 것

② 동물들의 야생 본능을 고려한 먹이 배급을 위해 시설을 개조하는 것

③ 동물원을 아이들이 생태학을 배울 수 있는 학습 장소로 활용하는 것

④ 콘크리트 바닥 대신 흙과 잔디가 깔린 사육장으로 동물의 생활 환경을 변화하는 것

⑤ 원숭이 우리를 사람들이 가까이 접근할 수 없도록 설계하고 관람객이 먹이를 주는 행위를 금지하는 것

중요 ## 03 구체적 사례에 적용하기

윗글을 참고하여 보기 를 이해한 반응으로 가장 적절한 것은?

> **보기**
>
> 일본의 ○○동물원은 규모는 작지만 매년 300만 명의 관람객이 찾는 인기 동물원으로 유명하다. 그 이유는 동물을 단순히 관람하는 데에 그치지 않고 야생 동물의 원래 능력을 최대한 보여 주는 '행동 전시' 때문이다. ○○동물원은 각 동물의 능력에 맞게 전시관이 꾸며져 있다. 또한 작은 포유류와 파충류 등 멸종 위기에 놓인 동물들을 보호하고 번식시키기 위해 노력하고 있으며 야생으로 돌아갈 수 있도록 도와주는 훈련도 계속하고 있다.

① 앞서가는 동물원의 관계자들은 일본의 ○○동물원을 비판적인 시선으로 보겠군.

② 일본의 ○○동물원이 인기 있는 이유는 관람객이 편하게 관람할 수 있는 구조로 되어 있기 때문이군.

③ 일본의 ○○동물원에서 보여 주는 '행동 전시'는 고대 이집트나 로마의 동물원에서도 볼 수 있었겠군.

④ 일본의 ○○동물원은 동물원의 교육·보호·오락의 기능 중에 교육 기능만을 강조하고 있다고 볼 수 있군.

⑤ 일본의 ○○동물원은 자연적인 서식 환경의 중요성을 이해하고 이에 맞게 동물들의 생활 환경을 조성했군.

서답형 ## 04 세부 내용 이해하기

보기 2 는 보기 1 의 ⓐ가 의미하는 것을 서술한 것이다. ㉮, ㉯에 들어갈 말을 윗글에서 찾아 차례대로 쓰시오.

> **보기 1**
>
> 지난 □□일 SNS를 중심으로 △△동물원 앵무새의 날개 일부가 훼손된 채 날갯짓하며 울고 있는 영상이 논란이 됐다. 전문가들은 이 영상에 대해 앵무새의 날개가 잘린 이유는 ⓐ 열악한 사육환경에 따른 스트레스성 자해 행동이라 밝혔다.

> **보기 2**
>
> ⓐ는 종별로 고유하게 지니고 있던 생활 환경과 (㉮)을/를 무시하고 (㉯)의 편의를 고려한 사육환경을 의미한다.

문제풀이

85

✔ 한방에! 핵심정리

갈래	평시조, 연시조
성격	교훈적, 유교적
주제	고산의 아름다운 경치 예찬과 학문의 즐거움
특징	① 대상을 의인화하여 그 속성을 예찬함. ② 자연물로부터 인간이 배워야 하는 덕성을 제시함.
해제	이 작품은 수려한 자연 속에서 학문에 정진하고, 후학을 양성하던 글쓴이의 생활을 노래한 시조이다. 글쓴이가 황해도 해주의 고산에 머물던 시기의 작품으로 주자의 〈무이도가〉를 본떠 새롭게 창작한 것으로 알려져 있다.

✔ 한방에! 어휘풀이

* 학주자(學朱子): 주자학을 배움.
* 관암(冠巖): 바위 봉우리의 이름. 갓 같이 우뚝 솟은 데서 붙여진 이름.
* 송간(松間): 소나무와 소나무의 사이.
* 승지(勝地): 경치가 좋은 곳.
* 송애(松崖): 소나무가 자리 잡은 벼랑.
* 임천(林泉): 세상을 버리고 은둔하기 알맞은 곳을 비유적으로 이르는 말.
* 강학(講學): 학문을 닦고 연구함.
* 영월음풍(詠月吟風): 자연을 시로 읊음. 시를 짓고 읊으며 즐겁게 노는 것.
* 조협(釣峽): 낚시하는 골짜기.
* 금탄(琴灘): 음악 소리가 들리는 듯한 여울.
* 기암괴석(奇巖怪石): 기이하게 생긴 바위와 괴상하게 생긴 돌.

※ 다음 글을 읽고 물음에 답하시오.

고산 구곡담(高山九曲潭)을 사람이 모르더니
터 닦아 집 지으니 벗님네 다 오신다
어즈버 무이(武夷)를 상상하고 학주자*를 하리라 〈제1수〉

일곡(一曲)은 어디인가 관암*에 해 비친다
들판에 안개 걷히니 먼 산이 그림이로다
송간*에 술동이를 놓고 벗 오는 양 보노라 〈제2수〉

이곡(二曲)은 어디인가 화암(花岩)에 봄이 늦었구나
푸른 물에 꽃을 띄워 야외(野外)로 보내노라
사람이 승지*를 모르니 알게 한들 어떠리 〈제3수〉

사곡(四曲)은 어디인가 송애*에 해 넘는다
못 속의 바위 그림자 온갖 빛이 잠겼구나
임천*이 깊을수록 좋으니 흥에 겨워 하노라 〈제5수〉

오곡(五曲)은 어디인가 은병(隱屏)이 보기 좋다
물가에 세운 집은 깨끗함이 끝없구나
이 중에 강학*도 하려니와 영월음풍* 하리라 〈제6수〉

육곡(六曲)은 어디인가 조협*에 물이 넓다
나와 고기와 누가 더욱 즐기는가
황혼(黃昏)에 낚싯대 메고 달빛 받아 돌아온다 〈제7수〉

팔곡(八曲)은 어디인가 금탄*에 달이 밝다
빼어난 거문고로 곡조 몇을 연주하니
옛 가락 알 이 없으니 혼자 즐겨 하노라 〈제9수〉

[A] ┌ 구곡(九曲)은 어디인가 문산(文山)에 해 저문다
│ 기암괴석*이 눈 속에 묻혔구나
└ 사람은 오지 아니하고 볼 것 없다 하더라 〈제10수〉

- 이이, 〈고산구곡가〉 -

01 표현상의 특징 파악하기

윗글의 표현상 특징으로 적절한 것은?

① 유사한 문장 구조를 반복하여 통일성을 드러내고 있다.
② 대상에 대한 평가 없이 객관적 사실만을 나열하고 있다.
③ 대상에 인격을 부여하여 대상이 지닌 속성을 묘사하고 있다.
④ 반어적 표현을 사용하여 화자의 상황을 간접적으로 드러내고 있다.
⑤ 화자의 심정과 대조되는 자연물을 삽입함으로써 주제를 강조하고 있다.

02 작품의 내용 이해하기

윗글에 대한 감상으로 적절하지 <u>않은</u> 것은?

① 〈제1수〉에서 화자는 자신이 바라는 삶의 태도를 구체적으로 제시하고 있군.
② 〈제3수〉에서 화자는 자연의 아름다움을 다른 사람들과 함께 나누고 싶어 하고 있군.
③ 〈제5수〉에서 화자는 세속과 멀리 떨어져 자연에 은거하는 삶에 대한 만족감을 드러내고 있군.
④ 〈제6수〉에서 화자는 자연을 풍류를 즐기는 공간이자 학문을 닦는 공간이라고 인지하고 있군.
⑤ 〈제9수〉에서 화자는 자연 속에서 아름다운 음악을 들으며 고독감을 느끼고 있군.

* 세속(世俗): 사람이 살고 있는 모든 사회를 통틀어 이르는 말.

중요 03 작품 간의 공통점, 차이점 파악하기

윗글의 [A]와 보기 를 비교한 내용으로 적절하지 <u>않은</u> 것은?

보기

> 산촌에 눈이 오니 돌길이 묻혔어라
> 시비를 열지 마라 날 찾을 이 뉘 있으리
> 밤중만 일편명월이 그것이 벗인가 하노라.
>
> — 신흠, 〈산촌에 눈이 오니〉

① [A]와 〈보기〉 모두 자연과 어우러져 살아가는 화자의 만족감이 드러난다.
② [A]와 〈보기〉 모두 시어를 통해 계절적 배경이 겨울이라는 것을 알 수 있다.
③ 〈보기〉는 [A]와 달리 화자가 다른 사람의 방문을 거부하고 있음을 알 수 있다.
④ [A]는 〈보기〉와 달리 자연물을 감상하지 못하게 된 화자의 안타까움이 드러난다.
⑤ [A]는 〈보기〉와 달리 자연의 아름다움을 알지 못하는 사람들에 대한 안타까움이 드러난다.

* 시비(柴扉): 사립짝을 달아서 만든 문.
* 일편명월(一片明月): 한 조각의 밝은 달.

서답형 04 시어의 기능 파악하기

보기 에서 설명하는 시어를 윗글에서 찾아 3음절로 쓰시오.

보기

> 다양한 감정을 나타내는 단어로, 앞서 전개된 시의 정서를 고조시키며 시상을 마무리할 수 있도록 이끈다.

문제풀이

07 강

아이들의 장래를 생각하는 야구 감독 _이순원

| 정답 및 해설 | 45쪽

갈래	단편 소설
성격	자전적, 교훈적
주제	서로의 마음을 이해하며 삶의 덕목을 나눔.
특징	① 인물 간의 대화로 내용을 전개함. ② 일화를 삽입하여 작품의 주제를 강조함.
해제	이 작품은 작가가 자전적 경험을 바탕으로 쓴 〈아들과 함께 걷는 길〉의 한 부분이다. 소설가인 '아빠'와 '아들'은, '아빠'가 '아들'에게 글 쓰는 것을 가르쳐 주지 않은 이유에 대해 대화를 나눈다. 대화를 하면서 '아들'은 미래의 가능성을 중요하게 생각하는 '아빠'의 따뜻한 마음을 이해하고, '아빠'는 '아들'의 섭섭했던 마음에 공감하며 가족 간의 사랑과 연대를 느낀다.

※ 다음 글을 읽고 물음에 답하시오.

"아빠." / "응."

"이제 아까 같은 얘기하지 말고 다른 얘기해요."

"그런데 어쩌다 우리 그런 얘기를 했지?"

"몰라요."

"그러면 아빠가 너희들에게 어떻게 해 주었으면 좋겠는지 말해 봐. 평소 아빠한테 가지고 있던 불만도 좋고."

"아빠." / "응."

"㉠ 아빠는 글을 쓰시는 분이잖아요. 그런데 왜 저희들한텐 글 쓰는 걸 안 가르쳐 줘요? 다른 숙제는 다 도와줘도 글쓰기 숙제는 도와주지 않고요. 남들은 다 아빠가 저희들 글짓기를 도와주는 줄 알고 있어요."

"그건 너희들의 세계를 다치게 하고 싶지 않기 때문이야. 아빠가 글을 쓰는 사람이니까 더욱."

"그러니까 더 도와줘야지요. 아빠는 이다음 우리가 글을 쓰는 사람이 되는 게 싫으세요?"

"그렇지는 않아. 무엇을 하든 너희들이 하고 싶은 일을 하는 사람이 되면 되는 거니까."

"그런데 왜 그런 걸 안 가르쳐 주시려고 해요?"

"네가 기억하는지 모르겠다. 1학년 땐가 네가 일기를 쓰는 걸 도와준 적이 있는데 말이지."

"그런데요?"

"그때 네가 이런 일기를 썼어. 놀이터에서 흙장난을 하며 놀았던 것을 썼는데, 제일 마지막 부분을 이렇게 썼어. '햇빛이 반짝반짝, 참 기분이 좋았다.' 그 한 구절만 보고도 아빠는 네가 어떻게 놀았는지, 또 얼마나 재미있고 신나게 놀았는지 안 봐도 눈에 훤히 보이는 것 같았어."

"제가요?"

"그래서 아빠가 칭찬을 했지. 햇빛이 반짝반짝 참 기분이 좋았다고 쓴 걸 너무 잘 썼다고. 그랬더니 그 다음부터는 '바람이 살랑살랑 기분이 좋았다.' 그렇게도 쓰고, '나무가 흔들흔들 어지러웠다.' 그렇게도 쓰고. 이틀마다 거의 한 번씩."

"아, 내가 그랬구나. **그래서 어떻게 하셨어요?**"

"그래서 아빠가 생각했다. '어린 네 상상력은 하늘만큼 큰데 오히려 아빠가 잘못 칭찬해 그 상상력을 한자리에 붙들어 매고 있구나.' 하고. 아빠는 그런 사람을 많이 봤거든." / "어떤 사람요?"

"아빠 중학교 때에도 그랬고, 고등학교 때에도 그랬고, 아빠 옆에는 글을 잘 쓰는 친구들이 참 많았단다. 또 그런 친구들을 선생님이 칭찬해 주시고, 그런데 지금 그 친구들은 아무도 글을 쓰지 않아. 가만히 생각하니까 그 친구들이 그때 글을 잘 썼던 건 어른들의 흉내를 내며 선생님한테 칭찬받을 글만 썼던 거야. 그러는 동안 더 크게 퍼져 나갈 수 있는 자기 세계를 좁게 만들면서. 그래서 아빠는 앞으로도 네 글을 가만히 보기로만 했어. 너희들이 아무리 잘 써도 어른만큼 잘 쓸 수 있는 것은 아니지만 그 대신 너희들의 상상력은 끝이 없거든. 자칫 잘못 칭찬하거나 또 가르치려고 들면 오히려 너희들의 큰 세계를 작게 만들 수 있는 거란다."

"그래도 그렇죠."

"그래, **네가 그동안 아빠에게 많이 서운했구나.** 그런데 너, 윤태 아저씨 알지?"

"알아요. 야구 감독 아저씨."

"너도 잘할 줄은 몰라도 야구에 대해서는 좀 알지? 직구*도 알고 커브*도 알고 포크 볼*도 알고, 그게 어떻게 던지는 공인지는 말이다."

"예, 변화구잖아요."

"언젠가 아빠가 넌 몇 년이나 야구 감독하면서 그래 어떻게 한 번도 우승을 못 시키냐니까 그 아저씨가 아빠한테 이런 말을 했어." / "어떤 말요?"

"자기는 우승을 생각하는 감독이 아니라 어린 선수들의 장래를 생각하는 감독이라고. 중학교 선수들은 너희들처럼 아직 한참 더 커야 할 선수들이거든. 키도 커야 하고 뼈도 커야 하고. 그런데 다른 감독들은 그런 선수한테 어깨에 무리를 줘 가면서 커브라든가 포크 볼 같은 변화구를 던지게 하고 그러거든. 그렇지만 ⓐ <u>윤태 아저씨는 자기 학교 선수한텐 꼭 직구만 던지게 하는 거야. 커브 볼이나 포크 볼 같은 변화구는 이다음 어깨가 완전히 자리 잡은 다음 던져도 늦지 않다고 말이지.</u> 그러니까 전국 대회에 나가 투수력에서 밀리는 거지. 우승도 그런 팀이 하고. 윤태 아저씨는 우승보다는 앞으로 더 자라야 할 선수들의 어깨를 보호해 주며 기본기만 튼튼하게 가르치고 있는 거야. 그건 윤태 아저씨가 누구보다 잘 알고 있는 일이니까. 윤태 아저씨도 고등학교 2학년 때까지는 날리던 투수였는데 3학년 때부터 어깨가 고장을 일으켰어. 그리고 지금은 이 세상에서 가장 훌륭한 야구 감독이 되어 있는 거고."

"아, **그러니까 윤태 아저씨는 당장의 우승보다 선수들의 장래를 생각해 준 거네요?** 아빠도 윤태 아저씨처럼 생각하시는 거고요."

"그래, 네 주변을 봐라. 이것저것 과외며 학원을 대여섯 군데 다니는 아이들도 있지?"

"예."

"미술 학원도 다니고 음악 학원도 다니고 글짓기 교실도 다니고, 영어 공부하러 다니고."

"많아요, 그런 애들."

"말로는 아이들을 위해서 가르친다고 하지만 어쩌면 그건 어른 스스로의 조바심* 때문에 아이들의 어깨를 혹사*하고 있는 것인지 몰라. 아빠는 그렇게 생각한다."

"저하고 무적도 태권도 다니는데요, 뭐."

"그건 아빠 조바심이지. 너희들이 밥을 잘 안 먹으니까 운동이라도 하면 좀 나을까 하고. 다니기 싫니?"

"아뇨, 재미있어요. 공부하는 것도 아니고."

"그저 공부만 안 하면 다 좋지."

"그럼요. 다 가서 물어보세요."

"안 물어봐도 알아. 아빠도 옛날에 그랬으니까."

"히히, 재밌다. 저는 아빠도 어릴 때 우리하고 똑같이 생각하며 컸다는 게 너무 신기해요. 어떤 때 보면 어른들은 그냥 어른이 된 것처럼 보일 때가 많거든요."

– 이순원, 〈아이들의 장래를 생각하는 야구 감독〉 –

※ 전체 줄거리

'아들'은 '아빠'와의 대화 도중, '아빠'가 글을 쓰는 사람임에도 불구하고 자신에게 글 쓰는 것을 가르쳐 주지 않는 이유를 묻는다. 이에 '아빠'는 '아들'이 1학년 때 일기 쓰는 것을 도와준 이야기를 꺼내며, 이를 통해 자신의 칭찬이 오히려 '아들'의 큰 상상력을 제한했다는 것을 깨닫게 되었다고 말한다. 곧이어 '아빠'의 학창 시절, 자신의 친구들이 어른 흉내를 내며 선생님에게 칭찬받을 글만 쓴 일을 이야기하며 친구들이 선생님의 칭찬을 받기 위해 더 크게 퍼져 나갈 수 있는 자기 세계를 좁게 만들었다고 '아들'에게 말한다. 마지막으로 야구 감독인 '윤태 아저씨'가 선수들의 어깨를 보호하기 위해 기본기만 가르친 이야기를 꺼내며 '윤태 아저씨'가 당장의 우승보다 선수들의 장래를 생각했다는 것을 말한다. '아빠'의 말을 들은 '아들'은 '아빠'의 생각에 공감하고, 서로의 생각과 처지를 이해하게 된다.

✔ 한방에! 어휘풀이

* 직구(直球): 야구에서, 투수가 변화를 주지 아니하고 직선같이 곧게 던지는 공.
* 커브: 야구에서, 투수가 던진 공이 타자 가까이에 와서 변화하면서 갑자기 꺾이는 것. 또는 그런 공.
* 포크 볼: 야구에서, 투수가 집게손가락과 가운뎃손가락 사이에 끼어 던지는 공. 변화구의 하나로, 공의 회전이 적으며 타자 앞에서 갑자기 떨어진다.
* 조바심: 조마조마하여 마음을 졸임. 또는 그렇게 졸이는 마음.
* 혹사(酷使): 혹독하게 일을 시킴.

01 서술상의 특징 파악하기

윗글에 대한 설명으로 적절하지 <u>않은</u> 것은?

① 설득적인 목적의 대화를 찾아볼 수 있다.
② 인물 간의 대화를 통해 갈등을 드러내고 있다.
③ 등장인물의 경험이 작품의 중심 내용을 이루고 있다.
④ 다양한 사례를 제시하며 작품의 주제를 드러내고 있다.
⑤ 작품 속 서술자가 누구인지 분명하게 드러나지 않는다.

02 작품의 내용 이해하기

㉠에 대한 이유로 적절하지 <u>않은</u> 것은?

① '아빠'의 조바심 때문에 '아들'을 혹사시키고 싶지 않았기 때문이다.
② '아빠'의 가르침으로 인해 '아들'의 상상력이 제한될 수 있기 때문이다.
③ '아빠'는 '아들'의 장래를 중시해 태권도에 전념하게 하고 싶었기 때문이다.
④ 무한한 가능성이 있는 '아들'의 세계를 '아빠'가 다치게 할 것 같았기 때문이다.
⑤ '아들'이 '아빠'의 칭찬을 듣기 위해 어른들을 흉내낸 글만 쓸까 봐 우려되었기 때문이다.

* **전념(專念):** 오직 한 가지 일에만 마음을 씀.
* **우려(憂慮):** 근심하거나 걱정함. 또는 그 근심과 걱정.

중요 03 외적 준거를 참고하여 작품 이해하기

보기 를 참고하여 윗글을 이해한 것으로 적절하지 <u>않은</u> 것은?

보기

공감적 듣기란 상대방의 감정을 이해하고, 상대방의 입장에서 문제를 바라보며 말을 들어주는 것이다. 공감적 듣기의 방법으로는 상대방의 눈을 맞추며 지속적으로 관심을 표현하거나 적절한 맞장구를 쳐주는 소극적 들어주기와, 대화 상대의 말을 요약·정리해 주거나 감정 이입을 통해 상대방의 정서에 반응하며 들어 주는 적극적 들어주기가 있다.

① '아빠'와 '아들'은 모두 상대방의 감정을 이해하고 상대방의 입장에서 문제를 바라보며 말을 들어주고 있다.
② '아빠'의 말에 '아들'은 '그런데요?'라고 말하며 '아빠'의 말에 감정 이입하는 방식으로 공감적 듣기를 하고 있다.
③ '아빠'의 말에 '아들'이 '그래서 어떻게 하셨어요?'라고 맞장구를 치는 것은 공감적 듣기 중에서도 소극적 들어주기에 해당한다.
④ '아빠'는 '아빠'에게 서운한 감정이 있던 '아들'에게 '네가 그동안 아빠에게 많이 서운했구나'라며 '아들'의 정서에 반응하며 공감하고 있다.
⑤ '아들'은 '윤태 아저씨'의 사례를 이야기하는 '아빠'에게 '그러니까 윤태 아저씨는 당장의 우승보다 선수들의 장래를 생각해 준 거네요?'라며 '아빠'의 말을 요약·정리하고 있다.

서답형 04 등장인물의 성격 파악하기

다음은 ⓐ를 통해 알 수 있는 '윤태 아저씨'의 모습이다. ㉮, ㉯에 들어갈 적절한 말을 윗글에서 찾아 차례대로 쓰시오.

> 윤태 아저씨는 당장의 (㉮)보다 선수들의 (㉯)을/를 생각하는 사람이다.

문제풀이

복습하기

매체

<table>
<tr><td colspan="2" align="center">강연에 사용된 매체 자료의 종류와 효과</td></tr>
<tr><td>매체 자료의 종류</td><td>시각 매체 - ¹◻◻, 그림</td></tr>
<tr><td>매체 자료의 효과</td><td>• 청중의 호기심을 자극하여 강연에 ²◻◻하게 함.
• 청중이 ³◻◻ 현상을 보다 쉽게 이해할 수 있도록 도움.</td></tr>
</table>

비문학

1문단	동물원의 건립 목적
2문단	⁴◻◻ 중심의 동물원으로 인해 위협받는 동물들
3문단	동물 중심 동물원으로의 ⁵◻◻◻◻ 변화 양상
4문단	교육 · 보호 · ⁶◻◻의 기능을 균형 있게 갖추기 위한 동물원의 과제

문학 – 고산구곡가(이이)

제1수	⁷◻◻에 대한 소개와 학문에 대한 지향
제2수	관암의 아름다운 ⁸◻◻ 풍경
제3수	⁹◻◻의 늦봄 풍경
제9수	금탄의 달밤
제10수	문산의 ¹⁰◻◻ 풍경

문학 – 아이들의 장래를 생각하는 야구 감독(이순원)

처음	아들이 아빠에게 ¹¹◻ 쓰는 것을 가르쳐 주지 않는 까닭을 물음.
↓	
중간	아이들이 더 큰 ¹²◻◻◻을 펼칠 수 있도록 글쓰기를 가르쳐 주지 않는 것임을 사례로 들어 답함.
↓	
끝	아빠와 아들이 서로의 생각과 입장을 이해하며 공감대를 형성함.

[사례 1] '아들'이 초등학교 1학년 때 '아빠'에게 칭찬받을 글만 쓰게 된 일

[사례 2] 자신의 친구들이 선생님의 칭찬을 받으려고 ¹³◻◻ 흉내를 내며 글을 쓴 일

[사례 3] 야구 감독인 윤태 아저씨가 선수들의 ¹⁴◻◻를 보호하기 위해 기본기만 튼튼하게 가르치는 일

정답

1 사진　2 집중　3 착시　4 인간　5 패러다임　6 오락　7 고산　8 아침　9 화암　10 겨울　11 글　12 상상력　13 어른

14 어깨

한수

08

Contents

음운의 변동 (3) 탈락

| 정답 및 해설 | 48쪽

한방에! 개념정리

한방에! 핵심정리

※ 자음 탈락이 일어나지 않는 경우
• 'ㄹ' 탈락이 일어나지 않는 경우
예 달+-님 → 달님
• 'ㅅ' 탈락이 일어나지 않는 경우
예 웃-+-으니 → 웃으니

※ 'ㅎ' 불규칙 활용
어간 끝 'ㅎ'이 어미의 첫 자음 'ㄴ, ㅁ' 앞에서 탈락하고, 'ㅏ/ㅓ'로 시작하는 어미 앞에서 'ㅣ'로 바뀌어 합쳐지는 현상
예 파랗-+-니 → 파라니
　파랗-+-어 → 파래

1 자음 탈락

① 개념 : 두 형태소가 결합하면서 자음이 없어지는 현상
② 종류

'ㄹ' 탈락	① 파생어나 합성어가 만들어지면서 자음 'ㄴ, ㄷ, ㅅ, ㅈ' 앞에서 'ㄹ'이 탈락하는 현상 예 솔+나무 → 소나무, 딸+-님 → 따님 ② 어간의 끝소리 'ㄹ'이 어미의 첫 자음 'ㄴ, ㅂ, ㅅ' 및 '-(으)오, -(으)ㄹ' 앞에서 탈락하는 현상 예 울-+-는데 → 우는데, 둥글-+-오 → 둥그오
'ㅅ' 탈락	어간의 끝소리 'ㅅ'이 모음으로 시작하는 어미 앞에서 탈락하는 현상 예 낫-+-아서 → 나아서, 짓-+-어 → 지어
'ㅎ' 탈락	어간의 끝소리 'ㅎ'이 모음으로 시작하는 어미나 접사 앞에서 탈락하여 발음되는 현상 예 좋-+-아 → [조아], 끓-+-여서 → [끄려서]
자음군 단순화	음절의 받침에 두 개의 자음이 올 때 하나의 자음만 남고 나머지 자음이 탈락하여 발음되는 현상 예 넋 → [넉], 삶 → [삼], 없다 → [업따]

2 모음 탈락

① 개념 : 두 형태소가 결합하면서 모음이 없어지는 현상
② 종류

'ㅏ/ㅓ' 탈락 (동음 탈락)	어간의 끝소리 'ㅏ/ㅓ'가 'ㅏ/ㅓ'로 시작하는 어미 앞에서 탈락하는 현상 예 가-+-았다 → 갔다, 켜-+-어서 → 켜서
'ㅡ' 탈락	어간의 끝소리 'ㅡ'가 모음으로 시작하는 어미 앞에서 탈락하는 현상 예 예쁘-+-어 → 예뻐, 모으-+-아서 → 모아서
'ㅜ' 탈락	어간의 끝소리 'ㅜ'가 어미 '-어' 앞에서 탈락하는 현상 예 푸-+-어 → 퍼 　　　　　　※ 한국어에서 'ㅜ' 탈락이 발생하는 단어는 '푸다' 하나이다.
반모음 탈락	반모음 'ㅣ'가 경구개음(ㅈ, ㅉ, ㅊ) 뒤에서 탈락하여 발음되는 현상 예 다치-+-어 → [다처], 가지-+-어 → [가저]

01 자음의 탈락 이해하기

자음 탈락에 대한 설명으로 적절하지 <u>않은</u> 것은?

① 형태소가 결합하면서 자음이 없어지는 현상을 말한다.
② 'ㄹ' 탈락은 'ㄹ'이 어미의 첫 자음 앞에서만 탈락하는 현상이다.
③ 두 형태소가 결합할 때 무조건 자음 탈락이 일어나는 것은 아니다.
④ 'ㅅ' 탈락에서는 어간의 끝소리가 모음으로 시작하는 어미 앞에서 탈락한다.
⑤ 'ㅎ' 탈락에서는 'ㅎ'이 모음으로 시작하는 어미뿐만 아니라 접사 앞에서도 탈락한다.

02 모음의 탈락 이해하기

다음 중 모음 탈락이 이루어진 단어로 적절하지 <u>않은</u> 것은?

① 그는 다리를 <u>건너서</u> 이곳에 도착했다.
② 그 약은 너무 <u>써서</u> 차마 먹지 못할 정도다.
③ 할머니는 손을 <u>뻗어</u> 나무에서 열매를 <u>땄다</u>.
④ 나는 고소한 냄새에 <u>끌려</u> 주방으로 들어갔다.
⑤ 이럴 때일수록 모두 힘을 <u>모아서</u> 이겨내야 한다.

중요 03 음운의 탈락 이해하기

보기 의 문장에서 일어난 음운의 탈락에 대한 설명으로 적절하지 <u>않은</u> 것은?

> **보기**
>
> 웃으며 바느질하던 어머니가 발가락을 찧어 울상을 지은 아이의 부름을 듣고 방으로 달려가 불을 켰다.

① '웃으며'는 자음 탈락이 이루어지지 않은 경우이다.
② '바느질'은 '바늘'과 '-질'이 합쳐질 때 'ㄹ'이 탈락한 것이다.
③ '찧어'는 'ㅎ' 탈락으로 인해 [찌어]로 발음된다.
④ '지은'은 '짓-'과 '-은'이 합쳐질 때 'ㅅ'이 탈락한 것이다.
⑤ '켰다'는 '켜-'와 '-었다'가 합쳐질 때 'ㅕ'가 탈락한 것이다.

서답형 04 자음의 탈락 파악하기

보기 에서 자음 탈락이 일어난 시어 두 개를 찾아 차례대로 쓰시오.

> **보기**
>
> 까마득한 날에
> 하늘이 처음 열리고
> 어디 닭 우는 소리 들렸으랴.
>   (중략)
> 다시 천고의 뒤에
> 백마 타고 오는 초인이 있어
> 이 광야에서 목놓아 부르게 하리라.
>
>   – 이육사, 〈광야〉

갈래	설명문
주제	물의 분자 구조에 따른 물의 성질
해제	이 글은 물의 분자 구조를 바탕으로 물이 생명체에 어떠한 영향을 끼치는지에 대해 소개한다. 물은 두 개의 수소 원자와 한 개의 산소 원자의 공유 결합으로 구성되는데, 산소 원자는 음전하를, 수소 원자는 상대적으로 양전하를 띤다. 이로 인해 물 분자는 극성을 가지게 되고, 전기적 인력이 작용한다. 물이 가진 극성은 인체의 용매 역할을 하며, 각종 물질을 운반한다. 더위나 추위에 체온이 급격하게 변화되는 것을 막는다.

▸ 문단 중심 내용

1문단	생명체에게 필수적인 물
2문단	물의 분자 구조
3문단	물 분자의 극성이 인체에 끼치는 영향
4문단	물의 비열이 인체에 끼치는 영향

* 극성(極性): 전극의 양극과 음극, 자석의 남극과 북극이 가지고 있는 서로 다른 성질.
* 용매(溶媒): 어떤 액체에 물질을 녹여서 용액을 만들 때 그 액체를 가리키는 말. 액체에 액체를 녹일 때는 많은 쪽의 액체를 이른다.
* 매질(媒質): 어떤 파동 또는 물리적 작용을 한 곳에서 다른 곳으로 옮겨 주는 매개물.

※ 다음 글을 읽고 물음에 답하시오.

물은 투명하고 색깔이 없는 화합물이다. 지구에서 물은 무려 14억 톤에 이르는 가장 흔한 물질이지만 현재 태양계 행성 중에서 물이 있다고 알려진 곳은 지구뿐이다. 물은 지구의 동식물들이 생명을 유지하는 데 결정적인 도움을 주고 있는 물질로, 생명체는 물 없이 살아갈 수 없다.

생물체가 생명을 유지하기 위해서 물에 의존하는 현상은 물 분자 구조의 특징에서 비롯된다. 물 분자는 한 개의 산소 원자(O)와 2개의 수소 원자(H)가 결합한 모양으로, 2개의 수소 원자는 약 104.5°의 각도로 산소 원자와 공유 결합한다. 공유 결합이란 원자들이 결합하는 방식의 하나로, 원자들이 가지고 있는 전자들을 서로 공유하며 결합하는 것을 말한다. 이에 따라 산소 원자와 수소 원자는 전자를 한 개씩 내어서 전자쌍을 만든다. 이때 산소 원자는 전자와 친한 정도를 의미하는 전자친화도가 수소 원자보다 높아 전자쌍이 산소 원자 쪽에 가깝게 위치하게 된다. 이후 음전하(-)를 띠는 전자의 특성으로 인해 전자쌍이 가까운 산소 원자는 약한 음전하(-)를, 수소는 상대적으로 약한 양전하(+)를 띠게 되어 물 분자는 극성*을 띠게 된다. 따라서 극성을 띤 물 분자들끼리는 서로 다른 물 분자의 수소와 산소 사이에 전기적 인력이 작용한다.

물이 여러 가지 물질을 잘 녹이는 특성을 지닌 이유는 물 분자가 극성을 가졌기 때문이다. 따라서 물은 우리 몸에서 용매* 역할을 하며, 각종 물질을 운반하는 기능을 담당한다. 물은 혈액을 구성하고 있어 영양소, 산소, 호르몬, 노폐물 등을 운반하며, 대사 반응, 에너지 전달 과정의 매질* 역할을 한다.

또한 전기적 인력으로 결합된 구조는 물이 비열이 큰 성질을 갖게 한다. 비열은 물질 1g의 온도 1℃를 높일 때 필요한 열량을 말하는데, 비열이 클수록 같은 열을 가했을 때 온도가 느리게 올라가며, 식을 때도 천천히 식는다. 우리 몸에서 분비되는 체액은 대부분 물로 구성되어 있어서 상당한 추위에도 어느 정도까지는 체온이 내려가는 것을 막아 준다. 덕분에 지구상 동식물들은 체온을 안정적으로 유지할 수 있다. 생명체뿐만 아니라 ㉠ 지구 전체적으로도 온도가 일정한 바닷물이 에어컨 역할을 하고 있다.

01 세부 내용 파악하기

윗글에 대한 이해로 적절하지 <u>않은</u> 것은?

① 물은 생물체가 생명을 유지하는 데 도움을 준다.

② 극성을 지닌 물은 우리 몸에서 용매 역할을 한다.

③ 물이 존재하는 행성은 태양계 행성 중 지구뿐이다.

④ 서로 같은 물 분자의 수소와 산소 사이에는 전기적 인력이 작용한다.

⑤ 조금 추워도 인간이 동사하지 않는 것은 비열이 큰 물의 성질 때문이다.

02 중심 내용 파악하기

㉠과 같은 현상이 발생하게 된 원인으로 가장 적절한 것은?

① 지구상의 물이 약 14억 톤이나 존재하기 때문이다.

② 전기적 인력으로 결합된 물의 비열이 크기 때문이다.

③ 수소 원자는 독특한 각도로 산소와 결합하기 때문이다.

④ 물은 물질들이 잘 녹는 독특한 특성을 지녔기 때문이다.

⑤ 물은 동식물들이 생명을 유지하는 데 중요하기 때문이다.

중요 03 핵심 내용 적용하기

윗글을 바탕으로 보기 를 이해한 내용으로 가장 적절한 것은?

보기

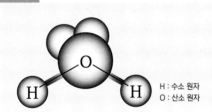

H : 수소 원자
O : 산소 원자

① 전자쌍은 H에 더 가깝게 위치한다.

② H와 O는 서로 같은 전하를 띠게 된다.

③ H와 O는 같은 양만큼 전자를 내어 전자쌍을 만든다.

④ H는 공유 결합 시 약 104.5° 각도의 전자쌍을 만든다.

⑤ 물 분자는 하나의 O에 두 개 이상의 H로 결합되어 있다.

서답형 04 세부 내용 파악하기

ⓐ, ⓑ에 들어갈 적절한 말을 윗글에서 찾아 차례대로 쓰시오.

> 몸 안에 있는 노폐물이 원활하게 배출되지 않으면 체내 독소가 쌓여 부종을 유발한다. 이를 방지하기 위해선 물을 많이 마셔야 하는데, 그 이유는 (ⓐ)을/를 가진 물 분자가 혈액을 구성해 영양소, 산소, 호르몬, 노폐물 등의 물질을 (ⓑ)함으로써 대사 반응을 돕기 때문이다.

* 부종(浮腫): 몸이 붓는 증상. 심장병이나 콩팥병 또는 몸의 어느 한 부분의 혈액 순환 장애로 생긴다.

문제풀이

✓ 한방에! 개념정리

✓ 한방에! 핵심정리

갈래	자유시, 서정시
성격	비유적, 사색적
주제	외로움을 넘어서는 연대의 소중함
특징	① 시어의 반복과 종결 어미의 통일로 운율을 형성함. ② 비유적 표현을 통해 대상을 참신하고 생생하게 표현함. ③ 시적 화자의 관점을 통해 시의 분위기와 주제가 효과적으로 드러남.
해제	이 작품은 골목 귀퉁이에 혼자 서 있지만 다른 전봇대들과 전깃줄로 연결되어 사람의 집에 함께 불을 밝히는 '전봇대'의 모습을 따스한 눈길로 바라보는 시이다. 전봇대의 이러한 모습을 통해 글쓴이는 외로움을 넘어서는 연대의 소중함을 드러내고 있다.

※ 다음 글을 읽고 물음에 답하시오.

말라깽이 **전봇대**는 꼿꼿이 서서
혼자다

골목 귀퉁이에 서서
혼자다

혼자라서
팔을 길게 늘여
다른 전봇대와 손을 잡았다

팔을 너무 늘여서
줄넘기 줄처럼 가늘어졌다

밤에는 보이지 않아서
불을 켜
서로 여기라고 손을 든다

서로 붙잡은 손과 손으로
따뜻한 기운이 번져서
사람의 집에도 불이 켜진다.

- 장철문, 〈전봇대〉 -

01 표현상의 특징 파악하기

윗글에 대한 설명으로 적절한 것은?

① 다양한 시어를 반복하여 전봇대의 외로움을 강조하고 있다.

② 색채의 대비를 통해 홀로 서 있는 전봇대의 외로움을 표현하고 있다.

③ 비유적 표현을 활용함으로써 전깃줄로 이어진 전봇대의 모습을 묘사하고 있다.

④ 종결 어미를 통일하여 서로 앞다투어 불을 켜는 전봇대의 경쟁적인 모습을 나타내고 있다.

⑤ 역설적 표현을 통해 사람의 집에 전깃불이 켜지는 모습을 따뜻한 시선으로 바라보고 있다.

02 작품의 분위기 파악하기

윗글을 읽고 떠올릴 수 있는 구체적 장면으로 가장 적절한 것은?

① 깜깜한 밤에 사람들끼리 모여 손을 이어 잡고 있는 모습

② 한밤중에 옆집의 시끄러운 소리에 깨어 사람들이 모여든 모습

③ 웅성거리는 사람들의 음성이 서로서로 연결되어 세상으로 퍼져나가는 모습

④ 깊은 밤 외로운 아이 하나가 길을 걸어가다 전봇대를 바라보며 슬퍼하는 모습

⑤ 외진 구석에서 전깃줄로 이어져 빛나는 전봇대의 따뜻한 모습이 사람들에게까지 연결된 모습

중요 03 외적 준거를 통해 작품 이해하기

보기를 참고하여 윗글을 이해한 것으로 적절하지 않은 것은?

보기

동시는 주 독자층인 아이들이 쉽게 읽을 수 있어야 하므로 어린이가 이해할 수 있는 언어로 어린이의 감정을 담아 써야 한다. 이때 소박하고 단순한 감정을 담는 것이 중요하며, 주로 일상적 소재를 관찰하면서 떠오른 생각을 비유와 상징을 사용하여 표현한다. 마지막으로 동시로 하여금 아동들의 일상생활을 새로운 시각으로 볼 수 있도록 도와주어야 한다. 이에 따르면 〈전봇대〉는 동시의 특징에 모두 해당하는 작품이다.

① '전봇대'는 일상에서 발견할 수 있는 소재에 해당하겠군.

② 전깃줄로 서로 연결되어 있는 모습을 '다른 전봇대와 손을 잡'은 것처럼 표현함으로써 전봇대의 모습을 새로운 시각으로 보게 하는군.

③ 전깃줄을 늘어뜨린 모습을 표현하기 위해 어린이가 이해할 수 있는 단어인 '줄넘기 줄'을 활용하였군.

④ 밤이면 불이 켜지는 전봇대를 '서로 여기라고 손을' 드는 것처럼 표현함으로써 다른 사물에 빗대어 묘사하는 표현 방법을 사용하였군.

⑤ 집집마다 불이 켜진 것을 손을 잡아 '따뜻한 기운이 번'지는 것처럼 표현함으로써 소박한 감정을 불러일으키는군.

서답형 04 작품의 표현 방법 파악하기

윗글에서 보기의 ㉠과 동일한 표현 방법이 사용된 시행을 찾아 첫 어절을 쓰시오.

보기

㉠ 꽃가루와 같이 부드러운 고양이의 털에
고운 봄의 향기가 어리우도다.

금방울과 같이 호동그란 고양이의 눈에
미친 봄의 불길이 흐르도다. (후략)

— 이장희, 〈봄은 고양이로다〉

문제풀이

08강 나의 모국어는 침묵 _ 류시화

| 정답 및 해설 | 51쪽

한방에! 개념정리

한방에! 핵심정리

갈래	수필
성격	고백적, 성찰적
주제	침묵의 진정한 가치
특징	① 자신의 체험에서 얻은 생각을 독백의 형식으로 표현함. ② 친근한 어투로 자신의 생각과 느낌을 전달하여 독자에게 깨달음을 줌. ③ 역설적 표현이 나타난 인디언의 말을 인용하여 주제를 강조하고, 깊은 인상을 줌.
해제	이 작품은 글쓴이가 여러 인디언 부족을 만났던 경험을 바탕으로 하여 쓴 수필이다. 글쓴이는 처음에 인디언들이 자신을 불청객으로 여겨 침묵으로 응대한다고 생각했지만, 나중에 그들의 침묵에 담긴 의미를 알게 된다. 점차 그들의 문화를 깊이 이해하고 자신의 언어 습관을 되돌아보는 과정을 통해 평소에 쓸데없는 말을 너무 많이 하고 있는 것은 아닌지 성찰하게 된다. 역설적 표현이 나타난 인디언의 말을 인용하여 침묵의 의미를 되새기고, 주제를 강조하며 글을 마무리한다.

※ 다음 글을 읽고 물음에 답하시오.

한국을 떠나 미국의 애리조나주 투손시의 인디언 축제에 참가했을 때의 일이다. 인디언 천막 안에서 인디언 노인들과 흥미 있는 대화를 주고받으리라 기대했던 나는 아주 뜻밖의 일을 경험했다. 천막 안으로 들어가 그들과 마주 앉자마자, 나는 내 소개를 하기 시작했다. 나는 글을 쓰는 작가이며, 인디언 세계에 무척 관심이 많고, 잘 부탁한다는 말까지 잊지 않았다. 인디언들의 철학과 역사를 많이 알고 있다는 것도 넌지시* 내비쳤다.

그런데 그들은 아무런 반응도 보이지 않았다. 다만 허리를 꼿꼿이 세우고 묵묵히 앉아 있을 뿐이었다. 천막 안이 어슴푸레해서* 그들의 시선이 나를 향하고 있는 건지 허공을 바라보고 있는 건지도 알 수 없었다.

천막마다 그런 식이었다. 아마도 그들이 **나를 불청객으로 여기는** 모양이라고 생각했다. 축제에 참석한, 잘난 체하는 이방인*의 침입을 부정 타는* 일로 여길 법도 했다. 결국, 별다른 대화도 나누지 못한 채 천막마다 구부리고 들어가느라 허리만 뻐근했다.

훗날에야 나는 그것이 인디언 부족들의 전통인 것을 알았다. 누군가를 만나면 그들은 대화를 시작하기 전에 그렇게 한동안 침묵으로 상대방을 느끼는 것이다. 자기 앞에 있는 존재를 가장 잘 느끼는 방법은 말을 통한 것이 아니라 침묵을 통한 것임을 그들은 깨닫고 있었다.

그 후 미국에서 돌아와 나는 누군가를 만날 때마다 **인디언들 흉내**를 내고는 했다. 상대방의 존재를 느낀답시고 입을 다물고 오 분이고 십 분이고 앉아 있었다. 그 결과, 아주 괴팍하고 거만한 사람이라는 평을 듣게 되었다. 침묵은 흉내가 아니라 존재의 평화로움에서 저절로 나오는 것임을 미처 몰랐다.

어쨌거나 ㉠ 인디언들과 만남은 내게 새로운 경험이었다. 그들은 땅을 사랑하고, 벌레들이 날개 치는 소리를 사랑하고, 한겨울 들소의 코에서 나오는 덧없는 입김을 사랑했다. 그 세계에 이끌린 나머지, 나는 미국에 갈 때마다 자주 그들이 모여 사는 곳을 기웃거리게 되었다. 나 역시 머리를 땋고 인디언 팔찌를 하고 다녔다.

몇 번의 여행을 인디언들과 함께하면서 나는 그들에게서 두 개의 **인디언식 이름**을 얻었다. 그중의 하나가 '너무 많이 말해'였다. 내가 뭘 얼마나 떠들었기에 그런 식으로 나를 부르는가 따지고 싶었지만, 그랬다가는 '너무 많이 따져'라는 이름을 또 얻게 될까 봐 그럴 수도 없는 노릇이었다.

그렇다. 고백하지만, 나는 그들의 침묵에는 턱없이 모자랐고, 그들의 말에는 더없이 넘쳐 났다. 나는 이 생에서 **쓸데없는 말을 너무 많이** 하며 살고 있지 않은가?

라코타족 인디언인 '서 있는 곰'은 말한다.

"침묵은 라코타족에게 의미 깊은 것이었다. 라코타족은 **대화를 시작할 때, 잠시 침묵**하는 것을 진정한 예의로 알고 있었다. '말 이전에 침묵이 먼저'라는 것을 알았던 것이다. 슬픈 일이 닥쳤거나 누가 병에 걸렸거나, 또는 누가 죽었을 때, 나의 부족은 먼저 침묵하는 것을 잊지 않았다. 어떤 불행 속에서도 침묵하는 마음을 잃지 않았다."

인디언들은 여러 부족으로 이루어져 있고, 부족마다 언어도 매우 다르다.

그래서 나는 인디언을 만나면 그들의 부족 언어를 묻곤 했다.

"당신의 모국어는 무엇입니까?"

그러면 그들은 이렇게 답하곤 했다.

ⓐ "우리의 모국어는 침묵입니다."

- 류시화, 〈나의 모국어는 침묵〉 -

＊내용 구성

처음	인디언 축제에서 기대와 다르게 인디언들로부터 침묵의 응대를 받음.
중간	침묵이 인디언 부족의 전통임을 알고 자신의 언어 습관을 되돌아 봄.
끝	인디언들에게 침묵이 의미하는 바를 되새기고 그들을 이해하게 됨.

☑ 한방에! ㉠ 가 소 개

류시화(1957~)

1980년 시 〈아침〉으로 신춘문예에 등단하였다. 이후 1982년까지 박덕규·이문재·하재봉 등과 함께 '시운동'의 동인으로 활동하며 500여 편의 시를 발표했다. 류시화의 시는 현실과 역사에서 한 걸음 물러나 자연물을 통해 인간의 내밀한 꿈의 세계를 보여 주며, 끊임없는 자기 발견과 가지 성찰 등을 통해 깨달음을 얻으려는 노력이 드러난다. 대표 시집으로는 〈사랑하라 한 번도 상처받지 않은 것처럼〉, 〈지금 알고 있는 걸 그때도 알았더라면〉 등이 있다.

☑ 한방에! ㉠ 휘 풀 이

＊ 넌지시: 드러나지 않게 가만히.

＊ 어슴푸레하다 : 빛이 약하거나 멀어서 어둑하고 희미하다.

＊ 이방인(異邦人): 다른 나라에서 온 사람.

＊ 부정(을) 타다(不淨(을) 타다): 올바르지 아니하거나 옳지 못한 일로 해를 입다.

01 갈래의 특징 파악하기

윗글에 대한 설명으로 적절하지 않은 것은?

① 글쓴이가 인디언을 만났던 경험을 바탕으로 하여 쓴 수필이다.

② 자신의 체험에서 얻은 생각을 독백체의 형식으로 표현하고 있다.

③ 상상력을 동원해 꾸며낸 이야기를 삽입하여 교훈을 전달하고 있다.

④ 자신의 생각과 느낌을 꾸밈없이 전달하여 독자에게 감동과 깨달음을 주고 있다.

⑤ 인디언의 말을 인용하여 글을 마무리함으로써 주제를 강조하고 강한 인상을 주고 있다.

＊독백체(獨白體): 혼자서 중얼거리는 식으로 쓴 문체.

02 구절의 의미 파악하기

㉠과 관련된 글쓴이의 경험으로 적절하지 않은 것은?

① 인디언들의 세계에 이끌려 그들의 문화를 따르게 되었다.

② 인디언들에게 자신을 소개하였음에도 그들에게서 아무런 반응을 얻지 못했다.

③ 인디언식 이름을 얻게 됨으로써 인디언들이 나를 어떻게 생각하는지 알게 되었다.

④ 인디언들의 대화 방식을 모방하면서 다른 사람들과 뛰어난 의사소통 관계를 형성하게 되었다.

⑤ 인디언들의 침묵은 글쓴이가 그동안 쓸데없는 말을 너무 많이 하며 살아온 자신의 삶을 반성하는 계기가 되었다.

중요 **03** 외적 준거를 통해 작품 이해하기

보기 는 한 인디언 추장의 연설문이다. 보기 를 참고하여 윗글을 이해한 내용으로 적절한 것은?

보기

> 아무 결과도 없는 '말뿐인 말들'에 나는 지쳤다. 그 많은 좋은 말들과 지켜지지 않은 약속들을 생각할 때마다 내 가슴엔 찬 바람이 분다. 세상에는 말할 자격이 없는 사람들이 너무 많은 말을 떠들고 있다. 우리 인디언들은 적게 말하고 오래 듣는다. 말은 노래와 의식에서 중요한 역할을 한다. 대화를 할 때도 마찬가지다. 따라서 말을 아끼고, 필요할 때만 쓰는 것이 지혜로운 일이다.
>
> – 조셉 추장, 〈고귀한 붉은 얼굴의 연설〉

① 인디언들이 '나를 불청객으로 여'겼던 이유는 말할 자격이 없는 사람이라고 생각했기 때문이다.

② 글쓴이가 '인디언들 흉내'를 내기 시작한 것은 아무 결과도 없는 말뿐인 말들에 지쳤기 때문이다.

③ 글쓴이의 '인디언식 이름'은 글쓴이가 말을 아끼고 필요할 때만 쓰는 사람이라는 것을 보여 준다.

④ 글쓴이가 '쓸데없는 말을 너무 많이' 할 때마다 인디언들의 가슴엔 찬 바람이 불었다.

⑤ '대화를 시작할 때, 잠시 침묵'하는 인디언들의 전통은 말이 노래와 의식에서 중요한 역할을 한다는 생각에서 비롯된 것이다.

서답형 **04** 글의 표현 방법 파악하기

다음은 ⓐ의 의미를 서술한 것이다. ㉮, ㉯에 들어갈 말로 적절한 것을 윗글에서 찾아 차례대로 쓰시오.

(㉮)보다 (㉯)(으)로 상대방을 더 파악할 수 있다는 역설적 표현이다.

문제풀이

복습하기

문법

자음 탈락	'ㄹ'탈락	① 파생어나 ¹[　][　][　]가 만들어지면서 자음 'ㄴ, ㄷ, ㅅ, ㅈ' 앞에서 'ㄹ'이 탈락하는 현상
		② 어간의 끝소리 'ㄹ'이 어미의 첫 자음 'ㄴ, ㅂ, ㅅ' 및 '-(으)오, -(으)ㄹ' 앞에서 탈락하는 현상
	'ㅅ'/'ㅎ'탈락	어간의 끝소리 'ㅅ', 'ㅎ'이 모음으로 시작하는 ¹[　][　] 혹은 접사 앞에서 탈락하는 현상
	자음군 단순화	음절의 받침에 두 개의 자음이 올 때 하나의 자음만 남고 나머지 자음이 탈락하여 발음되는 현상
³[　][　] 탈락	'ㅏ/ㅓ'탈락	어간의 끝소리 'ㅏ/ㅓ'가 'ㅏ/ㅓ'로 시작하는 어미 앞에서 탈락하는 현상
	'一'탈락	어간의 끝소리 '一'가 모음으로 시작하는 어미 앞에서 탈락하는 현상
	'ㅜ' 탈락	어간의 끝소리 'ㅜ'가 어미 '-어' 앞에서 탈락하는 현상
	반모음 탈락	반모음 'ㅣ'가 경구개음(ㅈ, ㅉ, ㅊ) 뒤에서 탈락하여 발음되는 현상

비문학

1문단	⁴[　][　][　]에게 필수적인 물
2문단	물의 분자 구조
3문단	물 분자의 ⁵[　][　]이 인체에 끼치는 영향
4문단	물의 ⁶[　][　]이 인체에 끼치는 영향

문학 - 전봇대(장철문)

1연	⁷[　][　][　][　] 전봇대의 모습	4연	전깃줄을 길게 늘인 전봇대
2연	혼자 서 있는 전봇대의 모습	5연	밤이면 ⁹[　]을 밝히는 전봇대의 모습
3연	다른 전봇대와 ⁸[　][　][　]로 연결된 전봇대	6연	사람의 ¹⁰[　]에 따뜻한 기운으로 불을 밝히는 전봇대

문학 - 나의 모국어는 침묵(류시화)

글쓴이의 기대	실제 반응		글쓴이의 깨달음
인디언들과 흥미 있는 ¹¹[　][　]를 주고받을 것임.	글쓴이의 말에 인디언들이 아무런 반응을 보이지 않음.	→	대화를 시작하기 전 한동안 ¹²[　][　]으로 상대방을 느끼는 것은 인디언 부족의 전통임.
누군가를 만날 때마다 침묵을 지키며 ¹³[　][　]들을 따라 함으로써 상대방의 존재를 느끼려 함.	괴팍하고 ¹⁴[　][　]한 사람이라는 평을 들음.	→	침묵은 흉내가 아니라 ¹⁵[　][　]의 평화로움에서 저절로 나오는 것임.

정답 1 합성어 2 어미 3 모음 4 생명체 5 극성 6 비열 7 말라깽이 8 전깃줄 9 불 10 집 11 대화 12 침묵
13 인디언 14 거만 15 존재

09

Contents

* **'ㄴ' 첨가의 예외**
* 'ㄴ' 음을 발음하지 않는 경우
  예 송별연[송ː벼련], 3·1절[사밀쩔]

* 두 발음 모두 가능한 경우
  예 금융[금늉/그뮹],
  야금야금[야금냐금/야그먀금]

* **관형격 조사 'ㅅ'**
사이시옷 첨가는 우리말의 옛 관형
격 조사인 'ㅅ'이 남은 것으로 추정됨.
예 냇가(내의 가장자리),
콧등(코의 등)

* **한자어 + 한자어에 사이시옷이 적
용되는 예외**
툇간(退間), 셋방(貰房), 곳간(庫間),
찻간(車間), 숫자(數字), 횟수(回數)

※ 한자어와 한자어의 결합에서는
원칙적으로 사잇소리가 나도 사
이시옷을 첨가하지 않음.

1 'ㄴ' 첨가

① **개념** : 합성어 및 파생어에서, 또는 단어와 단어 사이에서 'ㄴ'이 첨가되어 발음되는 현상

② **종류**

합성어 및 파생어	자음으로 끝나는 앞 단어 / 접두사 + '이, 야, 여, 요, 유'로 시작하는 뒤 단어/접미사 예 솜 + 이불 → [솜니불], 맨- + 입 → [맨닙]
단어와 단어 사이	두 단어를 이어 한 마디로 발음하는 경우 예 한 일[한닐], 서른여섯[서른녀섣], 할 일[할닐 → 할릴]

2 사이시옷 첨가

① **개념** : 순우리말로 된 합성어나 순우리말과 한자어로 된 합성어에서, 앞말이 모음으로 끝날
경우에 받침으로 'ㅅ'을 붙인 것

② **종류**

* 'ㄱ, ㄷ, ㅂ, ㅅ, ㅈ' 앞에 사이시옷이 올 때

'ㄱ' 앞	예 내(순우리말) + 가(한자어) → 냇가[내ː까 / 낻ː까]
'ㄷ' 앞	예 코(순우리말) + 등(순우리말) → 콧등[코뜽 / 콛뜽]
'ㅂ' 앞	예 기(한자어) + 발(순우리말) → 깃발[긷빨 / 기빨]
'ㅅ' 앞	예 해(순우리말) + 살(순우리말) → 햇살[해쌀 / 핻쌀]
'ㅈ' 앞	예 배(순우리말) + 전(순우리말) → 뱃전[배쩐 / 밷쩐]

* 사이시옷 뒤에 'ㄴ, ㅁ'이 올 때 → 'ㄴ'으로 발음 (사이시옷 [ㄷ]이 'ㄴ'으로 비음화됨)

뒤 'ㄴ'	예 아래(순우리말) + 이(순우리말) → 아랫니[아랜니]
뒤 'ㅁ'	예 툇(한자어) + 마루(순우리말) → 툇마루[퇻ː마루 → 퇸ː마루 / 퉨ː마루]

* 사이시옷 뒤에 모음이 올 때 → 'ㄴㄴ'으로 발음 ('ㄴ' 첨가 뒤 사이시옷 [ㄷ]이 'ㄴ'으로 비음
화됨)

뒤 'ㅣ'	예 뒤(순우리말) + 일(순우리말) → 뒷일[뒨ː닐]
	예 예사(한자) + 일(순우리말) → 예삿일[예ː산닐]

01 'ㄴ' 첨가 현상 이해하기

'ㄴ' 첨가 현상에 대한 설명으로 적절하지 않은 것은?

① '삼일절'은 'ㄴ' 첨가 현상이 일어나지 않는 단어이다.
② 두 단어를 한 마디로 이어 발음할 때 일어나기도 한다.
③ 합성어와 파생어 사이에서 'ㄴ'이 첨가되어 발음되는 현상이다.
④ '금융'은 발음할 때 'ㄴ' 첨가 현상이 일어난 형태와 일어나지 않은 형태 모두 허용된다.
⑤ 모음으로 끝나는 앞 단어와 '이, 야, 여, 요, 유'로 시작하는 접미사가 합쳐질 때 일어난다.

02 사이시옷 첨가 현상 이해하기

사이시옷 첨가 현상에 대한 설명으로 적절하지 않은 것은?

① 순우리말과 한자어가 합성되는 과정에서 일어난다.
② 순우리말끼리 합성되는 과정에서도 일어날 수 있다.
③ 우리말의 옛 관형격 조사인 'ㅅ'이 남은 것으로 추정된다.
④ 한자어끼리 합성될 때는 사이시옷 첨가 현상이 절대 일어날 수 없다.
⑤ 사이시옷 뒤에 'ㄴ, ㅁ'이 올 때는 사이시옷 [ㄷ]이 'ㄴ'으로 비음화된다.

> 9단원

중요 ▶ 03 음운의 첨가 이해하기

보기 를 통해 알 수 있는 음운의 첨가 현상으로 적절하지 않은 것은?

> 보기
>
> ○○○○년 ○월 ○일
>   우리 가족은 한여름의 더위를 피하러 할머니 댁으로 놀러 갔다. 방학 숙제에 학원 수업까지 여러 할 일이 많았지만 나는 모든 것을 제쳐두고 냇가로 놀러 가 신나게 물놀이를 즐겼다. 저녁에는 할머니의 옛날이야기를 들으며 툇마루에서 수박을 먹었다. 내일은 할머니의 밭일을 도와 드려야겠다.

① '밭일'은 자음으로 끝난 단어 '밭'에 모음 '이'가 만나 ㄴ이 첨가되었다.
② '할 일'은 두 단어를 이어 한 마디로 발음하는 과정에서 'ㄴ' 첨가 현상이 일어났다.
③ '냇가'는 '내'가 모음으로 끝났기 때문에 'ㄱ' 앞에서 사이시옷 현상이 일어난 것이다.
④ '툇마루'는 순우리말 '퇴'와 '마루'가 합성되는 과정에서 사이시옷이 첨가된 단어이다.
⑤ '한여름'은 앞 단어가 자음으로 끝나고, 뒤 단어가 '여'로 시작했기 때문에 [한녀름]으로 발음되었다.

서답형 ▶ 04 음운의 첨가 파악하기

보기 의 ㉠에 들어갈 자음을 쓰시오.

> 보기
>
>   사이시옷이 첨가된 단어 중 '잇몸', '텃마당', '빗물' 등은 사이시옷 뒤에 'ㄴ, ㅁ'이 올 때 받침 'ㅅ'이 (㉠)으로 발음된 경우에 해당한다.

문제풀이

09강 인터넷 주소의 사용

※ 다음 글을 읽고 물음에 답하시오.

인터넷에서는 전 세계의 컴퓨터들이 네트워크로 연결되어 서로 통신을 수행하고 있다. 네트워크에 연결된 기기들은 통신 대상을 구분하기 위해 각각의 이름과 주소를 사용하는데, 이때 주소는 기기들이 인식하고 처리할 수 있는 숫자로 표현되고 이름은 사람들이 쉽게 기억하고 호칭할 수 있는 문자열을 사용한다.

IP주소는 인터넷상에서 연결된 컴퓨터들을 각각 구분하기 위해 사용되는 주소이다. 인터넷을 이용하는 기기가 다른 기기와 통신하기 위해서는 IP주소를 할당받아야 한다. 현재 사용되는 IP주소를 IPv4라고 하는데, IPv4의 주소체계는 32비트*로 구성되어 네 구역으로 나눠지고, 각 구역마다 8비트의 3자리 수를 통해 '172.16.254.1'과 같은 형식으로 표현된다. 전 세계적으로 인터넷에 연결된 모든 컴퓨터는 구분을 위해 서로 다른 IP주소를 갖고 있거나, 고유한 IP를 가진 인터넷 주소 공유기와 네트워크 기기 등을 사용한다.

그런데 인터넷 사용이 증가함에 따라 IP주소의 고갈이 우려되고 있다. IP주소로 표현할 수 있는 숫자보다 많은 수의 기기들이 전 세계에서 인터넷을 사용하려는 것이다. 이 문제를 해결하기 위해 32비트의 주소 범위를 128비트로 확장한 IPv6가 등장하였다. 기존 IPv4는 약 43억 개의 주소만 이용이 가능한 반면, IPv6는 거의 무한대의 주소 할당이 가능하다. 따라서 네트워크 연결이 필요한 모든 기기에 독립적인 IP주소를 부여할 수 있다는 장점이 있다.

인터넷에서 특정 컴퓨터, 웹 사이트, 서버 등에 연결하려면 반드시 대상의 IP주소를 알아야 한다. IP주소를 입력하면 바로 대상에 접속할 수 있지만, 숫자 형식으로 된 IP주소는 사람이 기억하기도 어렵고 혼동하기 쉽다. 그렇기 때문에 직관적으로 구분할 수 있는 문자로 된 이름을 주소로 사용한다. '□□□.co.kr'처럼 우리가 사용하는 대부분의 인터넷 주소가 이에 해당한다. 어려운 숫자로 된 IP주소 대신에 기억하기 쉬운 문자로 된 인터넷 주소를 입력하면, 이 주소가 DNS(Domain Name System)를 통해 해당 IP주소로 변환된다. 즉, 사용자가 웹 사이트에 접속하기 위해 문자로 된 주소를 입력하면, 입력된 주소를 설정된 DNS의 IP를 통해 DNS에 전달하고, 이를 수신한 DNS에서는 사용자 컴퓨터로 사이트의 주소에 해당되는 IP를 전송한다. 사용자의 컴퓨터는 이제 DNS로부터 전송된 사이트의 IP로 접속하는 것이다.

01 전개 방식 파악하기

윗글의 내용 전개 방식에 대한 설명으로 가장 적절한 것은?

① 대상과 관련된 여러 이론을 절충하고 있다.
② 대상과 상반되는 다른 현상을 소개하고 있다.
③ 대상을 설명한 이론의 가치를 평가하고 있다.
④ 대상과 다른 대상과의 공통점을 비교하고 있다.
⑤ 대상과 관련된 여러 개념과 기능을 설명하고 있다.

02 핵심 내용 파악하기

윗글을 통해 답변할 수 있는 질문으로 적절하지 <u>않은</u> 것은?

① IPv6 주소 형식이 가진 문제점은?
② IP주소의 고갈이 우려되는 원인은?
③ IPv4 주소와 IPv6 주소의 차이점은?
④ 문자열로 된 인터넷 주소를 사용하는 이유는?
⑤ 네트워크에 연결된 통신 대상을 구분하는 법은?

중요 03 구체적 사례에 적용하기

보기 를 참고하여 윗글을 이해한 내용으로 가장 적절한 것은?

보기

갑자기 인터넷이 안 된다면 'DNS 체인저' 감염 의심해야

'DNS 체인저'는 사용자의 컴퓨터를 감염시켜 해당 PC에 설정된 DNS 서버가 아닌 공격자가 운영하는 DNS 서버로 연결되도록 하는 악성 코드의 한 종류다. 이 악성 코드에 감염되면 사용자는 원치 않은 웹 사이트로 접속된다. 공격자는 악의적인 웹 사이트를 만든 후 제휴 프로그램이나 가짜 백신 프로그램을 판매해 그로부터 수익을 얻고, 사용자가 입력한 아이디와 비밀번호를 가로채기도 하였다.

① DNS의 주소가 조작되면 가짜 사이트에 접속할 수도 있겠군.
② 악성 코드를 막기 위해 IP주소를 할당받지 않고 인터넷을 사용해야겠군.
③ IPv4의 경우 악성 코드에 취약해서 IPv6와 같은 주소를 사용하게 되었군.
④ DNS의 주소 대신 문자열의 인터넷 주소를 사용하면 악성 코드를 피할 수 있겠군.
⑤ 사용자가 기기를 통해 네트워크에 연결할 때 모두에게 고유한 IP주소를 부여해야겠군.

서답형 04 세부 내용 파악하기

보기 2 는 보기 1 에서 IPv4와 IPv6의 주소 형태가 다른 이유를 서술한 것이다. 빈칸에 들어갈 말로 적절한 것을 골라 차례대로 쓰시오.

보기 1

IPv4: 202.30.64.22
IPv6: 2001:0230:abcd:ffff:0000:0000:ffff:1111

보기 2

IPv4의 주소 범위는 (32 / 128)비트이고, IPv6의 주소 범위는 (32 / 128)비트이기 때문이다.

문제풀이

엄마 걱정 _ 기형도

갈래	자유시, 서정시
성격	회상적, 애상적
주제	유년 시절을 떠올리며 느끼는 슬픔
특징	① 화자가 자신의 과거를 회상하고 있음. ② 비유적 표현을 사용하여 화자의 정서를 드러냄. ③ 비슷한 시구의 반복으로 운율을 형성하고 의미를 강조함.
해제	이 작품은 어른이 된 화자가 유년 시절의 외롭고 가난했던 기억을 떠올리며 느끼는 안타까움과 슬픔을 표현한 시이다. 어린 시절 빈방에서 날이 어두워질 때까지 엄마를 기다리는 동안의 쓸쓸하고 외로운 정서를 생생하게 드러내고 있으며, 시간적 배경과 감각적 이미지를 활용하여 어두운 분위기를 형성하고 있다.

※ 다음 글을 읽고 물음에 답하시오.

열무 삼십 단을 이고
시장에 간 우리 엄마
안 오시네, ㉠ 해는 시든 지 오래
㉡ 나는 찬밥처럼 방에 담겨
아무리 천천히 숙제를 해도
엄마 안 오시네, ㉢ 배춧잎 같은 발소리 타박타박
안 들리네, 어둡고 무서워
㉣ 금 간 창틈으로 고요히 빗소리
빈 방에 혼자 엎드려 훌쩍거리던

아주 먼 옛날
지금도 내 눈시울을 뜨겁게 하는
그 시절, ㉤ 내 유년*의 윗목*

– 기형도, 〈엄마 걱정〉 –

* 유년(幼年): 나이가 어린 때.
* 윗목: 온돌방에서 아궁이로부터 먼 쪽의 방바닥. 불길이 잘 닿지 않아 아랫목보다 상대적으로 차가운 쪽이다.

01 표현상의 특징 파악하기

윗글에 대한 설명으로 적절한 것은?

① 1연과 2연에서 서로 다른 화자가 등장하여 시를 전개한다.

② 상황을 가정하여 과거의 잘못에 대한 후회를 드러내고 있다.

③ 비유적 표현을 사용하여 화자의 정서를 효과적으로 전달한다.

④ 첫 연과 마지막 연의 시구가 비슷한 형태를 띰으로써 운율을 형성한다.

⑤ 의문을 나타내는 종결 어미를 사용하여 심각하고 무거운 분위기를 강조한다.

02 구절의 의미 파악하기

㉠~㉤에 대한 설명으로 적절하지 <u>않은</u> 것은?

① ㉠: 해를 열무가 시드는 것에 비유하여 계절의 변화를 표현하고 있다.

② ㉡: 보살핌을 받지 못하고 홀로 남겨진 '나'의 처지를 알 수 있다.

③ ㉢: 지친 엄마의 힘없는 발걸음을 비유한 표현이다.

④ ㉣: 유년 시절 '나'의 가정 형편이 넉넉하지 못했음을 파악할 수 있다.

⑤ ㉤: 외롭고 쓸쓸했던 어린 시절을 상대적으로 차가운 공간인 '윗목'에 빗댄 표현이다.

중요 03 작품 비교하기

윗글과 보기 의 공통점으로 적절하지 <u>않은</u> 것은?

> 보기

> 손가락에 침 발러 / 쏘옥, 쏙, 쏙
> 장에 가는 엄마 내다보려
> 문풍지를 / 쏘옥, 쏙, 쏙
>
> 아침에 햇빛이 반짝,
>
> 손가락에 침 발러 / 쏘옥, 쏙, 쏙
> 장에 가신 엄마 돌아오나
> 문풍지를 / 쏘옥, 쏙, 쏙
>
> 저녁 바람이 솔솔.
>
> ─ 윤동주, 〈햇빛·바람〉

① 화자가 엄마를 기다리는 상황을 그려내고 있다.

② 유사한 시구를 반복하여 운율을 형성하고 있다.

③ 시간의 경과를 나타내는 표현이 사용되었음을 확인할 수 있다.

④ 움직임을 묘사하는 말을 삽입하여 상황을 생생하게 전달하고 있다.

⑤ 청각적 이미지를 사용하여 작품의 내용을 감각적으로 표현하고 있다.

서답형 04 시어의 의미 파악하기

윗글에서 엄마의 고단한 삶을 드러내는 소재를 찾아 3어절로 쓰시오.

문제풀이

09 강

문학 - 고전산문

이생규장전 _ 김시습

※ 다음 글을 읽고 물음에 답하시오.

[앞부분 줄거리] 송도에 사는 이생은 어느 날 공부하러 가던 도중 우연히 엿본 담 안에서 시를 읊는 최 씨를 보게 되고, 둘은 사랑에 빠진다. 그 이후 매일 밤 최 여인의 집을 다니던 이생은 아버지의 꾸짖음을 듣고 지방으로 쫓겨난다. 최 씨는 이 사실을 알고 병을 얻는다. 최 씨의 부모는 딸의 병이 이생 때문임을 알게 되어 두 사람을 부부로 맺어 주기 위해 노력하고, 결국 이생과 최 씨는 혼례를 올린다. 그러나 홍건적의 난으로 인해 양가 부모뿐만 아니라 최 씨까지 목숨을 잃게 된다.

이생은 슬픈 마음을 억누를 길이 없어 작은 누각에 올라가서 눈물을 훔치며 길게 탄식할 뿐이었다. 어느새 날이 저물었다. 그는 우두커니 홀로 앉아 지난날을 가만히 떠올려 보았지만 모든 게 한바탕 꿈만 같았다.

이경*쯤 되어 달빛이 희미한 빛을 토하며 들보*를 비추었다. 그런데 회랑* 끝에서 웬 발소리가 들려왔다. 그 소리는 멀리서부터 들려오더니 차츰 가까워졌다. ㉠ 발소리가 이생 앞에 이르렀을 때 보니 바로 최 씨였다.

이생은 그녀가 이미 죽은 것을 알고 있었지만, 너무도 사랑하는 나머지 한 치의 의심도 없이 물었다.

"당신은 어디로 피해 목숨을 부지하였소?"

최 씨는 이생의 손을 잡고 한바탕 통곡하더니 그간의 사정을 이야기하기 시작했다.

(중략)

그 뒤 ㉡ 이생은 벼슬을 구하지 않고 최 씨와 함께 살았다. 목숨을 구하고자 달아났던 종들도 다시 스스로 돌아왔다. 이생은 이때부터 인간사에 게을러져서 비록 친척이나 손님들의 길흉사*에 하례하고* 조문해야 할 일이 있더라도 문을 걸어 잠그고 밖으로 나가지 않았다. 그는 항상 최 씨와 더불어 시를 주고받으며 금실 좋게 행복한 시간을 보냈다. 그렇게 몇 년이 흘러갔다.

어느 날 저녁 최 씨가 이생에게 말했다.

"세 번이나 좋은 시절을 만났지만 세상일은 뜻대로 되지 않고 어그러지기만 하네요. 즐거움이 다하기도 전에 갑자기 슬픈 이별이 닥쳐오니 말이에요."

그러고는 마침내 오열하기 시작하였다. 이생은 깜짝 놀라서 물었다.

"무슨 일로 그러시오?"

최 씨가 대답하였다.

"저승길의 운수는 피할 수가 없답니다. ㉢ 하느님께서 저와 당신의 연분이 아직 끝나지 않았고, 또 저희가 아무런 죄악도 저지르지 않았음을 아시고 이 몸을 환생시켜 당신과 지내며 잠시 시름을 잊게 해주신 것이었어요. 그러나 인간 세상에 오랫동안 머물면서 산 사람을 미혹시킬 수는 없답니다."

최 씨는 시녀를 시켜 술을 올리게 하고는 〈옥루춘〉에 맞추어 노래를 부르면서 이생에게 술을 권하였다.

창과 방패가 눈에 가득한 싸움터

옥이 부서지고 꽃도 흩날리고 원앙도 짝을 잃네.

여기저기 흩어진 해골을 그 누가 묻어 주랴.

피에 젖어 떠도는 영혼 하소연할 곳 없어라.

[A]

무산 선녀가 고당에 한번 내려온 후

깨졌던 거울이 거듭 갈라지니 마음만 쓰려라.

이제 한번 이별하면 둘 사이 아득하니

하늘과 인간 사이에 소식마저 막히리라.

최 씨는 한 마디씩 노래를 부를 때마다 눈물을 삼키느라 곡조를 제대로 이어가지 못하였다.

이생도 슬픔을 걷잡지 못하여 말하였다.

"내 차라리 당신과 함께 저세상으로 갈지언정 어찌 무료히 홀로 살아남을 수 있겠소? 지난번 난리를 겪은 후 친척과 종들이 뿔뿔이 흩어지고, 돌아가신 부모님의 유해가 들판에 버려져 있을 때 당신이 아니었다면 누가 부모님을 묻어 드릴 수 있었겠소? 옛 성현이 말씀하시기를 '어버이 살아 계실 때는 예로써 섬기고, 돌아가신 후에는 예로써 장사 지내야 한다.'라고 했는데 당신의 천성이 효성스럽고 인정이 두터웠기 때문에 이런 일을 다 처리할 수 있었던 것이오. ㉣ 당신의 정성에 너무도 감격하지만 한편으로는 나에 대한 부끄러움을 참을 길이 없었소. 부디 그대는 인간 세상에 더 오래 머물다가 백 년 후 나와 함께 흙으로 돌아가시구려."

최 씨가 대답하였다.

"당신의 목숨은 아직도 한참 더 남아 있지만 저는 이미 귀신의 명부에 이름이 실렸으니 이곳에 더 오래 머물 수가 없답니다. 만약 제가 군이 인간 세상을 그리워하며 미련을 두어 운명의 법도를 어기게 된다면 단지 저에게만 죄과*가 미치는 게 아니라 당신에게도 누를 끼치게 될 거예요. 다만 제 유해가 아무 곳에 흩어져 있으니 만약 은혜를 베풀어 주시려면 그것이나 거두어 비바람과 햇볕 아래 그냥 나뒹굴지 않게 해 주세요."

두 사람은 서로 바라보며 눈물만 줄줄 흘렸다.

"서방님, 부디 몸 건강하세요."

ⓐ 말을 마친 최 씨의 자취가 점차 희미해지더니 마침내 흔적도 없이 사라져 버렸다.

이생은 그녀의 유골을 거두어 부모님 무덤 곁에 묻어 주었다. 장사를 지낸 뒤 ㉤ 이생도 최 씨와의 추억을 생각하다 병을 얻어 몇 달 만에 세상을 떠나고 말았다.

이 이야기를 들은 사람들마다 애처로워하며 그들의 절의*를 사모하지 않는 이가 없었다.

- 김시습, 〈이생규장전〉 -

* **전체 줄거리**

송도에 사는 이생은 어느 날 선죽리 최 씨 집 나무 밑에서 쉬다가 우연히 담 안을 엿본다. 그러다 시를 읊는 아름다운 최 씨를 보게 되고, 최 씨 또한 이생에게 관심을 갖게 된다. 편지를 통해 서로의 마음을 확인한 둘은 최 씨의 별당에서 며칠을 함께 보낸다. 그 이후에도 매일 밤 최 씨의 집을 다니던 이생은 아버지의 꾸짖음을 듣고, 지방으로 쫓겨 간다. 최 씨는 이 사실을 알고 병을 얻는다. 최 씨의 부모는 딸의 병이 이생 때문임을 알게 되는데 간곡한 딸의 청에 따라 두 사람을 부부로 맺어 주기 위해 노력하고, 결국 이생과 최 씨는 혼례를 올린다. 그러나 홍건적의 난으로 인해 양가 부모뿐만 아니라 최 씨까지 목숨을 잃게 되고, 혼자 남은 이생만이 슬픔에 잠긴다. 그때, 죽은 최 씨가 이생의 앞에 나타나고, 최 씨의 자초지종을 들은 이생은 함께 부모의 유해를 수습한 뒤 수년간 행복하게 지낸다. 어느 날, 최 씨는 이생에게 이승의 인연이 끝났다며 저승으로 다시 돌아가고 이생은 최 씨의 유해를 거두어 수습한 후 최 씨에 대한 그리움으로 인해 병을 얻어 죽는다.

✔ **한방에! 어휘풀이**

* **이경(二更)**: 하룻밤을 오경(五更)으로 나눈 둘째 부분. 밤 아홉 시부터 열한 시 사이이다.
* **들보**: 칸과 칸 사이의 두 기둥을 건너지르는 나무.
* **회랑(節義)**: 정당(正堂)의 좌우에 있는 긴 집채.
* **길흉사(吉凶事)**: 길사와 흉사를 아울러 이르는 말.
* **하례하다(賀禮하다)**: 축하하여 예를 차리다.
* **죄과(罪過)**: 죄가 될 만한 허물.
* **절의(節義)**: 절개와 의리를 아울러 이르는 말.

01 서술상의 특징 파악하기

윗글에 대한 설명으로 가장 적절한 것은?

① 인물 사이의 갈등을 중심으로 사건이 진행되고 있다.

② 비현실적인 사건을 삽입하여 현실 사회를 풍자하고 있다.

③ 두 인물 사이의 대화를 통해 애절한 사랑을 느낄 수 있다.

④ 빈번한 장면 전환을 통해 환상적으로 사건을 전개하고 있다.

⑤ 개과천선의 결말로 이야기를 끝냄으로써 일반 고전 소설과 차이를 보인다.

> * 풍자(諷刺): 문학 작품 따위에서, 현실의 부정적 현상이나 모순 따위를 빗대어 비웃으면서 씀.
>
> * 빈번하다(頻繁하다): 번거로울 정도로 도수가 잦다.
>
> * 개과천선(改過遷善): 지난날의 잘못이나 허물을 고쳐 올바르고 착하게 됨.

02 구절의 의미 파악하기

㉠~㉤에 대한 설명으로 적절하지 않은 것은?

① ㉠: 죽은 최 씨가 환생하여 이생에게 찾아왔음을 알 수 있다.

② ㉡: 이승의 사람과 저승의 영혼이 만나 사랑을 나눈다는 점에서 현실성이 두드러진다.

③ ㉢: 최 씨가 환생할 수 있었던 이유를 제시하여 사건 전개에 개연성을 부여하고 있다.

④ ㉣: 부모님이 돌아가신 뒤 제대로 장사 지내지 못한 것에 대한 이생의 죄책감이 드러난다.

⑤ ㉤: 비극적 결말을 통해 죽음도 갈라놓을 수 없는 두 인물의 애절한 사랑을 드러내고 있다.

> * 개연성(蓋然性): 실제로 일어날 법한 일을 다루는, 문학의 보편성을 가리키는 개념.

중요 03 외적 준거를 통해 작품 이해하기

보기 를 참고하여 [A]를 이해한 것으로 적절하지 않은 것은?

> **보기**
>
> 시는 운율적인 형식 속에 인간의 경험, 느낌, 정서 등을 압축적으로 나타내는 문학의 한 양식이다. 시는 내용을 요약하여 표현함으로써 의미를 함축하고, 인물의 정서를 비유적으로 드러내며 주제를 집약적으로 전달한다. 또한 사건 전개의 방향을 암시하기도 하고, 작품의 분위기를 형성하기도 한다.

① '창과 방패가 눈에 가득한 싸움터'는 최 씨가 죽음을 겪게 된 이유와 밀접한 관련이 있겠군.

② '원앙도 짝을 잃네'는 이생과 최 씨가 처했던 상황을 드러내는 비유적 표현이군.

③ '피에 젖어 떠도는 영혼 하소연할 곳 없어라'에서는 부모와 최 씨가 죽고 자신만이 살아남은 이생의 자책감이 드러나는군.

④ '깨졌던 거울이 거듭 갈라지니'를 통해 이생과 최 씨가 다시 이별할 것임을 짐작할 수 있군.

⑤ '이제 한번 이별하면 둘 사이 아득하니'를 통해 이생과의 이별을 앞둔 최 씨의 서글픈 심정을 알 수 있군.

서답형 04 작품의 내용 이해하기

다음은 ⓐ의 이유를 서술한 것이다. 빈칸에 들어갈 말로 적절한 것을 골라 차례대로 쓰시오.

> 최 씨가 이미 (귀신 / 환생)의 명부에 이름이 실려 (이승 / 저승)에 오래 머물 수 없었기 때문이다.

문제풀이

복습하기

문법

'ㄴ'첨가	개념	합성어 및 파생어에서, 또는 단어와 단어 사이에서 'ㄴ'이 첨가되어 발음되는 현상
	종류	① 합성어 및 파생어: ¹□□으로 끝나는 앞 단어나 접두사 + '이, 야, 여, 요, 유'로 시작하는 뒤 단어나 접두사 ② 단어와 단어 사이: 두 단어를 이어 한 마디로 발음하는 경우
²□□□□ 첨가	개념	순우리말로 된 합성어나 순우리말과 ³□□□로 된 합성어에서, 앞말이 모음으로 끝날 경우에 받침으로 'ㅅ'을 붙인 것
	종류	① 'ㄱ, ㄷ, ㅂ, ㅅ, ㅈ' 앞에 사이시옷이 올 때 ② 사이시옷 뒤에 'ㄴ, ㅁ'이 올 때 → '⁴□'으로 발음 ③ 사이시옷 뒤에 모음이 올 때 → 'ㄴㄴ'으로 발음

비문학

1문단	⁵□□□ 주소의 표현 형식
2문단	IP주소의 형식
3문단	IP주소의 ⁶□□ 과 IPv6의 등장
4문단	컴퓨터에서의 IP주소와 ⁷□□□ 활용방식

문학 – 엄마 걱정(기형도)

1연	비 오는 밤 ⁸□□에 간 엄마를 홀로 기다리고 있는 유년 시절의 '나'
2연	유년 시절을 떠올리며 ⁹□□을 느끼는 '나'

문학 – 이생규장전(김시습)

작품에 드러난 전기적 요소	• ¹⁰□□과 죽은 최 씨가 다시 만나 사랑을 나눔. • 최 씨가 ¹⁰□□과 작별하고 ¹¹□□으로 돌아감.
작품에 삽입된 〈옥루춘〉의 기능	• 정서적 기능: ¹²□□의 정서를 효과적으로 전달함. • 서사적 기능: 내용을 요약하여 표현하고 ¹³□□ 전개의 방향을 암시함.

정답

1 자음　2 사이시옷　3 한자어　4 ㄴ　5 인터넷　6 고갈　7 DNS　8 시장　9 슬픔　10 이생　11 저승　12 인물　13 사건

한수

10

Contents

※ 다음은 강연이다. 물음에 답하시오.

　야구 좋아하시는 분들 계세요? 손 한번 들어 볼까요? 오, 정말 많이 계시네요. 저도 야구 중계를 곧잘 보는 편인데요. 재작년쯤이었던 것 같아요. 야구 중계를 우연히 보고 있는데, 베어스 팀의 경기였어요. 그 당시에 투수는 이현승 선수였고, 포수는 양의지 선수였어요. 베어스 팀이 위기 상황이 됐어요. 근데 그때 양의지 포수가 타임을 요청하더니, 이현승 투수한테로 다가갔어요. 보통 그럴 때 작전도 얘기하고 이런저런 의견을 교환하고 그러잖아요. 그런데 양의지 선수가 뭐라고 얘기했더니 ㉠이현승 투수가 글러브로 이렇게 약간 쥐어박는 시늉을 하더니 피식 웃고는 서로 각자의 자리로 돌아갔어요. 그리고 경기는 진행되었죠. 그 당시에 스포츠 해설자가 "방금 양의지 포수가 뭐라고 한 걸까요?"라고 얘기했지만, 중계를 보는 우리는 알 수가 없죠. 베어스 팀은 위기 상황을 잘 넘겼어요. 이현승 투수가 공을 잘 던졌던 거겠죠. 승리 투수가 이현승 선수가 됐고요. 끝나고 나서 어떤 기자가 이현승 투수를 인터뷰하면서 물어봤어요. 아까 8회에 양의지 포수가 다가와서 뭐라고 하던가요? 그랬더니 이현승 투수가 뭐라고 대답했느냐면, 여러분 여기 보시면 이 까만 거 있죠? 이걸 언더셔츠*라고 하는데 이거를 이현승 투수가 두 겹을 입고 있었대요. 양의지 포수가 그 절체절명*의 위기 순간에 다가와서 했다는 말이 ⓐ"형, 이거 두 개 껴입었어? 추워? 나이 들었네." 이랬다는 거예요. 그러니까 이현승 투수는 '무슨 실없는 소리야.' 싶으니까 "야, 들어가." 이렇게 돼서 그렇게 헤어진 거죠. 양의지 포수가 하려고 했던 말이 무엇이었을까요? "형, 긴장 풀어. 힘 빼." 이 얘기를 하고 싶었던 거죠.

　보통의 사람들이면 이럴 때 뭐라고 할까요? "형, 지금 너무 중요한 순간이야. 모두가 형만 쳐다보고 있어. 이번 공이 얼마나 중요한지 알지? 잘 던져야 해. 힘내!"라고 얘기를 하죠. 그러면 어떻게 될까요? 더 긴장하게 되겠죠. 어깨에 힘이 빡 들어가고, 그러면 공을 제대로 던지기가 더 힘들어질 거예요. 양의지 포수는 그 절체절명의 위기 순간에 이현승 투수에게 힘을 뺄 수 있도록 도와준 거죠.

- 김하나, 〈힘들 때 힘을 빼면 힘이 생긴다〉 -

01 강연 내용 이해, 평가하기

윗글에 대한 설명으로 적절하지 않은 것은?

① 질문을 통해 듣는 이의 관심을 유발하고 있다.
② 어려운 용어를 활용하여 강연의 전문성을 높이고 있다.
③ 중요한 순간에 대처하는 상반된 반응을 비교하여 설명하고 있다.
④ 공통의 관심사를 제시하여 듣는 이와의 공감대를 형성하고 있다.
⑤ 듣는 이에게 구체적 행동을 요청함으로써 적극적인 참여를 유도하고 있다.

02 강연 표현 전략 사용하기

윗글에서 말하는 이가 ㉠과 같이 말한 목적으로 적절한 것은?

① 강연의 분위기를 엄숙하고 진지하게 조성하기 위해서이다.
② 말하는 이가 자신의 주장을 효과적으로 강조하기 위해서이다.
③ 듣는 이가 강연을 더욱 실감 나게 이해할 수 있게 하기 위해서이다.
④ 말하는 이가 듣는 이의 구체적인 행동 변화를 유도하기 위해서이다.
⑤ 듣는 이의 흥미를 유발하여 강연자의 다음 강연도 듣게 하기 위해서이다.

중요 ▶ 03 강연 표현 전략 사용하기

보기 를 참고하여 윗글을 이해한 것으로 적절한 것은?

보기

설득 전략에는 크게 세 가지가 있다. 먼저, 이성적 설득은 논리적인 근거를 들어 말하는 이의 주장을 뒷받침하는 전략이다. 통계 자료, 자신의 직·간접적 경험이나 다른 사람의 말 등을 활용하여 설득력을 높인다. 감성적 설득은 감정에 호소하여 듣는 이의 마음을 사로잡는 전략이다. 유머를 사용하여 즐거움을 유발하거나 공포심을 자극하여 문제점을 강조하는 등 듣는 이의 욕망이나 동정심 같은 감정을 불러일으켜 설득력을 높인다. 인성적 설득은 말하는 이의 전문성, 도덕성, 사회성 등을 바탕으로 하여 전하는 말에 신뢰를 주는 전략이다.

① 유명 야구선수들의 대화를 인용함으로써 신뢰를 주고 있으므로 인성적 설득 전략을 활용하였다.
② 선수들의 팀워크를 강조하여 듣는 이에게 감동을 주고 있으므로 감성적 설득 전략을 활용하였다.
③ 말하는 이가 자신의 간접적인 경험을 바탕으로 하여 주장을 뒷받침하고 있으므로 이성적 설득 전략을 활용하였다.
④ 말하는 이가 포수와 투수의 말을 실감 나게 묘사하여 듣는 이에게 즐거움을 주고 있으므로 이성적 설득 전략을 활용하였다.
⑤ 실제 야구선수의 이름을 제시함으로써 논리적인 근거를 들어 말하는 이의 주장을 뒷받침하고 있으므로 인성적 설득 전략을 활용하였다.

서답형 ▶ 04 강연 맥락 분석하기

다음은 '양의지 포수'가 ⓐ처럼 말한 의도를 설명한 것이다. 빈칸에 들어갈 말로 적절한 것을 윗글에서 찾아 쓰시오.

절체절명의 위기 순간, 양의지 포수는 ⓐ처럼 말함으로써 이현승 투수가 긴장을 풀고 (   )을/를 뺄 수 있도록 도와주려고 했다.

문제풀이

10 강

디자인의 기능과 MZ세대의 소비 양상

| 정답 및 해설 | 61쪽

※ 다음 글을 읽고 물음에 답하시오.

제품의 디자인은 소비자의 시선을 사로잡는 무기이다. 디자인의 기능은 단순히 상품 자체만을 의미하는 것이 아니라 소비와 관련된 심리적, 사회·문화적인 범주까지 포괄한다. 이를 고려할 때, 디자인의 기능은 크게 실질적, 심미적, 상징적 기능으로 분류된다.

디자인 학계에서 지금까지 주로 주목해온 기능은 디자인의 실질적 기능으로, 제품의 기능이나 조작 등과 관련하여 디자인을 통해 제품의 목적에 부합하는 의도를 전달하는 기능이다. 따라서 디자인의 실질적 기능은 제품이 나타내는 기능과 의도를 고려한 가장 기본적인 기능이라 할 수 있다. 디자인의 심미적 기능은 소비자가 미적 감각을 통해 제품과 교감하는 심미적 양상을 의미한다. 제품 디자인은 소비자에게 다량의 시각적 정보를 즉각적으로 제공함으로써 소비자의 주의를 끌고, 소비자는 자신의 미적 감각 속에 있는 주관적인 가치 체계에 따라 제품에 반응하는 것이다.

최근 ㉠ MZ세대의 소비 경향은 디자인의 새로운 방향성을 요구하고 있다. 소비 행위 등을 통해 자신의 신념이나 가치관을 표출하는 행위를 의미하는 '미닝아웃(Meaning Out)', 소비를 통해 즐거움과 재미를 찾는 소비자를 일컫는 용어인 '펀슈머(Funsumer)' 등은 소비를 통해 자신만의 가치나 정치적 신념 등을 표출하고 취향과 재미를 누리고 싶어 하는 MZ세대의 특징을 반영한다.

이러한 MZ세대의 소비 양상은 디자인의 상징적 기능과 관련 있는데, 디자인의 상징적 기능은 경험과 느낌을 제품과 연결하는 기능이다. 소비자들은 제품과 디자인을 삶과 무관한 순수한 것으로 생각하지 않으며, 삶 속에서 의미 있는 것으로 생각되었을 때 제품을 선택하게 됨을 중요하게 생각한다. 즉 심미적 기능이 개인의 주관적 가치 체계와 반응하는 것이라면, 상징적 기능은 소비자 자신의 문화적 가치에 따라 반응하는 것이다.

MZ세대는 제품의 기능이나 아름다움만을 추구하지 않는다. 단순한 소비를 넘어 자신의 취향이나 사회적 가치 등을 전달할 수 있는 제품을 구매하고자 한다. 때문에 제품이 MZ세대의 삶에서 어떤 의미를 전달하는지, 어떠한 가치를 표출할 수 있는지를 디자인 속에 담아야 MZ세대의 시선을 사로잡게 될 것이다.

01   핵심 내용 파악하기

윗글에 대한 이해로 적절하지 <u>않은</u> 것은?

① 디자인의 기능은 세 가지로 나눌 수 있다.

② 제품 디자인은 소비자의 미적 감각 속에 있는 주관적인 가치 체계를 자극한다.

③ 제품의 목적에 부합하는 의도를 전달하는 기능은 디자인의 가장 기본적인 기능이다.

④ 디자인의 상징적 기능은 디자인을 창조하는 디자이너의 문화적 가치에 따라 반응하는 것이다.

⑤ MZ세대의 시선을 사로잡으려면 그들의 삶에서 디자인이 어떤 의미를 전달하는지를 표현해야 한다.

02   중심 내용 파악하기

㉠과 관련된 사례로 적절하지 <u>않은</u> 것은?

① SNS상에서 인기 있는 캐릭터가 프린팅된 반팔 티셔츠와 잠옷 등을 구매하는 것

② ◎◎ 식품 회사가 이불 회사와의 협업을 통해 출시한 라면 봉지 모양의 침구 세트를 구매하는 것

③ □□ 가전 회사에서 출시한 다양한 색상의 가전제품 중 자신이 제일 좋아하는 색깔을 선택하여 구매하는 것

④ 무분별한 동물 학살을 막기 위해 동물 가죽이 아닌 선인장 가죽으로 지갑을 만드는 ☆☆ 패션 브랜드의 제품을 구매하는 것

⑤ 발달 장애인이 만든 쿠키를 판매하며, 그 수익금 전액을 장애인들의 자립을 위해 사용하는 ○○ 과자 회사의 쿠키를 구매하는 것

중요 ## 03   구체적 사례에 적용하기

윗글을 바탕으로 보기 를 이해한 내용으로 가장 적절한 것은?

보기

　환경 보호를 중시하는 시대적 요구와 친환경 정책에 발맞추어 ○○○ 음료는 페트병의 재활용 효율을 높이기 위해서 몸체에서 라벨을 제거한 생수를 출시했다. 이에 소비자들이 크게 환영하며 무라벨 생수를 구매하고 있다.

① 〈보기〉의 생수병은 디자인의 실질적 기능을 강조한 것이군.

② 〈보기〉의 소비자들은 자신의 미적 감각에 따라 제품을 선택하고 있군.

③ 〈보기〉의 무라벨 디자인은 소비자들의 삶에서 의미 있다고 인식되었군.

④ 〈보기〉의 소비자들은 MZ세대와 달리 소비를 통해 가치를 표현하고자 하는군.

⑤ 〈보기〉의 ○○○ 음료는 디자인 학계에서 지금까지 주로 주목해온 기능을 활용하였군.

서답형 ## 04   세부 내용 파악하기

보기 의 내용과 가장 관련 있는 디자인의 기능을 찾아 3어절로 쓰시오.

보기

　"디자인이란 물체의 표면적인 장식이 아니다. 어떤 하나의 목적 하에 사회적, 인간적, 경제적, 기술적 등의 여러 요소를 통합하여 공업 생산의 궤도에 얹혀 갈 수 있는 제품을 계획 및 설계하는 기술이야말로 디자인이다."

- 라슬로 모홀리 나기

문제풀이

10강

넌 바보다 _ 신형건

| 정답 및 해설 | 63쪽

한방에! 핵심정리

갈래	자유시, 서정시
성격	서정적, 반어적
주제	바르게 살아가는 '너'를 본받고 싶은 마음
특징	① 비슷한 시구의 반복으로 운율을 형성함. ② 화자의 마음을 반어적 표현을 통해 드러내어 '너'의 행동을 강조함. ③ 모범적인 '너'의 행동을 열거하여 이를 본받고 싶은 '나'의 마음을 드러냄.
해제	이 작품은 화자가 자신이 좋아하는 아이를 관찰한 경험을 바탕으로 착하고 바르게 생활하는 '너'를 본받고 싶은 마음을 표현한 시이다. 작품의 제목인 '넌 바보다'는 '너'에게 하는 말로, 이를 통해 화자의 입장에서 바보 같을 정도로 착하고 바른 아이인 '너'의 행동을 강조하고 있다.

※ 다음 글을 읽고 물음에 답하시오.

씹던 껌을 아무 데나 퉤, 뱉지 못하고
종이에 싸서 쓰레기통으로 달려가는
너는 참 바보다.

[㉠] 개구멍으로 쏙 빠져나가면 금방일 것을
비잉 돌아 교문으로 다니는
너는 참 바보다.

[㉡] 얼굴에 검댕* 칠을 한 연탄장수 아저씨한테
쓸데없이 꾸벅, 인사하는
너는 참 바보다.

호랑이 선생님이 전근* 가신다고
계집애들도 흘리지 않는 눈물을 찔끔거리는
너는 참 바보다.

[㉢] 그까짓 게 뭐 그리 대단하다고
민들레 앞에 쪼그리고 앉아 한참 바라보는
너는 참 바보다.

[㉣] 내가 아무리 거짓으로 허풍을 떨어도
눈을 동그랗게 뜨고 머리를 끄덕여 주는
너는 참 바보다.

바보라고 불러도 화내지 않고
씨익 웃어 버리고 마는 너는
정말 정말 바보다.

[㉤] —그럼, 난 뭐냐?
그런 네가 좋아서 그림자처럼
네 뒤를 졸졸 따라다니는
나는?

– 신형건, 〈넌 바보다〉 –

한방에! 어휘풀이

* 검댕: 그을음이나 연기가 엉겨 생기는, 검은 물질.
* 전근(轉勤): 근무하는 곳을 옮김.

01 표현상의 특징 파악하기

윗글에 대한 설명으로 적절한 것은?

① 다양한 심상을 활용하여 대상을 감각적으로 묘사하고 있다.

② 의태어를 사용하여 대상의 움직임을 생생하게 표현하고 있다.

③ 각 연의 첫 행에서 일정한 글자 수를 반복하여 운율을 형성한다.

④ 색채 대비가 드러나는 시어를 활용하여 대상의 특징을 부각하고 있다.

⑤ 두 대상의 공통점을 제시하여 작품의 내용을 이해하기 쉽게 돕고 있다.

02 구절의 의미 파악하기

㉠~㉤에 대한 설명으로 적절하지 않은 것은?

① ㉠: '너'가 작은 규칙들도 지키는 바른 태도를 지녔음을 알 수 있다.

② ㉡: 그냥 지나치지 않고 인사를 하는 '너'의 착하고 예의 바른 모습이 드러난다.

③ ㉢: 보잘것없는 흔한 꽃에도 관심을 가지는 '너'의 세심하고 따뜻한 마음을 엿볼 수 있다.

④ ㉣: '나'의 말이 허풍임에도 진지하게 공감하며 들어주는 '너'의 어리숙한 모습이 드러난다.

⑤ ㉤: '나'가 '너'의 모습을 좋아하고 닮고 싶어 한다는 것을 알 수 있다.

중요 03 작품 간의 공통점, 차이점 파악하기

윗글과 보기 를 비교한 내용으로 적절하지 않은 것은?

보기

> 먼 후일 당신이 찾으시면
> 그때에 내 말이 '잊었노라.'
>
> 당신이 속으로 나무라면
> '무척 그리다가 잊었노라.'
>
> 그래도 당신이 나무라면
> '믿기지 않아서 잊었노라.'
>
> 오늘도 어제도 아니 잊고
> 먼 후일 그때에 '잊었노라.'
>
> – 김소월, 〈먼 후일〉

① 윗글과 〈보기〉 모두 화자가 애정을 가진 대상을 중심 소재로 하고 있다.

② 윗글에서는 〈보기〉와 달리 '너'에 대한 화자의 마음이 직접적으로 드러나고 있다.

③ 윗글에서 〈보기〉의 '잊었노라'와 유사한 표현법이 쓰인 시구는 '너는 참 바보다'이다.

④ 윗글의 화자는 '너'를 본받고 싶어 하는 반면, 〈보기〉의 화자는 '당신'을 잊고 싶어 한다.

⑤ 윗글과 〈보기〉 모두 화자가 드러내고자 하는 바를 점층적으로 표현함으로써 강조하고 있다.

서답형 04 시어의 의미 파악하기

'너'의 바르고 정직한 행동에 대한 반어적 표현이 담긴 시어를 찾아 2음절로 쓰시오.

10강

양반전 _ 박지원

| 정답 및 해설 | 64쪽

※ 다음 글을 읽고 물음에 답하시오.

[앞부분 줄거리] 강원도 정선에 사는 한 양반은 성품이 어질고 글 읽기를 좋아하였으나 가난하여 관아의 곡식을 타다 먹은 것이 천 석에 이르렀다. 이를 갚을 방법이 없던 양반에게 한 부자가 찾아와 양반의 관곡을 갚는 대신 양반이 가진 신분을 가져가기로 한다. 부자는 곧 곡식을 싣고 관아로 가서 양반의 빚을 모두 갚아 주었다.

한편 이 일이 어찌 된 영문인지 알 수가 없었던 군수는 몹시 의아해하며 직접 양반을 찾아갔다. 그런데 양반은 벙거지*를 쓰고 잠방이*를 입고 나와 마당에 엎드려 절을 하는 것이었다. 그러면서 **자신을 '소인'이라고 낮추며** 감히 군수를 똑바로 쳐다보지도 못하고 쩔쩔맸다. 이 모습을 본 군수는 깜짝 놀라 양반을 일으켜 세우며 말했다.

"이게 대체 무슨 일이오? 왜 이러는 것이오?"

그러자 양반은 엎드린 채 더욱 머리를 조아리며 말했다.

"황송하옵니다. 소인은 **양반 자리를 팔아 빚진 곡식을 갚았으니** 지금부터 양반이 아니며 이 고을의 부자가 양반입니다. 그러니 이제 소인이 어찌 양반 행세를 할 수 있겠습니까?"

이 말을 들은 군수는 감탄하며 말했다.

"그 **부자가 진정 양반**이구려! 부유하면서도 인색하지 않으니 의리가 있는 자요, 어려움에 처한 사람을 도와주었으니 어진 자요, 낮은 것을 싫어하고 높은 것을 좋아하니 지혜로운 자로다. 그 사람이야말로 진정한 양반이오. 하지만 양반 자리를 사고팔면서 증서 하나 만들지 않다니 이는 나중에 소송이 생길 수도 있는 문제라오. 그러니 이 고을 사람들이 보는 자리에서 군수인 내가 증서를 만들어 주겠소."

군수는 곧장 관아로 돌아가 고을에 사는 양반과 농사꾼, 공장*, 장사꾼들을 불러 모았다. 그리고 나서 군수는 부자를 높은 자리에 앉히고 양반은 마당 아래 서 있게 하였다. 그리고는 증서를 만들기 시작했다.

건륭 10년(1745년, 영조 21년) 9월 모일에 이 증서를 만든다. 어떤 양반이 자신의 양반 자리를 팔아 관곡을 갚았는데 그 값이 쌀 천 석이니라. 본디 양반은 여러 종류가 있다. 글만 읽는 자는 '선비'요, 벼슬을 하는 자는 '대부'요, 덕이 있는 자는 '군자'라 한다. 그리고 무반*은 서쪽에 서고 문반*은 동쪽에 서는데 이 둘을 합쳐 '양반'이라고 부른다. 부자는 이 여러 가지 양반 중에서 마음에 드는 것을 고르면 되느니라.

그러나 양반은 절대로 천한 일을 해서는 안 된다. 늘 옛사람의 뜻을 받들고 본받아야 하느니라. 오경*이 되면 일어나 촛불을 켜고 마음을 가다듬으며, 눈으로는 코끝을 내려다보고 발꿈치는 모아 엉덩이를 받치고 앉아야 한다. 얼음 위에 박을 굴리듯 〈동래박의*〉를 술술 외워야 한다. 배가 고파도 참아야 하고 추운 것도 견뎌야 하며 가난이란 말을 입 밖으로 꺼내서는 안 된다. 이를 부딪치며 뒤통수를 손가락으로 탁탁 두드리고, 입안에 침을 머금고 양치질하듯 입맛을 다신 뒤에 삼켜야 한다. 소맷자락으로 휘양*을 닦아 먼지를 털어서 털 무늬를 일으키고, 세수할 때는 주먹을 문질러 씻지 말아야 하며, 양치질을 해서 입에서 냄새가 나지 않도록 해야 한다. 종을 부를 땐 목소리를 길게 뽑아 부르고, 느리게 걸으면서 신발 뒤축을 끌듯이 걸어야 한다.

(중략)

이렇듯 양반이라 하면 마땅히 이를 지켜야 하는데, 만일 부자가 이 중 하나라도 어길 시 관아에 와서 재판을 받고 이 증서를 고쳐야 할 것이다.

군수가 이렇게 증서를 다 쓴 뒤 서명하고 좌수*와 별감*도 서명을 하였다. 그러고 나서 통인*이 가져온 도장을 찍었는데 그 소리는 마치 큰 북소리처럼 들렸고, 찍어 놓은 모양새는 별들이 흩어져 있는 것 같았다.

호장*이 이 증서를 다 읽고 나자 부자는 한참 동안 멍하니 생각에 잠겨 있다가 말했다.

"양반이라는 게 겨우 이것뿐이란 말입니까? 듣기에 양반은 신선이나 마찬가지라 하던데 겨우 이것뿐이라면 ㉠ 그 많은 곡식을 바치고 산 게 너무 억울합니다. 그러니 좀 더 좋은 쪽으로 고쳐 주십시오."

그러자 군수는 부자의 요청대로 증서를 고쳐 쓰기 시작했다.

하늘이 백성을 낳으실 때 네 종류로 나누었다. 이 중에 가장 귀한 것이 선비, 즉 양반인데 이보다 더 좋은 것은 없다. 양반은 농사짓지 않아도 되고 장사하지 않아도 된다. 글공부만 조금 하면 과거를 치를 수 있는데, 크게 되면 문과요, 작게 되어도 진사는 된다.

문과에 급제하면 홍패를 받는데, 비록 길이가 두 자도 못 되는 작은 종이지만 이것만 있으면 세상의 온갖 것을 다 얻을 수 있으니 돈 자루라 할 수 있다.

(중략)

설사 가난한 선비가 되어 시골에 산다 해도 마음대로 살 수 있다. 이웃집 소를 가져다 자기 밭을 먼저 갈 수 있으며, **마을 사람을 불러 자기 밭의 김을** 먼저 매게 할 수도 있다. 만약 어떤 놈이 이에 불만을 품거나 말을 잘 듣지 않으면 코에 잿물을 들이붓고, 상투를 잡으며 귀얄 수염을 뽑더라도 원망할 수 없다.

군수가 증서를 반쯤 고쳐 쓸 때쯤 부자는 어이가 없다는 듯 혀를 내두르며 말했다.

"제발 그만두십시오! 양반이라는 건 참으로 맹랑한 것이구려. 당신들은 지금 **나를 도둑놈으로 만들 작정**이시오?"

말을 마친 부자는 머리를 흔들며 서둘러 달아났다. 그리고 죽는 날까지 '양반'이라는 말을 입 밖에 꺼내지 않았다.

– 박지원, 〈양반전〉 –

* **전체 줄거리**

강원도 정선에 사는 한 양반은 성품이 어질고 글 읽기를 좋아하였으나 가난하여 관아의 곡식을 타다 먹은 것이 천 석에 이르렀다. 이를 갚을 방법이 없던 양반에게 한 부자가 찾아와 양반의 곡식을 갚은 대신 양반이 가진 신분을 가져가기로 한다. 이 사실을 알게 된 군수는 부자에게 나중에 소송의 빌미가 되지 않도록 마을 사람들을 모아 증인으로 세우며 '양반 증서'를 쓴다. 양반이 취해야 할 형식적인 규범을 열거한 첫 번째 증서를 본 부자는 양반이 좋은 것인 줄 알았는데 이 증서대로라면 곡식만 빼앗긴 것에 불과하다며 증서를 다시 써 달라 요청한다. 이에 군수는 두 번째 증서를 써 주는데, 이는 양반의 횡포를 열거한 내용이었다. 이에 부자는 양반이란 도둑놈과 다름없다고 말하며 달아난다.

✔ **한방에! 어휘풀이**

* **벙거지**: 주로 병졸이나 하인이 쓰던 모자.
* **잠방이**: 가랑이가 무릎까지 내려오도록 짧게 만든 홑바지.
* **공장(工匠)**: 수공업에 종사하던 장인.
* **무반(武班)**: 무과 출신의 벼슬아치.
* **문반(文班)**: 문과 출신의 벼슬아치.
* **오경(五更)**: 하룻밤을 다섯 부분으로 나누었을 때 맨 마지막 부분. 새벽 세 시에서 다섯 시 사이.
* **동래박의(東萊博議)**: 1168년에 중국 남송의 동래(東萊) 여조겸이 〈춘추좌씨전〉에 대하여 논평하고 주석(註釋)한 책.
* **휘양**: 추울 때 머리에 쓰던 모자의 하나.
* **좌수(座首)**: 조선 시대에, 지방의 자치 기구인 향청(鄕廳)의 우두머리.
* **별감(別監)**: 조선 시대에, 유향소에 속한 직책. 고을의 좌수에 버금가던 자리.
* **통인(通引)**: 조선 시대에, 경기·영동 지역에서 수령의 잔심부름을 하던 구실아치.
* **호장(戶長)**: 고을 구실아치의 우두머리.

윗글에 대한 설명으로 적절하지 <u>않은</u> 것은?

① 비판적인 성격을 강하게 드러내고 있다.
② 풍자적인 표현을 통해 주제를 강조하고 있다.
③ 조선 후기의 시대상을 사실적으로 반영하고 있다.
④ 아무리 노력을 해도 돈을 벌 수 없던 사회 구조를 비판하고 있다.
⑤ 양반의 비도덕적인 모습을 풍자함으로써 양반을 부정적으로 표현하고 있다.

02 작품의 내용 파악하기

윗글을 통해 알 수 있는 당시 사회상으로 적절하지 <u>않은</u> 것은?

① 경제적으로 몰락한 양반이 등장하였다.
② 가난한 자들은 관아의 곡식을 타다 먹을 수 있었다.
③ 부유한 평민층이 등장하여 신분의 차별이 없어졌다.
④ 양반과 평민이 서로 신분을 사고파는 것이 가능했다.
⑤ 자신보다 신분이 낮은 평민에 대한 양반의 횡포가 빈번했다.

* 횡포(橫暴): 제멋대로 굴며 몹시 난폭함.

중요 03 외적 준거를 통해 작품 이해하기

보기 는 윗글의 서문이다. 보기 를 참고하여 윗글을 이해한 것으로 적절하지 <u>않은</u> 것은?

보기

　선비는 몸이 비록 높아지더라도 선비에서 떠나지 않아야 할 것이며, 몸이 비록 곤궁하더라도 선비의 본분을 잊어서는 아니 될 것이다. 지금 소위 선비들은 양반의 도리를 지키는 것에는 힘쓰지 않고 부질없이 문벌만을 이득의 기회로 여겨 그의 세덕을 팔고 사게 되니, 이야말로 저 장사치에 비해서 무엇이 낮겠는가. 이에 나는 이 〈양반전〉을 써 보았노라.

① '자신을 '소인'이라고 낮추'는 양반의 모습은 몸이 비록 곤궁하더라도 선비의 본분을 잊지 않아야 한다던 글쓴이의 생각과 대조된다.
② 글쓴이는 '양반 자리를 팔아 빚진 곡식을 갚'은 양반의 행동을 장사치와 다름없다고 생각할 것이다.
③ '부자가 진정 양반'이라는 군수의 말을 통해 양반이 행해야 할 진정한 덕목을 간접적으로 드러내고 있다.
④ '마을 사람을 불러 자기 밭의 김을' 매게 하는 모습을 드러냄으로써 도리를 지키는 것에는 힘쓰지 않고 농사에만 힘쓰는 양반을 비판하고 있다.
⑤ '나를 도둑놈으로 만들 작정'이냐는 부자의 물음을 통해 글쓴이는 양반에 대한 부정적 인식을 간접적으로 드러내고 있다.

* 도리(道理): 사람이 어떤 입장에서 마땅히 행하여야 할 바른길.
* 문벌(門閥): 대대로 내려오는 그 집안의 사회적 신분이나 지위.
* 세덕(世德): 대대로 쌓아 내려오는 미덕.

서답형 04 작품의 내용 이해하기

다음은 ㉠의 이유를 서술한 것이다. 빈칸에 들어갈 말로 적절한 것을 윗글에서 찾아 쓰시오.

　　　　　부자의 생각만큼 (　　　)(이)라는 신분이 가치가 없었기 때문이다.

문제풀이

복습하기

화법

	강연에서 나타난 설득 전략
'야구 좋아하시는 분들 계세요? 손 한번 들어 볼까요?'	¹□□을 통해 듣는 이와 적극적으로 소통하여 ²□□를 좁힘.
'이현승 투수가 글러브로 이렇게 약간 쥐어박는 시늉을 하더니~'	포수와 투수의 ³□□ 속 말투, 몸짓을 실감 나게 재현하여 듣는 이에게 웃음을 줌. – 감성적 설득
'양의지 포수가 하려고 했던 말이 무엇이었을까요? "형, 긴장 풀어. 힘 빼." 이 얘기를 하고 싶었던 거죠.	포수의 농담과 그 ⁴□□를 제시하여 중요한 순간에 힘을 빼는 것이 필요함을 설득함. – 이성적 설득

비문학

1문단	⁵□□에 따른 디자인의 세 가지 분류
2문단	디자인의 실질적 기능과 ⁶□□□ 기능
3문단	MZ세대의 소비 경향
4문단	MZ세대의 소비 경향과 관련된 디자인의 ⁷□□□ 기능
5문단	MZ세대를 사로잡기 위해 요구되는 디자인의 역할

문학 – 넌 바보다(신형건)

1연	착하고 바르게 ⁸□□하는 '너'
2연	'너'가 좋아 '너'의 행동을 본받고 싶어 하는 '⁹□'

문학 – 양반전(박지원)

매매 증서를 통해 알 수 있는 양반의 모습	
첫 번째 증서	두 번째 증서
• 양반의 ¹⁰□□를 마음대로 선택함으로써 양반이 양반으로서의 본래 가치를 지니지 못함. • ¹¹□□□□에 얽매인 양반의 의무와 규범을 풍자함.	• 당시 사회에서 양반들이 누리던 특권이 매우 컸음을 알 수 있음. • 자신들의 특권을 이용하여 ¹²□□들을 함부로 괴롭히고 이용함.

정답 1 질문 2 거리 3 대화 4 의도 5 기능 6 심미적 7 상징적 8 행동 9 나 10 종류 11 허례허식 12 백성

한수

11

Contents

보고하는 글 쓰기

※ 다음은 조사 보고서이다. 물음에 답하시오.

대구 근대 문화 골목 조사 보고서

◎ 조사 목적

　대구 근대 문화 골목은 우리 고장의 역사와 문화가 잘 남아 있는 곳으로, 대구의 대표적인 관광지이다. 대구 근대 문화 골목을 이루고 있는 유적지를 다른 지역 사람들에게 알리기 위해 이곳을 조사하기로 했다.

◎ 조사 동기

　우리 학교 학생 100명 중 33명이 다른 지역에 소개하고 싶은 우리 지역 관광지로 '근대 문화 골목'을 추천하였다. 이에 따라 조사 대상을 '근대 문화 골목'으로 선정하였다.

◎ 조사 대상과 조사 기간

　대구 근대 문화 골목의 유적지를 ○○월 ○○일부터 ○○월 ○○일까지 조사하였다.

◎ 조사 방법

자료 조사	텔레비전 뉴스, 책, 인터넷 등을 활용하여 대구 근대 문화 골목에 대한 자료를 수집하였다.
현장 조사	근대 문화 골목을 직접 방문하여 문화 해설사의 설명을 듣고, 유적지의 사진을 촬영하였다.

◎ 조사 내용

• 대구 근대 문화 골목의 유적지 소개

　대구의 근대 문화 골목은 대구 도심에 자리하고 있으며, 오래된 건축물들을 비롯한 근대의 문화유산이 잘 보존되어 있다. 그 이유는 이 지역이 한국 전쟁 당시 다른 지역에 비해서 피해가 크지 않았기 때문이다. 따라서 대구 근대 문화 골목에 찾아오면 한국 전쟁 이전의 생활상을 엿볼 수 있다.

① 청라 언덕

　청라 언덕은 근대 문화 골목 입구에 있는 작은 공원이다. '청라'라는 이름은 '푸른 담쟁이'라는 뜻으로, 1893년경부터 대구에서 선교 활동을 하던 미국인 선교사들이 이 근방에 담쟁이를 많이 심은 데서 유래하였다. 청라 언덕에는 서양식으로 꾸며진 정원과 세 채의 주택이 있는데, 이 역시 미국인 선교사들이 짓고 자신들의 집으로 사용하던 것이다. 각각의 주택은 선교사들의 이름을 따서 스윗즈 주택, 챔니스 주택, 블레어 주택으로 부른다.

② 삼일 만세 운동 길

[A] 　삼일 만세 운동 길은 일제 강점기였던 1919년 삼일 운동 당시, 만세 운동 집결 장소로 향하던 학생들이 경찰의 감시를 피하기 위해 이용했던 지름길이자 비밀 통로였다. 90개의 계단이 옆에 세워진 벽면에는 1900년대 대구 도심의 모습이 담긴 사진과 삼일 운동 당시를 촬영한 사진이 전시되어 있어서 당시의 모습을 생생하게 느낄 수 있다.

◎ 소감

　조사를 하면서 대구 근대 문화 골목에는 근대의 역사와 문화를 엿볼 수 있는 유적지가 많다는 사실을 알게 되었다. 근대 문화 골목에는 우리가 소개한 곳 이외에도 유적지들이 많이 있는데, 더 조사하지 못한 점이 아쉬웠다. 앞으로도 근대 문화 골목에 지속적인 관심을 기울이며 많은 사람들에게 근대 문화 골목의 가치를 알리고 싶다.

◎ 참고 자료 출처

• 백승운 외, 〈근대路의 여행_골목〉, 대구광역시 중구청, 2012.
• 대구광역시 중구청 누리집(http://www.jung.daegu.kr)
• 〈케이비에스(KBS)뉴스〉 2017. 6. 21.

윗글을 쓸 때 유의해야 할 점으로 적절하지 <u>않은</u> 것은?

① 조사한 내용을 사실 그대로 정확하고 명료하게 제시해야 한다.
② 그림, 사진, 도표 등의 보조 자료를 효과적으로 활용해야 한다.
③ 조사 목적과 동기, 조사 대상과 기간, 조사 내용, 소감 등을 포함해야 한다.
④ 예상 독자의 지식수준을 고려하여 조사 내용을 보고서에 모두 제시해야 한다.
⑤ 글의 구성은 간결하면서도 '처음 – 가운데 – 끝'과 같은 구성을 갖추고 있어야 한다.

02 보고 글쓰기 자료, 매체 활용하기

윗글을 읽은 학생들의 반응으로 적절하지 <u>않은</u> 것은?

① 삼일 만세 운동 길을 설명할 때 청라 언덕처럼 사진 자료를 함께 제시했다면 좋았겠군.
② 도표를 활용하여 설문 조사 결과를 보여줬다면 글을 이해하는 데 훨씬 도움이 되었겠군.
③ 유적지를 소개할 때 골목의 전체적인 모습을 그린 약도를 제시했다면 독자가 이해하기 쉬웠겠군.
④ 조사 방법을 설명할 때 직접 조사하는 사진을 같이 제시했다면 유적지에 대한 현장감이 생겼겠군.
⑤ 청라 언덕을 소개할 때 사진을 제시함으로써 청라 언덕을 모르는 사람도 이곳의 모습을 생생하게 알 수 있군.

중요 03 보고 글쓰기 표현 전략 사용하기

보기의 내용을 준수하여 보고서를 계획한 학생으로 적절한 것은?

보기

　　쓰기 윤리란 글쓴이가 글을 쓰는 과정에서 준수해야 할 윤리적 규범이다. 쓰기 윤리를 지키기 위해서는 다른 사람이 생산한 아이디어나 자료, 글을 표절해서는 안 되고, 인용할 때는 글의 출처를 밝혀야 한다. 또한 조사나 연구의 내용을 과장, 축소, 변형, 왜곡하지 않고 제시하는 것이 쓰기 윤리를 지키는 행동이다.

① 현진: 인터넷에 이미 근대 문화 골목에 대한 자세한 글이 있네. 이름만 바꿔서 그대로 제출하자.
② 민주: 보고서와 관련된 자료를 인용할 때 출처를 밝힐 수 있도록 책의 제목과 글쓴이를 알아두자.
③ 정민: 조사 기간이 애초 계획했던 일정보다 길어졌지만, 보고서에는 변경된 조사 기간을 반영하지 말자.
④ 보라: 근대 문화 골목이 설문 조사에서 가장 많은 표를 얻었지만, 서문 시장이 더욱 흥미로울 것 같으니 설문 결과를 바꿔 제시하자.
⑤ 지연: 불가피한 사정으로 현장 조사를 하지 못했지만, 다양한 조사 방법을 계획한 것은 맞으니까 현장 조사에 대한 내용도 보고서에 제시하자.

서답형 04 보고 글쓰기 자료 활용하기

보기는 [A]에 활용된 자료이다. 보기에 해당하는 조사 방법을 윗글에서 찾아 쓰시오.

보기

　　제일 교회 담장 옆 오르막길에는 90개의 계단이 있다. 이 계단은 1919년 삼일 운동 당시, 만세 운동 집결 장소로 향하던 학생들이 경찰의 감시를 피하기 위해 이용했던 지름길이다. 이른바 비밀 통로였던 셈이다. 그 길이 지금은 '삼일 만세 운동 길'로 불리고 있다. 계단의 한쪽 벽에는 1900년대 대구 도심의 모습과 삼일 운동 당시를 촬영한 사진 및 설명이 게재되어 있다.
　　　　　　　　　　　　　　　　　　　　　　　　　　　　　　　　　　　　 - 백승운 외, 〈근대路의 여행_골목〉

한방에! 개념정리

한방에! 핵심정리

갈래	설명문
주제	고전 논리학의 세 가지 원리
해제	이 글은 아리스토텔레스가 주장한 논리 추론의 세 가지 사유의 원칙을 소개하고 있다. 동일률은 동일한 사유 과정에서 판단이 동일성을 가져야 한다는 원칙이며, 모순율은 동일한 주장이 참인 동시에 거짓일 수 없다는 원칙으로, 올바른 사고에서는 모순되는 두 가지 판단이 동시에 허용되지 않음을 의미한다. 배중률은 하나의 명제에는 참 혹은 거짓만 존재하고 중간은 없다는 추론의 원리이다. 그러나 이러한 사유의 원칙은 항상 완벽한 사고 논리를 제공하지는 않는다. '거짓말쟁이의 역설'은 아리스토텔레스가 주장한 사유의 원칙을 위배하는 사례이다.

* 문단 중심 내용

1문단	아리스토텔레스가 주장한 사유의 원칙
2문단	동일률의 개념
3문단	모순율의 개념
4문단	배중률의 개념
5문단	'거짓말쟁이의 역설'에 따른 사유의 원칙 비판

※ 다음 글을 읽고 물음에 답하시오.

아리스토텔레스는 정확한 논리 추론을 위해서는 세 가지의 사유의 원칙인 동일률, 모순율, 배중률을 지켜야 한다고 주장했다. 이는 고전 논리학의 핵심적 원리로 자리매김하였다. 이 원리를 구체적으로 보면 다음과 같다.

동일률은 'A는 A다.'라는 형식으로 표현되며, 어떤 대상이나 현상은 고정되어 있다는 것을 반영한 것으로 동일한 사유 과정에서 판단은 동일성을 가져야 한다는 점을 제시한다. 이를 명제와 관련된 언어로 바꾸면 '만일 어떤 명제가 옳으면 그 명제는 옳다'라고 표현할 수 있다. 이는 한 번 사용한 개념과 판단은 이후에도 똑같이 적용해야 한다는 것이며, 이 원칙을 지키지 않으면 사유나 추론에 오류가 생긴다는 것을 의미한다. 따라서 이러한 동일률은 긍정 판단의 기초가 된다.

다음으로 모순율은 '어떤 것도 A이면서 A가 아닌 것이 될 수는 없다.'처럼 어떤 명제와 그 명제의 부정이 동시에 참이거나 동시에 거짓일 수 없다는 것이다. 즉 동일한 주장은 참인 동시에 거짓일 수 없다는 뜻으로 올바른 사고에서는 모순되는 두 가지 판단은 동시에 허용되지 않음을 의미한다. 한 예로 중국의 '창과 방패의 모순' 고사에 나타나는 '나의 이 창은 모든 방패를 다 뚫을 수 있다'와 '나의 이 방패는 모든 창을 다 막을 수 있다'는 것은 서로 양립할 수 없는 모순이 된다. 이러한 원리는 부정 판단의 기초가 된다.

마지막으로 배중률은 '어떤 것이든 A이거나, 또는 A가 아니다.'처럼 명제의 참과 거짓만 있고 중간은 없다는 추론의 원리다. 이에 따르면 상호 모순되는 명제 중 하나는 반드시 참이고 그 외에 제3의 진리값이 없다. 즉, '나는 배가 고프다'라는 명제를 부정한 '나는 배가 고프지 않다'는 배중률이므로 중간은 없는 것이다. 이 때문에 배중률은 선언 판단의 기초라고 볼 수 있다.

그런데 이러한 아리스토텔레스의 사유의 원칙은 항상 완벽한 사고 논리를 제공하지 않는다는 비판이 있다. 대표적으로 ㉠ 거짓말쟁이의 역설이 있다. 그리스 크레타 지역에 사는 철학자 K는 크레타 지역 사람들이 거짓말을 많이 하는 현실을 드러내기 위해 "크레타 사람들은 모두 거짓말만 한다."고 하였다. 만약 위 문장이 참이라면 K도 거짓말만 할 것이므로 위 문장은 거짓이 된다. 반대로 위 문장이 거짓이라면 크레타 사람들은 모두 진실만을 말할 것이다. 따라서 크레타 사람인 K 또한 참을 말할 것이므로 위 문장은 참이 된다. 위 문장을 참이라고 가정하면 거짓이 되고, 거짓이라고 가정하면 참이 되는, 즉 의미론적으로 볼 때 역설이 생기는 것이다. 이는 아리스토텔레스가 주장한 고전 논리학의 핵심적 원리를 위배한다*.

한방에! 어휘풀이

* 위배하다(違背하다): 법률, 명령, 약속 따위를 지키지 않고 어기다.

01 세부 내용 파악하기

윗글에 대한 이해로 적절하지 <u>않은</u> 것은?

① 동일률이 지켜지지 않으면 사유와 추론에 오류가 생긴다.

② 고전 논리학은 항상 완벽한 사고 논리를 제공하지는 않는다.

③ 참과 거짓 사이의 제3의 논리값이 존재해야 배중률이 성립된다.

④ 모순된 판단이 양립할 수 없다는 것은 부정 판단의 기초가 된다.

⑤ 동일한 사유 과정에서 판단이 동일해야 한다는 것은 긍정 판단의 기초가 된다.

02 세부 내용 간의 관련성 파악하기

㉠에 대한 설명으로 가장 적절한 것은?

① K의 말은 참일 수도 있고 거짓일 수도 있다는 점에서 모순율을 위배한다.

② K의 말은 항상 참일 것이므로, 거짓이 될 수 없다는 점에서 배중률을 위배한다.

③ K의 말은 참이라고 가정하면 거짓이 될 수 있다는 점에서 배중률을 따르고 있다.

④ K의 말은 가정을 어떻게 하느냐에 따라 참과 거짓이 구별되므로 모순율을 따르고 있다.

⑤ K의 말은 거짓말을 많이 하는 현실을 드러내기 위한 것이라는 점에서 모순율을 따르고 있다.

중요 03 다른 이론과 비교하기

윗글과 보기 를 비교한 내용으로 적절하지 <u>않은</u> 것은?

보기

헤겔의 변증법은 모든 대상과 현상은 변화하고 발전한다는 것을 전제로 한다. 이때 발전이라는 것은 특정한 대상과 현상이 이전에는 존재하지 않는 질적으로 전혀 새로운 상태가 되는 변화를 일컫는다. 자연은 항상 조화롭게 살아가는 것이 아니라 생과 사, 화합과 분해, 찬반 논리 등 여러 종류의 대립이 존재하는데 이러한 모순적 상황은 통일체를 이루면서 외부의 힘이 없이도 스스로 변화하고 발전한다는 것이다. 이를 바탕으로 헤겔은 변증법이야말로 변화와 발전을 설명할 수 있는 논리이자 사고의 법칙이라고 설명한다.

① 헤겔은 'A는 A가 아닐 수 있다'라는 논리로 고전 논리학을 비판하겠군.

② 헤겔은 모순이 발전의 기초라는 논리를 내세워 고전 논리학을 비판하겠군.

③ 헤겔은 모순적 상황의 통일체가 판단의 동일성을 이끈다는 논리로 동일률의 허점을 지적하겠군.

④ 헤겔은 대상은 질적 변화를 통해 발전한다는 논리로 대상의 고정성을 주장하는 동일률을 비판하겠군.

⑤ 헤겔은 논리적 대립이 발전의 힘이라는 논리로 긍정 판단만으로는 스스로 변화하는 대상을 설명할 수 없다고 말하겠군.

서답형 04 구체적 사례에 적용하기

보기 의 고사에서, 신하가 활용한 사유의 원칙을 윗글에서 찾아 쓰시오.

보기

임금은 단지 속에 '생'자와 '사'자를 각기 써 놓은 쪽지를 넣어 '생'자를 뽑으면 살리고, '사'자를 뽑으면 신하를 죽이기로 하였다. 단지 속에는 사실 신하를 죽이기 위해 '사'자 두 개만 넣어진 상태였다. 이를 알고 있던 신하는 쪽지를 뽑은 다음 바로 입 안에 넣어 삼켜버렸다. 놀란 임금이 이유를 묻자 신하는 "단지 속의 남은 쪽지를 보면 제가 삼킨 것을 알 수 있을 것"이라고 하였고, 단지에는 '사'자가 적힌 쪽지가 남아 있었다. 이에 따르면 신하가 삼킨 쪽지는 '생'일 것이기 때문에, 임금은 신하를 죽일 수 없었다.

✔ 한방에! 개념정리

✔ 한방에! 핵심정리

갈래	한시, 오언 고시
성격	현실비판적, 풍자적
주제	지배층의 수탈과 횡포로 인한 백성들의 고통
특징	① 대화 형식을 통해 시상을 전개함. ② 사회 현실에 대한 비판적 태도를 취함. ③ 우화적 기법을 활용하여 주제를 형상화함.
해제	이 작품은 정약용의 고시(古詩) 27수 중의 하나로서, 조선 후기의 시대상을 우의적으로 비판하고 풍자하고 있다. 당시 지배층의 극심한 수탈과 횡포로 인한 백성들의 고통과 서러움을 황새와 뱀, 제비 등의 동물로 비유하여 주제를 드러내고 있다. 화자는 상대적으로 힘이 강한 황새와 뱀, 그리고 힘이 약한 제비를 대립시킴으로써 힘없고 약한 백성들에게 수탈을 일삼았던 당시 지배층 관리들의 횡포를 간접적으로 비판하고, 핍박받는 백성들의 모습을 보여주고 있다.

※ 다음 글을 읽고 물음에 답하시오.

[A]
燕子初來時   제비 한 마리 처음 날아와
喃喃語不休   지지배배 그 소리 그치지 않네

[B]
語意雖未明   말하는 뜻 분명히 알 수 없지만
似訴無家愁   집 없는 서러움을 호소하는 듯

[C]
楡槐老多穴   느릅나무 홰나무 묵어 구멍 많은데
何不此淹留   어찌하여 그곳에 깃들지 않니

[D]
燕子復喃喃   제비 다시 지저귀며
似與人語酬   사람에게 말하는 듯

[E]
楡穴鸛來啄   느릅나무 구멍은 황새가 쪼고
槐穴蛇來搜   홰나무 구멍은 뱀이 와서 뒤진다오

- 정약용, 〈고시(古詩) 8〉 -

✔ 한방에! 같이볼작품

百草皆有根   풀이면 다 뿌리가 있는데
浮萍獨無蔕   부평초만은 매달린 꼭지가 없이
汎汎水上行   물 위에 둥둥 떠다니며
常爲風所曳   언제나 바람에 끌려다닌다네
生意雖不泯   목숨은 비록 붙어 있지만
寄命良瑣細   더부살이 신세처럼 가냘프기만 해
蓮葉太凌藉   연잎은 너무 괄시를 하고
荇帶亦交蔽   행채*도 이리저리 가리기만 해
同生一池中   똑같이 한 못 안에 살면서
何乃苦相戾   어쩌면 그리 서로 어그러지기만 할까

- 정약용, 〈고시(古詩) 7〉 -

* 행채: 연못이나 늪에 나는 마름과의 한해살이 풀.

표현상의 특징 파악하기

윗글에 대한 설명으로 적절한 것은?

① 반어적 표현을 통해 주제를 강조하고 있다.

② 과거와 현재의 대비를 통해 그리움의 정서를 강화하고 있다.

③ 말을 건네는 방식을 통해 현실에 대한 인식을 드러내고 있다.

④ 비유적 표현을 사용함으로써 자연의 아름다움을 나타내고 있다.

⑤ 중심 소재와 대비되는 자연물은 화자의 연민을 불러일으키는 역할을 한다.

02 작품의 내용 이해하기

[A]~[E]를 이해한 내용으로 적절하지 않은 것은?

① [A]: 울음소리를 그치지 않는 제비의 모습을 통해 제비에게 문제가 생겼음을 짐작할 수 있다.

② [B]: 제비는 자신에게 생긴 문제를 화자에게 하소연함으로써 화자의 반응을 유도하고 있다.

③ [C]: 화자는 자신에게 찾아온 제비를 쫓아내기 위해 질문의 방식을 통해 간접적으로 돌려 말하고 있다.

④ [D]: 화자의 질문에 대한 제비의 응답으로, 다음에 제비가 화자에게 답한 내용이 드러날 것이라 예상할 수 있다.

⑤ [E]: 제비가 화자에게 찾아올 수밖에 없었던 이유를 자세히 밝히고 있다.

중요 03 외적 준거를 통해 작품 감상하기

윗글과 보기 를 비교한 내용으로 적절하지 않은 것은?

보기

어느 날 공자가 제자들과 산을 지나가는데, 세 무덤 앞에서 울고 있는 여인을 보았다. 공자가 제자를 시켜 여인에게 그 이유를 묻게 하자 여인이 답했다.

"시아버지와 남편, 그리고 아들까지 호랑이에게 잡아 먹혔습니다."

제자가 물었다.

"그런데도 왜 부인께서는 이곳을 떠나지 않으셨습니까?"

"이곳에는 세금이나 재물을 빼앗는 못된 벼슬아치가 없답니다. 그래서 떠나지 못하고 있습니다."

이 말을 들은 공자는 길게 탄식하며 제자들에게 말했다.

"세상에 무서운 짐승이 있다면 그것은 바로 호랑이일 것이다. 그러나 가혹한 정치는 호랑이보다 더 무섭다는 것을 꼭 명심해라."

① 윗글의 '제비'와 〈보기〉의 여인은 모두 지배층에게 수탈당하는 백성임을 알 수 있다.

② 윗글의 화자와 〈보기〉의 공자는 모두 현실에 대한 비판적 시각을 드러내는 역할을 한다.

③ 윗글에서 '제비'의 울음소리와 〈보기〉에서 여인의 울음은 모두 지배층의 횡포로 인한 것이다.

④ 윗글의 '황새'와 '뱀'은 〈보기〉의 공자의 시선으로 볼 때 호랑이보다 더 무서운 대상이라 할 수 있다.

⑤ 제비는 지배층의 횡포로 인해 집을 잃었다면, 〈보기〉의 여인은 지배층의 횡포로 인해 목숨이 위태함에도 집을 떠나지 못한다는 점에서 차이가 있다.

★ 수탈(收奪): 강제로 빼앗음.

★ 횡포(橫暴): 제멋대로 굴며 몹시 난폭함.

서답형 04 시어의 의미 파악하기

윗글에서 '제비'와 대립되는 시어 두 개를 찾아 차례대로 쓰시오.

문제풀이

한방에! 개념정리

한방에! 핵심정리

갈래	단편 소설
성격	풍자적, 비판적
주제	해방 전후의 혼란한 사회 상황 속에서 기회주의적으로 행동하는 인물에 대한 비판
특징	① 어린아이를 서술자로 설정하여 주인공을 관찰함. ② 인물의 외모와 행동을 과장하고 희화화하여 풍자함.
해제	이 작품은 작가가 '박 선생님'이라는 인물을 통해 해방 전후의 혼란한 시대 상황에서 힘 있는 쪽에 빌붙어 살아가는 기회주의적인 인물을 비판한 작품이다. '박 선생님'은 해방 전에는 일제에 동조하였다가 해방 후에는 미국을 찬양한다. 소설의 서술자인 '나'는 '박 선생님'과 '강 선생님'의 말과 행동, 태도를 대조적으로 묘사하여 '박 선생님'의 부정적인 모습을 부각하고 있다.

※ 다음 글을 읽고 물음에 답하시오.

우리 **박 선생님**은 참 이상한 선생님이었다.

박 선생님은 생긴 것부터가 무척 이상하게 생긴 선생님이었다. 키가 한 뼘밖에 안 되어서 뼘생 또는 뼘박이라는 별명이 있는 것처럼, 박 선생님의 키는 키 작은 사람 가운데에서도 유난히 작은 키였다. ㉠ 일본 정치 때에, 혈서*로 지원병을 지원했다 체격 검사에 키가 제 척수*에 차지 못해 낙방*이 되었다면, 그래서 땅을 치고 울었다면, 얼마나 작은 키인지 알 일이다.

그런 작은 키에 몸집은 그저 한 줌만 하고. 이 한 줌만 한 몸집, 한 뼘만 한 키 위에 깜짝 놀랄 만큼 큰 머리통이 위태위태하게 올라앉아 있다. 그래서 박 선생님 또 하나의 별명은 대갈장군이라고도 했다.

머리통이 그렇게 큰 박 선생님의 얼굴은 어떻게 생겼느냐 하면, 또한 여느 사람과는 많이 달랐다.

뒤통수와 앞이마가 툭 내솟고, 내솟은 좁은 이마 밑으로 눈썹이 시꺼멓고, 왕방울 같은 두 눈은 부리부리하니 정기*가 있고도 사납고, 코는 매부리코요, 입은 메기입으로 귀밑까지 넓죽 째지고, 목소리는 쇠꼬챙이로 찌르는 것처럼 쨍쨍하고.

이런 대갈장군인 뼘생 박 선생님과 아주 정반대로 생긴 이가 강 선생님이었다.

㉡ 강 선생님은 키가 크고, 몸집도 크고, 얼굴이 너부룻하고*, 얼굴이 검기는 해도 순하여 사나움이 든 데가 없고, 눈은 더 순하고, 허허 웃기를 잘하고, 별로 성을 내는 일이 없고, 아무하고나 장난을 잘하고……. 강 선생님은 이런 선생님이었다.

(중략)

학교에서고 학교 밖에서고 조선말로 말을 하다 선생님한테 들키는 날이면 경치는* 판이었다. 선생님들 중에서도 제일 심하게 밝히는 선생님이 뼘박 박 선생님이었다. 교장 선생님이나 다른 일본 선생님은 나무라기만 하고 마는 수가 있어도, 뼘박 박 선생님만은 절대로 용서가 없었다.

나도 여러 번 혼이 나 보았다.

한번은 상준이 녀석과 어떡하다 쌈이 붙었는데 둘이 서로 부둥켜안고 구르면서 이 자식아, 저 자식아, 죽어 봐, 때려 봐, 하면서 한참 때리고 제기고* 하는 참이었다.

그런데, 느닷없이

㉢ "고랏! 조셍고데 겡까 스루야쓰가 이루까(이놈아! 조선말로 쌈하는 녀석이 어딨어)."

하면서 구둣발길로 넓적다리를 걷어차는 건, 정신없는 중에도 뼘박 박 선생님이었다.

우리 둘이는 그 자리에서 뺨이 붓도록 따귀를 맞았고, 공부 시간에 들어가지도 못하고 그 시간 동안 변소 청소를 했고, 그리고 조행* 점수를 듬뿍 깎였다.

이렇게 뼘박 박 선생님한테 **제일 중한 벌**을 받는 때가 언제냐 하면, 조선말로 지껄이다 들키는 때였다.

강 선생님은 그와 반대로 아무 시비가 없었다.

교실에서 공부를 할 때 빼고는 그리고 다른 선생님, 그중에서도 ㉣ 교장 이하 일본 선생님들과 뼘박 박 선생님이 보지 않는 데서는, 강 선생님은 우리한테, 일본 말로 말을 하지 않았다. 우리들이 일본 말을 해도 강 선생님은 조선말을 하곤 했다.

우리가 어쩌다

"선생님은 왜 '국어(일본 말)'로 안 하세요?"

하고 물으면 강 선생님은 웃으면서

"나는 '국어'가 서툴러서 그런다."

하고 대답했다.

그렇지만 우리가 보기에도 강 선생님은 일본 말이 서투른 선생님이 아니었다.

[중간 부분 줄거리] 일본이 패망하자, 박 선생님은 맹신하였던 일본이 전쟁에서 패배했다는 사실에 의기소침해 한다. 박 선생님은 일본이 패망했는지 묻는 대석 언니에게 성을 내며 일본의 패망을 쉽게 받아들이지 못한다. 해방 소식에 기뻐하는 강 선생님은 박 선생님을 큰 소리로 꾸짖으며 일본이 패망한 후에도 미련을 버리지 못하는 박 선생님의 친일적인 태도를 비판한다. 그 후 박 선생님은 일본에 충성하던 태도를 버리고 미국을 찬양한다.

뼘박 박 선생님은 미국을 침이 마르도록 칭찬했다. 이 세상에 미국같이 훌륭한 나라가 없고, 미국 사람같이 훌륭한 백성이 없다고 했다. 우리 조선은 미국 덕분에 해방이 되었으니까 미국을 누구보다도 고맙게 여기고, **미국이 시키는 대로 순종**해야 하느니라고 했다.

ⓒ 우리가 혹시 말끝에 "미국 놈……."이라고 하면, 뼘박 박 선생님은 단박 붙잡아다 벌을 세우곤 하였다. 전에 "덴노헤이까 바가(천황 폐하 망할 자식)!"라고 한 것만큼이나 엄한 벌을 주었다.

"이놈아 아무리 미련한 소견*이기로, 자아 보아라. 우리 조선을 독립을 시켜 주느라구 자기 나라 백성을 많이 죽여 가면서 전쟁을 했지. 그래서 그 덕에 우리 **조선이 왜놈의 압제*에서 벗**어나서 독립이 되질 아니했어? 그뿐인감? 독립을 시켜 주구 나서두 우리 조선 사람들 배 아니 고프구 편안히 잘 살라고 양식이야, 옷감이야, 기계야, 자동차야, 석유야, 설탕이야, 구두야, 무어 죄다 골고루 가져다주지 않어? 그런데 그런 고마운 사람들더러, 미국 놈이 무어야?"

벌을 세우면서 뼘박 박 선생님은 이렇게 꾸짖곤 하였다.

우리는 뼘박 박 선생님더러 미국에도 덴노헤이까(천황)가 있느냐고 물었다. 미국에 덴노헤이까가 있지 않고서야 그렇게 **일본의 덴노헤이까**처럼 우리 조선 사람을 친아들과 같이 사랑하고, 우리 조선 사람들이 잘 살도록 근심을 하며, 온갖 물건을 가져다주고 할 이치가 없기 때문이었다(해방 전에 뼘박 박 선생님은, 덴노헤이까는 우리 조선 사람들을 일본 사람들과 같이 사랑하고, 우리 조선 사람들이 잘 살기를 근심하신다고 늘 가르쳐 주곤 했다.).

[A] 뼘박 박 선생님은 미국에는 덴노헤이까는 없고, 덴노헤이까보다 훌륭한 '돌멩이'라는 양반이 있다고 대답했다.

우리는 그럼 이번에는 그 '돌멩이'라는 훌륭한 어른을 위하여 '미국 신민노 세이시(미국 신민 서사)'를 부르고, 기미가요(일본의 국가) 대신 돌멩이 가요를 부르고 해야 하나 보다고 생각했다.

아무튼 뼘박 박 선생님은 참 이상한 선생님이었다.

– 채만식, 〈이상한 선생님〉 –

* 전체 줄거리

'나'가 다니는 초등학교에는 키가 매우 작고 이마가 툭 튀어나온 사나운 '박 선생님'과 키가 크고 온순한 '강 선생님'이 있다. 아이들이 조선말을 쓰면 혹독한 벌을 주어 일본 말을 쓰도록 강요하는 '박 선생님'과 달리 '강 선생님'은 다른 선생님이 안 계실 때 되도록 조선말을 쓰곤 한다. 일제가 패망하고 조선이 독립하게 되자, '박 선생님'은 기뻐하기는커녕, 자신이 맹신하던 일본이 전쟁에서 패배했다는 소식에 의기소침해한다. 이에 '강 선생님'은 '박 선생님'의 친일적인 태도를 비판하고, '박 선생님'에게 건국에 도움이 되는 일을 하자고 제안한다. '강 선생님'의 제안을 들은 '박 선생님'은 이를 수용하며 둘은 화해를 한다. 일본에 편에 섰던 '박 선생님'은 태도를 바꾸어 미국말을 배우며 미국을 찬양하기 시작했고, '강 선생님'은 미국을 추종하는 '박 선생님'과 대립하다가 결국 파면을 당한다. '나'는 미국을 찬양하는 '박 선생님'을 이상하다고 생각한다.

✓ 한방에! 어휘풀이

* **혈서(血書)**: 제 몸의 피를 내어 자기의 결심, 청원, 맹세 따위를 글로 씀. 또는 그 글.
* **척수(尺數)**: 길이에 대한 몇 자 몇 치의 셈.
* **낙방(落榜)**: 시험, 모집, 선거 따위에 응하였다가 떨어짐.
* **정기(精氣)**: 생기 있고 빛이 나는 기운.
* **너부룻하다**: '너부죽하다'의 방언. 조금 넓고 평평한 듯하다.
* **경치다(黥치다)**: 혹독하게 벌을 받다.
* **제기다**: 팔꿈치나 발꿈치 따위로 지르다.
* **조행(操行)**: 태도와 행실을 아울러 이르는 말.
* **소견(操行)**: 어떤 일이나 사물을 살펴보고 가지게 되는 생각이나 의견.
* **압제(壓制)**: 권력이나 폭력으로 남을 꼼짝 못 하게 강제로 누름.

01 서술상의 특징 파악하기

윗글에 대한 설명으로 적절하지 <u>않은</u> 것은?

① 인물의 외모와 행동을 우스꽝스럽게 표현하여 풍자하고 있다.

② 시대적 배경이 드러나는 단어를 통해 일제 강점기임을 알 수 있다.

③ 작품 속의 서술자가 인물의 행동과 사건을 관찰하여 전달하고 있다.

④ 비유적인 표현을 활용하여 작품의 주제를 직접적으로 드러내고 있다.

⑤ 인물들의 외양을 대조적으로 묘사함으로써 성격을 간접적으로 표현하고 있다.

02 작품의 내용 이해하기

㉠~㉤에 대한 설명으로 적절하지 <u>않은</u> 것은?

① ㉠: 키 때문에 입대하지 못했던 일화를 통해 '박 선생님'의 작은 키를 드러낸다.

② ㉡: '박 선생님'과 달리 '강 선생님'을 긍정적으로 바라보는 '나'의 시선이 드러난다.

③ ㉢: 아름다운 조선말을 지키려는 '박 선생님'의 애국주의적인 면모가 드러난다.

④ ㉣: '박 선생님'과 대조적으로 일제에 저항하는 '강 선생님'의 모습이 드러난다.

⑤ ㉤: 일본이 패망하자, 태도를 바꿔 미국을 무조건적으로 따르는 '박 선생님'의 모습이 드러난다.

중요 03 작품 비교하기

보기의 '그'와 윗글의 '박 선생님'을 비교한 것으로 적절하지 <u>않은</u> 것은?

> **보기**
>
> '친일파, 민족 반역자, 반일 투사 치료 거부, 일제의 간첩 행위…….' 이건 너무도 어마어마한 죄상이다. 취조할 때 나열하던 그대로 한다면 고작해야 무기 징역, 사형감일지도 모른다. (중략)
>
> '그럼, 어쩐단 말이야. 식민지 백성이 별수 있었어. 날구 뛴들 소용이 있었느냐 말이야. 어느 놈은 일본 놈한테 아첨을 안 했어. 주는 떡을 안 먹은 놈이 바보지. 흥, 다 그놈이 그놈이었지.' …
>
> 그는 자기가 들고 온 상감진사(象嵌辰砂) 고려청자 화병에 눈길을 돌렸다. 사실 그것을 내놓는 데는 얼마간의 아쉬움이 없지 않았다. 국외로 내보낸다는 자책감 같은 것은 아예 생각해 본 일이 없는 그였다.
>
> – 전광용, 〈꺼삐딴 리〉

① '박 선생님'과 '그'는 조선 사람이지만 일본의 편에서 행동한다는 점에서 공통점이 있군.

② 조선말을 쓴 학생에게 '제일 중한 벌'을 내린 '박 선생님'과 친일 행위를 일삼는 '그'의 행동에는 비슷한 점이 있군.

③ '미국이 시키는 대로 순종'해야 한다는 '박 선생님'과 국가의 문화재를 아무런 죄의식 없이 해외로 반출하는 '그'는 모두 민족의식이 없는 인물이군.

④ 미국 덕분에 '조선이 왜놈의 압제에서 벗'어날 수 있었다는 '박 선생님'의 말에는 '그'와 달리 일본에 대한 저항 의식이 반영되어 있군.

⑤ 학생들에게 '일본의 덴노헤이까'를 훌륭한 어른이라 가르쳤던 '박 선생님'의 모습을 '그'가 보았다면, 일본 놈에게 아첨한 놈이라고 여겼겠군.

* 반출(搬出): 운반하여 냄.

서답형 04 작품의 표현 방법 파악하기

[A]에서, ⓐ에 해당하는 문장을 찾아 첫 어절과 마지막 어절을 쓰시오.

> 〈이상한 선생님〉의 작가 채만식은 '박 선생님'으로 대표되는 인물의 외모, 말과 행동을 우스꽝스럽게 표현함으로써 인물의 부정적이고 기회주의적인 모습을 부각하고 ⓐ <u>서술자의 말을 빌려 인물을 직접적으로 비판</u>하였다.

문제풀이

복습하기

작문

대구 근대 문화 골목 조사 보고서에 나타난 보고하는 글의 특징		
• 글의 목적을 고려하여 '처음 – 중간 – 끝'과 같은 일정한 ¹□□ 에 따라 짜임새 있게 구성함.		
• 사진, 도표와 같은 ²□□ 자료를 활용하여 독자의 흥미를 유발하고 대상의 모습을 생생하게 전달함.		

보고서 자료 조사 방법	자료 조사	텔레비전 뉴스, 책, 인터넷 등을 활용하여 대구 근대 문화 골목에 대한 자료를 수집함.
	³□□ 조사	근대 문화 골목을 직접 방문하여 문화 해설사의 설명을 듣고 유적지의 사진을 촬영함.

비문학

1문단	아리스토텔레스가 주장한 ⁴□□ 의 원칙
2문단	⁵□□□ 의 개념
3문단	모순율의 개념
4문단	⁶□□□ 의 개념
5문단	'거짓말쟁이의 ⁷□□'에 따른 사유의 원칙 비판

문학 – 고시 8(정약용)

1~4행	⁸□ 없는 서러움을 호소하는 제비
5~6행	제비에게 집을 짓지 않는 ⁹□□ 를 물음.
7~10행	제비가 집을 짓지 않는 이유

문학 – 이상한 선생님(채만식)

광복에 따른 '박 선생님'의 태도 변화
광복 이전 · ¹⁰□□□ 을 사용하는 학생들에게 가장 심한 벌을 줌.   · 일본 천황을 찬양하고 일본에 충성함.
⬇
광복 이후 · 조선이 미국 덕분에 ¹¹□□ 으로부터 해방되었으므로 미국이 시키는 대로 순종해야 한다고 말함.   · ¹²□□ 을 욕하는 학생들에게 엄한 벌을 내림.

➡ 시류에 편승하며 살아가는 ¹³□□□□ 적인 지식인의 모습을 비판함.

정답 1 형식 2 보조 3 현장 4 사유 5 동일률 6 배중률 7 역설 8 집 9 이유 10 조선말 11 일본 12 미국 13 기회주의

한수

12

Contents

✔ 한방에! 개념정리

✔ 한방에! 핵심정리

*** 불변어와 가변어**

불변어	형태가 변하지 않는 단어 → 체언, 수식언, 독립 언, 관계언(조사)
가변어	형태가 변하는 단어 → 용언, 관계언(서술 격 조사 '이다')

*** 구체성에 따른 분류**

구체 명사	눈에 보이는 사물의 이름 을 나타내는 명사 예 필통, 나무, 창문, 경복궁
추상 명사	눈에 보이지 않는 사물의 이름을 나타내는 명사 예 사랑, 우정, 행복, 희망

*** 대명사의 효과**

앞에 나온 사람, 사물, 장소를 대신
하여 가리키므로 같은 단어를 반복
하여 쓰는 번거로움을 줄여 줌.
→ 경제적인 언어생활이 가능해짐.

*** 미지칭 · 부정칭 대명사**

• 미지칭 대명사: 대상이 누구인지
모르지만 가리키는 대상이 정해져
있을 때 사용
예 어제 누구하고 공부했어?
• 부정칭 대명사: 가리키는 대상이
누구인지 아직 정해지지 않았을 때
사용
예 배가 고픈데 뭐 좀 먹을까?

*** 수사의 복수 표현**

수사는 복수를 나타내는 '-들'과 결
합할 수 없음.
예 사람들이 많이 왔다. (○)
  사람이 하나들 왔다. (✕)
• 반복하여 사용하면 복수를 표현할
수 있음.
예 틀린 문제를 하나하나 살펴보자.

---

1 체언

① **개념**: '누구' 또는 '무엇'을 나타내며 문장의 주체 자리에 나타나는 단어
② **특징**
  • 주로 주어가 되는 자리에 오며, 목적어나 보어가 되기도 함.
  • 관형사의 수식을 받을 수 있음.
  • 조사와 결합할 수 있음.

2 명사

① **개념**: 사람이나 사물의 이름을 나타내는 단어
② **종류**
  • 사용 범위에 따른 분류

보통 명사	같은 종류의 사물에 두루 붙여진 이름을 나타내는 명사 예 나라, 도시, 책상, 꽃
고유 명사	특정한 사물에만 붙여진 이름을 나타내는 명사 예 대한민국, 경기도, 덕수궁, 국립국어원

  • 자립성에 따른 분류

자립 명사	홀로 자립하여 사용할 수 있는 명사 예 지우개, 인형
의존 명사	관형어의 수식을 받아야 사용할 수 있는 명사 예 것, 뿐, 데(장소), 개(수량)

3 대명사

① **개념**: 사람이나 사물의 이름을 대신하여 나타내는 단어
② **종류**

인칭 대명사	사람의 이름을 대신하여 나타내는 대명사 예 나, 너, 그, 그대, 우리, 누구, 아무
지시 대명사	사물이나 장소의 이름을 대신하여 나타내는 대명사 예 이것, 저것, 무엇, 여기, 이쪽, 어디

4 수사

① **개념**: 사물의 수나 양, 순서를 나타내는 단어
② **종류**

양수사	수나 양을 나타내는 수사	예 하나, 둘, 셋, 일, 이, 삼
서수사	순서를 나타내는 수사	예 첫째, 둘째, 셋째, 제일, 제이, 제삼

01 체언의 특징 파악하기

체언에 대한 설명으로 적절하지 <u>않은</u> 것은?

① 관형사의 수식을 받을 수 있다.
② 조사와 결합하여 사용할 수 있다.
③ 명사, 대명사, 수사가 체언에 해당한다.
④ 문장에서 사용될 때 형태가 변하는 특성을 지닌다.
⑤ 주로 주어의 자리에 오며 목적어나 보어로 사용되기도 한다.

중요 02 명사의 분류 기준 이해하기

보기의 ㉠과 ㉡에 들어갈 말로 적절한 것은?

> **보기**
>
> 명사는 구체성에 따라 분류하면 (㉠)와 (㉡)로 나눌 수 있다. (㉠)은 눈에 보이는 사물의 이름을 나타내는 명사로 사람, 꽃, 집, 컴퓨터 등이 해당한다. 반면, (㉡)은 눈에 보이지 않는 사물의 이름을 나타내는 명사로 행복, 성공, 희망, 기쁨 등이 해당한다.

	㉠	㉡			㉠	㉡
①	구체 명사	추상 명사		②	추상 명사	구체 명사
③	보통 명사	고유 명사		④	보통 명사	추상 명사
⑤	구체 명사	고유 명사				

중요 03 인칭 대명사 파악하기

밑줄 친 단어 중, 보기에서 설명하는 품사에 해당하는 것은?

> **보기**
>
> • 조사와 결합할 수 있다.
> • 사람의 이름을 대신하여 나타낸다.
> • 경제적인 언어생활을 가능하게 한다.

① <u>여기</u>서 잠시 쉬다 가자.　　　② 맛있는 <u>과자</u>를 먹고 싶다.
③ 유진이와 <u>나</u>는 죽마고우다.　　④ 나는 <u>상현초등학교</u>를 졸업했다.
⑤ <u>셋</u>이 먹다가 둘이 죽어도 모른다.

서답형 04 의존 명사 파악하기

보기의 문장에서 홀로 자립하여 사용할 수 없는 명사를 찾아 쓰시오.

> **보기**
>
> 저기 보이는 것이 우리 집이다.

문제풀이

☑ 한방에! 개념정리

☑ 한방에! 핵심정리

갈래	설명문
주제	채찍 효과의 개념과 채찍 효과가 일어나는 원인
해제	이 글은 채찍 효과의 개념과 채찍 효과의 원인을 설명하고 있다. 채찍 효과는 최종 소비자로부터 먼 업체의 주문 변동 폭이 눈에 띄게 커지는 것을 의미하며, 선진국에서 조금만 충격이 발생해도, 한국이나 중국 같은 제조 중심의 국가 경제가 크게 휘청이는 것을 의미한다. 채찍 효과가 일어나는 가장 큰 원인으로는 리드타임을 들 수 있는데, 리드타임은 제품 하나를 생산할 때 주문에서 출고까지 걸리는 시간을 의미한다. 리드타임이 긴 반도체 부품의 경우, 기업은 다른 기업보다 더 빨리 부품을 수령한다면 경쟁에서 이길 것이라는 기대에 따라 평소 수요보다 더 많이 부품을 주문하게 되며, 상황이 바뀌어 반도체 수요가 감소할 경우 과잉 주문에 맞춰 설비를 정비한 부품 업체는 큰 타격을 받게 된다.

※ 다음 글을 읽고 물음에 답하시오.

세계 경제에 큰 변화가 생길 때마다 한국 경제가 충격을 받는 현상을 '공급 사슬망의 채찍 효과'로 설명할 수 있다. 세계적인 생활용품 제조업체인 프록터 앤 갬블(P&G)의 아기 기저귀 물류 담당 임원은 수요 변동을 분석하다 흥미로운 사실을 발견했다. 아기 기저귀라는 상품의 특성상 소비자 수요는 일정한 편인데, 소매점과 도매점의 주문 수요 변동 폭이 눈에 띄게 커진 것이다. 그리고 이런 주문 변동 폭은 '최종 소비자–소매점–도매점–제조업체–원자재 공급업체'로 이어지는 공급 사슬망에서 최종 소비자로부터 먼 제조업체 또는 원자재 공급업체 쪽으로 갈수록 증가했다.

이러한 현상을 '채찍 효과'라 하며, 소를 몰 때 쓰는 긴 채찍의 경우 휘두를 때 손잡이 부분에 작은 힘만 가해져도 끝부분에 가서는 큰 파동이 생기는 데서 착안한 이름이다. 선진국의 소비시장에 조금만 충격이 발생해도, 한국이나 중국 등 제조 중심 국가의 경기가 크게 흔들리는 것이 바로 채찍 효과의 영향 때문이라 할 수 있다.

공급 사슬망에서 일어나는 현상 외에도 채찍 효과가 발생하는 데는 여러 요인이 있다. 가장 큰 이유는 '리드타임(Lead Time)' 때문이다. 리드타임이란, 제품 하나를 생산할 때 주문에서 출고까지 걸리는 시간을 의미한다. 예를 들어 2000년이나 2007년처럼 경제가 호황을 누리고 있을 때 반도체와 같은 전자 산업의 핵심 부품을 생산하는 기업들은 고객 주문이 이미 잔뜩 쌓여 있기에 새로 주문하더라도 리드타임이 3개월 혹은 그 이상이 걸리곤 한다. 이런 상황에서 다른 경쟁 기업보다 더 빨리 부품을 수령할 수 있다면 경쟁에서 확실하게 승리할 수 있을 것이라 기대해 기업들은 부품 업체에 평소 수요보다 훨씬 많이 주문하게 된다. 그 이유는 '대량 공급 우선의 법칙'에 대한 기대 때문이다. 대량 주문하는 고객을 우대하고, 또 가격을 깎아주는 업계의 관행을 이용해 조금이라도 빨리 부품을 받기 위한 목적으로 과잉 주문하는 것이다.

그러나 상황이 바뀌어 반도체 수요가 감소할 경우에는 심각한 문제가 벌어진다. 부품 업체 측에서 확보된 주문 수량에 맞춰 고용 인력을 채용하고, 설비를 늘려 놓았는데, 기업의 주문이 일제히 취소된다면 이 부품 업체는 심각한 문제를 겪게 된다. 이렇듯 선진국 소비자의 사소한 변화만으로도 한국이나 중국 같은 제조·부품 대국은 크게 흔들릴 수밖에 없다.

01 글쓰기 전략 파악하기

윗글의 설명 방법으로 적절하지 <u>않은</u> 것은?

① 특정 경제 현상이 일어나는 원인을 제시하고 있다.

② 특정 경제 용어의 구체적인 뜻을 풀이하여 설명하고 있다.

③ 특정 경제 용어의 의미를 구체적 사례를 들어 설명하고 있다.

④ 특정 경제 현상의 이름이 붙게 된 까닭을 밝혀 설명하고 있다.

⑤ 특정 경제 현상의 문제점을 설명하고 그 해결책을 제시하고 있다.

02 세부 내용 이해하기

윗글에 대한 이해로 적절하지 <u>않은</u> 것은?

① 한국 경제는 세계 경제에 큰 영향을 받는다.

② 한국이나 중국은 제조, 부품 생산을 주로 하는 국가이다.

③ 소비자의 수요가 일정하다면 채찍 효과는 일어나지 않는다.

④ 채찍 효과가 발생하는 가장 큰 이유는 '리드타임' 때문이다.

⑤ 기업의 과잉 주문은 부품의 신속한 확보가 곧 경쟁의 승리를 의미한다는 기대에서 비롯된다.

중요 ▶ 03 구체적 사례에 적용하기

윗글과 보기 를 읽고 ⊙과 ⓒ에 각각 대응하는 것으로 적절하지 <u>않은</u> 것은?

> 보기
>
> '크림 가득 빵'이 출시된 지 얼마 되지 않았을 때, 골목에 있는 작은 구멍가게에서 ⊙ 한 소년이 '크림 가득 빵' 3개를 샀다. 이 빵이 나온 지 얼마 되지 않았지만 찾는 손님이 생기자 인기 제품이라 여긴 구멍가게 주인은 소매상에 '크림 가득 빵' 3박스를 주문했다. 작은 구멍가게에서 3박스를 주문하자 소매상에서도 인기 제품이라 생각하고 재고 확보를 위해 도매상에 50박스를 주문했다. 도매상은 갑작스러운 신상품 주문에 ⓒ 제조사에 500박스를 주문했다. 소년이 필요한 것은 단지 빵 3개였지만 결과적으로 제조사는 500박스 이상을 만들게 되었다.

	⊙	ⓒ		⊙	ⓒ
①	한국과 중국	세계 경제	②	최종 소비자	원자재 공급업체
③	채찍의 손잡이 부분	채찍의 끝부분	④	선진국의 소비시장	제조 중심 국가
⑤	반도체를 주문한 기업	반도체 부품 업체			

서답형 ▶ 04 중심 내용 파악하기

빈칸에 들어갈 말로 적절한 것을 골라 차례대로 쓰시오.

> 보기
>
> '협력 공급 기획 예측(CPFR)'이란 유통업체와 제조업체가 공동 수요 예측을 통해 예측력을 높이고 재고와 결품을 최소화하기 위해 맺는 계약이다. 이는 공급 사슬망에서 최종 소비자로부터 (먼 / 가까운) 제조업체나 원자재 공급업체로 갈수록 주문 변동 폭이 (커지는 / 작아지는) 현상인 채찍 효과를 방지하기 위한 전략이다.

★ **결품(缺品):** 여러 사유로 인해 정해진 수량에서 부족하거나 빠진 상품.

문제풀이

한방에! 개념정리

한방에! 핵심정리

갈래	자유시, 서정시
성격	비유적, 미래지향적
주제	자신의 울음이 다른 사람에게 감동을 줄 수 있기를 바람.
특징	① 귀뚜라미를 의인화하여 귀뚜라미의 시선에서 주제를 표현함. ② 매미와 귀뚜라미를 대조하여 귀뚜라미의 처지와 소망을 부각함. ③ 비슷한 문장 구조의 반복으로 시적 의미를 강조하고 운율을 형성함.
해제	이 작품은 시적 화자인 귀뚜라미가 힘들고 어려운 처지에 있으면서 자신의 울음이 혼자만의 것으로 그치는 것이 아니라 타인의 마음에 가서 닿기를 바라는 소망을 담은 시이다. 귀뚜라미와 매미의 활동 시기, 사는 곳, 울음소리가 대조적인 점을 활용함으로써 주제를 효과적으로 전달하고 독자들의 공감을 불러일으킨다.

※ 다음 글을 읽고 물음에 답하시오.

높은 가지를 흔드는 매미 소리에 묻혀
㉠ 내 울음 아직은 노래 아니다.

[A]
　　차가운 바닥 위에 토하는 울음,
　　풀잎 없고 이슬 한 방울 내리지 않는
　　㉡ 지하도 콘크리트 벽 좁은 틈에서
　　숨 막힐 듯, 그러나 나 여기 살아 있다
　　㉢ 귀뚜르르 뚜르르 보내는 타전* 소리가
　　누구의 마음 하나 울릴 수 있을까.

지금은 매미 떼가 하늘을 찌르는 시절
그 소리 걷히고 맑은 가을이
어린 풀숲 위에 내려와 뒤척이기도 하고
계단을 타고 이 땅 밑까지 내려오는 날
㉣ 발길에 눌려 우는 내 울음도
㉤ 누군가의 가슴에 실려 가는 노래일 수 있을까.

- 나희덕, 〈귀뚜라미〉 -

한방에! 작가소개

나희덕(1966~)

1989년 중앙일보 신춘문예에 <뿌리에게>가 당선되면서 등단하였다. 그는 작품을 통해 일상에서 발견한 삶의 쓸쓸함과 고통을 따뜻한 시선으로 담담하게 이야기하고, 나무, 뿌리, 흙 등 자연의 생명력을 통해 고통을 치유하고, 위로하며 나아가 사회의 소외된 자들을 포용하고자 한다.

교과서에 수록된 작가의 다른 작품

〈땅끝〉	절망 속에서 땅끝을 방문함으로써 삶을 긍정적으로 인식하여 희망을 찾아낸 시
〈배추의 마음〉	밭에서 자라는 배추를 보면서 교감을 나누고 그로부터 삶의 의미를 깨달은 시

한방에! 어휘풀이

* 타전(打電): 전보나 무전을 침.

01 표현상의 특징 파악하기

윗글의 표현상 특징으로 적절하지 <u>않은</u> 것은?

① 감각적 심상을 활용하여 대상을 효과적으로 표현하고 있다.
② 대조적인 관계의 시어를 등장시켜 화자의 상황을 부각하고 있다.
③ 대상을 의인화함으로써 대상에 대한 부정적 인식을 강조하고 있다.
④ 의문형으로 문장을 끝맺어 화자의 바람을 절실하게 드러내고 있다.
⑤ 비슷한 문장 구조를 반복하여 의미를 강조하고 운율을 형성하고 있다.

02 구절의 의미 파악하기

㉠~㉤에 대한 설명으로 적절하지 <u>않은</u> 것은?

① ㉠: '아직은'이라는 표현을 통해 '나'의 울음이 언젠가 노래가 될 것이라는 희망을 알 수 있다.
② ㉡: 생명이 살아가기 힘든 환경으로, 귀뚜라미가 처한 열악한 상황을 의미한다.
③ ㉢: '나'가 울음소리를 통해 열악한 환경에서 자신이 생존하고 있다는 신호를 보내고 있음을 알 수 있다.
④ ㉣: '나'가 인간의 이기심으로 인해 도시에서 소외된 존재임을 드러낸다.
⑤ ㉤: '나'의 울음소리가 다른 사람의 마음을 울리는 노래가 되기를 희망하고 있다.

중요 03 외적 준거를 통해 작품 감상하기

보기 는 백과사전에 등록된 귀뚜라미와 매미에 대한 정보이다. 이를 참고하여 윗글을 감상한 내용으로 적절하지 <u>않은</u> 것은?

> **보기**
>
> **귀뚜라미**
>
> 　귀뚜라미는 늦여름에서 가을에 걸치는 8월에서 10월 사이에 많이 나타나며, 주로 밤에 활동하고 구슬프고 처량한 울음소리를 낸다는 특징이 있다. 사는 곳은 돌 밑이나 땅바닥 근처와 같이 사람이 사는 곳 주변이다.
>
> **매미**
>
> 　매미는 7월~9월 사이의 여름에 나타나며, 주로 낮에 활동하고, 귀를 자극하는 높고 큰 울음소리를 낸다는 특징이 있다. 사는 곳은 나무 기둥이다.

① 화자는 사실에 기반하여 매미가 사는 공간을 '높은 가지'로, 귀뚜라미가 사는 공간을 '차가운 바닥'으로 표현했겠군.
② 귀뚜라미의 울음이 '매미 소리에 묻'힌 것은 실제 매미가 귀를 자극하는 높고 큰 울음소리를 내는 것과 관련이 있겠군.
③ 귀뚜라미는 구슬프고 처량한 울음소리를 낸다는 특징이 있으므로 작가는 귀뚜라미의 울음이 다른 이의 '마음'을 '울릴 수' 있을 것이라 생각했겠군.
④ 윗글의 계절적 배경은 '매미 떼가 하늘을 찌르는' 여름이므로 귀뚜라미는 이를 피해 계속 밑으로 이동하였음을 알 수 있군.
⑤ 귀뚜라미는 실제 가을에 주로 활동하는 동물이므로 윗글에서 '가을'이 자신이 사는 공간인 '이 땅 밑까지 내려오'기를 바란 것이군.

서답형 04 시어의 의미 파악하기

보기 에 해당하는 시어를 윗글의 [A]에서 찾아 2어절로 쓰시오.

> **보기**
>
> • 귀뚜라미의 울음을 비유함.　　　　• 귀뚜라미가 살아 있다는 표시임.

문제풀이

문학 - 극수필

맛있는 책, 일생의 보약 _성석제

| 정답 및 해설 | 78쪽

※ 다음 글을 읽고 물음에 답하시오.

사방이 산으로 둘러싸인 곳에서 태어나 아침에 눈을 떠서 저녁에 감을 때까지 늘 산을 보아야 하는 곳에서 중학교 1학년까지를 보내고 2학년 봄, 서울의 남쪽 관악산이 올려다보이는 중학교로 전학을 했다. 담임 선생님은 미술 선생님이셨는데 특별 활동으로 산악반을 맡고 계시기도 했다. 매주 화요일 6교시, 일주일에 단 한 시간 활동하는 그 '특별'한 '활동'은 내 취향과는 아무런 상관없이 시간 내내 산과 학교 사이를 뛰어 오가는 산악반으로 정해졌다.

3학년이 되면서 비로소 내가 좋아하는 특별 활동을 선택할 기회가 왔다. 나는 특별 활동 산악반의 경험에 비추어, 되도록 몸을 많이 움직이지 않는 특별 활동반을 점찍었는데 그게 바로 도서반이었다. 도서반 담당 선생님은 특별 활동의 첫날, 도서반이 할 일에 관해 아주 짧고 쉽게 설명해 주셨다.

"여러분 곁에는 책이 있다. 그 책 가운데 자기 마음에 드는 책을 골라서 읽고 수업이 끝나는 종소리가 울리면 가면 된다."

그리고 선생님 본인이 마음에 드는 책을 골라서 자리를 잡고 읽는 것으로 시범을 보여 주셨다. 나는 책을 고르러 가는 아이들의 뒤를 따라가서 한자로 제목이 씌어 있어서 아이들이 거의 손을 대지 않는 책 가운데 하나를 꺼내 들었다.

그 책은《한국 고전* 문학 전집》같은 묵직한 제목 아래 편집된 수십 권의 시리즈 가운데 한 권이었다. 반드시 읽어야 한다는 것을 강조하는 고전 대부분이 그렇듯 책 표지는 사람의 손을 거의 거치지 않아서 깨끗했다. 지은이는 박지원, 내가 처음으로 펴 든 대목은 〈허생전〉이었다.

나이가 두 자리 숫자가 되면서 무협지*에 빠지기 시작해서 전학 오기 전 국내에서 출간된 대부분의 무협지를 읽었다고 생각하고 있던 내게, 한문 문장을 번역한 예스러운 문체*는 별 거부감이 없었다. 오히려 옆자리나 앞자리의 아이들이 읽고 있는 현대 소설이 가볍게 느껴질 정도였다. 내용 역시 익숙했다. 허생이라는 인물은 깊고 고요한 곳에 숨어 있으면서 실력을 쌓은 뒤에, 일단 세상에 나갈 일이 생기자 한바탕 멋지게 세상을 뒤흔들어 놓고서는 다시 제자리로 돌아온다. 무협지에서 흔히 볼 수 있는 방식이었다.

〈허생전〉 다음에는 〈호질〉, 〈양반전〉도 있었다. 책이 꽤 두꺼웠으니 박지원의 저작* 가운데 상당 부분이 책에 들어 있었을 것이다. 그런데 그 책 속에 있는 주인공들은 내가 읽었던 수천 권의 무협지의 주인공과는 달라도 많이 달랐다. 무협지를 읽고 나면 주인공 이름 말고는 기억에 남는 게 없는데 박지원 소설은 주인공이 다음에 어떻게 되었을지 궁금하게 하고 내가 주인공이 되었더라면 어떻게 했을지 자꾸만 생각을 하게 만들었다. 한두 번 씹으면 단맛이 다 빠져 버리는 무협지와는 달리 읽을수록 새로운 맛이 우러나왔다. 보석처럼 단단하고 품위 있는 문장은 아름답기까지 했다. 책을 읽으면서 내 정신세계가 무슨 보약을 먹은 듯이 한층 더 넓어지고 수준이 높아지는 듯한 느낌이 들었다. 일주일에 단 한 시간, 도서관에서 단 한 권의 책을 거듭 펴서 읽었을 뿐인데도.

중학교 3학년 1학기 특별 활동 시간에 나는 몇백 년 전 글을 쓴 사람의 숨결이 글을 다리로 하여 건너와 느껴지는 경험을 처음 해 보았다. 무엇보다 중요한 것은 그것이 무척 재미있었다는 것이다. 읽으면 내 피와 살이 되는 고전, 맛있는 고전, 내가 재미를 들인 최초의 고전이 우리의 조상이 쓴 것이라는 데에서 나오는 뿌듯함까지 맛볼 수 있었다.

3학년 2학기가 되었을 때 특별 활동 시간은 없어졌다. 내가 1학기의 특별 활동 시간에 읽은 것은 박지원의 책이 전부였다. 하지만 내가 지금 소설을 쓰고 있는 것은 바로 그 책 때문이라고 생각한다. 특별하지 않은 특별 활동 시간에 읽은 아주 특별한 그 책이 내 일생을 바꾸었다.

[A] ┌ 누구에게나 그런 일이 일어날 수 있다. 모르고 지나갈 수도 있다. 어떤 책을 계기로 인간의 지극한 정신문화, 그 높고 그윽한 세계에 닿고 그 일원이 되는 것은 겪어 보지 못한 사람은 알 수 없는 행복을 안겨 준다. 이 세상에 인간으로 나서 인간으로 살면서 인간다운 삶을 살고 드높 은 가치를 추구하는 길을 책이 보여 준다. 책은 지구상에서 인간이라는 종만이 알고 있는, 진정 └ 한 인간으로 나아가는 통로이다. 그래서 사람들은 말하는지도 모른다, 책 속에 길이 있다고.

- 성석제, 〈맛있는 책, 일생의 보약〉 -

✔ 한방에! 작가소개

성석제(1960~)

《문학사상》에 시 <유리 닦는 사람>을 발표하며 등단하였으며, 1994년부터 본격적으로 소설과 수필을 쓰기 시작하였다. 주로 해학과 풍자를 통해 인간의 다양한 모습을 그려 낸다.

교과서에 수록된 작가의 다른 작품

〈내가 그린 히말라야시다 그림〉	초등학교 시절의 사생 대회에서 있었던 내용을 배경으로, 선택의 갈림 길에 놓인 아이들이 겪는 갈등과 성장을 담은 소설
〈소년 시절의 맛〉	어린 시절 동네 형과 함께 먹던 라면을 소재로 하여 다시는 돌아올 수 없는 소년 시절부터 청년기를 아쉬워하며 쓴 수필

12강

✔ 한방에! 어휘풀이

* 고전(古典): 오랫동안 많은 사람에게 널리 읽히고 모범이 될 만한 문학이나 예술 작품.
* 무협지(武俠誌): 무술에 뛰어난 능력을 가진 협객(俠客)의 이야기를 다룬 소설책.
* 문체(文體): 문장의 개성적 특색.
* 저작(著作): 예술이나 학문에 관한 책이나 작품 따위를 지음. 또는 그 책이나 작품.

01 서술상의 특징 파악하기

윗글에 대한 설명으로 적절하지 <u>않은</u> 것은?

① 글쓴이의 과거 경험과 그를 통해 얻은 깨달음을 전달하고 있다.

② 고전을 즐겨 읽었던 사람들의 다양한 독서 방법과 태도를 설명하고 있다.

③ 비유적 표현을 활용한 제목을 통해 읽기의 가치와 중요성을 강조하고 있다.

④ 관용적 표현을 삽입함으로써 글쓴이가 전달하고자 하는 주제를 드러내고 있다.

⑤ 박지원의 소설을 읽었던 경험을 중심으로 고전의 매력과 가치를 나타내고 있다.

02 작품의 내용 이해하기

윗글에 제시된 '나'의 경험으로 적절하지 <u>않은</u> 것은?

① 중학교 2학년 때 고향을 떠나 서울로 전학했다.

② 중학교 3학년 때 비로소 원하는 특별 활동반에 들어갈 수 있었다.

③ 도서반 특별 활동 시간마다 매번 다양한 작가의 고전을 읽게 되었다.

④ 중학교 2학년 때 특별 활동반으로 담임 선생님이 담당하시던 산악반에 들어갔다.

⑤ 십 대가 되면서 이미 국내의 모든 무협지를 읽었을 정도로 무협지에 빠져 있었다.

중요 03 외적 준거를 통해 작품 이해하기

보기 를 읽은 글쓴이가 했을 생각으로 적절하지 <u>않은</u> 것은?

보기

　허생은 만 냥을 입수하자, 다시 자기 집에 들르지도 않고 바로 안성(安城)으로 내려갔다. 안성은 경기도, 충청도 사람들이 마주치는 곳이요, 삼남(三南)의 거의 길목이기 때문이다. 거기서 대추, 밤, 감, 배며 석류, 귤, 유자 등속의 과일을 모조리 두 배의 값으로 사들였다. 허생이 과일을 몽땅 쓸었기 때문에 온 나라가 잔치나 제사를 못 지낼 형편에 이르렀다. 얼마 안 가서, 허생에게 두 배의 값으로 과일을 팔았던 상인들이 도리어 열 배의 값을 주고 사 가게 되었다. 허생은 길게 한숨을 내쉬었다.

　"만 냥으로 온갖 과일의 값을 좌우했으니, 우리나라의 형편을 알 만하구나."

– 박지원, 〈허생전〉

① 몇백 년 전 글을 쓴 글쓴이의 숨결이 글을 통해 나에게 건너와 느껴지는 것 같군.

② 한문 문장을 번역한 예스러운 문체는 이미 무협지에서 접해봤기에 거부감이 들지 않는군.

③ 내가 재미를 들인 최초의 고전이 외국 사람이 아닌 우리 조상이 쓴 것이어서 더욱 뿌듯하군.

④ 무협지를 읽고 난 것처럼 그 내용을 계속 돌이켜 생각하게 만들고, 읽을수록 새로운 의미가 더해지는군.

⑤ 보석처럼 단단하고 품위 있는 문장은 내 정신세계를 한층 더 넓어지게 하고 독서 수준을 높이는 것 같군.

> * 등속(等屬): 나열한 사물과 같은 종류의 것들을 몰아서 이르는 말.

서답형 04 글의 표현 방법 파악하기

윗글의 [A]에서, 빈칸에 들어갈 적절한 말을 찾아 4어절로 쓰시오.

　명언(名言)은 사리에 맞는 훌륭한 말 또는 널리 알려진 말을 뜻하는 단어로, 간결하고 짧은 문장으로 교훈이나 가르침을 주는 말이다. 작가는 윗글에서 '(　　　　　　　　　　　　　　　　　)'(이)라는 명언을 통해 책은 인간다운 삶을 살고 드높은 가치를 추구하는 길을 보여 주며, 진정한 인간으로 나아가는 통로라는 주제를 표현하고 있다.

문제풀이

복습하기

문법

체언		
	• '누구' 또는 '무엇'을 나타내며 문장의 ¹⬜⬜ 자리에 나타나는 단어 • ²⬜⬜⬜의 수식을 받을 수 있고 ³⬜⬜와 결합할 수 있음.	
	명사	사람이나 사물의 이름을 나타내는 단어
	⁴⬜⬜⬜	사람이나 사물의 이름을 대신하여 나타내는 단어
	수사	사람의 수나 양, 순서를 나타내는 단어

비문학

1문단	⁵⬜⬜ 사슬망의 채찍 효과
2문단	채찍 효과의 개념과 어원
3문단	리드타임의 개념과 사례
4문단	리드타임으로 인한 ⁶⬜⬜ 효과 발생 시의 악영향

문학 – 귀뚜라미(나희덕)

1연	⁷⬜⬜ 소리에 묻힌 귀뚜라미의 울음
2연	고통 속에서도 희망을 잃지 않는 귀뚜라미
3연	⁸⬜⬜이 되면 자신의 울음이 ⁹⬜⬜가 되기를 바라는 귀뚜라미

문학 – 맛있는 책, 일생의 보약(성석제)

	글쓴이가 생각한 무협지와 박지원의 소설	
	무협지	박지원의 소설
공통점	• ¹⁰⬜⬜가 예스러움. • 내용 – 주인공이 실력을 쌓은 뒤에 한바탕 멋지게 세상을 뒤흔들어 놓고 다시 제자리로 돌아옴.	
차이점	• 읽고 나면 ¹¹⬜⬜⬜의 이름 외에는 기억나지 않음. • 한두 번 읽고 나면 재미가 없어짐.	• 다음 내용을 궁금하게 하고, 주인공에 대해 깊이 생각하게 만듦. • 읽을수록 재미가 있고, 새로운 ¹²⬜⬜가 더해짐. • 문장이 품위 있고 아름답게 느껴짐. • ¹³⬜⬜⬜⬜가 넓어지고 수준이 높아지는 느낌이 듦.

정답

1 주체   2 관형사   3 조사   4 대명사   5 공급   6 채찍   7 매미   8 가을   9 노래   10 문체   11 주인공   12 의미
13 정신세계

13

Contents

품사 (2) 용언

| 정답 및 해설 | 81쪽

1 용언

① **개념**: '어찌하다', '어떠하다', '무엇이다'를 나타내며 문장에서 대상을 서술하는 단어

② **특징**
- 문장의 주체(주어)를 서술하는 서술어의 역할을 함.
- 문장에서의 쓰임에 따라 형태가 변함.
- 어간과 어미로 이루어져 활용할 때 어미의 형태가 변함.

어간	• 용언 활용 시 변하지 않는 부분 • 기본형에서 '-다'를 제외한 나머지 부분 예 먹다, 보다, 씻다, 주다, 찾다
어미	• 용언 활용 시 변하는 부분 • 어말 어미와 선어말 어미로 구분할 수 있음. 예 먹어라, 보자, 씻니?, 주는, 찾아서

③ **종류**

본용언	독립적으로 쓸 수 있으며 서술의 주된 의미를 나타내는 용언 예 '먹어 버리다'의 '먹다', '가고 싶다'의 '가다'
보조 용언	독립적으로 쓰이지 못하고 본용언의 뒤에 붙어서 본용언의 의미를 보충하는 용언 예 '먹어 버리다'의 '버리다'(보조 동사), '가고 싶다'의 '싶다'(보조 형용사)

※ 어말 어미
- 단어의 끝자리에 들어가는 어미
- 종결 어미: 한 문장을 끝내는 어미
  예 -다, -구나, -자
- 연결 어미: 어간에 붙어 다음 말에 연결하는 구실을 하는 어미
  예 -고, -지, -면
- 전성 어미: 용언의 어간에 붙어 다른 품사의 기능을 수행하게 하는 어미
  예 -기, -게, -도록

※ 선어말 어미
- 어말 어미의 앞자리에 들어가는 어미
- 높임 선어말 어미: -시-, -옵-
  시제 선어말 어미: -았/었-, -ㄴ/는-, -겠-

※ 보조적 연결 어미
- 보조 용언의 연결 어미: -아/어, -게, -지, -고
  예 먹어 버리다, 보고 싶다

2 동사

① **개념**: 사람이나 사물의 움직임을 나타내는 단어

② **종류**

자동사	동사가 나타내는 동작이 주어에만 미치는 동사 예 집에 가다
타동사	동작의 대상인 목적어를 필요로 하는 동사 예 나는 밥을 먹었다 (목적어 '밥을'이 필요)

※ 동사와 형용사의 특징 비교

동사	형용사
청유형, 명령형 종결 어미와 결합할 수 있음.	청유형, 명령형 종결 어미와 결합할 수 없음.
현재 시제 선어말 어미 '-는-/-ㄴ-'과 과 결합할 수 있음.	현재 시제 선어말 어미 '-는-/-ㄴ-'과 과 결합할 수 없음.
관형어의 꾸밈은 받을 수 없고, 부사어의 꾸밈은 받을 수 있음.	

3 형용사

① **개념**: 사람이나 사물의 상태나 성질을 나타내는 단어

② **종류**

성상 형용사	상태나 성질을 나타내는 형용사 예 예쁘다, 다르다, 아프다, 피곤하다
지시 형용사	상태나 성질의 의미를 대신 나타내는 형용사 예 이러하다, 그러하다, 저러하다

01 본용언과 보조 용언 구분하기

다음 중 밑줄 친 부분이 '본용언+보조 용언'의 구조로 되어 있지 않은 것은?

① 네 얘기 한 번 <u>들어나 보자</u>.
② 엄마가 사과를 <u>깎아서 주었다</u>.
③ 언니가 과자를 다 <u>먹어 버렸다</u>.
④ 오늘따라 친구가 너무 <u>보고 싶다</u>.
⑤ 화가 난 동생이 그냥 <u>나가 버렸다</u>.

중요 02 자동사와 타동사 구분하기

보기 와 같이 동사를 분류할 때, 밑줄 친 동사가 나머지와 다른 것은?

> 보기
>
> 동사는 동사가 나타내는 동작이 미치는 범위에 따라 자동사와 타동사로 나눌 수 있다.
> 자동사는 동사가 나타내는 동작이 주어에만 미치지만, 타동사는 동사가 나타내는 동작이 주어가 아닌 다른 대상에도 미친다.

① 수아는 자리에 <u>앉았다</u>.
② 민수는 어제 뮤지컬을 <u>봤다</u>.
③ 예지는 숙제로 신문을 <u>읽었다</u>.
④ 지수는 아이돌 노래를 <u>듣는다</u>.
⑤ 태희는 맛있는 케이크를 <u>만들었다</u>.

중요 03 동사와 형용사의 특징 파악하기

보기 의 밑줄 친 단어들에 대한 설명으로 적절하지 않은 것은?

> 보기
>
> ㉠ 어제 수민이는 피자를 <u>먹었다</u>.
> ㉡ 수민이는 정말 <u>예쁘다</u>.

① ㉠의 '먹었다'는 '먹다'에 과거형 시제 '-었-'이 들어간 것이다.
② ㉠의 '먹었다'는 '피자를'이라고 하는 목적어를 가지고 있기 때문에 타동사이다.
③ ㉡의 '예쁘다'는 관형어 '정말'의 수식을 받고 있다.
④ ㉡의 '예쁘다'는 상태나 성질을 나타내는 성상 형용사이다.
⑤ ㉠의 '먹었다'와 ㉡의 '예쁘다'는 모두 용언으로, 활용할 때는 어간이 아닌 어미가 바뀐다.

서답형 04 동사와 형용사의 특징 비교하기

빈칸에 들어갈 말을 골라 차례대로 쓰시오.

> (동사 / 형용사)는 청유형, 명령형 종결 어미와 결합할 수 있지만 (동사 / 형용사)는 결합할 수 없다.

문제풀이

13강

우주의 탄생

| 정답 및 해설 | 82쪽

한방에! 개념정리

한방에! 핵심정리

갈래	설명문
주제	정상우주론과 대폭발 이론
해제	이 글은 정상우주론과 대폭발 이론을 설명하고 있다. 정상우주론은 1940년 프레드 호일이 발표한 이론으로, 우주는 팽창하지만 줄어든 밀도만큼을 채우기 위해 새로운 물질이 계속 생겨나서 결국 밀도는 변하지 않는다고 주장한다. 대폭발 이론은 조지 가모프가 체계화한 이론으로, 우주의 모든 물질이 한 점에 모여 있다가 대폭발을 일으키면서 지금의 우주가 만들어졌다고 주장한다. 대폭발 이론의 근거로는 허블이 발견한 우주 팽창을 들 수 있다. 허블은 도플러 효과를 통해 우주의 팽창을 설명하였다.

＊문단 중심 내용

1문단	정상우주론의 주장
2문단	대폭발 이론의 주장
3문단	대폭발 이론의 근거인 우주 팽창
4문단	팽창우주의 상황
5문단	허블이 증명한 우주 팽창

※ 다음 글을 읽고 물음에 답하시오.

우주의 기원에 관한 주장으로 정상우주론과 대폭발 이론이 대립하였다. 정상우주론은 우주 내에서는 시간과 공간에 관계없이 우주의 모습이 항상 똑같다는 이론으로, 대폭발 이론(빅뱅이론)에 맞서는 이론이다. 1940년 영국의 천문학자 ⓐ 프레드 호일은 허만 본디와 토마스 골드 등 동료 과학자와 '정상우주론'을 공동 발표했다. 그들은 우주가 시작과 끝이 없고, 같은 상태를 유지하면서 변하지 않는다고 주장했다. 정상우주론에서는 우주는 팽창하지만*, 팽창으로 인해 줄어든 밀도만큼 이를 채우기 위해 새로운 물질이 계속 생겨나서 결국 밀도는 변하지 않는다고 하였다. 하지만 1960년대에 접어들어 정상우주론의 예측과 다른 관측 결과가 발표되면서 점차 지지를 잃게 된다.

대폭발 이론은 우주의 모든 물질이 한 점에 모여 있다가 대폭발을 일으키면서 지금의 우주가 만들어졌다는 이론이다. 1940년대 러시아 출신의 미국 물리학자 ⓑ 조지 가모프가 현재의 대폭발 이론을 체계화하였다. 대폭발 이론에 따르면 태초의 우주는 아주 작은 한 점이었으나 엄청나게 큰 밀도와 온도로 대폭발, 즉 빅뱅을 일으킨 뒤 짧은 시간 동안 우주 공간이 급속히 팽창하면서 지금의 우주가 이루어졌다. 우주가 팽창하면서 온도와 밀도가 낮아지는 과정에서 물질이 생성되고, 오늘날의 항성*들이 탄생했다는 것이다.

조지 가모프는 대폭발 이론의 근거로 허블이 발견한 우주 팽창을 들고 있다. 미국의 천문학자인 에드윈 허블은 1929년 우주가 팽창한다는 사실을 발견했다. 빛을 내는 물체가 멀어질 때는 붉게 보이는 현상이 나타나는데, 허블은 망원경으로 외부 은하에서 방출되는 빛이 붉게 보이는 현상을 관측했다. 이는 ㉠ 도플러 효과와 관련이 있다. 도플러 효과는 빛이나 소리 등 파동*을 발생하는 물체가 관찰자에게서 멀어질수록 진동수가 감소하는 현상이다. 빛의 진동수가 줄어들면 파장*이 길어지고, 파장이 길어지면 붉은빛을 방출한다.

팽창우주는 풍선에 비유할 수 있다. 바람을 넣지 않은 풍선들에 점을 찍어, 그 점들을 은하라고 생각해 보자. 이 풍선에 바람을 불어 넣으면 점들 사이의 거리는 멀어질 수밖에 없다. 반대로 풍선의 공기가 빠지면, 표면의 어떤 점에서 보더라도 주위의 점들은 점점 가까워지는 것처럼 보일 것이다.

허블은 멀리 있는 은하일수록 더욱 빠른 속도로 멀어지고 있으며, 멀어지는 속도는 거리에 비례한다고 하였다. 예를 들어 2배 멀리 있는 은하는 2배 빨리 멀어지고, 3배 멀리 있는 은하는 3배 빨리 멀어진다. 이것은 우주에서의 방향이나 위치에 관계없이 일정하다. 이는 균일하고 등방*적인 우주가 팽창하고 있음을 보여준다. 거대 규모에서 볼 때, 은하는 스스로 움직인다기보다 우주의 팽창에 따라 움직이는 것이라고 할 수 있다.

한방에! 어휘풀이

＊팽창하다(膨脹하다): 부풀어서 부피가 커지다.
＊항성(恒星): 천구 위에서 서로의 상대 위치를 바꾸지 아니하고 별자리를 구성하는 별.
＊파동(波動): 물결의 움직임.
＊파장(波長): 파동에서, 같은 위상을 가진 서로 이웃한 두 점 사이의 거리.
＊등방(等方): 물체의 물리적 성질이 물체 내의 방향에 따라 다르지 아니하고 같음.

01 핵심 내용 이해하기

ⓐ와 ⓑ에 대한 이해로 적절하지 <u>않은</u> 것은?

① ⓐ는 우주 내에서는 시간과 공간에 관계없이 우주의 모습이 항상 똑같다고 주장하였다.

② ⓑ는 태초의 우주는 오늘날의 우주보다 더 뜨거웠다고 주장하였다.

③ ⓑ는 오늘날의 우주도 처음에는 한 점에 불과했다고 주장하였다.

④ ⓑ의 주장은 훗날 허블이 망원경으로 관측한 결과로 증명되었다.

⑤ ⓐ와 ⓑ는 모두 우주가 팽창하고 있다고 보았다.

02 세부 내용 파악하기

㉠에 대한 설명으로 적절하지 <u>않은</u> 것은?

① ㉠에 의하면 빛은 파동의 형태로 전달된다.

② ㉠을 근거로 허블은 대폭발 이론을 주장했다.

③ ㉠을 근거로 허블은 우주가 팽창함을 발견했다.

④ ㉠에 의하면 허블이 관측한 외부 은하는 파장이 길다.

⑤ ㉠에 의하면 은하가 멀어질수록 빛의 진동수는 점차 줄어든다.

중요 03 구체적 사례에 적용하기

보기를 통해 허블의 팽창이론을 이해한 것으로 적절하지 <u>않은</u> 것은?

보기

네 명의 아이들을 1미터 간격으로 세운다. 첫 번째 아이는 그대로 제자리에 있고, 나머지 아이들 사이의 거리가 2초 동안 2미터가 되게 한다.

① 네 명의 아이들은 우주에서의 은하를 의미하는군.

② 아이들이 움직인 것은 은하가 스스로 움직임을 의미하겠군.

③ 두 번째 아이부터 네 번째 아이로 갈수록 더 빨리 움직이겠군.

④ 아이들 사이에 간격이 벌어지는 것은 은하들 사이의 거리가 멀어졌음을 의미하겠군.

⑤ 처음 있던 자리로부터 두 번째 아이는 1미터, 세 번째 아이는 2미터, 네 번째 아이는 3미터를 움직이겠군.

서답형 04 관점 비교하기

다음은 ⓐ와 ⓑ의 관점 차이를 설명한 것이다. 빈칸에 들어갈 말로 적절한 것을 골라 차례대로 쓰시오.

> ⓐ는 우주가 (팽창 / 수축)하면서 새로운 물질이 계속 생겨나서 밀도는 변하지 않는다고 보았고,
> ⓑ는 우주가 팽창하면서 밀도가 (높아진다 / 낮아진다)고 보았다.

문제풀이

✓ 한방에! 개념정리

✓ 한방에! 핵심정리

갈래	자유시, 서정시
성격	서정적, 서사적
주제	고향과 혈육에 대한 그리움
특징	① 대화 형식의 서사적 구조를 취함. ② 인물에 대한 화자의 느낌을 비유적으로 나타냄. ③ 시각적, 촉각적 심상을 활용하여 화자의 정서를 드러냄.
해제	이 작품은 고향에 대한 그리움과 그 고향이 불러일으키는 따스한 정을 환기시킨다. 시적 화자가 타향인 북관에서 병을 앓아 의원을 찾아가는 것에서 서사가 시작되어, 의원을 묘사한 데 이어 의원과 나누는 대화가 생생하게 전개된다. 시적 화자의 몸은 현재 타향에 위치하고 있으나 마음만큼은 여전히 고향이라는 공동체에 속해 있는 것이다.

※ 다음 글을 읽고 물음에 답하시오.

나는 ⓐ 북관*에 혼자 앓어누워서

어느 아츰* 의원을 뵈이었다

의원은 여래* 같은 상을 하고 관공*의 수염을 드리워서

㉠ 먼 옛적 어느 나라 신선 같은데

새끼손톱 길게 돋은 손을 내어

묵묵하니 한참 맥을 짚더니

㉡ 문득 물어 고향이 어데냐 한다

ⓑ 평안도 정주라는 곳이라 한즉

㉢ 그러면 아무개 씨 고향이란다

그러면 아무개 씰 아느냐 한즉

의원은 빙긋이 웃음을 띠고

막역지간*이라며 수염을 쓴다

나는 아버지로 섬기는 이라 한즉

㉣ 의원은 또다시 넌즈시 웃고

말없이 팔을 잡어 맥을 보는데

손길은 따스하고 부드러워

㉤ 고향도 아버지도 아버지의 친구도 다 있었다

– 백석, 〈고향〉 –

✓ 한방에! 어휘풀이

* 북관(北關): '함경도'의 다른 이름.
* 아츰: '아침'의 방언.
* 여래(如來): 여래 십호의 하나. 진리로부터 진리를 따라서 온 사람이라는 뜻으로 '부처'를 달리 이르는 말.
* 관공: 중국 삼국 시대 촉한의 무장인 관우를 높여 부르는 말. 긴 수염이 아름다웠던 것으로 유명함.
* 막역지간(莫逆之間): 서로 거스르지 않는 사이라는 뜻으로, 허물이 없는 아주 친한 사이를 이르는 말.

✓ 한방에! 작가소개

백석 (1912~1996)

1912년 평안북도 정주에서 태어났다. 1924년 오산소학교를 졸업하고 오산학교에 입학하여, 6년 선배인 김소월을 동경하며 시인의 꿈을 키웠다. 1929년 오산학교를 졸업한 후, 조선일보사가 후원하는 장학생으로 선발되어 일본에 유학, 아오야마 학원 영어사범과에 입학하였다. 1934년 졸업 후 귀국해서는 조선일보사에 입사하여 첫 작품인 <정주성>을 발표하며 등단하였다.

백석은 고향인 평안 방언을 비롯하여 다양한 지역의 언어들을 시어에 적극적으로 활용하고, 고어와 토착어를 빈번하게 사용하였다. 형태적인 측면에서, 백석의 시는 절제된 운율보다는 이야기 구조를 갖춘 서사 지향적인 시라는 특징이 있다. 이때, '이야기 구조'라 함은 장면 묘사와 서술에 중점을 두고 있다는 의미이다. 백석의 시는 지역적인 색채와 민속적인 소재를 통해 독특한 세계를 보여 주고 있다.

01 구절의 의미 파악하기

㉠~㉤을 이해한 내용으로 적절하지 <u>않은</u> 것은?

① ㉠: 의원을 묘사하여 동화적 분위기를 형성한다.
② ㉡: 화자와 의원의 대화가 시작되는 계기가 된다.
③ ㉢: 화자와 의원의 유대를 이끌어 낸다.
④ ㉣: 의원이 자신의 고향을 떠올리고 있음을 나타낸다.
⑤ ㉤: 화자가 고향의 정을 느끼고 있음을 의미한다.

02 시어의 의미 이해하기

ⓐ, ⓑ에 대한 설명으로 가장 적절한 것은?

① ⓐ는 화자가 병을 치료한 공간이고, ⓑ는 화자가 병을 얻은 공간이다.
② ⓐ는 화자가 현재 사는 공간이고, ⓑ는 화자가 과거에 살았던 공간이다.
③ ⓐ는 화자가 그리워하는 공간이고, ⓑ는 화자가 잊고 싶어 하는 공간이다.
④ ⓐ는 화자가 안정감을 느끼는 공간이고, ⓑ는 화자가 불안감을 느끼는 공간이다.
⑤ ⓐ는 화자가 내적 갈등을 겪는 공간이고, ⓑ는 화자가 갈등을 해결하는 공간이다.

중요 03 작품 간의 공통점, 차이점 파악하기

윗글과 보기 를 비교한 것으로 적절하지 <u>않은</u> 것은?

보기

눈을 가만 감으면 굽이 잦은 풀밭길이
개울물 돌돌돌 길섶으로 흘러가고
백양 숲 사립을 가린 초집들도 보이구요

송아지 몰고 오며 바라보던 진달래도
저녁 노을처럼 산을 둘러 퍼질 것을
어마씨 그리운 솜씨에 향그러운 꽃지짐

어질고 고운 그들 멧남새도 캐어 오리
집집 끼니마다 봄을 씹고 사는 마을
감았던 그 눈을 뜨면 마음 도로 애젓하오

– 김상옥, 〈사향〉

★ 길섶: 길의 가장자리.
★ 어마씨: '어머니'의 방언.
★ 꽃지짐: 찹쌀가루를 반죽하여 대추나 쑥갓 잎, 꽃잎 따위를 펴 놓고 지져 만든 전병, 저냐, 누름적 따위의 음식.
★ 멧남새: '멧나물(산에서 나는 나물)'의 방언.
★ 애젓하다: 마음이 섭섭하고 애틋하다.

① 윗글과 〈보기〉는 모두 시각적 심상을 활용하고 있다.
② 윗글과 〈보기〉는 모두 고향에 대한 그리움을 주된 정서로 삼고 있다.
③ 윗글은 후각적 심상을 활용하지 않았지만, 〈보기〉는 활용하고 있다.
④ 윗글은 고향의 풍경을 묘사하고 있지만, 〈보기〉는 묘사하고 있지 않다.
⑤ 윗글에는 인물 간의 대화가 드러나 있지만, 〈보기〉에는 드러나 있지 않다.

서답형 04 소재의 의미 이해하기

보기 에서 설명하는 시어를 윗글에서 찾아 2음절로 쓰시오.

보기

화자로 하여금 고향과 가족을 떠올리게 하는 매개체로, 화자에게 고향에 대한 감정을 불러일으킨다.

문제풀이

구운몽 _ 김만중

한방에! 개념정리

한방에! 핵심정리

갈래	국문 소설, 몽자류 소설
성격	전기적, 불교적, 이상적
주제	인생무상의 자각을 통한 불교에의 귀의
특징	① 꿈과 현실의 이중 구조를 취함. ② 불교(공(空) 사상과 윤회 사상), 유교(학문을 하여 과거에 급제하면 부귀영화를 누리고 효와 충을 다할 수 있음), 도교(신선, 선녀, 용왕 등) 사상이 드러남.
해제	이 작품은 김만중이 유배지에서 어머니를 위로하기 위해 지은 소설로, 우리나라 몽자류 소설의 효시가 된다. 승려인 성진이 꿈속에서 양소유로 태어나 인간 세상의 부귀영화를 모두 누리고, 깨어난 뒤 그것의 허무함을 깨닫는 과정이 환몽 구조로 드러난다. 이때 현실은 초월적인 천상계로, 꿈은 현실적인 인간계로 설정되어 있다.

✱ 전체 줄거리

육관 대사는 제자 성진이 팔선녀와의 만남 뒤 세속적 욕망을 품은 것을 알고 성진을 인간 세계로 내친다. 성진은 인간 세상에서 양소유로 태어나 자라고, 양소유는 나라를 위해 활약하며 인간 세상에 태어난 팔선녀와 인연을 맺는다. 팔선녀를 아내로 맞고 자식들까지 둔 양소유는 문득 인생이 무상함을 느끼고 출가를 결심한다. 그때, 육관 대사가 양소유 앞에 나타나 꿈을 깨게 한다. 깨어난 성진은 깨달음을 얻고 팔선녀와 함께 불도에 귀의한다.

※ 다음 글을 읽고 물음에 답하시오.

[앞부분 줄거리]   팔선녀와 만나 욕망을 가진 성진은 스승 육관 대사에게 내쳐진다. 성진은 양소유라는 이름으로 인간 세상에 환생하여 벼슬을 하고, 마찬가지로 인간 세상에 환생한 팔선녀를 아내로 맞는다. 어느 날, 양소유는 세속의 부귀영화에 허망함을 느끼고 아내들에게 불교에 귀의할 뜻을 전한다.

　홀연 석경*에 막대 던지는 소리 나거늘 괴이히 여겨 생각하되 '어떤 사람이 올라오는고?' 하더니, 한 호승*이 눈썹이 길고 눈이 맑고 얼굴이 괴이하더라. 엄연히* 좌상*에 이르러 승상을 보고 예하여 왈, / "산야 사람이 대승상께 뵈나이다."

　승상이 이인*인 줄 알고 황망히 답례 왈, / "사부는 어디로부터 오신고?"

　호승이 웃어 왈, / "평생 고인*을 몰라보시니 귀인이 잊음 헐타는 말이 옳도소이다."

　승상이 자세히 보니 과연 낯이 익은 듯하거늘 홀연 깨쳐 능파 낭자를 돌아보며 왈,

"소유가 전일 토번을 정벌할 제 꿈에 동정 용궁에 가 잔치하고 돌아오는 길에 남악에 가 놀았는데, 한 화상*이 법좌에 앉아서 경을 강론하더니 노부가 그 화상이냐?"

　호승이 박장대소하고 가로되,

"옳다, 옳다. 비록 옳으나 몽중에 잠깐 만나 본 일은 생각하고 십 년을 동처하던* 일을 알지 못하니 뉘 양 장원을 총명타 하더뇨?"

　승상이 망연하여 가로되,

[A]
"소유가 십오륙 세 전은 부모 좌하*를 떠나지 않았고 십육 세에 급제하여 연하여 직명이 있었으니, 동으로 연국에 봉사하고 서로 토번을 정벌한 밖은 일찍 경사*를 떠나지 않았으니 언제 사부로 더불어 십 년을 상종하였으리오?"

　호승이 웃어 왈, / "상공이 오히려 춘몽을 깨지 못하였도소이다."

　승상 왈, / "사부가 어찌하면 소유로 하여금 춘몽을 깨게 하리오?"

　호승 왈, / "이는 어렵지 아니하니이다."

하고, 손 가운데 석장*을 들어 석난간을 두어 번 두드리니 홀연 네 녘 산골로부터 구름이 일어나 대 위에 끼이어 지척을 분변치 못하니, 승상이 정신이 아득하여 마치 취몽 중에 있는 듯하더니 오래되어서야 소리 질러 가로되,

"사부가 어이 정도*로 소유를 인도치 아니하고 환술로 서로 희롱하느뇨?"

　말을 떨구지 못하여서 구름이 걷히니 호승이 간 곳이 없고 좌우를 돌아보니 여덟 낭자가 또한 간 곳이 없는지라. 정히 경황하여 하더니, 그런 높은 대와 많은 집이 일시에 없어지고 제 몸이 한 작은 암자 중의 한 포단 위에 앉았으니, 향로에 불이 이미 사라지고, 지는 달이 창에 이미 비치었더라.

　스스로 제 몸을 보니 일백여덟 낱 염주가 손목에 걸렸고 머리를 만지니 갓 깎은 머리털이 가칠가칠하였으니, 완연히 소화상의 몸이요 다시 대승상의 위의* 아니니, 정신이 황홀하여 오랜 후에 비로소 제 몸이 연화 도량* 성진 행자*인 줄 알고 생각하니, 처음에 스승에게 수책하여 풍도*로 가고 인간 세상에 환생하여 양가의 아들 되어 장원 급제 한림학사 하고 출장입상하여* 공명신퇴하고* 두 공주와 여섯 낭자로 더불어 즐기던 것이 다 하룻밤 꿈이라. 마음에,

'이 필연 사부가 나의 염려를 그릇함을 알고 나로 하여금 이 꿈을 꾸어 인간 부귀와 남녀 정욕이 다 허사인 줄 알게 함이로다.'

급히 세수하고 의관을 정제하여 방장에 나아가니 다른 제자들이 이미 다 모였더라. 대사가 소리하여 묻되,

"성진아, 인간 부귀를 지내니 과연 어떠하더뇨?"

성진이 고두하며* 눈물을 흘려 가로되,

"성진이 이미 깨달았나이다. 제자가 불초하여* 염려를 그릇 먹어 죄를 지으니 마땅히 인세에 윤회할 것이거늘, 사부가 자비하사 하룻밤 꿈으로 제자의 마음을 깨닫게 하시니 사부의 은혜를 천만 겁*이라도 갚기 어렵도소이다."

대사가 가로되,

"네, 흥이 나서 갔다가 흥이 다하여 돌아왔으니 내 무슨 관여가 있으리오? 네 또 이르되 '인세에 윤회한 것을 꿈을 꾸었다' 하니 이는 인세와 꿈을 다르다 함이니 네 오히려 꿈을 채 깨지 못하였도다. ㉠ '장주가 꿈에 나비 되었다가 나비 장주가 되니', 어느 것이 거짓 것이요 어느 것이 참된 것인 줄 분변치 못하나니, 어제 성진과 소유가 어느 것은 정말 꿈이요 어느 것은 꿈이 아니뇨?"

성진이 가로되,

"제자가 아득하여 꿈과 참된 것을 알지 못하니 사부는 설법하사 제자를 위하여 자비하사 깨닫게 하소서."

대사가 가로되,

[B] "이제 금강경* 큰 법을 일러 너의 마음을 깨닫게 하려니와, 당당히 새로 오는 제자가 있을 것이니 잠깐 기다릴 것이라."

하더니, 문 지킨 도인이 들어와,

"어제 왔던 위 부인 좌하 선녀 여덟 사람이 또 와 사부께 뵈어지이다 하나이다."

대사가 / "들어오라."

하니, 팔선녀가 대사의 앞에 나아와 합장 고두하고 가로되,

"제자 등이 비록 위 부인을 모셨으나 실로 배운 일이 없어 세속 정욕을 잊지 못하더니, 대사의 자비하심을 입어 하룻밤 꿈에 크게 깨달았으니 제자 등이 이미 위 부인께 하직하고 불문*에 돌아왔으니 사부는 끝내 가르침을 바라나이다."

대사 왈,

"여선*의 뜻이 비록 아름다우나 불법이 깊고 머니 큰 역량과 큰 발원*이 아니면 능히 이르지 못하나니 선녀는 모름지기 스스로 헤아려 하라."

팔선녀가 돌아가 낯 위의 연지분을 씻어 버리고 각각 소매로서 금전도*를 내어 흑운* 같은 머리를 깎고 들어와 사뢰되*,

"제자 등이 이미 얼굴을 변하였으니 맹세하여 사부의 교령*을 태만치 아니하리이다."

대사가 가로되,

"좋다! 너희 여덟 사람이 능히 이렇듯 하니 진실로 드문 일이로다."

드디어 법좌에 올라 경문을 강론하니 백호* 빛이 세계에 쏘이고 하늘 꽃이 비같이 내리더라.

- 김만중, 〈구운몽〉 -

한방에! 어휘풀이

★ 석경(石逕): 돌이 많은 좁은 길.
★ 호승(胡僧): 인도나 서역의 승려.
★ 엄연히(儼然히): 사람의 겉모양이나 언행이 의젓하고 점잖게.
★ 좌상(座上): 여러 사람이 모인 자리.
★ 이인(異人): 재주가 신통하고 비범한 사람.
★ 고인(故人): 오래전부터 사귀어 온 친구.
★ 화상(和尙): '승려'를 높여 이르는 말.
★ 동처하다(同處하다): 한방에서 같이 거처하다.
★ 좌하(座下): 받들어 모시는 자리 아래.
★ 경사(京師): 한 나라의 중앙 정부가 있는 곳.
★ 석장(錫杖): 승려가 짚고 다니는 지팡이.
★ 정도(正道): 올바른 길. 또는 정당한 도리.
★ 위의(威儀): 위엄이 있고 엄숙한 태도나 차림새.
★ 도량(道場): 불도를 수행하는 절이나 승려들이 모인 곳.
★ 행자(行者): 불도를 닦는 사람.
★ 풍도(酆都): 도가에서, '지옥'을 이르는 말.
★ 출장입상하다(出將入相하다): 문무를 다 갖추어 장수와 재상의 벼슬을 모두 지내다.
★ 공명신퇴하다(功名身退하다): 공을 세워 이름을 떨치고 벼슬에서 물러나다.
★ 고두하다(叩頭하다): 공경하는 뜻으로 머리를 땅에 조아리다.
★ 불초하다(不肖하다): 못나고 어리석다.
★ 겁(劫): 어떤 시간의 단위로도 계산할 수 없는 무한히 긴 시간.
★ 금강경(金剛經): 지혜를 금강의 견실함에 비유하여 해설한 불경.
★ 불문(佛門): 불교를 믿는 사람. 또는 그들의 사회.
★ 여선(女仙): 여성 선녀.
★ 발원(發願): 신이나 부처에게 소원을 빎. 또는 그 소원.
★ 금전도(金剪刀): 예전에, 금으로 만든 가위를 이르던 말.
★ 흑운(黑雲): 검은 구름.
★ 사뢰다: 웃어른에게 말씀을 올리다.
★ 교령(敎令): 가르침과 명령.
★ 백호(白毫): 부처의 두 눈썹 사이에 있는 희고 빛나는 가는 터럭.

01 작품의 내용 이해하기

윗글의 내용으로 적절하지 않은 것은?

① 승상은 꿈에서 호승을 만났던 것을 기억했다.
② 팔선녀는 대사에게 귀의에 대한 의지를 보였다.
③ 성진은 자신이 꿈을 꾸었던 것에 불만을 품었다.
④ 호승은 승상을 깨어나게 하기 위해 난간을 두드렸다.
⑤ 성진은 꿈에서 깨어나 승상으로서의 과거를 떠올렸다.

★ **귀의(歸依):** 부처와 불법과 승가로 돌아가 의지하여 구원을 청함.

02 발화의 의미 파악하기

[A]와 [B]에 대한 이해로 가장 적절한 것은?

① [A]와 [B]는 모두 근거를 들어 상대에게 지시를 내리고 있다.
② [A]와 [B]는 모두 상대에게 의문을 표현하며 대답을 요구하고 있다.
③ [A]는 과거에 자신이 겪었던 일을, [B]는 미래에 일어날 일을 말하고 있다.
④ [A]는 자신의 잘못을, [B]는 타인의 경험을 언급하며 상대를 설득하고 있다.
⑤ [A]는 격언을 인용하며, [B]는 비유를 활용하며 자신의 생각을 전달하고 있다.

★ **격언(格言):** 오랜 역사적 생활 체험을 통하여 이루어진 인생에 대한 교훈이나 경계 따위를 간결하게 표현한 짧은 글.

중요 **03** 외적 준거를 바탕으로 작품 이해하기

보기 **를 참고했을 때, 대사가 ㉠을 언급한 이유로 가장 적절한 것은?**

보기

　옛날에 장주가 꿈에 나비가 되었다. 잘도 날아다니는 나비였는데 스스로 유쾌하고 뜻에 만족스러웠는지라 자기가 장주인 것을 알지 못했다. 갑자기 꿈에서 깨니 자신은 장주였다. 알지 못하겠다. 장주의 꿈에 장주가 나비가 되었던가, 나비의 꿈에 나비가 장주가 되었던가?

　　　　　　　　　　　　　　　　　　　　　　- 〈장자〉 제2편 제물론 제6장

① 현실에 안주하여 살면 안 된다는 것이군.
② 인세와 꿈의 구별은 무의미하다는 것이군.
③ 한낱 미물도 소중히 대해야 한다는 것이군.
④ 자신이 누구인지 알고 있어야 한다는 것이군.
⑤ 얽매임 없이 자유로운 삶이 중요하다는 것이군.

★ **안주하다(安住하다):** 현재의 상황이나 처지에 만족하다.
★ **미물(微物):** 인간에 비하여 보잘것없는 것이라는 뜻으로, '동물'을 이르는 말.

서답형 **04** 작품의 내용 이해하기

ⓐ, ⓑ에 들어갈 말을 차례대로 쓰시오.

　성진은 대사가 자신이 인간 (　ⓐ　)와/과 남녀 정욕이 다 허사인 줄 알게 하기 위해 (　ⓑ　)을/를 꾸게 하였다고 생각하였다.

문제풀이

복습하기

문법

1 ☐☐	• '어찌하다', '어떠하다', '무엇이다'를 나타내며 문장에서 대상을 서술하는 단어 • 2 ☐☐☐ : 서술의 주된 의미를 나타내는 용언 • 3 ☐☐☐☐ : 2 ☐☐☐ 의 의미를 보충하는 용언
4 ☐☐	사람이나 사물의 움직임을 나타내는 단어
5 ☐☐☐	사람이나 사물의 상태나 성질을 나타내는 단어

비문학

1문단	정상우주론의 주장
2문단	6 ☐☐☐ 이론의 주장
3문단	6 ☐☐☐ 이론의 근거인 우주 7 ☐☐
4문단	팽창우주의 상황
5문단	8 ☐☐ 이 증명한 우주 팽창

문학 – 고향(백석)

1~2행	'나'가 9 ☐☐ 에서 의원에게 진찰을 받음
3~7행	의원이 10 ☐☐ 을 물음
8~12행	의원이 아무개 씨와 자신의 관계를 밝힘
13~17행	'나'는 의원으로부터 고향의 정을 느낌

문학 – 구운몽(김만중)

불교에 귀의할 뜻을 밝힌 양소유가 호승을 만남.
↓
양소유가 꿈에서 깨어나 연화 도량 11 ☐☐ 행자로 돌아옴.
↓
인간 부귀가 허망하다는 것을 깨달음.
↓
12 ☐☐☐ 와 함께 대사의 강론을 들음.

정답 1 용언 2 본용언 3 보조 용언 4 동사 5 형용사 6 대폭발 7 팽창 8 허블 9 북관 10 고향 11 성진 12 팔선녀

한수

14

Contents

✓ 한방에! 개념정리

✓ 한방에! 핵심정리

갈래	기사문
주제	사라진 '국민 생선' 명태
해제	① 소제목을 제시하여 독자의 이해를 돕고 있다. ② 사진, 도표 등 다양한 자료를 활용하여 글의 내용을 전달하고 있다.

※ 다음 글을 읽고 물음에 답하시오.

'국민 생선' 명태

⊙ 명태만큼 여러 이름으로 불리는 생선이 있을까? 예로부터 우리나라에서는 잡은 지 얼마 안 된 싱싱한 '생태'로, 또는 꽁꽁 얼린 '동태'로 얼큰하게 탕을 끓여 먹고 매콤하게 찜을 해 먹었다. 꾸덕꾸덕하게 말려 찜 요리에 적당한 '코다리', 노릇노릇하게 구워 먹는 '노가리', 통통한 주머니 안에 작은 알들이 가득한 '명란젓', 꼬들꼬들한 식감을 자랑하는 '창난젓'까지 모두 명태로 만든 것이다. 눈과 비, 바람을 맞히며 오랫동안 말린 '황태'나 바싹 말린 '북어'로 육수를 우려내 요리의 기본 재료로 쓰기도 한다. 많은 이름에서도 알 수 있듯, 우리 식단에 가장 많이 등장하는 생선이 명태다.

⊙ 하지만 명태는 다른 나라에서는 그렇게 인기 있는 생선이 아니다. 살코기 자체에 별다른 맛이나 식감이 없어, 불에 직접 구워 먹기를 좋아하는 식문화에는 어울리지 않기 때문이다. 그래서 외국에서는 다른 생선과 함께 잘게 다져서 어묵을 만들거나, 튀김옷을 입혀 바삭하게 튀겨서 소스를 묻혀 먹는다. 하지만 얼큰한 국물을 좋아하는 한국인의 입맛에는 딱 맞는 '국민 생선'이라 해도 손색이 없다. 우리나라에서는 명태를 한 해에 25만 톤(t)이나 소비한다.

국산 명태가 사라졌다

명태는 1970년대만 해도 동해에서 매년 7만 톤(t) 안팎으로 잡힐 만큼 흔했다. ⊙ 알을 밴 고기일수록 맛이 좋고 어린 고기까지 술안주로 인기 있었던 탓일까. 결국, 우리 바다에서 명태의 씨가 말라 버렸다. 2008년 이후 매년 우리나라 가까운 바다에서 잡히는 명태는 1톤(t) 안팎이다. 지금 우리 식탁에 올라오는 명태는 거의 다 수입한 것으로, 러시아산이 대부분이다.

전문가들은 국산 명태가 사라진 원인 중 하나로, 어린 명태까지 마구잡이로 잡은 것을 든다. 기후가 변하면서 동해의 표층* 수온이 변한 것도 원인으로 추정한다. 명태는 차가운 물을 좋아하는 냉수성 어류인데, 수온이 올라가는 바람에 동해가 이제는 명태가 살기 어려운 환경이 되었다는 것이다. ⊙ 국립수산과학원에 따르면 동해의 연평균 표층 수온은 1970년부터 2016년까지 47년간 섭씨 0.93도(℃)

▲ 우리나라 주요 어종의 어획량 변화

[그림 1]

가량 올랐다. 이렇게 바닷물이 따뜻해지면서, 1970년대와 1980년대에 많이 잡히던 명태와 정어리, 갈치, 쥐치의 수가 줄어들었다. 특히 명태와 정어리는 2000년대 이후 찾기가 힘들다. 대신에 1990년대부터 오징어, 멸치, 고등어 등이 늘어났으며 예전에는 우리 바다에 거의 없었던 온대성, 아열대성 물고기들이 많이 나타났다. ⊙ 모두 기후 변화에 따른 현상이다.

✓ 한방에! 어휘풀이

* **표층(表層)**: 여러 층으로 된 것의 겉을 이루고 있는 층.

[그림 2]

01 매체 내용 이해하기

윗글의 내용으로 적절하지 않은 것은?

① 외국에서는 명태를 이용해 국물을 내어 먹는다.
② 우리나라의 명태 어획량은 명태 소비량보다 적다.
③ 명태는 말린 방법에 따라 부르는 이름이 다양하다.
④ 우리나라 사람들이 먹는 명태 대부분은 수입산이다.
⑤ 수온이 높아지며 우리나라 바다에 명태가 줄어들었다.

02 매체 언어의 표현 방법 파악하기

㉠~㉤에 대한 이해로 적절하지 않은 것은?

① ㉠: 질문의 형식을 활용하여 독자의 흥미를 끈다.
② ㉡: 앞서 설명한 내용과 반대되는 내용이 나올 것을 암시한다.
③ ㉢: 뒤에 나올 내용의 원인 중 하나를 간접적으로 설명한다.
④ ㉣: 구체적인 연도와 수치를 들어 글의 신뢰성을 높인다.
⑤ ㉤: 널리 알려진 내용이 실제로는 틀렸음을 드러낸다.

중요 03 매체 자료의 적절성 파악하기

윗글의 글쓴이가 [그림 1]을 통해 말하고자 하는 내용으로 가장 적절한 것은?

① 우리나라 바다에 사는 물고기의 종류는 다양하지 않다.
② 기후 변화로 인해 쥐치가 1980년대보다 많이 잡히고 있다.
③ 2000년대 이후 우리나라에서 명태는 거의 잡히지 않고 있다.
④ 명태보다는 멸치나 오징어 등을 더 많이 소비하도록 해야 한다.
⑤ 고등어는 2000년대 이후 나타나기 시작한 아열대성 물고기이다.

서답형 04 매체 자료 보완하기

보기의 자료를 윗글의 4문단에 추가한다고 할 때, 빈칸에 들어갈 말로 적절한 것을 골라 쓰시오.

보기

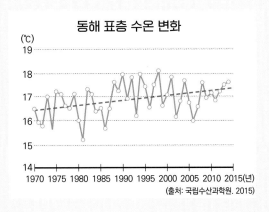

동해 표층 수온 변화
(℃)
(출처: 국립수산과학원. 2015)

〈보기〉의 자료를 통해, 해가 지날수록 표층 수온이 (높아졌음 / 낮아졌음)을 구체적으로 나타내어 글의 내용을 뒷받침할 수 있다.

문제풀이

유전자 가위 기술

| 정답 및 해설 | 89쪽

✓ 한방에! 개념정리

✓ 한방에! 핵심정리

갈래	설명문
주제	유전자 가위 기술의 종류와 원리
해제	이 글은 유전자 가위 기술의 종류와 원리를 설명하고 있다. 유전자 가위 기술은 문제가 되는 유전자를 편집하거나 제거하여 근원적인 치료를 하는 기술이다. 유전자 가위의 종류로는 1세대 징크 핑거, 2세대 탈렌, 3세대 크리스퍼가 있는데, 이 중 3세대인 크리스퍼가 가장 우월하다.

* 문단 중심 내용

1문단	유전자 가위 기술의 개념
2문단	유전자 가위의 원리
3문단	유전자 가위 기술의 종류 ①, ② – 1세대 징크 핑거, 2세대 탈렌
4문단	유전자 가위 기술의 종류 ③ – 3세대 크리스퍼
5문단	크리스퍼의 작동 과정

✓ 한방에! 어휘풀이

* 대사 이상 (代謝異常): 신체의 물질대사 과정에서 생기는 장애를 통틀어 이르는 말.
* 염기(鹽基): DNA나 RNA의 구성 성분인 질소를 함유하는, 고리 모양의 유기 화합물.
* 각광받다(脚光받다): 많은 사람들의 관심이나 흥미, 인기 등을 얻거나 끌게 되다.
* 지질(脂質): 생물체 안에 존재하며 물에 녹지 아니하고 유기 용매에 녹는 유기 화합물을 통틀어 이르는 말.
* 핵공(核孔): 핵막에 존재하는 핵과 세포질 사이의 물질 이동 통로.

※ 다음 글을 읽고 물음에 답하시오.

유전 질환뿐만 아니라 암, 감염증, 대사 이상* 질환, 자가 면역 질환 등의 치료에도 활용이 가능한 기술로 유전자 가위 기술이 있다. 이는 기존의 의학적 방법으로 치료가 어려운 다양한 난치성 질환에서 문제가 되는 유전자를 편집하거나 정상적인 기능을 하도록 유전자를 제거하여 근원적인 치료를 할 수 있는 기술이다.

우리 몸에 중요한 단백질을 만들 수 있는 정보는 DNA에 달려 있고, 이런 정보를 담은 DNA의 특정 부분을 유전자라고 한다. 유전자 가위는 DNA를 자를 수 있는 기능을 가진 효소를 쓰임에 맞게 변형하고, 자르고자 하는 표적 DNA 염기* 서열을 인식하여 특정한 위치에서 DNA를 자를 수 있도록 구성된 인공 효소를 말한다. 지금까지 개발된 유전자 가위는 1세대 ⓐ 징크 핑거, 2세대 ⓑ 탈렌, 3세대인 ⓒ 크리스퍼이다.

1세대 유전자 가위인 '징크 핑거'는 1996년에, 2세대 가위인 '탈렌'은 2009년에 발견됐다. 유전자 가위는 세포 속으로 들어가 자르고자 하는 DNA의 특정 염기 서열에 달라붙어서 그 부위를 자른다. 징크 핑거는 약 9개, 탈렌은 약 12개의 DNA 염기 서열을 인식할 수 있다. 인식할 수 있는 염기 서열의 개수가 많을수록 원하는 DNA 부위를 자를 수 있는 정확도가 높다. 징크 핑거는 원래 자르려던 곳 외에 무려 1만 2천 곳의 엉뚱한 부분을 자를 수 있는 반면, 탈렌은 약 190곳에 불과하다. 그러나 이것도 정확도가 낮은 편이어서 탈렌도 각광받지는* 못했다. 또 징크 핑거와 탈렌 모두 단백질로 만든 유전자 가위이기 때문에, 자르려는 DNA의 염기 서열이 달라지면 그에 맞춰 단백질을 다시 만들어야 하는 번거로움이 있다.

반면 3세대인 '크리스퍼'는 무려 21개의 염기를 인식할 수 있어서 자르고자 하는 DNA의 특정 부위에만 정확히 달라붙을 수 있다. 수학적으로는 엉뚱한 부위를 자를 확률이 4조 4000만 분의 1 수준으로 이전 세대에 비해 정확도가 높다. 게다가 크리스퍼의 구성품 중 '절단 효소 단백질'은 요구르트 유산균에서 쉽게 얻을 수 있고, DNA를 인식하는 부분은 RNA로 되어 있어 자르고자 하는 DNA 부위의 염기 서열이 달라져도 이에 맞게 금방 만들 수 있다.

'크리스퍼'를 세포막 성분과 비슷한 지질* 성분으로 포장해 세포막에 흡수시키면 포장지 역할을 했던 지질은 세포막에 남고, 유전자 가위는 세포 속으로 들어간다. 세포 속에 들어온 유전자 가위는 핵공*을 통해 세포의 핵까지 가야 하는데, 이때 'NLS'라는 작은 단백질을 통해 핵으로 들어간다. 들어온 유전자 가위는 표적 DNA에 꼭 맞는 가이드 RNA를 합성하고 절단 효소 단백질(Cas9)과 결합한다. Cas9가 표적 DNA에 달라붙으면 이중 나선이 풀리고 그중 한 가닥이 가이드 RNA에 결합한다. Cas9는 가이드 RNA가 끼어 들어간 곳의 DNA를 양쪽에서 잘라낸다. 잘린 DNA 사이로 새로 만든 DNA 조각이 들어가 결합하면서 DNA 염기 서열이 기존과 달라지고 결과적으로 ㉠ 단백질이 제대로 만들어지지 않는다.

01 핵심 내용 이해하기

ⓐ~ⓒ에 대한 이해로 적절하지 않은 것은?

① ⓐ에 비해 ⓑ는 원하는 DNA 부위를 자를 수 있는 정확도가 높다.

② ⓑ는 ⓒ보다 정확도가 낮고, 활용이 번거로워 관심을 받지 못했다.

③ ⓐ, ⓑ와 달리 ⓒ는 자르려는 DNA의 염기 서열이 달라지면 사용이 어렵다.

④ ⓐ, ⓑ, ⓒ는 모두 유전 질환, 암, 감염증 등의 치료에 활용된다.

⑤ ⓐ, ⓑ, ⓒ는 모두 DNA의 특정 염기 서열에 달라붙어 그 부위를 자르는 인공 효소이다.

02 문장의 의미 이해하기

㉠의 의미로 가장 적절한 것은?

① 단백질이 정상적으로 성장하는 것이 어려워진다.

② DNA 염기 서열이 달라져 엉뚱한 부분을 자르게 된다.

③ 요구르트 유산균에서 다시 절단 효소 단백질을 얻어야 한다.

④ DNA 염기 서열이 달라져 단백질을 다시 만드는 번거로움이 생긴다.

⑤ 난치성 질환에서 문제가 되는 유전자를 제거하여 근원적인 치료를 할 수 있다.

중요 03 구체적 사례에 적용하기

보기 는 크리스퍼 유전자 가위가 작동하는 원리이다. **보기** 와 윗글에 대한 이해로 적절하지 않은 것은?

보기

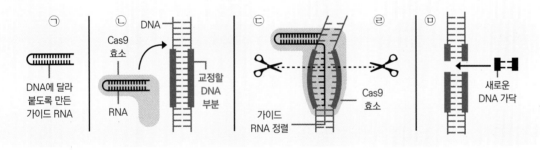

① ㉠: 세포 속에 들어온 유전자 가위는 NLS 단백질을 통해 핵으로 들어가 가이드 RNA를 합성한다.

② ㉡: 표적 DNA는 가이드 RNA를 인식해 꼭 맞는 DNA를 합성한다.

③ ㉢: 가이드 RNA는 절단 효소 단백질(Cas9)과 결합한다.

④ ㉣: 절단 효소 단백질이 가이드 RNA가 끼어 들어간 곳의 DNA를 양쪽에서 잘라낸다.

⑤ ㉤: 잘린 DNA 사이로 새로 만든 DNA 조각이 들어가 결합한다.

서답형 04 세부 내용 파악하기

빈칸에 공통으로 들어갈 말을 찾아 쓰시오.

> 크리스퍼는 (   )을/를 인식하는 부분이 RNA로 되어 있어 자르고자 하는 (   ) 부위의 염기 서열이 달라져도 이에 맞게 금방 만들 수 있다.

문제풀이

※ 다음 글을 읽고 물음에 답하시오.

먼 훗날 당신이 찾으시면
㉠ 그때에 내 말이 '잊었노라'

당신이 속으로 나무라면
'무척 그리다가 잊었노라'

그래도 당신이 나무라면
'믿기지 않아서 잊었노라'

오늘도 어제도 아니 잊고
먼 훗날 그때에 '잊었노라'

- 김소월, 〈먼 후일〉 -

못 잊어 생각이 나겠지요,
그런대로 한세상 지내시구려,
사노라면 잊힐 날 있으리다.

못 잊어 생각이 나겠지요,
그런대로 세월만 가라시구려,
못 잊어도 더러는 잊히오리다.

그러나 또 한긋 이렇지요,
'그리워 살뜰히 못 잊는데,
어쩌면 생각이 떠지나요?'

- 김소월, <못 잊어> -

01 표현상의 특징 파악하기

윗글의 표현상 특징으로 적절하지 않은 것은?

① 반어법을 활용하여 화자의 정서를 드러내고 있다.
② 미래의 일을 가정하여 시적 상황을 전개하고 있다.
③ 대조적 시어를 나열하여 화자의 변화를 나타내고 있다.
④ 각 행의 글자 수를 비슷하게 맞춰 운율을 형성하고 있다.
⑤ 동일한 시어와 문장구조를 반복하여 주제를 강조하고 있다.

02 표현상의 특징 파악하기

㉠과 같은 표현법이 쓰인 시구로 가장 적절한 것은?

① 나는 아직 기다리고 있을 테요 / 찬란한 슬픔의 봄을

－ 김영랑, 〈모란이 피기까지는〉

② 하늘은 날더러 구름이 되라 하고 / 땅은 날더러 바람이 되라 하네

－ 신경림, 〈목계 장터〉

③ 나 보기가 역겨워 / 가실 때에는 / 죽어도 아니 눈물 흘리우리다

－ 김소월, 〈진달래꽃〉

④ 까마득한 날에 / 하늘이 처음 열리고 / 어데 닭 우는 소리 들렸으랴

－ 이육사, 〈광야〉

⑤ 아아, 누구던가 / 이렇게 슬프고도 애달픈 마음을 / 맨 처음 공중에 달 줄을 안 그는

－ 유치진, 〈깃발〉

중요 03 외적 준거를 바탕으로 작품 이해하기

보기 를 참고하여 윗글을 이해한 내용으로 적절하지 않은 것은?

보기

〈먼 후일〉에서 화자는 이미 사랑하는 사람과 이별한 상황이지만, 그 사람을 잊지는 못하고 있다. 그렇기 때문에 화자는 사랑하는 사람과 재회하는 상황을 가정하고 있다.

① 1연의 '먼 훗날'은 화자가 임과의 재회를 가정하는 날이다.
② 2연의 '나무라면'은 자신을 잊었다는 화자의 말에 대한 임의 반응이다.
③ 3연의 '믿기지 않아서'는 화자가 이별을 받아들이지 못했음을 의미한다.
④ 4연의 '오늘도 어제도'는 화자가 임을 그리워하며 잊지 못한 날이다.
⑤ 4연의 '잊었노라'는 화자가 마침내 이별을 극복했음을 의미한다.

서답형 04 시구의 의미 파악하기

화자가 '당신'을 잊지 못하고 그리워했다는 것이 직설적으로 드러나는 시구를 찾아 첫 어절과 마지막 어절을 쓰시오.

14강

문학 – 현대소설

돌다리 _ 이태준

※ 다음 글을 읽고 물음에 답하시오.

아버지는 아들의 뒤를 쫓아 이내 개울에서 들어왔다. 아들은, 의사인 아들은, 마치 환자에게 치료방법을 이르듯이, 냉정히 차근차근히 이야기를 시작하였다. 외아들인 자기가 부모님을 진작 모시지 못한 것이 잘못인 것, 한집에 모이려면 자기가 병원을 버리기보다는 **부모님이 농토를 버리시고 서울로 오시는 것이 순리***인 것, 병원은 나날이 환자가 늘어 가나 입원실이 부족되어 오는 환자의 삼분지 일밖에 수용 못 하는 것, 지금 시국에 큰 건물을 새로 짓기란 거의 불가능의 일인 것, 마침 교통 편한 자리에 삼 층 양옥*이 하나 난 것, 인쇄소였던 집인데 전체가 콘크리트여서 방화 방공*으로 가치가 충분한 것, 삼 층은 살림집과 직공들의 합숙실로 꾸미었던 것이라 입원실로 변장하기에 용이한 것, 각층에 수도·가스가 다 들어온 것, 그러면서도 가격은 염한* 것, 염하기는 하나 삼만 이천 원이라, 지금의 병원을 팔면 일만 오천 원쯤은 받겠지만 그것은 새 집을 고치는 데와, 수술실의 기계를 완비하는 데 다 들어갈 것이니 집값 삼만 이천 원은 따로 있어야 할 것, 시골에 땅을 둔대야 일 년에 고작 삼천 원의 실리*가 떨어질지 말지 하지만 땅을 팔아다 병원만 확장해 놓으면, 적어도 일 년에 만 원 하나씩은 이익을 뽑을 자신이 있는 것, 돈만 있으면 땅은 이담에라도, 서울 가까이라도 얼마든지 좋은 것으로 살 수 있는 것…… 아버지는 아들의 의견을 끝까지 잠잠히 들었다. 그리고,

"점심이나 먹어라. 나두 좀 생각해 봐야 대답허겠다."

하고는 다시 개울로 나갔고, 떨어졌던 다릿돌을 올려놓고야 들어와 그도 점심상을 받았다.

점심을 자시면서였다.

"원, 요즘 사람들은 힘두 줄었나 봐! 그 다리 첨 놀 제 내가 어려서 봤는데 불과 여남은이서 거들던 돌인데 장정* 수십 명이 한나잘을 씨름을 허다니!"

"나무다리가 있는데 건 왜 고치시나요?"

"너두 그런 소릴 허는구나. 나무가 돌만허다든? 넌 그 다리서 고기 잡던 생각두 안 나니? 서울루 공부 갈 때 그 다리 건너서 떠나던 생각 안 나니? 시체* 사람들은 모두 인정이란 게 사람헌테만 쓰는 건 줄 알드라! 내 할아버니 산소에 상돌*을 그 다리로 건네다 모셨구, 내가 천잘 끼구 그 다리루 글 읽으러 댕겼다. **네 어미두 그 다리루 가말 타구 내 집에 왔어. 나 죽건 그 다리루 건네다 묻어라……** 난 서울 갈 생각 없다."

"네?"

"천금*이 쏟아진대두 난 땅은 못 팔겠다. 내 아버님께서 손수 이룩허시는 걸 내 눈으루 본 밭이구, 내 할아버님께서 손수 피땀을 흘려 모신 돈으루 장만허신 논들이야. 돈 있다고 어디가 느르지논* 같은 게 있구, 독시장밭* 같은 걸 사? 느르지 논둑에 선 느티나문 할아버님께서 심으신 거구, **저 사랑 마당에 은행나무는 아버님께서 심으신 거다.** 그 나무 밑을 설 때마다 난 그 어룬들 동상이나 다름없이 경건한 마음이 솟아 우러러보군 헌다. 땅이란 걸 어떻게 일시 이해를 따져 사구 팔구 허느냐? 땅 없어 봐라, 집이 어딨으며 나라가 어딨는 줄 아니? 땅이란 천지만물의 근거야. 돈 있다구 땅이 뭔지두 모르구 욕심만 내 문서 쪽으로 사 모기만 하는 사람들, 돈놀이처럼 변

리*만 생각허구 제 조상들과 그 땅과 어떤 인연이란 건 도시* 생각지 않구 헌신짝 버리듯 하는 사람들, 다 내 눈엔 괴이한 사람들루밖엔 뵈지 않드라."

"……."

"네가 뉘 덕으루 오늘 의사가 됐니? 내 덕인 줄만 아느냐? 내가 땅 없이 뭘루? 밭에 가 절하구 논에 가 절해야 쓴다. 자고로 하눌 하눌 허나 하눌의 덕이 땅을 통허지 않군 사람헌테 미치는 줄 아니? 땅을 파는 건 그게 하눌을 파나 다름없는 거다."

"……."

"땅을 밟구 다니니까 땅을 우섭게들* 여기지? 땅처럼 응과가 분명헌 게 무어냐? 하눌은 차라리 못 믿을 때두 많다. 그러나 힘들이는 사람에겐 힘들이는 만큼 땅은 반드시 후헌 보답을 주시는 거다. 세상에 흔해 빠진 지주들, 땅은 작인*들헌테나 맡겨 버리구, 떡 도회지에 가 앉어 소출*은 팔어다 모다* 도회지*에 낭비해 버리구, 땅 가꾸는 덴 단돈 일 원을 벌벌 떨구, 땅으루 살며 땅에 야박한 놈은 자식으로 치면 후레자식 셈이야. 땅이 말을 할 줄 알어 봐라? 배가 고프단 땅이 얼마나 많을 테냐? 해마다 걷어만 가구, 땅은 자갈밭이 되니 아나? 둑이 떠나가니 아나? 거름 한번을 제대로 넣나? 정 급허게 돼 작인이 우는 소리나 해야 요즘 너이 신의*들 주사침 놓듯, 애꿎인 금비*만 갖다 털어넣지. 그렇게 땅을 홀댈* 허군 인제 죽어서 땅이 무서서 어디루들 갈 텐구!"

창섭은 입이 얼어 버리었다. 손만 부비었다. 자기의 생각은 너무나 자기 본위*였던 것을 대뜸 깨달았다. 땅에는 이해를 초월한 일종 종교적 신념을 가진 아버지에게 아들의 이단적인 계획이 용납될 리 만무*였다. 아버지는 상을 물리고도 말을 계속하였다.

"너루선 어떤 수단을 쓰든지 병원부터 확장허려는 게 과히 엉뚱헌 욕심은 아닐 줄두 안다. 그러나 욕심을 부런 못쓰는 거다. 의술은 예로부터 인술이라지 않니? 매살 순탄허게 진실허게 해라."

(중략)

"ⓐ 자식의 젊은 욕망을 들어 못 주는 게 애비 된 맘으루두 섭섭허다. 그러나 이 늙은이헌테두 그만 신념쯤 지켜 오는 게 있다는 걸 무시하지 말어 다구."

아버지는 다시 일어나 담배를 피우며 다리 고치는 데로 나갔다. 옆에 앉았던 어머니는 두 눈에 눈물을 쭈루루 흘리었다.

"너이 아버지가 여간 고집이시냐?"

"아뇨, 아버지가 어떤 어룬이신 건 오늘 제가 더 잘 알았습니다. 우리 아버진 훌륭헌 인물이십니다."

그러나 창섭도 코허리가 찌르르하였다. 자기가 계획하고 온 일이 실패한 것쯤은 차라리 당연하게 생각되었고, **아버지와 자기와의 세계가 격리되는 일종의 결별의 심사*를 체험**하는 때문이었다.

- 이태준, 〈돌다리〉 -

✓ **한방에! 어휘풀이**

* 순리(順理): 순한 이치나 도리. 또는 도리나 이치에 순종함.
* 양옥(洋屋): 서양식으로 지은 집.
* 방공(防空): 적의 항공기나 미사일의 공격을 막음.
* 염하다(廉하다): 값이 싸다.
* 실리(實利): 실제로 얻는 이익.
* 장정(壯丁): 나이가 젊고 기운이 좋은 남자.
* 시체(時體): 그 시대의 풍습·유행을 따르거나 지식 따위를 받음. 또는 그런 풍습이나 유행.
* 상돌(床돌): 무덤 앞에 제물을 차려 놓기 위하여 넓적한 돌로 만들어 놓은 상.
* 천금(千金): 많은 돈이나 비싼 값을 비유적으로 이르는 말.
* 느르지논, 독시장밭: 농사짓기 좋은 논과 밭.
* 변리(邊利): 남에게 돈을 빌려 쓴 대가로 치르는 일정한 비율의 돈.
* 도시(都是): 이러니저러니 할 것 없이 아주.
* 우섭다: '우습다'의 방언.
* 작인(作人): 다른 사람의 농지를 빌려 농사를 짓고 그 대가로 사용료를 지급하는 사람.
* 소출(所出): 논밭에서 나는 곡식. 또는 그 곡식의 양.
* 모다: '모두'의 방언.
* 도회지(都會地): 사람이 많이 살고 상공업이 발달한 번잡한 지역.
* 신의(神醫): 의술이 뛰어나 병을 신통하게 잘 고치는 의원이나 의사.
* 금비(金肥): 돈을 주고 사서 쓰는 거름.
* 홀대(忽待): 소홀히 대접함.
* 본위: 판단이나 행동에서 중심이 되는 기준.
* 만무(萬無): 절대로 없음.
* 심사(心思): 어떤 일에 대한 여러 가지 마음의 작용.

14강

01 작품의 내용 파악하기

윗글의 내용에 대한 설명으로 가장 적절한 것은?

① 창섭은 아버지의 신념이 어리석다고 생각했다.
② 창섭은 감정적인 이유를 들어 아버지를 설득했다.
③ 아버지는 창섭과 함께 서울로 가기로 마음먹었다.
④ 아버지는 시대에 맞게 삶의 방식을 바꾸어 살았다.
⑤ 아버지는 창섭에게 진실한 의원이 될 것을 당부했다.

02 인물의 태도, 심리 파악하기

아버지의 신념 으로 적절하지 않은 것은?

① 땅이 없으면 집과 나라도 없다.　　　② 돈이 있으면 땅은 쉽게 살 수 있다.
③ 땅은 노력한 만큼의 보답을 해 준다.　　④ 땅을 돌보지 않고 홀대해서는 안 된다.
⑤ 조상과 땅의 인연을 기억하며 살아야 한다.

중요 ## 03 외적 준거를 바탕으로 작품 이해하기

보기 를 참고했을 때, 윗글에 대한 감상으로 적절하지 않은 것은?

보기

〈돌다리〉가 창작된 것은 일제 강점기인 1943년으로, 일제에 의해 서구의 근대 문명과 물질적 가치관이 강제로 유입되던 시기이다. 근대화 과정에서 물질적 가치와 전통적 가치는 서로 충돌할 수밖에 없었다. 이 소설은 이러한 시대 현실을 부자간의 갈등을 통해 형상화하고 있다. 부자간의 갈등은 땅의 처분에 대한 의견 차이뿐만이 아니라, 돌다리에 대한 인식 차이로도 나타난다.

① 창섭이 '부모님이 농토를 버리고 서울로 오시는 것이 순리'라고 하는 것은 가족을 중시하는 전통적인 가치관에 의해서이군.
② 창섭이 '나무다리가 있는데 건 왜 고치시'냐고 의문을 표현하는 것은 돌다리에 대한 인식이 아버지와 다름을 나타내는군.
③ 아버지가 돌다리를 가리켜 '네 어미두 그 다리루 가말 타구 내 집에 왔'다고 하는 것은 돌다리를 가족사의 일부로 받아들인 것이군.
④ 아버지가 '저 사랑 마당에 은행나무는 아버님께서 심으신 거'라고 하는 것은 땅의 역사적 가치를 강조하기 위해서이군.
⑤ 창섭이 '아버지와 자기와의 세계가 격리되는 일종의 결별의 심사를 체험'하는 것은 아버지와의 가치관의 충돌 때문이군.

서답형 ## 04 작품의 내용 파악하기

다음은 ㉠의 의미를 설명한 것이다. ⓐ, ⓑ에 들어갈 말을 찾아 차례대로 쓰시오.

㉠은 창섭이 (　ⓐ　)을/를 팔아 (　ⓑ　)을/를 확장할 돈을 마련하려고 하는 것을 의미한다.

복습하기

매체

[그림 1]	• 우리나라 주요 어종의 ¹ ☐☐☐ 변화 • 구체적인 수치와 변화 양상에 대한 정보를 한눈에 파악할 수 있음.
[그림 2]	• 우리나라 주요 ² ☐☐ 의 변화 • 상황에 대한 특징을 묘사하여 내용을 효과적으로 이해할 수 있음.

비문학

1문단	유전자 가위 기술의 개념
2문단	유전자 가위의 원리
3문단	유전자 가위 기술의 종류 ①, ② – 1세대 ³ ☐☐☐ , 2세대 ⁴ ☐☐
4문단	유전자 가위 기술의 종류 ③ – 3세대 ⁵ ☐☐☐☐
5문단	⁵ ☐☐☐☐ 의 작동 과정

문학 – 먼 후일(김소월)

1연	⁶ ☐☐☐ 임이 찾아왔을 때 화자의 반응
2연	임이 나무라는 것에 대한 화자의 반응
3연	임이 계속 나무라는 것에 대한 화자의 반응
4연	' ⁷ ☐☐☐☐ '라고 말하지만 사실은 임을 잊지 못하는 화자의 마음

문학 – 돌다리(이태준)

창섭	아버지
시골의 ⁸ ☐ 을 팔아 서울에 병원을 열고자 함.	⁸ ☐ 을 팔지 않겠다고 함.
⁹ ☐☐ 다리만 있으면 된다고 생각함.	¹⁰ ☐ 다리가 더 중요하다고 생각함.

↓

창섭은 아버지와 자신의 세계가 격리되는 ¹¹ ☐☐ 의 심사를 체험함.

정답 1 어획량 2 어종 3 징크 핑거 4 탈렌 5 크리스퍼 6 먼 훗날 7 잊었노라 8 땅 9 나무 10 돌 11 결별

한수

15

Contents

✔ 한방에! 개념정리

✔ 한방에! 핵심정리

＊ 수 관형사와 수사 비교
관형사의 경우는 조사와 결합할 수 없고 수사의 경우는 조사와 결합할 수 있음.
예 사탕 한 개 주세요. → 관형사
예 사탕 하나(를) 주세요. → 수사

＊ 관형사와 부사의 특징 비교

관형사	부사
체언을 꾸밈.	용언, 다른 부사, 문장 전체를 꾸밈.
조사와 결합할 수 없음.	조사와 결합할 수 있음.

＊ 의성어와 의태어
소리를 나타내는 의성어와 모양을 나타내는 의태어도 부사에 포함됨.
예 쿨쿨, 반짝반짝, 알록달록, 부스럭부스럭

1 수식언

① 개념 : '어떠한', '어떻게'를 나타내며 문장에서 뒤에 오는 말을 꾸며 주는 단어
② 특징
• 형태가 변하지 않음.

2 관형사

① 개념 : '어떠한'을 나타내어 체언을 꾸며 주는 단어
② 종류

성상 관형사	대상의 성질이나 상태를 나타내는 관형사 예 새, 헌, 순, 온갖
지시 관형사	특정한 대상을 나타내는 관형사 예 이, 그, 저, 이런, 그런, 저런, 다른, 무슨, 어느, 어떤
수 관형사	수량이나 순서를 나타내는 관형사 예 한, 두, 첫째, 둘째, 여러, 모든, 첫

3 부사

① 개념 : '어떻게'를 나타내어 용언, 다른 부사, 문장 전체 등을 꾸며 주는 단어
② 종류

	문장의 한 부분을 꾸며 주는 부사	
성분 부사	성상 부사	뒷말의 모양, 상태, 정도를 나타내는 부사 예 잘, 매우, 너무, 꽤, 빨리, 정말
	지시 부사	장소, 시간, 앞에 나온 사실을 나타내는 부사 예 이리, 내일, 금방, 언제, 먼저, 아까
	부정 부사	용언의 내용을 부정하는 부사 예 아니, 안, 못
	문장 전체를 꾸며 주는 부사	
문장 부사	양태 부사	화자의 심리적 태도를 나타내는 부사 예 과연, 제발, 결코, 설마, 정말, 만약
	지시 부사	앞말과 뒷말, 앞 문장과 뒤 문장을 이어 주는 부사 예 그리고, 그런데, 하지만, 즉, 다만

01 관형사 구분하기

다음 중 밑줄 친 부분의 품사가 다른 것은?

① 사과 <u>하나</u>만 주세요.

② <u>이</u> 사람이 우리 언니야.

③ 누가 내 <u>새</u> 책을 가져갔니?

④ <u>어느</u> 분이 예약하셨을까요?

⑤ 이 중에서 <u>어떤</u> 것이 네 것이니?

02 관형사와 부사 비교하기

보기 의 ⊙과 ⓒ에 대한 설명으로 적절한 것은?

보기

- ⊙ <u>첫째</u> 아들은 선생님이다.
- 봄이 되니 벚꽃이 ⓒ <u>활짝</u> 피었다.

① ⊙과 같은 품사의 예로 '그러나'가 있다.

② ⊙과 ⓒ은 모두 용언을 꾸며주는 수식언이다.

③ ⊙은 수 관형사에 해당하고 ⓒ은 성상 부사에 해당한다.

④ ⊙은 조사와 결합할 수 있지만 ⓒ은 조사와 결합할 수 없다.

⑤ ⊙은 뒤에 오는 아들을 수식하고 ⓒ은 앞에 오는 벚꽃을 수식한다.

중요 03 부사 분류하기

보기 의 ⊙~ⓒ에 들어갈 말로 적절한 것은?

보기

부사는 문장에서 주로 용언을 꾸며 주는 역할을 한다. 이런 부사는 쓰이는 특징에 따라 성상 부사, 지시 부사, 부정 부사, 양태 부사, 접속 부사로 나눌 수 있다.

'잘, 매우, 너무, 바로, 정말'은 (⊙)에 해당하며, '아니, 못'의 경우는 (ⓒ)에 해당하고, '내일, 언제, 아까'는 (ⓒ)에 해당한다.

	⊙	ⓒ	ⓒ		⊙	ⓒ	ⓒ
①	지시 부사	접속 부사	양태 부사	②	양태 부사	지시 부사	부정 부사
③	양태 부사	지시 부사	성상 부사	④	성상 부사	부정 부사	지시 부사
⑤	성상 부사	양태 부사	부정 부사				

서답형 04 수식언 파악하기

보기 의 문장에 사용된 수식언의 총 개수를 쓰시오.

보기

그리고 그 사람이 너무 아름다워서 말을 세 마디밖에 못 했어.

문제풀이

✔ 한방에! ㉀ ㅒ ㄴㅕ ㅈㅓ ㄹ ㅣ

✔ 한방에! ㅎㅐ ㅅㅣ ㅁ ㅈㅓ ㄹ ㅣ

갈래	설명문
주제	영화 속 시간을 조절하기 위한 인터컷과 광학적 기법
해제	이 글은 영화 속 시간을 조절하기 위한 방법인 인터컷과 광학적 기법을 설명하고 있다. 인터컷은 중간에 컷을 삽입하여 영화 속 시간을 조절하는 방법으로, 관객들은 이미 사건에 깊이 동화되어 있기 때문에 시간이 연속된다고 느낀다. 광학적 기법은 장면과 장면을 서로 잇는 방식으로, 넘기기, 와이프, 수퍼, 디졸브, 다중 화면 등 여러 종류의 방식이 있다.

＊문단 중심 내용

1문단	영화 속 시간을 조절하기 위한 인터컷과 광학적 기법
2문단	인터컷의 사용 예시
3문단	인터컷이 효과적인 이유
4문단	광학적 기법의 종류
5문단	광학적 기법의 종류인 와이프와 디졸브

✔ 한방에! ㅇㅓ ㅎㅟ ㅍㅜ ㄹ ㅣ

* **몰입하다(沒入하다):** 깊이 파고들거나 빠지다.
* **시퀀스:** 영화에서, 하나의 이야기가 시작되고 끝나는 독립적인 구성단위. 극의 장소, 행동, 시간의 연속성을 가진 몇 개의 장면이 모여서 이루어진다.
* **광학적(光學的):** 빛의 현상이나 성질과 관련된 것.
* **인위적(人爲的):** 자연의 힘이 아닌 사람의 힘으로 이루어지는 것.
* **쇼트:** 한 번의 연속 촬영으로 찍은 장면을 이르는 말.

※ 다음 글을 읽고 물음에 답하시오.

어두컴컴한 극장 안에서 관객은 영화가 제시하는 시간 속으로 완전히 몰입하게＊ 된다. 두 시간가량의 관람 시간 동안 영화 속에서는 일생을 보내기도 하고, 단 십 분으로 축약된 경험을 하기도 한다. 편집 기사는 영화 속 시간을 조절하기 위해 대체로 두 가지 방법을 사용한다. 첫째는 '인터컷(intercut)'으로 중간에 삽입되는 컷의 사용을 통해 영화 내적 시간을 더욱 늘리거나 줄이는 기법이며, 둘째는 신(scene)과 시퀀스(sequence)＊를 잇는 장면 전환용 '광학적＊ 기법'을 사용하는 방식이다.

하나의 ㉠ 인터컷을 사용함으로써 편집 기사는 시간을 생략할 수 있다. 예를 들어, 빠르게 전개되는 대화 장면에서 주인공이 일어나서 물컵을 가지러 방에서 나간다고 하자. 이때 편집 기사는 방을 나가는 주인공을 바라보는 상대방의 얼굴 클로즈업을 한 컷 첨가함으로써 시간을 생략할 수 있다. 여기서 상대방의 얼굴 클로즈업이 바로 인터컷에 해당한다. 중심 사건과 직접적인 연관이 없는 이 인터컷은 극히 짧은 시간에 걸쳐 있으며, 바로 이어서 주인공이 다른 방에서 물을 마시고 있는 장면으로 이어질 수 있다. 이 짧은 인터컷으로 인해 주인공이 걸어가는 긴 동작이 생략될 수 있는 것이다.

이러한 인위적＊인 시간의 생략에도 불구하고 관객들은 시간이 연속된다고 느끼는데, 그 이유는 이미 사건에 깊이 동화되어 있기 때문이다. 인터컷에 의해 잠시 시선이 분산되기는 한다. 하지만 곧 원래의 사건에 집중함으로써 중간의 생략된 시간에 대한 관심을 배제한 채 사건 진행을 지켜보게 된다.

광학적 기법은 장면과 장면을 서로 잇는 방식으로 사용한다. 이러한 기법으로는 새로운 장면을 드러내기 위한 프레임의 '넘기기', 한 화면이 다른 화면과 전환하거나 중간에 멈출 때 두 화면이 겹치지 않고 한 화면의 일부에 다른 화면이 나타나는 장면 전환 방법인 '와이프(wipe)', 한 장면이 다른 것에 겹쳐지는 '수퍼(super)', 한 화면이 사라짐과 동시에 다른 화면이 점차로 나타나는 장면 전환 기법인 '디졸브(dissolve)', 한 화면 안에 여러 작은 화면을 분열해서 보여 주는 '다중 화면' 등 여러 방식이 사용되고 있다. 광학적 기법은 짧은 순간 장면과 장면의 변화를 가져오고, 관객들을 순식간에 다른 장소로 이동시키는 효과를 준다.

이와 같은 기법은 영화 속의 시간을 효과적으로 표현하여 관객들에게 전달하는 효과가 있다. 와이프는 주로 시간을 급히 앞당길 때 사용된다. 지나간 장면이 여전히 화면에 있는 동안 새로운 화면이 앞에 가로놓이게 되므로 관객들은 시간 간격을 잘 느끼지 못한다. 그럼으로써 영화는 몇 주 혹은 몇 달의 공백을 효과적으로 메운다. 디졸브는 연결되는 두 장면이 밀접한 관련이 있음을 암시한다. 한 시퀀스를 이루는 모든 쇼트＊를 컷 연결시키고, 시퀀스의 마지막 쇼트와 다음 시퀀스의 첫 쇼트를 디졸브로 연결하면 자연스럽게 시간과 장소가 바뀌는 것을 설명할 수 있다.

01 내용 전개 방법 파악하기

윗글에 대한 설명으로 적절하지 <u>않은</u> 것은?

① 장면 전환을 위한 편집 기법을 나열하여 설명하고 있다.
② 편집 기법이 사용되는 구체적 예시를 들어 설명하고 있다.
③ 영화 촬영 기법에 관한 용어를 자세히 풀어 설명하고 있다.
④ 편집된 영화에 대한 관객의 반응을 인과의 방법으로 설명하고 있다.
⑤ 영화 속 시간을 조절하기 위한 편집 방법을 두 가지로 나누어 설명하고 있다.

02 세부 내용 파악하기

영화에서 ㉠이 가능한 이유로 가장 적절한 것은?

① 영화 상영 시간이 정해져 있기 때문이다.
② 두 장면을 효과적으로 이을 수 있기 때문이다.
③ 관객들이 원하는 대로 영화 속 시간을 조절할 수 있기 때문이다.
④ 편집 처리되는 장면이 중심 사건과 직접적으로 연결되어 있기 때문이다.
⑤ 관객들이 사건에 동화되어 있어 생략된 사건에 대해 관심을 갖지 않기 때문이다.

중요 ▶ 03 구체적 사례에 적용하기

윗글과 〔보기〕에 대한 이해로 적절하지 <u>않은</u> 것은?

〔보기〕

ⓐ 오른쪽 화면이 왼쪽 화면을 밀어내면서 화면이 전환된다.

 ➡  ➡

ⓑ 배수구의 원 모양과 눈동자의 모양이 겹쳐지면서 배수구 화면은 사라지고 눈동자 화면으로 전환된다.

 ➡  ➡

① ⓐ는 시간을 급히 앞당길 때 주로 사용한다.
② ⓑ는 연결되는 두 장면이 관련 있음을 암시한다.
③ ⓑ는 시퀀스의 마지막 쇼트와 다음 시퀀스의 첫 쇼트를 연결한다.
④ ⓐ는 ⓑ와 달리 장면의 변화를 통해 관객들이 장소가 바뀌었다고 느끼게 한다.
⑤ ⓐ와 ⓑ는 장면과 장면을 서로 잇는 방식으로 영화 속 시간을 효과적으로 표현한다.

서답형 ▶ 04 세부 내용 파악하기

빈칸에 들어갈 말을 골라 차례대로 쓰시오.

(수퍼 / 와이프)는 두 화면이 겹치지 않지만, (수퍼 / 와이프)는 한 장면이 다른 장면에 겹쳐진다.

15강 선상탄 _ 박인로

✔ 한방에! 개념정리

✔ 한방에! 핵심정리

갈래	양반 가사, 전쟁 가사
성격	우국적
주제	전쟁의 비애를 딛고 태평성대를 누리고 싶은 마음
특징	① 왜적에 대한 적개심이 나타남. ② 예스러운 한자성어와 고사를 많이 인용함.
해제	이 작품은 임진왜란 후인 선조 38년, 통주사로 임명받은 작가가 진동영에 내려와 느낀 바를 읊은 전쟁 가사이다. 배를 중심 소재로 하여 시상이 전개되고 있으며, 왜적에 대한 적개심, 나라에 대한 충성심, 무인으로서의 기개, 태평성대에 대한 희망 등이 잘 드러나 있다.

✔ 한방에! 어휘풀이

* 관방 중지(關防重地): 국경 지방에 있는 요새 지대.
* 여기진목(勵氣瞋目): 기운을 돋우고 눈을 부릅뜸.
* 창파(滄波): 넓고 큰 바다의 맑고 푸른 물결.
* 고금(古今): 예전과 지금을 아울러 이르는 말.
* 사억하다(思憶하다): 생각하다.
* 사이(四夷): 예전에, 중국의 사방에 있던 오랑캐인 동이, 서융, 남만, 북적을 통틀어 이르던 말.
* 가없다: 끝이 없다.
* 보천지하(普天之下): 온 하늘의 아래라는 뜻으로, 온 세상이나 넓은 세상을 이르는 말.
* 삼기다: 생기게 하다. 생기다.
* 화하(華夏): 중국의 다른 이름.
* 이심하다(已甚하다): 지나치게 심하다.
* 인신(人臣): 임금을 섬기어 벼슬하는 사람.

※ 다음 글을 읽고 물음에 답하시오.

늙고 병든 몸을 주사로 보내실새

을사 삼하에 진동영 내려오니

㉠ 관방 중지*에 병이 깊다 앉아 있으랴.

일장검 비껴 차고 병선에 굳이 올라

여기 진목*하여 대마도를 굽어보니

바람 좇은 황운은 원근에 쌓여 있고

아득한 창파*는 긴 하늘과 한 빛이로다.

〈서사〉

선상에 배회하며 고금*을 사억하고*

㉡ 어리 미친 회포에 헌원씨를 원망하노라.

대양이 망망하여 천지에 둘렸으니

진실로 배 아니면 풍파 만리 밖의

어느 사이* 엿볼넌고.

㉢ 무슨 일 하려 하여 배 만들기를 비롯한고.

만세 천추에 가없는* 큰 폐 되어

보천지하*에 만백성의 원망 길렀는가.

〈본사 1〉

어즈버 깨달으니 진시황의 탓이로다.

배 비록 있다 하나 왜를 아니 삼기던들*

일본 대마도로 빈 배 절로 나올넌가.

뉘 말을 믿어 듣고 동남 동녀를 그토록 들여다가

해중 모든 섬에 도적을 만들어 두고

통분한 수욕이 화하*에 다 미친다.

장생 불사약을 얼마나 얻어 내어

만리장성 높이 쌓고 몇만 년을 살았던고.

㉣ 남대로 죽어 가니 유익한 줄 모르겠다.

어즈버 생각하니 서불 등이 이심하다*.

㉤ 인신*이 되어서 망명도 하는 것가.

신선을 못 보거든 수이나 도라오면

주사 이 시름은 전혀 없게 삼길렀다.

〈본사 2〉

- 박인로, 〈선상탄〉 -

01 표현상의 특징 파악하기

윗글에 대한 설명으로 적절하지 않은 것은?

① 색채 이미지를 활용하여 풍경을 묘사하고 있다.

② 설의적 표현을 활용하여 특정 인물을 비판하고 있다.

③ 시간적 배경과 공간적 배경을 밝혀 사실성을 더하고 있다.

④ 고사를 인용하여 전쟁의 원인을 간접적으로 드러내고 있다.

⑤ 비유적 표현을 활용하여 화자의 정서 변화를 표현하고 있다.

02 시구의 의미 이해하기

㉠~㉤을 이해한 내용으로 적절하지 않은 것은?

① ㉠: 자신의 임무를 다하려는 화자의 책임감을 의미한다.

② ㉡: 화자가 자신의 생각이 잘못되었음을 인식하고 있음이 나타난다.

③ ㉢: 헌원씨가 유용한 곳에 쓰기 위해 배를 만들었다는 사실이 드러난다.

④ ㉣: 진시황이 다른 사람과 다름없이 죽었음을 알 수 있다.

⑤ ㉤: 임금에 대한 충성을 중요시하는 화자의 태도가 드러난다.

중요 03 외적 준거를 바탕으로 작품 이해하기

보기 는 윗글을 이해하기 위해 찾은 자료이다. 보기 를 바탕으로 윗글을 이해한 내용으로 적절하지 않은 것은?

보기

   ⓐ 헌원씨: 고대 중국의 전설적인 군주로, 중국 신화의 신이다. 처음으로 창, 방패, 수레, 배 등을 만들어 문명을 일으켰다고 전해진다.

   ⓑ 진시황: 중국 진나라의 첫 번째 황제이다. 죽음을 두려워하여 불로초를 구하고자 했는데, 서불이 불로초를 구해 오겠다고 하자 엄청난 양의 재물과 동남 동녀를 딸려 보내 주었다.

   ⓒ 서불: 중국 진나라의 인물로, 진시황의 명령을 받아 동쪽으로 불로초를 구하러 갔다가 돌아오지 않았다.

① ⓐ, ⓑ, ⓒ는 모두 화자가 원망하고 있는 대상으로 언급되었군.

② ⓐ는 화자에게 있어 오랑캐의 침입을 가능하게 한 사람이군.

③ ⓑ가 보낸 동남 동녀가 왜적이 되었다고 화자는 생각하고 있군.

④ ⓑ의 행동은 중국에는 좋은 영향을, 조선에는 나쁜 영향을 미쳤군.

⑤ ⓒ가 돌아왔다면 화자는 왜적으로 시름하지 않았을 것이군.

서답형 04 시구의 의미 이해하기

화자가 자신을 겸손하게 부른 표현을 윗글에서 찾아 3어절로 쓰시오.

✓ 한방에! 개념정리

✓ 한방에! 핵심정리

갈래	단편 소설, 농촌 소설
성격	해학적, 토속적
주제	순박한 시골 청년인 '나'와 교활한 장인 간의 갈등
특징	① 인물 간의 갈등 상황을 해학적으로 표현함. ② 사건 순서대로 서술되지 않는 역순행적 구성임. ③ 토속어, 비속어를 사용하여 향토적인 느낌을 줌.
해제	이 작품은 강원도 산골을 배경으로 하여 일어나는 해학적인 사건을 그리고 있다. 교활한 장인과 장인이 데릴사위로 들인 주인공 '나' 사이의 갈등이 익살스러운 문체로 형상화된다. '나'는 자신이 장인의 의도를 눈치채고 있기 때문에 역전의 기회가 오리라고 기대하지만 이는 결국 실패한다. 그러나 장인 또한 얄팍한 인물로, 작가는 이러한 인물들을 통해 가진 자들의 약삭빠른 면모를 비판하고 있다.

※ 다음 글을 읽고 물음에 답하시오.

　밥을 먹은 뒤 지게를 지고 일터로 갈랴 하다 도루 벗어던지고 바깥마당 공석* 우에 들어누어서, 나는 차라리 죽느니만 같지 못하다 생각했다.

　내가 일 안 하면 장인님 **저는 나이가 먹어 못 하고 결국 농사 못 짓**고 만다. 뒷짐으로 트림을 꿀꺽, 하고 대문 밖으로 나오다 날 보고서,

　"이 자식아! 너 왜 또 이러니?"

　"관객*이 났어유, 어이구 배야!"

　"기껀 밥 처먹고 나서 무슨 관객이야, 남의 농사 버려 주면 이 자식아, 징역* 간다, 봐라!"

　"가두 좋아유, 아이구 배야!"

　㉠ 참말 난 일 안 해서 징역 가도 좋다 생각했다. 일후* 아들을 낳아도 그 앞에서 바보 바보 이렇게 별명을 들을 테니까 오늘은 열 쪽이 난대도 결정을 내고 싶었다.

　장인님이 일어나라고 해도 내가 안 일어나니까 눈에 독이 올라서 저편으로 힝하게 가더니 지게 막대기를 들고 왔다. 그리고 그걸로 내 허리를 마치 들떠 넘기듯이 쿡 찍어서 넘기고 넘기고 했다. 밥을 잔뜩 먹고 딱딱한 배가 그럴 적마다 통겨지면서 뱃창*이 꼿꼿한 것이 여간 켱기지 않았다. 그래도 안 일어나니까 이번엔 배를 지게막대기로 위에서 쿡쿡 찌르고 발길로 옆구리를 차고 했다.

　장인님은 원체 심청*이 굿어서 그렇지만 나도 저만 못하지 않게 배를 채었다. 아픈 것을 **눈을 꽉 감고 넌 해라 난 재미난 듯이** 있었으나, 볼기짝을 후려갈길 적에는 나도 모르는 결에 벌떡 일어나서 그 수염을 잡아챘다마는 내 골이 난 것이 아니라 정말은 아까부터 부엌 뒤 울타리 구멍으로 점순이가 우리들의 꼴을 몰래 엿보고 있었기 때문이다. ㉡ 가뜩이나 말 한마디 톡톡히 못 한다고 바보라는데 매까지 잠자코 맞는 걸 보면 짜장 바보로 알 게 아닌가. 또 점순이도 미워하는 이까짓 놈의 장인님 나하곤 아무것도 안 되니까 막 때려도 좋지만 사정 보아서 수염만 채고(제 원대로 했으니까 이때 점순이는 퍽 기뻤겠지.) 저기까지 잘 들리도록,

　"이걸 까셀라* 부다!" / 하고 소리를 쳤다.

　장인님은 더 약이 바짝 올라서 잡은 참 지게막대기로 내 어깨를 그냥 내리갈겼다. 정신이 다 아찔하다. 다시 고개를 들었을 때 그때엔 나도 온몸에 약이 올랐다. 이 녀석의 장인님을, 하고 눈에서 불이 퍽 나서 그 아래 밭 있는 넝 알로* 그대로 떠밀어 굴려 버렸다. 조금 있다가 장인님이 씩, 씩, 하고 한번 해보려고 기어오르는 걸 얼른 또 떠밀어 굴려 버렸다.

　기어오르면 굴리고, 굴리면 기어오르고, 이러길 한 너덧 번을 하며 그럴 적마다,

　"부려만 먹구 왜 성례* 안 하지유!"

　나는 이렇게 호령했다. 하지만 장인님이 선뜻, 오냐 낼이라두 성례시켜 주마, 했으면 나도 성가신 걸 그만두었을지 모른다. 나야 이러면 때린 건 아니니까 나중에 장인 쳤다는 누명도 안 들을 터이고 얼마든지 해도 좋다.

　한번은 장인님이 헐떡헐떡 기어서 올라오더니 내 바짓가랑이를 요렇게 노리고서 단박 움켜잡고 매달렸다. 악, 소리를 치고 나는 그만 세상이 다 팽그르 도는 것이,

"빙장님! 빙장님! 빙장님!"

"이 자식! 잡아먹어라. 잡아먹어!"

"아! 아! 할아버지! 살려 줍쇼, 할아버지!"

하고 두 팔을 허둥지둥 내절 적에는 이마에 진땀이 쭉 내솟고 인젠 참으로 죽나 보다, 했다. 그래도 장인님은 놓질 않더니 내가 기어이 땅바닥에 쓰러져서 거진 까무러치게 되니까 놓는다. ⓒ 더럽다, 더럽다. 이게 장인님인가? 나는 한참을 못 일어나고 쩔쩔맸다. 그러다, 얼굴을 드니(눈에 참 아무것도 보이지 않았다.) 사지가 부르르 떨리면서 나도 엉금엉금 기어가 장인님의 바짓가랑이를 꽉 움키고 잡아나꿨다.

내가 **머리가 터지도록 매를 얻어맞은** 것이 이 때문이다. 그러나 여기가 또한 **우리 장인님이 유달리 착한** 곳이다. 여느 사람이면 사경*을 주어서라도 당장 내쫓았지, 터진 머리를 불솜*으로 손수 지져 주고, 호주머니에 히연* 한 봉을 넣어 주시고 그리고,

"올 갈엔 꼭 성례를 시켜 주마. 암말 말구 가서 뒷골의 콩밭이나 얼른 갈아라."

하고 등을 뚜덕여* 줄 사람이 누구냐.

ⓓ 나는 장인님이 너무나 고마워서 어느덧 눈물까지 났다. 점순이를 남기고 이젠 내쫓기려니, 하다 뜻밖의 말을 듣고,

"빙장님! 인제 다시는 안 그러겠어유."

이렇게 맹세를 하며 불랴살야* 지게를 지고 일터로 갔다. 그러나 이때는 그걸 모르고 장인님을 원수로만 여겨서 잔뜩 잡아당겼다.

"아! 아! 이놈아! 놔라, 놔."

장인님은 헛손질을 하며 솔개미*에 챈 닭의 소리를 연해 질렀다. 놓긴 왜, 이왕이면 호되게 혼을 내주리라, 생각하고 짓궂이 더 댕겼다마는 장인님이 땅에 쓰러져서 눈에 눈물이 피잉 도는 것을 알고 좀 겁도 났다.

ⓐ "할아버지! 놔라, 놔, 놔, 놔놔."

그래도 안 되니까, / "얘, 점순아! 점순아!"

이 악장* 안에 있었던 장모님과 점순이가 헐레벌떡하고 단숨에 뛰어나왔다.

나의 생각에 장모님은 제 남편이니까 역성*을 할는지도 모른다. 그러나 점순이는 내 편을 들어서 속으로 고수해서 하겠지…… 대체 이게 웬 속인지(지금까지도 난 영문을 모른다.) **아버질 혼내 주기는 제가 내래 놓**고 이제 와서는 달려들며,

"에그머니! 이 망할 게 아버지 죽이네!"

하고 내 귀를 뒤로 잡아당기며 마냥 우는 것이 아니냐. ⓔ 그만 여기에 기운이 탁 꺾이어 나는 얼빠진 등신이 되고 말았다. 장모님도 덤벼들어 한쪽 귀마저 뒤로 잡아채면서 또 우는 것이다.

이렇게 꼼짝 못하게 해놓고 장인님은 지게막대기를 들어서 사뭇 나려조겼다. 그러나 나는 구태여 피할랴지도 않고 암만해도 그 속 알 수 없는 점순이의 얼굴만 멀거니 들여다보았다.

"이 자식! 장인 입에서 할아버지 소리가 나오도록 해?"

– 김유정, 〈봄·봄〉 –

＊ **전체 줄거리**

'나'는 점순이와 혼례를 하기로 약속하고 장인 집의 농사일을 해주고 있는 데릴사위이다. 그러나 장인은 점순이의 키가 덜 자랐다는 이유를 들어 혼례를 자꾸만 미룬다. 언젠가는 혼례를 할 수 있을 것이라는 생각으로 우직하게 일하던 '나'는 친구 뭉태의 질책과 점순이의 부추김을 받고는 장인에게 왜 혼례를 시켜 주지 않느냐고 따진다. 장인과 몸싸움까지 벌이지만, 점순이가 장인의 편을 들자 맥이 풀리고 장인의 회유에 넘어가 다시 일을 하게 된다.

✔ 한방에! **어 휘 풀 이**

＊ **공석(空石)**: 빈 멍석.

＊ **관객(關格)**: 관격. 먹은 음식이 갑자기 체하여 가슴 속이 막히고 위로는 계속 토하며 아래로는 대소변이 통하지 않는 위급한 증상.

＊ **징역(懲役)**: 대한 제국 때에, 감옥에 가두어 노역에 복무시키던 형벌.

＊ **일후(日後)**: 시간이 지나 뒤에 올 날.

＊ **밸창**: 배알. '창자'를 비속하게 이르는 말.

＊ **심청(心청)**: 마음보.

＊ **까세다**: 까실르다. '그슬리다'의 방언.

＊ **넝 알로**: 넝 아래로. '넝'은 논밭들이 언덕진 곳을 뜻함.

＊ **성례(成禮)**: 혼인의 예식을 지냄.

＊ **사경(私耕)**: 머슴이 주인에게서 한 해 동안 일한 대가로 받는 돈이나 물건.

＊ **불솜**: 상처를 소독하기 위하여 불에 그슬린 솜방망이.

＊ **히연**: 희연. 일제 강점기 때의 담배 이름.

＊ **뚜덕이다**: 잘 울리지 않는 물체를 좀 세게 두드리는 소리를 내다.

＊ **불랴살야**: 부랴사랴. 매우 부산하고 급하게 서두르는 모양.

＊ **솔개미**: '솔개'의 방언.

＊ **악장**: 있는 힘을 다하여 모질게 마구 쓰는 기운을 강조하여 이르는 말.

＊ **역성**: 옳고 그름에는 관계없이 무조건 한쪽 편을 들어 주는 일.

01   작품의 내용 파악하기

윗글에 대한 설명으로 가장 적절한 것은?

① 장인은 '나'를 할아버지라고 부른 것을 대범하게 웃어넘겼다.

② '나'는 장모와 점순이가 자신의 편을 들어 줄 거라고 생각했다.

③ 장인은 수염이 잡히자 '나'를 때리지 않고 말로써 해결하려고 했다.

④ '나'가 장인과 싸운 것은 오로지 혼인을 시켜 주지 않았기 때문이다.

⑤ 장인은 '나'가 배가 아프다고 하자 일을 하지 않아도 된다고 말했다.

02   인물의 심리 파악하기

㉠~㉤에 대한 설명으로 적절하지 않은 것은?

① ㉠: 문제 상황을 해결하려는 '나'의 굳은 의지가 드러나 있다.

② ㉡: 장인에게 맞서 싸우기로 한 '나'의 결심이 드러나 있다.

③ ㉢: 자신을 거의 까무러치게 한 장인에 대한 '나'의 악감정이 드러나 있다.

④ ㉣: 장인의 회유에 넘어가 감동을 받은 '나'의 어수룩함이 드러나 있다.

⑤ ㉤: 점순이와의 혼인이 좌절된 '나'의 실망감이 드러나 있다.

> ★ 회유(懷柔): 어루만지고 잘 달래어 시키는 말을 듣도록 함.
> ★ 좌절되다(挫折되다): 어떠한 계획이나 일 따위가 도중에 실패로 돌아가게 되다.

중요 03   외적 준거를 바탕으로 작품 감상하기

보기 를 바탕으로 윗글을 감상한 내용으로 적절하지 않은 것은?

보기

　　〈봄·봄〉은 혼인을 핑계로 일만 시키는 교활한 장인과, 그런 장인에게 반발하면서도 끝내 이용당하는 순박하고 어리숙한 머슴 '나'의 갈등을 해학적으로 그렸다. 주인공 '나'는 점순이와 혼인을 시켜 준다는 말을 믿고 3년 7개월을 무일푼으로 머슴살이를 한다. 장인은 딸을 미끼로 삼아 노동력을 얻고, 점순이는 은근히 '나'에게 적극적인 행동을 종용하면서도 결정적인 순간 아버지의 편을 든다.

① '나'가 일하지 않으면 장인은 '나이가 먹어 못 하고 결국 농사 못 짓'는다는 것은 장인이 딸을 미끼로 삼아 노동력을 얻어야 하는 이유이군.

② '나'가 장인에게 배를 채이면서도 '눈을 꽉 감고 넌 해라 난 재미난 듯이 있'는 것은 폭력에 반응하지 않을 정도로 순박한 '나'의 성격을 보여 주는군.

③ '부려만 먹구 왜 성례 안 하'냐는 '나'의 말은 장인과 '나'의 갈등을 직접적으로 드러내는 동시에, '나'가 장인에게 반발하는 이유를 드러내는군.

④ '나'가 '머리가 터지도록 매를 얻어맞'고도 '우리 장인님이 유달리 착'하다고 생각하는 것을 보아 끝내 노동력으로 이용당하게 되겠군.

⑤ 점순이가 '아버질 혼내 주기는 제가 내래 놓'았다는 것을 통해 '나'에게 적극적인 행동을 종용한 적이 있음을 알 수 있군.

> ★ 해학적(諧謔的): 익살스럽고도 품위가 있는 말이나 행동이 있는.
> ★ 무일푼(無一푼): 돈이 한 푼도 없음.
> ★ 종용하다(慫慂하다): 잘 설득하고 달래어 권하다.

서답형 04   구절의 의미 파악하기

다음은 ⓐ가 해학적인 이유를 설명한 것이다. 빈칸에 들어갈 말을 찾아 2음절로 쓰시오.

> ⓐ는 (　　　)이/가 자신보다 어린 '나'를 '할아버지'라고 부르고 있다는 점에서 해학적이다.

문제풀이

복습하기

문법

1 ☐☐☐	'어떠한', '어떻게'를 나타내며 문장에서 뒤에 오는 말을 꾸며 주는 단어
관형사	• '어떠한'을 나타내어 체언을 꾸며 주는 단어 • 2 ☐☐ 관형사(대상의 성질이나 상태), 3 ☐☐ 관형사(특정한 대상), 4 ☐ 관형사(수량이나 순서)
부사	• '어떻게'를 나타내어 용언, 다른 부사, 문장 전체 등을 꾸며 주는 단어 • 5 ☐☐ 부사(문장의 한 부분), 6 ☐☐ 부사(문장 전체)

비문학

1문단	영화 속 시간을 조절하기 위한 7 ☐☐☐과 8 ☐☐☐ 기법
2문단	인터컷의 사용 예시
3문단	인터컷이 효과적인 이유
4문단	광학적 기법의 종류
5문단	광학적 기법의 종류인 와이프와 디졸브

문학 – 선상탄(박인로)

서사	통주사로 진동영에 부임하여 배에 올라 9 ☐☐☐를 바라봄
본사 1	배를 만든 10 ☐☐☐를 원망함
본사 2	왜적이 생기게 한 11 ☐☐☐과 서불을 원망함

문학 – 봄·봄(김유정)

'나'		장인
12 ☐☐의 집에서 일하며 하루빨리 13 ☐☐☐와 성례를 올리고 싶어 함.	⟷	'나'를 부려 먹기 위해 성례를 차일피일 미룸.

정답

1 수식언　2 성상　3 지시　4 수　5 성분　6 문장　7 인터컷　8 광학적　9 대마도　10 헌원씨　11 진시황　12 장인
13 점순이

187

16

Contents

16강

품사 (4) 관계언, 독립언

| 정답 및 해설 | 102쪽

＊격 조사의 종류

주격 조사	이/가
서술격 조사	이다
목적격 조사	을/를
보격 조사	이/가
관형격 조사	의
부사격 조사	에, 에서, 에게…
호격 조사	아/야

＊주격 조사와 보격 조사의 비교

주격 조사와 보격 조사는 모두 '이/가'의 형태를 가지고 있지만, 서술어 자리에 '되다/아니다'가 오는 경우 앞에 사용된 '이/가'는 보격조사임.
예 어른이 되다. → 보격 조사
예 어른이 됐다. → 주격 조사

＊조사와 의존 명사

조사	의존 명사
체언 뒤에 사용됨.	앞말의 수식을 받음.
체언에 붙여 씀.	앞말과 띄어 씀.

예 여기엔 사람이 셋뿐이다. → 조사
그저 참담할 뿐이다. → 의존 명사
법대로 합시다. → 조사
약속한 대로 해라. → 의존 명사

＊문장에서의 사용

내가 은주에게 연필과
주격 조사　부사격 조사　접속 조사
지우개를 주었다.
　　목적격 조사

＊감탄사로 혼동될 수 있는 것들

• 이름+호격 조사　예 수아야!
• 형용사의 활용
　예 벚꽃이 정말 아름답구나.
• 문장 첫머리의 제시어
　예 청춘, 인생의 젊은 나이.

---

1 관계언

① **개념**: 문장에 쓰인 단어들의 관계를 나타내는 기능을 하는 조사
② **특징**
 • 형태가 변하지 않음. (서술격 조사 '이다' 제외)
 • 주로 체언과 결합하지만, 보조사는 다른 단어 뒤에도 결합할 수 있음.
 • 홀로 쓰일 수 없음.

2 조사

① **개념**: 다른 단어들과의 문법적 관계를 나타내거나 특별한 뜻을 더해 주는 단어
② **종류**

격 조사	앞말이 일정한 자격을 갖게 하는 조사 → 주격 조사, 서술격 조사, 목적격 조사, 보격 조사, 관형격 조사, 부사격 조사, 호격 조사
보조사	앞말에 특별한 뜻을 더해 주는 조사 예 만(한정), 은/는(대조), 조차(또한), 부터(시작), 까지(마침), 도(역시)
접속 조사	단어와 단어, 문장과 문장을 같은 자격으로 이어 주는 조사 예 과/와, (이)랑, 하고

3 독립언

① **개념**: 다른 성분들과 문법적 관계를 맺지 않고 독립적으로 쓰이는 감탄사
② **특징**
 • 문장 내에서 독립적으로 사용됨.
 • 형태가 변하지 않고 조사와 결합하지 않음.
 • 쉼표나 느낌표 등을 통해 독립된 요소임을 표시함.
 • 단독으로 문장을 이룰 수 있으며, 생략해도 문장이 성립함.
 • 구어체에 많이 사용되며, 시대나 유행에 따라 만들어지거나 사라지기도 함.

4 감탄사

① **개념**: 화자의 놀람, 느낌, 부름, 대답 등을 나타내는 단어
② **종류**

놀람, 느낌	예 어머나, 아차, 아하, 아이쿠, 저런, 쳇
부름	예 어이, 이봐, 얘, 야, 여보세요
대답	예 그래, 네, 예, 응, 글쎄, 아니
무의미	예 아, 음, 뭐, 그, 저, 에

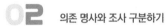 **중요 01** 조사 구분하기

보기 의 ⊙~ⓒ에 사용된 조사에 대한 설명으로 적절하지 <u>않은</u> 것은?

> **보기**
>
> ⊙ 우산의 색깔이 노랗다.
> ⓒ 철수는 학생이다.
> ⓒ 은지와 지수는 야구와 축구를 좋아한다.

① ⊙의 '우산의'의 '의'는 관형격 조사에 해당한다.
② ⊙의 '색깔이'의 '이'는 주격 조사에 해당한다.
③ ⓒ의 '철수는'의 '는'은 주격 조사에 해당한다.
④ ⓒ의 '학생이다'의 '이다'는 서술격 조사에 해당한다.
⑤ ⓒ에는 접속 조사가 두 번 사용되고 있다.

02 의존 명사와 조사 구분하기

다음 중 품사가 <u>다른</u> 것은?

① 가진 것은 이것뿐이다.
② 나는 나대로 살고 싶다.
③ 하나만 알고 둘을 모른다.
④ 우주만큼 키가 큰 사람은 없다.
⑤ 노력한 만큼 대가를 얻을 수 있다.

중요 03 감탄사 구분하기

보기 에서 설명하고 있는 품사가 사용되지 <u>않은</u> 문장은?

> **보기**
>
> 이 품사는 문장 내에서 독립적으로 사용되며 쉼표나 느낌표 등을 사용하여 독립된 요소임을 표현한다. 이 품사는 형태가 변하지 않고 고정되어 있으며, 조사와 결합하지 않는다. 단독으로 문장을 이룰 수 있고, 생략해도 문장이 성립한다.

① 소라야, 무슨 일 있었어?
② 어머나! 너가 민지 친구 영지니?
③ 여보세요, 거기 윤주네 집 맞나요?
④ 아차! 준비물을 챙기는 걸 깜박했다.
⑤ 그래, 알겠어. 오늘 안으로 연락해 줘.

서답형 04 조사 파악하기

보기 의 문장에서 사용된 조사 세 개를 찾아 쓰시오.

> **보기**
>
> 부모님은 언제나 나의 자랑이다.

문제풀이

갈래	설명문
주제	행동 편향과 부작위 편향
해제	이 글은 행동 편향과 부작위 편향을 설명하고 있다. 바엘리의 연구에 따르면, 골키퍼들은 한 방향으로 몸을 날릴 때보다 가운데에 그대로 서 있을 때 수비에 성공할 확률이 더 높았지만, 실제로는 한 방향으로 몸을 날리는 골키퍼가 더 많았다. 이는 '무언가를 하는 것'이 '아무것도 하지 않는 것'보다 낫다고 믿는 '행동 편향' 때문이다. 이와 반대되는 개념으로는 '부작위 편향'이 있는데, 이는 '아무것도 하지 않는 것'이 '무언가를 하는 것'보다 낫다고 믿는 경향이다.

＊문단 중심 내용

1문단	마이클 바엘리의 연구
2문단	행동 편향의 개념
3문단	행동 편향이 나타나는 원인
4문단	부작위 편향의 개념

※ 다음 글을 읽고 물음에 답하시오.

이스라엘의 스포츠 심리학자 마이클 바엘리는 월드컵, 유럽컵, 챔피언스 리그 등 3대 축구 경기에서의 페널티킥 286개를 조사했다. 바엘리는 선수가 선택한 방향, 골키퍼의 대응, 골의 성공 여부를 분석했다. 먼저, 선수가 공을 날리는 방향은 오른쪽, 왼쪽, 가운데 세 방향이 비슷하게 각각 1/3의 비율이었다. 하지만 가운데에 그대로 서서 공을 막는 골키퍼는 극히 드물었다. 골키퍼들은 키커가 공을 차기 전에 어느 쪽으로 공을 날릴지 예상하고 몸을 움직여 오른쪽이나 왼쪽으로 몸을 날렸다. 그런데 방향을 맞혔다고 하더라도 공을 막은 것은 25퍼센트에 불과했다. 가운데에 그대로 서서 공을 막은 골키퍼는 몇 안 되지만, 수비 확률은 60퍼센트였다. 이 연구 결과에 따르면 가운데에 그대로 서 있는 것이 오히려 합리적이다.

이 통계 수치를 잘 알고 있으면서도 골대 중앙에 그대로 서서 공을 막으려는 골키퍼는 거의 없다. 1/2은 왼쪽으로 몸을 날리고, 1/2은 오른쪽으로 몸을 날린다. 골대 중앙에 가만히 서 있다가 공이 왼쪽이나 오른쪽으로 스쳐 지나가는 것을 보는 것보다 틀린 방향으로라도 몸을 날리는 것이 덜 괴롭기 때문이다. 이처럼 '무언가를 하는 것'이 '아무것도 하지 않는 것'보다 낫다고 믿는 인간의 성향이 바로 '행동 편향'이다.

우리는 결단력 있게 행동하는 사람에게 찬사를 보낸다. 반대로 행동하지 않고 가만히 있다가 좋은 결과를 가져온 경우에는 별로 인정해 주지 않는다. 사람들은 우선 행동하는 것이 생존에 도움이 되었던 원시 시대에 만들어진 습관 때문에 행동하는 쪽을 더 선호하기 때문이다.

행동 편향과 반대로 ⓐ'부작위 편향'은 '아무것도 하지 않는 것'이 '무언가를 하는 것'보다 낫다고 믿는 성향을 말한다. 행동했을 때보다 행동하지 않았을 때의 책임이 작다고 보는 것이다. 그래서 부작위 편향이 작동하면 인간은 해야 할 일을 하지 않게 된다. 가령, 교통사고로 다친 사람이 길에 누워 있어도 나서지 않는 것은, 괜히 나섰다가 사정이 더 나빠져 자기에게 책임이 돌아오지 않을까 겁나기 때문이다. 신약을 개발하지 않았다고 제약 회사를 원망하지는 않지만, 신약을 썼다가 부작용이 생기면 제약 회사를 원망한다. 그러나 부작용이 무서워 제약 회사가 신약을 개발하지 않는다면, 인류의 건강 측면에서 더 큰 손해이다. 부작위 편향은 행동 편향에 비해 잘 보이지 않는다. 행동하지 않는 것은 행동하는 것보다 눈에 덜 띄기 때문이다.

01 내용 전개 방식 파악하기

윗글에 대한 설명으로 적절하지 않은 것은?

① 행동 편향이 나타나게 된 원인을 드러내어 설명하고 있다.
② 행동 편향과 부작위 편향의 뜻을 풀이하여 설명하고 있다.
③ 부작위 편향에 대한 사례를 들어 구체적으로 설명하고 있다.
④ 행동 편향과 부작위 편향을 통계 수치를 들어 설명하고 있다.
⑤ 행동 편향에 대한 전문가의 연구 내용을 인용하여 개념을 설명하고 있다.

02 세부 내용 파악하기

윗글에 대한 이해로 적절하지 않은 것은?

① 원시 시대에는 행동 편향이 생존에 도움이 되었겠군.
② 부작위 편향이 나타나는 것은 책임을 피하고 싶은 심리 때문이라 할 수 있겠군.
③ 마이클 바엘리의 연구에 따르면 가운데 그대로 서서 공을 막는 것이 가장 수비를 잘 하는 것이겠군.
④ 부작위 편향은 행동 편향보다 눈에 잘 띄지 않기 때문에 제약 회사가 신약을 개발하려 하는 것이군.
⑤ 페널티킥의 상황에서 골키퍼가 틀린 방향으로라도 몸을 날리는 것은 '무언가를 하는 것'에 해당하는군.

중요 03 구체적 사례에 적용하기

ⓐ에 해당하는 예시로만 묶은 것은?

> ㉠ 세무서에 수입을 신고하지 않는 것은 세금 서류를 위조하는 것보다 덜 불법적인 일로 느껴진다.
> ㉡ 결과물에는 차이가 없지만, 팀장이 바뀔 때마다 새 팀장들은 기존에 일하던 방식을 새로운 방식으로 바꾼다.
> ㉢ 어떤 의사가 병명이 불분명한 환자를 진찰하고 있었다. 의사는 환자에게 약을 처방할지 말지를 고민하다 약을 처방해 주었다.
> ㉣ 투자가들과 경제 애널리스트들은 새로 개발한 잘못된 상품을 판매하는 것보다는 새로운 상품을 개발하지 않는 것이 이익이라고 여긴다.
> ㉤ 백신을 불신하는 부모들은 아이에게 예방주사를 맞혔다가 병에 걸리는 것보다는 예방주사를 거부해 병에 걸리는 것이 낫다고 생각한다.

① ㉠, ㉡, ㉢   ② ㉠, ㉢, ㉣   ③ ㉠, ㉣, ㉤   ④ ㉡, ㉢, ㉤   ⑤ ㉢, ㉣, ㉤

서답형 04 인과 관계 파악하기

빈칸에 들어갈 말로 적절한 것을 골라 쓰시오.

> 부작위 편향이 나타나는 이유는, 행동했을 때보다 행동하지 않았을 때의 책임이 더 (크다 / 작다)고 보기 때문이다.

문제풀이

16강

봄 길 _ 정호승

| 정답 및 해설 | 104쪽

갈래	자유시, 서정시
성격	긍정적, 희망적, 의지적, 역설적
주제	절망을 이겨 내고 사랑과 희망을 품는 자세
특징	① 유사한 시구의 반복으로 운율을 형성함. ② 추상적인 관념을 구체적인 이미지로 형상화함. ③ 대조적인 상황을 제시하여 희망의 의미를 강조함.
해제	이 작품은 절망적인 상황에서도 스스로 희망과 사랑을 찾기 위해 노력하는 사람의 모습을 통해 올바른 삶의 태도를 생각해 볼 수 있는 작품이다. 소외되어 힘겹게 살아가는 사람들에 대한 애정을 드러내면서 더불어 살아가는 사회를 소망하고 있다.

※ 다음 글을 읽고 물음에 답하시오.

[A] 길이 끝나는 곳에서도
길이 있다
㉠ 길이 끝나는 곳에서도
길이 되는 사람이 있다
스스로 봄 길이 되어
끝없이 걸어가는 사람이 있다
㉡ 강물은 흐르다가 멈추고
새들은 날아가 돌아오지 않고
㉢ 하늘과 땅 사이의 모든 꽃잎은 흩어져도
보라
㉣ 사랑이 끝난 곳에서도
사랑으로 남아 있는 사람이 있다
스스로 사랑이 되어
㉤ 한없이 봄 길을 걸어가는 사람이 있다

- 정호승, 〈봄 길〉 -

나는 이제 너에게도 슬픔을 주겠다.
사랑보다 소중한 슬픔을 주겠다.
겨울밤 거리에서 귤 몇 개 놓고
살아온 추위와 떨고 있는 할머니에게
귤값을 깎으면서 기뻐하던 너를 위하여
나는 슬픔의 평등한 얼굴을 보여 주겠다.
내가 어둠 속에서 너를 부를 때
단 한 번도 평등하게 웃어 주질 않은
가마니에 덮인 동사자가 다시 얼어 죽을 때
가마니 한 장조차 덮어 주지 않은
무관심한 너의 사랑을 위해
흘릴 줄 모르는 너의 눈물을 위해
나는 이제 너에게도 기다림을 주겠다.
이 세상에 내리던 함박눈을 멈추겠다.
보리밭에 내리던 봄눈들을 데리고
추워 떠는 사람들의 슬픔에게 다녀와서
눈 그친 눈길을 너와 함께 걷겠다.
슬픔의 힘에 대한 이야기를 하며
기다림의 슬픔까지 걸어가겠다.

- 정호승, 〈슬픔이 기쁨에게〉 -

01 표현상의 특징 파악하기

윗글에 대한 내용으로 적절하지 <u>않은</u> 것은?

① 자연물을 이용하여 시적 상황을 제시하고 있다.

② 대조적인 상황을 제시하여 의미를 강조하고 있다.

③ 비슷한 문장 구조를 반복하여 운율을 형성하고 있다.

④ 명령형 어미를 활용하여 화자의 정서를 표현하고 있다.

⑤ 단정적인 어조를 사용하여 화자의 태도를 드러내고 있다.

* 관념(觀念): 현실에 의하지 않는 추상적이고 공상적인 생각.

02 시구의 의미 이해하기

㉠~㉤ 중 의미가 나머지와 <u>다른</u> 하나는?

① ㉠   ② ㉡   ③ ㉢   ④ ㉣   ⑤ ㉤

중요 **03** 표현상의 특징 파악하기

보기 **를 참고했을 때, [A]와 동일한 표현법이 쓰인 것은?**

보기

　　역설법은 표면적으로는 모순되거나 부조리한 것 같지만, 그 너머에서 진실을 드러내고 있는 수사법이다. 즉, 언어 표현 그 자체에서 서로 논리적으로 모순된 진술을 보인다.

① 내 마음은 호수요 / 그대 노 저어 오오

- 김동명, 〈내 마음은〉

② 지금은 남의 땅 — 빼앗긴 들에도 봄은 오는가?

- 이상화, 〈빼앗긴 들에도 봄은 오는가〉

③ 두 볼에 흐르는 빛이 / 정작으로 고와서 서러워라

- 조지훈, 〈승무〉

④ 산에는 꽃 피네 / 꽃이 피네 / 갈 봄 여름 없이 / 꽃이 피네

- 김소월, 〈산유화〉

* 부조리하다(不條理하다): 이치에 맞지 아니하거나 도리에 어긋나다.

⑤ 풀은 눕고 / 드디어 울었다 / 날이 흐려서 더 울다가 / 다시 누웠다

- 김수영, 〈풀〉

서답형 **04** 시어의 의미 이해하기

윗글에서 '사랑과 희망에 대한 믿음'을 의미하는 시어를 찾아 2어절로 쓰시오.

문제풀이

| 정답 및 해설 | 105쪽

※ 다음 글을 읽고 물음에 답하시오.

빈둥거리다 만난 보물

나는 학교 다닐 때조차 집에 돌아오면 한두 시간 정도는 아무것도 안 하고 빈둥거리기가 예사였다. 학원은커녕 놀 거리가 떨어져서 막간*을 이용해 쉬는 거였다. 요즘 아이들에겐 다른 세상 이야기일 것이다. 그런데 빈둥거리는 것 역시 필요하고 좋다는 게 내 생각이다. 공부하다 휴식 시간이 되면 게임기를 붙들고 사는 아이들, 이 아이들에게는 상상력이 자라날 공간이 부족하다. 아무것도 하지 않고 시간 보내기를 못 하는 요즘 아이들을 보면 매우 안타깝다. 아무것도 하지 않는 시간에 우리 영혼과 가슴은 새로운 것을 받아들이고 만들어 낼 ㉠ 밭을 일구는* 것인데 말이다.

(중략)

우연히 백과사전을 펼쳐 본 나는 그때부터 틈만 나면 그 책을 끼고 살았다. 어느 쪽을 펼쳐도 읽을거리가 그득했다. 몰랐던 사실을 알게 되는 재미가 생각지도 못한 즐거움을 선사했고*, 총천연색* 사진까지 실려 있어 더욱 흥미진진했다. 내가 자주 본 분야는 동물에 대한 것이었는데 사진을 통해 처음 본 신기한 동물들이 나의 호기심을 마구 자극했다.

백과사전의 장점은 처음부터 차근차근 읽을 필요 없이 아무 쪽이나 펼쳐도 재미있게 읽을 수 있다는 것이다. 그날그날 마음 내키는 대로 펼친 쪽을 읽다 보면 마당 가득 ㉡ 노을빛이 물들곤 했다. 그 백과사전이 거의 너덜너덜해지도록 읽었던 것 같다. 그러다가 백과사전을 밀치고 나를 사로잡은 책이 등장했다. 바로 세계 동화 전집*이었다.

새로운 세계를 열어 준 책

세계 동화 전집은 어머니가 아는 분에게 사신 책인데, 우리 집 책꽂이에 꽂힌 그날부터 나를 사로잡고 말았다. 자연 속에서 맘껏 뛰어놀고 싶어 방학만 기다렸던 내게 ㉢ 새로운 세계가 열린 셈이었다.

전부 열두 권인 그 전집이 그때부터 나의 가장 친한 친구가 되었다. 동화를 읽는 동안 나는 세계 여러 나라를 여행하면서 그 나라 아이들을 사귀었다. 그리고 내 머릿속에는 그 이야기들의 뒷이야기가 만들어지곤 했다.

그중에서 내가 가장 좋아하여 수없이 반복해서 읽은 이야기는 1권과 2권이었는데, 그 책들이 왜 그렇게 좋았는지는 지금도 정확히 설명할 수가 없다. 1권은 엑토르 말로의 〈집 없는 천사〉였고 2권이 에드몬도 데아미치스의 〈사랑의 학교〉였다. 몇 해 전 누군가가, 어렸을 때 가장 감명 깊게 읽은 동화가 무엇이냐고 물은 적이 있는데 이 두 권 중에서 고민하다 결국 〈사랑의 학교〉라고 답했다. 그러곤 내친김*에 서점에 들러 〈사랑의 학교〉를 사서 다시 읽었다. 읽는 내내 몇 번이나 눈시울을 붉혔고 끝내는 혼자 소리 내어 흐느끼고 말았다.

이 책은 엔리코라는 주인공이 학교생활에서 일어나는 여러 가지 사건을 관찰한 일기 형식의 글이다. 친구와의 우정, 선생님과 학생들 간의 두터운 정, 부모님의 깊은 사랑, 어려움을 극복해 내는 의지, 바른 것을 지향하는 정의로운 마음 등이 이 책에 모두 들어 있다.

㉠ 이후 내가 나이를 먹고 살아가면서 나름대로 만들어 온 원칙*이나 삶을 대하는 자세도 은연중* 〈사랑의 학교〉에서 영향을 받았음을 알게 되었다. 그 이야기들 속에 어떻게 다른 사람을 사랑하고 정의와 진실을 지켜 나가는지가 들어 있기 때문이리라.

우정, 사랑, 정의 등의 주제를 주입식이 아니라 감동하면서 깨닫게 해 주는 〈사랑의 학교〉는 어른들에게도 다시 한번 읽어 보라고 권하고 싶다. 어렸을 때는 그 이야기를 무척 좋아하면서도 울었던 것 같지는 않은데, 나의 역할과 위치가 달라져서 색다른 감동을 느끼게 되었나 보다. 좋은 책은 언제 읽어도 그때그때 새로운 감동을 주는 것이며, 그 사람의 인생에 지대한 영향을 미친다는 것을 다시금 실감했다.

이 세계 동화 전집은 중학교에 진학하여 새로운 소설을 접하기 전까지 나의 세계였다. 수없이 읽고 또 읽었다. 그 이야기들의 주인공이 되어 많은 경험을 하면서 ㉢ 생각 주머니를 키워 갔다. 세계 동화 전집을 만나기 전의 나와 만난 후의 나는 달라졌다. 간단히 말하면 그전까지 없었던 사유*의 세계가 만들어지고, 상상력의 범위가 넓어졌다고 할까?

동화 전집을 읽기 전에는 집에서든 시골에 가서든 밤늦게까지 무조건 뛰어놀기만 했다. 특히 시골에 가면 고삐 풀린 망아지처럼 안 다니는 곳이 없을 정도로 천방지축* 쏘다니며 놀았다. 벌레도 잡고 물고기도 잡으며 눈만 뜨면 싸돌아다니느라 방학이 끝나면 온통 새까맣게 타 있곤 했다. 생각하기보다는 마냥 몸으로 논 것이다.

그런데 세계 동화 전집을 읽고 난 후에는 세상과 자연을 대하는 태도부터 달라졌고, 당연히 행동에도 변화가 생겼다. 학교생활을 할 때는 물론이고, 뛰놀 곳 천지인 시골에서도 혼자 가만히 있는 시간을 스스로 만들기 시작했다. 산을 올라가 무덤 앞에 앉아 한참 생각에 잠기기도 하고, 작은 공책을 들고 가서 무언가를 쓰기도 했다. 소 풀을 먹이러 나가서도 소는 대충 묶어 놓고 냇가에 앉아 냇물이 흘러가는 모습을 물끄러미 바라보곤 했다.

이 모든 게 어머니가 사 주신 세계 동화 전집의 영향이었다. 초등학교 고학년이 되면 모두 성장의 시기를 겪게 마련인데, 나는 동화 덕분에 다른 아이들보다 성숙해지면서 나만의 ㉣ 특별한 색깔을 만들어 간 것 같다. 또래들보다 생각의 폭이 넓어지고 깊이가 깊어진 것도, 창의적으로 사고할 수 있는 밑바탕과 시인을 꿈꾸는 감성이 만들어진 것도 그 책들 덕분이었다.

– 최재천, 〈과학자의 서재〉 –

* 내용 구성

본문 1	백과사전을 읽은 경험
본문 2	세계 동화 전집을 읽은 경험
본문 3	노벨 문학상 전집을 읽은 경험
본문 4	〈모닥불과 개미〉를 읽은 경험

✔ 한방에! 어휘풀이

* 막간(幕間): 어떤 일의 한 단락이 끝나고 다음 단락이 시작될 동안.
* 일구다: 논밭을 만들기 위하여 땅을 파서 일으키다.
* 선사하다(膳賜하다): 존경, 친근, 애정의 뜻을 나타내기 위하여 남에게 선물을 주다.
* 총천연색(總天然色): 완전히 자연 그대로의 색.
* 전집(全集): 한 사람 또는 같은 시대나 같은 종류의 작품을 한데 모아 한 질로 출판한 책.
* 내친김: 이왕 일이나 이야기 따위를 시작한 때.
* 원칙(原則): 어떤 행동이나 이론 따위에서 일관되게 지켜야 하는 기본적인 규칙이나 법칙.
* 은연중(隱然中): 남이 모르는 가운데.
* 사유(思惟): 대상을 두루 생각하는 일.
* 천방지축(天方地軸): 너무 급하여 허둥지둥 함부로 날뛰는 모양.

윗글의 '나'의 입장으로 가장 적절한 것은?

① 동화를 많이 읽으면 사고방식이 유치해진다.

② 좋은 책은 한 사람의 인생에 큰 영향을 미친다.

③ 아무것도 하지 않고 빈둥거리는 것은 시간 낭비이다.

④ 백과사전을 읽을 때는 첫 항목부터 차례로 읽어야 한다.

⑤ 어렸을 때 읽고 울지 않은 책은 커서 읽어도 감동을 주지 않는다.

02 소재의 의미 파악하기

㉠~㉤에 대한 의미로 적절하지 않은 것은?

① ㉠: 새로운 지식과 감상을 받아들이고 만들어 낼 마음의 공간을 의미한다.

② ㉡: 책을 읽을 때 마음속에 생겨나는 정서적 변화를 의미한다.

③ ㉢: 자연 속에서 뛰놀기보다 책을 읽는 것에 재미를 붙이게 된 것을 의미한다.

④ ㉣: 사유의 세계와 넓어진 상상력의 범위를 의미한다.

⑤ ㉤: 또래들보다 성숙하고 창의적으로 생각할 수 있는 능력을 의미한다.

중요 03 외적 준거를 바탕으로 작품 이해하기

보기를 참고했을 때, ⓐ~ⓓ 중 ㉮에 사용된 관점으로 가장 적절한 것은?

보기

문학을 감상하는 관점에는 크게 네 가지가 있다. ⓐ 내재적 관점은 작품을 이해하는 데 필요한 것은 모두 작품 안에 존재한다고 보며, 오로지 작품 자체에만 관심을 집중하여 감상하는 것이다. ⓑ 표현론적 관점은 작가와 관련된 요소, 예를 들면 작가의 성장 배경, 종교, 체험 등이 작품 속에 어떻게 나타나는지 살펴보는 것이다. ⓒ 효용론적 관점은 독자가 작품에서 어떤 감동을 얻을 수 있는지, 작품의 어떤 면에서 영향을 받을 수 있는지를 중점으로 감상하는 것이다. ⓓ 반영론적 관점은 작품이 현실 세계의 반영이라고 보고, 작품이 현실 세계를 어떻게 반영하고 있는지 파악하여 감상하는 것이다.

① ⓐ   ② ⓑ   ③ ⓒ   ④ ⓐ, ⓓ   ⑤ ⓑ, ⓓ

서답형 04 세부 내용 파악하기

빈칸에 공통으로 들어갈 말을 찾아 2어절로 쓰시오.

'나'는 (   )을/를 읽기 전에는 시골에 가면 천방지축 쏘다니며 몸으로 놀았지만, (   )을/를 읽은 후에는 혼자 가만히 있는 시간을 스스로 만들기 시작했다.

문제풀이

복습하기

문법

1 ☐☐☐	문장에 쓰인 단어들의 관계를 나타내는 기능을 하는 조사
조사	• 다른 단어들과의 문법적 관계를 나타내거나 특별한 뜻을 더해 주는 단어 • 2 ☐ 조사(앞말에 일정한 자격 부여), 3 ☐☐☐ (앞말에 특별한 뜻 추가), 4 ☐☐ 조사(단어와 단어, 문장과 문장 연결)
5 ☐☐☐	다른 성분들과 문법적 관계를 맺지 않고 독립적으로 쓰이는 감탄사

비문학

1문단	마이클 바엘리의 연구
2문단	6 ☐☐ 편향의 개념
3문단	6 ☐☐ 편향이 나타나는 원인
4문단	7 ☐☐☐ 편향의 개념

문학 – 봄 길(정호승)

1~6행	8 ☐☐☐ 인 상황에서도 포기하지 않는 사람이 있음
7~9행	절망적인 상황이 됨
10~14행	절망적인 상황에서도 9 ☐☐ 을 만들어 내는 사람이 있음

문학 – 과학자의 서재(최재천)

본문 1	10 ☐☐☐☐ 을 읽은 경험
본문 2	세계 11 ☐☐ 전집을 읽은 경험

정답	1 관계언　2 격　3 보조사　4 접속　5 독립언　6 행동　7 부작위　8 절망적　9 희망　10 백과사전　11 동화

한수

17

Contents

17강

화법
토론하기

✓ 한방에! 핵심정리

갈래	토론
논제	동물원을 폐지해야 한다.

찬성 1 (입론)
• 동물원은 동물을 제대로 보호하지 못함.
• 동물원은 교육적인 기능을 하지 못함.

↓

반대 1 (입론)
• 동물원은 동물을 보호하고 멸종 위기종을 보존함.
• 동물원은 교육적인 기능을 담당함.

↓

반대 2 (반론)
• 동물원은 야생의 위험으로부터 동물을 보호함.
• 많은 동물원이 동물의 스트레스를 줄이기 위해 노력함.
• 동물원은 멸종 위기종을 보호하고 복원하고 있음.

※ 다음 글을 읽고 물음에 답하시오.

사회자: 지금부터 '동물원을 폐지해야 한다.'라는 논제로 교내 토론 대회를 시작하겠습니다. 동물원은 '동물 보호와 연구를 진행하고 관람객에게 동물 관련 지식과 오락을 제공하려는 목적으로 동물을 모아 기르는 곳'입니다. 그런데 최근 동물원을 둘러싼 사회적 논란이 커지고 있습니다. 이와 관련하여 동물원 폐지에 찬성하는 측과 반대하는 측 토론자가 '입론-반론-최종 발언'의 순서로 토론한 뒤 배심원들이 판정하도록 하겠습니다. 먼저 찬성 측 토론자께서 입론해 주십시오.

찬성 1: 저희는 '동물원을 폐지해야 한다.'에 찬성합니다. 그 첫 번째 이유는 동물원이 동물을 제대로 보호하지 못하기 때문입니다. 사진에서 보시는 것처럼 동물원의 많은 동물이 좁은 사육장에 갇혀 살면서 관람객의 시선과 소음에 시달리고 있습니다. 이 때문에 동물들이 극심한 스트레스를 받아 이상 행동을 보이며 심지어 죽기도 합니다. 동물원을 폐지해야 하는 두 번째 이유는 동물원이 교육적인 기능을 하지 못하기 때문입니다. 관람객은 동물을 전시와 오락의 대상으로 여기고 동물의 생명과 생태를 존중하지 않는 그릇된 인식을 지니게 될 수 있습니다. 이와 같이 동물을 제대로 보호하지 못하고 교육적이지도 않은 동물원은 폐지해야 합니다.

사회자: 네, 잘 들었습니다. 이어서 반대 측 토론자께서 입론해 주십시오.

반대 1: 저희는 '동물원을 폐지해야 한다.'에 반대합니다. 먼저 동물원은 야생의 다양한 위험으로부터 동물들을 보호하고 멸종 위기종을 보존하는 역할을 하고 있습니다. 동물원의 동물들은 먹이를 안정적으로 제공받고 건강 상태도 수시로 점검받습니다. 그리고 최근에는 이 사진처럼 실제 서식지와 유사하게 환경을 조성하고 야생의 습성을 고려한 사육 시설을 마련해 동물의 스트레스를 줄이려고 노력하는 동물원이 늘고 있습니다. 다음으로 동물원이 담당하는 교육적인 기능도 중요합니다. 동물원을 방문하는 관람객은 동물을 직접 보면서 동물의 생태나 습성을 자세히 알 수 있습니다. 또한 다양한 동물을 접하면서 생물 다양성을 인식하고 생명 존중 의식을 기를 수 있습니다. 그리고 많은 사람이 동물을 보면서 어린 시절의 추억을 떠올리기도 합니다. 따라서

[A]

사회자: 양측의 입론을 잘 들었습니다. 지금부터 2분간 반론 준비 시간을 드리겠습니다. (2분 뒤) 이제 반박과 재반박의 순서로 양측의 반론을 듣겠습니다. 먼저 반대 측에서 찬성 측 입론의 내용을 반박해 주십시오.

반대 2: 찬성 측에서는 동물들이 극심한 스트레스를 받는다는 이유를 들어 동물원이 동물을 제대로 보호하지 못한다고 했습니다. 그러나 야생의 동물들도 위험한 상황에 노출될 수 있고 불행하게 죽는 일도 많습니다. 동물원은 오히려 이런 야생의 위험으로부터 동물을 안전하게 보호하고 있습니다. 또 입론에서 말씀드린 것처럼 많은 동물원이 동물의 스트레스를 줄이려고 노력하고 있습니다. 예를 들어 2018년에 한 동물원은 곰이 생활하던 기존의 공간을 열 배 이상 넓히고, 곰의 생태 특성에 맞는 다양한 시설을 마련했습니다. 이뿐만 아니라 동물원은 반달가슴곰이나 삵 등 멸종 위기종을 보호하고 성공적으로 복원하고 있습니다. 이렇게 동물을 보호하려는 동물원의 노력을 보더라도 동물원을 폐지해야 한다는 찬성 측의 주장은 옳지 않습니다.

01 사회자의 역할 파악하기

윗글에 나타난 사회자의 말하기 방식으로 적절하지 않은 것은?

① 토론의 진행 순서를 안내하고 있다. ② 토론 참여자의 태도를 지적하고 있다.

③ 논제가 제기된 배경을 설명하고 있다. ④ 양측에 번갈아 가며 발언권을 주고 있다.

⑤ 논제와 관련된 주요 개념을 정의하고 있다.

02 토론 내용 이해하기

위 토론의 입론에 대한 이해로 적절하지 않은 것은?

① '찬성 1'과 '반대 1'은 모두 사진 자료를 통해 주장을 뒷받침하고 있다.

② '찬성 1'은 부정적 결과를 가정하며 동물원 폐지를 주장하고 있다.

③ '찬성 1'은 쟁점을 두 가지로 나누어 설정하고 각각의 근거를 들고 있다.

④ '반대 1'은 쟁점과 관련이 없는 내용을 근거로 제시하고 있다.

⑤ '반대 1'은 통계 결과를 제시하여 동물원의 필요성을 강조하고 있다.

중요 03 토론에서 자료, 매체 활용하기

보기는 찬성 측에서 반대 측의 반박에 재반박하기 위해 찾은 자료이다. ㉮~㉰의 활용 방안으로 적절하지 않은 것은?

보기

㉮ 신문 기사

2015년 대전오월드에서 죽은 한국호랑이(멸종위기 1종)의 배 속에선 신발 한 짝이 나왔다. 관람객이 장난삼아 던진 신발을 먹고 변을 당했다. 서울동물원에서 죽은 물범의 배 속에선 120개가 넘는 동전이 나왔고, 악어의 위에선 페트병이 발견됐다.

– 〈○○사이언스〉 2017. 04. 28

㉯ 통계 자료

다음은 전국 동물원 71.3%의 17개 복지 문항 조사 결과의 일부이다.

70	관람객의 눈을 피할 공간이 없다.
68	모든 개체가 쉬기엔 쉼터가 부족하다.
59	습성에 맞는 바닥과 구조물이 없다.
54	동물에게 맞는 먹이를 주지 않는다.

출처: 어린이과학◇◇(2021)

㉰ 전문가 인터뷰

"돌고래는 사실 야생에서 수십 마리에서 만 마리까지 무리를 지어서 굉장히 빠른 속도로 하루에 천 킬로미터가 넘게 시간을 보내는 동물입니다. 이런 돌고래가 깊이 3미터의 수족관에서 사육이 된다고 생각을 해보세요. 그러면 정신적 스트레스 때문에 반복적 행동이나 폭력성이라든지…… 국내에서도 돌고래가 머리를 수족관에서 박는 행동을 관찰을 한 바가 있거든요. 이런 병 때문에 치사율도 야생 돌고래보다 두 배 가까이 되고 생명도 짧습니다."

① ㉮를 활용하여 동물원의 동물이 인간으로부터 위협받고 있다는 반론을 제시한다.

② ㉯를 활용하여 동물에게 적합한 시설을 제공하지 않는 동물원이 많다는 근거를 제시한다.

③ ㉰를 활용하여 동물원의 동물이 극심한 스트레스를 받는다는 주장을 강화한다.

④ ㉮, ㉯를 활용하여 동물원이 멸종 위기종을 제대로 보호하지 못한다는 주장을 내세운다.

⑤ ㉯, ㉰를 활용하여 동물원이 조성하는 환경이 실제 서식지에 미치지 못한다는 근거를 제시한다.

서답형 04 토론 내용 생성하기

다음은 [A]에 들어갈 말이다. ㉠, ㉡에 들어갈 말로 적절한 것을 차례대로 쓰시오.

동물을 안전하게 (㉠)하고 (㉡)인 효과가 있는 동물원을 폐지해서는 안 됩니다.

✔ 한방에! 개념정리

✔ 한방에! 핵심정리

갈래	설명문
주제	광고의 종류와 전략, 주의점
해제	이 글은 광고의 종류와 전략, 주의점을 설명하고 있다. 광고는 목적에 따라 상업 광고, 기업 광고, 공익 광고로 분류될 수 있다. 광고에는 다양한 전략이 사용되는데, 광고 대행사는 소비자를 분석하여 제품의 특징이 잘 드러나는 전략을 사용한다. 그러나 상업 광고나 기업 광고를 볼 때는 비판적으로 보아야 하는데, 이는 광고가 불필요한 소비를 촉진하고 우리에게 왜곡된 가치관과 고정 관념을 심어 줄 수 있기 때문이다.

▸ 문단 중심 내용

1문단	광고의 어원과 종류
2문단	광고의 전략
3문단	광고의 제작 방식
4문단	광고를 볼 때의 주의점 ①
5문단	광고를 볼 때의 주의점 ②

※ 다음 글을 읽고 물음에 답하시오.

우리는 하루에도 수백 개가 넘는 광고와 만난다. 신문, 잡지, 건물의 벽면이나 간판, 택시, 버스 등에서도 광고를 볼 수 있다. 또한 라디오나 텔레비전에서는 시간대별로 다양한 광고가 나오고, 인터넷 사이트에는 수많은 배너 광고가 뜬다. 한자어인 '광고(廣告)'는 '널리 알리다'라는 뜻이다. 광고의 영문인 'advertising'은 '돌아보게 하다, 주의를 돌리다'라는 의미의 라틴어 'adverter'에서 유래했다고 한다. 구체적인 목적에 따라 광고를 분류하면, 특정 상품을 판매하기 위해 만들어지는 '상업 광고', 기업의 역사 및 업적을 알려 사람들이 그 기업에 좋은 인상을 갖게 하기 위한 '기업 광고', 그리고 에너지 절약이나 바른 언어생활 등 공공의 이익에 부합하도록 대중을 설득하기 위한 '공익 광고'가 있다.

광고를 만들 때에는 소비자의 관심을 끌기 위해 다양한 전략*을 사용한다. 전문가의 의견을 제시해 신뢰감을 주거나, 우스운 행동이나 상황을 연출해 친근감을 주기도 한다. 또 같거나 비슷한 음을 반복해 기억에 남도록 하는 등 사람들의 눈길을 끌기 위해 광고는 점점 새로워지고 있다.

일반적으로 광고를 내려고 하는 사람이나 기업, 브랜드는 전문적으로 광고를 만드는 회사에 광고 제작을 의뢰한다*. 이때 광고 제작을 의뢰한 회사를 '광고주', 광고 제작과 관련된 전반적인 일을 하는 곳을 '광고 대행사'라고 한다. 광고 대행사에서는 제품을 주로 사용하는 사람들이 어떤 사람들인지, 그들이 어떤 매체를 주로 이용하는지 등을 분석한 뒤 제품의 특징이 잘 드러나도록 전략을 짠다. 예를 들어, 치킨은 주요 소비 계층인 청소년의 취향을 고려해 이들이 좋아하는 아이돌 그룹이나 배우를 모델로 내세운다.

상업 광고나 기업 광고를 볼 때는 소비자의 입장에서 메시지에만 주목하기보다는 그 안에 담긴 의도 또한 비판적으로 살펴보아야 한다. 그 이유는 첫째, 광고가 불필요한 소비를 촉진하기* 때문이다. 이를 위해 광고는 우리 마음속 깊은 곳에 자리 잡은 욕망을 자극하면서 진실이 아닌 정보를 그대로 믿도록 만든다. 때로는 제품의 효과를 과장하기도 해 사람들은 불필요한 것을 구입하게 된다.

둘째, 광고는 우리에게 왜곡된* 가치관과 고정 관념을 심어 줄 가능성이 있다. 예를 들어, 몇몇 광고에서는 비싼 집과 자동차를 친구에게 과시하는 것이 행복이며, 여성은 반드시 아름다워야 하고, 대기업은 언제나 사회 발전을 위해 노력하고 있다고 말한다. 그밖에도 이기주의나 남녀 차별 등을 당연한 것으로 표현하는 경우도 있으므로 광고를 볼 때는 그 안에 담긴 왜곡된 가치관을 가려낼 수 있어야 한다.

✔ 한방에! 어휘풀이

＊전략(戰略): 정치, 경제 따위의 사회적 활동을 하는 데 필요한 책략.

＊의뢰하다(依賴하다): 남에게 부탁하다.

＊촉진하다(促進하다): 다그쳐 빨리 나아가게 하다.

＊왜곡되다(歪曲되다): 사실과 다르게 해석되거나 그릇되게 되다.

01 내용 전개 방식 파악하기

윗글에 대한 설명으로 적절하지 <u>않은</u> 것은?

① 광고에 사용되는 전략을 나열하여 제시하고 있다.

② 광고라는 단어의 어원을 밝히며 글을 시작하고 있다.

③ 광고의 종류를 일정한 기준에 따라 나누어 제시하고 있다.

④ 광고를 볼 때 주의할 점에 대해 근거를 들어 제시하고 있다.

⑤ 광고를 보게 되는 상황을 공간의 순서에 따라 제시하고 있다.

02 세부 내용 이해하기

윗글에 대한 이해로 적절하지 <u>않은</u> 것은?

① 광고를 내려고 하는 기업이나 사람을 광고주라고 한다.

② 광고 대행사는 광고주의 의뢰를 받아 광고 제작에 관한 전반적인 일을 한다.

③ 광고에 잘못된 표현이 사용되면 사람들에게 왜곡된 가치관을 심어 줄 수도 있다.

④ 전문가의 의견을 제시하거나 우스운 상황을 연출하는 것은 모두 소비자의 눈길을 끌기 위함이다.

⑤ 광고 대행사는 소비자와 그들이 사용하는 매체를 분석하여 소비자의 특징이 잘 드러나도록 전략을 짠다.

중요 03 구체적 사례에 적용하기

윗글과 [보기]를 보고 이해한 내용으로 적절하지 <u>않은</u> 것은?

[보기]

㉯ (나무가 아름다운 숲과 푸른 들판이 있는 곳. 아이들이 웃으며 달리는 화면에 다음과 같은 글씨를 띄우며 엔딩)

사람과 자연을 생각하는 기업, OO 에너지

㉰ 뚱뚱하고 게을러 보이는 모습은 이제 그만! 날씬한 몸매로 매력적인 여성이 되어 보세요.

일주일에 8kg 감량!
부작용 없음!
유명 연예인 몸매의 비결은 △△ 다이어트

① ㉮는 광고의 목적에 따라 분류하면 공공의 이익에 부합하도록 설득하기 위한 광고이군.

② ㉮는 같은 단어이지만 다른 상황에 사용되는 예를 반복하면서 대조되는 내용을 제시해 대중을 설득하고 있군.

③ ㉯는 사람들이 기업에 대해 긍정적인 인식을 갖도록 해 주는 상업 광고이군.

④ ㉰를 보고 물품을 구입하기 전에 불필요한 소비는 아닌지 생각해 봐야겠군.

⑤ ㉯, ㉰의 광고를 볼 때는 왜곡된 가치관이나 고정 관념을 심어줄 가능성이 있으므로 비판적으로 살펴야 하겠군.

서답형 04 세부 내용 파악하기

빈칸에 들어갈 말을 찾아 쓰시오.

광고는 불필요한 (　　　　)을/를 촉진하기 때문에 비판적으로 보아야 한다.

✔ 한방에! 개념정리

✔ 한방에! 핵심정리

갈래	자유시, 서정시
성격	서정적, 역설적
주제	친구가 주는 기쁨·만족감·자신감
특징	① 친구와 함께하는 기쁨을 역설법으로 표현함. ② 유사한 문장 구조의 반복으로 운율을 형성함.
해제	이 작품은 친한 친구와의 우정을 일상적인 소재를 통해 그려낸다. 운율이 겉으로 드러나지는 않으나, 내재율로 자연스러운 운율을 형성하고 있다.

※ 다음 글을 읽고 물음에 답하시오.

[ⓐ] ┌ 내 건 검은색에 흰 줄
　　└ 진영이 건 하늘색에 흰 줄

진영이와 나는 슬리퍼 한 짝씩 바꿔 신었습니다.

[ⓑ] ┌ 나는 내 것 왼쪽에 진영이 것 오른쪽
　　└ 진영이는 내 것 오른쪽에 진영이 것 왼쪽

서로의 절반씩을 줘 버리고 나니

우린 그렇게 절반씩 부족합니다.

㉠ 서로의 부족한 절반을 알고 있기에

그 서로의 반쪽이 우리를 하나로 묶어 주었습니다.

한쪽 날개밖에 없는 두 마리 새가 만나

두 날개로 하나 되어 날아간다는 비익조*처럼

ⓒ 우린 둘이서 하나입니다.

실내화 한 짝씩 바꾸어 신었을 뿐인데

[ⓓ] ┌ 내가 두 개가 된 느낌
　　└ 내가 두 배가 된 느낌

힘도 꿈도 깡도

ⓔ 하나이면서 둘인, 둘이면서 하나인

온 세상이 온통 우리 것 같은 느낌입니다.

－ 복효근, 〈절친〉 －

✔ 한방에! 어휘풀이

* 비익조(比翼鳥): 암컷과 수컷의 눈과 날개가 하나씩이어서 짝을 짓지 아니하면 날지 못한다는 전설상의 새.

01 작품의 내용 파악하기

윗글에서 화자의 경험으로 가장 적절한 것은?

① 슬리퍼가 없어서 친구에게 빌렸다.

② 잘 모르는 과목을 친구에게 물어보았다.

③ 친구와 실내화를 한 짝씩 바꾸어 신었다.

④ 두 마리의 새가 나란히 날아가는 것을 보았다.

⑤ 친구가 자신의 부족함을 지적하자 속상해졌다.

02 구절의 의미 파악하기

윗글을 보았을 때, ㉠에 담긴 의미로 가장 적절한 것은?

① 가장 친한 친구는 하나로 충분하다는 의미이다.

② 무엇이든 반씩 나누어 가지는 친구 사이라는 의미이다.

③ 상대에게 필요한 것이 있으면 언제든지 빌려준다는 의미이다.

④ 상대의 약점을 알고 있기 때문에 어쩔 수 없이 가까이 지낸다는 의미이다.

⑤ 부족한 절반을 상대가 채워 주었기 때문에 관계가 단단해졌다는 의미이다.

중요 03 표현상의 특징 파악하기

ⓐ~ⓔ 중, 보기 에서 설명하는 것이 형성되지 <u>않은</u> 것은?

보기

> 시를 읽을 때 느껴지는 가락*을 뜻한다. 소리의 규칙적인 질서에 따른 음악적 효과를 주며, 주제와 연결되어 독특한 어조를 형성하고 의미를 강조한다.

* 가락: 소리의 높낮이가 길이나 리듬과 어울려 나타나는 음의 흐름.

① ⓐ   ② ⓑ   ③ ⓒ   ④ ⓓ   ⑤ ⓔ

서답형 04 소재의 의미 파악하기

윗글에서 화자와 진영이의 관계를 비유한 소재를 찾아 쓰시오.

문제풀이

※ 다음 글을 읽고 물음에 답하시오.

3년 전 가을이었다. 저녁 무렵 친구가 찾아왔다. 어느 은행 지점장*이나 지점장 대리인가 하는 그 친구는 퇴근길에 잠깐 들렀다는 것이었다.

"부탁이 있는데." / ㉠ "부탁? 설마 은행가가 가난한 화가더러 돈을 꾸잔 건 아닐 테고."

나는 농담으로 그를 맞아들였다.

"그런 건 아니고…… 이거 좀 보게."

그는 신문지로 돌돌 만 것을 불쑥 내밀었다.

"뭔데. 그림인가?"

"글쎄 펴 보게. 그림이라면 그림이고 글이라면 글인데 그게…… 국보*급이야."

친구는 장난기 어린 눈으로 안경 속에서 웃고 있었다. 나는 조심조심 신문지를 폈다. 그건 아무렇게나 구겨져 던졌던 휴지를 다시 편 것이었다.

"뭔가, 이건?" / "한 번 읽어 보게나."

친구는 눈으로 내가 들고 있는 휴지를 가리켰다. 나는 그 구겨졌던 종이 위에 먹으로 쓴 글자를 한 자 한 자 읽으면서 속으로 철자법*을 교정해야* 했다.

"무슨 편지 같군." / "그래." / "무슨 편진가?" / "나도 모르지." / "그런데!"

"어쨌든 재미있지 않나. 뭔가 뭉클하는 게 있단 말야."

[중간 부분 줄거리] 친구는 '나'에게 휴지를 표구해* 달라고 부탁하며 휴지에 얽힌 이야기를 들려준다.

그 친구 은행 창구에 저녁때면 날마다 빠지지 않고 들르는 지게꾼이 있단다. 은행 문 앞에 지게를 벗어 세워 놓고는 매우 죄송스러운 태도로 조용히 은행 안으로 들어서는 스물 댓 나 보이는 그 꺼먼 얼굴의 청년을 처음엔 안내원이 막았다.

"뭐지요?" / "예. 예, 저어……" / "여긴 은행이요, 은행!" / "예, 그러니까 저 돈을……"

청년은 어리둥절해서 말도 제대로 하지 못했다.

"글쎄, 은행이라니까!" / "예, 그런데 그 조금도 할 수 있습니까?"

"조금이라니 뭘 말이요?" / ㉡ "저금을 조금두 할 수 있습니까?" / "저금요?"

은행 안의 모든 시선들이 그 지게꾼에게로 쏠렸다.

청년은 점점 더 당황하였다. 얼굴이 붉어져서 돌아서 나가려는 그를 불러 세운 것이 예금 창구의 여직원이었다. 청년은 손에 말아 쥐고 있던 라면 봉지에 꼬깃꼬깃한 백 원짜리 지폐 다섯 장과 새로 새긴 목도장*을 꺼내어 떨리는 손으로 여직원에게 바쳤다. 청년은 저만큼 한구석으로 가 서서 불안스러운 눈으로 멀리 여직원을 지켜보고 있었다. ㉢ 한참 만에 그는 흠칫 놀랐다. 생전 처음 그는 씨 자가 붙은 자기 이름을 들었던 것이다. 그는 여직원 앞으로 달려와 빳빳한 통장을 받았다. 청년은 여직원과 안내원에게 굽신굽신 절을 하고는 한 손에 통장을 받쳐 든 채 들어올 때처럼 조심스럽게 문을 열고 나갔다. 통장을 확인할 경황*도 없이.

다음날부터 그 청년은 매일 저녁 무렵이면 꼭꼭 들렀다. ㉣ 하루에 2백 원 혹은 3백 원 또 어느 날은 5백 원, 그의 통장에는 입금만 있고 출금란은 비어 있었다. 이제는 제법 안내원과는 익숙해졌으나 여직원 앞에서는 여전히 얼굴을 붉히며 수고를 끼쳐서 대단히 죄송하다는 표정 그대로였다.

그러던 어떤 날이었다. 그 날은 여느 날보다 조금 일찍 청년이 은행엘 들렀다.

"오늘은 일찍 오셨네요. 얼마 넣으시겠어요?" / 여직원이 미소로 물었다.

"예, 기게 오늘은 좀……" / 청년은 무언가 종이 뭉텅이를 들고 머뭇거렸다.

"이거 정말 죄송합니다. 이거 얼마 되지 않는 걸 동전으로…… 그동안 저금통에 넣었던 걸 오늘 깨었죠. 기래 여기 이렇게……"

청년은 종이에 싼 것을 내밀었다.

"아이, 많이 모셨네요." / "죄송합니다. 정말 이거……"

청년은 뒤통수를 긁적거리며 언제나 그가 서서 기다리던 구석으로 갔다.

"이게 바로 그 지게꾼 청년이 동전을 싸 가지고 온 종이지." / 친구는 내 손의 편지를 가리켰다.

"그래. 그럼 그의 집에서 그 친구에게 보낸 편지란 말인가?"

"글쎄. 반드시 그렇다고는 할 수 없겠지. 동전을 세는 여직원을 거들어 주다가 우연히 발견하고 재미있다고 생각돼서 가지고 온 것뿐이니까."

(중략)

어쨌든 나는 그 창호지*를 아는 표구사에 맡겼다. 그게 어떤 편지냐고 묻는 표구사 주인한테는

"굉장한 겁니다. 이건 정말 국보급입니다."

하고 얼버무렸다. ⓓ 표구사 주인은 머리를 갸웃거렸다.

그 후 나는 그 창호지 편지를 감감히* 잊어버리고 있었다. 그런데 은행 친구가 어느 외국 지점으로 전근*이 되었다. 비행기가 떠날 때 나는 문득 그 편지 생각이 났다.

니 떠나고 메칠 안이서 송아지 낫다.

그길로 나는 표구사로 갔다. 구겨진 휴지였던 그 편지는 깨끗이 펴져서 액자 속에 들어 있었다. 그렇게 치장하고 보니 그게 정말 무슨 국보나 되는 것 같았다.

돈 조타. 그러나 너거 엄마는 돈보다도 너가 더 조타 한다.

밥 묵고 배 아프면 소금 한 줌 무그라 하더라.

그날부터 그 액자는 내 화실에 그냥 걸어 두었다. 그저 걸어 둔 거다. 그런데 그게 이상하게도 차츰 내 화실의 중심점이 되어 갔다. 그건 그림 같기도 하고 글 같기도 하다. 아니 그건 분명 그 둘이 합쳐진 것이었다.

나는 친구가 외국으로 떠나고 이태* 동안 그 액자를 간간 바라보고 있는 사이에 차츰 그 친구의 심정을 느껴 알 것 같았다.

니 무슨 주변에 고기 묵건나. 콩나물 무거라. 참기름이나 마니 쳐서 무그라.

순이는 시집 안 갈끼라 하더라. 니는 빨리 장가 안 들어야건나.

돈 조타. 그러나 너거 엄마는 돈보다도 너가 더 조타 한다.

그리고 채 이어지지 못하고 끊어진 맨 끝줄.

ⓐ 밤에는 솟적다 솟적다 하며 새는 운단다마는……

- 이범선, 〈표구된 휴지〉 -

＊ 전체 줄거리

화가인 '나'의 화실 한쪽 벽에는 휴지에 쓰인 편지를 표구한 액자가 있다. 편지는 3년 전 가을 은행에 다니는 '나'의 친구가 가져온 것이다. 친구는 이것이 국보급이라며 '나'에게 표구를 부탁하고, 얽힌 이야기를 들려준다. 이 편지는 원래 지게꾼 청년이 가져온 것이었다. 친구가 다니는 은행의 창구 여직원의 도움으로 통장을 만들게 된 지게꾼 청년은 매일 저녁 찾아와 돈을 저금하고는 했는데, 하루는 휴지에다가 저금통을 깬 동전을 싸 가지고 왔다. 친구가 '나'에게 준 편지가 바로 그 동전을 쌌던 휴지이다. '나'는 표구사에 편지를 맡긴 뒤 잊어버린 채 살다가, 친구가 외국으로 전근을 간 뒤 문득 편지가 떠올라 표구된 편지를 찾아온다. '나'가 화실에 걸어 둔 액자는 차츰 화실의 중심이 되어 간다.

✔ **한방에! 어휘풀이**

＊ **지점장(支店長)**: 지점의 업무를 총괄하며 지점을 맡아 다스리는 직위. 또는 그 직위에 있는 사람.

＊ **국보(國寶)**: 나라에서 지정하여 법률로 보호하는 문화재.

＊ **철자법(綴字法)**: 어떤 문자로써 한 언어를 표기하는 규칙. 또는 단어별로 굳어진 표기 관습.

＊ **교정하다(校訂하다)**: 남의 문장 또는 출판물의 잘못된 글자나 글귀 따위를 바르게 고치다.

＊ **표구하다(表具하다)**: 그림의 뒷면이나 테두리에 종이 또는 천을 발라서 꾸미다.

＊ **목도장(木圖章)**: 나무로 만든 도장.

＊ **경황(景況)**: 정신적·시간적인 여유나 형편.

＊ **창호지(窓戶紙)**: 빛깔이 조금 누르스름하고 줄 진 결이 또렷한 재래식 종이.

＊ **감감히**: 어떤 사실을 전혀 모르거나 잊은 모양.

＊ **전근(轉勤)**: 근무하는 곳을 옮김.

＊ **이태**: 두 해.

윗글에 대한 설명으로 가장 적절한 것은?

① 동시에 일어나는 두 개의 사건을 나란히 제시하고 있다.

② 작품 안 서술자가 관찰자의 입장에서 사건을 서술하고 있다.

③ 과거 회상 장면을 삽입하며 주요 소재에 대한 배경을 밝히고 있다.

④ 인물 간의 대화를 통해 주요 소재에 대한 인식 변화를 드러내고 있다.

⑤ 시대적 배경을 알 수 있는 소재를 통해 역사적 교훈을 전달하고 있다.

*삽입하다(揷入하다): 글 따위에 다른 내용을 끼워 넣다.

휴지에 대해 이해한 내용으로 적절하지 않은 것은?

① '나'의 친구는 휴지가 국보급이라고 생각했다.

② 지게꾼 청년은 저금통을 깬 동전을 휴지에 싸 왔다.

③ 휴지에 쓰인 편지의 글자는 철자법에 어긋난 것이 많았다.

④ '나'는 휴지를 표구사에 맡기고 표구가 끝나기만을 기다렸다.

⑤ '나'의 친구는 휴지에 쓰인 편지가 누구에게 온 것인지 몰랐다.

보기를 참고하여 ㉠~㉤을 이해한 내용으로 적절하지 않은 것은?

> **보기**
>
> 간접적 제시는 외양이나 대화, 행동 등을 통해 인물의 특성을 간접적으로 설명하는 방법이다. 이때 작가와 인물의 거리는 멀어지는 반면 독자와 인물의 거리는 가까워진다. 인물의 특성이 생생하게 묘사되어 입체성을 가진다는 장점이 있다.

① ㉠: '나'가 친구가 무리한 부탁을 할까 봐 불안해하고 있음을 알 수 있다.

② ㉡: 지게꾼 청년이 은행에서 저금을 해 본 적이 없음을 알 수 있다.

③ ㉢: 지게꾼 청년이 지금까지 사회에서 제대로 된 존중을 받지 못했음을 알 수 있다.

④ ㉣: 지게꾼 청년이 성실하고 근면한 삶의 태도를 가졌음을 알 수 있다.

⑤ ㉤: 표구사 주인이 '나'가 말하는 휴지의 가치를 이해하지 못했음을 알 수 있다.

*근면하다(勤勉하다): 꾸준하고 부지런하다.

다음은 ⓐ에 담긴 의미를 설명한 것이다. 빈칸에 들어갈 말을 골라 차례대로 쓰시오.

> ⓐ에는 새 울음소리를 들으며 (부모 / 자식)을/를 그리워하는 (부모 / 자식)의 마음이 담겨 있다.

문제풀이

복습하기

화법

찬성 1 (입론)	• 동물원은 동물을 제대로 보호하지 못함. • 동물원은 ¹□□□ 인 기능을 하지 못함.
반대 1 (입론)	• 동물원은 동물을 보호하고 멸종 위기종을 보존함. • 동물원은 ¹□□□ 인 기능을 담당함.
반대 2 (반론)	• 동물원은 ²□□ 의 위험으로부터 동물을 보호함. • 많은 동물원이 동물의 ³□□□□ 를 줄이기 위해 노력함. • 동물원은 멸종 위기종을 보호하고 복원하고 있음.

비문학

1문단	광고의 ⁴□□ 과 종류
2문단	광고의 ⁵□□
3문단	광고의 제작 방식
4문단	광고를 볼 때의 주의점 ①
5문단	광고를 볼 때의 주의점 ②

문학 – 절친(복효근)

1~2연	'나'와 진영이가 ⁶□□□ 를 한 짝씩 바꾸어 신음
3연	둘 다 ⁷□□ 씩 부족해짐
4연	서로의 반쪽이 '나'와 진영이를 ⁸□□ 로 묶어 줌
5연	'나'와 진영이는 ⁹□□□ 처럼 둘이서 하나가 됨
6~7연	'나'는 ¹⁰□□ 의 존재로 자신감과 만족감을 얻음

문학 – 표구된 휴지(이범선)

친구가 '나'에게 ¹¹□□ 를 주며 ¹²□□□ 이라고 말함.

⬇

'나'는 휴지에 얽힌 지게꾼 청년의 이야기를 듣고, 휴지를 ¹³□□□ 에 맡김.

⬇

'나'는 표구된 휴지를 ¹⁴□□ 에 걸어 둠.

정답
1 교육적   2 야생   3 스트레스   4 어원   5 전략   6 슬리퍼   7 절반   8 하나   9 비익조   10 친구   11 휴지   12 국보급
13 표구사   14 화실

한수

18

Contents

※ 다음은 학생의 초고이다. 물음에 답하시오.

　㉠ 길거리에서 쓰레기통을 찾지 못해 불편을 겪어 본 경험이 있는가? 현재 우리 지역은 길거리에 쓰레기통이 부족하여 쓰레기를 버리려면 수백 미터를 걸어야 하는 상황이다. 이는 일부 사람들이 길거리 쓰레기통에 가정에서 발생한 쓰레기를 함부로 버리고, 쓰레기통 주변이 지저분해서 거리의 미관*을 해친다는 등의 이유로 쓰레기통의 수를 줄였기 때문이다. 현대인은 너무 많은 양의 쓰레기를 만든다. 그러나 길거리에 쓰레기통의 수를 늘리면 다음과 같은 좋은 점이 있다.

　첫째, 길거리에 쓰레기통의 수를 늘리면 거리 환경을 개선할 수 있다. 쓰레기통의 수를 줄인 뒤로 많은 시민이 쓰레기를 버릴 곳을 찾지 못해 불편해하고, 화단이나 가로수 주변, 정류장 등에 쓰레기를 아무렇게나 버리기도 한다. ㉡ 쓰레기통을 없애 거리를 깨끗하게 만들려던 본뜻은 온데간데없고 길거리는 오히려 예전보다 지저분해졌다. 따라서 쓰레기통을 충분히 설치한 뒤 사람들이 쓰레기통을 잘 이용하도록 유도한다면* 함부로 버려지는 쓰레기가 줄어들어 우리 지역의 거리는 지금보다 훨씬 깨끗해질 것이다.

　둘째, 길거리에 쓰레기통의 수를 늘리면 재활용 쓰레기의 수거율을 높일 수 있다. ㉢ 한 조사에 따르면 길거리에서 발생하는 쓰레기의 약 70퍼센트는 재활용이 가능한 플라스틱 컵이나 종이컵 등이었다고 한다. 따라서 길거리에 쓰레기통의 수를 늘려서 이러한 재활용 쓰레기를 더 많이 수거하면 폐기되는 쓰레기는 줄이고 자원 재활용률은 높일 수 있다. ㉣ 경제적으로 이득을 얻으면서 환경도 보호하는 일석이조의 효과를 거둘 수 있는 것이다. 실제로 ○○구에서 재활용 쓰레기통을 시범 설치한 결과, 플라스틱과 종이컵 등 재활용이 가능한 쓰레기를 더 많이 수거할 수 있었다고 한다.

　㉤ 지금까지 살펴본 것처럼 길거리에 쓰레기통의 수를 늘리면 거리 환경을 개선하고, 재활용 쓰레기의 수거율을 높일 수 있다. 물론 쓰레기통의 수만 늘린다고 길거리가 저절로 깨끗해지는 것은 아니다. 지역 주민이 모두 거리의 주인이라는 성숙한 시민 의식으로 쓰레기통 문제에 관심과 노력을 기울일 때 걷고 싶은 거리, 쓰레기통이 있어서 더욱 깨끗한 거리를 만들어 나갈 수 있을 것이다.

주장하는 글 내용 이해하기

윗글에서 주장을 뒷받침하기 위해 언급한 근거로 적절하지 <u>않은</u> 것은?

① 거리에 함부로 버려지는 쓰레기가 줄어든다.
② 쓰레기통에 가정에서 발생한 쓰레기를 버릴 수 있다.
③ 거리에 버려지는 쓰레기의 대부분은 재활용이 가능하다.
④ 폐기되는 쓰레기를 줄이고 자원 재활용률을 높일 수 있다.
⑤ 쓰레기를 버릴 곳을 찾지 못해서 시민들이 불편함을 겪는다.

02
주장하는 글 표현 전략 파악하기

㉠~㉤을 이해한 내용으로 적절하지 <u>않은</u> 것은?

① ㉠: 의문문의 형식으로 독자의 주의를 끌고 있다.
② ㉡: 미래의 상황을 가정하여 문제를 드러내고 있다.
③ ㉢: 조사 결과를 인용하여 근거로 들고 있다.
④ ㉣: 관용 표현을 활용하여 주장을 강화하고 있다.
⑤ ㉤: 주장과 근거를 요약하여 제시하고 있다.

중요 03
주장하는 글 내용 생성하기

친구의 의견을 반영하여 윗글에 제목과 부제를 지었을 때, 가장 적절한 것은?

> 친구: 제목은 주장과 관련이 있게 짓되 대구법을 활용해서 읽는 사람의 흥미를 끌고, 부제에는 주장을 직접적으로 드러내면 좋을 것 같아.

① 요즘의 길거리는 쓰레기통?
　　- 쓰레기를 줄이려면 쓰레기통을 늘려야 한다
② 깨끗한 거리, 아름다운 양심
　　- 길거리에 쓰레기통의 수를 늘려야 한다
③ 거리의 쓰레기통, 마음의 안정
　　- 쓰레기를 줄이려면 쓰레기통을 없애야 한다
④ 청결을 위한 우리 모두의 노력
　　- 작은 노력이 세상을 바꾼다
⑤ 아름다운 사람은 머문 자리도 아름답습니다
　　- 쓰레기통을 늘려야 하는 이유

서답형 04
주장하는 글 내용 점검하기

윗글의 1문단에서 글의 통일성을 해치는 문장을 찾아 첫 어절과 마지막 어절을 쓰시오.

문제풀이

18강

구름의 입자

| 정답 및 해설 | 117쪽

※ 다음 글을 읽고 물음에 답하시오.

뭉게구름이라고도 부르는 적운은 언뜻 가벼워 보이지만 실은 그렇지 않다. 모든 구름은 구름 입자＊라고 하는 작은 물방울이나 얼음 입자의 집합체이며, 보통 구름 한 점을 구성하는 구름 입자의 총량은 수십 톤이나 된다. 이렇게 큰 질량을 가진 구름이 왜 지상으로 떨어지지 않을까?

구름 입자 하나의 크기는 대개 반경＊ 0.01mm이다. 작지만 질량이 있기 때문에 지구 중력이 작용한다. 따라서 구름 입자도 낙하한다. 17세기 과학자 뉴턴은 낙하하는 물체의 속도가 1초당 9.8m씩 증가한다는 사실을 밝혔다. 즉, 낙하 시작부터 1초 후 속도는 초속 9.8m, 2초 후 속도는 19.6m, 3초 후 속도는 29.4m가 된다. 이는 물체의 중량에 상관없이 동일하다.

그러나 현실에서는 공기 저항＊이 있어 이런 가속도는 생기지 않는다. 낙하하는 물체의 공기 저항은 중력의 반대 방향으로 작용하며, 물체의 속도에 비례하여 증가한다. 하지만 특정 속도에 도달한 물체는 속도가 일정해지는데, 이는 물체에 작용하는 중력과 공기 저항이 균형을 이루었기 때문이다. 여기서 속도가 일정해지는 사례로 반경 1mm인 비 입자의 낙하 속도를 생각해 보자. 공기 저항이 없다면 상공 1000m에서 낙하하는 비 입자의 속도는 초속 140m나 된다. 이는 공기총에서 발사한 탄환 속도와 맞먹는다. 그러나 실제 비 입자는 초속 6~7m에 도달하면 공기 저항과 중력 크기가 동일해져 더는 속도가 증가하지 않는다. 이렇게 일정해진 속도를 '종단 속도'라고 한다.

공기 저항을 결정하는 요인은 낙하 속도뿐만이 아니다. 공기 저항은 물체의 표면에서도 발생하므로 표면적이 클수록 커진다. 비 입자를 정육면체로 가정하고 절반으로 잘라보면 단면적＊이 생기므로 표면적이 늘어난다. 입자를 나눌수록 공기 저항은 커진다. 다음으로 비 입자보다 훨씬 작은 구름 입자의 낙하 속도를 살펴보자. 반지름이 1mm인 빗방울의 종단 속도는 초속 6.5m이지만 반지름이 0.01mm인 구름 입자의 종단 속도는 초속 0.01m이다. 반지름이 100분의 1일 때 종단 속도는 650분의 1로 급격하게 감소한다. 즉 구름 입자도 낙하하지만 종단 속도가 겨우 초속 1cm이기 때문에 1m를 낙하하는 데 1분 이상이 걸린다. 낙하하더라도 멀리서 보면 쉽게 알아차릴 수 없는 것이다. 정리하자면, 수십 톤이나 되는 구름이 떨어지지 않는 이유 중 하나는 미세한 구름 입자의 표면적이 너무 커서 낙하를 알아차릴 수 없을 정도로 종단 속도가 느려지기 때문이다.

적운은 대부분 지상 부근에서 거품처럼 피어오르는 공기 덩어리에서 발생한다. 지표면의 한 부분이 강한 태양 광선에 노출되면 그 부분에 있던 공기 덩어리의 온도가 주위의 공기보다 올라가면서 가벼워진 공기가 상승한다. 작은 구름 입자 하나하나가 상승 기류＊를 타기 때문에 구름 전체가 떠 있는 것이다. 초속 1cm 정도의 상승 기류만 있어도 구름 입자를 지탱할 수 있는데, 이것이 구름이 지상으로 떨어지지 않는 이유이다.

✔ 한방에! 어휘풀이

＊입자(粒子): 물질을 구성하는 미세한 크기의 물체.
＊반경(半徑): 원이나 구의 중심에서 그 원둘레 또는 구면상의 한 점에 이르는 선분. 또는 그 선분의 길이.
＊저항(抵抗): 물체의 운동 방향과 반대 방향으로 작용하는 힘.
＊단면적(斷面積): 물체를 하나의 평면으로 자른 면의 넓이.
＊기류(氣流): 온도나 지형의 차이로 말미암아 일어나는 공기의 흐름.

01 세부 내용 이해하기

윗글에 대한 내용으로 적절하지 <u>않은</u> 것은?

① 공기 저항은 표면적에 비례한다.
② 종단 속도는 표면적의 크기에 영향을 받는다.
③ 낙하하는 물체의 중량이 무거울수록 가속도도 커진다.
④ 구름 한 점을 구성하는 구름 입자의 총량은 수십 톤이다.
⑤ 구름 입자는 작지만 질량이 있기 때문에 중력이 작용한다.

02 중심 내용 이해하기

다음은 구름이 공중에 떠 있을 수 있는 이유를 정리한 것이다. ㉠~㉢에 들어갈 말을 바르게 연결한 것은?

- 구름 입자의 반지름이 비 입자보다 작아 표면적이 (㉠) 때문이다.
- 구름 입자의 종단 속도가 낙하를 알아차릴 수 없을 만큼 (㉡) 때문이다.
- 작은 구름 입자 하나하나가 (㉢)하기 때문이다.

	㉠	㉡	㉢		㉠	㉡	㉢
①	좁기	빠르기	하강	②	좁기	느리기	상승
③	넓기	빠르기	하강	④	넓기	느리기	상승
⑤	넓기	느리기	하강				

중요 03 자료를 통해 내용 이해하기

윗글과 보기 를 보고 이해한 것으로 적절하지 <u>않은</u> 것은?

보기

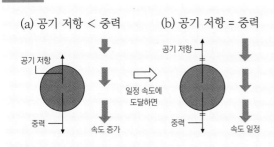

(a) 공기 저항 < 중력   (b) 공기 저항 = 중력

① (a)의 공기 저항은 속도에 비례하여 증가한다.
② (b) 이후에는 공기 저항이 중력보다 더 커진다.
③ (b)는 공기 저항과 중력이 같아진 것으로 '종단 속도'라 한다.
④ (a)와 (b)에서 공기 저항이 없다면 낙하 속도는 점점 더 빨라진다.
⑤ (a)와 (b)에서 낙하하는 물체의 공기 저항은 중력의 반대 방향으로 작용한다.

서답형 04 세부 내용 파악하기

보기 의 빈칸에 들어갈 말로 적절한 것을 골라 차례대로 쓰시오.

보기

표면적이 늘어날수록 공기 저항은 (커지고 / 작아지고), 반지름이 줄어들수록 종단 속도는 (증가한다 / 감소한다).

문제풀이

| 정답 및 해설 | 119쪽

✓ 한방에! 개념정리

✓ 한방에! 핵심정리

갈래	자유시, 서정시
성격	민요적, 애상적, 전통적, 향토적
주제	이별의 정한
특징	① 전통적인 정서와 율격이 드러남. ② 구체적 지명을 통해 향토적 느낌을 줌. ③ 수미상관의 형식으로 구조적 안정감을 형성함. ④ 반어적 표현을 사용하여 화자의 정서를 효과적으로 나타냄.
해제	이 작품은 이별에서 비롯하는 슬픔, 눈물, 한 등을 주제로 하여 일상적인 언어를 사용해 독특하고 울림이 큰 감동을 주고 있다.

※ 다음 글을 읽고 물음에 답하시오.

나 보기가 역겨워

가실 때에는

말없이 고이 보내 드리우리다.

영변*에 약산*

진달래꽃

아름 따다 가실 길에 뿌리우리다.

가시는 걸음 걸음

놓인 그 꽃을

사뿐히 즈려밟고* 가시옵소서.

나 보기가 역겨워

가실 때에는

죽어도 아니 눈물 흘리우리다.

– 김소월, 〈진달래꽃〉 –

✓ 한방에! 작가소개

김소월 (1902~1934)

김소월의 본명은 김정식으로, 평안북도 구성에서 태어났다. 오산학교를 다니던 중, 오산학교 국어 교사이자 시인인 김억이 김소월의 재능을 알아보고 시를 쓰게 하였다. 김억의 소개로 1920년 <낭인의 봄> 등을 발표하며 등단하였고, 1925년 시집 《진달래꽃》을 간행하였다. 시집을 발간할 때에도 김억이 자비를 들여 출판을 도왔다.

김소월의 시는 이별과 그리움에서 비롯하는 전통적인 한(恨)의 정서를 민요적 가락으로 보여 준다. 분만 아니라, 김소월의 시에는 향토색 질은 서정이 깔려 있어 우리 민족의 보편적인 정서를 드러내고 있다. <바라건대는 우리에게 우리의 보습 대일 땅이 있더라면>과 같은 시에서는 민족의 아픔을 고민한 흔적도 엿보인다.

✓ 한방에! 어휘풀이

* 영변(寧邊): 평안북도 영변군에 있는 면.
* 약산(藥山): 평안북도 영변 서쪽에 있는 산. 진달래가 곱기로 유명함.
* 즈려밟다: 지르밟다. 위에서 내리눌러 밟다.

01 표현상의 특징 파악하기

윗글에 대한 내용으로 적절하지 <u>않은</u> 것은?

① 동일한 종결 어미를 반복하여 운율을 형성하고 있다.
② 임과 이별하는 상황을 가정하여 시상을 전개하고 있다.
③ 수미상관의 구조를 취하여 구조적인 안정감을 꾀하고 있다.
④ 대조적인 이미지를 제시하여 부정적인 현실을 강조하고 있다.
⑤ 반어법을 활용하여 화자의 슬픔을 효과적으로 표현하고 있다.

02 소재의 의미 파악하기

진달래꽃에 대해 이해한 내용으로 적절하지 <u>않은</u> 것은?

① 화자의 분신과도 같은 존재이다.
② 재회에 대한 화자의 기대감을 뜻한다.
③ 떠나는 임을 향한 축복의 의미를 갖는다.
④ 임을 향한 화자의 애절한 마음을 나타낸다.
⑤ 임에 대한 화자의 헌신과 희생을 의미한다.

★ 헌신(獻身): 몸과 마음을
바쳐 있는 힘을 다함.

  03 작품 간의 공통점, 차이점 비교하기

윗글과 보기를 비교한 내용으로 가장 적절한 것은?

보기

가시리 가시리잇고 나난   붙잡아 두어리마는
버리고 가시리잇고 나난   서운하면 아니 올세라
위 증즐가 대평성대   위 증즐가 대평성대

날러는 어찌 살라 하고   서러운 님 보내옵나니 나난
버리고 가시리잇고 나난   가시는 듯 돌아오소서 나난
위 증즐가 대평성대   위 증즐가 대평성대

- 작자 미상, 〈가시리〉

① 윗글과 〈보기〉의 화자는 모두 시간의 흐름에 따른 감정 변화를 보이고 있다.
② 윗글의 화자는 〈보기〉와 달리 이별의 원인을 외부 요인으로 돌리고 있다.
③ 윗글의 화자는 〈보기〉와 달리 떠난 임에 대한 원망을 표현하고 있다.
④ 〈보기〉의 화자는 윗글과 달리 떠나려는 임을 간절히 붙잡고 있다.
⑤ 〈보기〉의 화자는 윗글과 달리 재회의 의지를 보이지 않고 있다.

★ 나난: 의미 없는 여음구.
★ 위 증즐가 대평성대(大平
盛代): 후렴구.

  04 시구의 의미 파악하기

윗글에서 향토적인 정서를 느낄 수 있는 시구를 찾아 2어절로 쓰시오.

18 강

운영전 _ 작자 미상

| 정답 및 해설 | 120쪽

한방에! 핵심정리

갈래	염정 소설, 몽유 소설
성격	염정적, 비극적
주제	남녀 간의 비극적인 사랑
특징	① 액자식 구성으로 이루어져 있음. ② 시를 삽입하여 인물의 내면세계를 드러냄.
해제	이 작품은 궁녀 운영과 김 진사의 이루어질 수 없는 사랑을 그린 몽유록 형식의 애정 소설이다. 안평 대군의 수성궁을 배경으로 하여, 액자 구성 방식으로 사건이 전개되고 있다. 즉, 운영에 대한 외부 이야기와 김 진사와 운영에 대한 내부 이야기로 구성되어 있는데, 운영과 김 진사가 자신의 사랑 이야기를 직접 전달하고 있어 사실감과 감동을 더한다.

※ 전체 줄거리

어느 봄날, 유영이라는 선비가 안평 대군의 거처였던 수성궁에 놀러 갔다가 술에 취해 잠든다. 유영은 꿈속에서 안평 대군의 궁녀였던 운영과 그녀의 애인 김 진사를 만나 그들의 비극적인 사랑 이야기를 듣는다. 운영은 본래 안평 대군의 궁녀였는데, 대군의 문중에 출입하는 김 진사와 사랑에 빠진다. 운영과 김 진사는 죽음을 무릅쓰고 무녀를 통해 편지를 주고받고, 담을 넘어 만나는 등 사랑을 나눈다. 둘은 도망칠 계획을 세우나 김 진사의 종인 특의 고발로 발각되고, 운영은 별당에 갇히는 신세가 된다. 이에 운영은 목을 매어 자결하고, 궁 밖에서 운영을 기다리던 김 진사도 그녀의 장례를 치른 뒤 따라 죽는다. 운영과 김 진사는 자신들의 사랑 이야기를 세상에 전해 줄 것을 유영에게 부탁한다. 유영은 김 진사가 기록한 그들의 이야기를 간직한 채 이름난 산들을 두루 돌아다닌다.

※ 다음 글을 읽고 물음에 답하시오.

[앞부분 줄거리] 수성궁에서 술에 취해 잠든 유영은 꿈속에서 김 진사와 운영을 만나 그들의 사랑에 대해 듣게 된다. 안평 대군의 궁녀인 운영은 대군을 찾아온 김 진사와 사랑에 빠진다. 운영이 벽의 구멍으로 김 진사에게 몰래 편지를 전하자, 김 진사 역시 무녀를 통해 편지를 전한다.

제가 방으로 돌아와 ㉠ 편지를 뜯어 보니, 그 편지에 일렀습니다.

'그대를 한 번 본 이후로 날아갈 듯 기뻐 마음을 안정시킬 수가 없었습니다. 그래서 매번 궁성*의 서쪽을 바라볼 때마다 애가 끊는 듯했습니다. 지난번 벽 틈으로 전해 준 편지로 잊을 수 없는 그대의 고운 글을 경건하게 받들긴 했으나, 다 펼치기도 전에 숨이 막히고 절반도 채 못 읽어 눈물이 글자를 적시었습니다. 이때부터 저는 잠자리에 들어도 잠을 이룰 수가 없고, 밥을 먹어도 음식이 넘어가지 않았습니다. 병이 고황*에 들어 온갖 약이 무효한지라, 다만 저승에서나마 뜻밖에 만나 서로 따를 수 있기를 바랍니다. 푸른 하늘은 굽어 불쌍하게 여기시고 귀신은 묵묵히 도와주소서. 만약 생전에 이 한을 한 번 풀어 주신다면, 마땅히 몸을 빻고 뼈를 갈아서 천지의 모든 신령께 제사를 올리겠나이다. 종이를 대하니 목이 멥니다. 다시 무슨 말을 할 수 있겠습니까? 예의를 갖추지 못한 채 삼가 올립니다.'

이 글 아래 다시 칠운시* 한 수를 써서 일렀다.

[A]
깊고 깊은 누각에 저녁 사립문은 닫혔고,
나무 그늘과 구름 그림자는 온통 흐릿하기만 하네.
흐르는 물에 떨어진 꽃은 도랑 따라 흘러나오고,
어린 제비는 흙을 물고 난간으로 돌아가네.
베갯머리에 누워도 호접몽* 이루지 못하고,
공연히 눈을 돌려 오지 않을 소식 기다리네.
옥 같은 얼굴 눈앞에 있는데 어찌 말이 없는가?
푸른 숲에서 우는 꾀꼬리 소리에 눈물로 옷깃 적시네.

저는 이 글을 다 읽고 난 뒤에 소리가 끊기고 기가 막혀서, 입으로는 말을 할 수가 없었고 눈에서는 눈물이 다하여 피가 흘렀습니다. 그러나 몸을 병풍 뒤에 숨기고 오로지 남이 알까 두려워했을 뿐입니다.

이때부터 저는 단 한 순간도 낭군을 잊지 못하여 바보나 미치광이가 된 것 같았습니다. 이러한 제 마음이 말과 얼굴에 나타나니, 주군이 의심하고 남들이 이상하게 여겼던 것은 실로 헛된 것이 아니었습니다. 자란 역시 원한이 맺힌 여자인지라, 이 말을 듣고 눈물을 머금으며 말했습니다.

ⓐ "시는 성정*에서 나오는 것이니 속일 수가 없구나."

안평 대군은 김 진사와 운영의 관계를 의심하여 운영과 다른 네 궁녀를 서궁으로 보낸다. 중추절*에 궁녀들이 빨래를 하러 나갈 기회를 얻자, 운영은 무녀를 통해 김 진사에게 연락하여 사랑을 확인하고 다시 만날 것을 약속한다. 이후 김 진사는 노비 특의 계책을 따라 궁궐의 담장을 넘어가 운영을 만난다. 그러다 안평 대군이 운영의 시를 보고 다시금 김 진사와 운영의 사이를 의심한다.

이에 저는 즉시 뜰에 내려 머리를 조아리고 울면서 말했습니다.

"대군께 한 번 의심을 보이고는 바로 곧 스스로 죽고자 했으니 나이가 아직 스물이 안 되었고, 또 부모님도 보지 못하고 죽으면 구천지하*에 죽어서도 유감이 있는 까닭으로 살기를 구차히 생각하다가 이제 다시 의심을 받게 되었사오니 한 번 죽기를 어찌 애석히 여기겠습니까? 천지신명*이 굽어보고 궁녀 오 인이 한시도 떨어지지 아니하는데, 더러운 이름이 유독 첩에게 돌아오니 살아 있는 것이 죽는 것만 같지 못합니다. 첩은 지금 죽을 곳으로 가겠습니다."

저는 곧 수건으로 스스로 목을 매고 죽으려 하였습니다. 이때 자란이

"주군께서 이처럼 죄 없는 시녀로 하여금 스스로 사지*로 나가게 하시니, 오늘부터 저희들은 맹세코 붓을 들어 글을 쓰지 않겠습니다."

하니, 대군은 비록 크게 노하였으나, 마음속으로는 정말로 저를 죽이고 싶지 않은 고로, 자란으로 하여금 저를 구하여 죽지 못하게 하였습니다.

(중략)

진사가 그날 밤 들어오셨으나, 저는 병이 들어 일어나지 못하고, 자란이 맞아들여 술 석 잔을 권하고 ⓛ 봉서*를 전했습니다.

'이후로는 다시 낭군을 볼 수 없나이다. 삼생*의 인연과 백 년의 가약이 오늘 밤으로 다한 것 같습니다. 혹 하늘이 정해 준 인연이 끊어지지 않았으면 구천지하에서 만날 밖에는 다른 도리가 없나이다.'

진사는 편지를 받고 우두커니 서서 묵묵히 바라보다가 가슴을 치고 눈물을 흘리면서 나갔습니다. 자란은 저희들이 처량하여 차마 볼 수 없어 몸을 숨기고 눈물을 흘리면서 서 있었습니다. 진사가 집으로 돌아와 봉서를 뜯어보니,

'박명한* 운영은 낭군께 두 번 절하고 엎드려 사룁니다. 첩이 변변치 못한 자질로서 불행하게도 낭군님께서 유념하여* 주시어 서로 생각하기를 몇 날이며, 서로 바라보기를 몇 번이나 하다가 다행히 하룻밤의 즐거움을 나누었을 뿐, 바다같이 크고 넓은 정은 다하지 못하였나이다. 인간사 좋은 일에는 조물주*의 시기함이 많사와, 궁인이 알고 대군이 의심하시어 조석*으로 화가 다가왔으매, 죽은 뒤에나 이 재앙이 그칠 것입니다. 엎드려 바라옵건대 낭군께서는 저와 작별한 후에 저를 가슴에 품어 두시고 상심하지 마시고, 힘써 공부하시어 과거에 급제하여 벼슬길에 오르고 후세에 이름을 날리시어 부모님을 기쁘게 해 주시옵소서. 첩의 의복과 보화*는 모두 팔아서 불공*을 드리되, 온 정성으로 빌어 지성으로 발원하시어*, 삼생의 미진한* 연분을 후세에 다시 잇게 하여 주시옵소서.'

진사는 편지를 다 읽지 못하고 기절하여 땅에 넘어졌습니다.

- 작자 미상, 〈운영전〉 -

01 인물의 태도, 심리 파악하기

윗글의 인물에 대한 이해로 적절하지 않은 것은?

① 운영은 안평 대군에게 자신의 결백을 호소했다.
② 자란은 김 진사와 운영의 관계를 안타깝게 여겼다.
③ 김 진사는 운영을 그리워하는 마음이 깊어 병을 앓았다.
④ 안평 대군은 자란의 말에 감명받아 운영을 죽이지 않았다.
⑤ 운영은 자신이 죽은 뒤 김 진사가 상심하지 않기를 바랐다.

★ **결백(潔白):** 행동이나 마음씨가 깨끗하고 조촐하여 아무런 허물이 없음.

02 소재의 의미 파악하기

㉠과 ㉡을 비교한 내용으로 가장 적절한 것은?

① ㉠은 상황에 대한 원망을, ㉡은 상대에 대한 원망을 드러내고 있다.
② ㉠은 자신의 감정을 간접적으로, ㉡은 직접적으로 이야기하고 있다.
③ ㉠은 자신이 느끼는 그리움을, ㉡은 자신의 당부를 상대에게 전달하고 있다.
④ ㉠은 과거에 자신이 저지른 잘못을, ㉡은 미래에 자신이 할 일을 설명하고 있다.
⑤ ㉠은 상대의 생각을 바꾸기 위해, ㉡은 상대의 행동을 유도하기 위해 상대를 설득하고 있다.

중요 03 외적 준거를 바탕으로 작품 감상하기

보기를 참고할 때, [A]에 대한 이해로 적절하지 않은 것은?

보기

고전 소설 속에 삽입된 시는 서사 속에서 다양한 역할을 수행한다. 인물의 심리 혹은 상황을 비유적, 함축적으로 전달하기도 하고, 주제를 집약적으로 전달하기도 한다. 또한 사건을 전개하거나 사건 전개의 방향을 암시하기도 한다. 한편으로는 분위기를 형성하고, 인물들 간 의사소통의 매개체로 작용하기도 한다.

① 서정적이고 낭만적인 분위기를 형성하고 있다.
② '꾀꼬리'는 김 진사의 심리를 전달하기 위한 자연물이다.
③ 작품의 주제인 남녀 간의 사랑을 집약적으로 전달하고 있다.
④ 김 진사가 운영으로부터 소식을 듣지 못할 것을 암시하고 있다.
⑤ 김 진사와 궁궐에 있는 운영이 쉽게 만날 수 없는 상황을 표현하고 있다.

서답형 04 구절의 의미 이해하기

다음은 ⓐ의 의미를 설명한 것이다. 빈칸에 들어갈 말로 적절한 것을 골라 쓰시오.

ⓐ는 시에는 시를 쓴 사람의 (감정 / 이성)이 담겨 있다는 의미이다.

문제풀이

복습하기

작문

주제	길거리에 ¹☐☐☐☐ 의 수를 늘려야 한다.
근거	• ²☐☐ 환경을 개선할 수 있다. • ³☐☐☐ 쓰레기의 수거율을 높일 수 있다.

비문학

1문단	⁴☐☐ 을 구성하는 구름 입자
2문단	구름 입자의 크기와 ⁵☐☐ 속도
3문단	공기 저항에 영향을 미치는 요인 ① – ⁶☐☐ 속도
4문단	공기 저항에 영향을 미치는 요인 ② – ⁷☐☐☐
5문단	⁸☐☐ 기류를 타는 구름 입자

문법 – 진달래꽃(김소월)

1연	⁹☐☐ 의 상황을 가정하고 체념함	2연	떠나는 임을 향한 축복
3연	임에 대한 희생적 사랑	4연	이별의 정한 극복

문법 – 운영전(작자 미상)

¹⁰☐☐☐ 가 운영에게 편지를 전함.

↓

편지를 읽은 운영이 사랑을 표현하지 못함을 슬퍼함.

↓

¹¹☐☐ 이 운영을 의심하자 운영은 스스로 죽으려 함.

↓

운영이 ¹²☐☐ 을 통해 김 진사에게 봉서를 전함.

↓

김 진사가 편지를 다 읽지 못하고 기절함.

정답	1 쓰레기통 2 거리 3 재활용 4 구름 5 낙하 6 종단 7 표면적 8 상승 9 이별 10 김 진사 11 대군 12 자란

19

Contents

✔ 한방에! 개 념 정 리

✔ 한방에! 핵 심 정 리

❋ **이형태**

의미는 같으나 주위 환경에 따라 모양이 달라지는 형태소

	주위 환경
'이'	앞말이 자음으로 끝날 때 예 과일이 맛있다.
'가'	앞말이 모음으로 끝날 때 예 피자가 맛있다.

❋ **용언의 어간과 어미**
• 어간: 용언이 활용할 때 변하지 않는 부분으로 용언의 기본형에서 '-다'를 제외한 부분이 어간에 해당
• 어미: 용언이 활용할 때 변하는 부분

예 먹 다 — 기본형
　어간 어미
　먹 고
　어간 어미
　먹 으니　활용형
　어간 어미
　먹 는
　어간 어미

❋ **형태소 분석 방법**

어절로 나누기
↓
단어로 나누기
↓
어간과 어미 분리하기
↓
접사 분리하기

1 형태소

① **개념**: 뜻을 가지는 가장 작은 말의 단위

② **특징**
• 더 나눌 경우 본래의 뜻이 사라짐.
• 한 개 이상의 형태소가 모여 단어를 이룸.

2 자립성의 유무에 따른 분류

자립 형태소	홀로 자립하여 쓰일 수 있는 형태소 → 명사, 대명사, 수사, 관형사, 부사, 감탄사
의존 형태소	홀로 쓰이지 못하여 다른 말에 붙어서 쓰이는 형태소 → 조사, 용언의 어간 · 어미, 접사

3 실질적 의미의 유무에 따른 분류

실질 형태소	실질적인 뜻을 지니고 구체적인 상태나 동작, 대상을 표시하는 형태소 → 자립 형태소, 의존 형태소 중 용언의 어간
형식 형태소 (문법 형태소)	• 실질 형태소에 붙어서 말과 말 사이의 관계를 표시하는 형태소 • 문법적인 의미를 가지는 형태소 → 조사, 용언의 어미, 접사

4 형태소 분석의 예시

문장		하늘은 맑고 바다는 푸르다							
형태소	분석	하늘	은	맑-	-고	바다	는	푸르-	-다
	자립 여부	자립	의존	의존	의존	자립	의존	의존	의존
	의미 여부	실질	형식	실질	형식	실질	형식	실질	형식

01 형태소 이해하기

형태소에 대한 설명으로 적절하지 <u>않은</u> 것은?

① '을'과 '를'은 이형태 관계로 의미가 같다.

② 실질 형태소는 모두 자립 형태소에 해당한다.

③ 조사의 경우 의존 형태소이자 형식 형태소이다.

④ 형태소는 더 이상 나눌 수 없는 가장 작은 말의 단위이다.

⑤ 형태소는 자립성의 유무에 따라 자립 형태소와 의존 형태소로 나눌 수 있다.

중요 02 형태소의 분류 파악하기

보기 의 ㉠~㉤에 대한 설명으로 적절하지 <u>않은</u> 것은?

보기

㉠ 아름다운   ㉡ 꽃   ㉢ 이   ㉣ 활짝   ㉤ 피었다.

① ㉠의 '아름-'은 실질 형태소이자 의존 형태소이다.

② ㉡은 실질 형태소이자 자립 형태소이다.

③ ㉢은 실질 형태소이자 의존 형태소이다.

④ ㉣은 실질 형태소이자 자립 형태소이다.

⑤ ㉤의 '-다'는 형식 형태소이자 의존 형태소이다.

중요 03 형태소 분석하기

보기 의 문장에서 실질 형태소이면서 의존 형태소인 것을 모두 고른 것은?

보기

나는 물고기를 놓아 주었다.

① 나, 물고기, 놓-, 주-   ② 나, 놓-, 주-   ③ 는, 를, -다
④ 나, 물고기   ⑤ 놓-, 주-

서답형 04 형태소 분류하기

보기 의 문장을 이루고 있는 형태소의 개수를 쓰시오.

보기

푸른 하늘을 보니 기분이 좋다.

문제풀이

태양열 발전과 태양광 발전

| 정답 및 해설 | 124쪽

갈래	설명문
주제	태양열 발전과 태양광 발전의 원리
해제	이 글은 태양열 발전과 태양광 발전의 원리를 설명하고 있다. 태양열 발전은 태양이 복사하는 열에너지를 활용하는 기술로, 집열부에서 태양의 에너지를 모아 열로 변환하면 이를 축열부에 저장하고 이용부에서 운반한다. 태양광 발전은 발전기 대신 태양전지를 이용하여 태양광을 직접 전기에너지로 변환하는 기술로, 태양전지의 셀에서 +전하와 −전하가 이동하면서 전기가 일어난다. 태양열 발전과 태양광 발전은 친환경적이라는 장점이 있지만 설치가 어렵고 큰 금액이 든다는 단점도 있다.

＊문단 중심 내용

1문단	태양 에너지를 활용하는 태양열 발전과 태양광 발전
2문단	태양열 발전의 원리
3문단	태양광 발전의 원리
4문단	태양열 발전과 태양광 발전의 장단점

※ 다음 글을 읽고 물음에 답하시오.

　태양 에너지는 태양광 발전이나 태양열 발전을 통해 이용할 수 있다. 최근 그 사용이 확산되고 있는 태양열 발전과 태양광 발전에 대해 알아보자.

　태양열 발전이란 태양이 복사하는* 열에너지를 흡수, 저장, 변환하여 건물의 난방과 온수 공급 등에 활용하는 기술이다. 태양열 시스템은 집열부, 축열부, 이용부로 구성된다. 집열부는 태양으로부터 오는 에너지를 모아서 열로 변환하는 장치로, 가장 중요한 부분이며 빛을 잘 흡수하는 검은색 관 속으로 물을 흐르게 하는 평판* 집열관 형태가 기본이다. 집열부는 빛을 투과하는* 외부층(유리나 플라스틱)이 빛을 흡수하는 검은색의 내부구성물을 둘러싼 형태로 이루어져 온실효과를 일으킨다. 이 안으로 들어온 빛은 검은색의 내부에 부딪혀 적외선으로 바뀌고, 적외선은 투명층을 통과하지 못하므로 내부는 점점 더 뜨거워진다. 이렇게 뜨거워진 내부에는 열을 흡수하였다가 전달하는 매체가 흐르는데, 뜨거워진 매체는 물과 열을 교환하여 난방용 또는 온수용 물을 생산한다. 축열부는 열 교환되어 사용처에 사용될 매체, 즉 난방용 물 등을 저장하고 이용부에서 이를 운반한다.

　태양광 발전은 발전기의 도움 없이 태양전지를 이용하여 태양광을 직접 전기에너지로 변환하는 발전방식으로, 태양광의 열에너지를 이용해 발전하는 태양열 발전과 구분된다. P형 반도체와 N형 반도체를 접합시킨 태양전지의 셀은 상하 2층으로 나누어져 있다. 위층은 전자(−)가 많은 N형 반도체이며, 아래층은 정공*(+)이 많은 P형 반도체이다. N형 반도체와 P형 반도체를 고온으로 접합시켜 셀을 만드는데, 두 반도체가 접합되는 순간 접합 경계면 부근에 있는 N형 반도체의 전자들은 경계면을 넘어 P형 반도체로 이동하여 정공들과 결합한다. 이 결합은 경계면 부근의 제한적인 범위에서만 일어나며, 순식간에 완료된다. 그 결과 원래 전자들이 있던 N형 반도체 속의 원자들은 전자를 잃어 +전하를 가지게 되고, 전자를 새로 받아들이게 된 P형 반도체 속의 원자들은 −전하를 가지게 된다. 이들 두 대칭적인 전하를 '공간 전하'라고 부른다. 태양광이 N형 반도체를 통과하면 경계면 부근의 반도체 원자들은 에너지 충격으로 +전하와 −전하로 분리된다. 분리된 전하들은 이미 형성되어 있는 공간 전하의 정전기에 의해 +전하는 아래(P형 반도체)로, −전하는 위(N형 반도체)로 이동하여 모여 있게 되는데, 이때 위층과 아래층을 회로로 연결하면 −전하가 회로를 통해 아래층으로 흘러 들어가면서 전기를 일으키게 된다.

　태양열 발전과 태양광 발전은 모두 태양 에너지를 이용하므로 지속 가능하고 공해를 일으키지 않는 친환경적 기술이지만, 설치 장소가 한정적이며 설치 비용이 비싸다는 단점이 있다.

＊복사하다(輻射하다): 물체로부터 열이나 전자기파가 사방으로 방출되다.
＊평판(平板): 평평한 판.
＊투과하다(透過하다): 광선이 물질의 내부를 통과하다.
＊정공(正孔): 절연체나 반도체의 원자 간을 결합하고 있는 전자가 밖에서 에너지를 받아 보다 높은 상태로 이동하면서 그 뒤에 남은 결합이 빠져나간 구멍. 마치 양의 전하를 가진 자유 입자와 같이 동작한다.

01 내용 전개 방식 파악하기

윗글에 대한 설명으로 적절하지 않은 것은?

① 태양광 발전의 과정과 원리를 설명하고 있다.
② 태양열 시스템의 구성과 기능을 설명하고 있다.
③ 태양 에너지 이용의 어려움과 해결 방법을 설명하고 있다.
④ 태양열 발전과 태양광 발전의 장점과 단점을 설명하고 있다.
⑤ 태양열 발전과 태양광 발전의 공통점과 차이점을 설명하고 있다.

중요 02 핵심 내용 파악하기

보기 의 발전 기술에 대한 설명으로 적절하지 않은 것은?

보기

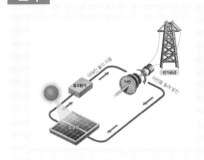

① 〈보기〉의 집열판에서는 온실효과가 일어난다.
② 〈보기〉의 기술은 지속적이고 친환경적인 발전 기술이다.
③ 〈보기〉는 태양의 열에너지를 이용해 발전하는 기술이다.
④ 〈보기〉의 발전은 건물의 난방 또는 온수 공급에 활용된다.
⑤ 〈보기〉는 집열판을 통해 태양으로부터 오는 에너지를 모아 직접 전기를 일으키는 장치이다.

중요 03 핵심 내용 파악하기

보기 에 관한 설명으로 적절하지 않은 것은?

보기

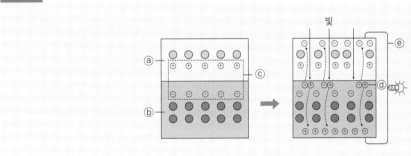

① ⓐ의 전자들은 경계면을 넘어 ⓑ의 정공들과 결합하였다.
② ⓑ는 두 반도체의 접합으로 −전하를 갖는다.
③ ⓒ는 서로 대칭적인 공간 전하이다.
④ 태양광이 ⓐ를 통과하면 ⓓ 중 +전하는 ⓑ로, −전하는 ⓐ로 이동한다.
⑤ ⓔ를 연결하면 −전하가 아래층에서 위층으로 흘러 들어가면서 전기를 일으킨다.

서답형 04 세부 내용 파악하기

㉠, ㉡에 들어갈 말을 찾아 차례대로 쓰시오.

태양열 발전에서, 집열부의 관이 (㉠)색인 것은 (㉠)색이 (㉡)을/를 잘 흡수하기 때문이다.

문제풀이

229

✔ 한방에! 개념정리

✔ 한방에! 핵심정리

갈래	정형시, 한시, 7언 절구
성격	서정적, 상징적, 현실 비판적
주제	속세와 거리를 두고 산중에 은둔하고자 하는 마음
특징	① 자연을 의인화하여 표현함. ② 자연과 세상을 대조적으로 제시함.
해제	이 작품은 당나라 유학을 마치고 돌아온 작가가 자연의 물소리를 빌려 속세와 단절하고 자연 속에서 은둔하고자 하는 의지를 표현한 한시이다. 제목은 '가야산의 독서당에서 쓰다'라는 의미이다.

✔ 한방에! 어휘풀이

★ **지척**(咫尺): 아주 가까운 거리.
★ **시비하다**(是非하다): 옳고 그름을 따지는 말다툼을 하다.

※ 다음 글을 읽고 물음에 답하시오.

첩첩 바위 사이를 미친 듯 달려 **겹겹 봉우리** 울리니

사람 말소리야 지척에서도 **분간하기 어렵**네

항상 **시비하는** 소리 귀에 들릴까 두려워

일부러 ⊙ 흐르는 물로 온 산을 둘러 버렸다네

狂奔疊石吼重巒(광분첩석후중만)

人語難分咫尺間(인어난분지척간)

常恐是非聲到耳(상공시비성도이)

故敎流水盡籠山(고교유수진롱산)

– 최치원, 〈제가야산독서당〉 –

✔ 한방에! 같이볼작품

원컨대 이욕*의 문에 빗장 걸어
물려받은 몸 상하게 하지 마소서
어찌하여 진주 캐는 사람처럼 다투어
목숨 가벼이 여겨 바다 밑에 들겠는가
몸이 영화로우면* 티끌에 물들기 쉽고
마음의 때 물로 씻기 어렵도다
담박한* 삶의 맛을 누구와 이야기할까

願言扃利門.   [원언경이문]

不使捐遺體.   [불사연유체]

爭奈探珠者.   [쟁내탐주자]

輕生入海底.   [경생입해저]

身榮塵易染.   [신영진이염]

心垢水難洗.   [심구수난세]

澹泊誰與論.   [담박수여론]

世路嗜甘醴.   [세로기감례]

– 최치원, 〈우흥〉

★ 이욕[利慾]: 사사로운 이익을 탐내는 욕심.
★ 영화롭다[榮華롭다]: 몸이 귀하게 되어 이름이 세상에 빛날 만하다.
★ 담박하다[淡泊하다]: 욕심이 없고 마음이 깨끗하다.

표현상의 특징 파악하기

윗글에 대한 내용으로 적절하지 <u>않은</u> 것은?

① 시각적 심상을 이용하여 자연을 묘사하고 있다.
② 풍경을 묘사한 뒤에 화자의 감정을 그리고 있다.
③ 무생물을 생물처럼 표현하여 생동감을 더하고 있다.
④ 대조를 통해 화자의 심리를 효과적으로 드러내고 있다.
⑤ 말을 건네는 방식으로 대상과의 친밀감을 나타내고 있다.

02 소재의 의미 파악하기

㉠을 이해한 내용으로 적절하지 <u>않은</u> 것은?

① 화자가 지닌 생명력을 표현한다.
③ 화자를 속세로부터 단절하는 존재이다.
⑤ 화자의 두려움을 해소해 주는 존재이다.

② 화자의 의지가 드러나는 소재이다.
④ 화자가 은거하고 있는 자연을 의미한다.

★ 은거하다(隱居하다): 세
상을 피하여 숨어서 살다.

중요 03 외적 준거를 바탕으로 작품 이해하기

보기를 참고하여 윗글을 이해한 내용으로 가장 적절한 것은?

보기

　치원이 스스로 서쪽에 유학하여 얻은 바가 많았다고 생각하여서 돌아와서는 자기의 뜻을 실행하려고 하였으나 말세여서 의심과 시기가 많아 용납되지 않으니 지방 관직으로 나가 태산군 태수가 되었다. (중략) 치원은 서쪽에서 당을 섬기다가 동쪽으로 고국에 돌아온 후까지 모두 혼란한 세상을 만나 운수가 꽉 막히고, 움직이면 매번 비난을 받으니 스스로 불우함을 한탄하여 다시 관직에 나갈 뜻이 없었다. 산림의 기슭과 강이나 바닷가에서 자유롭게 이리저리 돌아다니며 스스로 구속되지 않았다. 누각을 짓고 소나무와 대나무를 심었으며, 책을 베개 삼고, 풍월을 읊었다.

－ 김부식, 〈삼국사기〉 권 제46 열전 제6

① '첩첩 바위'는 최치원이 뜻을 펴는 것을 가로막은 말세의 상황을 의미하는군.
② '겹겹 봉우리'는 최치원이 살아간 혼란한 세상을 의미하는군.
③ '사람 말소리'를 '지척에서도 분간하기 어렵'다고 한 것은 최치원이 관직을 포기한 이유이군.
④ '시비하는 소리'는 당시 상황을 비판하는 최치원의 목소리를 가리키는군.
⑤ '일부러'는 최치원이 스스로 결심하여 속세에서 벗어났음을 의미하는군.

★ 말세(末世): 정치, 도덕,
풍속 따위가 아주 쇠퇴
하여 끝판이 다 된 세상.
★ 태산군(太山郡): 현재의
전북 정읍시 칠보면.
★ 태수(太守): 신라 때에,
각 고을의 으뜸 벼슬.

서답형 04 작품의 내용 파악하기

윗글의 1행의 주어가 무엇인지 찾아 2어절로 쓰시오.

한방에! 개념정리

한방에! 핵심정리

갈래	단편 소설, 농촌 소설
성격	비극적, 풍자적, 향토적
주제	① 황만근의 인품에 대한 예찬 ② 인정이 메말라 가는 현대인에 대한 비판
특징	① 현대 사회에 대한 비판적 시각이 드러남. ② 전(傳)의 양식을 창조적으로 재구성함. ③ 사투리를 사용하여 향토적인 분위기를 조성함.
해제	이 작품은 반편이로 취급받는 가난하고 어리석은 농부 '황만근'의 일대기를 통해 농촌의 메말라 가는 인정을 풍자한다. 남의 비웃음과 놀림에도 개의치 않고 평생 자신의 일에 최선을 다하면서 이웃을 위해 살았던 황만근은 어느 날 갑작스런 사고로 죽게 된다. 갑작스런 황만근의 부재는 마을 사람들에게 큰 빈자리로 느껴진다. 마을에서 유일하게 그의 진면목을 알아본 인물인 '민 씨'에 의해 황만근의 행적이 전달되고 있어 전(傳) 형식을 취하고 있다고도 평가받는다.

※ 다음 글을 읽고 물음에 답하시오.

아침밥을 먹기도 전 황만근의 아들이 찾아와 황만근이 집에 돌아오지 않았다고 하길래 얼결에 동네 사람들을 불러모으는 역할을 하게 된 민 씨는 분위기가 이상하게 돌아간다 생각하고 참견을 했다.

"어제 궐기* 대회 한다 하고 간 사람이 누구누구십니까. ㉠ 황만근 씨하고 같이 간 사람은요? 궐기 대회 하는 동안 본 사람은 없나요?"

자리에 모인 대여섯 명의 황 씨들은 서로의 얼굴을 마주 보더니 모두 고개를 흔들었다.

"사람이라고 및 밍이나 되나. 군 전체 사람이 모도 모있다는 기 백 밍이 될라나 말라나 한데 반그이는 돼지고기 반 근만 해서 그런지 안 보이더라칸게."

이장은 계속 빈정거리듯 말을 이었다. 민 씨는 이장이 궐기 대회 전날 황만근을 따로 불러 무슨 말을 건네던 것을 기억해냈다.

"그제 밤에 내일 궐기 대회 한다고 사람들 모였을 때 이장님이 황만근 씨에게 뭐라고 하셨죠. 모임 끝난 뒤에."

이장은 민 씨를 흘기듯 노려보았다.

"왜, **농민보고 농민 궐기 대회 꼭 나오**라 캤는데, 뭐가 잘못됐나?"

민 씨는 자신도 모르게 따지는 어조가 되었다.

"군 전체가 모두 모여도 몇 명 안되었다면서요. 그런 자리에 황만근 씨가 꼭 가야 합니까. 아니, 황만근 씨만 가야 할 이유라도 있습니까. 따로 황만근 씨한테 부탁을 할 정도로."

"이 사람이 뭐라 카는 기라. 이장이 동민*한테 농가 부채 탕감 촉구 전국농민 총궐기대회가 있다, 꼭 참석해서 우리의 입장을 밝히자 카는데 뭐가 잘못됐다 말이라."

"잘못이라는 게 아니고요, 다른 사람들은 다 돌아왔는데 왜 황만근 씨만 못 오고 있나 하는 겁니다."

"내가 아나. 읍에 가보이 장날이더라고. **보나 마나 어데서 술 처먹고 주질러 앉았**을 끼라. 백릿길을 깅운기를 끌고 갔으이 시간도 마이 걸릴 끼고."

다른 사람들은 말이 없었고 민 씨와 이장만이 공을 주고받는 꼴이 되어버렸다.

"글쎄, 그 자리에 꼭 황만근 씨만 경운기를 끌고 갔어야 했느냐 이 말입니다. 그것도 고장 난 경운기를."

"깅운기를 끌고 오라는 기 내 말이라? 투쟁 방침*이 그렇다카이. 깅운기도 그렇지, 고장은 무신 고장, 만그이가 그걸 하루 이틀 몰았나. 남들이 못 몬다뿌이지."

"그럼 이장님은 왜 경운기를 안 타고 가고 트럭을 타고 가셨나요. ㉡ 이장님부터 솔선수범*을 해야지 다른 동민들이 따라할 텐데, 지금 거꾸로 되었잖습니까."

"내사 민사무소에서 인원 점검하고 다른 이장들하고 의논도 해야 되고 울미나 바쁜 사람인데 깅운기를 타고 언제 가고 말고 자빠졌나. 다른 동네 이장들도 민소 앞에서 모이가이고 트럭 타고 갔는 거를. 진짜로 깅운기를 끌고 갔으마 군 대회에는 늦어도 한참 늦었지. 군청에 갔는데 비가 와 가이고 온 사람도 및 없더마. 소리마 및 분 지르고 왔지. 군청까지 깅운기를 타고 갈 수나 있던가. ⓒ 국도에 차들이 미치괘이맨구루 쌩쌩 달리는데 받치만 우얘라고. 다른 동네서는 자가용으로 간 사람도 쌨어."

"그러니까 국도를 갈 때는 여러 사람이 한꺼번에 경운기를 여러 대 끌고 가자는 거였잖습니까. 시위도 하고 의지도 보여 준다면서요. 허허. 나 참."

"아침부터 바쁜 사람 불러내놓더이, 사람 말을 알아듣도 못하고 엉뚱한 소리만 해싸. 누구맨구로 반동가리가 났나."

기어이 민 씨는 버럭 소리를 지르고야 말았다.

"반편*은 누가 반편입니까. 이장이니 지도자니 하는 사람들이 모여서 방침을 정했으면 그대로 해야지, 양복 입고 자가용 타고 간 사람은 오고, 방침대로 경운기 타고 간 사람은 오지도 않고, 이게 무슨 경우냐구요."

(중략)

그러는 동안 모든 사람들이 알게 되었다. 황만근이 집으로 돌아오지 않았다. 동네 사람 누구든 하루 이틀, 또는 한두 달 집을 비울 수도 있지만 그렇다고 그 사실을 모든 사람이 알게 되는 것은 아니다. ㉣ 그러나 황만근만은 하루밤에 지나지 않았음에도 모든 사람이 그의 부재를 알게 되었다. 그렇지만 누구도 적극적으로 황만근을 찾아 나서려 하지 않았다. 그는 있으나 마나 한 존재이면서 있었고 없어서는 안 되는 존재이면서 지금처럼 없기도 했다. 동네 사람들은 그를 바보라고 했다. **두어 해 전에야 신대 1리로 들어와** 황만근의 탄생과 성장, 삶을 처음부터 지켜보지 못한 민 씨만은 그렇게 생각하지 않았다.

마을에서 젊은 축에 드는 마흔다섯 살의 황영석은 황만근이 벽돌을 찍고 구덩이를 파서 지은 마을 회관 변소에서 분뇨*를 퍼내면서 황만근의 부재를 알게 되었다.

"㉤ 만그이 자석이 있었으마 내가 돈을 백만 원 준다 캐도 이런 일을 안 할 낀데. 아이구, 이 망할 놈의 똥 냄새, 여리가 싸놔 그런지 독하기도 하네. 이기 곡석한테 독이 될지 약이 될지도 모르겠구마."

황만근이 있었으면 군말 없이 했을 일이었다. 늘 그렇듯이 벙글벙글 웃으면서.

"만그이가 있었으모 저 거름이 우리 밭으로 올 낀데. 만그이가 도대체 어데 갔노."

마을 회관 곁 조그만 밭에 채소를 심어 먹는 여 씨 노인도 황만근의 부재를 알게 되었다. 황만근은 마을 공통 분뇨를, 역시 자신이 판 마을 공통의 분뇨장으로 가져가서 충분히 익힌 뒤에, **공평하게 나누어주**었다. 황영석처럼 **제가 펐다고 바로 제 밭에 가져가다 뿌리**지는 않았다. 특히 여 씨 노인처럼 일찍 남편을 잃고 혼잣몸이 된 노인들에게는, 알고 그러는지 모르고 그러는지 더 자주 거름을 가져다주었다.

"만그이한테 물어보자."

아이들은 소꿉장난을 하다가 황만근의 부재를 알게 되었다. 공평무사*한 것이 황만근의 평생의 처사*였다. 그에게는 **판단 능력이 없는 듯 했지만** 시비를 물으러 가면, 가노라면 언제나 **공평무사한 자연의 이법***에 대해 깨우치게 되고 분쟁은 종식되었다*.

– 성석제, 〈황만근은 이렇게 말했다〉 –

＊**전체 줄거리**

농가 부채 탕감 촉구를 위한 전국농민 총궐기대회에 참가하기 위해 경운기를 끌고 간 황만근이 돌아오지 않는다. 황만근은 신대리에 사는 가난한 농부로, 전쟁 때 아버지가 죽고 유복자로 태어났다. 지능이 모자라 아이들에게까지 반편이라는 놀림의 대상이 되고, 몸도 제대로 가누지 못해 늘 넘어지며, 혀도 짧아 발음도 정확하지 않다. 어느 날 자살하려는 처녀를 구해 아들 하나를 얻지만, 여인은 곧 떠나 버린다. 이후 그는 어머니를 봉양하고 아들을 부양하면서 마을의 온갖 궂은일을 도맡는다. 황만근은 없어진 지 일주일 만에 뼈로 돌아오는데, 이장의 지시대로 백 리 길을 경운기를 끌고 갔다가 궐기 대회에는 참가하지도 못하고, 돌아오던 길에 그만 경운기가 논바닥에 처박혀 그 옆에서 얼어 죽고 만 것이다.

✔ **한방에! 어휘풀이**

＊**궐기(蹶起)**: 어떤 목적을 이루기 위하여 마음을 돋우고 기운을 내서 힘차게 일어남.

＊**동민(洞民)**: 한동네에서 같이 사는 사람.

＊**방침(方針)**: 앞으로 일을 처러 나갈 방향과 계획.

＊**솔선수범(率先垂範)**: 남보다 앞장서서 행동해서 몸소 다른 사람의 본보기가 됨.

＊**반편(半偏)**: 지능이 보통 사람보다 모자라는 사람을 낮잡아 이르는 말.

＊**분뇨(糞尿)**: 똥과 오줌을 아울러 이르는 말.

＊**공평무사(公平無私)**: 공평하여 사사로움이 없음.

＊**처사(處事)**: 일을 처리함. 또는 그런 처리.

＊**이법(理法)**: 원리와 법칙을 아울러 이르는 말.

＊**종식되다(終熄되다)**: 한때 매우 성하던 현상이나 일이 끝나거나 없어지다.

윗글에 대한 설명으로 가장 적절한 것은?

① 계절적 배경을 묘사하여 사건의 전개를 암시하고 있다.

② 인물 간의 대화를 제시하여 갈등 상황을 드러내고 있다.

③ 장면을 빈번하게 전환하여 긴박한 분위기를 조성하고 있다.

④ 현재형 어미를 사용하여 사건을 현장감 있게 전달하고 있다.

⑤ 인물의 내력을 요약적으로 서술하여 성격 변화를 나타내고 있다.

02 구절의 의미 파악하기

㉠~㉤을 이해한 내용으로 적절하지 않은 것은?

① ㉠: 민 씨가 황만근의 부재에 대한 단서를 찾고자 하고 있음이 드러나고 있다.

② ㉡: 민 씨가 이장의 태도와 행동에 대해 불만을 가지고 있음이 드러나고 있다.

③ ㉢: 이장이 자신과 황만근에게 서로 다른 잣대를 적용하고 있음이 드러나고 있다.

④ ㉣: 마을 사람들이 황만근의 존재를 소중하게 여겨 왔음이 드러나고 있다.

⑤ ㉤: 황영석이 그동안 황만근에게 궂은일을 시켰음이 드러나고 있다.

중요 03 외적 준거를 바탕으로 작품 이해하기

보기 를 참고할 때, 작품을 이해한 내용으로 적절하지 않은 것은?

보기

　　〈황만근은 이렇게 말했다〉에는 세 부류의 인간상이 등장한다. 첫 번째는 이상적 인간상으로, 모자란 듯 그려지지만 세상에 오염되지 않은 순수한 모습을 지녔다. 이기심이 존재하지 않으며, 근면하고 성실한 바람직한 삶의 양식을 행동으로 보여 준다. 두 번째는 이기적 인간상으로, 이중적인 면모를 보인다. 권위를 내세우며 책임을 회피하고, 이상적 인간과는 달리 자기 자신만을 생각하는 위선적 인물이다. 세 번째는 객관적 인물상으로, 앞의 두 인간상을 객관적인 시선에서 바라보며 독자에게 전달한다.

① 이장이 '농민보고 농민 궐기 대회 꼭 나오'라고 하는 것이 잘못되었냐고 되묻는 것은, 황만근의 부재에 대한 책임을 회피하기 위해서이군.

② 이장이 황만근이 '보나 마나 어데서 술 처먹고 주질러 앉았'을 거라고 말하는 것은, 근면하다고 알려진 황만근의 이중적인 면모를 알려 주는군.

③ 민 씨가 '두어 해 전에야 신대 1리로 들어'온 사람이라는 사실은, 민 씨가 작품 속에서 객관적인 시선을 보일 수 있는 근거가 되는군.

④ 황영석이 분뇨를 '제가 펐다고 바로 제 밭에 가져다가 뿌리'는 것은, 분뇨를 '공평하게 나누어주'는 황만근과 대조되는 이기적인 성격을 드러내는군.

⑤ 황만근이 '판단 능력이 없는 듯 했지만' '공평무사한 자연의 이법'을 깨우쳐 주었다는 것은, 모자라 보이지만 실은 순수한 사람임을 알려 주는군.

서답형 04 작품의 내용 이해하기

다음은 투쟁 방침을 설명한 것이다. ⓐ, ⓑ에 들어갈 말을 찾아 차례대로 쓰시오.

투쟁 방침이란, (　ⓐ　)을/를 갈 때 (　ⓑ　)을/를 끌고 군 대회에 가자는 것이다.

문제풀이

복습하기

문법

¹☐☐☐	뜻을 가지는 가장 작은 말의 단위
종류	• ²☐☐ 형태소(홀로 쓰일 수 있음), ³☐☐ 형태소(홀로 쓰이지 못함) • ⁴☐☐ 형태소(구체적인 상태나 동작, 대상을 표시), ⁵☐☐ 형태소(말과 말 사이의 관계를 표시)

비문학

1문단	⁶☐☐ 에너지를 활용하는 ⁷☐☐☐ 발전과 ⁸☐☐☐ 발전
2문단	⁷☐☐☐ 발전의 원리
3문단	⁸☐☐☐ 발전의 원리
4문단	⁷☐☐☐ 발전과 ⁸☐☐☐ 발전의 장단점

문학 - 제가야산독서당(최치원)

1행	격렬하게 흐르는 계곡 ⁹☐
2행	사람의 ¹⁰☐☐☐ 가 들리지 않게 하는 물소리
3행	세상에 대한 부정적 인식
4행	세상과 단절하고 싶어 하는 마음

문학 - 황만근은 이렇게 말했다(성석제)

황만근

• ¹¹☐☐☐ 를 타고 농민 궐기 대회에 갔다가 실종됨.
• 이타적인 성격이며, ¹²☐☐☐☐ 한 자연의 이법을 알고 있음.

이장

• ¹³☐☐ 을 타고 농민 궐기 대회에 감.
• 황만근이 술을 마시느라 안 왔을 것이라고 말함.

민 씨

• 신대 1리에서 산 지 얼마 되지 않았음.
• 황만근의 실종에 무책임한 태도를 보이는 ¹⁴☐☐ 을 비난함.

정답 1 형태소 2 자립 3 의존 4 실질 5 형식 6 태양 7 태양열 8 태양광 9 물 10 말소리 11 경운기 12 공평무사
13 트럭 14 이장

20

Contents

❊ **단어의 형성**

단어
- 단일어: 어근 하나
- 복합어
  - 합성어: 어근+어근
  - 파생어: 어근+접사
    접사+어근

❊ **접미사와 어미**
- 접미사: 어근 뒤에 붙어 어근의 품사를 바꾸기도 하며, 특정한 어근에만 붙는 경우가 많음.
  예 덮-(동사의 어근)+-개(접미사)
  → 덮개(명사)
- 어미: 용언과 조사 '-이다'가 활용할 때 변하는 부분으로, 품사를 바꾸지 않고 어간에 자유롭게 붙을 수 있음.
  예 덮-(동사의 어근)+-어(어미)
  → 덮어(동사)

❊ **어간과 어근**
- 어간: 용언이 활용할 때 변하지 않는 부분이며 어미에 대응하는 말, 접사를 포함함.
- 어근: 단어의 중심이 되는 부분으로 접사에 대응하는 말

※ 어근과 접사는 단어의 형성에 따른 분류이며, 어간과 어미는 용언의 활용에 따른 분류에 해당

❊ **사동과 피동의 접사**
- 사동 접사: 용언의 어간에 사동 접미사 '-이-, -히-, -리-, -기-, -우-, -구-, -추-'가 붙어 주어가 다른 대상에게 동작을 하도록 시키는 것을 나타냄.
  예 어머니가 아이를 의자에 앉히었다.
- 피동 접사: 용언의 어간에 피동 접미사 '-이-, -히-, -리-, -기-'가 붙어 주어가 다른 대상에 의해 동작을 당하게 되는 것을 나타냄.
  예 아이가 엄마에게 안기었다.

1 어근

① **개념**: 단어에서 실질적인 의미를 나타내는 중심 부분

② **종류**

활용하지 않는 단어	실질 형태소이면서 자립 형태소 → 명사, 대명사, 수사, 관형사, 부사, 감탄사
활용하는 단어	실질 형태소이면서 의존 형태소 → 용언(동사, 형용사)의 어간

2 접사

① **개념**: 어근에 붙어 뜻을 제한하는 주변 부분

② **종류**

· 접두사: 어근의 앞에 붙어 특정한 뜻을 더하는 접사

접두사	의미	예
날-	'말리거나 익히거나 가공하지 않은'의 의미를 더함.	날고기
풋-	'처음 나온' 또는 '덜 익은'의 의미를 더함.	풋사과
군-	'쓸데없는'의 의미를 더함.	군말
맨-	'다른 것이 없는'의 의미를 더함.	맨밥
새-	'매우 짙고 선명하게'의 의미를 더함.	새하얗다

· 접미사: 어근의 뒤에 붙어 특정한 뜻을 더하거나 품사를 바꾸는 접사

접미사	의미	예
-쟁이	'그것의 속성을 많이 가진 사람'의 의미를 더함.	겁쟁이
-꾼	'어떤 일을 전문적으로 하는 사람'의 의미를 더함.	나무꾼
-들	'둘 이상의 수'의 의미를 더함.	우리들
-개	'그러한 행위를 하는 간단한 도구'의 의미를 더함. 동사를 명사로 만듦.	지우개
-기	용언의 어간에 붙어 명사로 만듦.	달리기
-하다	명사를 용언으로 만듦.	생각하다

보기 를 참고하여 단어를 이루는 요소를 구분한 것으로 적절한 것은?

보기

어근은 단어에서 실질적인 의미를 나타내는 중심 부분이다. 실질 형태소인 명사, 대명사, 수사, 관형사, 부사, 감탄사, 용언의 어간은 모두 어근이 될 수 있다. 반면, 접사는 어근에 붙어 그 뜻을 제한하는 주변 부분을 말한다.

① '맨발'의 경우 어근과 어근이 결합한 것이다.
② '행복하다'는 접사 없이 하나의 어근 단독으로 이루어져 있다.
③ '논밭'의 경우 실질적 의미를 가진 '밭'에 '논'이 결합하여 뜻을 제한하고 있다.
④ '첫사랑'의 '첫-'은 어근 '사랑' 앞에 붙어 어근의 뜻을 제한하고 있는 접사이다.
⑤ '날고기'의 '날-'은 어근 '고기' 앞에 붙어 어근의 뜻을 제한하고 있는 접사이다.

중요 **02** 접두사와 접미사 이해하기

㉠과 ㉡이 활용된 예시로 적절한 것은?

보기

어근의 앞에 붙어 특정한 뜻을 더하는 접사를 (㉠)라고 하고, 어근의 뒤에 붙어 특정한 뜻을 더하거나 품사를 바꾸는 접사를 (㉡)라고 한다.

	㉠	㉡		㉠	㉡		㉠	㉡
①	풋사과	책가방	②	지우개	아버지	③	군말	더하기
④	심술쟁이	시동생	⑤	우리들	헛수고			

03 품사를 바꾸는 접미사 파악하기

접사가 결합하여 품사가 변한 경우가 <u>아닌</u> 것은?

① 덮개　　　　　② 죽음　　　　　③ 달리기　　　　　④ 짓누르다　　　　　⑤ 사람답다

서답형 **04** 접두사와 접미사 차이점 파악하기

빈칸에 들어갈 말을 골라 차례대로 쓰시오.

'나무꾼'은 (접두사 / 접미사)가 결합하여 만들어진 단어이고, '한겨울'은 (접두사 / 접미사)가 결합하여 만들어진 단어이다.

문제풀이

※ 다음 글을 읽고 물음에 답하시오.

지금보다 오케스트라의 규모가 작고 음악이 복잡하지 않았던 옛 음악에선 지휘자 없이 연주자들끼리 박자를 맞추고 신호를 주고받으면서도 얼마든지 좋은 연주가 가능했다. 하지만 15~16세기에 르네상스 시대에 접어들면서 음악의 표현력이 풍부해지자 지휘에 대한 통념*도 변하게 되면서 지휘 방식에 좀 더 융통성이 생기게 되고, 지휘자는 단순히 박자를 맞추는 것에 그치지 않고 음악을 '해석'하고 적절하게 '표현'해내는 책임까지 떠맡게 된다. 17세기의 음악가 륄리는 긴 지팡이처럼 생긴 지휘봉으로 바닥을 두드려 템포를 유지하며 프랑스의 루이 14세의 궁정악단 오케스트라를 효율적으로 연습시키고 음악작품을 설득력 있게 해석해냈다. 륄리 이후 독일의 만하임을 중심으로 근대적인 오케스트라가 그 모습을 갖추고 좀 더 복잡하고 다양한 관현악이 나타나게 되자 지휘자의 역할은 더욱 중요해졌다.

19세기에 들어와 오케스트라의 규모가 커지고 음악이 더욱 복잡해지면서 지휘만 전담하는 전문적인 지휘자가 필요하게 되었다. 이때부터 지휘자가 단원들 앞에 서서 지휘봉을 휘두르며 연습을 시키고, 음악의 세밀한 부분의 해석을 지시하며 성공적인 연주를 위해 전체 오케스트라를 통솔하기 시작했다.

19세기의 뛰어난 지휘자는 대개 작곡가인 경우가 많았다. 베토벤 역시 종종 자신의 작품을 지휘했는데, 그는 대단히 표현력이 풍부한 지휘자였기 때문에 주요 교향곡들은 대부분 그 자신의 지휘에 의해 성공적으로 연주되었다. 베토벤의 격정적*인 지휘는 특히 교향곡 7번에서 화제를 모았다. "악센트가 나올 때 그는 팔을 잡아채듯 흔들었으며 여린 부분에선 몸을 낮게 구부렸고, 포르테에 도달했을 때 공중으로 껑충 뛰어올랐다"는 주변의 증언처럼, 베토벤은 음악을 효과적으로 표현해내기 위해 온몸으로 지휘하는 지휘자였다.

멘델스존은 깔끔하고 정교한 지휘로 유명하다. 멘델스존의 우아하고 고전적인 성향과 빠르고 활기찬 템포감, 오케스트라의 밝은 음향은 당대 청중을 사로잡았다. 바그너는 이러한 멘델스존의 지휘와는 완전히 다른 스타일을 구사했다. 바그너는 "선율의 흐름을 제대로 파악해야 맞는 박자를 찾아낼 수 있다"고 주장했던 지휘자로 선율의 흐름과 함께 박의 성격도 변해야 한다고 생각했다. 그래서 그는 정확한 박을 알려주는 기계인 메트로놈을 비음악적으로 여겼다. 바그너가 지휘대에 서면 음악의 성격과 선율의 흐름에 따라 템포가 자유분방하게 변하면서 밑바닥으로부터 끓어오르는 폭풍 같은 에너지가 느껴졌다고 한다. 바그너의 지휘는 청중을 매료시켰지만, 정확성을 추구하는* 지휘자들에겐 비난받기도 했다.

한편, 정확한 템포와 밝은 음향을 추구했던 베를리오즈는 지나치게 자유분방한 바그너의 지휘를 못마땅하게 생각했다. 그는 바그너의 음악을 "느슨하게 늘어진 밧줄 위에서 추는 춤 같다"라고 비난했고 바그너는 베를리오즈가 런던에서 지휘하는 모차르트의 교향곡을 가리켜 "저급한 박자 기계"라고 놀리기도 했다. 이처럼 같은 음악작품이라도 지휘자의 음악관과 개성에 따라 표현된 음악은 천차만별이 될 수 있다.

01 내용 전개 방식 파악하기

윗글에 대한 설명으로 적절하지 <u>않은</u> 것은?

① 전문적 지휘자가 나오게 된 배경을 설명하고 있다.
② 음악의 종류에 따라 달라지는 지휘법을 설명하고 있다.
③ 여러 음악가의 지휘 스타일을 병렬적으로 설명하고 있다.
④ 시간의 흐름에 따른 지휘자의 역할 변화, 발전 과정을 설명하고 있다.
⑤ 음악가나 관련자의 말을 인용하여 각 음악가의 지휘 스타일을 설명하고 있다.

02 세부 내용 확인하기

윗글에 대한 이해로 적절한 것은?

① 바그너는 모차르트의 음악이 지나치게 박자를 중시한다는 이유로 싫어했다.
② 멘델스존은 자신의 주요 교향곡을 효과적으로 표현하기 위해 온몸으로 지휘하였다.
③ 베토벤은 고전적인 성향과 빠르고 활기찬 템포감각으로 당대 청중들을 사로잡았다.
④ 륄리는 궁정악단 오케스트라 연습 때 단원들 앞에 서서 지휘봉을 휘두르며 지휘하였다.
⑤ 르네상스 시대에 접어들어 지휘자는 음악을 해석하고 적절히 표현하는 역할까지 하게 되었다.

중요 **03** 구체적 사례에 적용하기

윗글과 보기 에 대한 이해로 적절하지 <u>않은</u> 것은?

보기

　베토벤 교향곡 5번을 여는 '따따따딴~'의 네 음은 베토벤이 운명이 문을 두드리는 소리라고 했다고 하여 흔히 '운명의 동기'라고 불린다. 베토벤은 운명의 동기가 나타나는 1악장의 첫 페이지에 '빠르고 활기 있게' 연주하라고 적고 그 옆에는 정확한 템포를 지시하기 위해 2분음표를 메트로놈 108로 연주하라고 적었다. 이는 연주자들을 긴장시킬 만큼 빠른 템포이다.

　토스카니니와 푸르트벵글러는 20세기의 지휘자로, 서로 라이벌 관계였다. 그러나 둘의 지휘 스타일은 상반되었다. 정확하고 무자비하기로 유명한 지휘자 토스카니니는 베토벤이 원하는 템포 그대로 운명의 동기를 지휘하였다. 운명의 동기를 반복적으로 구축함으로써 운명이 추적해오는 것 같은 뒷부분도 사정없이 몰아치게 하였다.

　반면 음악을 주관적으로 해석하기로 유명한 푸르트벵글러는 베토벤이 적어놓은 메트로놈 기호에 별로 신경을 쓰지 않고 매우 느린 템포로 연주하였다. 하지만 한 음 한 음 힘 있고 또렷하게 표현된 그 소리는 그 어느 노크 소리보다 가슴을 울리는 웅장함이 있다.

① 베토벤은 자신의 교향곡 5번 도입부를 온몸으로 격정적이게 연주했겠군.
② 베를리오즈는 푸르트벵글러의 연주가 지나치게 자유분방하다고 비판하겠군.
③ 토스카니니의 지휘는 베를리오즈에, 푸트르벵글러의 지휘는 바그너에 가깝군.
④ 토스카니니와 푸르트벵글러는 모두 작곡가의 의도를 지휘에 정확하게 반영하였군.
⑤ 토스카니니와 푸르트벵글러는 모두 음악의 해석이라는 지휘자의 역할에 충실하였군.

 04 세부 내용 파악하기

빈칸에 들어갈 말을 골라 차례대로 쓰시오.

　(바그너 / 멘델스존)와/과 베를리오즈는 모두 (정확한 / 자유로운) 지휘를 추구하였다는 공통점이 있다.

※ 다음 글을 읽고 물음에 답하시오.

은행나무 열매에서 구린내가 난다
㉠ 주의해 주세요 구린내가 향기롭다

밤톨이 여물면서 ㉡ 밤송이가 따가워진다
날카롭게 찌르는 ㉢ 가시가 너그럽다

㉣ 복어 알을 먹으면 죽는다
복어의 독이 복어의 사랑이다

자식을 낳고 술을 끊은 친구가 있다
㉤ 친구의 독한 마음이 아름답다

– 함민복, 〈독은 아름답다〉 –

한방에! 같이볼작품

사과를 먹는다
사과나무의 일부를 먹는다
사과꽃에 눈부시던 햇살을 먹는다
사과를 더 푸르게 하던 장마비를 먹는다
사과를 흔들던 소슬바람을 먹는다
사과나무를 감싸던 눈송이를 먹는다
사과 위를 지나던 벌레의 기억을 먹는다
사과나무 잎새를 먹는다
사과를 가꾼 사람의 땀방울을 먹는다
사과를 연구한 식물학자의 지식을 먹는다
사과나무 집 딸이 바라보던 하늘을 먹는다

사과에 수액을 공급하던 사과나무 가지를 먹는다
사과나무의 세월, 사과나무 나이테를 먹는다
사과의 씨앗을 먹는다
사과나무의 자양분 흙을 먹는다
사과나무의 흙을 붙잡고 있는 지구의 중력을 먹는다
사과나무가 존재할 수 있게 한 우주를 먹는다
　흙으로 빚어진 사과를 먹는다
　흙에서 멀리 도망쳐보려다
　흙으로 돌아가고 마는
사과를 먹는다
사과가 나를 먹는다

– 함민복, 〈사과를 먹으며〉 –

표현상의 특징 파악하기

윗글에 대한 내용으로 적절하지 <u>않은</u> 것은?

① 부정적인 속성을 긍정적인 시각에서 바라보고 있다.
② 비슷한 문장 구조를 반복하여 운율을 형성하고 있다.
③ 일상에서 접할 수 있는 소재를 시적 대상으로 삼고 있다.
④ 촉각적, 미각적 심상을 활용하여 시적 대상을 표현하고 있다.
⑤ 표면에 드러나지 않은 화자가 시적 대상의 특성을 말하고 있다.

02 시구의 의미 파악하기

㉠~㉤을 이해한 내용으로 적절하지 <u>않은</u> 것은?

① ㉠: 은행나무 열매를 밟지 않게 주의해 달라는 의미로 해석할 수 있다.
② ㉡: 밤톨을 보호하기 위한 밤송이의 변화이다.
③ ㉢: 동물들이 밤톨을 먹을 수 있게 해 주기 때문이다.
④ ㉣: 복어 알의 해로운 속성이 드러나 있다.
⑤ ㉤: 자식에 대한 사랑으로 술까지 끊은 친구의 의지를 의미한다.

중요 03 작품의 내용 파악하기

보기 의 ⓐ, ⓑ에 해당하는 시어가 알맞게 연결된 것은?

보기

　　〈독은 아름답다〉의 주제를 'ⓐ 자식에 대한 ⓑ 부모의 사랑'으로 볼 수도 있다. 이 경우, 1~3연은 결국 4연과 같은 의미를 지닌다.

	ⓐ	ⓑ		ⓐ	ⓑ		ⓐ	ⓑ
①	독	복어	②	밤톨	가시	③	밤송이	밤톨
④	구린내	열매	⑤	은행나무	구린내			

서답형 04 표현상의 특징 파악하기

윗글의 3연에서 논리적 모순이 드러나는 시행을 찾아 첫 어절과 마지막 어절을 쓰시오.

20강

열보다 큰 아홉 _ 이문구

한방에! 개념정리

한방에! 핵심정리

갈래	현대 수필
성격	교훈적, 대조적
주제	숫자 아홉처럼 아직 완벽하지는 않지만, 미래에 대한 가능성을 지닌 청소년기
특징	① 다양한 표현 방법을 활용함. ② 역설적인 제목을 통해 호기심을 유발함. ③ 구체적인 예시를 제시하여 독자의 이해를 도움.
해제	이 작품은 아직 '열'이 되지 못한 '아홉'이 가지고 있는 가치의 소중함을 다양한 표현 방법을 활용하여 전달하고 있다. 하나만 보태면 완전해질 수 있는, 아쉬움을 느끼게 하는 수인 '아홉'은 미래의 꿈과 가능성을 담고 있기 때문에 완전한 수 '열'보다 크다는 역설적인 인식을 드러낸다.

※ 다음 글을 읽고 물음에 답하시오.

오늘은 아홉과 열이라는 수가 지니고 있는 뜻에 대해서 생각해 보기로 합시다.

잘 아시다시피 열은 십·백·천·만·억 등의 십진급수*에서 제일 먼저 꽉 찬 수입니다. 그러므로 이 열에 얼마를 더 보태거나 빼거나 한다면 그것은 이미 열이 아닌 다른 수가 됩니다.

무엇을 하기에 그 이상 좋을 수가 없이 알맞은 경우에 '십상* 좋다'고 말하는 십상도, 열 십(十) 자와 이룰 성(成) 자에서 나온 말입니다. 그만큼 열이란 수는 이미 이룰 것을 이룩한* 완전한 수이며, 성공을 한 수인 것입니다.

그러면 아홉이란 수는 어떤 수입니까? 두말할 필요도 없이 열보다 하나가 모자라는 수입니다. 다시 말하면, 완전에 거의 다다른 수, 거기에 하나만 보태면 완전에 이르게 되는 수, 그래서 매우 아쉬움을 느끼게 하는 수인 것입니다.

그러면 아홉은 정녕 열보다 적거나 작은 수일까요? 그렇지 않습니다. 예를 들어 보겠습니다.

끝없이 높고 너른 하늘을 십만 리 장천이라고 하지 않고 구만리장천이라고 합니다. 젊은이더러 앞길이 구만리 같은 사람이라고 하는 말과 같은 뜻이지요.

굽이굽이 한없이 서린 마음을 구곡간장이라고 하고, 굽이굽이 에워 도는 산굽이가 얼마인지 모르는 길을 구절양장이라고 하고, 통과해야 할 문이 몇이나 되는지 모르는 왕실을 구중궁궐이라고 하고, 죽을 고비를 수도 없이 넘기고 살아난 것을 구사일생이라고 표현하고 있습니다.

또 있습니다. 끝 간 데가 어디인지 모르는 땅속이나 저승을 구천이라고 하고 임금보다 한 계급 모자라는 대신인 삼공육경을 구경이라고 합니다. 문화재로 남아 있는 탑들을 보면, 구 층 탑은 부지기수*로 많아도, 십 층 탑은 아직 보지 못하였습니다.

동양에서는, 그중에서도 특히 우리나라에서는, 오랜 옛날부터 열보다 아홉을 더 사랑했습니다. 얼마나 사랑했으면 아홉 구 자가 두 번 든 음력 구월 구일을 중양절이니, 중굿날이니 하는 이름으로 부르면서, 천 년이 넘도록 큰 명절로 정하고 쇠어 왔겠습니까.

우리의 조상들이 열보다 아홉을 더 사랑한 것은 무슨 까닭이었을까요? 간단히 말해서 모든 일에 완벽함을 기대하지 않았다는 뜻이 아니었을까요? 다시 말하면, 이 세상에 완전한 것은 없다는 사실을, 우리의 선조들은 아주 오랜 옛날부터 익히 알고 있었다는 것입니다.

우리가 흔히 듣는 말에 "모든 기록은 깨어지기 위해서 있다."라는 말이 있습니다. 이 말이 맞지 않는 말이라면, 여러분이 아시다시피 세계 제일의 기록만을 수록하는 〈기네스북〉도 해마다 다시 찍어 내야 할 까닭이 없겠지요.

모든 기록이 반드시 깨어지기 마련인 것은, 그 기록을 이룩한 것이 인간이기 때문이라고 생각합니다. 인간은 저마다 무한한 가능성을 타고난 사실과 아울러서, 이 세상에 완전한 인간은 결코 어디에도 있을 수가 없다는 사실 또한 그 스스로가 증명해 주는 존재이기도 합니다.

열이란 수가 넘치지도 않고 모자라지도 않고, 또 조금도 여유가 없는 꽉 찬 수, 그래서 다음도 없고 다음다음도 없이 아주 끝나 버린 수라는 점에서, 아홉은 열보다 많고, 열보다 크고, 열보다 높고, 열보다 깊고, 열보다 넓고, 열보다 멀고, 열보다 긴 수였으며, 그리하여 다음, 또 그다음, 그도 아니면 그 다음다음을 바라볼 수 있는, 미래의 꿈과 그 가능성의 수였기에, 슬기롭고 끈기 있는 우리의 선조들에게 일찍부터 열보다 열 배도 넘는 사랑을 담뿍 받아 왔던 것입니다.

하물며 여러분은 지금 한창 자라고, 한창 배우고, 한창 놀아야 할 중학생입니다. 여러분은 지금 무엇 한 가지도 완벽할 수가 없으며, 항상 어딘가가 부족하고 어설픈 것이 오히려 정상적인 학생입니다. 행여 무엇이 남들보다 모자란 것이 아닌가 싶어서 스스로 괴로워하고 외로워하고 서글퍼해 온 학생이 있다면, 어떨까요, 이제부터라도 열이란 수보다 아홉이란 수를 더 사랑해 보는 것은.

- 이문구, 〈열보다 큰 아홉〉 -

* 내용 구성

처음	'아홉'과 '열'이라는 수의 뜻에 대해 생각해 보기로 함.
중간	우리나라에서는 완전한 수인 '열'보다 미래의 꿈과 가능성을 가진 '아홉'을 더 사랑했음.
끝	청소년은 숫자 '아홉'이 지닌 특성을 닮음.

✔ 한방에! 같이볼작품

숫자 '아홉'의 의미

아홉은 한 자리 수 중 가장 큰 수로, 한자 문화권의 중심지인 중국에서는 과거부터 황제의 숫자로 생각되어 왔다. 완전수의 최소 단위로서 완벽을 상징하는 3이 제곱된 숫자였기 때문이다. 여덟 방위에 중앙을 더하면 아홉이 된다는 점에서도 중심을 상징하는 수이자 제례를 올리는 장소로서 신성하게 여겨졌다.

유교에서는 사람이 반드시 지켜야 할 덕으로 구덕(九德)이 있었고, 군자가 항상 명심하여야 할 아홉 가지 일로 구사(九思)가 있었다. 우리나라의 무속 신화인 바리 공주 이야기에서, 바리 공주는 나무하기 삼 년, 불 때기 삼 년, 물 긷기 삼 년, 총 구 년 동안 일해 준 후 부모님을 살릴 생명수를 얻는다.

서양에서도 아홉은 중요한 숫자였다. 예를 들어, 그리스 신화에는 예술의 신인 아홉 명의 뮤즈가 나온다. 신화 속 유명한 괴물인 히드라도 머리가 아홉 개였다. 성경에는 성령의 아홉 가지 열매와 아홉 계급으로 나누어진 천사들이 등장한다. 이처럼 아홉은 동서양을 막론하고 다양한 문화에서 찾아볼 수 있다.

✔ 한방에! 어휘풀이

* 십진급수(十進級數): 십진법으로 얻은 여러 가지의 단위에 붙는 이름.
* 십상: 꼭 맞게.
* 이룩하다: 어떤 큰 현상이나 사업 따위를 이루다.
* 부지기수(不知其數): 헤아릴 수가 없을 만큼 많음. 또는 그렇게 많은 수효.

01   서술상의 특징 파악하기

윗글에 대한 설명으로 적절하지 <u>않은</u> 것은?

① 다양한 예시를 들어 '아홉'이 '열'보다 크다는 주장을 뒷받침하고 있다.

② 비슷한 문장 구조를 반복하여 '아홉'이 의미 있는 수임을 강조하고 있다.

③ 자문자답의 방식을 사용하여 '아홉'의 의미를 효과적으로 전달하고 있다.

④ 도치법을 활용하여 청소년에게 '아홉'에 애정을 가질 것을 설득하고 있다.

⑤ 명언을 인용하여 과거의 '아홉'과 현재의 '아홉'을 비교하고 대조하고 있다.

* 자문자답(自問自答): 스스로 묻고 스스로 대답함.

02   감상의 적절성 평가하기

윗글을 읽은 학생의 감상으로 적절하지 <u>않은</u> 것은?

① 아홉이라는 수가 쓰인 관용 표현을 더 찾아봐야겠어.

② 내가 이미 성공한 사람이라고 자만해서는 안 되겠어.

③ 내가 부족하고 어설프다고 해서 괴로워하지 말아야겠어.

④ 제목의 모순적 표현에 담긴 의미가 재미있다고 생각했어.

⑤ 이 세상에 완전한 것은 없다는 조상들의 마음가짐을 본받아야겠어.

중요 03   작품의 내용 이해하기

윗글의 내용을 보기 와 같이 정리할 때, ㉠과 ㉡에 들어갈 표현이 알맞게 연결되지 <u>않은</u> 것은?

보기

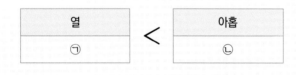

	㉠	㉡
①	다음이 없이 끝나 버린 수	완전에 거의 다다른 수
②	이룰 것을 이룩한 완전한 수	아쉬움을 느끼게 하는 수
③	미래의 꿈과 그 가능성의 수	성공을 한 수
④	조금도 여유가 없는 꽉 찬 수	다음과 그다음을 바라볼 수 있는 수
⑤	넘치지도 모자라지도 않은 수	하나만 보태면 완전에 이르게 되는 수

서답형 04   작품의 주제 파악하기

다음은 제목에 담긴 의미를 설명한 것이다. ⓐ, ⓑ에 들어갈 말을 찾아 차례대로 쓰시오.

> 제목에는 아주 끝나 버린 수인 '(ⓐ)'와/과는 달리, '(ⓑ)'은/는 미래의 꿈과 가능성을 품은 수라는 의미가 담겨 있다.

문제풀이

문법

1 ☐☐	• 단어에서 실질적인 의미를 나타내는 중심 부분 • 활용하지 않는 단어: 실질 형태소이면서 2 ☐☐ 형태소 • 활용하는 단어: 실질 형태소이면서 3 ☐☐ 형태소
4 ☐☐	• 어근에 붙어 뜻을 제한하는 주변 부분 • 5 ☐☐☐ : 어근의 앞에 붙어 특정한 뜻을 더함. • 6 ☐☐☐ : 어근의 뒤에 붙어 특정한 뜻을 더함.

비문학

1문단	르네상스 이후 지휘자의 책임과 7 ☐☐ 의 지휘 방법
2문단	19세기 지휘자의 역할 변화
3문단	8 ☐☐☐ 의 지휘 방법
4문단	9 ☐☐☐☐ 과 10 ☐☐☐ 의 지휘 방법
5문단	11 ☐☐☐☐☐ 의 지휘 방법

문학 – 독은 아름답다(함민복)

1연	12 ☐☐☐☐ 열매의 구린내가 향기로움
2연	날카롭게 찌르는 밤송이의 13 ☐☐ 가 너그러움
3연	복어의 14 ☐ 이 복어의 사랑임
4연	술을 끊은 15 ☐☐ 의 독한 마음이 아름다움

문학 – 열보다 큰 아홉(이문구)

처음	'아홉'과 '열'이라는 수의 뜻에 대해 생각해 보기로 함.
중간	우리나라에서는 완전한 수인 '열'보다 미래의 꿈과 16 ☐☐☐ 을 가진 '아홉'을 더 사랑했음.
끝	청소년은 숫자 '아홉'이 지닌 특성을 닮음.

정답 1 어근 2 자립 3 의존 4 접사 5 접두사 6 접미사 7 륄리 8 베토벤 9 멘델스존 10 바그너 11 베를리오즈 12 은행나무 13 가시 14 독 15 친구 16 가능성

펴 낸 이	주민홍
펴 낸 곳	서울특별시 마포구 월드컵북로 396(상암동) 누리꿈스퀘어 비즈니스타워 10층
	㈜NE능률 (우편번호 03925)
펴 낸 날	2022년 12월 12일 초판 제1쇄
전　　화	02 2014 7114
팩　　스	02 3142 0356
홈 페 이 지	www.neungyule.com
	www.iap2000.com
등 록 번 호	제 1-68호
정　　가	14,000원

NE 능률   IAP BOOKS
아이에이피북스

 고객센터

교재 내용 문의: https://iap2000.com/booksinquiry
제품 구매, 교환, 불량, 반품 문의: 02-2014-7114
☎ 전화문의는 본사 업무시간 중에만 가능합니다.

한 번에
수능까지

한수

완성하는
중학국어

중등 국어
2-1

1. 한 권으로 국어 전 갈래를 한 번에!

2. 시험 출제 빈도가 높은 필수 지문 선정!

3. 국어의 기초체력을 키우는 문해력 개발!

정답 및 해설

- 한수 중학 국어 2-1 -

정답 및 해설

Contents

| 문법 | 모음 체계 |

빠른 정답 체크   01 ②   02 ②   03 ⑤   04 입술의 모양

01 모음의 특징 파악하기   답 | ②

모음에 대한 설명으로 적절하지 않은 것은?

정답 선지 분석

② 이중 모음은 총 11개로 'ㅟ'와 'ㅚ'는 이중 모음에 해당한다.

이중 모음은 총 11개로 'ㅑ, ㅒ, ㅕ, ㅖ, ㅘ, ㅙ, ㅛ, ㅝ, ㅞ, ㅠ, ㅢ'가 해당한다. 'ㅟ'와 'ㅚ'는 많은 사람들이 이중 모음처럼 발음하기 때문에 이중 모음으로 발음하는 것도 허용하지만 단모음에 해당한다.

오답 선지 분석

① 'ㅡ'와 'ㅔ'는 입술을 평평하게 펴서 발음한다.

단모음은 발음할 때 입술의 모양에 따라 원순 모음과 평순 모음으로 구분할 수 있다. 'ㅡ'와 'ㅔ'는 모두 발음할 때 입술이 평평하게 펴지는 평순 모음에 해당한다.

③ 단모음은 발음할 때 혀의 높이에 따라 세 종류로 분류할 수 있다.

단모음은 발음할 때 혀의 높이에 따라 고모음, 중모음, 저모음으로 분류할 수 있다.

④ 전설 모음과 후설 모음의 분류 기준은 발음할 때의 혀의 최고점의 위치이다.

단모음은 발음할 때 혀의 최고점의 위치가 앞쪽인지, 뒤쪽인지에 따라 전설 모음과 후설 모음으로 분류할 수 있다.

⑤ 발음할 때 입술 모양이나 혀의 위치의 변화 여부에 따라 단모음과 이중 모음으로 구분할 수 있다.

단모음과 이중 모음은 발음하는 도중의 입술 모양이나 혀의 위치의 변화 여부로 구분된다. 단모음은 발음하는 도중에 입술 모양이나 혀의 위치가 달라지지 않지만 이중 모음은 발음하는 도중에 입술 모양이나 혀의 위치가 달라진다.

02 모음 구분하기   답 | ②

다음 중 의미를 구별해주는 모음에 대한 설명으로 적절한 것은?

정답 선지 분석

② '원인'과 '연인'의 의미를 구별해주는 모음 'ㅝ'와 'ㅕ'는 모두 이중 모음에 해당한다.

'원인'과 '연인'은 모음 'ㅝ'와 'ㅕ'에 의해서 의미가 구별되고 있다. 모음 'ㅝ'와 'ㅕ'는 모두 이중 모음에 해당한다.

오답 선지 분석

① '의사'와 '이사'의 의미를 구별해주는 모음 'ㅢ'와 'ㅣ'는 모두 단모음에 해당한다.

'의사'와 '이사'는 모음 'ㅢ'와 'ㅣ'에 의해서 의미가 구별되고 있다. 모음 'ㅢ'는 이중 모음에, 모음 'ㅣ'는 단모음에 해당한다.

③ '개미'와 '거미'의 의미를 구별해주는 모음 'ㅐ'와 'ㅓ'는 모두 원순 모음에 해당한다.

'개미'와 '거미'는 모음 'ㅐ'와 'ㅓ'에 의해서 의미가 구별되고 있다. 모음 'ㅐ'와 'ㅓ'는 모두 평순 모음에 해당한다.

④ '구리'와 '고리'의 의미를 구별해주는 모음 'ㅜ'와 'ㅗ'는 입술 모양에 따라 구별된다.

'구리'와 '고리'는 모음 'ㅜ'와 'ㅗ'에 의해서 의미가 구별되고 있다. 모음 'ㅜ'와 'ㅗ'는 모두 입술을 둥글게 오므려서 발음하는 원순 모음에 해당하기 때문에 입술 모양에 따라 구별되지 않는다. 'ㅜ'와 'ㅗ'는 혀의 높낮이에 따라 'ㅜ'는 고모음, 'ㅗ'는 중모음으로 구별할 수 있다.

⑤ '축가'와 '축구'의 의미를 구별해주는 모음 'ㅏ'와 'ㅜ'는 혀의 최고점의 위치에 따라 구별된다.

'축가'와 '축구'는 모음 'ㅏ'와 'ㅜ'에 의해서 의미가 구별되고 있다. 모음 'ㅏ'와 'ㅜ'는 모두 혀의 최고점의 위치가 뒤에 위치한 후설 모음이기 때문에 혀의 최고점의 위치에 따라 구별되지 않는다. 'ㅏ'와 'ㅜ'는 혀의 높낮이에 따라 'ㅏ'는 저모음, 'ㅜ'는 고모음으로 구별할 수 있다. 또 입술 모양에 따라 'ㅏ'는 평순 모음, 'ㅜ'는 원순 모음으로 구별할 수 있다.

03 모음의 분류 파악하기   답 | ⑤

보기 의 질문에 대한 대답으로 적절한 것은?

보기

안녕하세요. 제 이름은 할머니가 지어 주신 이름이에요. 두 글자 모두 단모음으로 이루어져 있으며 저모음과 고모음이 각각 한 번씩 사용되고 있어요. 고모음의 경우 혀의 최고점이 앞쪽에 놓여 발음되는 모음에도 속해요. 제 이름은 무엇일까요?

정답 선지 분석

⑤ 아리

'아리'의 경우 단모음 'ㅏ'와 'ㅣ'가 사용되고 있기 때문에 단모음이 두 번 들어간다는 〈보기〉의 조건에 부합한다. 또한 'ㅏ'는 저모음, 'ㅣ'는 고모음이기 때문에 고모음 한 번, 저모음 한 번 사용된다는 〈보기〉의 조건에 부합한다. 혀의 최고점이 앞쪽에 놓여 발음된다는 것은 전설 모음임을 의미한다. 즉 〈보기〉에서는 전설 모음이 하나 사용되고 있다고 하였는데 'ㅏ'의 경우는 후설 모음, 'ㅣ'의 경우는 전설 모음이기 때문에 이 역시 〈보기〉의 조건에 부합한다.

오답 선지 분석

① 예리

〈보기〉에서는 단모음이 두 번 사용되었다고 하였는데 '예리'의 경우는 이중 모음 'ㅖ'와 단모음 'ㅣ'가 사용되고 있다. 즉 단모음이 한 번 사용되었기 때문에 적절하지 않다.

② 민지

'민지'의 경우 단모음 'ㅣ'가 두 번 사용되었다. 그러나 〈보기〉에서는 저모음과 고모음이 각각 한 번씩 사용되었다고 하였는데 'ㅣ'는 고모음에 해당하기 때문에 적절하지 않다.

③ 기쁨

'기쁨'의 경우 단모음 'ㅣ'와 'ㅡ'가 사용되었다. 그러나 〈보기〉에서는 저모음과 고모음이 각각 한 번씩 사용되었다고 하였는데 'ㅣ'와 'ㅡ'는 모두 고모음에 해당하기 때문에 적절하지 않다.

④ 수아

'수아'의 경우 단모음 'ㅜ'와 'ㅏ'가 사용되었다. 또한 'ㅜ'의 경우 고모음, 'ㅏ'의 경우 저모음에 해당하여 저모음과 고모음이 각각 한 번씩 사용되고 있다. 그러나 〈보기〉에서는 혀의 최고점이 앞쪽에 놓여 발음되는 모음이 하나 사용되고 있다고 하였는데 'ㅜ'와 'ㅏ'는 모두 혀의 최고점이 뒤쪽에 놓여 있는 후설 모음에 해당하기 때문에 적절하지 않다.

04 단모음의 분류 기준 파악하기

보기 는 단모음을 두 가지로 구분한 것이다. 보기 의 분류 기준을 쓰시오.

보기

ㅣ, ㅔ, ㅐ, ㅡ, ㅓ, ㅏ ↔ ㅟ, ㅚ, ㅜ, ㅗ

정답

입술의 모양

쓰기 윤리의 개념을 명확하게 정의하기는 어렵지만, 기존 연구에 따르면 '쓰기라는 표현 행위를 수행하는 개인이나 사회 구성
<u>기존 연구에 따른 쓰기 윤리의 개념①</u>
원들이 지켜야 할 행동 규범' 또는 '쓰기를 수행하는 과정에서 필
자가 지켜야 하는 기본적인 도리' 등으로 정의할 수 있다. 이러한
<u>기존 연구에 따른 쓰기 윤리의 개념②</u>
정의들을 종합하면 쓰기 윤리는 필자가 글을 쓰는 과정에서 준수
<u>①과 ②를 종합한 쓰기 윤리의 정의</u>
해야 할 윤리적 규범을 말한다.
▶ 1문단: 쓰기 윤리의 개념

쓰기에서 준수해야 하는 윤리적 규범의 핵심은 남의 정신적 산
물을 표절하지 않는 것이다. 객관적인 사실을 바탕으로 진술하게
<u>쓰기 윤리의 핵심</u>
글을 쓰되 다른 사람이 쓴 글을 참고할 때는 그 출처를 명확하게
<u>글을 쓸 때 필요한 자세①</u>
밝혀, 그 사람에 대해 존중의 예를 표시해야 한다. 또한 필자는
독자와의 신뢰와 존중을 바탕으로 사실만을 전달하고 진실한 의
<u>글을 쓸 때 필요한 자세②</u>
미를 부여하고자 노력해야 한다.
▶ 2문단: 쓰기 윤리의 핵심

미래 사회 시민으로 성장할 학생들의 쓰기 윤리의 현실은 어떠
<u>질문을 통해 독자의 관심을 유도</u>
할까? 「남녀 공학인 S 중학교 학생 951명을 대상으로 쓰기 윤리를
<u>「」: 쓰기 윤리와 관련한 조사 결과를 인용</u>
위반한 경험을 조사한 결과 전체 학생의 11%만이 쓰기 윤리를
위반한 경험이 없다고 응답했다. 많은 학생이 글을 쓰는 과정에
서 '가끔' 혹은 '매우 많이' 쓰기 윤리를 위반한 경험이 있다고 응
답했다. 실제 S 중학교 학생들은 최근 사회에서 벌어지고 있는 비
윤리적 글쓰기와 타인의 지적 재산권의 중요성을 인식하고 있었
지만, 자신의 글쓰기 행위에서는 쓰기 윤리를 지키지 못했다.」
▶ 3문단: 쓰기 윤리와 관련된 학생들의 실태

학생들이 쓰기 윤리를 위반하는 이유는 환경 요인과 쓰기 동기
요인으로 나누어 생각해 볼 수 있다. 첫째, 쓰기 윤리를 강조하지
<u>쓰기 윤리를 위반하는 이유①</u>
않는 환경 요인을 원인으로 지적할 수 있다. 지금까지의 쓰기 교
육은 「내용을 생성하는 방법과 쓰기 결과만을 중시하고 내용을 정
<u>「」: 필자가 생각하는 쓰기 교육의 문제점</u>
당하게 수집하는 방법이나 작성한 글에 대해 윤리적 문제를 판단
하는 과정에 대한 교육을 소홀히 하여,」학생들이 이를 제대로 학
습하지 못했기 때문이다. 둘째, 외적 보상을 강조하는 쓰기 동기
<u>쓰기 윤리를 위반하는 이유②</u>
요인을 지적할 수 있다. 칭찬, 성적이나 상 등을 위해 글을 쓰는
<u>외적 보상의 예시</u>
분위기가 강하게 형성되어 있어 학생들이 쓰기 윤리를 위반하게
되는 경우가 많기 때문이다.
▶ 4문단: 학생들이 쓰기 윤리를 위반하는 두 가지 이유

학생들의 쓰기 활동의 대부분은 학교, 교실, 가정을 중심으로
이루어지고 있다. 또한 쓰기 활동과 관련된 심리적 요인은 학교
생활이나 수업, 교사나 친구, 부모와의 관계, 성적 등과 관련이
있다. 이러한 점을 고려하면, 학생들의 쓰기 윤리 의식을 높이기

위해서는 학교를 중심으로 하는 교육적 방안을 수립해야 한다.
<u>학생들의 쓰기 윤리 의식을 높이기 위한 방안①</u>
나아가 가정과 사회에서도 타인의 지적 재산권과 진실성 있는 사
회적 소통을 위한 쓰기 행위의 중요성을 강조해야 한다. 책임감
<u>학생들의 쓰기 윤리 의식을 높이기 위한 방안②</u>
있는 자세로 글을 쓴다면, 올바른 글쓰기 문화를 정착시킬 수 있
을 뿐만 아니라 우리 사회의 건강한 의사소통 문화를 만들어 갈
<u>쓰기 윤리를 제대로 확립했을 때의 기대효과</u>
수 있을 것이다.
▶ 5문단: 쓰기 윤리 의식을 높이기 위한 방안

01 내용의 전개 방식 파악하기 답 | ②

윗글에 대한 설명으로 적절하지 않은 것은?

정답 선지 분석

② 상반된 주장들을 나열하며 현상을 분석하고 있다.

윗글은 쓰기 윤리의 개념에 대한 정의를 바탕으로 학생들의 쓰기 윤리 실태와 학생들이 쓰기 윤리를 위반하는 원인에 대해 설명하고 있다. 그러나 쓰기 윤리에 대한 상반된 주장은 언급하지 않았다.

오답 선지 분석

① 중심 개념을 정의하며 내용을 설명하고 있다.

1문단에서 쓰기 윤리의 개념을 정의하고 있다.

③ 질문의 형식을 통해 독자의 흥미를 유발하고 있다.

3문단의 시작 부분에서 질문을 통해 독자의 흥미와 관심을 유도하고 있다.

④ 조사 결과를 인용하여 내용의 신뢰성을 높이고 있다.

3문단에서 S 중학교 학생들을 대상으로 쓰기 윤리를 위반한 경험을 조사한 결과를 제시하여 글의 신뢰성을 높이고 있다.

⑤ 문제 상황이 발생한 원인을 분석하여 제시하고 있다.

4문단에서 학생들이 쓰기 윤리를 위반하는 원인을 분석하여 설명하고 있다.

02 핵심 내용 파악하기 답 | ③

윗글을 통해 알 수 있는 내용으로 적절하지 않은 것은?

정답 선지 분석

③ 글을 쓸 때 필자는 내용을 과장하여 더 큰 감동을 이끌어 낼 수 있다.

윗글에서 '객관적인 사실을 바탕으로 진술하게 글을 쓰되~'라고 말하고 있기 때문에 과장하여 더 큰 감동을 이끌어 내는 것은 쓰기 윤리라고 보기 어렵다. 또한 독자와의 신뢰와 존중을 바탕으로 사실만을 전달해야 하는데 과장하여 전달하는 것은 이에 해당한다고 보기 어렵다.

오답 선지 분석

① 타인의 자료를 인용할 때에는 반드시 출처를 밝혀야 한다.

윗글에서 글을 쓸 때 준수해야 하는 윤리적 규범의 핵심은 남의 정신적 산물을 표절하지 않는 것이라고 말하며 글을 참고할 때는 출처를 명확하게 밝혀야 한다고 이야기하고 있다. 따라서 타인의 자료를 인용할 때에는 반드시 출처를 밝혀야 한다.

② 쓰기 윤리는 사회의 구성원들이 지켜야 할 행동 규범 중 하나이다.

윗글에서 쓰기 윤리는 필자가 글을 쓰는 과정에서 지켜야 하는 기본적인 도리 혹은 윤리적 규범이며, 사회 구성원들이 지켜야 하는 행동 규범이라고 설명하고 있다.

④ 정당하게 자료를 수집하는 방법에 대한 교육을 소홀히 해서는 안 된다.

윗글에서 학생들이 쓰기 윤리를 위반하는 환경 요인으로 지금까지의 쓰기 교육이 내용을 생성하는 방법과 쓰기 결과만을 중시하고 있다는 점을 언급했다. 또한 지금까지의 쓰기 교육은 내용을 정당하게 수집하는 방법이나 작성한 글에 대해 윤리적 문제를 판단하는 과정에 대한 교육을 소홀히 하여, 학생들이 이를 제대로 학습하지 못했음을 지적하고 있다. 따라서 정당하게 자료를 수집하는 방법에 대한 교육을 소홀히 해서는 안 된다는 점을 알 수 있다.

⑤ 쓰기 윤리는 건강한 의사소통 문화를 만들기 위해 필요한 윤리적 규범이다.

윗글에서 쓰기 윤리를 확립하여 책임감 있는 자세로 글을 쓴다면, 올바른 글쓰기 문화를 정착시킬 수 있을 뿐만 아니라 우리 사회의 건강한 의사소통 문화를 만들어 갈 수 있을 것이라고 밝히고 있다. 따라서 쓰기 윤리는 건강한 의사소통 문화를 만들기 위해 필요한 윤리적 규범이라고 볼 수 있다.

03 핵심 내용 적용하기 답 | ②

윗글을 바탕으로 보기 의 상황을 분석한 내용으로 적절하지 않은 것은?

보기

A는 학교에서 진행되었던 '바이러스 예방 글쓰기 대회'에서 금상을 받고자 반 친구들을 대상으로 '하루에 손을 몇 번 씻는가'에 대해 설문조사를 진행하였다. 설문조사 결과 67%의 학생들이 하루에 3번 이상 손을 씻는다고 대답했고, A는 보고서의 신뢰도를 높이고자 80% 이상의 학생들이 하루에 3번 이상 손을 씻는다고 적어서 보고서를 제출하였다. 또한 유튜브에 올라온 사진을 캡처하여 출처를 밝히지 않고 보고서에 첨부하였다. 그 결과 A는 대회에서 금상을 수상하였다.

정답 선지 분석

② A는 독자와의 신뢰를 바탕으로 하여 글을 썼다.

2문단에서 필자는 독자와의 신뢰와 존중을 바탕으로 사실만을 전달하고 진실한 의미를 부여하고자 노력해야 한다고 하였다. 그러나 A는 설문조사 결과를 조작하여 보고서를 작성하였다. 이는 쓰기 윤리를 위반한 것으로 독자와의 신뢰를 바탕으로 글을 썼다고 볼 수 없다.

오답 선지 분석

① A는 윤리적 판단에 대한 학습이 부족하다.

4문단에서 필자는 학생들이 쓰기 윤리를 위반하는 이유 중 하나로 환경 요인을 언급하였다. 이는 내용을 정당하게 수집하는 방법이나 작성한 글에 대해 윤리적 문제를 판단하는 과정에 대한 교육이 소홀했기 때문에 학생들이 쓰기 윤리를 제대로 학습하지 못했다는 것이다. A는 상을 받기 위해 쓰기 윤리를 위반하고 있으므로 윤리적 판단에 대한 학습이 부족하다고 할 수 있다.

③ A는 쓰기 과정보다 쓰기 결과를 더 중시하고 있다.

2문단에서 쓰기에서 준수해야 하는 윤리적 규범의 핵심은 남의 정신적 산물을 표절하지 않는 것이라고 하였다. 그러나 A는 유튜브에 올라온 사진의 출처를 밝히지 않고 보고서에 첨부하였으므로 쓰기 윤리를 지키지 않은 것이다. 따라서 A가 글을 쓰는 과정에서 쓰기 윤리를 지키는 것보다 쓰기 결과에 따른 보상을 더 중시하고 있음을 알 수 있다.

④ A가 책임감 있는 자세로 보고서를 작성했다고 보기 어렵다.

5문단에서는 책임감 있는 자세로 글을 쓴다면, 올바른 글쓰기 문화를 정착시킬 수 있을 것이라고 하였다. 즉 책임감 있는 자세가 글을 쓸 때 필요한 자세라고 볼 수 있다. 그러나 A는 설문조사의 결과를 조작하였고, 유튜브에 올라온 사진을 출처를 밝히지 않고 사용하였다. 따라서 A가 책임감 있는 자세로 보고서를 작성했다고 보기 어렵다.

⑤ A에게 외적 보상이 쓰기 윤리를 위반하는 동기로 작용하였다.

4문단에서 학생들이 쓰기 윤리를 위반하는 이유 중 하나로 쓰기 동기 요인을 언급하였다. 쓰기 동기 요인은 칭찬, 성적이나 상 등 외적 보상을 강조하기 때문에 쓰기 윤리를 위반한다는 것이다. A는 교내 대회에서 금상을 받기 위해 쓰기 윤리를 위반하고 있으므로 A에게 외적 보상이 쓰기 윤리를 위반한 동기로 작용했음을 알 수 있다.

04 세부 내용 파악하기

윗글에서 필자가 강조하는 쓰기 윤리의 핵심을 3어절로 쓰시오

정답

표절하지 않는 것

님이 오마 하거늘 저녁밥을 일찍 지어 먹고
　　온다　　　　　　　　　▶ 임이 온다는 소식에 마음이 급해짐
중문 나와서 대문 나가 문지방* 위에 달려가 앉아 손으로 이마
　점층적 시상 전개
를 가리고 오는가 가는가 건너편 산을 바라 보니 거무희끗한 것
　　　　　주체 = 임　　　　　　　　　　　　△: 화자가 임으로 착각한 대상
이 서 있기에 저것이야 말로 임이로다 「버선 벗어 품에 품고 신도
벗어 손에 쥐고 곰븨님븨 님븨곰븨 천방지방 지방천방 진 데 마
의태어 사용(엎치락뒤치락, 허둥지둥) → 음성 상징어를 짝을 지어 배치함으로써 리듬감 형성
른 데 가리지 않고 워렁충창 건너 가서, 정을 담은 말을 하려 하고
진 곳 마른 곳　　　의성어 사용(우당탕)
곁눈으로 흘긋 보니 작년 칠월 십삼 일에 껍질 벗긴 주추리 삼대

가 알뜰히도 나를 속였구나
　반어법　　　　　　　　　▶ 주추리 삼대를 임으로 착각하여 반겨 맞으러 나감
모쳐라* 밤이기에 망정이지 행여 낮이었으면 남들 웃길 뻔 했구나
주추리 삼대를 임으로 착각한 것에 대한　　　▶ 자신의 행동에 대해 겸연쩍어함
멋쩍음을 드러냄　　　　　　　　　　- 작자 미상, 〈님이 오마 하거늘〉 -
→ 화자의 낙천적 성격이 드러남

* 문지방(門地枋): 출입문 밑의, 두 문설주 사이에 마루보다 조금 높게 가로로 댄 나무.
* 모쳐라: '마침'의 옛말.

01 표현상의 특징 파악하기 답 | ④

윗글에 대한 설명으로 적절하지 않은 것은?

정답 선지 분석

④ 여성 화자의 목소리로 오지 않는 임에 대한 원망을 드러내고 있다.

윗글은 여성 화자가 임이 온다는 소식에 허둥지둥 달려갔다가, 임이 아닌 주추리 삼대였음을 알아챈 뒤의 멋쩍은 심경을 해학적으로 표현하고 있다. 따라서 임에 대한 원망을 드러내고 있다고 보기는 어렵다.

오답 선지 분석

① 시·공간적 배경이 구체적으로 드러나 있다.

'저녁밥을 일찍 지어 먹고', '밤이기에 망정이지'를 통해 윗글이 전개되고 있는 시간이 저녁~밤임을 알 수 있고 '중문 나와서 대문 나가 문지방 위를 달려가~'를 통해 공간이 구체적으로 제시되고 있음을 알 수 있다.

② 솔직하고 낙천적인 화자의 사고관이 드러나 있다.

종장에서는 '모쳐라 밤이기에 망정이지 행여 낮이었으면 남들 웃길 뻔 했구나'라고 하며 주추리 삼대를 임으로 착각한 자기 자신에게 실망하기보다는 멋쩍어하며 작품의 해학적 특성을 드러냄과 동시에 화자의 솔직하고 낙천적인 성격을 보여 주고 있다.

③ 임을 기다리는 화자의 모습을 해학적으로 표현하고 있다.

임을 기다리며 한시라도 빨리 만나고 싶어 하는 화자의 허둥대는 모습을 과장된 행동 묘사로 열거함으로써 해학적으로 표현하고 있다.

⑤ 음성 상징어를 사용하여 화자의 모습을 생동감 있게 표현하고 있다.

윗글에는 '곰븨님븨 님븨곰븨 천방지방 지방천방', '워렁충창' 등 화자가 거무희끗한 것을 향해 달려가는 모습을 음성 상징어를 사용해서 생동감 있게 표현하고 있다.

---

02 시어의 의미 파악하기
답 | ④

윗글의 시어에 대한 해석으로 적절하지 않은 것은?

정답 선지 분석

④ 화자는 '주추리 삼대'에 감정을 이입하여 임을 만나지 못한 안타까움을 표현하고 있다.

'주추리 삼대'는 화자의 착각을 유발하는 소재일 뿐, 감정 이입의 대상이 아니다.

오답 선지 분석

① '거무희끗한 것'은 화자가 임이라고 착각한 대상이다.

화자는 '거무희끗한 것'을 보고 화자라고 착각하고 허둥지둥 달려가지만, 그것은 임이 아닌 주추리 삼대였음이 중장의 마지막에서 밝혀진다.

② '곰븨님븨 님븨곰븨 천방지방 지방천방'은 급히 달려가는 화자의 모습을 과장해서 묘사한 것이다.

거무희끗한 것을 보고 엎치락뒤치락, 허둥지둥 달려가는 화자의 모습을 '곰븨님븨 님븨곰븨 천방지방 지방천방'이라고 음성 상징어를 사용해 과장해서 묘사하고 있다.

③ '정을 담은 말'은 임에게 화자가 전달하고 싶은 말이다.

'정을 담은 말'은 임에 대한 마음을 표현하는 말로, 임을 만나면 임에게 화자가 하고 싶은 말이다.

⑤ 화자는 얄미운 대상에 대해 '알뜰히도'라고 표현하며 멋쩍은 심정을 반어적으로 표현하고 있다.

화자는 임이라고 착각한 주추리 삼대를 보며 '알뜰히도 나를 속였구나'라고 반어적으로 말함으로써 멋쩍은 심정을 드러내고 있다.

03 작품 간의 공통점, 차이점 파악하기
답 | ①

윗글과 보기 를 비교한 내용으로 적절한 것은?

보기

고인도 날 못 보고 나도 고인을 못 보네
고인을 못 뵈어도 가던 길 앞에 있네
가던 길 앞에 있거든 아니 가고 어쩌겠는가

- 이황, 〈고인도 날 못 보고〉

* 고인(古人): 옛날 사람. 여기서는 공자, 맹자, 주자와 같은 성현을 이름.

정답 선지 분석

① 윗글은 〈보기〉와 같은 방식으로 종장을 시작하고 있다.

윗글과 〈보기〉는 모두 종장의 첫 구를 3음절로 시작하고 있다.

오답 선지 분석

② 윗글은 〈보기〉와 달리 두 편 이상의 시조가 이어지고 있다.

평시조를 두 편 이상 이어 놓은 긴 시조는 연시조이다. 윗글은 조선 후기에 등장한 사설시조이고, 〈보기〉는 고려 후기부터 조선 전기까지 많이 창작되던 평시조이다.

③ 윗글은 〈보기〉와 달리 기존의 형식에서 벗어나 종장이 길어지는 형식을 보여 주고 있다.

윗글은 사설시조로 기존 평시조의 3장 6구 45자 내외, 4음보 등의 정형적 형식에서 벗어나 중장이 길어지는 장형화된 시조의 형식을 보여 주고 있다.

④ 윗글과 〈보기〉 모두 초장, 중장, 종장의 형식과 4음보의 율격이 일정하게 지켜지고 있다.

윗글과 〈보기〉는 모두 초장, 중장, 종장의 형식으로 되어 있지만, 윗글에서는 중장이 길어지면서 4음보의 율격이 파괴되어 나타나고 있다.

⑤ 윗글이 한자어나 관념적 표현을 주로 사용한다면 〈보기〉는 고유어와 해학적 표현을 사용하고 있다.

고려 후기와 조선 전기에 많이 창작되던 〈보기〉와 같은 평시조는 양반 계층에서 향유했기 때문에 한자어나 관념적 표현들이 주로 사용된다. 그러나 조선 후기에 등장한 사설시조는 평민들 사이에서 발전했기 때문에 한자어나 관념적 표현보다는 고유어와 해학적 표현을 주로 찾아볼 수 있다.

04 소재의 의미 파악하기

화자가 본 '거무희끗한 것'의 진짜 정체가 무엇인지 윗글에서 찾아 쓰시오.

정답

주추리 삼대

문학 2	동백꽃(김유정)

빠른 정답 체크 01 ② 02 ③ 03 ⑤ 04 감자

□ : 사건의 순서를 알 수 있는 표지

오늘도 또 우리 수탉이 막 쫓기었다. 내가 점심을 먹고 나무를
_{닭싸움이 처음이 아님을 알 수 있음}
하러 갈 양으로 나올 때이었다. 산으로 올라서려니까 등 뒤에서

푸드득푸드득, 하고 닭의 횃소리*가 야단이다. 깜짝 놀라서 고개

를 돌려보니 아니나 다르랴, 두 놈이 또 얼리었다*.

점순네 수탉(은 대강이*가 크고 똑 오소리같이 실팍하게* 생긴
_{당돌한 점순이의 모습을 닮음}
놈)이 덩저리* 작은 우리 수탉을 함부로 해내는 것이다. 그것도
_{어리숙한 '나'의 모습을 닮음}
그냥 해내는 것이 아니라 푸드득 하고 면두*를 쪼고 물러섰다가

좀 사이를 두고 또 푸드득 하고 모가지를 쪼았다. 이렇게 멋을 부

려 가며 여지없이 닦아 놓는다. 그러면 이 못생긴 것은 쪼일 적마
_{'나'의 집 수탉}
다 주둥이로 땅을 받으며 그 비명이 킥, 킥 할 뿐이다. 물론 미처
_{점순이네 수탉에게 제대로 반격하지 못함}
아물지도 않은 면두를 또 쪼이어 붉은 선혈*은 뚝뚝 떨어진다.

이걸 가만히 내려다보자니 내 대강이가 터져서 피가 흐르는 것

같이 두 눈에서 불이 번쩍 난다. 대뜸 지게막대기를 메고 달려들
_{자신의 집 수탉이 당하는 것을 보고 화가 남}
어 점순네 닭을 후려칠까 하다가 생각을 고쳐먹고 헛매질*로 떼

어만 놓았다.

이번에도 점순이가 쌈을 붙여 놨을 것이다. 바짝바짝 내 기를
_{이전의 닭싸움도 점순이가 싸움을 붙여 일어났음}
올리느라고 그랬음에 틀림없을 것이다. 고놈의 계집애가 요새로
_{'나'가 짐작하는 점순이가 닭싸움을 붙이는 이유}
들어서서 왜 나를 못 먹겠다고 고렇게 아르렁거리는지 모른다.
_{점순이가 자신에게 화가 난 이유를 모름}
나흘 전 감자 조간*만 하더라도 나는 저에게 조금도 잘못한 것
_{'나'가 점순이가 내민 감자를 거절한 사건   자신의 행동이 잘못되지 않았다고 생각함}
은 없다.

계집애가 나물을 캐러 가면 갔지 남 울타리 엮는 데 쌩이

질*을 하는 것은 다 뭐냐. 그것도 발소리를 죽여 가지고 등 뒤

로 살며시 와서,

"얘! 너 혼자만 일하니?" / 하고 긴치* 않은 수작을 하는 것이다.
_{'나'에 대한 점순이의 관심   말을 거는 점순이에 대한 '나'의 평가}
[A] 어제까지도 저와 나는 이야기도 잘 않고 서로 만나도 본 척
_{이전까지의 '나'와 점순이의 관계}
만 척하고 이렇게 점잖게 지내던 터이련만 오늘로 갑작스레

대견해졌음은 웬일인가. 항차* 망아지만한 계집애가 남 일하
_{점순이의 행동을 의아해함}

└ 는 놈 보고······.

"<u>그럼 혼자 하지 떼루 하디?</u>" / 내가 이렇게 내뱉은 소리를 하니까,
  _{무뚝뚝한 '나'의 태도}

"너 일하기 좋니?" / 또는,

"한여름이나 되거든 하지 벌써 울타리를 하니?"

잔소리를 두루 늘어놓다가 남이 들을까 봐 손으로 입을 틀어막고는 그 속에서 깔깔댄다. 별로 우스울 것도 없는데 **날씨가 풀리더니 이놈의 계집애가 미쳤나 하고 의심하였다.** 게다가 조금 뒤
_{점순이가 혼자 웃는 이유를 이해하지 못함}
에는 즈 집께를 할금할금 돌아보더니 행주치마의 속으로 꼈던 바른
_{부모님의 눈을 피하기 위함}
른손을 뽑아서 나의 턱밑으로 불쑥 내미는 것이다. 언제 구웠는지 아직도 더운 김이 홱 끼치는 굵은 감자 세 개가 손에 뿌듯이
_{① '나'에 대한 점순이의 애정을 드러냄 ② '나'와 점순이의 갈등을 유발함}
쥐였다.

"<u>느 집엔 이거 없지?</u>"
_{'나'의 집은 점순이네 집보다 가난함 → '나'의 자존심을 상하게 함}
하고 생색* 있는 큰소리를 하고는 **제가 준 것을 남이 알면은 큰일**
_{마음을 드러내기 부끄러워하는 점순이}
날 테니 여기서 얼른 먹어 버리란다. 그리고 또 하는 소리가,

"너, 봄 감자가 맛있단다."

"<u>난 감자 안 먹는다, 너나 먹어라.</u>"
_{점순이의 호의를 거절함 → 갈등의 계기}
나는 고개도 돌리려 하지 않고 일하던 손으로 그 감자를 도로 어깨너머로 쑥 밀어 버렸다.

그랬더니 그래도 가는 기색이 없고 뿐만 아니라 <u>쌔근쌔근하고 심상치 않게 숨소리가 점점 거칠어진다.</u> 이건 또 뭐야, 싶어서 그
_{호의를 거절당해 기분이 상함}
때에야 비로소 돌아다보니 나는 참으로 놀랐다. 우리가 이 동리에 들어온 것은 근 삼 년째 되어 오지만 「여태껏 가무잡잡한 점순
_{「」: 점순이의 심리를 알 수 있음 – 자존심이 상함, 부끄러움, 무안함}
이의 얼굴이 이렇게까지 홍당무처럼 새빨개진 법이 없었다. 게다가 눈에 독을 올리고 한참 나를 요렇게 쏘아보더니 나중에는 눈물까지 어리는 것이 아니냐. 그리고 바구니를 다시 집어 들더니 이를 꼭 악물고는 엎어질 듯 자빠질 듯 논둑으로 휭하니 달아나는 것이다.」

┌ 어쩌다 동리 어른이,

  "너 얼른 시집가야지?"

  하고 웃으면,

  "염려 마서유. 갈 때 되면 어련히 갈라구!"
  _{당돌한 성격이 드러남}
[B] 이렇게 천연덕스레 받는 점순이었다. 본시 부끄럼을 타는

  계집애도 아니려니와 또한 분하다고 눈에 눈물을 보일 얼병
  _{평소의 점순이의 모습}
  이*도 아니다. 분하면 차라리 나의 등허리를 바구니로 한번

└ 모질게 후려 쌔리고* 달아날지언정.

그런데 <u>고약한 그 꼴을 하고 가더니 그 뒤로는 나를 보면 잡아</u>
_{점순이가 '나'에게 화가 난 것은 감자 사건 때문임}

먹으려고 기를 복복 쓰는 것이다.

설혹 주는 감자를 안 받아먹은 것이 실례라 하면, 주면 그냥 주었지 '<u>느 집엔 이거 없지</u>'는 다 뭐냐. 그러잖아도 <u>저희는 마름</u>*이고 <u>우리는 그 손에서 배재</u>*를 얻어 땅을 부치므로 일상 굽실거린다.
_{점순이와 '나'의 신분 차이}
우리가 이 마을에 처음 들어와 집이 없어서 곤란으로 지낼 제 집터를 빌리고 그 위에 집을 또 짓도록 마련해 준 것도 점순네의 호
_{'나'의 집이 점순이네에서 입은 은혜 ①}
의였다. 그리고 우리 어머니 아버지도 농사 때 양식이 달리면 점순네한테 가서 부지런히 꾸어다 먹으면서 인품 그런 집은 다시없
_{'나'의 집이 점순이네에서 입은 은혜 ②}
으리라고 침이 마르도록 칭찬하곤 하는 것이다. 그러면서도 열일곱씩이나 된 것들이 수군수군하고 붙어 다니면 동리의 소문이 사
_{'나'와 점순이의 나이}
납다고 주의를 시켜 준 것도 또 어머니였다. 왜냐하면 내가 점순이하고 일을 저질렀다가는 점순네가 노할 것이고, 그러면 우리는 땅
_{'나'가 점순이와 가까이 지내서는 안 되는 이유}
도 떨어지고 집도 내쫓기고 하지 않으면 안 되는 까닭이었다.

그런데 이놈의 계집애가 까닭 없이 기를 복복 쓰며 나를 말려 죽이려고 드는 것이다.

<u>눈물을 흘리고 간</u> 담날 <u>저녁나절</u>이었다. 나무를 한 짐 잔뜩 지
_{현재 시점에서는 사흘 전의 사건임}
고 산을 내려오려니까 어디서 <u>닭이 죽는 소리</u>를 친다. 이거 뉘 집
_{'나'의 집 씨암탉이 점순이에게 맞으며 내는 소리}
에서 닭을 잡나, 하고 점순네 울 뒤로 돌아오다가 나는 고만 두 눈이 뚱그래졌다. 점순이가 저희 집 봉당*에 홀로 걸터앉았는데 이게 치마 앞에다 우리 <u>씨암탉</u>을 꼭 붙들어 놓고는,

"<u>이놈의 닭! 죽어라, 죽어라.</u>"
_{자신의 마음을 몰라주는 '나'에 대한 원망의 표현}
요렇게 **암팡스레* 패주**는 것이 아닌가. 그것도 대가리나 치면 모른다마는 아주 알도 못 낳으라고 그 볼기짝*께를 주먹으로 콕콕 쥐어박는 것이다.

                                                              - 김유정, 〈동백꽃〉 -

---

* 홰소리: 닭이 홰를 치는 소리.
* 얼리다: 둘 이상의 사람이나 짐승이 한데 섞여 어우러지다.
* 대강이: '머리'를 속되게 이르는 말.
* 실팍하다: 사람이나 물건 따위가 보기에 매우 실하다.
* 덩저리: '몸집'을 낮잡아 이르는 말.
* 면두: '볏'의 방언.
* 선혈(鮮血): 생생한 피.
* 헛매질: 마치 때릴 것 같은 시늉을 하여 남을 위협하는 짓.
* 쪼간: 어떤 사건이나 작간. 작간은 '간악한 꾀'를 뜻함.
* 쌩이질: 한창 바쁠 때에 쓸데없는 일로 남을 귀찮게 구는 짓.
* 긴하다(緊하다): 꼭 필요하다.
* 항차: 하물며.
* 생색(生色): 다른 사람 앞에 당당히 나설 수 있거나 자랑할 수 있는 체면.
* 얼병이: 얼간이.
* 쌔리다: '때리다'의 방언.
* 마름: 지주를 대리하여 소작권을 관리하는 사람.
* 배재: 땅을 소작할 수 있는 권리.
* 봉당(封堂): 안방과 건넌방 사이의 마루를 놓을 자리에 마루를 놓지 아니하고 흙바닥 그대로 둔 곳.

* 암팡스럽다: 몸은 작아도 야무지고 다부진 면이 있다.
* 볼기짝: 뒤쪽 허리 아래, 허벅다리 위의 양쪽으로 살이 불룩한 부분.

01 인물의 태도, 심리 파악하기
답 | ②

윗글의 인물에 대한 이해로 적절하지 <u>않은</u> 것은?

정답 선지 분석
② '나'는 점순이의 호의를 받아들이지 못한 것에 대해 미안해했다.

'나'는 점순이가 주는 감자를 거절한 뒤, 점순이의 반응을 보고 놀라기는 했으나 점순이에게 미안해했는지는 알 수 없다.

오답 선지 분석
① '나'는 신분의 차이 때문에 점순이와 거리를 두어야 했다.

점순이네는 마름이고 '나'의 집은 배재를 얻어 땅을 부치는 입장이므로 둘 사이에는 신분의 차이가 있다. 또한 '나'의 어머니가 '나'가 점순이와 일을 저지르면 점순이네가 노하여 땅도 떨어지고 집도 내쫓길 것이라고 했기 때문에, '나'는 이러한 신분의 차이 때문에라도 점순이와 거리를 두어야 했다.

③ '나'는 점순이가 자신을 싫어해서 닭싸움을 붙이고 있다고 생각했다.

'나'의 집 수탉과 점순이네 집 수탉이 싸우는 것을 보고, '나'는 '이번에도 점순이가 쌈을 붙여 났을 것이다. 바짝바짝 내 기를 올리느라고 그랬음에 틀림없을 것이다.'라고 생각하였다.

④ '나'는 자신의 집 닭이 점순이네 닭에게 당하는 것을 보고 화가 났다.

'나'는 자신의 집 닭이 점순이네 닭에게 면두와 모가지를 쪼이는 것을 보고 '내 대강이가 터져서 피가 흐르는 것같이 두 눈에서 불이 번쩍 난다'고 하였으므로, 자신의 집 닭이 점순이네 닭에게 당하는 것을 보고 화가 난 것이다.

⑤ '나'는 점순이가 주는 감자를 거절한 뒤 점순이의 반응을 보고 놀랐다.

'나'가 아는 점순이는 부끄럼을 타지도 않고, 분하다고 눈에 눈물을 보일 아이도 아니다. 그러나 점순이가 주는 감자를 거절한 뒤, '나'가 돌아보니 점순이의 얼굴이 새빨개져 있고 눈에는 눈물이 어려 있었는데, '나'는 이 모습을 보고 참으로 놀랐다고 하였다.

02 장면의 의미 파악하기
답 | ③

[A], [B]를 이해한 내용으로 가장 적절한 것은?

정답 선지 분석
③ [A]는 평소와 다른 점순이의 모습이, [B]는 평소의 점순이의 모습이 드러나 있다.

[A]에서 '나'가 '어제까지도 저와 나는~터이련만 오늘로 갑작스레 대견해졌음은 웬일인가'라고 생각하고 있으므로 평소와 다른 점순이의 모습이 드러나 있음을 알 수 있다. 또한 [B]에서는 '본시 부끄럼을 타는 계집애도 아니려니와~'라고 했으므로 평소의 점순이의 모습이 드러나 있음을 알 수 있다.

오답 선지 분석
① [A]는 점순이의 행동에 대한 '나'의 긍정적 평가가 나타나 있다.

[A]에서 점순이는 '나'의 집 뒤로 살며시 와서 말을 걸고 있는데, '나'는 이에 대해 '긴치 않은 수작'이라고 했으므로 긍정적 평가가 나타나 있다고 할 수 없다.

② [B]는 점순이의 성격을 말과 행동을 통해 간접적으로만 제시하고 있다.

[B]에서 점순이에 대해 '본시 부끄럼을 타는 계집애도 아니려니와'라고 했으므로 점순이의 성격을 간접적으로만 제시하고 있다고 할 수 없다.

④ [A]는 '나'의 행동에 대한 점순이의 반응을 예상하고, [B]는 실제 반응을 보여 주고 있다.

[A]는 '나'의 행동에 대한 점순이의 반응을 예상한 것이 아니라, 점순이의 실제 모습을 보여 주고 있는 것이다.

⑤ [A]는 점순이의 행동을 의아해하는, [B]는 점순이의 말을 이해하지 못하는 '나'의 태도가 서술되어 있다.

[A]에서 '나'는 '웬일인가'라고 하며 자신에게 말을 거는 점순이의 행동을 의아해하고는 있지만, [B]에서 '나'가 점순이의 말을 이해하지 못하고 있는 것은 아니다.

03 외적 준거를 참고하여 작품 이해하기
답 | ⑤

보기 를 참고하여 윗글을 이해한 내용으로 적절하지 <u>않은</u> 것은?

보기
〈동백꽃〉은 1인칭 주인공 시점으로, 서술자 '나'는 소작농의 아들이고 점순이는 마름의 딸이다. 즉, 두 인물 사이에는 사회적 권력 차이가 존재한다. '나'에 대한 자신의 마음을 적극적으로 표현하는 점순이와는 달리, '나'는 아직 사랑의 감정에 눈뜨지 못한 데다가 눈치마저 없다. 이로 인해 '나'는 점순이의 말과 행동에 담긴 의도를 제대로 파악하지 못하고 자신이 판단한 대로 서술한다. '나'를 서술자로 설정함으로써 독자는 점순이의 관심을 알아채지 못하는 '나'의 어수룩한 모습을 보며 재미를 느낄 수 있다.

정답 선지 분석
⑤ 점순이가 '나'의 집 '씨암탉을 꼭 붙들어 놓고' '암팡스레 패주'는 것은, 소작농의 아들인 '나'에게 사회적 권력을 과시하기 위한 행동이다.

점순이가 '나'의 집 '씨암탉을 꼭 붙들어 놓고' '암팡스레 패주'는 것은, 자신의 마음을 몰라주는 '나'에 대한 원망이 커져 닭에게 분풀이를 하는 것이다. 소작농의 아들인 '나'에게 사회적 권력을 과시하기 위한 행동은 아니다.

오답 선지 분석
① '나'가 '고놈의 계집애가 요새로 들어서서 왜 나를 못 먹겠다고 그렇게 아르렁거리는지 모'르는 것은, 점순이가 '나'에게 거절당한 일로 화가 났음을 모르기 때문이다.

'나'는 점순이가 내민 감자를 거절하여 점순이의 자존심을 상하게 하였고, 그 일이 생긴 뒤부터 점순이는 '나'를 괴롭히기 시작했다. 그러나 '나'가 이러한 상황을 이해하지 못하고 '고놈의 계집애가 요새로 들어서서 왜 나를 못 먹겠다고 그렇게 아르렁거리는지 모'르겠다고 하는 것은, 점순이가 '나'에게 거절당한 일로 화가 났음을 모르기 때문이다.

② '나'가 점순이의 말을 듣고 '날씨가 풀리더니 이놈의 계집애가 미쳤나 하고 의심하'는 것은, 점순이의 행동에 담긴 의도를 아는 독자로 하여금 재미를 느끼게 한다.

점순이는 '나'에게 '너 일하기 좋니?', '한여름이나 되거든 하지 벌써 울타리를 하니?'라고 공연히 말을 붙이는데, 이는 자신이 '나'에게 관심이 있음을 알리기 위해서이다. 그러나 '나'가 이러한 의도를 알지 못하고 '날씨가 풀리더니 이놈의 계집애가 미쳤나 하고 의심하'는 것은, 점순이의 말에 담긴 의도를 아는 독자로 하여금 재미를 느끼게 한다.

③ 점순이가 '나'에게 감자를 주며 '제가 준 것을 남이 알면은 큰일 날 테니 여기서 얼른 먹어 버려'라고 하는 것은, '나'에 대한 자신의 애정을 표현하는 행동이다.

점순이는 '나'에게 삶은 감자 세 개를 주면서 생색을 내고 '제가 준 것을 남이 알면은 큰일 날 테니 여기서 얼른 먹어 버려'라고 한다. 이는 '나'에 대한 점순이의 애정을 알 수 있는 행동이다.

④ '나'가 '설혹 주는 감자를 안 받아먹은 것이 실례라 하면'이라고 생각하는 것은, 점순이가 '나'에게 화를 내는 이유를 제대로 파악하지 못했기 때문이다.

'나'는 '설혹 주는 감자를 안 받아먹은 것이 실례라 하면'이라고 생각하며 점순이가 단순히 자신이 감자를 받지 않은 것이 무례하다고 여겨 화를 낸다고 생각하고 있다. 이는 점순이가 '나'에게 화를 내는 진짜 이유가 '나'에 대한 점순이의 애정에 있음을 제대로 파악하지 못했기 때문이다.

04 소재의 기능 파악하기

'나'에 대한 점순이의 애정을 나타내는 소재를 윗글에서 찾아 2음절로 쓰시오.

정답
감자

문법	자음 체계

빠른 정답 체크 01 ① 02 ② 03 ④ 04 4개

01 자음의 특징 파악하기
답 | ①

자음에 대한 설명으로 적절하지 않은 것은?

정답 선지 분석

① 우리말의 음운 중 울림소리는 'ㄴ, ㄹ, ㅁ, ㅇ'만 있다.
울림소리에는 자음 'ㄴ, ㄹ, ㅁ, ㅇ'과 함께 모음도 있다.

오답 선지 분석

② 자음은 소리 나는 위치에 따라 다섯 개로 분류할 수 있다.
자음은 소리 나는 위치에 따라 입술소리, 잇몸소리, 센입천장소리, 여린입천장소리, 목청소리 총 다섯 개로 분류할 수 있다.

③ 자음은 공기의 흐름이 발음 기관에서 장애를 받고 나오는 소리이다.
자음은 공기의 흐름이 발음 기관에서 장애를 받고 나오는 소리를 말한다.

④ 자음은 총 19개로, 안울림소리 15개와 울림소리 4개로 이루어져 있다.
우리말의 자음은 총 19개로, 안울림소리 15개와(ㄱ, ㄷ, ㅂ, ㅅ, ㅈ, ㅊ, ㅋ, ㅌ, ㅍ, ㅎ, ㄲ, ㄸ, ㅃ, ㅆ, ㅉ) 울림소리 4개(ㄴ, ㄹ, ㅁ, ㅇ)로 이루어져 있다.

⑤ 파열음과 파찰음은 소리의 세기에 따라 3개로 나눌 수 있지만, 마찰음은 2개로 나뉜다.
파열음과 파찰음은 소리의 세기에 따라 예사소리, 된소리, 거센소리로 나눌 수 있다. 하지만 마찰음은 예사소리와 된소리로만 나뉜다.

02 소리 내는 방법에 따른 자음의 분류 파악하기
답 | ②

자음을 소리 내는 방법에 따라 분류했을 때 적절하지 않은 것은?

정답 선지 분석

② 'ㄱ, ㄲ, ㅋ'는 파찰음으로 파열음과 마찰음의 성질을 모두 가지고 있다.
파찰음은 파열음과 마찰음의 성질을 모두 가지고 있는데 이런 파찰음에 해당하는 자음은 'ㅈ, ㅉ, ㅊ'이다. 'ㄱ, ㄲ, ㅋ'은 파열음에 해당하는 자음이다.

오답 선지 분석

① 'ㄹ'은 자음 중 유일한 유음으로 비음과 함께 울림소리에 해당한다.
'ㄹ'은 자음 중 유일한 유음으로 비음(ㅁ, ㄴ, ㅇ)과 함께 울림소리에 해당한다.

③ 'ㅂ, ㅃ, ㅍ'는 파열음으로 공기의 흐름을 막았다 터뜨리면서 내는 소리이다.
'ㅂ, ㅃ, ㅍ'은 파열음으로 공기의 흐름을 막았다가 터뜨리면서 내는 소리이다. 파열음에 해당하는 또 다른 자음으로는 'ㄱ, ㄲ, ㅋ, ㄷ, ㄸ, ㅌ'이 있다.

④ 'ㅁ, ㄴ, ㅇ'은 비음으로 입안의 통로를 막고 코로 공기를 내보내면서 내는 소리이다.
'ㅁ, ㄴ, ㅇ'은 비음으로 입안의 통로를 막고 코로 공기를 내보내면서 내는 소리이다.

⑤ 'ㅎ'은 마찰음으로 입안이나 목청 사이의 통로를 좁히고 그 틈으로 공기를 내보내 마찰시켜 내는 소리이다.
'ㅎ'은 마찰음으로 입안이나 목청 사이의 통로를 좁히고 그 틈으로 공기를 내보내 마찰시켜 내는 소리이다. 마찰음에 해당하는 또 다른 자음으로는 'ㅅ, ㅆ'이 있다.

03 된소리의 특징 파악하기
답 | ④

〈보기〉의 ⊙에 해당하는 소리를 초성으로 사용한 단어로 적절한 것은?

보기

자음은 소리의 세기에 따라 예사소리, 된소리, 거센소리로 나눌 수 있다. 그중, [⊙]는 성대가 긴장된 상태에서 숨이 거의 없이 나는 소리이다.

정답 선지 분석

④ 소쩍새
〈보기〉에서 설명하고 있는 소리는 '된소리'이다. 즉 'ㄲ, ㄸ, ㅃ, ㅆ, ㅉ'이 사용되어야 한다. '소쩍새'의 경우 된소리 'ㅉ'이 초성에서 사용되고 있기 때문에 적절하다.

오답 선지 분석

① 파도
〈보기〉에서 설명하고 있는 소리는 '된소리'이다. 즉 'ㄲ, ㄸ, ㅃ, ㅆ, ㅉ'이 사용되어야 한다. 그러나 'ㅍ'은 거센소리, 'ㄷ'은 예사소리에 해당한다.

② 청소
〈보기〉에서 설명하고 있는 소리는 '된소리'이다. 즉 'ㄲ, ㄸ, ㅃ, ㅆ, ㅉ'이 사용되어야 한다. 그러나 'ㅊ'은 거센소리, 'ㅅ'은 예사소리에 해당한다.

③ 섞박지
〈보기〉에서 설명하고 있는 소리는 '된소리'이다. 즉 'ㄲ, ㄸ, ㅃ, ㅆ, ㅉ'이 사용되어야 한다. '섞박지'의 경우 'ㄲ'이 사용되었으나 초성이 아닌 종성에 사용되었으므로 적절하지 않다. 또한 'ㅅ, ㅂ, ㅈ'은 모두 예사소리에 해당한다.

⑤ 스파게티
〈보기〉에서 설명하고 있는 소리는 '된소리'이다. 즉 'ㄲ, ㄸ, ㅃ, ㅆ, ㅉ'이 사용되어야 한다. '스파게티'의 경우 'ㅅ, ㄱ'은 예사소리, 'ㅍ, ㅌ'은 거센소리에 해당한다.

04 소리나는 위치에 따른 자음의 분류 파악하기

〈보기〉의 문장에서 쓰인 센입천장소리의 개수를 쓰시오.

보기

춘천에 가면 꼭 자전거를 타야 해.

정답

4개

독서	기후변화와 해수면의 상승

빠른 정답 체크 01 ⑤ 02 ① 03 ⑤ 04 탄소중립

세계에서 가장 큰 섬으로 유명한 <u>그린란드는 섬의 약 80%가 얼음으로 덮여 있다.</u> 우리에게 에스키모로 잘 알려진 이누이트(Inuit)는 기원전 2500년부터 그린란드에 살았다. 춥고 척박한 지역에서 수천 년 동안 살아온 이누이트 원주민들의 삶은 평온할 수 없었다. 그러나 최근에 원주민들의 생존 자체를 위협하는 심각한 문제가 발생하였다. 전 세계적 기후변화에 따라 그린란드를 뒤덮은 얼음이 빠르게 녹기 시작한 것이다.
<small>그린란드 섬의 특징</small>
<small>이누이트 원주민의 생존을 위협하는 심각한 문제</small>

▶ 1문단: 이누이트 원주민의 생존을 위협하는 기후변화

「영국 리즈대학교의 연구팀은 1994년부터 2017년까지 23년간
「」: 구체적인 연구 조사 결과를 인용 ①
전 세계에서 약 28조 톤의 얼음이 사라졌다고 밝혔다. 이중 7조

6000억 톤은 그린란드에서 발생했고, 이는 전 세계에서 사라진 얼

음의 약 25%에 해당한다.」실제 그린란드의 빙하는 이미 심각하게

녹고 있다. 육지를 덮고 있던 얼음과 바닷물이 얼어 있던 해빙이
                                     기후변화로 인해 발생하는 문제
함께 녹으면서 세계의 해수면도 점차 상승하고 있다.
                                  ▶ 2문단: 기후변화로 인한 해수면의 상승
  더 큰 문제는 전 지구의 온도가 동일하게 상승하고 있지 않다

는 점이다. 극지방은 평균적인 지구 온난화 속도보다 2배 이상

더 빠르게 발생하고 있다.「미국항공우주국(NASA)에 따르면 일반
                     「」: 구체적인 연구 조사 결과를 인용 ②
적으로 적도 부근보다는 북반구 고위도 지역인 시베리아, 알래스
        북극 증폭 현상이 발생하는 지역 → 특정 지역에서 발생
카, 캐나다 북부 등 이누이트가 거주하는 지역에서 온도 증가율
      북반구 고위도 지역의 온도가 증가하는 현상, 지구 온난화의 한 종류
이 더 높은 것으로 나타났다.」이러한 ⓐ '북극 증폭' 현상은 극지

방의 환경 특성 때문에 발생한다. 일반적으로 눈과 빙하는 반사

율이 높아 많은 양의 햇빛을 반사할 수 있다. 하지만「온실가스로
                                    북극 증폭 현상이 일어나는 원인
인해 지구 온도가 상승하여 극지방의 눈과 빙하가 녹으면, 태양

복사 에너지가 그대로 지표면과 해수면에 흡수되고 이 지역의 온
          북극 증폭 현상을 발생시키는 극지방의 환경 특성
난화가 더욱 가속화되는 것이다.」
「」: 북극 증폭 현상이 일어나는 과정   ▶ 3문단: 극지방에서 발생하는 북극 증폭 현상
  위와 같이 ⓑ 지구 온난화로 인하여「눈과 빙하가 녹으면 해수면
                               「」: 지구 온난화로 인한 피해의 악순환
이 상승하고 태양복사 에너지가 더 많이 흡수되면서 더 많은 눈

과 빙하가 녹게 되는 악순환이 지속되고 있다. 그리고 그 피해는

극지방을 넘어 전 세계로 퍼져나가고 있다.」「국제환경단체 그린피
                           「」: 구체적인 연구 조사 결과를 인용 ③
스(Greenpeace)에 따르면 2030년까지 현 온실가스 배출량이

지속된다면 우리나라 국토 5% 이상이 물에 잠기고, 약 332만 명

이 침수 피해를 볼 것으로 예상된다. 침수 피해는 특히 인천과 부

산 등 주요 해안 도시에 넓게 나타날 것이다. 이대로면 10년 내

인천국제공항과 해운대가 물에 잠기게 될 것이다.」
              ▶ 4문단: 지구 온난화가 지속될 경우 나타날 수 있는 우리나라의 피해
  현재 지구의 온도는 산업화 이전 대비 약 1.09도 높아졌다. 산업

혁명 이전에 만 년 동안 겨우 0.5도 정도의 온난화가 자연적으로
         산업혁명 이전에도 지구 온난화가 진행되었음
진행된 것과 비교하면, 역사상 유례없는 속도로 지구가 뜨거워지

고 있다. 이누이트와 우리의 삶을 지속하게 하는 유일한 해결책

은 기후변화에 대응하는 '탄소중립' 뿐이다. 탄소중립은 이산화
      기후변화에 대응할 수 있는 해결책
탄소를 배출한 만큼 이산화탄소를 흡수하는 방안을 세워 이산화

탄소의 실질적인 배출량을 '0'으로 만드는 것이다. 각 나라에서
          탄소중립의 개념
는 지구 온난화의 주범인 이산화탄소의 배출량을 조절하기 위

해 탄소중립과 관련된 운동을 활발하게 시행하고 있고, 2006

년, 〈옥스퍼드 사전〉은 탄소중립을 올해의 단어로 선정하기도 했다.
                                ▶ 5문단: 지구 온난화의 해결책 '탄소중립'

---

01 세부 내용 파악하기   답 | ⑤

윗글에 대한 설명으로 적절하지 않은 것은?

정답 선지 분석

⑤ 산업혁명 이전에는 지구의 온도가 상승하는 현상이 발생하지 않았다.

  5문단에서 산업혁명 이전에는 자연적인 온난화 현상으로 만 년 동안 지구의 온도가
  0.5도 상승하였음을 설명하고 있다.

오답 선지 분석

① 세계적 기후변화는 이누이트 원주민들의 생존을 위협한다.

  1문단에서 기후변화는 이누이트 원주민들의 생존 자체를 위협하고 있음을 설명하고 있다.

② 극지방의 온도 상승 속도는 다른 지역의 두 배 이상 빠르다.

  3문단에서 지구의 온도 상승은 동일하게 발생하지 않으며 극지방의 온도 상승 속도가
  2배 이상 빠르게 발생하고 있음을 설명하고 있다.

③ 온실가스 배출이 지금처럼 지속되면 우리나라의 5%가 침수된다.

  4문단에서 그린피스의 연구 조사 결과를 인용하여 지금과 같이 온실가스 배출이 지속
  될 경우 우리나라에 침수 피해가 발생할 수 있음에 대해 설명하고 있다.

④ 그린란드의 얼음이 녹으면 태양복사 에너지가 해수면에 흡수된다.

  3문단에서 그린란드의 얼음이 녹으면, 반사율이 높아 많은 양의 햇빛을 반사할 수 있
  는 눈과 빙하가 햇빛을 반사하지 못해 태양복사 에너지가 그대로 지표면과 해수면에
  흡수된다고 하였다.

---

02 핵심 내용 파악하기   답 | ①

ⓐ와 ⓑ에 대한 설명으로 가장 적절한 것은?

정답 선지 분석

① ⓐ는 ⓑ에 속한 현상 중 하나이다.

  북극 증폭 현상은 지구 온난화 현상의 한 종류로 북극에서 발생하는 급속한 온난화 현
  상을 의미한다.

오답 선지 분석

② ⓐ는 ⓑ의 문제 해결을 위한 방법이다.

  ⓐ와 ⓑ의 문제 해결법은 '탄소 중립'과 같이 환경을 보호하는 것이다.

③ ⓐ와 달리 ⓑ는 특정 지역에서 나타난다.

  ⓑ와 달리 ⓐ는 특정 지역에서 나타난다.

④ ⓐ와 ⓑ의 근본 원인은 태양복사 에너지이다.

  ⓐ와 ⓑ는 온실가스로 인해 지구 온도가 상승하여 발생하는 현상들이다. 따라서 ⓐ와
  ⓑ가 발생하는 근본 원인은 온실가스라고 볼 수 있다.

⑤ ⓐ와 ⓑ는 서로 반대의 성향을 지니는 현상이다.

  ⓐ와 ⓑ는 지구의 온도가 상승하는 현상으로 서로 같은 성질을 지니고 있다.

---

03 핵심 내용 적용하기   답 | ⑤

윗글과 보기 를 분석한 내용으로 적절한 것은?

보기

  독일 포츠담기후변화연구소는 2016년 캐나다 앨버타주에서 발생한
화재의 원인으로 기후변화에 따른 대기 정체 현상을 지적하였다. 기온이
상승하면 적도와 극지방의 온도 차이는 점점 줄어 바람의 순환이 느려지
게 된다. 이는 날씨에 영향을 주어 건조한 조건과 폭염이 지속되는 상황
을 만들어 화재에 취약한 환경이 조성되기 때문이다.

⑤ 극지방의 온도가 증가하면 해수면이 상승할 뿐만이 아니라 대기 순환에도 악영향을 미치게 된다.

윗글은 지구의 온도가 상승하여 극지방의 얼음과 빙하가 녹아 해수면이 상승함과 동시에 발생하는 문제에 대해 설명하고 있고, 〈보기〉는 극지방의 온도 상승으로 인해 대기 순환이 느려지게 되어 발생하는 현상에 대해 설명하고 있다. 따라서 지구 온난화로 인하여 극지방의 온도가 상승하게 되면 세계 해수면이 상승하고 대기 순환에도 악영향을 주어 폭염과 같은 이상현상이 발생하게 됨을 분석할 수 있다.

① 세계의 해수면이 상승하는 현상은 폭염으로 인하여 점차 사라질 것이다.

윗글과 〈보기〉에 따르면 세계의 해수면이 상승하는 현상, 폭염과 같은 이상 현상은 지구의 온도가 상승하게 되어 발생한 것이다. 따라서 세계의 해수면이 상승하는 현상이 폭염으로 인해 점차 사라질 것이라는 분석은 적절하지 않다.

② 지구 온난화 현상 이외의 다양한 원인으로 인해 기후가 급격하게 변하고 있다.

윗글과 〈보기〉는 지구의 온도가 상승하게 되어 발생하는 이상 현상에 대해 설명하고 있다.

③ 온실가스가 계속 배출되면 침수 피해 대신에 기록적인 폭염이 자주 발생하게 된다.

온실가스가 계속 배출되면 윗글에 따르면 침수 피해가 발생하고 〈보기〉에 따르면 폭염과 같은 현상이 자주 발생하게 된다.

④ 극지방의 눈과 빙하가 녹아 많은 양의 햇빛을 반사하게 되면 폭염과 같은 이상 현상이 발생한다.

윗글에 따르면 극지방의 눈과 빙하가 녹으면 많은 양의 햇빛을 반사하지 못하게 되어 극지방의 온난화가 가속화된다.

04 세부 내용 파악하기

보기 에서 설명하고 있는 '이것'이 무엇인지 윗글에서 찾아 쓰시오.

보기

'이것'을 실행하는 방안에는 크게 세 가지가 있다. 첫 번째는 이산화탄소 배출량에 상응하는 만큼의 숲을 조성하여 이산화탄소를 흡수하고 산소를 공급하는 것이다. 두 번째는 화석연료를 대체할 수 있는 태양열, 풍력 에너지 등의 재생에너지 분야에 적극 투자하는 방법이다. 세 번째는 이산화탄소 배출량에 상응하는 탄소배출권을 구매하는 것이다.

정답

탄소중립

빠른 정답 체크   01 ⑤   02 ③   03 ④   04 시의 꽃가루, 시제

오늘은 우리도 짧은 시 한 편 써 보자
    화자 → 국어 선생님
그동안 배운 비유와 상징 이미지도

㉠ 때깔 좋게 버무려 맛있는 시를 빚어 보렴
    시를 짓는 과정을 음식을 만드는 과정에 비유   ▶ 시 창작을 제안하는 선생님
말 끝나기도 전에 으아-

인상 찌푸리며 비명 질러 대던 아이들은

시제 두어 개를 칠판에 써 놓으니

금방 연필 들고 공책 위에 납작 몸을 낮춘다
  학생들에게 주어진 시제를 강아지의 '먹이'에 빗대어 비유   납작 엎드려 시를 쓰기 시작
㉡ 먹이 앞에 순해지는 강아지처럼 ──── 하는 학생들을 강아지에 비유
                        ▶ 시제를 받고 시를 쓰기 위해 노력하는 학생들
소풍날 보물찾기 나선 꼬마들처럼   □: 직유법 사용
  시의 글감을 찾고 있는 학생들을 소풍날 보물찾기에 나선 꼬마들에 비유
녀석들이 이제 무얼 찾아 들고 나타날까
    꿈, 즐거움, 희망   「 」: 학생들의 시에 담길 내용을 묘사 →
㉢ 갓 피어난 별꽃 한 점일까   다양한 정서를 담아 시를 쓰고 있음
                          을 비유적으로 표현
㉣ 오래전에 잃어버린 무지갯빛 구슬일까
        잊고 있었던 소중한 추억
짐짓 가려 둔 흉터일까
  학생들이 가지고 있는 아픔   ▶ 글감을 찾는 학생들의 모습
이마 짚고 턱 괴며 골똘한 얼굴들

교실에는 아련한 눈빛으로 팔랑팔랑

시의 꽃가루를 찾는 나비도 몇 마리 있다 ──┐
  △: 시제   ○: 시를 쓰는 아이들   시의 꽃가루를 찾는 나비
물론, 선뜻 씹히지 않는 생의 먹잇감에   ↔ 생의 먹잇감에 끙끙
                         대며 씨름하는 강아지
끙끙대며 씨름하는 강아지들이 더 많다   (대조)
                          ▶ 시를 쓰는 두 종류의 학생들
만지작거리다 밀어 놓은 언어의 허물
                지우개 가루를 비유
책상 위에 지우개 가루만 소복이 쌓인다

㉤ 그 속에 사금*처럼 시가 반짝이고 있다
        시를 사금에 비유   ▶ 차근차근 시를 완성해 가는 학생들
  「 」: 작가의 '시'에 대한 생각이 화자를 통해 드러남
  → 삶 속에서 자신이 느낀 점을 진솔하게 담아
  낸 것이 바로 '반짝이는 시'임을 말하고자 함   - 조향미, 〈시 창작 시간〉 -

* 사금(沙金): 물가나 물 밑의 모래 또는 자갈 속에 섞인 금.

01 내용상의 특징 파악하기   답 | ⑤

윗글에 대한 설명으로 적절하지 않은 것은?

⑤ 시어의 사전적 의미를 파악하면 시를 수월하게 이해할 수 있다.

윗글을 읽을 때는 시어의 사전적 의미를 파악하기보다는 시에 쓰인 함축적, 비유적 의미가 무엇을 나타내는지 파악하며 읽어야 한다.

① 시에서 말하고 있는 화자는 국어 선생님이다.

'오늘은 우리도 짧은 시 한 편 써 보자'라고 말하는 것을 통해 화자가 국어 선생님임을 추측할 수 있다.

② 학생들은 시를 창작하기 위해 글감을 찾고 있다.

시제 두어 개를 칠판에 써 놓은 뒤 시를 쓰기 위해 노력하는 학생들의 모습을 '소풍날 보물찾기 나선 꼬마들처럼'이라고 표현함으로써 학생들이 시를 창작하기 위해 시의 글감을 찾고 있음을 알 수 있다.

③ 다양한 비유를 사용하여 학생들을 묘사하고 있다.

'먹이 앞에 순해지는 강아지처럼', '소풍날 보물찾기 나선 꼬마들처럼' 등 다양한 비유를 사용하여 학생들을 묘사하고 있음을 알 수 있다.

④ 화자는 학생들을 애정 어린 시선으로 바라보고 있다.

화자는 학생들을 '강아지', '꼬마', '나비' 등의 긍정적 표현에 비유하고 있는데, 이를 통해 시를 쓰기 위해 노력하는 학생들을 애정 어린 시선으로 바라보고 있음을 알 수 있다.

02 시어의 의미 파악하기

답 | ③

윗글의 시어에 대한 해석으로 적절하지 않은 것은?

정답 선지 분석

③ '생의 먹잇감'은 시가 완성되어 가고 있음을 암시하고 있다.

윗글에서 '생의 먹잇감'은 시제를 표현한 말이다. 학생들은 선생님이 내준 시제로 어떻게 시를 써야 할지 고민하고 있으며 이러한 상황을 고려해 볼 때 '생의 먹잇감'이 시제를 의미함을 알 수 있다. 그러나 '선뜻 씹히지 않는 생의 먹잇감'이라고 표현함으로써 시가 완성되어 가고 있는 모습이 아닌, 아직 시를 쓰지 못해 전전긍긍하고 있음을 알 수 있다.

오답 선지 분석

① '가려 둔 흉터'는 학생들이 가지고 있는 아픔으로 시의 글감을 나타내고 있다.

윗글에서 '가려 둔 흉터'는 학생들이 가지고 있는 아픔을 비유한 표현으로 이것은 시의 재료가 되는 글감을 비유적으로 표현한 것이다.

② '나비'는 시의 주제를 찾아, 시를 쓰고 있는 학생들을 빗대어 표현한 것이다.

윗글에서 '나비'는 '시의 꽃가루', 즉 시의 주제를 찾아 시를 쓰고 있는 학생들을 빗대어 표현한 것이다.

④ '끙끙대며 씨름하는 강아지'는 '나비'와 대비되는 존재로 아직 글감을 찾지 못한 학생을 표현한 것이다.

윗글에서는 '선뜻 씹히지 않는 생의 먹잇감에 끙끙대며 씨름하는 강아지'라고 표현하고 있다. 이는 '시의 꽃가루를 찾는 나비'와 대비되어, 글감을 아직 찾지 못하고 고민 중인 학생들을 표현한 것이다.

⑤ '언어의 허물'은 시를 고쳐 쓰는 과정에서 나온 지우개 가루를 나타내고 있다.

윗글에서는 시를 고쳐 쓰기 위해 시를 썼다 지우고를 반복하는 과정에서 나오는 지우개 가루를 '언어의 허물'이라고 표현하고 있다.

03 외적 준거를 통해 표현상의 특징 파악하기

답 | ④

보기를 참고하여 ㉠~㉤을 이해한 것으로 적절하지 않은 것은?

보기

비유는 표현하고자 하는 개념이나 사물을 다른 어떤 개념이나 사물에 빗대어 표현하는 것을 말한다. 비유는 돌려 말하기로써 직접 말하는 것보다 표현의 신선함을 주고, 추상적인 대상을 구체화하며 이미지를 형성해 내어 원래 표현하고자 하는 대상을 더욱 생생하게 전달해 주는 효과가 있다. 이러한 비유의 방법에는 직유법, 의인법, 은유법, 활유법 등이 있다.

정답 선지 분석

④ ㉣은 의인법을 사용하여 잊고 있었던 소중한 추억을 생명력있게 표현하고 있다.

㉣은 잊고 있었던 소중한 추억을 '오래전에 잃어버린 무지갯빛 구슬'에 빗대어 표현하고 있다. 즉 은유법을 사용하고 있는 것이지 사람이 아닌 것을 사람이 가진 특성을 띠도록 표현하는 의인법을 사용하고 있는 것이 아니다.

오답 선지 분석

① ㉠은 시를 짓는 과정을 음식을 만드는 과정에 비유함으로써 표현의 즐거움을 주고 있다.

㉠은 시를 짓는 과정을 맛있는 음식을 만드는 과정에 비유함으로써 표현의 신선함과 재미를 더하고 있다.

② ㉡은 시를 쓰는 학생들의 모습을 생생하게 표현하기 위해 직유법을 활용하고 있다.

㉡은 직유법을 사용해 납작 엎드려 시를 쓰기 시작하는 학생들을 강아지에 비유하여 표현하고자 하는 대상을 보다 더 생생하게 전달하고 있다.

③ ㉢은 학생들의 꿈과 희망을 은유적으로 표현한 것이다.

㉢은 학생들이 시에 쓸 글감을 비유적으로 표현한 것으로, '갓 피어난 별꽃 한 점'은 학생들의 꿈과 희망을 의미한다. 즉 표현하는 대상을 다른 대상에 빗대어 표현하는 은유법이 사용된 것이다.

⑤ ㉤은 고쳐 쓰는 과정을 통해 완성된 학생들의 시를 비유적으로 표현하여 시인이 말하고자 하는 바를 돌려 말하고 있다.

㉤은 고쳐 쓰는 과정을 통해 완성된 학생의 시를 '사금'에 비유함으로써 삶 속에서 자신이 느낀 점을 진솔히 담아낸 것이 바로 '반짝이는 시'임을 돌려 말하고 있다.

04 시어의 의미 파악하기

ⓐ, ⓑ에 들어갈 말로 적절한 것을 찾아 차례대로 쓰시오.

윗글의 (ⓐ)은/는 '생의 먹잇감'과 마찬가지로 화자가 제시한 (ⓑ)을/를 비유적으로 표현한 것이다.

정답

시의 꽃가루, 시제

빠른 정답 체크 01 ③ 02 ③ 03 ③ 04 절개

[앞부분 줄거리] 퇴기 월매의 딸 성춘향과 남원 부사의 아들 이몽룡은
_{춘향과 몽룡의 신분 차이}
사랑에 빠지지만, 몽룡의 아버지가 한양으로 가게 되며 헤어진다. 새로 부임한 변 사또는 포악하고 탐욕스러운 인물로, 백성들을 괴롭히고 춘향에게 수청을 강요하다가 춘향이 거절하자 옥에 가둔다. 한편, 몽룡은 암행어사가 되어 남원으로 돌아와서는 거지로 변장하여 변 사또의 생일잔치에 참여한다.

이때 어사또 하는 말이,
_{몽룡}
"걸인*이 어려서 한시깨나 읽었더니 좋은 잔치 당하여서 술과 안주를 포식하고 그냥 가기 염치없으니 차운* 한 수 하사이다."
_{반어적 표현}
운봉이 반겨 듣고 필연*을 내어 주니, 좌중 사람들이 다 짓지도
_{몽룡의 뛰어난 글재주를 드러냄}
않았는데 순식간에 글 두 귀를 지었으되, 백성들의 형편을 생각
_{변 사또로 인해 고통을 받음}
하고 본관 사또의 정체를 생각하며 지었겄다.
_{백성들을 괴롭히는 변 사또}

△: 변 사또가 누리는 부귀 ↔ ○: 고통받는 백성들

[A]

金樽美酒千人血
금동이의 아름답게 빚은 술은 일천 백성의 피요

玉盤佳肴萬姓膏
옥쟁반의 맛좋은 안주는 일만 백성의 기름이라

燭淚落時民淚落
촛불의 눈물이 떨어질 때 백성의 눈물 떨어지니

歌聲高處怨聲高
노랫소리 높은 곳에 원망 소리 높도다

이렇듯이 지었으되 본관 사또는 몰라보는데 운봉이 글을 보며
시에 담긴 의미를 모름
속으로, / '아뿔싸, 일이 났다!'
시를 지은 사람이 어사또임을 눈치챔
이때 어사또가 하직하고 간 연후에 각 아전들을 불러 분부하되,
/ "야야. 일이 났다."

『공방* 불러 돗자리 단속, 병방* 불러 역마 단속, 관청색* 불러
『』: 장면의 극대화 – 아전들을 불러 단속하는 운봉의 모습(열거법, 대구법)
다과상 단속, 옥형리 불러 죄인 단속, 집사 불러 형구 단속, 형
방* 불러 문부* 단속, 사령 불러 숙직 단속,』한참 이리 요란할 제

사정 모르는 저 본관 사또가,
운봉이 아전들을 단속하고 있음을 모름
"여보, 운봉은 어디를 다니시오?"

"소피* 보고 들어오오."
바쁜 이유를 거짓으로 둘러댐
본관 사또가 술주정이 나서 분부하되, / "춘향을 급히 올리라."
극적 반전을 위한 위기감 고조
이때에 어사또 부하들과 내통한다.『서리를 보고 눈길을 보내니
『』: 장면의 극대화 – 부하들과 내통하는 어사또의 모습
서리*, 중방* 거동 보소. 역졸을 불러 단속할 제 이리 가며 수군,
저리 가며 수군수군. 서리, 역졸 거동 보소. 외올*망건 공단 모자
새 패랭이* 눌러쓰고, 석 자 감발* 새 짚신에 한삼 고의* 산뜻하
게 차려입고, 육모 방망이 사슴 가죽끈을 손목에 걸어 쥐고, 여기
서 번쩍 저기서 번쩍, 남원읍이 우글우글. 청파 역졸 거동 보소.』
달 같은 마패를 햇빛같이 번쩍 들어,
비유를 통해 암행어사의 권위를 나타냄
"암행어사 출두야."

외치는 소리에 강산이 무너지고 천지가 뒤집히는 듯 초목금수*
편집자적 논평 – 과장법, 직유법
인들 아니 떨랴.

(중략)

본관 사또가 똥을 싸고 멍석 구멍 생쥐 눈 뜨듯 하고, 안으로 들
본관 사또의 모습을 우스꽝스럽게 표현함
어가서,

"어 추워라. 문 들어온다 바람 닫아라. 물 마르다 목 들여라."
언어유희 – 낱말의 위치를 바꿈
관청색은 상을 잃고 문짝을 이고 내달으니, 서리, 역졸 달려
어 휘닥딱.

"애고 나 죽네." / 이때 어사또 분부하되,

"이 골은 대감이 좌정하시던* 골이라. 소란을 금하고 객사로 옮
어사또의 아버지는 과거에 남원 부사였음
겨라."

자리에 앉은 후에. / "본관 사또는 봉고파직*하라."
권선징악(勸善懲惡) – 본관 사또에게 벌을 내림
분부하니, / "본관 사또는 봉고파직이오."

사대문에 방을 붙이고 옥형리 불러 분부하되,

"네 고을 옥에 갇힌 죄수를 다 올리라." / 호령하니 죄인을 올린다.

다 각각 죄를 물은 후에 죄가 없는 자는 풀어 줄새, / "저 계집은
죄없이 옥에 갇힌 죄수가 많았음   춘향
무엇이냐?"

형리 여쭈오되,

"기생 월매의 딸이온데 관청에서 포악한 죄로 옥중에 있삽내다."

"무슨 죄인고?" / 형리 아뢰되,

"본관 사또 수청 들라고 불렀더니 수절이 정절이라, 수청 아니
언어유희 – 같은 음을 반복함
들려 하고 사또에게 악을 쓰며 달려든 춘향이로소이다."
춘향이 옥에 갇힌 이유
어사또 분부하되,

"너 같은 년이 수절한다고 관장에게 포악하였으니 살기를 바랄
쏘냐. 죽어 마땅하되 내 수청도 거역할까?"
춘향의 절개를 시험함
춘향이 기가 막혀,

"내려오는 관장*마다 모두 명관이로구나. 어사또 들으시오. 충암
반어적 표현   절벽 높은 바위가 바람 분들 무너지며, 청송녹죽 푸른 나무가 눈
□: 춘향의 절개 ↔ △: 시련, 외부의 압력
이 온들 변하리까. 그런 분부 마옵시고 어서 바삐 죽여 주오."
유교적 가치관 – 목숨보다 절개를 중요시함
하며,

"향단아, 서방님 어디 계신가 보아라. 어젯밤에 옥 문간에 오셨을
어사또가 몽룡임을 알아보지 못함
때 천만당부* 하였더니 어디를 가셨는지 나 죽는 줄 모르는가."
자신이 죽으면 시신을 수습해 달라고 부탁함
어사또 분부하되, "얼굴 들어 나를 보라."
극적 반전이 일어남
하시니 춘향이 고개 들어 위를 살펴보니, 걸인으로 왔던 낭군이
몽룡
분명히 어사또가 되어 앉았구나. 반웃음 반 울음에,

"얼씨구나 좋을시고 어사 낭군 좋을시고. 남원 읍내 가을이 들
죽을 위기에 처함
어 떨어지게 되었더니, 객사에 봄이 들어 이화춘풍 날 살린다.
몽룡이 암행어사가 되어 돌아옴 몽룡을 의미함
꿈이냐 생시냐? 꿈을 깰까 염려로다."

한참 이리 즐길 때에 춘향 어미 들어와서 끝없이 즐거워하는 말
을 어찌 다 설화하랴*.

춘향의 높은 절개 광채 있게 되었으니 어찌 아니 좋을쏜가. 어
편집자적 논평
사또 남원의 공무 다한 후에 춘향 모녀와 향단이를 서울로 데려
갈새, 위의*가 찬란하니 세상 사람들이 누가 아니 칭찬하랴.
편집자적 논평
이때 춘향이 남원을 하직할새, 영귀하게* 되었건만 고향을 이별
작품의 공간적 배경이자 춘향의 고향   기쁘면서도 슬픔을 느끼는 이유
하니 일희일비가 아니 되랴.

놀고 자던 부용당아 / 너 부디 잘 있거라 / 광한루 오작교며

/ 영주각도 잘 있거라 □: 남원의 건물, 다리

'봄풀은 해마다 푸르건만 / 떠난 객은 돌아오지 않는다'고
한시를 인용하여 아쉬움을 표현함

[B] 이른 시는 / 나를 두고 이름이라

다 각기 이별할 제 / 길이길이 무고하옵소서* / 다시 보기
고향을 의인화하여 표현함

기약 없네
고향에 돌아오지 못할 것을 짐작함

- 작자 미상, 〈춘향전〉 -

* 걸인(乞人): 남에게 빌어먹고 사는 사람.
* 차운(次韻): 남이 지은 시의 운자(韻字)를 따서 시를 지음. 또는 그런 방법.
* 필연(筆硯): 붓과 벼루를 아울러 이르는 말.
* 공방(工房): 조선 시대에, 공예·건축·토목·공사 따위에 관한 일을 맡아보던 구실아치.
* 병방(兵房): 조선 시대에, 군사에 관한 일을 맡아보던 구실아치.
* 관청색(官廳色): 조선 시대에, 수령의 음식물을 맡아보던 구실아치.
* 형리(刑吏): 지방 관아의 형방에 속한 구실아치.
* 형방(刑房): 조선 시대에, 법률이나 감옥 등에 관한 일을 맡아보던 구실아치.
* 문부(文簿): 나중에 자세하게 참고하거나 검토할 문서와 장부.
* 소피(所避): '오줌'을 완곡하게 이르는 말.
* 서리(書吏): 조선 시대에, 중앙 관아에 속하여 문서의 기록과 관리를 맡아보던 하급의 구실아치.
* 중방(中房): 고을 원의 시중을 들던 사람.
* 외올: 여러 겹이 아닌 단 하나의 올.
* 패랭이: 댓개비로 엮어 만든 갓.
* 감발: 버선이나 양말 대신 발에 감는 좁고 긴 무명천.
* 고의: 남자의 여름 홑바지.
* 초목금수(草木禽獸): 풀과 나무와 날짐승과 길짐승을 아울러 이르는 말. 온갖 생물을 이른다.
* 좌정하다(坐定하다): 자리를 잡고 앉아 일을 보다.
* 봉고파직(封庫罷職): 어사나 감사가 못된 짓을 많이 한 고을의 원을 파면하고 관가의 창고를 봉하여 잠금.
* 관장(官長): 관가의 으뜸이란 뜻으로, 시골 백성이 고을 원을 높여 이르던 말.
* 천만당부(千萬當付): 간곡한 당부.
* 설화하다(說話하다): 있지 아니한 일에 대하여 사실처럼 재미있게 말하다.
* 위의(威儀): 위엄이 있고 엄숙한 태도나 차림새.
* 영귀하다(榮貴하다): 지체가 높고 귀하다.
* 무고하다(無故하다): 사고 없이 평안하다.

01 작품의 내용 파악하기
답 | ③

윗글을 이해한 내용으로 적절하지 않은 것은?

정답 선지 분석

③ 본관 사또는 암행어사가 출두하자 의연하게 대처하였다.

암행어사가 출두하자 본관 사또는 '똥을 싸고 멍석 구멍 생쥐 눈 뜨듯 하'였다고 했으므로, 의연하게 대처하였다는 설명은 적절하지 않다.

오답 선지 분석

① 어사또는 춘향을 시험하기 위해 수청을 들라고 하였다.

형리로부터 춘향이 수청을 들지 않아 옥에 갇혔다는 말을 들은 어사또가 '죽어 마땅하되 내 수청도 거역할까?'라고 말한 것은 춘향의 절개를 시험하기 위해서이다.

② 춘향은 처음에는 어사또가 누구인지 알아보지 못하였다.

어사또가 수청을 들라고 하자 춘향은 '내려오는 관장마다 모두 명관이로구나'라고 하고는 향단이에게 '서방님 어디 계신가 보아라'라고 하였다가, 어사또가 자신을 보라고 하고서야 걸인으로 왔던 몽룡이 어사또가 되어 앉았음을 알아보았다.

---

④ 형리는 어사또에게 춘향이 옥에 갇힌 이유를 설명하였다.

어사또가 춘향의 죄를 묻자, 형리는 '본관 사또 수청 들라고 불렀더니~수청 아니 들려하고 사또에게 악을 쓰며 달려든 춘향이로소이다'라고 하며 어사또에게 춘향이 옥에 갇힌 이유를 설명하였다.

⑤ 운봉은 어사또가 지은 시를 보고 그의 정체를 알아차렸다.

어사또가 시를 짓자, 본관 사또는 몰라보았지만 운봉은 속으로 '아뿔싸, 일이 났다!'라고 하고 아전들을 불러 단속하였으므로 시를 지은 걸인의 정체가 어사또임을 알아차렸음을 알 수 있다.

02 삽입 시의 의미 이해하기
답 | ③

[A], [B]를 이해한 내용으로 가장 적절한 것은?

정답 선지 분석

③ [A]에는 본관 사또의 폭정에 대한 비판이, [B]에는 정든 고향을 떠나는 슬픔이 담겨 있다.

[A]는 어사또가 백성들의 형편과 본관 사또의 정체를 생각하며 지은 시로, '금동이의 아름답게 빚은 술은 일천 백성의 피요' 등에서 본관 사또의 폭정과 그로 인해 백성들이 고통받는 상황을 비판하고 있음을 알 수 있다. [B]는 춘향이 남원을 떠나 서울로 가며 지은 시로, '다 각기 이별할 제 / 길이길이 무고하옵소서 / 다시 보기 기약 없네' 등에서 정든 고향과 이별하며 슬퍼하고 있음을 알 수 있다.

오답 선지 분석

① [A]에는 오지 않는 어사또에 대한 원망이, [B]에는 서울로 떠나는 기대감이 담겨 있다.

[A]를 쓴 사람은 어사또이므로 [A]에 오지 않는 어사또에 대한 원망이 담겨 있다고 할 수 없으며, [B]에는 서울로 떠나는 기대감이 아니라 고향을 떠나는 슬픔이 담겨 있다.

② [A]에는 미래에 대한 비관이, [B]에는 고향에 돌아오지 못하리라는 예상이 담겨 있다.

[B]에서 '다시 보기 기약 없네'라고 했으므로 고향에 돌아오지 못하리라는 예상이 담겨 있는 것은 맞지만, [A]에 미래에 대한 비관이 담겨 있지는 않다.

④ [A]에는 백성들의 고통에 대한 안타까움이, [B]에는 몽룡의 안녕을 비는 마음이 담겨 있다.

[A]에는 본관 사또의 폭정으로 인해 고통받는 백성들에 대한 안타까움이 담겨 있지만, [B]에서 '길이길이 무고하옵소서'라고 한 것은 고향을 향해 하는 말이지 몽룡의 안녕을 빌며 하는 말이 아니다.

⑤ [A]에는 잔치에 준비된 술과 안주에 대한 만족감이, [B]에는 봄에 대한 그리움이 담겨 있다.

[A]의 '금동이의 아름답게 빚은 술'과 '옥쟁반의 맛좋은 안주'는 생일잔치를 벌이는 변사또와 고통받는 백성들을 대비하기 위한 것으로, 잔치에 준비된 술과 안주에 대한 만족감을 드러내는 것이 아니다. [B]에서 '봄풀은 해마다 푸르건만 / 떠난 객은 돌아오지 않는다'고 봄을 언급하기는 하지만, 이는 봄에 대한 그리움이 아니라 고향을 떠나 돌아오지 않을 자신의 처지를 표현하는 것이다.

보기 를 바탕으로 윗글을 감상한 내용으로 적절하지 <u>않은</u> 것은?

보기

〈춘향전〉은 본래 판소리인 〈춘향가〉가 소설로 정착된 것으로, 4·4조의 운문 및 현재형 사건 전개 등 판소리의 특징이 일부 나타난다. 판소리에서 소리꾼이 자신 있는 부분이나 관객의 호응이 좋은 부분을 늘렸던 것을 반영하여 장면의 극대화가 이루어졌으며, 반어적 표현과 언어유희 등으로 인물이나 사건을 우습게 표현하여 비꼼으로써 풍자의 효과를 얻게 되었다. 또한 양반과 평민의 욕구를 함께 만족시켜야 했기 때문에 양반의 한자어와 평민의 비속어가 섞여 있다. 한편으로는, 서술자가 인물을 평가하는 편집자적 논평 등 고전소설의 전형적인 특징도 찾아볼 수 있다.

정답 선지 분석

③ 형리가 '본관 사또 수청 들라고 불렀더니 수절이 정절이라'라고 하는 것은, 양반의 언어와 평민의 언어가 섞여 사용된 예시이군.

형리가 '본관 사또 수청 들라고 불렀더니 수절이 정절이라'라고 하는 것은 양반의 한자어를 주로 사용한 것이다. 양반의 언어와 평민의 언어가 섞여 사용된 예시로 볼 수 없다. 대신 '수절이 정절이라'에서 같은 음을 반복한 언어유희를 찾아볼 수 있다.

오답 선지 분석

① 운봉이 '각 아전들을 불러 분부'하는 장면이나, 어사또가 '부하들과 내통'하는 장면은, 장면의 극대화가 이루어진 것이군.

운봉이 '각 아전들을 불러 분부'하는 장면은 '공방 불러~숙직 단속'으로, 어사또가 '부하들과 내통'하는 장면은 '서리, 중방~번쩍 들어'로 서술되어 있는데, 이는 특정 장면을 늘린 장면의 극대화가 이루어진 것이다.

② 본관 사또가 '문 들어온다 바람 닫아라'라고 하는 것은, 언어유희로 본관 사또를 우스꽝스럽게 표현하여 풍자한 것이군.

암행어사가 출두하자 본관 사또는 '문 들어온다 바람 닫아라, 물 마르다 목 들여라'라고 하는데, 이는 낱말의 위치를 바꾸는 언어유희로 본관 사또를 우스꽝스럽게 표현하여 풍자의 효과를 얻은 것이다.

④ 춘향이 '얼씨구나 좋을시고 어사 낭군 좋을시고'라고 하는 것은, 판소리의 특징인 4·4조의 운문이 나타난 것이군.

어사또의 정체가 몽룡임을 알게 된 춘향은 '얼씨구나 좋을시고 어사 낭군 좋을시고'라고 하는데, 이는 '얼씨구나 / 좋을시고 / 어사 낭군 / 좋을시고'로 읽혀 판소리의 특징인 4·4조의 운문이 나타나는 것이다.

⑤ 춘향을 가리켜 '높은 절개 광채 있게 되었으니 어찌 아니 좋을쏜가'라고 하는 것은, 서술자가 인물을 평가하는 편집자적 논평이군.

절개를 지킨 춘향이 마침내 몽룡과 재회하고 서울로 갈 때, '춘향의 높은 절개 광채 있게 되었으니 어찌 아니 좋을쏜가'라고 하는 것은 서술자가 춘향의 절개를 칭찬하는 것으로, 작품 밖의 서술자가 인물을 평가하는 편집자적 논평이다.

04   소재의 의미 파악하기

빈칸에 들어갈 말로 적절한 것을 찾아 쓰시오.

'층암절벽 높은 바위'와 '청송녹죽 푸른 나무'는 모두 춘향의 (   )을/를 표현한 것이다.

정답

절개

화법 청중을 고려하여 발표하기

빠른 정답 체크 01 ④ 02 ② 03 ② 04 4문단

여러분, 안녕하십니까? '학교 폭력 없는 행복한 학교 만들기'라
예상 청중 → 전교생 · · · · · · · 발표 주제 및 발표자 소개
는 주제로 이야기를 할 김동국입니다.

교육부가 발표한 2018년 1차 학교 폭력 실태 조사에 따르면 중
구체적 자료를 인용하여 신뢰성과 설득력을 높이고 있음 → 이성적 설득 전략
학생의 0.7퍼센트가 학교 폭력을 경험한 적이 있다고 합니다. 피해

유형별로는 언어폭력, 집단 따돌림, 스토킹, 사이버 괴롭힘의 비율
학교 폭력의 피해 유형
이 높았습니다. 학생들이 대부분의 시간을 보내는 학교에서 이러
학교 폭력 없는 학교 만들기의 필요성
한 폭력이 일어난다면 학생들은 깊은 상처를 입게 될 것입니다.

제 친구의 이야기를 들려드리겠습니다. 학교 폭력을 당했던 제
학교 폭력으로 힘들어했던 친구의 사례를 소개 → 감성적 설득 전략
친구는 사소한 일에도 심하게 놀라고 항상 불안해하며 전혀 위험

하지 않은 상황에서도 불안감을 느낍니다. 악몽에 시달려 잠도

제대로 자지 못한다고 합니다. 우울함과 절망감에 빠져 있는 친

구의 모습을 보며 저는 눈물을 흘리지 않을 수 없었습니다. 이것

이 제 친구만의 일일까요? 우리의 일이 될 수도 있습니다. 학생들
청중에게 질문을 던지며 청중의 주의를 환기 ①
의 행복한 학교생활을 위해 학교 폭력이 없는 행복한 학교 만들
연설의 목적을 설득적인 어조로 직접적으로 드러냄
기는 반드시 필요합니다.
「 」: 학교 폭력 없는 행복한 학교 만들기 실천방안
「그렇다면 학교 폭력을 없애기 위해 우리가 실천할 수 있는 방법
청중에게 질문을 던지며 청중의 주의를 환기 ②
에는 어떤 것들이 있을까요? 먼저 서로를 존중하고 배려하는 태
학교 폭력을 없애기 위해 실천할 수 있는 방법 ①
도를 가져야 합니다. 우리는 모두가 동등하고 소중한 사람입니다.

또한 주변에 관심을 가져야 합니다. 우리의 무관심 속에서 고통을
학교 폭력을 없애기 위해 실천할 수 있는 방법 ②
받고 있는 친구는 없는지 관심을 갖고 그들에게 먼저 손을 내미는

여유를 가집시다. 이러한 생각을 가지고 서로가 서로에게 좋은 친

구가 되도록 노력한다면 학교 폭력을 없앨 수 있을 것입니다.」

「서로가 서로를 존중하고 배려하며 서로 관심을 갖고 어울리는
「 」: 청중의 자긍심을 일깨움
학교의 모습, 이것이 우리 모두가 원하는 행복한 학교의 모습일

것입니다. 떠올릴 때마다 행복한 학교, 매일 가고 싶은 학교, 여

러분의 노력으로 만들 수 있습니다. 감사합니다.」

01 연설 내용 조직하기 답 | ④

위 연설자가 연설 전에 세운 연설 계획으로 적절하지 않은 것은?

정답 선지 분석

④ 학교 폭력을 당했던 나의 경험을 이야기하며 감정에 호소해야겠어.

윗글에서는 연설자는 학교 폭력을 당했던 자신의 경험에 대해 이야기하는 것이 아니
라, 학교 폭력을 당했던 친구의 경험을 이야기하며 감성적 설득 전략을 사용하고 있다.

오답 선지 분석

① '도입 - 전개 - 정리'의 구성에 따라 말해야겠어.

윗글은 도입 부분에서 발표 주제 및 발표자를 소개하고 있고, 전개 부분에서 학교 폭력
의 실태와 학교 폭력 없는 행복한 학교를 만들기의 필요성 및 해결 방안을 제시하고 있
고, 정리 부분에서 발표 내용을 요약하며 마무리하고 있다.

② 학생들이 실천할 수 있는 방안을 제시해야겠어.

윗글은 전개 부분에서 학생들이 실천할 수 있는 방안에 대해 제시하고 있다. 첫 번째는
서로를 존중하고 배려하는 태도를 가져야 한다는 것이고 두 번째는 주변에 관심을 가
져야 한다는 것이다.

③ 연설의 목적을 가장 먼저 밝히며 시작해야겠어.

윗글은 도입 부분에서 ''학교 폭력 없는 행복한 학교 만들기'라는 주제로 이야기를 할'
것임을 밝히고 있다.

⑤ 마지막에는 발표 내용을 요약하며 함께 노력해야 함을 당부해야겠어.

윗글은 정리 부분에서 발표 내용을 요약하며 서로가 존중하고 배려하며 관심을 갖고
어울리는 학교를 만들기 위해 학생들의 노력이 필요함을 당부하고 있다.

02 연설의 내용 파악하기 답 | ②

위 연설에서 알 수 있는 내용으로 적절하지 않은 것은?

정답 선지 분석

② 학교 폭력의 가해자들은 엄중한 처벌을 받아야 한다.

위 연설은 학교 폭력 없는 행복한 학교를 만들어야 함을 이야기하고 있는 것이지, 학교
폭력의 가해자들이 엄중한 처벌을 받아야 함을 이야기하고 있지 않다.

오답 선지 분석

① 서로 존중하고 배려하는 태도를 가져야 한다.

위 연설의 4문단에서 학교 폭력 없는 학교를 만들기 위한 실천 방법으로 서로 존중하
고 배려하는 태도를 가져야 한다고 이야기하고 있다.

③ 주변에 관심을 가지며 함께 살아가는 사회를 만들어야 한다.

위 연설의 4문단에서 학교 폭력 없는 학교를 만들기 위한 실천 방법으로 주변에 관심
을 가져야 함을 이야기하고 있다.

④ 학교 폭력이 없는 학교를 만들기 위해 모두가 노력해야 한다.

위 연설의 5문단에서 학교 폭력 없는 행복한 학교를 만들기 위해서는 모두가 노력해야
함을 당부하고 있다.

⑤ 학교 폭력을 없애는 것은 행복한 학교생활을 위해 반드시 필요하다.

위 연설의 3문단에서 학생들의 행복한 학교생활을 위해 학교 폭력이 없는 행복한 학교
만들기가 반드시 필요하다고 이야기하고 있다.

03 연설의 표현 전략 파악하기 답 | ②

윗글에서 사용하고 있는 연설 방법을 보기 에서 모두 고른 것은?

보기

ㄱ. 구체적 수치를 제시하여 신뢰성을 높이고 있다.

ㄴ. 청중에게 질문을 하며 청중의 관심을 모으고 있다.

ㄷ. 문제 상황에 대해 청중에게 감정적으로 호소하고 있다.

ㄹ. 정보전달을 목적으로 구체적인 개념을 예시와 함께 설명하고 있다.

② ㉠, ㉡, ㉢

㉠ 2문단에서 '교육부가 발표한 2018년 1차 학교 폭력 실태 조사에 따르면 중학생의 0.7퍼센트가 학교 폭력을 경험한 적이 있다고 합니다.'와 같이 구체적 수치를 제시하여 신뢰성을 높이고 있다.

㉡ 3문단의 '이것이 제 친구만의 일일까? 우리의 일이 될 수도 있습니다.', 4문단의 '그렇다면 학교 폭력을 없애기 위해 우리가 실천할 수 있는 방법에는 어떤 것이 있을까? 먼저~'를 통해 청중에게 질문을 하며 청중의 관심을 모으고 있음을 확인할 수 있다.

㉢ 3문단에서 '제 친구의 이야기를 들려드리겠습니다.'라고 하며 학교 폭력을 당했던 친구의 사례를 소개하며 청중들에게 감정적으로 호소하고 있다.

㉣ 윗글의 주제는 '학교 폭력 없는 행복한 학교 만들기'이다. 연설자는 학교 폭력 없는 행복한 학교 만들기의 필요성과 실천 방안을 제시하고 있는 것이지, 정보전달을 목적으로 구체적 개념을 예시와 함께 설명하고 있는 것이 아니다.

04 연설 내용 이해하기

위 연설에서 학교 폭력 없는 학교를 만들기 위한 실천 방법이 제시된 문단을 쓰시오.

정답

4문단

독서 빛의 이중적 본질

빠른 정답 체크 01 ④ 02 ① 03 ① 04 입자

16, 17세기에 들어서면서 과학자들은 <u>빛의 본질이 탁구공과 같은 입자인지, 아니면 소리나 물결과 같은 파동인지를 두고 진지한 논쟁을 벌여왔다.</u>
빛의 본질에 관한 논쟁
▶1문단: 빛의 본질에 관한 두 견해

빛의 입자설에 대한 주장은 <u>뉴턴</u>으로부터 출발했는데, 뉴턴은 빛의 입자설을 주장
프리즘 실험을 통해 빛이 눈에 보이지 않는 작은 입자이며, 이 때문에 <u>직진, 굴절, 반사 등의 물리적 현상이 일어난다</u>고 주장하였
빛이 입자이기 때문에 나타나는 현상
다. 뉴턴의 이 주장은 오랫동안 정설로 받아들여졌다. 그러나 19세기 초 <u>토머스 영</u>의 겹실틈 실험으로 빛이 입자가 아닌 파동이
빛의 파동설을 입증
라는 주장이 힘을 얻게 된다. 토머스 영은 「빛이 지나가는 길에 두
「」: 토머스 영의 겹실틈 실험
개의 틈을 낸 판 하나를 세워놓고 뒤쪽에는 스크린을 놓고 스크린 방향을 향해 빛을 무작위로 쏘았다. 빛이 입자라면 틈이 아닌 벽면을 맞은 입자가 튕겨져 나가고, 틈으로 통과한 빛만이 스크린에 도달해 결국 스크린에는 일자 형태의 띠가 나타나야 하는데, 토머스 영의 예상과는 다르게 스크린에 무수한 빛 무늬가 만
빛이 입자라는 전제로 진행한 실험에서 예상과 다른 결과가 도출됨
들어졌다.」이는 빛이 입자가 아니라 파동성을 가지고 있음을 드러낸 것으로, 이 실험을 통해 당시 우세하던 <u>빛이 입자라는 주장</u>
겹실틈 실험으로 빛의 파동설이 증명됨

을 부정하고 빛이 파동이라는 것을 공고히 하게 된다.
▶2문단: 빛이 파동임을 증명해 낸 토머스 영의 겹실틈 실험

[A]

그 후 1905년, <u>아인슈타인</u>은 금속에 빛을 쬘 때 금속 내부
빛의 입자설을 주장
의 전자가 튀어나오는 현상을 발견한다. 이것은 빛이 파동이라면 절대 설명할 수 없는 현상이었다. 이러한 현상을 목격한 아인슈타인은 빛에는 입자화된 에너지 알갱이인 광자가 존재
광전효과의 개념
하고, 이것이 전자와 충돌하면서 에너지를 전달한다는 광전효과를 주장했다. 이와 더불어 금속 표면에 특정한 값보다 큰 진동수의 빛을 쪼이면 빛의 세기가 약하더라도 금속에서 전자가 방출되지만, 아무리 센 빛을 쪼여 주더라도 빛의 진동수가 특정 값보다 작으면 전자가 방출되지 않는 현상을 발견했다. 이는 금속에서 튀어나오는 전자인 광전자의 운동에너지
빛의 세기가 아닌 진동수에 비례하여 전자가 방출됨
는 빛의 세기가 아닌 빛의 진동수에 비례함을 의미한다. 아인슈타인은 광전효과를 통해 빛의 입자설을 주장하며, 기존의 과학계에 자리 잡고 있던 빛의 파동설을 완벽하게 뒤집어 놓았고, 노벨 물리학상을 타게 되었다.
▶3문단: 빛이 입자임을 증명해 낸 아인슈타인의 광전효과

광전효과 이후 빛이 파동인지 입자인지 정의를 내리는 것이 모호해졌다. ㉠ <u>기존의 물리학적 상식으로는 겹실틈 실험과 광전효과를 동시에 설명할 수 없었기 때문이다.</u> 이에 대해 아인슈타
빛은 입자와 파동의 성질을 모두 가지고 있기 때문
인은 빛의 본질을 하나로 정의를 내릴 수 있는 것이 아닌, <u>입자와 파동의 두 가지 성질을 모두 지니고 있다</u>는 빛의 양자설을 주장
빛의 양자설 - 파동적 성질과 입자적 성질이 공존할 수 있음
했다. 또한 아인슈타인의 광전효과는 광자의 운동을 관찰하는 양자역학*을 탄생시켰다. 양자역학은 <u>원자나 분자 등 아주 작은 물</u>
양자역학의 개념
<u>질세계를 설명하는 현대 물리학의 기본이론</u>으로, 반도체와 레이저 등 현대 전자기기도 모두 양자역학을 이용하고 있다고 해도 과언이 아니다.
▶4문단: 양자역학의 등장

* 양자역학(量子力學): 입자 및 입자 집단을 다루는 현대 물리학의 기초 이론. 입자가 가지는 파동과 입자의 이중성. 측정에서의 불확정 관계 따위를 설명한다.

01 세부 내용 파악하기

답 | ④

윗글에 대한 설명으로 적절하지 않은 것은?

④ 19세기 초 토머스 영은 겹실틈 실험을 하기 전에는 빛이 파동이라고 믿었다.

2문단에서 토머스 영의 겹실틈 실험 이전에는 뉴턴이 주장했던 입자설이 정설처럼 받아들여졌음을 알 수 있고, 겹실틈 실험의 결과가 예상과는 다른, 빛이 파동성을 가지고 있음을 드러냈다는 점에서 토머스 영은 실험을 하기 이전에는 빛이 파동이 아닌 입자라고 생각했음을 파악할 수 있다.

① 광전효과의 등장은 빛의 본질을 정의 내리는 것에 혼란을 야기했다.

　4문단에서 광전효과 이후 빛이 파동인지 입자인지 정의를 내리는 것이 모호해졌음을 밝히고 있다. 즉, 광전효과의 등장은 빛의 본질을 하나로 정의 내리는 것에 혼란을 야기했다고 볼 수 있다.

② 뉴턴은 프리즘 실험을 통해 빛이 탁구공과 같은 입자임을 증명했다.

　2문단에서 뉴턴은 프리즘 실험을 통해 빛이 입자이며, 이 때문에 직진, 굴절, 반사 등의 물리적 현상이 일어난다고 주장했음을 알 수 있다.

③ 금속에 빛을 쬐면 전자가 튀어나오는 현상은 빛의 입자적 성질 때문이다.

　3문단에서 광전효과는 빛의 입자성 때문에 금속에 빛을 쬐면 전기가 방출되는 현상임을 설명하고 있다.

⑤ 겹실틈 실험의 결과 일자 형태의 띠 무늬가 나왔다면 빛이 입자라고 할 수 있었다.

　2문단에서 겹실틈 실험을 설명하며, 빛이 입자라면 일자 형태의 띠가 나타나야 하였다는 내용을 설명하고 있다.

---

02 핵심 내용 파악하기　　　　　　　　답 | ①

㉠이 의미하는 바로 적절한 것은?

① 빛은 양립할 수 없는 하나의 본질만을 가진다.

　4문단에서 기존의 물리학적 상식으로는 빛이 입자임을 증명한 광전효과와 빛이 파동임을 증명한 겹실틈 실험을 동시에 설명할 수 없었다고 밝히고 있고, 1문단에서 과학자들은 빛의 본성이 파동인지 입자인지를 두고 논쟁을 벌여왔다는 점에서 기존의 물리학적 상식에서의 빛은 입자와 파동이 양립할 수 없는 하나의 본질만을 가진다고 본 것이다.

② 빛은 세기에 따라 달라지는 에너지를 가지고 있다.

　기존의 물리학적 상식은 빛은 양립할 수 없는 하나의 본질만을 가진다는 것을 의미한다. 또한 3문단에서 아인슈타인은 광전효과를 통해 금속 안의 전자가 빛의 세기가 아닌 진동수에 비례하여 방출됨을 발견했다. 따라서 빛의 세기에 따라 달라진다는 것은 적절하지 않다.

③ 빛은 광자로 구성되어 있어 특정한 구조에만 반응한다.

　빛을 광자로 인식하는 광전효과는 빛을 입자로 보기 때문에 빛이 양립할 수 없는 하나의 본질만을 가진다는 기존의 물리학적 상식을 기반으로 하지만, 빛을 구성하는 광자가 특정한 구조에만 반응하는지에 대해서는 윗글에서 찾아볼 수 없다.

④ 빛은 물결과 같은 성질을 지니기 때문에 굴절과 반사를 일으킨다.

　2문단에서 프리즘 실험을 통해 빛이 눈에 보이지 않는 작은 입자이며, 이 때문에 직진, 굴절, 반사 등의 물리적 현상이 일어난다고 주장했기 때문에 굴절과 반사를 일으키기 위해서는 물결과 같은 성질이 아닌 탁구공과 같은 입자의 성질을 가져야 한다.

⑤ 빛은 원자나 분자와 같이 눈에 보이지 않는 아주 작은 물질세계를 설명할 수 있다.

　기존의 물리학적 상식은 빛은 양립할 수 없는 하나의 본질만을 가진다는 것을 의미한다. 원자나 분자와 같이 눈에 보이지 않는 아주 작은 물질세계를 설명하는 것은 양자역학이다. 4문단에 따르면 양자역학은 아인슈타인의 광전효과와 빛의 양자설 이후에 등장한 개념이기 때문에 기존의 물리학적 상식으로 보는 것은 적절하지 않다.

---

03 핵심 내용 적용하기　　　　　　　　답 | ①

[A]를 바탕으로 보기 를 이해한 내용으로 가장 적절한 것은?

보기

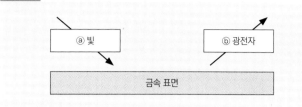

① ⓐ의 빛은 특정 값보다 큰 진동수의 빛이 되겠군.

　〈보기〉는 금속 표면에서 광전자가 방출되는 광전효과를 보여 주고 있고, [A]에서 특정 값보다 큰 진동수의 빛을 금속 표면에 쬐면 광전자가 튀어나온다고 밝히고 있다. 따라서 ⓐ는 특정 값보다 큰 진동수의 빛이라고 파악할 수 있다.

② ⓑ의 운동에너지는 빛의 세기에 비례하고 있겠군.

　광전자의 운동에너지는 빛의 세기가 아닌 빛의 진동수에 비례한다. 따라서 빛의 세기가 강해도 빛의 진동수가 특정 값보다 작으면 전자가 방출되지 않는다.

③ ⓐ와 ⓑ는 서로 다른 진동수에 의해서 발생하는군.

　ⓐ와 ⓑ가 서로 다른 진동수에 반응하는지는 [A]를 통해 파악할 수 없다.

④ ⓑ는 빛이 파동성을 가지기 때문에 발생할 수 있군.

　광전자가 방출되는 것은 빛이 진동수에 비례하는 에너지를 가진 입자인 광자로 구성되어 있기 때문이다.

⑤ ⓐ의 진동수가 특정한 값보다 작으면 ⓑ가 방출되겠군.

　빛의 진동수가 특정 값보다 작으면 전자가 방출되지 않는다.

---

04 중심 내용 파악하기

보기 의 ㉠에 들어갈 적절한 말을 윗글에서 찾아 2음절로 쓰시오.

보기

　1323년 과학자 콤프턴은 X-선을 흑연에 쏘아 그때 튕겨 나오는 X-선의 파장에 따른 세기를 산란 각도에 따라 측정하는 실험을 진행했다. 이 실험은 광자가 흑연 속의 전자와 충돌해 튕겨 나간다는 전제를 바탕으로 한 것으로, 빛이 (㉠)(이)라는 믿음을 기반에 두고 있다.

입자

빠른 정답 체크 **01** ④ **02** ⑤ **03** ④ **04** 대

바위에 서 있는 솔이 늠연한* 것이 반가온뎌
　　　　　　　□: 예찬의 대상　　　　　반갑구나
㉠ 풍상*을 겪어도 여위는 줄 전혀 없다
△: 고난과 시련
어쩌다 봄빛을 가져 고칠 줄 모르느냐
　　　　　푸른빛
　　　　　　　　　　　　　　　　　　〈제1수〉
　　　　　　　　　　　▶ 풍상에도 여위지 않는 소나무 예찬

동리*에 심은 국화 귀한 줄 뉘 아느냐

춘광*을 번폐하고* ㉡ 엄상*에 혼자 피니
국화는 봄이 아닌 가을에 핌
어즈버 청고한* 내 벗이 다만 넌가 하노라
　감탄사　　　　　　벗이 국화 외에는 없음
　　　　　　　　　　　　　　　　　　〈제2수〉
　　　　　　　　　　　▶ 엄상에도 혼자 피는 국화 예찬

꽃이 무한하되 매화를 심은 뜻은
　　　　꽃이 많되
㉢ 눈 속에 꽃이 피어 한 빛인 것이 귀하도다
　　　눈과 같은 흰 빛
하물며 그윽한 향기는 아니 귀하지 않겠는가
　　　　후각적 심상　　　　국화를 귀하게 여김
　　　　　　　　　　　　　　　　　　〈제3수〉
　　　　　　　　　　　▶ 눈 속에 피어난 매화 예찬

㉣ 백설이 잦은 날에 대를 보려 창을 여니

온갖 꽃 간데없고 대숲이 푸르러셰라
　겨울이 되면 꽃은 짐　　　색채 이미지
어째서 ㉤ 청풍*을 반겨 흔덕흔덕* 하느냐
　　　　　　　음성 상징어
　　　　　　　　　　　　　　　　　　〈제4수〉
　　　　　　　　　　▶ 눈이 내리는 날에도 푸른 대나무 예찬
　　　　　　　　　　　　　　- 이신의, 〈사우가〉 -

* 늠연하다(凜然하다): 위엄이 있고 당당하다.
* 풍상(風霜): 바람과 서리를 아울러 이르는 말.
* 동리(東籬): 동쪽 울타리.
* 춘광(春光): 봄철의 볕. 또는 봄철의 경치.
* 번폐하다: 마다하다.
* 엄상(嚴霜): 늦가을에 아주 되게 내리는 서리.
* 청고하다(淸高하다): 맑고 고결하다.
* 청풍(淸風): 부드럽고 맑은 바람.
* 흔덕흔덕: 큰 물체 따위가 둔하게 자꾸 흔들리는 모양.

01　표현상의 특징 파악하기　답 | ④

윗글에 대한 내용으로 가장 적절한 것은?

정답 선지 분석

④ 말을 건네는 방식을 사용하여 대상과의 친밀감을 드러내고 있다.

〈제2수〉의 종장에서 '어즈버 청고한 내 벗이 다만 넌가 하노라'라고 하며 말을 건네는 방식을 사용하여 대상인 국화와의 친밀감을 드러내고 있다.

오답 선지 분석

① 동일한 구절을 반복하여 시의 주제를 강조하고 있다.

동일한 구절이 반복되는 부분은 찾아볼 수 없다.

② 도치법을 활용하여 대상에 대한 비판을 제시하고 있다.

도치법을 활용하지 않았고, 대상에 대한 비판도 제시되지 않는다.

③ 대상에 감정을 이입하여 화자의 내적 갈등을 드러내고 있다.

화자는 대상을 예찬하고 있을 뿐, 대상에 감정을 이입하고 있지 않다.

⑤ 가까운 곳에서 먼 곳으로 시선을 이동하여 풍경을 묘사하고 있다.

풍경을 묘사했다고는 할 수 있으나 시선의 이동은 나타나지 않는다.

02　소재의 의미 파악하기　답 | ⑤

㉠~㉤ 중 의미가 나머지와 다른 것은?

정답 선지 분석

⑤ ㉤

'청풍'은 '부드럽고 맑은 바람'이라는 뜻으로, '대'가 반기는 대상이다. ㉠, ㉡, ㉢, ㉣은 모두 고난과 시련을 의미하는 시어이다.

오답 선지 분석

① ㉠

'풍상'은 바람과 서리를 아울러 이르는 말로, 화자는 '솔'이 '풍상'과 같은 고난과 시련 속에서도 여위지 않는 것을 예찬하고 있다.

② ㉡

'엄상'은 늦가을에 아주 되게 이르는 서리를 뜻하는 말로, 화자는 '국화'가 '엄상'과 같은 고난과 시련 속에서도 피어난 것을 예찬하고 있다.

③ ㉢

'눈'은 '매화'가 피어난 곳으로, 화자는 '매화'가 '눈'과 같은 고난과 시련 속에서도 피어난 것을 예찬하고 있다.

④ ㉣

'백설'은 '대'가 피어난 날의 계절을 의미하는 것으로, 화자는 '대'가 '백설'과 같은 고난과 시련 속에서도 푸른 것을 예찬하고 있다.

03　외적 준거를 바탕으로 작품 이해하기　답 | ④

〈보기〉를 참고하여 윗글을 이해한 내용으로 가장 적절한 것은?

보기

연시조는 하나의 제목 아래 두 개 이상의 평시조가 엮인 시조의 한 형식이다. 연시조에서는 각 수의 구조를 유사하게 하여 내적 통일성을 꾀하는 경우가 많은데, 부분적으로 내적 통일성에서 벗어난 표현을 활용하여 신선한 느낌을 주기도 한다.

정답 선지 분석

④ 〈제2수〉는 다른 수와 달리 종장을 감탄형 어미로 완결하여 내적 통일성에서 벗어나고 있군.

〈제2수〉의 종장은 감탄형 어미인 '하노라'로 완결되었다. 〈제2수〉를 제외한 수는 종장을 의문형 어미로 완결하고 있으므로 〈제2수〉가 다른 수와 달리 종장을 감탄형 어미로 완결하여 내적 통일성에서 벗어나고 있다는 이해는 적절하다.

오답 선지 분석

① 각 수의 중장에서 중심 소재를 언급하여 내적 통일성을 지키고 있군.

각 수의 중심 소재는 '솔', '국화', '매화', '대'로, 중장이 아닌 초장에 언급되어 내적 통일성을 지키고 있다.

② 〈제1수〉와 〈제4수〉는 중장에서 색채 이미지를 활용하여 내적 통일성을 획득하고 있군.

〈제4수〉의 중장에서는 '푸르러셰라'라는 색채 이미지를 활용하고 있지만, 〈제1수〉의 중장에서는 색채 이미지가 활용되지 않았다.

③ 〈제2수〉와 〈제3수〉는 종장에서 후각적 심상을 활용하여 내적 통일성을 획득하고 있군.

〈제3수〉의 종장에서는 '그윽한 향기'라는 후각적 심상을 활용하고 있지만, 〈제2수〉의 종장에서는 후각적 심상을 활용하지 않았다.

⑤ 〈제3수〉는 다른 수와 달리 초장을 의문형 어미로 완결하여 내적 통일성에서 벗어나고 있군.

〈제3수〉의 초장은 '뜻은'으로 완결되었으므로 의문형 어미로 완결하였다는 이해는 적절하지 않다.

04 작품의 내용 이해하기

빈칸에 공통으로 들어갈 말로 적절한 것을 윗글에서 찾아 1음절로 쓰시오.

윗글의 화자가 〈제4수〉의 (　　　)을/를 예찬하는 이유는 (　　　)이/가 겨울에도 푸르기 때문이다.

정답

대

문학 2   사랑 손님과 어머니(주요섭)

빠른 정답 체크   01 ③   02 ③   03 ③   04 방학

[앞부분 줄거리] 여섯 살 소녀 '나'는 과부인 어머니와 함께 산다. 어느
　　　　　　　　　'나'는 유복자로, 태어나기 전에 아버지가 돌아가심
날, 아버지의 옛 친구인 아저씨가 동리의 학교 교사로 와 '나'의 집 사랑에

하숙*을 든다. '나'는 어머니에게 유치원에서 가져온 꽃을 주며 아저씨가

주었다고 말한다. 어머니는 꽃을 소중히 간직하고, 꽃이 시들자 찬송가
　　　　　　　　　　　　어머니는 꽃을 준 사람이 아저씨라고 알고 있음
책 사이에 끼워 둔다. 아저씨가 어머니에게 편지를 준 뒤, 어머니는 '나'를
　　　　　　　　　　아저씨가 어머니에게 자신의 마음을 고백함
불러 사람들의 시선 때문에 '나'에게는 아빠가 생길 수 없다고 말한다.
　　　　　　여성의 재혼을 부정적으로 여기는 사회임

그 날 밤, 저녁밥 먹고 나니까 어머니는 나를 불러 앉히고 머리

를 새로 빗겨 주었습니다. 댕기를 새 댕기로 드려* 주고, 바지, 저
　　　　　　　　　　　'나'를 깔끔하게 단장해 줌 - 아저씨에게 예의를 차리기 위함
고리, 치마, 모두 새것을 꺼내 입혀 주었습니다.

"엄마, 어디 가?" / 하고 물으니까, / "아니."

하고 웃음을 띠면서 대답합니다. 그러더니, 풍금 옆에서 내리어

새로 다린 하얀 ㉠손수건을 내리어 내 손에 쥐어 주면서,
　　　　　　　　　아저씨의 마음을 거절하는 소재
"이 손수건, 저 사랑 아저씨 손수건인데, 이것 아저씨 갖다 드리

구 와, 응. 오래 있지 말구 손수건만 갖다 드리구 이내 와, 응." /

하고 말씀하셨습니다.

손수건을 들고 사랑으로 나가면서 나는 접어진 손수건 속에 무
아저씨의 마음을 거절하는 내용이 담겼을 것임
슨 발가발가하는* 종이가 들어 있는 것처럼 생각되었습니다마는,
　　　　　　　　　　　　　　'나'의 추측
그것을 펴 보지 않고 그냥 갖다가 아저씨에게 주었습니다.

아저씨는 방에 누워 있다가 벌떡 일어나서 손수건을 받는데, 웬

일인지 아저씨는 이전처럼 나보고 **빙그레 웃지도 않고 얼굴이 몹**
　　　　　　　　　　　　　　자신의 편지에 대한 답장일 것을 알아차림
시 파래졌습니다. 그리고는, 입술을 질근질근 깨물면서 말 한마

디 아니하고 그 손수건을 받더군요.

나는 어째 이상한 기분이 들어서 아저씨 방에 들어가 앉지도 못
상황을 완전히 이해하지는 못함 - 어린 서술자의 한계
하고, 그냥 되돌아서 안방으로 도로 왔지요. 어머니는 ㉡ 풍금*
　　　　　　　　　　　　　　　　　　어머니의 슬픔을 드러내는 소재
앞에 앉아서 무엇을 그리 생각하는지 가만히 있더군요. 나는 풍

금 옆으로 가서 가만히 옆에 앉아 있었습니다. 이윽고, 어머니는

조용조용히 풍금을 타십니다. 무슨 곡조인지는 몰라도 어째 구슬

프고 고즈넉한* 곡조야요.
어머니의 슬픔이 담겨 있기 때문
밤이 늦도록 어머니는 풍금을 타셨습니다. 그 구슬프고 고즈넉
　　　　　　　사랑을 포기해야만 하는 상황에서 자신의 슬픔을 달래고 있음
한 곡조를 계속하고 또 계속하면서……

여러 밤을 자고 난 어떤 날 오후에 나는 오래간만에 아저씨 방
어머니가 아저씨에게 손수건을 전한 후 며칠이 지남
엘 나가 보았더니, 아저씨가 짐을 싸느라고 분주하겠지요. 내가

아저씨에게 손수건을 갖다 드린 다음부터는 웬일인지 아저씨가

나를 보아도 언제나 퍽 슬픈 사람, **무슨 근심이 있는 사람처럼 아**
　　　　　　　　　　　자신이 떠나야 한다는 것을 알고 있음
무 말도 없이 나를 물끄러미 바라다만 보고 있어서, 나도 그리 자

주 놀러 오지는 않았던 것입니다. 그랬었는데 이렇게 갑자기 짐

을 꾸리는 것을 보고 나는 놀랐습니다.
'나'는 아저씨가 떠난다는 것을 짐작하지 못했음
"아저씨, 어데 가우?" / "응, 멀리루 간다." / "언제?" / "오늘 기

차 타구!"

"응, 기차 타구……. 갔다가 언제 또 오우?"
　　　　　　　　　　　아저씨가 돌아올 것이라고 생각함
아저씨는 아무 대답도 없이 서랍에서 예쁜 ㉢ 인형을 하나 꺼내
　　　　　아저씨는 돌아오지 않을 것임　　　'나'와 작별하며 아저씨가 준 선물
서 내게 주었습니다.

"옥희, 이것 가져, 응. 옥희는 아저씨 가구 나문 아저씨 이내 잊

어버리구 말겠지!"

나는 **갑자기 슬퍼**졌습니다.
　　　　　아저씨와의 이별을 슬퍼함
"아니." / 하고 얼른 대답하고, 인형을 안고 안으로 들어왔습니다.

"엄마, 이것 봐, 아저씨가 이것 나 줬다우. 아저씨가 오늘 기차

타구 먼 데루 간대."

하고 내가 말했으나, 어머니는 대답이 없으십니다.
　　　　　　　　　　　아저씨가 떠날 것을 알고 있었음
"엄마, 아저씨 왜 가우?" / "학교 방학했으니깐 가지."
　　　　　　　　　　　　　　아저씨가 떠나는 표면적 이유
"어디루 가우?" / "아저씨 집으루 가지 어디루 가."

"갔다가 또 오우?" / 어머니는 대답이 없으십니다.
　　　　　　　　　　　아저씨가 돌아오지 않을 것을 알고 있음

"난 **아저씨 가는 거 나쁘다**." / 하고 입을 쫑긋했으나, 어머니는
어머니와 아저씨의 사정을 모른 채 아저씨와의 이별을 서운해함
그 말에 대답 않고,

"옥희야, 벽장에 가서 ㉣ **달걀** 몇 알 남았나 보아라." / 하고 말
아저씨에 대한 어머니의 애정을 드러냄
씀하셨습니다.

나는 깡충깡충 방 안으로 들어갔습니다. 달걀은 여섯 알이 있었
습니다.

"여스 알." / 하고 나는 소리쳤습니다. / "응, 다 가지고 이리 나
오너라."

어머니는 그 달걀 여섯 알을 다 삶았습니다. 그 삶은 달걀 여섯
아저씨는 삶은 달걀을 좋아함
알을 손수건에 싸 놓고, 또 반지*에 소금을 조금 싸서 한 귀퉁이
어머니가 아저씨에게 마지막으로 주는 것
에 넣었습니다.

"옥희야, 너 이것 갖다 아저씨 드리고, 가시다가 찻간*에서 잡수
시랜다구, 응."

그 날 오후에 아저씨가 떠나간 다음, 방에서 아저씨가 준 인형
을 업고 자장자장 잠을 재우고 있었습니다. 어머니가 부엌에서
들어오시더니,

"옥희야, 우리 뒷동산에 바람이나 쐬러 올라갈까?" / 하십니다.
어머니가 뒷동산에 올라간 표면적 이유
"응, 가, 가." / 하면서 나는 좋아 덤비었습니다. 잠깐 다녀올 터
어머니가 뒷동산에 올라가자고 하는 진짜 이유를 모름
이니 집을 보고 있으라고 외삼촌에게 이르고, 어머니는 내 손목
을 잡고 나섰습니다.

"엄마, 나 저, 아저씨가 준 인형 가지고 가?" / "그러렴."

나는 인형을 안고 어머니 손목을 잡고 뒷동산으로 올라갔습니
다. 뒷동산에 올라가면 정거장이 빤히 내려다보입니다.
어머니가 뒷동산에 올라간 이유 – 아저씨가 탄 기차가 떠나는 것을 보기 위해
"엄마, 저 정거장 봐, 기차는 없군."

어머니가 아무 말씀도 없이 가만히 서 계십니다. 「사르르 바람이
「」: 어린아이의 시선으로 아저씨와 이별하는 어머니의 모습을 아름답게 묘사함
와서 어머니 모시* 치맛자락을 산들산들 흔들어 주었습니다. 그
렇게 **산 위에 가만히 서 있는** 어머니는 **다른 때보다도 한층 더 이**
쁘게 보였습니다.」

저편 산모퉁이에서 기차가 나타났습니다.
아저씨가 탄 기차
"아, 저기 기차가 온다." / 하고 나는 좋아서 소리쳤습니다. 기
차는 정거장에 잠시 머물더니, 금시에 뻑 하고 소리를 지르면서
움직였습니다.

"기차 떠난다." / 하면서 나는 **손뼉을 쳤**습니다. 「기차가 저편 산
어머니의 슬픔을 이해하지 못하는 '나'의 철없는 행동
모퉁이 뒤로 사라질 때까지, 그리고 그 굴뚝에서 나는 연기가 하
늘 위로 모두 흩어져 없어질 때까지, 어머니는 가만히 서서 그것
을 바라다보았습니다.」
「」: 아저씨가 탄 기차가 떠나는 모습을 끝까지 바라봄

뒷동산에서 내려오자 어머니는 방으로 들어가시더니, 이때까지
뚜껑을 늘 열어 두었던 풍금 뚜껑을 닫으십니다. 그리고는, 거기
아저씨에 대한 마음을 정리하는 행동 ①
쇠를 채우고 그 위에다가 이전 모양으로 반짇고리를 얹어 놓으십
아저씨가 오기 전의 모습으로 되돌려 놓음
니다. 그리고는, 그 옆에 있는 찬송가를 맥없이 들고 뒤적뒤적하
시더니, 빼빼 마른 ㉤ **꽃송이**를 그 갈피에서 집어 내시고,

"옥희야, 이것 내다 버려라." / 하고 그 마른 꽃을 내게 주었습니다.
아저씨에 대한 마음을 정리하는 행동 ②
그 꽃은 내가 유치원에서 갖다가 어머니께 드렸던 그 꽃입니다.

- 주요섭, 〈사랑 손님과 어머니〉 -

* 하숙(下宿): 일정한 방세와 식비를 내고 남의 집에 머물면서 숙식함.
* 드리다: 땋은 머리 끝에 댕기를 물리다.
* 발각발각하다: 책장이나 종잇장 따위를 잇따라 넘기는 소리가 나다.
* 풍금(風琴): 페달을 밟아서 바람을 넣어 소리를 내는 건반 악기.
* 고즈넉하다: 고요하고 아늑하다.
* 반지(半紙): 얇고 흰 일본 종이.
* 찻간(車間): 기차나 버스 따위에서 사람이 타는 칸.
* 모시: 모시풀 껍질의 섬유로 짠 피륙. 베보다 곱고 빛깔이 희며 여름 옷감으로 많이 쓰인다.

01 인물의 행동 이해하기 답 | ③

어머니의 행동을 설명한 내용으로 가장 적절한 것은?

정답 선지 분석

③ 아저씨가 떠나는 모습을 보기 위해 뒷동산에 올라갔다.

어머니는 '나'에게 바람이나 쐬자면서 뒷동산에 올라가자고 하였다. 그러나 사랑 손님이 '오늘 기차 타구!'라고 말한 것을 통해 아저씨가 기차를 타고 떠난다는 사실을 알 수 있고, '나'가 '뒷동산에 올라가면 정거장이 빤히 내려다 보입니다'라고 한 것을 통해 뒷동산에 올라가면 기차가 떠나는 정거장이 보인다는 사실을 알 수 있다. 이를 종합해 보면, 어머니가 뒷동산에 올라간 진짜 이유는 사랑 손님이 기차를 타고 떠나는 모습을 보기 위해서이다.

오답 선지 분석

① '나'에게 연주를 들려주기 위해 풍금을 탔다.

어머니가 밤이 늦도록 풍금을 탄 것은 '나'에게 연주를 들려주기 위해서가 아니라, 아저씨의 마음을 거절한 뒤 슬픔을 달래기 위해서이다.

② '나'가 놀림 받지 않게 하기 위해 단장해 주었다.

어머니가 아저씨에게 '나'를 보내기 전 단장해 준 것은 '나'가 놀림 받지 않기 위해서가 아니라, 아저씨에 대한 예의를 지키기 위해서이다.

④ 아저씨가 떠난다는 사실을 확인하기 위해 직접 물어보았다.

어머니가 아저씨와 직접 대화를 하는 부분은 윗글에 드러나 있지 않다.

⑤ '나'의 거짓말을 알고 있음을 드러내기 위해 꽃을 버리게 하였다.

어머니가 찬송가 갈피에서 마른 꽃을 꺼내어 '나'에게 버리라고 한 것은 '나'의 거짓말을 알고 있음을 드러내기 위해서가 아니라, 아저씨에 대한 마음을 정리하기 위해서이다.

02 소재의 의미 파악하기
답 | ③

⑦~⑩에 대한 설명으로 적절하지 않은 것은?

정답 선지 분석

③ ©: 아저씨가 어머니에게 잘 보이기 위해 '나'에게 준 것이다.

아저씨가 나에게 인형을 준 것은 어머니에게 잘 보이기 위해서가 아니라, 작별하게 될 '나'에게 자신을 기억할 수 있을 만한 선물을 주고 싶었기 때문이다.

오답 선지 분석

① ⑦: 어머니가 아저씨에게 거절의 뜻을 전한 방식이다.

손수건 안에 종이가 들어 있었고, 손수건을 받은 아저씨의 얼굴이 파래졌다는 것을 통해 어머니가 손수건에 거절의 뜻 전하는 편지를 넣어 두었음을 짐작할 수 있다.

② ⑥: 어머니가 느끼는 슬픔을 간접적으로 드러내고 있다.

아저씨에게 손수건을 보낸 뒤 어머니가 밤이 늦도록 풍금을 탔고, 구슬프고 고즈넉한 곡조를 계속했다고 했으므로 풍금을 통해 어머니가 느끼는 슬픔이 간접적으로 드러나고 있음을 알 수 있다.

④ ②: 아저씨에 대한 어머니의 애정을 알 수 있다.

벽장 안에 남아 있던 달걀 여섯 개를 전부 삶아서 아저씨에게 갖다 주라고 하는 것에서 아저씨에 대한 어머니의 애정을 알 수 있다.

⑤ ⑩: 어머니가 아저씨에 대한 마음을 간직하고 있었음을 알 수 있다.

'앞부분 줄거리'에 따르면 꽃은 '나'가 아저씨가 준 것이라고 거짓말하고 어머니에게 갖다 준 것으로, 이 꽃이 마르도록 가지고 있었다는 것은 어머니가 아저씨에 대한 마음을 간직하고 있었다는 의미이다.

03 외적 준거를 바탕으로 작품 감상하기
답 | ③

보기를 참고하여 윗글을 감상한 내용으로 적절하지 않은 것은?

보기

〈사랑 손님과 어머니〉는 옥희라는 여섯 살 어린아이의 눈으로 어머니와 아저씨(사랑 손님)의 행동을 관찰하고 있다. 어린아이의 순수한 시선은 어머니와 사랑 손님의 사랑을 아름답게 승화시키며, 이는 주제를 효과적으로 드러내는 역할을 한다. 또한 어린 서술자가 사건과 인물의 심리를 제대로 이해하지 못하여 독자로 하여금 웃음을 짓게 하기도 한다. 이를 통해 독자는 사건과 인물의 심리를 추측하고 상상하는 재미를 느낄 수 있다.

* 승화하다(昇華하다): 어떤 현상의 더 높은 상태로 발전하다.

정답 선지 분석

③ '나'가 아저씨가 떠난다는 것을 알고 '갑자기 슬퍼'져서는 어머니에게 '아저씨 가는 거 나쁘다'고 말한 것은, '나'가 어머니의 마음을 이해하고 있었기 때문이군.

아저씨가 기차를 타고 멀리 가게 되었다는 것을 알게 된 '나'는 '갑자기 슬퍼'지고, 어머니에게 '난 아저씨 가는 거 나쁘다'라고 말한다. 이는 '나'가 아저씨와 이별해야 하는 어머니의 마음을 이해하고 있었기 때문이 아니라, 어린 마음에 아저씨가 떠나야 하는 이유를 알지 못하고 마냥 슬펐기 때문이다.

오답 선지 분석

① 아저씨가 손수건을 받고 '빙그레 웃지도 않고 얼굴이 몹시 파래졌'다는 것은, 독자가 아저씨의 심리를 상상할 수 있는 단서가 되는군.

'나'가 아저씨에게 손수건을 갖다 주자, 아저씨는 '이전처럼 나보고 빙그레 웃지도 않고 얼굴이 몹시 파래졌'다. '나'는 아저씨의 표정을 이해하지 못하여 '웬일인지'라고 하지만, 독자는 이를 통해 아저씨가 손수건이 자신의 편지에 대한 답장임을 짐작하여 긴장했음을 상상할 수 있다.

② 아저씨가 '무슨 근심이 있는 사람처럼 아무 말도 없이 나를 물끄러미 바라다만 보고 있'었다는 것은, 독자가 종이에 적힌 내용을 추측할 수 있는 단서가 되는군.

종이가 든 손수건을 받은 다음 날부터, 아저씨는 '나를 보아도 언제나 퍽 슬픈 사람, 무슨 근심이 있는 사람처럼 아무 말도 없이 나를 물끄러미 바라다만 보고 있'었다. '나'는 이러한 이유를 이해하지 못하여 '웬일인지'라고 하지만, 독자는 이를 통해 종이에 아저씨의 마음을 거절하는 내용이 담겨 있었음을 추측할 수 있다.

④ 어머니가 '산 위에 가만히 서 있'을 때 '다른 때보다도 한층 더 이쁘게 보였'다는 것은, 어린아이의 시선으로 어머니와 아저씨의 사랑을 아름답게 승화한 것이군.

어머니는 기차를 타고 떠나는 아저씨를 배웅하기 위해 '정거장이 뻔히 내려다보'이는 뒷동산에 '나'와 함께 오른다. 기차를 기다리는 어머니가 '다른 때보다도 한층 더 이쁘게 보였'다는 것은, 서로 마음이 있지만 사회적 시선으로 인해 이별해야만 하는 어머니와 아저씨의 사랑을 어린아이의 시선으로 아름답게 승화한 것이다.

⑤ '나'가 기차가 떠나는 것을 보며 '손뼉을 쳤'던 것은, '나'가 사건을 제대로 이해하지 못하고 철없는 행동을 한 것이군.

'나'는 아저씨가 탄 기차가 떠나는 것을 보며 '손뼉을 쳤'다. 어머니는 아저씨와 이별해야만 하는 상황을 슬퍼하고 있었으나, '나'는 어린아이이기 때문에 사건을 제대로 이해하지 못하고 철없는 행동을 한 것이다.

04 작품의 내용 파악하기

빈칸에 들어갈 말로 적절한 것을 윗글에서 찾아 쓰시오.

아저씨가 '나'의 집을 떠난 표면적인 이유는 아저씨가 교사 일을 하던 동리의 학교가 (   )을/를 했기 때문이다.

정답

방학

| 작문 | **문제 해결하며 글 쓰기** |

빠른 정답 체크　01 ③　02 ③　03 ③　04 1학년

배드민턴부에 가입하세요

　우리 학교의 으뜸 동아리. 당연히 배드민턴부이지요. 배드민턴부는 학생들의 건강과 집중력을 향상하여 학습에 도움을 줄 목적
<u>배드민턴부를 만든 동기</u>
으로 만들어졌어요. 동아리가 만들어진 첫해에는 지역 배드민턴 대회에 나가 3위에 입상하는 성과를 이루었어요.

　여러분은 배드민턴이라는 이름의 유래를 알고 있나요? 배드민턴은 인도의 푸나 지역의 민속 경기에서 유래했어요. 이것을 인
<u>배드민턴이라는 이름의 유래</u>
도에 주둔하고 있던 영국군 장교들이 배워서 영국에 전파하여 배드민턴 지방을 중심으로 보급하기 시작했어요. ⓐ 경기 이름도 배드민턴으로 불리게 되었어요.

　배드민턴은 라켓과 셔틀콕만 있으면 장소에 크게 얽매이지 않고 즐길 수 있는 운동이에요. 그러면서도 운동 효과는 매우 뛰어
<u>배드민턴의 장점과 효과 ①</u>　　　　<u>배드민턴의 장점과 효과 ②</u>
나죠. 먼저 민첩성과 순간적인 판단력을 길러 주어요. 날아오는 공을 쳐 넘기려면 몸을 빠르게 움직여야 하는데 이를 위해서는 순간적으로 어디로 움직일지 결정해야 하기 때문이지요. 또 움직이고 멈추기를 쉼 없이 반복하기 때문에 집중력이 향상되어 학습
<u>배드민턴의 장점과 효과 ③</u>
에도 도움이 돼요. 그래서인지 배드민턴부 선생님께서는 "빠르게 움직이는 셔틀콕을 받아치다 보면 집중력이 향상되어 학습에 도움이 된다." ⓑ 고 늘 말씀하신답니다. 이 밖에도 배드민턴은 심장
<u>배드민턴의 장점과 효과 ④</u>
과 폐의 기능을 ⓒ 증강하고 근육과 뼈를 튼튼하게 해 주는 효과가 있어요.

　ⓓ 그러나 배드민턴은 건강과 공부라는 두 마리의 토끼를 다 잡을 수 있는 운동이에요. 우리 배드민턴부는 가을에 있을 지역 대회 우승을 목표로 열심히 연습하고 있어요. ⓔ 작년 대회에는 초청가수도 오고 푸드트럭도 와서 무척이나 재미있었어요. 1학년 여러분, 우리 배드민턴부 멋지지 않나요? 운동도 함께하고 친구들과 좋은 추억을 남기고 싶지 않나요? 우리 동아리 방은 언제나
<u>배드민턴부의 가입을 권유하며 마무리</u>
열려 있으니 주저하지 마세요.

01　소개 글쓰기 내용 이해하기　　답 | ③

윗글의 목적으로 적절한 것은?

정답 선지 분석

③ 배드민턴부의 신입 부원을 모집하기 위해서 작성한 글이다.

　4문단에서 '우리 동아리 방은 언제나 열려 있으니 주저하지 마세요.'라고 하며 배드민턴부에 들어와 달라는 부탁의 말을 전달하고 있는 것을 보아 윗글의 목적이 배드민턴부의 신입 부원을 모집하기 위한 것임을 알 수 있다.

오답 선지 분석

① 배드민턴 대회를 홍보하기 위해서 작성한 글이다.

　윗글은 배드민턴부의 신입 부원을 모집하기 위해서 작성한 글이지 배드민턴의 대회를 홍보하기 위해 작성한 글이 아니다.

② 배드민턴부를 지역 사회에 홍보하기 위해 작성한 글이다.

　윗글은 배드민턴부의 신입 부원을 모집하기 위해서 작성한 글이지 배드민턴부를 지역 사회에 홍보하기 위해 작성한 글이 아니다.

④ 배드민턴이 공부에 미치는 영향을 알리기 위해 작성한 글이다.

　윗글은 배드민턴부의 신입 부원을 모집하기 위해서 작성한 글이다. 그 과정에서 배드민턴의 장점으로 집중력이 향상되기 때문에 학습에도 도움이 되고 있음을 언급하고 있지만, 배드민턴이 공부에 미치는 영향을 알리기 위해 작성한 글이라고 보기는 어렵다.

⑤ 배드민턴의 라켓과 셔틀콕의 특징에 대해 설명하기 위해서 작성한 글이다.

　윗글은 배드민턴부의 신입 부원을 모집하기 위해서 작성한 글이지 배드민턴의 라켓과 셔틀콕의 특징에 대해 설명하기 위해 작성한 글이 아니다.

02　소개 글쓰기 내용 점검, 조정하기　　답 | ③

윗글을 고쳐 쓰기 위한 방안으로 적절하지 않은 것은?

정답 선지 분석

③ ⓒ: 1학년을 대상으로 하고 있기 때문에 대상에 맞춰 단어를 '강조'로 수정한다.

　'증강'은 '수나 양을 늘리어 더 강하게 함'의 뜻을 가진 단어이다. 그러나 '강조'의 경우 '어떤 부분을 특별히 강하게 주장하거나 두드러지게 함'의 뜻을 지니기 때문에 '증강'에서 '강조'로 수정하는 것은 적절하지 않다. 글을 읽는 독자의 수준을 고려하여 '증강'을 수정한다면 비슷한 뜻을 가진 '강화'로 수정하는 것이 적절하다.

오답 선지 분석

① ⓐ: 문장이 매끄럽게 연결되지 않기 때문에 '이에 따라'를 넣어준다.

　앞뒤 내용을 고려할 때, 앞에서 말한 일이 뒤에서 말할 일의 원인, 이유, 근거가 되고 있기 때문에 '이에 따라'를 넣어 문장을 매끄럽게 연결해주는 것이 적절하다.

② ⓑ: 선생님의 말씀을 직접 인용하고 있기 때문에 '라고'로 수정한다.

　앞에서는 선생님의 말씀을 직접 인용하고 있기 때문에 조사 '라고'를 사용하는 것이 적절하다.

④ ⓓ: 앞 문장과의 연결이 자연스럽지 않으므로 '이처럼'으로 수정한다.

　'그러나'는 앞의 내용과 뒤의 내용이 상반될 때 사용하는 접속 부사이다. 하지만 이 경우 앞뒤 내용이 상반되는 것이 아니라, 앞 내용의 양상을 받아 뒤의 문장을 이끌고 있기 때문에 '이처럼'을 사용하는 것이 적절하다.

⑤ ⓔ: 글의 내용상 불필요한 문장이므로 삭제한다.

　윗글은 배드민턴부의 신입 부원을 모집하기 위해 작성한 글이다. 글의 마지막 문단에서는 앞으로의 계획을 말하며 배드민턴부의 가입을 권유하고 있다. 따라서 작년 대회에 관한 설명은 글의 내용상 불필요한 문장이므로 삭제하는 것이 적절하다.

03 소개 글쓰기 내용 조직하기 답 | ③

보기 는 윗글을 작성하기 위해 세운 작문 계획이다. 윗글과 비교했을 때 적절하지 <u>않은</u> 것은?

보기

- 처음: 배드민턴부 소개
  - 배드민턴부를 만든 동기
- 중간: 배드민턴 소개
  - 배드민턴의 장점과 효과
  - 유명한 배드민턴 선수 소개
  - 배드민턴과 관련된 드라마 소개
- 끝: 앞으로의 계획
  - 지역 대회 우승 목표
  - 배드민턴부에 들어와 달라는 부탁의 말

정답 선지 분석

③ 유명한 배드민턴 선수를 소개하면 1학년 학생들이 조금 더 배드민턴에 관심을 가질 것 같아. 중간 부분에서 적당히 설명하는 것이 좋겠어.

윗글의 중간 부분에서는 유명한 배드민턴 선수에 대해 소개하고 있지 않다. 유명한 배드민턴 선수를 소개하는 것은 이 글의 목적을 고려할 때 필요한 내용이 아니기 때문에 초고를 작성할 때 삭제하는 것이 적절하다.

오답 선지 분석

① 배드민턴부를 만든 동기를 이야기하면서 글을 시작해야겠어.

윗글의 처음에서는 '배드민턴부는 학생들의 건강과 집중력을 향상하여 학습에 도움을 줄 목적으로 만들어졌어요.'라고 하며 배드민턴부를 만든 동기에 대해 언급하고 있기 때문에 작문 계획이 초고에 잘 반영되었다고 할 수 있다.

② 배드민턴의 장점과 효과에 대해 이야기하면 1학년 아이들이 배드민턴에 흥미를 가지겠지? 네 개 정도 이야기하면 좋을 것 같아.

윗글의 가운데에서는 배드민턴이 장소에 얽매이지 않고 즐길 수 있는 운동이라는 점, 민첩성과 순간적인 판단력을 기를 수 있기 때문에 운동 효과가 매우 뛰어나다는 점, 집중력이 향상되어 학습에도 도움이 된다는 점, 심장과 폐의 기능을 강화하고 근육과 뼈를 튼튼하게 해 주는 효과가 있다는 점을 언급하며 배드민턴 운동의 장점과 효과에 대해 이야기하고 있기 때문에 작문 계획이 초고에 잘 반영되었다고 할 수 있다.

④ 배드민턴과 관련된 드라마를 소개하는 것은 글의 목적과 알맞지 않은 것 같아. 초고를 작성할 때는 삭제하는 것이 좋겠어.

윗글의 가운데에서는 배드민턴과 관련된 유명 드라마를 소개하고 있지 않다. 배드민턴과 관련된 드라마를 소개하는 것은 이 글의 목적을 고려할 때 필요한 내용이 아니기 때문에 삭제하는 것이 적절하다.

⑤ 마지막으로는 배드민턴부에 들어와 달라는 부탁의 말로 끝내는 것이 깔끔할 것 같아.

윗글의 끝에서는 '우리 동아리 방은 언제나 열려 있으니 주저하지 마세요.'라고 하며 배드민턴부에 들어와 달라는 부탁의 말로 글을 끝내고 있기 때문에 작문 계획이 초고에 잘 반영되었다고 할 수 있다.

04 설명 글쓰기 내용 분석하기

보기 는 글을 작성하기 전 글쓰기 계획을 작성한 것이다. ⓐ에 들어갈 말을 윗글에서 찾아 1음절로 쓰시오.

보기

- 글의 주제: 배드민턴의 운동 효과와 동아리 소개
- 독자: (ⓐ)
  → 배드민턴부를 잘 모르는 (ⓐ)에게 배드민턴부를 홍보하자.
- 매체: 동아리 홍보지
  → 일일이 홍보지를 나누어 주면 효과적으로 홍보할 수 있어.

정답

1학년

독서   홍채 인식

빠른 정답 체크   01 ①   02 ⑤   03 ④   04 지문, 홍채

최근 각광받는 홍채 인식은 <u>사람의 눈의 홍채를 이용하여 식별</u>하는* 기술이다. (홍채 인식의 정의) 홍채는 동공 주위에 있는 도넛 모양의 막으로, <u>동공 크기를 조절하여 안구로 들어오는 빛의 양을 조절하며 생후</u> (홍채의 기능) <u>1~2년간 특정한 패턴을 이루고 그 이후에는 변화하지 않는다.</u> (홍채의 특징 ①) 홍채의 패턴은 <u>유전적 영향을 거의 받지 않으며 개인마다 고유한</u> (홍채의 특징 ②) 패턴을 형성하게 된다. 그래서 일란성 쌍둥이의 경우에도 홍채 패턴이 다르고, 동일인이더라도 왼쪽과 오른쪽 눈의 홍채 패턴이 다르다.

▶ 1문단: 홍채 인식의 개념과 홍채의 특징

홍채 인식 과정은 영상 취득, 홍채 영역 검출, 눈꺼풀 및 속눈썹 검출과 배제*, 홍채 패턴 및 코드 추출, 홍채 코드 매칭 과정으로 이루어진다. 우선, <u>홍채의 영상은 근적외선 카메라로 촬영하여</u> (홍채 인식 과정 ① 영상 취득) <u>얻는다.</u> 근적외선 카메라는 <u>눈에 자극을 주지 않기 때문에 동공</u> <u>의 크기와 홍채의 형태가 변하지 않아 홍채 영역을 다양한 흑백</u> (근적외선 카메라를 사용하는 이유) <u>명암으로 나타낼 수 있다.</u> 다음으로 <u>촬영된 영상에서 홍채 영역</u> (홍채 인식 과정 ② 홍채 영역 검출) <u>만 검출한다.</u> 홍채 영역을 검출하기 위해서는 동공과 홍채, 홍채와 공막 사이의 경계면을 모두 구분해야 하는데, 이때 동공과 홍채 사이의 내부 원과 홍채와 공막 사이의 외부 원을 검출할 수 있다. 하지만 이렇게 검출된 홍채 영역은 ⓐ <u>눈꺼풀과 속눈썹에 의</u> (홍채 인식의 정확도를 낮추는 요인) <u>해 가려지는 경우가 많아 홍채 인식의 정확도를 낮추는 요인으로</u> <u>작용한다.</u> 따라서 <u>촬영된 영상에서 흑백 명암이 크게 변화되는</u> (홍채 인식 과정 ③ 눈꺼풀과 속눈썹 검출과 배제) <u>점을 찾고 이를 활용해서 눈꺼풀과 속눈썹을 배제한다.</u>

▶ 2문단: 홍채 인식의 과정 ①

다음으로 <u>눈꺼풀과 속눈썹이 배제된 홍채 영상을 바탕으로 고</u> (홍채 인식 과정 ④ 홍채 패턴 및 코드 추출) <u>유한 ⓑ 홍채 패턴을 추출한 후에 홍채 코드의 매칭 과정으로 인</u> (홍채 인식 과정 ⑤ 홍채 코드 매칭 과정) <u>증 여부를 판단한다.</u> 이를 위해서는 먼저 홍채 영역을 극좌표계로 표시한다. 여기서 <u>극좌표계는 홍채 패턴 정보를 가지고 있는</u> <u>특정 홍채 영역을 홍채 중심과의 거리와 각도로 표시하는 것을</u> (극좌표계의 개념) <u>의미한다.</u> 홍채 코드 매칭 과정에서는 추출된 홍채 코드가 이미

등록된 홍채 코드와 얼마나 일치하는지를 확인하여 인증 또는 거부를 판단한다.

▶3문단: 홍채 인식의 과정 ②

홍채 인식과 같이 인간의 신체 부위를 인식해서 본인 인증을 하는 기술을 생체 인식이라고 말한다. 지문 또한 홍채처럼 개인에

생체 인식의 정의

따라 고유한 패턴이 있어 생체 인식 기술에 활용되지만, 성장 과

지문과 홍채의 공통점

정에서 지문이 손상되거나 변형될 가능성이 있다. 이에 반해 홍채

지문 인식의 한계

인식은 그러한 우려가 거의 없어 보안성이 높다고 평가받는다. 이

홍채 인식이 지문 인식보다 우수한 이유

외도 안면인식, 음성인식, 정맥인식 등 다양한 방식의 생체 인식

기술이 있다.

▶4문단: 생체 인식 기술 중 홍채 인식의 우수성

* 식별하다(識別하다): 분별하여 알아보다.
* 배제(排除): 받아들이지 아니하고 물리쳐 제외함.

01 핵심 내용 파악하기   답 | ①

윗글에 대한 설명으로 적절한 것은?

정답 선지 분석

① 홍채 인식 과정과 원리를 설명하고 있다.

윗글은 홍채를 인식하는 과정을 중심으로 홍채 인식의 원리를 설명하고 있다.

오답 선지 분석

② 홍채 인식 기술의 위험성을 경고하고 있다.

윗글에서는 생체 인식 기술 중 홍채 인식이 가진 우수성에 대해서는 언급하고 있으나 홍채 인식 기술의 위험성은 언급하고 있지 않다.

③ 홍채 인식의 장점과 단점을 보여 주고 있다.

4문단에서 홍채 인식이 갖는 장점에 대해 설명하고 있으나, 홍채 인식의 단점이 제시되어 있지 않다.

④ 홍채의 고유한 패턴의 특징을 분석하고 있다.

1문단에서 홍채가 고유한 패턴을 가진다고 설명하고 있으나, 홍채의 고유한 패턴을 분석한 내용은 제시되어 있지 않다.

⑤ 홍채 인식을 대신할 새로운 기술을 제시하고 있다.

다양한 생체 인식 기술에 대한 내용은 있으나 이들이 홍채 인식을 대신할 기술이라는 내용은 언급하지 않았다.

02 세부 내용 파악하기   답 | ⑤

ⓐ와 ⓑ의 관계에 대한 설명으로 적절한 것은?

정답 선지 분석

⑤ ⓐ는 ⓑ의 정확한 측정을 방해하는 장애물이다.

ⓐ는 홍채 영역을 가려 홍채 인식의 정확도를 낮추는 요인으로 작용한다. 따라서 ⓐ는 ⓑ의 정확한 추출을 방해하는 장애물이라고 할 수 있다.

오답 선지 분석

① ⓐ는 ⓑ를 보호하는 기능을 한다.

ⓐ가 ⓑ를 보호한다는 언급은 윗글에서 찾아볼 수 없다.

② ⓐ는 ⓑ가 측정하려는 대상 중 하나이다.

홍채 패턴은 ⓐ를 제외하고 추출한다.

③ ⓐ는 ⓑ와 같이 유전적 영향을 크게 받는다.

ⓑ는 유전적 영향을 거의 받지 않으며 개인마다 고유한 패턴을 형성하기 때문에 적절하지 않다. 또한 ⓐ가 유전적 영향을 받는지에 대해서는 윗글에서 찾아볼 수 없다.

④ ⓐ는 ⓑ가 고유한 특징을 갖게 하는 원인이다.

ⓐ는 ⓑ가 고유한 패턴을 가지는 데에 아무런 영향을 미치지 않는다.

03 핵심 내용 이해하기   답 | ④

윗글을 바탕으로 보기 를 설명한 내용으로 적절하지 않은 것은?

보기

[A] 눈의 구조   [B] 홍채 영상

정답 선지 분석

④ [A]의 홍채는 [B]에서 형태의 변화에 따라 다양한 흑백 명암으로 나타난다.

2문단에 따르면 [B]는 근적외선 카메라를 사용하여 홍채 영역을 추출하는데, 근적외선 카메라는 눈에 자극을 주지 않기 때문에 홍채의 형태가 변하지 않아 다양한 흑백 명암으로 홍채를 나타낼 수 있다. 따라서 [A]의 홍채가 [B]에서 다양한 흑백 명암으로 나타날 수 있는 것은 홍채의 형태가 변하지 않기 때문이다.

오답 선지 분석

① [A]의 동공과 홍채 사이의 경계는 [B]의 (나)와 같이 나타난다.

동공과 홍채 사이의 경계는 내부 원으로 [B]의 (나)라고 할 수 있다.

② [A]를 근적외선 카메라로 촬영하여 [B]와 같은 영상을 얻는다.

2문단에서 눈에 자극을 주지 않는 근적외선으로 홍채 영상을 촬영한다고 설명하고 있다.

③ [A]의 홍채 패턴은 [B]의 극좌표계인 (다)를 활용하여 표시한다.

3문단에서 홍채 패턴은 극좌표계, 즉 특정 중심과의 거리와 각도로 표시한다고 설명하고 있다.

⑤ [A]의 홍채는 [B]의 (가)로 나타나며 고유한 홍채 패턴을 추출 후 매칭을 통해 본인을 인증하는 데 사용된다.

[A]의 홍채는 [B]의 (가)로 추출되는데 3문단에서 홍채는 눈꺼풀과 속눈썹이 배제된 홍채 영상을 바탕으로 고유한 홍채 패턴을 추출하여 홍채 코드의 매칭 과정을 통해 본인을 인증하는 데 사용된다고 설명하고 있다.

04 세부 내용 파악하기

빈칸에 들어갈 말로 적절한 것을 골라 차례대로 쓰시오.

(지문 / 홍채)은/는 상처를 입거나, 외부의 자극으로 인해 형태가 변하게 되면 인식이 어렵다는 문제가 있지만 (지문 / 홍채)은/는 그러한 우려가 거의 없기 때문에 보안성이 높다.

정답

지문, 홍채

사람한테 잡혀가도 입을 크게 벌리고만 있으면 산다고 아버지
<u>이미 사람한테 잡힌 상태임을 알 수 있음</u> <u>화자가 아버지에게 들은 말 ①</u>
한테 귀 닳도록 들었습니다 사람한테 잡혀가도 눈을 크게 부라

리고만 있으면 사람들이 겁먹고 도망간다고, 눈을 똑바로 뜨고
<u>화자가 아버지에게 들은 말 ②</u>
만 있으면 사람들이 무서워서 벌벌 떨며 도망간다고 아버지한
<u>화자가 아버지에게 들은 말 ③</u>
테 귀 빠지게 들었습니다 잘 보이지는 않지만, ㉠ 눈 하나 깜빡
<u>사람한테 잡혀서 죽어있는 북어의 모습</u>
대지 않고 크게 뜨고 있는 내가 무섭지요 벌벌 떨리지요?
<u>설의법 – 실제로는 무섭지 않은 모습임</u>

　　　　　　　　　　　　　　　　　　　– 배우식, 〈북어〉 –

01 표현상의 특징 파악하기 답 | ⑤

윗글에 대한 설명으로 적절하지 않은 것은?

정답 선지 분석

⑤ 북어의 모습을 묘사하여 긍정적인 시선을 드러내고 있다.
　윗글에서 눈을 뜬 채 죽어있는 북어의 모습을 묘사하고 있는 것은 맞지만, 이를 통해 긍정적인 시선을 드러내고 있는 것이 아니라 허세를 부리는 세태에 대한 부정적인 시선을 드러내고 있다.

오답 선지 분석

① 화자의 인식을 통해 현대 사회를 비판하고 있다.
　이미 죽어있으면서도 자신의 모습이 무서울 것이라고 여기는 화자(북어)의 인식을 통해 현대 사회의 허위와 허풍을 비판하고 있다.

② 화자가 상대에게 말을 건네는 방식을 활용하고 있다.
　화자인 북어가 불특정한 상대에게 말을 건네는 듯한 방식을 활용하고 있다.

③ 비슷한 문장 구조를 반복하여 운율을 형성하고 있다.
　'아버지한테 귀~들었습니다', '눈을 ~만 있으면 사람들이~도망간다고'의 문장 구조를 반복하여 운율을 형성하고 있다.

④ 북어를 의인화하여 주제를 효과적으로 표현하고 있다.
　윗글의 화자는 북어로, 북어를 의인화하여 부질없는 위협으로 허세를 부리는 세태 풍자라는 주제를 효과적으로 표현하고 있다.

02 세부 내용 파악하기 답 | ②

윗글의 화자가 ㉠처럼 행동하고 있는 이유로 가장 적절한 것은?

정답 선지 분석

② 사람들을 위협하여 도망가게 하기 위해서이다.
　'눈을 크게 부라리고만 있으면 사람들이 겁먹고 도망간다고, 눈을 똑바로 뜨고만 있으면 사람들이 무서워서 벌벌 떨며 도망간다고'를 통해 화자가 눈 하나 깜빡대지 않고 크게 뜨고 있는 것은 사람들을 위협하여 도망가게 하기 위해서임을 알 수 있다.

오답 선지 분석

① 함께 잡힌 동료에게 용기를 주기 위해서이다.
　함께 잡힌 동료에 대한 이야기는 윗글에서 언급되지 않는다.

③ 아버지의 모습과 닮아 보이게 하기 위해서이다.
　화자의 아버지의 모습이 어떠한지는 윗글에서 알 수 없다.

④ 무서운 모습을 보여 사람한테 잡히지 않기 위해서이다.
　'사람에게 잡혀가도'를 통해 화자는 이미 사람에게 잡힌 상태라는 것을 알 수 있으므로 사람에게 잡히지 않기 위해서라는 것은 적절하지 않다.

⑤ 아버지가 죽기 전 남긴 소원을 들어 드리기 위해서이다.
　화자가 ㉠처럼 행동하는 것은 아버지의 말을 따른 것은 맞지만, 아버지가 죽기 전 남긴 소원을 들어 드리기 위해서인 것은 아니다.

03 작품 간의 공통점, 차이점 파악하기 답 | ④

윗글과 보기 를 비교한 내용으로 적절하지 않은 것은?

보기

밤의 식료품 가게
케케묵은 먼지 속에
죽어서 하루 더 손때 묻고
터무니없이 하루 더 기다리는
북어들,
　　　　　(중략)
막대기 같은 생각
빛나지 않는 막대기 같은 사람들이
가슴에 싱싱한 지느러미를 달고
헤엄쳐 갈 데 없는 사람들이
불쌍하다고 생각하는 순간,
느닷없이
북어들이 커다랗게 입을 벌리고
거봐, 너도 북어지 너도 북어지 너도 북어지
귀가 먹먹하도록 부르짖고 있었다.

　　　　　　　　　　　　　　　　　　　– 최승호, 〈북어〉

정답 선지 분석

④ 윗글은 비유법을 활용했지만, 〈보기〉는 활용하지 않았다.
　〈보기〉에서는 '막대기 같은 생각 / 빛나지 않는 막대기 같은 사람들이'에서 비유법을 활용하고 있다. 윗글에서는 비유법을 활용한 부분을 찾아볼 수 없다.

오답 선지 분석

① 윗글과 〈보기〉의 북어는 모두 비판의 대상이다.
　윗글의 북어는 부질없는 위협으로 허세를 부리고 있고, 〈보기〉의 북어는 무기력하고 경직된 모습을 보이고 있다. 따라서 윗글과 〈보기〉의 북어 모두 비판의 대상이다.

② 윗글과 〈보기〉는 모두 북어를 통해 세태를 풍자하고 있다.
　윗글은 북어를 통해 사회의 허위와 허풍을 풍자하고 있고, 〈보기〉는 북어를 통해 미래에 대한 꿈과 희망을 상실한 현대인을 풍자하고 있다.

③ 윗글의 화자는 북어이지만, 〈보기〉의 화자는 사람이다.
　윗글의 화자가 눈 하나 깜빡대지 않고 크게 뜨고 있다는 것을 통해 북어라는 것을 알 수 있고, 〈보기〉의 화자는 밤의 식료품 가게에서 북어를 보고 있으므로 사람이라는 것을 알 수 있다.

⑤ 윗글은 행의 구분이 없지만, 〈보기〉에는 행의 구분이 있다.
　윗글은 행의 구분이 없는 산문시이지만, 〈보기〉에는 행의 구분이 있다.

윗글에서 보기 의 표현법이 사용된 부분을 찾아 2어절로 쓰시오.

보기

쉽게 판단할 수 있는 사실을 의문의 형식으로 표현하여 상대편이 스스로 판단하게 하는 수사법

정답

벌벌 떨리지요?

문학 2   뷔페들 다녀오십니까(이기호)

빠른 정답 체크 01 ④ 02 ④ 03 ③ 04 잔치국수

요즈음은 가족 모임이나 친구들의 모임 장소가 늘 뷔페식당이다.
서로 대조됨
결혼식장을 가도 한결같이 뷔페식이다(난, 정말이지 말간 잔치국수
부정적 대상   긍정적 대상
가 그립단 말이다).

이곳저곳 ㉠ 피라미드처럼 쌓아 올린 음식들은 먹음직스러워
~~~ : 실제로는 그렇지 않을 수 있음을 암시함
보이고, 그 앞에 접시를 들고 서 있는 사람들의 얼굴은 만족스러
워 보인다. 「무언가 선택의 폭이 넓어진 것 같고, 그만큼 더 풍요
「」: 다양한 음식이 있는 뷔페에 대한 사람들의 인식
워진 느낌이다. 욕심껏 하나하나, 본전 생각에 마음 아리지* 않도
뷔페에서 만족을 느끼지 못하고 음식을 찾는 사람들 ①
록, 사람들은 최선을 다해 음식을 먹고 또 먹는다.「인터넷에서 찾아
본 '호텔 뷔페 뽕 뽑기 전략' 지침*대로, ㉡ 가벼운 것에서부터 무
거운 것으로, 조금 더 신선한 것을 먹기 위해, 사람들은 줄지어
움직인다. 입맛에 맞지 않아 남겨진 음식들은 종업원에 의해 신
「」: 뷔페 음식을 먹는 사람들의 모습을 우스꽝스럽게 표현하여 풍자함
속히 치워지고, 사람들은 다시 새 접시를 들고 화수분*처럼 줄지
뷔페에서 만족을 느끼지 못하고 음식을 찾는 사람들 ②
않는 음식들을 향해 걸어 나간다. ㉢ 음식은 많되 영혼은 없고,
음식은 많되 맛은 언제나 평균적인 뷔페식당으로, 사람들은 오늘
음식의 개성이 사라짐
도 만족스러운 표정을 지으며 찾아간다. ㉣ 먹어도 먹어도 채워
지지 않는 허기에 잠시 고개를 갸우뚱하지만, 그것도 잠깐, 자신
역설적 표현 - 사람들은 뷔페에서 만족하지 못함
의 능력치 이상을 먹기 위해 애쓴다.

ⓐ 뷔페들 다녀오셨습니까? 잘하셨습니다. 이제「당신의 허기는
반어적 표현 - 뷔페에 가는 사람들에 대한 못마땅함이 드러남
예전보다 갑절은 더 늘어났을 것입니다. ㉤ 허기란 원래 상대적
인 것이니까요.」「」: 뷔페에 가 전보다 더 많이 먹고도 더 큰 허기를 느낄 것임

- 이기호, 〈뷔페들 다녀오셨습니까〉 -

* 아리다: 마음이 몹시 고통스럽다.
* 지침(指針): 생활이나 행동 따위의 지도적 방법이나 방향을 인도하여 주는 준칙.
* 화수분: 재물이 계속 나오는 보물단지. 그 안에 온갖 물건을 담아 두면 끝없이
  새끼를 쳐 그 내용물이 줄어들지 않는다는 설화상의 단지를 이른다.

---

01 작품의 내용 파악하기   답 ④

윗글의 내용으로 적절하지 않은 것은?

정답 선지 분석

④ 사람들의 배고픔은 뷔페식당에서 충분히 채워진다.

'뷔페들 다녀오셨습니까?~이제 당신의 허기는 예전보다 갑절은 더 늘어났을 것입니다'라고 했으므로, 사람들의 배고픔이 뷔페식당에서 충분히 채워진다는 것은 적절하지 않다.

오답 선지 분석

① 뷔페의 음식은 버려지는 만큼 다시 채워진다.

'입맛에 맞지 않아 남겨진 음식들은 종업원에 의해 신속히 치워지고~화수분처럼 줄지 않는 음식들'이라고 했으므로, 뷔페의 음식은 버려지는 만큼 다시 채워진다는 것은 적절하다.

② 글쓴이는 뷔페식보다 잔치국수를 더 좋아한다.

'결혼식장을 가도 한결같이 뷔페식이다(난, 정말이지 말간 잔치국수가 더 그립단 말이다).'라고 했으므로, 글쓴이는 뷔페식보다 잔치국수를 더 좋아한다는 것은 적절하다.

③ 요즘엔 모임 장소가 뷔페식당인 것이 일반적이다.

'요즈음은 가족 모임이나 친구들의 모임 장소가 늘 뷔페식당이다'라고 했으므로, 요즘엔 모임 장소가 뷔페식당인 것이 일반적이라는 것은 적절하다.

⑤ 사람들은 뷔페에서 손해를 보지 않으려고 많이 먹는다.

'욕심껏 하나하나, 본전 생각에 마음 아리지 않도록, 사람들은 최선을 다해 음식을 먹고 또 먹는다'라고 했으므로, 사람들은 뷔페에서 손해를 보지 않으려고 많이 먹는다는 것은 적절하다.

---

02 표현상의 특징 파악하기   답 ④

㉠~㉤ 중 역설의 표현이 사용된 부분으로 가장 적절한 것은?

정답 선지 분석

④ ㉣

역설법은 표면적으로는 모순되거나 부조리한 것 같지만 그 표면적인 진술 너머에서 진실을 드러내는 것이다. 허기란 원래 먹으면 채워지는 것이므로 '먹어도 먹어도 채워지지 않는 허기'는 표면적으로는 모순된 표현이지만, 그 너머에는 뷔페가 사람들에게 진정한 만족감을 주지 못한다는 진실이 들어 있다.

오답 선지 분석

① ㉠

㉠에는 역설법이 아닌 직유법이 사용되었다.

② ㉡

㉡에는 역설법이 사용되지 않았다.

③ ㉢

㉢에는 반복법이 사용되었다고 할 수 있으나, 역설법은 사용되지 않았다.

⑤ ㉤

㉤에는 역설법이 사용되지 않았다.

03 구절의 의미 파악하기

답 | ③

보기 를 참고했을 때, ⓐ의 실제 의미를 파악한 내용으로 가장 적절한 것은?

보기

　반어법은 문장의 뜻을 강조하기 위해, 혹은 풍자를 위해 원래 뜻에 반대되는 말을 쓰는 것이다.

정답 선지 분석

③ 뷔페 음식을 먹는 사람들에 대한 못마땅함이 담겨 있다.

　　ⓐ는 반어법으로, 문장 그대로 해석하면 뷔페에 다녀온 사람들을 칭찬하는 것이지만 실제로는 그 반대의 뜻을 담은 것이다. 따라서 뷔페 음식을 먹는 사람들에 대한 못마땅함이 담겨 있다고 파악하는 것이 적절하다.

오답 선지 분석

① 신선하지 않은 뷔페 음식에 대한 비판이 담겨 있다.

　　ⓐ에 신선하지 않은 뷔페 음식에 대한 비판은 담겨 있지 않다.

② 뷔페 종업원들의 노동량에 대한 안타까움이 담겨 있다.

　　ⓐ에 뷔페 종업원들의 노동량에 대한 안타까움은 담겨 있지 않다.

④ 뷔페에서 본전을 챙기는 사람들에 대한 놀라움이 담겨 있다.

　　윗글에서 뷔페에서 본전을 챙기는 사람들을 언급하기는 했지만, 글쓴이는 그러한 사람들을 비판하고 있으므로 ⓐ에 뷔페에서 본전을 챙기는 사람들에 대한 놀라움은 담겨 있지 않다.

⑤ 다양한 음식을 먹을 수 있는 뷔페에 대한 만족감이 담겨 있다.

　　윗글에서는 뷔페를 비판하고 있으므로 ⓐ에 다양한 음식을 먹을 수 있는 뷔페에 대한 만족감은 담겨 있지 않다.

04 소재의 의미 파악하기

윗글의 글쓴이가 '뷔페 음식'과 대조하여 제시한 소재를 찾아 쓰시오.

정답

잔치국수

| 문법 | 음운의 변동 (1) 교체 |

◀ 빠른 정답 체크   01 ①   02 ⑤   03 ③   04 4개

01   음절의 끝소리 규칙 이해하기   답 | ①

음절의 끝소리 규칙에 대한 설명으로 적절하지 않은 것은?

정답 선지 분석

① '여덟'과 '밟다'는 모두 겹받침의 뒷 자음으로 발음한다.
'여덟'의 경우 겹받침의 앞 자음으로 발음하여 [여덜]로 발음하지만 '밟다'의 경우 자음 앞에서의 '밟-'은 [밥]으로 발음하기 때문에 겹받침의 뒷 자음을 사용한 [밥따]로 발음되어야 한다.

오답 선지 분석

② '옷', '낮', '팥', '꽃'은 모두 끝소리가 [ㄷ]으로 발음된다.
'옷', '낮', '팥', '꽃'의 받침 'ㅅ', 'ㅈ', 'ㅌ', 'ㅊ'은 모두 [ㄷ]으로 바꾸어 발음한다. 즉 [옫], [낟], [팓], [꼳]으로 발음되는 것이다.

③ 음절의 끝에서 'ㄱ, ㄴ, ㄷ, ㄹ, ㅁ, ㅂ, ㅇ'만 발음되는 현상을 말한다.
음절의 끝소리 규칙은 음절의 끝에서 'ㄱ, ㄴ, ㄷ, ㄹ, ㅁ, ㅂ, ㅇ'만 발음되는 현상을 말한다.

④ 겹받침의 경우 겹받침을 이루는 두 개의 자음 중 하나의 자음으로 발음된다.
겹받침의 경우 겹받침을 이루는 두 개의 자음 중 하나의 자음으로 발음한다. 예를 들어 '몫'의 경우는 앞 자음으로 발음하여 [목]이 되고, '닭'의 경우는 뒷 자음으로 발음하여 [닥]이 된다.

⑤ 홑받침 뒤에 형식 형태소가 결합할 때는 끝소리 자음을 뒤 음절의 첫소리로 옮겨서 발음한다.
홑받침 뒤에 이어지는 음절이 모음으로 시작하는 조사나 어미, 접사 등의 형식 형태소와 결합할 때는 끝소리 자음을 뒤 음절의 첫소리로 옮겨 발음한다. 예를 들어 '옷이'의 경우 [오시], '꽃을'의 경우 [꼬츨]로 발음한다.

02   구개음화 파악하기   답 | ⑤

구개음화에 대한 설명으로 적절한 것은?

정답 선지 분석

⑤ 받침 'ㄷ' 뒤에 형식 형태소 '히'가 결합되어 '티'가 되는 것은 [치]로 발음하기 때문에 '갇히다'의 경우 [가치다]로 발음해야 한다.
'갇히다'의 경우는 받침 'ㄷ' 뒤에 형식 형태소 '히'가 오면서 'ㄷ'과 'ㅎ'이 결합하여 이루어진 'ㅌ'이 'ㅊ'이 되기 때문에 [가치다]로 발음하는 것이 적절하다.

오답 선지 분석

① '닫다'가 [닫따]로 발음되는 현상은 구개음화로 볼 수 있다.
'닫다'가 [닫따]로 발음 되는 것은 예사소리였던 것이 된소리로 바뀌는 현상으로 '된소리 현상'이다.

② '물난리'가 [물랄리]로 발음되는 것은 구개음화가 두 번 일어났기 때문이다.
'물난리'가 [물랄리]로 발음되는 것은 '자음동화' 중 유음화가 일어난 것이다. '물난리'의 경우 '난'의 'ㄴ'이 '물'의 'ㄹ'과 '리'의 'ㄹ'을 만나 두 번의 유음화가 일어나게 된다.

③ 끝소리 'ㅈ'과 'ㅊ'이 모음 'ㅣ'를 만나면 'ㄷ', 'ㅌ'이 되는 현상을 구개음화라고 한다.
구개음화는 끝소리 'ㄷ'과 'ㅌ'이 모음 'ㅣ'를 만나면 'ㅈ'과 'ㅊ'이 되는 현상이다.

④ '느티나무'의 경우 'ㅌ'이 모음 'ㅣ'와 결합하였기 때문에 [느치나무]라고 발음해야 한다.
구개음화는 형식 형태소 'ㅣ'와 결합했을 때 발생하는 현상이지 한 형태소 안에서 일어나는 현상이 아니다. 그렇기 때문에 '느티나무'의 경우는 [느티나무]로 발음하는 것이 적절하다.

03   음운의 교체 현상 파악하기   답 | ③

보기 의 ㉠~㉢에 들어갈 말로 적절한 것은?

보기

음운의 교체 현상에는 크게 세 가지가 있다. '부엌'이 [부억]으로 발음되는 것은 (㉠)으로 인한 것이다. '밥물'이 [밤물]으로 발음되는 것은 (㉡)현상 때문이고, '해돋이'가 [해도지]로 발음되는 것은 (㉢)현상으로 인한 것이다.

정답 선지 분석

	㉠	㉡	㉢
③	음절의 끝소리 규칙	자음동화	구개음화

㉠ '부엌'이 [부억]으로 발음되는 것은 음절의 끝소리 규칙이 적용되어 '엌'의 받침 'ㅋ'이 대표음인 'ㄱ'으로 발음되기 때문이다. 따라서 ㉠에 들어갈 교체 현상은 음절의 끝소리 규칙이다.

㉡ '밥물'이 [밤물]로 발음되는 것은 받침 'ㅂ'이 뒤에 오는 비음 'ㅁ'과 만나 비음 'ㅁ'으로 바뀌는 비음화가 적용된 현상이다. 이러한 비음화는 자음동화이기 때문에 ㉡에 들어갈 적절한 현상은 자음동화이다.

㉢ '해돋이'가 [해도지]로 발음되는 것은 끝소리가 'ㄷ'인 형태소가 모음 'ㅣ'로 시작하는 형식 형태소를 만나 구개음 'ㅈ'으로 바뀐 것이다. 따라서 ㉢에 들어갈 적절한 현상은 구개음화이다.

04   자음동화 이해하기

보기 에서 발음할 때 자음동화가 일어나는 단어의 개수를 쓰시오.

보기

설날, 팥빵, 국물, 신라, 해돋이, 피붙이, 난로

정답

4개

| 독서 | 인상파 그림의 회화적 특징과 미술사적 가치 |

◀ 빠른 정답 체크   01 ①   02 ②   03 ⑤   04 평범한 풍경

1874년 모네가 〈인상, 해돋이〉라는 작품을 출품했을 당시, 이 그림에 대한 미술계의 반응은 매우 부정적이었다. 비평가 루이 르로이는 비아냥거리는 의미로 <u>모네의 작품명에서 명칭을 따와</u>
인상파의 등장 배경
<u>모네와 그의 동료들을 인상파라고 불렀다.</u> 인상파 이전의 화가들은 배경지식 없이는 이해하기 힘든 특별한 사건이나 인물, 사상
인상파 이전 화가들의 회화적 특징 ①
등을 주제로 하여 그림을 그렸다. ㉠ 그들은 주제를 드러내는 상징적 대상을 잘 짜인 구도 속에 배치하였고, 정교한 채색과 뚜렷
인상파 이전 화가들의 회화적 특징 ②　　인상파 이전 화가들의 회화적 특징 ③
한 윤곽선을 중요하게 여겼다. 그들의 입장에서 보면 「대상을 의
　「ㄱ」: 인상파 이전의 화가들의 인상파 그림에 대한 평가
도적인 배치 없이 눈에 보이는 대로 거칠게 그린 듯한 인상파 화
인상파 이전 화가들이 본 인상파 화가들의 그림
가들의 그림은 주제를 알 수 없는 미완성품이었다.」
▶ 1문단: 인상파의 등장과 그 이전의 회화 경향
인상파 화가들이 주제로 삼은 것은 빛이었다. 어두운 작업실 대
인상파 화가들이 주목한 것

신 밝은 야외로 나가 햇빛 아래에 보이는 일상적인 풍경과 평범
한 사람들의 모습을 그렸다. <u>햇빛과 대기의 상태에 따라 대상의</u> (인상파 그림의 특징)
색과 대상에 대한 인상이 달라진다는 사실에 주목하여 그림으로
표현한 것이다.

▶2문단: 빛을 주제로 한 인상파 그림의 특징

인상파 화가들은 시간에 따라 달라지는 빛을 표현하기 위하여
새로운 기법으로 그림을 그렸다. 동일한 사물이라도 빛의 변화에
따라 색이 다르게 보이므로 대상의 고유한 색은 부정하고, <u>자연</u>
<u>광을 이루는 무지개의 일곱 가지 기본색과 무채색만을 사용하여</u> (인상파 화가들의 새로운 회화 기법 ①)
모든 색을 표현하였다. 또한 <u>대상의 순간적인 인상을 표현하기</u>
<u>위해 빠른 속도로 그려 나가 화면에는 짧고 거친 붓자국이 가득</u> (인상파 화가들의 새로운 회화 기법 ②)
하게 되었다. <u>대상의 윤곽선 역시 주변의 색과 섞여 흐릿하게 표</u> (인상파 화가들의 새로운 회화 기법 ③)
<u>현되었는데,</u> 이는 시시각각 다르게 보이는 대상의 미묘한 변화와
대상의 윤곽선을 주변 색과 섞여 흐릿하게 표현하여 가져온 효과
그 인상까지 그림에 표현되는 효과를 낳게 되었다.

▶3문단: 빛의 변화에 따른 색채를 표현하기 위한 인상파 화가들의 새로운 회화 기법

인상파 화가들은 빛과 대상의 색, 그리고 대상이 주는 느낌을
그림의 주제로 삼으면서 그림이 다룰 수 있는 대상의 폭을 '주변
에서 보이는 일상적인 풍경과 평범한 사람들의 모습'으로 넓혔다.
(인상파 그림의 미술사적 가치)
<u>이전의 그림과 달리 인상파 그림은 주제를 이해하기 위한 배경지</u>
<u>식을 더 이상 필요로 하지 않았다.</u> ⓒ <u>그들은 실증주의와 사실주</u>
(인상파 그림의 미술사적 가치 ②)
<u>의의 영향을 받아 대상을 눈에 보이는 그대로 재현하고 이를 느</u>
(인상파 그림의 미술사적 가치 ③)
끼고 즐길 수 있으면 될 뿐이었다.

▶4문단: 인상파 그림의 미술사적 가치

01 핵심 내용 이해하기 답 | ①

윗글을 강연하기 위한 제목과 부제로 적절한 것은?

정답 선지 분석

① 눈에 보이는 그대로의 인상을 담다 – 빛과 대기가 선사하는 색의 변화
　윗글에서 인상파는 사실주의와 실증주의의 영향을 받아 눈에 보이는 그대로의 인상을
　전달하고자 야외로 나가 햇빛 아래에 보이는 일상적인 풍경과 평범한 사람들의 모습을
　그렸으며, 햇빛과 대기의 상태가 달라 대상의 색이 달라진다는 사실에 주목하여 표현
　했다고 하였다. 따라서 강연의 제목과 부제에는 이러한 중심 내용이 들어가는 것이 적
　절하다.

오답 선지 분석

② 미완성의 작품 속에 담긴 빛의 인상 – 잘 짜인 구도와 배치에 담은 세상
　'미완성'은 인상파 이전의 화가들이 인상파의 그림을 보고 평가한 내용이다. '잘 짜인
　구도와 배치에 담은 세상'은 인상파 이전의 화가들의 그림의 모습이다.

③ 자연광으로 써내린 짧고 거친 붓자국 – 그림과 자연이 하나가 되는 세계
　윗글에는 '그림과 자연이 하나' 등의 자연 친화적 내용은 제시되지 않았다.

④ 어두운 작업실을 벗어나 빛이 있는 야외로 – 정교한 채색이 주는 아름다움
　'어두운 작업실에 벗어나 빛이 있는 야외로'는 인상파와 관련된 내용이나, 인상파 화가
　들은 자연광을 이루는 무지개의 일곱 가지 기본색과 무채색만을 사용하여 색을 표현하
　였다. 정교한 채색을 중요시한 것은 인상파 이전의 화가들과 관련된 내용이다.

⑤ 하나의 그림 속에 담긴 다양한 이야기 – 그림을 이해하는 지식의 힘과 기능
　윗글에는 '다양한 이야기'에 대한 내용이 없으며, '그림을 이해하는 지식'은 인상파 이
　전의 화가들과 관련된 내용이다.

02 세부 내용 파악하기 답 | ②

㉠과 ㉡에 대한 설명으로 적절한 것은?

정답 선지 분석

② ㉡은 주변의 색과 섞어 대상의 윤곽선을 흐리게 표현했다.
　㉠은 인상파 이전의 화가들을 의미하고, ㉡은 인상파 화가들을 의미한다. 주변의 색과
　섞어 대상의 윤곽선을 흐리게 표현하는 것은 인상파 화가들의 기법이다.

오답 선지 분석

① ㉠은 시간에 따라 달라지는 빛을 표현하려고 노력했다.
　시간에 따라 달라지는 빛을 표현하려고 노력한 사람들은 ㉡이다.

③ ㉠은 무지개의 일곱 가지 색을, ㉡은 대상의 고유한 색을 주로 사용했다.
　㉠은 대상의 고유한 색을, ㉡은 무지개의 일곱 가지 색을 사용하였다.

④ ㉠과 달리 ㉡은 배경지식이 없이는 이해하기 힘든 사건을 주제로 사용했다.
　㉠은 배경지식 없이는 이해하기 힘든 주제로 그림을 그렸다.

⑤ ㉠과 ㉡은 시시각각 다르게 보이는 대상의 미묘한 변화를 포착하여 표현했다.
　㉡만 시간에 따라 달라지는 대상의 미묘한 변화를 포착하고자 노력하였다.

03 외적 준거에 적용하기 답 | ⑤

윗글을 바탕으로 보기 의 그림을 감상한 내용으로 적절하지 않은 것은?

보기

〈인상, 해돋이〉, 1872

정답 선지 분석

⑤ 빛에 따라 달라지는 대상의 모습을 정교한 채색을 통해 표현하였군.
　〈보기〉는 '모네'의 작품으로 인상파의 그림이다. 3문단에 따르면 인상파 화가들은 빛
　에 따라 달라지는 대상의 모습을 표현하고자 노력하였으나, 정교한 채색을 사용하지
　않았다.

오답 선지 분석

① 주변에 보이는 일상적인 풍경을 담고자 노력하였군.
　4문단에 따르면 인상파 화가들은 대상이 주는 느낌을 그림의 주제로 삼으면서 주변에
　서 보이는 일상적인 풍경과 평범한 사람들의 모습을 대상으로 삼았다고 밝히고 있기
　때문에 적절하다.

② 특별한 사건이 아닌 대상이 주는 느낌을 주제로 하였군.
　4문단에 따르면 인상파 화가들은 대상이 주는 느낌을 그림의 주제로 삼으면서 주변에
　서 보이는 일상적인 풍경과 평범한 사람들의 모습을 대상으로 삼았다고 밝히고 있기
　때문에 적절하다.

③ 대상의 순간적인 인상을 포착하기 위해서 거칠게 표현하였군.
　3문단에서 대상의 순간적인 인상을 표현하기 위해 빠른 속도로 그려 나가 화면에는 짧
　고 거친 붓자국이 가득하게 되었다고 설명하고 있다.

④ 1874년 당시, 기존 화가들은 이 그림을 이상하다고 생각했겠군.
　1문단에 따르면, 1874년 모네가 〈보기〉의 작품을 출품했을 당시, 이 그림에 대한 미술
　계의 반응은 매우 부정적이었다. 또한 기존 화가들의 눈에 〈보기〉의 작품은 주제를 알
　수 없는 미완성품이었다.

빈칸에 들어갈 말로 적절한 것을 골라 쓰시오.

〈트루빌 해변의 카미유〉, 1870

이 작품은 1870년 여름 모네가 트루빌 해변에서 신혼여행을 즐기면서 그린 그림이다. 트루빌의 해변에서 느낄 수 있는 해풍과 와자지껄한 관광객들, 그리고 해안선을 따라 밀려와 하얗게 부서지는 파도가 묘사되어 있다. 이를 통해 모네가 (평범한 풍경 / 상징적 대상)에 주목했음을 알 수 있다.

정답

평범한 풍경

문학 1 **어이 못 오던가(작자 미상)**

빠른 정답 체크   01 ①   02 ③   03 ⑤   04 성, 용거북 자물쇠

어이 못 오던가 무슨 일로 못 오던가
반복법 → 오지 않는 임에 대한 원망 강조   ▶ 임이 못 오는 이유에 대해 궁금해함
┌ 『너 오는 길에 무쇠로 성을 쌓고// 성 안에 담을 쌓고// 담 안
│ 그리움의 대상(임)   □: 임을 오지 못하게 하는 장애물
│ 에 집을 짓고// 집 안에 뒤주*를 놓고// 뒤주 안에 궤*를 놓
[A] //: 성→담→뒤주→궤→쌍배목 외걸쇠→용거북 자물쇠 ⇒ 연쇄법, 열거법, 점강법 사용
│ 고// 궤 안에 너를 결박하여 놓고// 쌍배목 외걸쇠에 용거북 자
└ 물쇠로 수기수기 잠가 두었느냐 너 어찌 그리 아니 오던가』
   의태어 사용 → 운율 형성, 해학성   『』: 과장법 사용   ▶ 임이 못 오는 이유를 상상함
한 달이 서른 날이니 날 보러 올 하루가 없겠는가
   오지 않는 임에 대한 원망, 안타까움, 그리움   ▶ 오지 않는 임을 원망함
                    - 작자 미상, 〈어이 못 오던가〉 -

* 뒤주: 쌀 따위의 곡식을 담아 두는 세간의 하나.
* 궤(櫃): 물건을 넣도록 나무로 네모나게 만든 그릇.

윗글의 화자에 대한 설명으로 적절한 것은?

정답 선지 분석

① 화자는 임이 오지 않는 이유를 상상하며 원망을 드러내고 있다.
> 화자는 임이 오지 않는 이유를 화자 나름대로 상상하며 오지 않는 임에 대한 원망을 드러내고 있다.

오답 선지 분석

② 화자는 임과 함께 했던 추억들을 회상하며 그리움을 드러내고 있다.
> 화자는 오지 않는 임에 대한 그리움과 원망을 드러내고 있다. 임과 함께 했던 추억을 회상하고 있지 않다.

③ 화자는 임이 오지 않는 이유를 자신의 잘못으로 돌리며 자책하고 있다.
> 화자는 임이 오지 않는 이유를 상상하며 오지 않는 이유에 대해 묻고 있는 것이지 임이 오지 않는 이유를 자신의 잘못으로 돌리며 자책하고 있지는 않다.

④ 화자는 임이 오지 않는 이유를 반복적으로 물으며 임에 대한 분노를 표출하고 있다.
> 화자는 초장에서 임이 오지 않는 이유를 반복적으로 묻고 있으나 이것은 오지 않는 임에 대한 원망을 강조하고 있는 것이지 임에 대한 분노를 표출하고 있다고 보기는 어렵다.

⑤ 화자는 자신이 지금 처한 상황이 더 나아질 것이라는 믿음과 기대감을 드러내고 있다.
> 화자는 임이 오기만을 기다릴 뿐이지 지금 처한 상황이 더 나아질 것이라는 믿음과 기대감은 윗글에서 찾아볼 수 없다.

[A]에서 사용되고 있는 표현법으로 적절하지 않은 것은?

정답 선지 분석

③ 설의법을 사용해 임이 오는 대로 곧장 떠날까 봐 두려운 화자의 마음을 간접적으로 표현하고 있다.
> 설의법이 사용된 것은 [A]가 아닌 종장의 '한 달이 서른 날이니 날 보러 올 하루가 없겠는가'이다. 또한 종장은 설의법을 사용해 임이 오기를 기다리며 오지 않는 임에 대한 원망과 안타까움을 표현하고 있는 것이지, 임이 오는 대로 곧장 떠날까 봐 두려운 화자의 마음을 표현하고 있지 않다.

오답 선지 분석

① 과장법을 사용해 임이 오지 않는 이유를 상상함으로써 해학성을 높이고 있다.
> [A]에서의 화자는 임이 오지 않는 이유를 과장해서 상상하고 있다. 이렇게 마치 임이 구속된 것 같이 과장해서 상상함으로써 임을 기다리는 마음을 생동감 있게 표현하고 있다.

② 열거법을 사용해 시의 리듬감을 형성하며 화자의 안타까운 심정을 드러내고 있다.
> [A]에서 열거법을 사용해 임과 화자 사이를 가로막는 장애물들을 나열함으로써 시의 리듬감을 형성하고 있으며 오지 않는 임을 기다리는 화자의 안타까운 정서를 효과적으로 드러내고 있다.

④ 점강법을 사용해 상황의 범위를 좁힘으로써 오지 않는 임에 대한 간절한 기다림을 드러내고 있다.
> [A]에서는 점강법을 사용해 '성→담→집→뒤주→궤…'로 점점 상황의 범위를 좁힘으로써 오지 않는 임에 대한 간절한 기다림을 드러내고 있다.

⑤ 연쇄법을 사용해 임과 나를 가로막는 장애물을 연쇄적으로 나열함으로써 임을 보고 싶어 하는 화자의 간절한 마음을 표현하고 있다.
> [A]에서는 임과 나를 가로막는 장애물들을 연쇄적으로 나열함으로써 임을 보고 싶어 하는 화자의 간절하면서도 답답한 마음을 솔직하게 표현하고 있다고 볼 수 있다.

03 작품 간의 공통점 파악하기 답 | ⑤

보기와 윗글을 비교했을 때 적절하지 **않은** 것은?

보기

나무도 돌도 바위도 없는 뫼에 매에게 쫓긴 까투리 안과

대천 바다 한가운데 일척 석 실은 배에 노도 잃고 닻도 끊고 용총도 끊고 돛대도 꺾이고 키도 빠지고 바람 불어 물결치고 안개 뒤섞여 잦아진 날에 갈 길은 천리만리 남고 사면이 검어 어둑저뭇 천지적막 사나운 파도 치는데 수적 만난 도사공의 안과

엊그제 임 여읜 내 안이야 어디다 견주어 보리오

　　　　　　　　　　　　　　　- 작자 미상, 〈나무도 돌도 바위도 없는 뫼에〉

* 안: 마음.
* 용총: 돛대에 매어 놓은 줄.

정답 선지 분석

⑤ 윗글과 〈보기〉는 모두 평시조의 특징인 4음보 율격이 지켜지고 있다.

　윗글과 〈보기〉는 모두 중장이 길어짐에 따라 평시조의 특징인 4음보의 율격이 지켜지고 있다고 보기 어렵다.

오답 선지 분석

① 윗글과 〈보기〉는 모두 중장이 길어진 사설시조이다.

　윗글과 〈보기〉는 모두 조선 후기에 등장한 사설시조로 기존의 평시조와는 달리 형식 면에서 중장이 무제한으로 길어진 형태를 취하고 있다.

② 윗글과 〈보기〉는 모두 화자의 감정이 솔직하게 드러나 있다.

　윗글에서는 오지 않는 임에 대한 그리움과 원망을 솔직하게 드러내고 있다면 〈보기〉는 절망적인 상황에 놓인 까투리와 도사공의 마음과 엊그제 임과 이별한 화자의 비통한 심정을 비교할 수 없다고 말하며 임과의 이별의 슬픔을 솔직하게 드러내고 있다.

③ 윗글과 〈보기〉는 모두 과장법을 사용해 해학성을 높이고 있다.

　윗글에서는 임이 오지 않는 이유를 과장해서 표현함으로써 해학성을 드러내고 있고, 〈보기〉는 까투리와 도사공의 절망적인 위기 상황을 점층적으로 열거하고 과장함으로써 해학성을 높이고 있다.

④ 윗글과 〈보기〉는 모두 종장의 첫 마디를 3음절로 시작하고 있다.

　윗글은 '한 달이', 〈보기〉는 '엊그제'라고 하며 종장의 첫 마디를 3음절로 시작하고 있다. 이는 기존 시조의 형식이 사설시조에서도 유지되고 있음을 보여 준다.

04 소재의 의미 파악하기

윗글에서 화자가 생각하는 임을 가로막고 있는 첫 번째 장애물과 마지막 장애물을 차례대로 쓰시오.

정답

성, 용거북 자물쇠

문학 2　　달걀은 달걀로 갚으렴(박완서)

빠른 정답 체크　01 ③　02 ⑤　03 ④　04 한뫼, 문 선생님

[앞부분 줄거리] 문 선생님은 봄뫼의 반 아이들에게 암탉을 나누어 주어 달걀을 판 돈으로 수학여행을 갈 수 있도록 한다. 그런데 봄뫼의 오빠 한뫼가 암탉을 죽이려 한다. 문 선생님은 2년 전 자신의 제자였던 한뫼를 찾아가고, 한뫼는 아이들이 달걀로 여행비를 마련하여 도시 구경을 하는 것을 막고 싶다고 말하며 자신이 도시로 수학여행을 가서 텔레비전을 봤을 때의 경험을 이야기한다.

"그리고 한자리에서 달걀을 백 서른 개나 먹는 아저씨도 보았어요. 그 아저씨는 어찌나 달걀을 빠르게 먹던지 옆에서 깨뜨려 주는 사람이 미처 못 당할 정도였어요. 그렇지만 『그 뱃속 큰 아저씨도 백 개를 넘게 먹고 나서부터는 삼키기가 괴로운지 계란 흰자위는 입아귀*로 줄줄 흘리면서 목을 괴롭게 빼고는 억지로 먹더군요.』 민박한* 집 아이들은 손뼉을 치며 재미나 하는데, 저는 이상하게 울고 싶었어요."
　『」: 도시 사람들에게 웃음거리가 되는 달걀
　이상하게 울고 싶었어요." — 달걀을 소중하게 여겼기 때문

"그때 왜 울고 싶었는지 지금 생각나니?"

"생각나고말고요. 그동안 도시의 인상은 희미해졌지만 그 일만은 어제 일처럼 생생한걸요. 그때는 저는 제 여행비가 된 제 암탉이 낳은 소중한 달걀에 대해서 생각했어요. 저는 제 달걀을
　도시에 방문하기 전 달걀에 대한 한뫼의 생각
고스란히 모으기 위해 얼마나 많이 제 동생들을 때리고 쥐어박
　동생들이 삶은 달걀을 먹으려고 달걀을 훔쳐가고는 했기 때문
았는지 몰라요. 특히 봄뫼는 어찌나 날쌔게 달걀을 훔쳐가는지, 아마 제일 많이 쥐어박혔을 거예요. 귀여운 누이동생이 굴뚝 모
　봄뫼
퉁이에서 서럽게 훌쩍이건 말건 아랑곳하지 않을 만큼 그때 저에게 있어서 달걀은 무엇보다도 소중한 거였어요. 그런 달걀이 도시 사람한테 마구 천대*받고 웃음거리가 되고 있는 걸 보니
　도시에 방문한 후 달걀에 대한 한뫼의 생각
까, 꼭 제가 업신여김을 당하는 것처럼 분한 생각이 들었어요.
　달걀에 자신의 모습을 반영함
달걀한테 들인 정성과 그동안의 세월까지 아울러 무시당했다 싶
　달걀을 팔아야 수학여행 여비를 마련할 수 있음
으면서 이튿날부터는 도시 구경이 도무지 재미가 없었어요. 여행에서 돌아와서 지금까지 쭉 그때 저를 업신여기던 도시에 대
　달걀을 천대하던 도시
해 어떻게든 앙갚음하지* 않으면 안 될 것 같은 생각에 시달리고 있어요. 달걀을 천대하는 것을 구경하며 손뼉 치고 깔깔대던 도
　한뫼가 복수하고자 하는 대상
시의 아이들, 어른, 모든 사람에 대한 앙갚음을 위해서 저는 부모님이 힘겨워하시는 것을 못 본 척 중학교에 갔는지도 몰라요."
　한뫼의 집은 크게 넉넉한 형편은 아님

"그래? 선생님은 처음 듣는 소리구나. 어디 네 앙갚음의 꿈을 얘기해 보렴."

"무지무지한 부자가 되든지. 무지무지한 권세*를 잡든지, 무지무지하게 유명해지든지 해서 저는 도시 사람들을 업신여길 수 있고, 도시 사람들이 저를 우러르고 제 말 한마디에 벌벌 떨게
한뫼가 생각하는 복수 방법 – 도시 사람들이 자신을 천대하지 못하게 하려 함
하고 싶어요."

"그거 참 좋은 생각이로구나. 하지만 그러려면 너무 오랜 세월이 걸리지 않겠니. 그리고 달걀 몇 꾸러미에 대한 앙갚음으로는
문 선생님이 한뫼에게 다른 복수 방법을 제시하는 이유
너무 지나치지 않을까 몰라. 너무 인색하게 갚아 주는 것도 안 좋지만, 너무 지나치게 갚을 건 또 뭐 있니? ㉠ 달걀은 달걀로 갚으렴."

(중략)

"그렇지만 여행하는 사람이 바뀔 거야. 금년*엔 우리 반 아이들이 도시로 여행하는 게 아니라 우리 반 아이들이 도시 아이들을
도시 아이들을 시골로 초청하자는 제안
초청하는 거야. 우리가 여행 경비까지 부담해 가면서 말야. 왜
달걀을 판 돈으로 여행 경비를 부담함 – '달걀은 달걀로 갚으렴'의 의미
진작 그런 생각을 못 했을까. 이건 진짜 기막힌 생각이야. 네 덕이다. 한뫼야, 고맙다."

문 선생님 혼자 뛸 듯이 기뻐할 뿐, 한뫼는 여전히 우울해 보입니다.
문 선생님이 좋은 제안을 했다고 생각하지 않음
"기발한 생각이군요. 선생님, 그렇지만 좋은 생각은 아니에요. 편안한 방에 앉아서 초콜릿을 야금야금 핥으며, 주스를 찔끔찔끔
한뫼가 본 도시 아이들의 모습
금 마시며, 달걀을 한꺼번에 백 서른 개씩 먹는 쇼를 보고 깔깔대던 아이들을 이 두메산골*로 데려다 어쩌겠다는 거죠?"

"우선 달걀을 보여 줘야지. 그들이 보고 배운 달걀과는 또 다른
도시에서의 달걀의 의미와 시골에서의 달걀의 의미는 다름
달걀을. 너도 도시에 가서 우리가 보고 배운 달걀의 쓸모와는 전혀 다른 달걀의 쓸모를 배웠지 않니? 너는 네가 새롭게 배운 것
도시에서 배운 것
에 대해 후회하거나 업신여기는 마음을 가져선 안 된다. 사물을 바르게 이해하기 위해선 그 사물의 헤아릴 수 없이 많은 쓸모에
마음이 상한 한뫼를 다독임
대해 골고루 알아 두는 게 좋아. 아마 도시 아이들도 놀랄 거야. 그들이 천대하고 웃음거리로 삼던 달걀이 얼마나 값어치 있게 쓰여지는가를 알면."

"그것 때문에 여기까지 도시 아이들을 부를 건 없잖아요. 우린 도시에서 달걀만 본 게 아니라 별의별 걸 다 보았는데, 이 두메
시골에는 도시 아이들이 볼 게 없다고 생각함
산골에 뭐가 있다고……."

"이 두메에 없는 것이 뭐 있니? 나는 도시 사람들이 달걀을 업
문 선생님과 한뫼의 생각 차이
신여기는 것보다 네가 우리가 가진 것을 업신여기는 것이 더 섭
한뫼 스스로가 시골을 낮잡아보고 있음
섭하다."

『"도시엔 문명이 있어요."
『 』: 도시(문명) ↔ 두메(자연)
"두메엔 자연이 있다."』

"우리가 문명을 보고 깜짝깜짝 놀랄 때마다 도시 아이들은 우리를 시골뜨기 취급했어요."

"당연하지. 우린 시골뜨기니까. 이번에 도시 아이들이 자연을 보
도시에서는 자연을 볼 기회가 별로 없음
고 깜짝 놀랄 차례다. 그러면 개네들을 서울뜨기 취급하자꾸나."

"그건 재미없을 거예요."

"왜?"

"개네들은 더욱 으스댈 테니까요."
도시 아이들이 시골을 보면 무시할 것이라고 생각함
"우리들 마음속에 시골뜨기보다는 서울뜨기가 더 잘났단 마음
한뫼가 가진 마음
이 있으면 개네들은 으스댈 테고, 시골뜨기나 서울뜨기나 각각 길들인 환경이 다를 뿐 어느 쪽이 못나거나 잘나지 않았다는 걸
문 선생님이 가진 마음
알고 있으면 결코 개네들은 으스대지 못할 거다."

"그렇지만 우린 개네들보다 모르는 게 너무 많아요. 개네들 눈
도시 아이들이 시골 아이들보다 똑똑하다고 생각함
엔 우리가 바보처럼 보일 거예요."

"선생님 조카는 도시의 초등학교에서 쭉 반장 노릇만 하는 아이
도시에서는 똑똑한 아이임
지. 마치 너처럼. 그 녀석이 90점 맞은 자연 시험지를 보니까 글쎄 콩은 외떡잎식물, 옥수수는 쌍떡잎식물이라고 바꾸어 썼더
시골에서는 콩과 옥수수를 직접 볼 수 있기 때문에 헷갈리지 않을 것임
구나. 자연 시험 보기 전날 밤새도록 달달 외우고도 그런 실수를 하다니, 넌 그 녀석이야말로 바보라고 생각하지 않니?"
시골 아이들이라면 아는 것을 도시 아이들은 모름
"도시에 있는 '어린이의 낙원'이란 공원은 참으로 아름다웠어요."
인공적인 자연의 모습
"나도 안다. 우리나라에 있는 공원 중에서 가장 잘 꾸며진 공원으로 누구나 그곳을 손꼽지. 왜 그런 줄 아냐? 그 공원이 가장 자연에 가깝게 꾸며졌기 때문이야. 가장 교묘하게* 자연의 흉내
'어린이의 낙원'이 잘 꾸며졌다고 하는 이유
를 냈기 때문이지. 그러나 흉내는 진짜만은 못하지. 아마 도시
진짜 자연이 더 아름다움
아이들은 이곳의 진짜 자연에 넋을 잃을 거다."

- 박완서, 〈달걀은 달걀로 갚으렴〉 -

* 입아귀: 입의 양쪽 구석.
* 민박하다(民泊하다): 여행할 때에 일반 민가에서 묵다.
* 천대(賤待): 업신여기어 천하게 대우하거나 푸대접함.
* 앙갚음하다: 남이 저에게 해를 준 대로 저도 그에게 해를 주다.
* 권세(權勢): 권력과 세력을 아울러 이르는 말.
* 금년(今年): 지금 지나가고 있는 이해.
* 두메산골(두메山골): 도회에서 멀리 떨어져 사람이 많이 살지 않는 변두리나 깊은 곳.
* 교묘하다(巧妙하다): 짜임새나 생김새 따위가 아기자기하게 묘하다.

01 작품의 내용 파악하기 답 | ③

윗글에 대한 내용으로 적절하지 않은 것은?

정답 선지 분석

③ 문 선생님은 도시 아이들은 자연을 보고 으스댈 것이라고 믿고 있다.

문 선생님은 '이번엔 도시 아이들이 자연을 보고 깜짝 놀랄 차례다'라고 말했으므로 적절하지 않다. 도시 아이들이 자연을 보고 으스댈 것이라고 말한 사람은 문 선생님이 아닌 한뫼이다.

오답 선지 분석

① 문 선생님은 한뫼가 두메를 업신여기는 것을 섭섭해하고 있다.

한뫼가 '이 두메산골에 뭐가 있다고……'라고 말하자, 문 선생님은 '나는 도시 사람들이 달걀을 업신여기는 것보다 네가 우리가 가진 것을 업신여기는 것이 더 섭섭하다'고 말했으므로 적절하다.

② 한뫼는 자연을 닮게 만든 도시의 공원을 보며 아름다움을 느꼈다.

한뫼는 도시에 있는 '어린이의 낙원'이란 공원을 보며 아름답다고 생각했는데, 문 선생님의 말에 따르면 그 공원은 '가장 자연에 가깝게 꾸며졌'으므로 적절하다.

④ 한뫼는 대단한 사람이 되어 도시에 복수를 하기 위해 중학교에 진학하였다.

한뫼는 '달걀을 천대하는 것을 구경하며 손뼉 치고 깔깔대던 도시의 아이들, 어른, 모든 사람에 대한 앙갚음을 위해서 저는~중학교에 갔는지도 몰라요'라고 말하며 부자가 되거나, 권세를 잡거나, 유명해져서 도시 사람들이 자신을 우러르게 만들고 싶다고 했으므로 적절하다.

⑤ 문 선생님은 시골 아이들이 아는 것을 도시 아이들은 모른다고 생각하고 있다.

한뫼는 '그렇지만 우린 걔네들보다 모르는 게 너무 많아요'라고 말했지만, 문 선생님은 '그 녀석이~콩은 외떡잎식물, 옥수수는 쌍떡잎식물이라고 바꾸어 썼더구나', '아마 도시 아이들은 이곳의 진짜 자연에 넋을 잃을 거다'라고 말했으므로 적절하다.

02 구절의 의미 이해하기 답 | ⑤

㉠의 의미로 가장 적절한 것은?

정답 선지 분석

⑤ 달걀로 여비를 마련하여 도시 아이들을 두메로 초대하자는 것이다.

문 선생님이 '그렇지만 여행하는 사람이 바뀔 거야'라고 말한 것을 통해, 달걀을 판 돈으로 여행 경비를 마련하는 것은 같지만 여행하는 사람이 시골 아이들에서 도시 아이들로 바뀐다는 것을 알 수 있다. 또한 '우리 반 아이들이 도시 아이들을 초청하는 거야. 우리가 여행 경비까지 부담해 가면서 말야'라고 했으므로 문 선생님은 도시 아이들을 두메로 초대하자는 생각을 가지고 있다. 따라서 '달걀은 달걀로 갚으렴'은 달걀로 여비를 마련하여 도시 아이들을 두메로 초대하자는 것이다.

오답 선지 분석

① 부자가 되어 달걀을 맘껏 사들이자는 것이다.

한뫼는 부자가 되어 도시 사람들을 업신여기고 싶다고 하였지만, 문 선생님이 ㉠처럼 말한 것은 부자가 되어 달걀을 맘껏 사들이자는 의미는 아니다.

② 도시 아이들에게도 암탉을 키우게 해 주자는 것이다.

문 선생님은 시골 아이들에게 암탉을 키워 직접 돈을 벌 수 있게 하였지만, 도시 아이들에게도 암탉을 키우게 해 주자는 의미로 ㉠처럼 말하지는 않았다.

③ 달걀을 백 서른 개보다 더 많이 먹는 연습을 하자는 것이다.

한뫼는 달걀을 백 서른 개나 먹는 아저씨의 모습에 도시 아이들이 웃는 것을 보고 업신여김 당한 기분이 들었지만, 문 선생님이 달걀을 백 서른 개보다 더 많이 먹는 연습을 하자고 하지는 않았다.

④ 암탉이 낳은 달걀을 도시에 내다 팔아 돈을 마련하자는 것이다.

문 선생님은 암탉이 낳은 달걀을 내다 팔아 여비를 마련하자고 하였지만, 도시에 내다 팔아야 한다고는 하지 않았다.

03 소재의 의미 파악하기 답 | ④

달걀에 대한 한뫼의 생각 변화를 보기 와 같이 정리할 때, [A]에 들어갈 말로 가장 적절한 것은?

보기

도시 방문 전	→	도시 방문 후
여행비를 마련하기 위한 소중한 존재		[A]

정답 선지 분석

④ 도시 사람한테 천대받고 웃음거리가 되는 대상

한뫼가 '그때 저에게 있어서 달걀은 무엇보다도 소중한 거였어요. 그런 달걀이 도시 사람한테 마구 천대받고 웃음거리가 되고 있는 걸 보니까, 꼭 제가 업신여김을 당하는 것처럼 분한 생각이 들었어요'라고 한 것을 통해 도시를 방문한 이후, 달걀은 한뫼에게 있어 도시 사람한테 천대받고 웃음거리가 되는 대상이었음을 알 수 있다.

오답 선지 분석

① 닭이 될 수도 있는 가능성을 품은 대상

달걀이 닭이 될 수도 있는 가능성을 품은 대상인 것은 맞으나, 한뫼가 그렇게 생각하는지는 알 수 없다.

② 동생과의 사이가 나빠진 원인이 된 대상

한뫼는 달걀을 고스란히 모으기 위해 동생들을 때리고 쥐어박았지만, 달걀이 동생과의 사이가 나빠진 원인이라고 생각하지는 않는다.

③ 도시와 시골의 유대감을 형성해 주는 대상

달걀은 도시와 시골의 유대감을 형성해 주는 대상이 아니라, 한뫼로 하여금 도시와 시골의 차이를 느끼게 한 대상이다.

⑤ 도시 아이들이 호기심을 가지고 신기해하는 대상

도시 아이들은 달걀을 보며 호기심을 가지고 신기해한 것이 아니라, 한자리에서 달걀을 백 서른 개나 먹는 아저씨를 보며 재미있어했다.

04 인물의 태도 파악하기

ⓐ, ⓑ에 들어갈 인물을 차례대로 쓰시오.

(ⓐ)은/는 도시가 시골보다 뛰어나다고 생각하지만 (ⓑ)은/는 시골도 도시만큼 뛰어나다고 생각한다.

정답

한뫼, 문 선생님

| 본문 | 69쪽

문법 음운의 변동 (2) 축약

빠른 정답 체크 **01** ② **02** ④ **03** ① **04** 자음 축약, 모음 축약

01 모음 축약 이해하기 답 | ②

보기 에서 설명하고 있는 음운 변동이 적절하게 사용되지 **않은** 것은?

보기

두 형태소가 만날 때, 앞뒤 형태소의 두 모음이 하나의 모음으로 줄어
드는 현상

정답 선지 분석

② 되- + -었다 → 됬다

〈보기〉에서 설명하고 있는 음운 변동은 모음 축약이다. '되-'와 '-었'의 모음 'ㅚ'와
'ㅓ'가 결합하여 하나의 모음으로 줄어들 때에는 'ㅚ'가 아니라 'ㅙ'으로 줄어들어야 한
다. 즉 '되- + -었다'가 모음 축약이 일어날 경우 '됐다'가 된다.

오답 선지 분석

① 보- + -아 → 봐

〈보기〉에서 설명하고 있는 음운 변동은 모음 축약이다. '봐'의 경우 '보-'와 '-아'의 모
음 'ㅗ'와 'ㅏ'가 하나의 모음 'ㅘ'로 줄어든 것이다.

③ 가리- + -어 → 가려

〈보기〉에서 설명하고 있는 음운 변동은 모음 축약이다. '가려'의 경우 '가리-'와 '-어'
의 모음 'ㅣ'와 'ㅓ'가 하나의 모음 'ㅕ'로 줄어든 것이다.

④ 주- + -어라 → 줘라

〈보기〉에서 설명하고 있는 음운 변동은 모음 축약이다. '줘라'의 경우 '주-'와 '-어라'
의 모음 'ㅜ'와 'ㅓ'가 하나의 모음 'ㅝ'로 줄어든 것이다.

⑤ 트- + -이어 → 틔어

〈보기〉에서 설명하고 있는 음운 변동은 모음 축약이다. '틔어'의 경우 '트-'와 '-이어'
의 모음 'ㅡ'와 'ㅣ'가 하나의 모음 'ㅢ'로 줄어든 것이다.

02 자음 축약 이해하기 답 | ④

보기 에서 밑줄 친 단어를 발음할 때 일어나는 음운 변동으로 적절한
것은?

보기

친구들이 내 생일을 축하해 주었다.

정답 선지 분석

④ 자음 축약

〈보기〉의 밑줄 친 '축하'는 받침 'ㄱ'이 'ㅎ'과 만나 [추카]로 발음된다. 즉 발음할 때 예
사소리 'ㄱ, ㄷ, ㅂ, ㅈ'이 'ㅎ'을 만나 거센소리 'ㅋ, ㅌ, ㅍ, ㅊ'이 되는 현상인 자음 축
약이 일어나는 것이다.

오답 선지 분석

① 비음화

〈보기〉의 밑줄 친 '축하'는 받침 'ㄱ'이 'ㅎ'과 만나 [추카]로 발음된다. 즉 발음할 때 자
음 축약이 일어나는 것이다. 비음화는 비음이 아닌 음운이 비음 'ㄴ, ㅁ'과 만나 비음
'ㄴ, ㅁ, ㅇ'로 바뀌는 것을 말한다.

② 구개음화

〈보기〉의 밑줄 친 '축하'는 받침 'ㄱ'이 'ㅎ'과 만나 [추카]로 발음된다. 즉 발음할 때 자
음 축약이 일어나는 것이다. 구개음화는 끝소리가 'ㄷ, ㅌ'인 형태소가 모음 'ㅣ'나 반
모음 'ㅣ [j]'로 시작되는 형식 형태소와 만나 각각 구개음 'ㅈ, ㅊ'이 되거나, 'ㄷ' 뒤에
형식 형태소 '히'가 올 때 'ㅎ'과 결합하여 이루어진 'ㅌ'이 'ㅊ'이 되는 현상을 말한다.

③ 모음 축약

〈보기〉의 밑줄 친 '축하'는 받침 'ㄱ'이 'ㅎ'과 만나 [추카]로 발음된다. 즉 발음할 때 자
음 축약이 일어나는 것이다. 모음 축약은 두 형태소가 만날 때, 앞뒤 형태소의 두 모음
이 하나의 모음으로 줄어드는 현상을 말한다.

⑤ 음절의 끝소리 규칙

〈보기〉의 밑줄 친 '축하'는 받침 'ㄱ'이 'ㅎ'과 만나 [추카]로 발음된다. 즉 발음할 때 자
음 축약이 일어나는 것이다. 음절의 끝소리 규칙은 음절의 끝에서 'ㄱ, ㄴ, ㄷ, ㄹ, ㅁ,
ㅂ, ㅇ'만 발음되는 현상을 말한다.

03 음운의 축약 파악하기 답 | ①

발음할 때 음운의 축약이 일어나지 않는 것은?

정답 선지 분석

① 깊이

'깊이'는 [기피]로 발음하지만, 이는 축약이 일어난 것이 아니라 받침이 있는 글자 뒤
에 모음으로 시작하는 글자가 올 경우, 그 받침이 뒤에 오는 모음과 하나의 글자를 이
루어 초성으로 발음되는 연음 현상이 일어난 것이다. 연음은 음운 변동의 종류로 보지
않는다.

오답 선지 분석

② 맏형

'맏형'의 경우 '맏-'의 받침 'ㄷ'이 뒤에 오는 'ㅎ'을 만나 거센소리 'ㅌ'으로 축약되어
[마텽]으로 발음한다.

③ 옳지

'옳지'의 경우 '옳-'의 겹받침의 'ㅎ'이 뒤에 오는 'ㅈ'과 만나 'ㅊ'으로 축약되어 [올치]
로 발음한다.

④ 잡히다

'잡히다'의 경우 '잡-'의 받침 'ㅂ'이 뒤에 오는 'ㅎ'과 만나 'ㅍ'으로 축약되어 [자피다]
로 발음한다.

⑤ 먹히다

'먹히다'의 경우 '먹-'의 받침 'ㄱ'이 뒤에 오는 'ㅎ'과 만나 'ㅋ'으로 축약되어 [머키다]
로 발음한다.

04 자음 축약과 모음 축약의 차이 이해하기

㉠, ㉡에 들어갈 말로 적절한 것을 차례대로 쓰시오.

'국화'는 발음할 때 [구콰]로 축약되지만 표기에는 반영하지 않는다. 반
면, '피었다'는 축약형 '폈다'도 표기에 반영할 수 있다. 즉, (㉠)은/는
발음에서만 일어나고 표기에는 반영하지 않지만, (㉡)은/는 표기에
도 반영된다.

정답

자음 축약, 모음 축약

19세기 철학자 최한기는 인식 대상에 대한 내용이 선험*적으로 구비됨을 인정하지 않았고, 인식의 출발은 오직 경험에 의존하는 것임을 강조하였다. 그는 "사람이 하늘로부터 받은 것이란 바로
<u>선천적, 선험적인 것</u>
한 덩어리의 신기(神氣)*와 기의 통로가 되는 눈, 코, 입 등과 사지(四肢)이니, 갖추어 사용하는 것은 이것들뿐이요, 다시 별도로 다른 것에서 얻어 온 것은 아무것도 없다."라고 말하며「몸 밖의 사물
<u>인식의 내용은 선험적이지 않다</u>
을 인식 대상으로 설정하지 않은 기존의 공부 태도를 비판했다.」
「」: 전통 성리학의 본유관념을 비판
이는 하늘로부터 부여받은 관념이 태어날 때부터 이미 갖추어져
<u>선천적, 선험적 관념</u>
있다는 ㉠ 전통 성리학의 본유관념(本有觀念)*을 비판한 것이다.
▶1문단: 기존의 성리학에 대한 최한기의 비판적 태도
종래의 성리학은「인간의 도덕적 근거에 대해 형이상학적으로
「」: 종래의 성리학
정의를 내림으로써 인간 내면의 심(心)을 탐구하는 데 집중되어
<u>종래의 성리학에서의 인식 대상</u>
있었다.」최한기는 경험 이전의 대상에 대한 앎이 선천적으로 인간
<u>종래의 성리학과 대립되는 최한기의 주장 – 선험론을 부정</u>
본성에 있다는 선험론을 부정하였다. 그는 인간의 본성은 텅 빈 거울과도 같다고 보았으며, 경험을 통하지 않은 어떠한 인식도
<u>경험론 주장</u>
인정하지 않았다.
▶2문단: 기존의 성리학과 대립되는 최한기의 주장
최한기가 생각하는 인식의 세 가지 요소는 인식을 주관하는
<u>인식의 3요소 ①</u>
'신기'와 인식 자료라고 할 수 있는 인식 대상으로서의 '자연', 그
<u>인식의 3요소 ②</u>
리고 신기와 인식 대상을 이어 주는 '제규제촉(諸竅諸觸)'으로 구
<u>인식의 3요소 ③</u>
성된다. 신기는 인식의 주체로 소통을 가능하게 하는 것이며, 제규제촉은 눈, 코, 입, 귀 등의 모든 감각 기관을 말한다.
▶3문단: 인식의 세 가지 요소

[A]
인식의 작용은 크게 세 단계로 나누어 볼 수 있다. 첫 단계는 감각 기관을 통해 인식 대상으로부터 얻은 경험적 자료를 수
<u>인식의 작용 ①</u>
용하여 인식의 주체인 신기에 기억하는 과정이다. 이후 신기에 기억된 자료들을 바탕으로 논리적 과정을 통해 새로운 지
<u>인식의 작용 ②</u>
식을 형성하는 것이 두 번째 단계이다. 예를 들어「어떤 사람
「」: 인식의 첫 번째, 두 번째 단계의 예시
이 자신의 눈을 통해 사과를 인식하고 이를 신기에 기억하는 것이 첫 단계라면, 사과를 인식한 경험을 바탕으로 유사한 형태와 색깔을 가진 사물을 사과라고 판단하는 것은 두 번째 단계이다.」마지막으로 첫 번째와 두 번째 과정을 거쳐 형성된 지식을 다시 외부 사물에 적용하여 그 결과가 사물의 객관적
<u>인식의 작용 ③</u>
인 법칙인 유행지리(流行之理)에 부합하는지를 판단하는 것이 세 번째 단계이다.
▶4문단: 인식 작용의 3단계
이러한 최한기의 인식론은 중국 유학에서도 찾아볼 수 없었던 매우 독특한 발상이라고 할 수 있다. 그는 인간 내면으로 집중되

었던 관심의 시선을 인간 외부로 돌려 세상의 모든 이치를 자세히 알고자 하였다.
▶5문단: 최한기의 인식론에 대한 평가

* 선험(先驗): 경험에 앞서 선천적으로 가능한 인식 능력.
* 신기(神氣): 정신과 기운.
* 본유관념(本有觀念): 감각이나 경험에 의해서가 아니고 나면서부터 가지고 있는 선천적 관념.

01 내용의 전개 방식 파악하기　　　　　답 | ④

윗글에 대한 설명으로 적절한 것은?

정답 선지 분석

④ 기존과 다른 새로운 이론의 특징을 중심으로 설명하고 있다.
　윗글은 기존의 성리학과 다른 최한기의 인식론을 중심으로 설명하고 있다.

오답 선지 분석

① 특정한 이론의 역사적 변천 과정을 소개하고 있다.
　특정한 이론의 변천 과정에 대한 내용은 제시되어 있지 않다.

② 개념적 정의를 바탕으로 새로운 학설을 제시하고 있다.
　개념에 대한 정의와 새로운 학설에 대한 내용은 제시되어 있지 않다.

③ 상반되는 견해를 주장하는 학자들의 의견을 절충하고 있다.
　기존의 성리학과 최한기의 인식론은 상반되는 견해이나 이들을 절충하고 있지 않다.

⑤ 이론들 사이의 공통점을 바탕으로 새로운 결론을 도출하고 있다.
　이론들 사이의 공통점은 제시되어 있지 않다.

02 세부 내용 파악하기　　　　　답 | ①

㉠에 대한 설명으로 적절한 것은?

정답 선지 분석

① 인간 내면의 심(心)을 탐구하고자 하였다.
　㉠은 기존의 성리학의 입장과 관련된 내용이다. 2문단에 따르면 기존의 성리학은 인간의 도덕적 근거에 대해 형이상학적으로 정의를 내림으로써 인간 내면의 심(心)을 탐구하는 데 집중되었다고 밝히고 있다.

오답 선지 분석

② 몸 밖의 사물을 인식 대상으로 설정하였다.
　최한기의 관점으로 최한기는 기존의 성리학이 몸 밖의 사물을 인식 대상으로 설정하지 않는 것을 비판하며 인간의 시선을 외부로 돌려 몸 밖의 사물을 인식 대상으로 설정하였다.

③ 인간의 본성은 텅 빈 거울과 같다고 보았다.
　최한기의 관점으로 최한기는 인간의 본성은 텅 빈 거울과도 같다고 보았으며, 경험을 통하지 않은 어떠한 인식도 인정하지 않았다.

④ 인식의 주체인 신기를 중요하게 생각하였다.
　최한기의 관점으로 최한기는 인식은 경험을 통해 나오는 것인데 그 인식을 주관하는 것이 바로 '신기'라고 하였다.

⑤ 경험을 통하지 않은 인식은 인정하지 않았다.
　최한기의 관점으로 최한기는 기존의 성리학과는 달리, 경험을 통하지 않은 인식을 부정하고 신기라는 인식의 주체를 강조하였다.

03 핵심 내용 파악하기

답 | ④

[A]에서 확인할 수 있는 인식의 작용을 보기에서 모두 고른 것은?

보기

㉠ 경험을 통해 신기를 형성하고 인식하는 과정
㉡ 인식 대상을 감각 기관을 통해 수용하는 과정
㉢ 결과가 유행지리에 부합하는지 판단하는 과정
㉣ 새로운 지식의 가치를 논리적으로 평가하는 과정

정답 선지 분석

④ ㉡, ㉢

ㄴ 인식의 작용에서 첫 단계는 감각 기관을 통해 인식의 대상으로부터 얻은 지식을 수용하는 과정이다.

ㄷ 인식의 작용에서 세 번째 단계는 첫 번째와 두 번째 단계를 통해 형성된 지식이 유행지리에 부합하는지 판단하는 과정이다.

오답 선지 분석

㉠ 신기는 인식의 주체를 의미하는 것으로 경험을 통해 형성되는 것이 아니다.

㉣ 경험적 자료와 신기에 기억된 자료를 바탕으로 논리적 과정을 통해 새로운 지식을 형성하는 것은 인식의 두 번째 단계이다. 하지만 새로운 지식의 가치를 논리적으로 평가하는 과정에 대한 내용은 윗글에 제시되지 않았다.

04 외적 준거를 통해 핵심 내용 파악하기

보기를 참고하여, 빈칸에 들어갈 말로 적절한 것을 윗글에서 찾아 쓰시오.

보기

17세기 초부터 조선에 서구의 지식들이 유입되기 시작하면서 조선 사회를 지배하고 있던 주자학이 흔들리기 시작했다. 조선의 일부 지식인들은 사물에 대한 객관적 탐구에 집중하는 서구 지식에 관심을 보이기 시작하며 마음의 이치를 드러내기 위해 관념적인 탐구를 중시하는 주자학의 학문 방식에 대해 의구심을 품었다.

서구의 지식들을 받아들인 최한기는 (   )을/를 탐구하는 학문 방식을 비판하고 사물에 대한 객관적 탐구를 통한 인식을 중시했다.

정답

인간 내면의 심

문학 1 **물, 수, 제, 비(정완영)**

빠른 정답 체크 01 ② 02 ④ 03 ① 04 자갈이

> ㉠ 우리 마을∨고향 마을∨시냇가∨자갈밭에
>   V: 시조의 정형적 율격인 3·4 혹은 4·4조의 4음보를 따름
> 별보다∨고운 자갈이∨지천으로∨깔렸는데
>   □: '-ㅆ지'의 반복으로 운율을 형성함
> 던지면∨㉡ 도마뱀처럼∨물길 ㉢ 찰찰∨건너갔지
> 자갈이 물 위를 튀는 모습   자갈밭에 고인 시냇물이 넘치는 모습(의태어)
> - 직유법
>   ▶ 평화롭고 아름답던 고향 마을의 모습
>
> 공부도∨하기 싫고∨노는 것도∨시시한 날
> 나는∨냇가로 나가∨물수제비∨떠먹었지
>   ┌▶물수제비가 물 위를 튀며 내는 소리(의성어)
> 자갈이∨㉣ 수, 제, 비 되어∨퐁당퐁당∨㉤ 나를 달랬지
>   ▶ 무료하고 무기력한 '나'를 달래주었던 물수제비
> 자갈이 물 위로 튀어 가는 모습을 ┘
> 문장 부호를 활용하여 표현함
>   - 정완영, 〈물, 수, 제, 비〉 -

01 표현상의 특징 파악하기

답 | ②

㉠~㉤의 표현상 특징으로 적절하지 않은 것은?

정답 선지 분석

② ㉡: 은유법을 통해 화자가 물길을 건너가는 모습을 효과적으로 드러낸다.

윗글에서는 '도마뱀처럼'이라는 직유법을 활용하여 자갈이 물 위를 튀는 모습을 생생하게 전달하고 있다.

오답 선지 분석

① ㉠: 구절을 네 마디로 끊어 운율을 느끼게 한다.

윗글에서는 '우리 마을 / 고향 마을 / 시냇가 / 자갈밭에'와 같이 행을 네 번에 걸쳐 끊어 읽게 함으로써 운율을 형성하고 있다.

③ ㉢: 의태어의 활용으로 작품에 생동감을 더한다.

윗글에서는 자갈밭에 고인 시냇물이 넘치는 모습을 표현하는 의태어 '찰찰'을 삽입함으로써 생동감을 더하고 있다.

④ ㉣: 자갈이 수면을 치면서 날아가는 모습을 문장 부호를 사용하여 생생하게 전달한다.

윗글에서는 문장 부호 쉼표를 활용하여 '수, 제, 비 되어'라고 표현함으로써 자갈이 수면을 치면서 날아가는 모습을 생생하게 전달하고 있다.

⑤ ㉤: 앞서 사용된 어미를 반복하여 리듬감을 부각한다.

윗글에서는 1연의 3행과 2연의 2행에서 종결 어미 '-지'를 사용하였는데, 이를 '달랬지'에서도 반복하여 사용함으로써 리듬감을 부각하고 있다.

02 작품의 내용 파악하기

답 | ④

윗글을 감상한 학생들의 반응으로 적절하지 않은 것은?

정답 선지 분석

④ 어린 시절 혼자 물수제비를 뜨며 놀던 화자의 모습에서 외로움과 쓸쓸함이 느껴져.

윗글에서는 화자가 어린 시절 혼자 물수제비를 뜨며 놀던 모습을 나타내고는 있으나 이를 통해 외로움과 쓸쓸함을 드러내지는 않았다.

오답 선지 분석

① 화자는 과거 자신의 어린 시절을 회상하며 작품을 썼구나.

윗글은 화자가 자신이 물수제비를 던지며 놀았던 과거의 기억을 회상하며 쓴 작품이므로 적절하다.

② 고운 자갈이 깔린 시냇가의 모습을 상상하니 정말 평화롭고 아름다워.

윗글의 1연에서는 고운 자갈이 깔린 고향 마을의 시냇가 자갈밭을 묘사하며 평화로운 분위기를 형성하고 있으므로 적절하다.

③ 읽을수록 화자가 살던 고향 마을의 모습이 점점 구체적으로 그려지는 듯해.

윗글에서는 화자가 회상하는 공간적 배경을 고향 마을→시냇가→자갈밭으로 구체화하여 표현하고 있으므로 적절하다.

⑤ 물수제비는 모든 것을 지루하고 무료하게 느꼈던 화자의 마음을 위로하는 소재였구나.

윗글에서 화자는 물수제비를 하며 '공부도 하기 싫고 노는 것도 시시한 날' 자신을 달랬다고 하였으므로 적절하다.

03 작품 비교하기

답 | ①

윗글과 보기를 비교한 내용으로 적절하지 않은 것은?

보기

이 몸이 죽고 죽어 일백(一白) 번 고쳐죽어
백골(白骨)이 진토(塵土)되어 넋이라도 있고 없고
임 향한 일편단심이야 가실 줄이 있으랴

- 정몽주, 〈단심가〉

* 백골(白骨): 죽은 사람의 몸이 썩고 남은 뼈.
* 진토(塵土): 티끌과 흙을 통틀어 이르는 말.

정답 선지 분석

① 윗글은 〈보기〉와 달리 개성적인 시어나 표현이 드러나 있지 않다.

윗글은 현대 시조로, 〈보기〉의 고시조와 달리 개성적인 시어나 표현이 두드러지는 것이 그 특징이다.

오답 선지 분석

② 윗글과 〈보기〉 모두 비슷한 시어를 반복하여 운율을 형성하고 있다.

윗글에서는 '-았지/-었지'와 같은 시어를 반복하였고, 〈보기〉에서는 '죽고 죽어', '고쳐 죽어'와 같은 시어를 반복하고 있으므로 윗글과 〈보기〉 모두 비슷한 시어를 반복하여 운율을 형성하고 있다.

③ 윗글은 〈보기〉와 같은 형식의 시를 연달아 이어 붙인 형식을 갖추고 있다.

윗글은 〈보기〉와 같은 시를 두 번 이어 붙인 형식을 갖추고 있다. 이는 연시조의 형태가 많은 현대 시조의 특징에 해당한다.

④ 윗글과 〈보기〉 모두 글자 수를 일정하게 제한하여 리듬감을 표현하고 있다.

윗글과 〈보기〉 모두 4음보의 율격과 3·4조 혹은 4·4조의 음수율을 지님으로써 리듬감을 표현하고 있다.

⑤ 윗글은 〈보기〉보다 고유어를 많이 사용함으로써 우리말의 아름다움을 드러내고 있다.

윗글은 〈보기〉와 달리 한자어보다 고유어를 많이 사용하여 우리말의 아름다움을 드러내고 있다.

04 갈래의 특징 파악하기

윗글의 2연에서 ⓐ에 해당하는 시어를 찾아 쓰시오.

시조는 고려 중엽에 발생하여 현대에까지 창작되고 있는 우리 민족 고유의 정형시로, 시조는 3장 6구의 형식과 4음보, 3·3조 혹은 4·4조의 음수율, ⓐ종장의 첫 음보는 3음절로 고정해야 한다는 원칙을 지켜야 한다.

* 음수율(音數律): 시에서 음절의 수를 일정하게 하여 이루는 운율.
* 종장(終章): 세 개의 장으로 나누어진 시조의 마지막 장.

정답

자갈이

빠른 정답 체크 01 ③ 02 ② 03 ③ 04 죽는, 우나이다

[앞부분 줄거리] 남해 용왕이 병에 걸렸는데 토끼의 간이 약이 된다고 하여 별주부가 토끼를 찾으러 육지로 간다. 별주부는 높은 벼슬을 주겠다는 말로 토끼를 꾀어 수궁으로 데리고 온다. 수궁에 도착한 토끼는 자신의 간을 내놓으라는 용왕의 말을 듣고 살아날 방법을 생각한다.

（토끼가 수궁에 가게 되는 계기）

용왕의 청천벽력* 같은 분부를 받은 토끼는 아무 대답도 못하고 <u>고개를 들어 임금을 바라보며 눈물만 뚝뚝 떨어뜨렸다.</u>
（슬퍼서 우는 것이 아닌 용왕을 속이기 위해 우는 것임）

용왕이 그 모습을 보니 아무 죄 없이 자기 때문에 죽게 된 토끼가 딱하기도 하고 가련하기도 했다. 이왕 죽는 것, 좋은 말로 타일러 웃음이나 머금고 죽게 하자 하는 마음으로 토끼를 달랬다.

"짐을 위해 죽는 것이 서러워서 눈물을 흘리느냐?"

<u>"죽는 게 서러워서가 아니옵고, 못 죽어서 우나이다."</u>
（이치에 맞지 않는 말을 함으로써 용왕의 호기심을 자극함）

못 죽어서 울다니 이 무슨 해괴망측*한 말인가. 용왕이 의아해서 물었다.

"그것이 무슨 말인가?"

"용왕님, 제가 아뢸 터이니 잘 들으십시오. 인간 세상에 가면 흔하디흔한 게 저 같은 목숨입니다. 언제 독수리 밥이 될지 사냥
（자신의 목숨을 하찮다고 표현함）
개 반찬이 될지 누가 알겠습니까. 사냥꾼이 쳐 놓은 그물에 걸리든 화총 불에 타든 어찌하든 죽는 거야 시간문제이지요. 그렇게 죽고 나면 세상에 살다 간 저를 누가 기억해 주겠습니까?

「제가 배 속의 간이라도 내어 대왕의 병을 고치는 데 쓴다면, 설
「」: 용왕을 위해 죽는 것이 영광스러운 일이라 말하며 용왕의 비위를 맞춤
령 병이 낫지 않더라도 저의 아름다운 이름을 오랫동안 전하게 될 것이니까요. 게다가 행여라도 병환이 나으면 대왕 덕택에 기린각 능원대에 새겨진 저의 이름을 후세에 전할 테니 천재일우*가 따로 없겠지요.」그런데 이 <u>방정맞은 것이 그만 간 없이 왔사
（용왕을 속이기 위한 토끼의 거짓말）
오니 절통하기가* 그지없나이다."

용왕이 기막혀하며 껄껄껄 크게 웃었다.

"그대는 참으로 미련하구나. 거짓말을 하더라도 그럴듯하게 할 것이지, 말도 안 되는 그런 말을 누가 곧이듣겠느냐? 네 몸이 여
（용왕은 토끼의 말을 허무맹랑하게 여김）
기 와 있는데 네 배 속에 있는 간이 어찌 함께 못 왔는고?"

토끼 역시 용왕의 웃음을 되받아치듯 하늘을 바라보며 크게 웃었다.

"간사하고도 미련한 토끼 같으니라고. 정체가 드러나니 할 말이 없어 웃는구나."

"대왕처럼 그 높은 지위에도 그토록 무식하니 어찌 웃지 않겠습

니까?』제 **간이 몸 안팎을 드나드**는 것은 젖내 나는 세 살짜리 아
『 』: 당연한 사실을 모른다고 비웃기까지 하며 능청스럽게 용왕을 속임
이부터 지팡이 짚고 다니는 노인까지 다 아는 일입니다. 그런데

대왕께서 혼자 모르시니 웃음이 절로 나옵니다.』

『밤하늘의 밝은 기운이 차고 이지러지는 이치는 달이 맡아서 하
『 』: 달의 변화, 조수간만의 차 등 자연현상을 자신의 별명과 연관 지어 용왕을 설득함
고 있습니다. 보름 이전이면 차오르다가 보름 이후면 서서히 줄

어드는 거야 아시겠지요. 그 달과 토끼는 깊은 관련이 있어 달

의 별명이 '옥토'가 된 것입니다.

또한 바닷물이 나아가고 물러서는 이치는 조수가 맡았기에 사리*

에는 물이 많아지고, 조금*에는 적어집니다. 조수 또한 토끼와

인연이 깊어 '삼토'라는 별명이 붙게 되었습니다. 그래서 제 배

속에 있는 간은 달빛 같고 조수 같지요. 보름 전에는 배 안에 두
자신의 간이 자연현상에 따라 달라짐을 주장함
고, 보름 후에는 배 밖에 둡니다. 바다처럼 나아가고 물러가며,

달처럼 차고 이지러지는 고로 약이 되어 좋다 하지요. 만일 다

른 짐승처럼 배 속에만 줄곧 있으면 허다한 짐승 중에 하필 토
물음을 통해 자신의 간이 다른 동물들의 간과 달리 특별함을 강조함
끼의 간이 좋다 하겠습니까?

『이달 15일에 명산으로 널리 알려진 낭야산에서 저희 짐승들의 모
『 』: 현재 토끼에게 자신의 간이 없는 이유
임이 있었습니다. 그때 제 간을 빼내 파초잎에 곱게 싸서 낭야산

최고봉에 우뚝 선 노송 가지에 높이 매달아 놓고 모임에 나갔다가

저 별주부를 만나 곧바로 따라왔습니다.』다음 달 초하룻날이나 되

어야 배 속에 다시 넣을 간을 어찌 가져올 수 있었겠습니까?"

[중간 부분 줄거리] 용왕은 토끼의 말에 넘어가 주변 신하들의 반대에
도 토끼에게 성대한 잔치를 열어 준 뒤 별주부와 함께 육지로 나가 간을
찾아오도록 한다. 토끼는 육지에 도착하자 재빠르게 숲속으로 달아난다.

토끼는 바닷물 빛이 보이지 않도록 한참을 훌쩍 가서야 바위 위
바다로 다시 끌려가지 않을 것이라 판단하였기 때문에
에 높이 앉아 마음껏 별주부에게 호령했다.

"이놈 자라야! 네 죄를 따지자면 죽어도 아깝지 않도록 괘씸하
토끼가 위기에서 벗어날 수 있던 이유
다. 만일 내 말재주가 네 용왕처럼 미련했더라면, 아까운 이내
조선 후기 지배 계층의 어리석음 비판
목숨 수중 원혼*이 되었겠구나. 옛 책에는 '짐승이 미련하기가

물고기와 같다.'했는데 너희 물고기들이 미련하기는 우리 털 있

는 짐승보다 더하구나.

오장에 붙어 있는 간을 어찌 넣고 빼고 할 수가 있겠느냐? 네 소
토끼의 간은 마음대로 넣고 뺄 수 있는 것이 아님을 고백함
행을 생각하면 산속으로 잡아다가 푹 삶아서 백소주 안줏감으

로 초장이나 찍어 먹으며 우리 동무들과 잔치를 벌이고 싶은 마

음 간절하구나. 그러나 『임금을 위하는 마음에서 그런 것이며,
『 』: 토끼의 말을 통해 별주부의 충성심이 드러남
만경창파* 그 먼 길을 네 등으로 왕래하며 죽고 사는 고생을 함

께하였기에 목숨만은 살려 보내 주겠다.』그리 알고 속히 궁으로

돌아가거라.

좋은 약을 보내기로 네 왕에게 약속했으니, 점잖은 내 체면에

어찌 식언*을 하겠느냐? 내 똥이 매우 좋아 열을 내리게 한다
간 대신 용왕을 치료할 수 있는 것
하여 사람들이 주워서 앓는 아이에게 먹인단다. 내가 살펴보니

네 왕의 두 눈자위에 열기가 아주 많이 몰렸더라. 이걸 갖다가

먹이면 병이 곧 나을 게다."

토끼는 작은 총알 같은 똥을 많이 누어 칡잎에 단단히 싸서 별

주부 등에 올려놓고 칡으로 감아 주었다. 별주부는 할 수 없이 토

끼 똥을 짊어지고 수궁으로 발길을 돌렸다.

(중략)

한편 토끼를 놓쳐 버린 별주부는 '차라리 육지로 올라가 죽어

버릴까?'하는 생각도 했다. 하지만 처자식과 늙으신 어머니가 마

음에 걸려 무거운 발걸음을 옮겨 수궁으로 돌아갔다. 다행스럽

게도 토끼가 준 토끼 똥의 효험이 있어 용왕의 병이 씻은 듯이 나

았다. 그토록 원하던 충신이 되어 어머니와 아내, 자식 모두 함께

평안한 여생을 누렸다.

또 토끼는 신선을 따라 달나라로 올라가서 이날 이때까지 절구

에 약을 찧으며 살아가고 있다.

자라나 토끼가 똑같은 미물*이지만, 깊은 충성심으로나 날렵한
자라(별주부)의 덕목   토끼의 덕목
지혜로나 사람보다 못하다 할 수 없다. 그러니 **사람의 이름으로**

토끼나 자라만 못하면 얼마나 창피한 노릇인가.
사람으로서 충성심과 지혜를 가져야 한다는 교훈을 전달함
- 작자 미상, 〈토끼전〉 -

* 청천벽력(靑天霹靂): 맑게 갠 하늘에서 치는 날벼락이라는 뜻으로, 뜻밖에 일어
난 큰 변고나 사건을 비유적으로 이르는 말.
* 해괴망측(駭怪罔測): 말할 수 없이 괴상하고 야릇함.
* 천재일우(千載一遇): 천 년 동안 단 한 번 만난다는 뜻으로, 좀처럼 만나기 어려
운 좋은 기회를 이르는 말.
* 절통하다(切痛하다): 뼈에 사무치도록 원통하다.
* 사리: 음력 보름과 그믐 무렵에 밀물이 가장 높은 때.
* 조금(潮금): 조수가 가장 낮은 때를 이르는 말.
* 원혼(冤魂): 분하고 억울하게 죽은 사람의 넋.
* 만경창파(萬頃蒼波): 만 이랑의 푸른 물결이라는 뜻으로, 한없이 넓고 넓은 바다
를 이르는 말.
* 식언(食言): 한번 입 밖에 낸 말을 도로 입 속에 넣는다는 뜻으로, 약속한 말대로
지키지 아니함을 이르는 말.
* 미물(微物): 인간에 비하여 보잘것없는 것이라는 뜻으로, '동물'을 이르는 말.

01 서술상의 특징 파악하기   답 | ③

윗글에 대한 설명으로 가장 적절하지 <u>않은</u> 것은?

정답 선지 분석

③ 사건이 진행되면서 등장인물의 성격이 변화하고 있다.

윗글에서 사건의 진행에 따라 성격이 변하는 인물은 찾을 수 없다.

오답 선지 분석

① 시간의 흐름에 따라 사건이 전개되고 있다.

윗글에서는 별주부가 토끼를 수궁으로 데려오고, 토끼가 다시 기지를 발휘하여 육지로 되돌아오는 과정을 그림으로써 시간의 흐름에 따라 사건을 전개하고 있다.

② 서술자의 주관이 개입되어 주제를 강조하고 있다.

윗글의 '자라나 토끼가 똑같은 미물이지만, 깊은 충성심으로나 날렵한 지혜로나 사람보다 못하다 할 수 없다. 그러니 사람의 이름으로 토끼나 자라만 못하면 얼마나 창피한 노릇인가.'를 통해 작품에 서술자의 주관이 개입되었음을 알 수 있다.

④ 동물을 주인공으로 설정하여 현실 사회를 풍자하고 있다.

윗글은 토끼, 자라 등 동물을 등장인물로 설정함으로써 현실 사회를 풍자하고 있다.

⑤ 고사성어를 사용하여 인물의 말을 다채롭게 표현하고 있다.

윗글에서는 '천재일우', '만경창파' 등의 고사성어를 통해 인물의 말을 다채롭게 표현하고 있다.

02 작품의 주제 파악하기   답 | ②

윗글을 읽은 감상으로 적절하지 <u>않은</u> 것은?

정답 선지 분석

② 토끼의 똥으로 용왕의 병을 고치는 별주부를 통해 착하게 살면 언젠가 복이 온다는 것을 알 수 있군.

윗글에서 토끼를 놓쳐버린 별주부가 육지로 올라가 죽어 버리려는 생각을 뒤로 하고 토끼의 똥을 들고 수궁으로 돌아가 용왕의 병을 고치는 모습을 통해서는 착하게 살면 복이 찾아온다는 주제를 파악할 수 없다.

오답 선지 분석

① 기지를 발휘해 죽음을 모면한 토끼를 통해 지혜는 위기를 극복하는 중요한 열쇠임을 알 수 있군.

윗글에서 자신의 간을 빼앗길 위기에 처하지만 거짓말을 통해 위기를 모면하는 토끼의 모습을 통해 위기 상황에서 지혜의 중요성을 확인할 수 있다.

③ 용왕의 병을 고치려 토끼를 거짓말로 꾀어 데려오는 별주부를 통해 임금에 대한 충성심을 알 수 있군.

윗글에서 용왕의 병을 고치기 위해서 육지로 나가 거짓말로 토끼를 속여 수궁으로 데려오는 별주부의 모습을 통해 별주부가 임금을 향한 우직한 충성심을 지녔음을 알 수 있다.

④ 토끼에게 속아 넘어간 용왕을 통해 자신의 욕심을 위해 다른 이를 희생해서는 안 된다는 것을 알 수 있군.

윗글에서 토끼의 거짓말에 속아 토끼를 다시 육지로 돌려보내는 용왕을 통해 자신의 욕심을 위해 다른 사람을 희생시켜서는 안 된다는 것을 알 수 있다.

⑤ 벼슬을 얻을 수 있다는 말에 별주부를 따라나선 토끼가 죽을 위기에 처하는 모습을 통해 헛된 욕심을 경계해야 함을 알 수 있군.

윗글에서 권력을 얻을 수 있다는 거짓말에 속아 죽을 위기에 처하는 토끼의 모습을 통해 헛된 욕심을 경계해야 함을 알 수 있다.

03 외적 준거를 바탕으로 작품 이해하기   답 | ③

보기 를 참고하여 윗글을 이해한 것으로 적절하지 <u>않은</u> 것은?

보기

우화란 조선 후기의 대표적인 소설 유형의 하나로, 당대의 부패한 사회상을 비판하거나 사람들에게 교훈을 주려는 목적으로 사물이나 동물을 의인화하여 쓴 소설이다. 〈토끼전〉이 창작되던 시기의 조선 사회는 임진왜란과 병자호란을 겪으며 왕권과 유교적 권위 의식이 약해지고, 이에 따라 지배 계층에 대한 서민들의 부정적·비판적 의식이 고조되던 시기였다. 따라서 〈토끼전〉에서는 조선 후기의 이러한 정치 상황과 사회 현실이 드러나 있다.

정답 선지 분석

③ '대왕의 병을 고치'기 위해 자신의 간을 빼앗길 위기에 처하는 토끼는 서민들이 비판적 시선으로 바라보는 인물이다.

용왕의 병을 고치기 위해 자신의 간을 빼앗길 위기에 처하는 토끼는 〈보기〉와 관련지었을 때 지배 계층에게 착취당하는 서민에 해당하므로, 서민들이 비판적 시선으로 바라보는 인물이라 할 수 없다.

오답 선지 분석

① 〈보기〉에 따르면 작품에서 주된 사건이 펼쳐지는 수궁은 조선 후기 사회를 반영한 공간이다.

〈보기〉에 따르면 〈토끼전〉에서는 조선 후기의 정치 상황과 사회 현실이 드러나 있다고 하였으므로 이를 바탕으로 윗글을 감상한다면 작품의 공간적 배경인 수궁은 조선 후기 사회를 반영한 공간이라 볼 수 있다.

② 자신의 병을 고치기 위해 토끼 '배 속의 간'을 빼앗으려는 용왕은 서민을 착취하는 지배 계층의 모습을 반영한다.

〈토끼전〉이 창작되던 시기의 조선 사회는 지배 계층에 대한 서민들의 부정적·비판적 의식이 고조되던 시기였으므로, 용왕은 토끼로 대표되는 서민을 착취하는 지배 계층이라 볼 수 있다.

④ '간이 몸 안팎을 드나'든다는 거짓말로 용왕과 별주부를 속이고 달아나는 토끼를 통해 당시 왕권이 약화된 조선의 사회상이 드러난다.

〈보기〉에 따르면 〈토끼전〉이 창작되던 시기의 조선 사회는 임진왜란과 병자호란을 겪으며 왕권이 약화되었다고 하였으므로 용왕을 속이고 달아나는 토끼의 모습은 당시 왕권이 약화된 조선의 사회상을 반영한다고 볼 수 있다.

⑤ 결말 부분에서 '사람의 이름으로 토끼나 자라만 못하면 얼마나 창피한 노릇'이냐는 교훈을 전달하는 것으로 보아, 우화의 특성을 확인할 수 있다.

〈보기〉에 따르면 우화는 사람들에게 교훈을 주고자 하는 목적에서 지어졌다. 윗글의 결말 부분에서는 토끼와 별주부의 모습을 통해 사람 또한 토끼와 별주부 같은 지혜와 충성심을 가져야 한다는 교훈을 강조하고 있으므로 이는 우화의 특성이라 볼 수 있다.

04 인물의 말하기 방식 파악하기

윗글에서 보기 의 ㉠에 해당하는 토끼의 대사를 찾아 첫 어절과 마지막 어절을 쓰시오.

보기

토끼는 자신의 간을 뺏길 뻔한 상황에서 기지를 발휘하여 위기를 모면한다. 이때 ㉠ 토끼는 먼저 이치에 맞지 않는 말을 함으로써 용왕의 호기심을 자극하고, 용왕의 질문에 적절하게 대답하는 말하기 방식을 취함으로써 의심을 해소하고 신뢰를 얻고 있다.

정답

죽는, 우나이다

| 본문 | 81쪽

매체   내가 보는 세상은 진짜일까(김경일)

◀ 빠른 정답 체크   **01** ④   **02** ⑤   **03** ③   **04** 다르게, 없는

안녕하세요? 저는 인지* 심리학자 김경일입니다. 오늘은 제가
<u>자신을 소개하며 강연을 시작함</u>
연구하는 '착시'에 관해 얘기해 보겠습니다. 착시는 우리가 어떤
<u>강연의 목적 – '착시'에 관한 정보 전달</u>
대상을 볼 때, 필요 없거나 잘못된 배경지식을 사용하는 바람에
<u>착시의 개념</u>
실제와 다르게 해석하는 것을 말합니다. 간단히 말하자면, '그렇
게 보았다고 착각하는' 현상이 바로 착시이지요. (중략)

결국, 우리는 사물을 두 번 본다고 할 수 있습니다. 한 번은 감각
그대로, 망막*에 맺힌 상을 인식하는 것이고, 두 번째는 그 감각
<u>실제 모습 그대로를 보는 것</u>
에 배경지식을 적용한 결과대로, 즉 착시대로 보는 것이죠. 이 둘
<u>배경지식으로 인해 실제 모습을 다르게 해석함</u>
은 일치하지 않을 때가 많은데, 우리는 착시가 일어난 것을 깨닫
지도 못한 채 사물을 보곤 합니다. 착시는 옳다, 그르다 하고 판
<u>착시에 대한 강연자의 판단</u>
단할 문제는 아닙니다. 그런데 착시 현상을 우리 생활에 이롭게
이용할 수는 있습니다. 다음 사진을 한번 보시죠.

〈사진 1〉   〈그림 1〉

〈사진 2〉   〈그림 2〉

[A]

⇩

→ 착시 현상의 예 – 착시 현상이
우리 생활에서 이롭게 활용된 사례

이 두 사진을 보면, 도로에 어린이 보호 구역을 알리는 표시가
있습니다. 차의 속도를 늦추고 조심해서 운전하도록 안내하는 글
자이지요. 사진 옆에 있는 그림은 '어린이 보호 구역'이라는 글자
가 실제로 바닥에 어떻게 그려져 있는지 나타냅니다. 〈사진 1〉은
흔히 볼 수 있는 표시인데 운전자의 눈높이에서는 잘 보이지 않
<u>〈사진 1〉의 문제점</u>
습니다. 이에 비해 〈사진 2〉는 글자가 마치 서 있는 것처럼 잘 보
<u>〈사진 1〉의 문제점을 보완함</u>

이네요. 도대체 어떻게 했기에 이렇게 보이는 걸까요? 그 해답은
〈그림 1〉과 〈그림 2〉를 비교해 보면 알 수 있습니다. 〈그림 2〉
와 같이 글자 윗부분을 아랫부분보다 두껍고 크게 하여 윗부분
<u>〈사진 2〉가 운전자의 눈높이에서 잘 보이는 이유</u>
이 더 가까워 보이도록 했기 때문이지요. 앞에서 보았듯 우리는
'멀리 있는 것은 작게, 가까이 있는 것은 크게 보인다.'라고 알고
<u>청중의 배경지식</u>
있잖아요? 그 지식을 바탕으로 우리의 뇌는 〈그림 2〉의 글자 모
양이 아닌, 〈사진 2〉의 모양으로 인식하는 것이죠. 그러고는 다
음과 같이 도로에 세워진 글자를 보게 되는 것입니다.

┌── 자, 지금까지 착시에 관해 살펴봤는데 어땠나요? 우리가 원
│   래 알고 있던 지식 때문에 착시가 일어난다는 점이 재미있기
│   <u>= 배경지식</u>
│   도 하고, 신기하기도 하지요? 다시 말하지만, 착시는 옳고 그
│   름을 판단할 수 없는 현상입니다. 그러니 자연스럽게 일어나
[B] <u>자연스럽게 일어나는 인식의 하나이므로</u>
│   는 인식의 하나로 받아들이고, 생활에 도움이 되도록 이용해
│   <u>착시에 대한 강연자의 생각</u>
│   보는 게 바람직하겠죠. 앞에서 보았던 '어린이 보호 구역' 표
│   시처럼, 착시 현상을 멋지게 활용할 방법을 한번 찾아보면 어
└── 떨까요? 그럼, 여기서 강연을 마치겠습니다.

– 김경일, 〈내가 보는 세상은 진짜일까〉 –

* 인지(認知): 자극을 받아들이고, 저장하고, 인출하는 일련의 정신 과정.
* 망막(網膜): 눈알의 가장 안쪽에 있는 맥락막 안에 시각 신경의 세포가 막 모양
  으로 층을 이룬 부분.

01   매체 자료의 효과 파악하기   답 | ④

윗글에 사용된 매체 자료의 효과로 적절하지 <u>않은</u> 것은?

정답 선지 분석

④ 듣는 이에게 강연의 주제를 요약하여 제시한다.
  사진 자료는 듣는 이로 하여금 강연을 이해하도록 도울 뿐, 강연의 주제를 요약하여 제
  시하지는 않는다.

오답 선지 분석

① 듣는 이의 호기심을 유발한다.
  윗글에 사용된 매체 자료는 사진으로, 강연에 사진 자료를 활용할 시 듣는 이의 호기심
  을 유발할 수 있다.

② 강연의 현장감과 사실성을 높인다.
  사진 자료는 강연의 현장감과 사실성을 높이는 데 도움을 준다.

③ 듣는 이가 강연에 집중할 수 있도록 돕는다.
  강연에 사진 자료를 활용할 시, 듣는 이가 강연에 집중할 수 있다.

⑤ 듣는 이가 강연의 내용을 이해하는 데 도움을 준다.
  사진 자료는 듣는 이가 강연의 내용을 이해하는 데 도움을 준다.

02 정보 전달을 위한 매체 자료의 생산 이해하기

답 | ⑤

[A]를 활용할 때 강연자가 했을 생각으로 적절한 것은?

정답 선지 분석

⑤ 착시 현상을 우리 생활에 이롭게 활용한 예를 보여줘야겠군.

[A]는 착시 현상을 통해 글자를 서 있는 것처럼 보이게 하여 운전자의 눈높이에서 눈에 잘 띄도록 한 사례이다. 이는 착시 현상을 우리 생활에 이롭게 활용한 예에 해당하므로 강연자가 했을 생각으로 적절하다.

오답 선지 분석

① 착시 현상의 원인을 더 자세히 설명해야겠군.

윗글에서 착시 현상의 원인을 언급하고 있으나, [A]를 활용하여 설명하지는 않았다.

② 착시 현상에 담긴 과학의 원리를 설명해야겠군.

윗글에서는 착시 현상에 담긴 과학의 원리를 설명한 부분을 찾을 수 없다.

③ 착시 현상의 원인에 대한 다른 견해를 제시해야겠군.

윗글에서는 착시 현상의 원인에 대한 다른 견해를 제시한 부분을 찾을 수 없다.

④ 착시 현상을 통해 새로운 과학적 개념을 설명해야겠군.

윗글에서는 착시 현상을 이용하여 새로운 과학적 개념을 설명한 부분을 찾을 수 없다.

03 매체 언어의 표현 방법 파악하기

답 | ③

윗글을 바탕으로 보기 를 이해한 내용으로 적절하지 않은 것은?

보기

* A가 B보다 길게 보이나 실제로 A, B의 길이는 동일하다.

정답 선지 분석

③ 사물이 망막에 맺힌 상을 감각 그대로 인식할 때 일어난다.

2문단에서 강연자는 인간은 사물을 두 번 보는데, 한 번은 감각 그대로, 망막에 맺힌 상을 인식하는 것이고, 두 번째는 그 감각에 배경지식을 적용한 결과대로, 즉 착시대로 본다고 하였으므로 〈보기〉의 현상은 사물이 망막에 맺힌 상을 그대로 인식할 때가 아닌 그 감각에 배경지식을 적용할 때 일어난다.

오답 선지 분석

① 옳고 그름을 판단할 수 없는 현상이다.

〈보기〉는 철길 위의 노란 막대의 길이가 달라 보이는 착시 현상에 해당한다. 4문단에서 강연자는 '착시는 옳고 그름을 판단할 수 없는 현상'이라 설명하였으므로 적절하다.

② 우리는 착시가 일어난 것을 깨닫지 못한 채 〈보기〉를 본다.

2문단에서 강연자는 '우리는 착시가 일어난 것을 깨닫지도 못한 채 사물을 보곤' 한다고 하였으므로 적절하다.

④ 어떤 대상을 볼 때 실제와 다르게 해석하기 때문에 발생한다.

1문단에 따르면 착시는 우리가 어떤 대상을 볼 때, 필요 없거나 잘못된 배경지식을 사용하는 바람에 실제와 다르게 해석하는 것을 의미하므로 적절하다.

⑤ 멀리 있는 것은 작게 보이고, 가까운 것은 크게 보인다는 배경지식이 활용되었다.

윗글에서 강연자는 우리가 '멀리 있는 것은 작게, 가까이 있는 것은 크게 보인다.'라는 배경지식으로 인해 우리의 뇌가 〈그림 2〉의 글자 모양이 아닌, 〈사진 2〉의 모양으로 인식한다고 하였다. 〈보기〉의 두 막대 또한 위에 있는 막대는 멀리 있고 아래의 막대는 가깝게 있다고 여기기 때문에 멀리 있는 위 막대가 가까이 있는 아래 막대보다 더 길 것이라 판단하였다고 추론할 수 있다.

04 매체 자료의 주체적 수용 이해하기

빈칸에 들어갈 말로 적절한 것을 골라 차례대로 쓰시오.

착시는 어떤 대상을 볼 때 필요 없거나 잘못된 배경지식을 사용하여 실제와 (같게 / 다르게) 해석하는 것을 말한다. 윗글을 통해 강연자는 착시는 옳고 그름을 판단할 수 (있는 / 없는) 현상이므로 자연스럽게 일어나는 인식의 하나로 받아들이고 생활에 도움이 되도록 이용해야 한다는 생각을 밝히고 있다.

정답

다르게, 없는

독서   **동물원의 패러다임 변화**

빠른 정답 체크   01 ①   02 ①   03 ⑤   04 특성, 인간

사람들은 동물을 좋아한다. 고대의 신화부터 현재의 만화, 동화에 이르기까지 인간의 문화 속에 동물은 수도 없이 등장한다. 산업화와 도시화 과정에서 인간과 동물의 관계가 멀어지게 되었지만, 다양한 동물의 모습은 여전히 인간의 호기심을 자극한다. 이러한 인간의 시각적 호기심을 인위적으로 실현하기 위해 만들어
_{글쓴이가 주장하는 동물원의 건립 목적}
진 시설이 동물원이다.
▶ 1문단: 동물원의 건립 목적

동물원의 역사는 기원전 15세기로 거슬러 올라간다. 고대 이집트나 로마에서는 동물들의 수집 및 사육을 위해 동물원을 만들었고, 중세에서도 귀족들이 희귀한 동물들을 구해 기르는 것을 취미로 삼았다. 이처럼 아주 오래전부터 인류의 역사와 함께한 동물원은 동물에게 어떤 공간이었을까? 주로 감금과 억압의 장소인 경
_{동물에게 있어 동물원의 의미}
우가 많았다. 「대부분의 동물원에서 종(種)별로 고유하게 지니고
_{「」: 동물들에게 동물원이 감금과 억압의 장소인 이유}
있던 생활 환경과 특성을 무시하고 인간의 편의를 고려한 사육환경을 조성함으로써 많은 사람이 관람할 수 있는 구조로 동물원을 만들어 놓았기 때문이다.」이러한 환경으로 인해 동물들은 극심한
_{인간 중심의 환경으로 인한 동물들의 문제 ①}
스트레스에 시달리며, 자해, 비정상적인 행동, 우울증 등으로 고
_{인간 중심의 환경으로 인한 동물들의 문제 ②}
통스러운 삶을 살아갈 수밖에 없었다. 자연적인 서식 환경을 고려하지 않고 당장의 편리함과 관리비 절감만을 추구한 디자인 설
_{동물들을 고려하지 않고 동물원을 설계한 목적}
계가 동물들의 건강과 생명을 위협한 것이다.
▶ 2문단: 인간 중심의 동물원으로 인해 위협받는 동물들

최근 앞서가는 동물원은 이러한 상황에 대해 문제의식을 가지고 ㉠ 근본적인 방향 전환을 꾀하고 있다. 단순하게 동물을 가두어 놓고 구경하는 곳이 아닌 멸종 위기에 처한 동물들을 보전하고 그 생태를 연구하며 자연적인 생태 환경의 중요성을 교육하는 센

터로 탈바꿈하는 것이 세계적 추세이다. 이러한 흐름에 맞춰 <u>동물</u>

<u>원 내의 공간 구조와 생활 환경을 바꾸어 주는 것</u>을 '환경 및 행동

풍부화'라고 한다. 서울 대공원의 경우 동물원의 환경에 다양한
　　　　환경 및 행동 풍부화의 개념

변화를 주고, 동물들이 지닌 고유한 본능에 맞게 먹이를 제공하는

등 변화하고 있다. 동물원의 패러다임이 바뀌고 있는 것이다.
　　　　　　　　　▶ 3문단: 동물 중심 동물원으로의 패러다임 변화 양상

동물원의 기능은 교육·보호·오락으로 요약될 수 있다. 특히 대
　　　　동물원의 기능

중들에게 생태계에 대한 이해를 도모하도록 교육적 기능을 강화

하면서 이 세 기능이 서로 균형을 갖출 수 있도록 노력해야 한다.
　　　　　　　　　글쓴이의 주장

이러한 목적을 달성하기 위해서는 동물들의 습성에 맞게 생활 환
　　　　　　　　　균형 잡힌 동물원이 되기 위한 방법 ①

경을 조성하고 인간과의 접촉을 적절하게 제한해야 한다. 그리고
　　　　균형 잡힌 동물원이 되기 위한 방법 ②

시각적인 유희의 대상이 되어 온 동물들이 자신들의 본성을 찾아
　　　　　　　　　균형 잡힌 동물원이 되기 위한 방법 ③

갈 수 있도록 도와주어야 한다.
　　　　▶ 4문단: 교육·보호·오락의 기능을 균형 있게 갖추기 위한 동물원의 과제

---

01 세부 내용 파악하기　　　　　　　　　답 | ①

윗글에 대한 이해로 적절하지 <u>않은</u> 것은?

정답 선지 분석

① 산업화와 도시화로 인하여 동물에 대한 사람들의 관심이 사라지게 되었다.

　1문단에서 산업화와 도시화의 과정에서 인간과 동물의 관계가 멀어지게 되었다고 설명하고 있으나, 동물에 대한 사람들이 관심이 사라지게 되었다는 내용은 제시되지 않았다.

오답 선지 분석

② 아주 오래전부터 인류는 다양한 동물들의 모습을 보기 위해 동물원을 만들어 왔다.

　2문단에서 고대 이집트나 로마, 중세에도 동물원이 있었다고 언급한 것으로 보아 인류는 아주 오래전부터 다양한 동물들의 모습을 보기 위해 동물원을 만들었음을 파악할 수 있다.

③ 동물원은 멸종 위기 동물들의 생태를 연구하고 보전하기 위한 교육 센터로 변화하고 있다.

　3문단에 따르면 최근 동물원은 과거 인간 중심의 동물원에 대해 문제의식을 가지고 멸종 위기에 처한 동물들을 연구하고 보전하는 곳으로 변화하고 있다.

④ 인간들의 편의와 욕망을 충족시키는 동물원의 구조는 동물의 생명과 건강을 위협하고 있다.

　2문단에 따르면 동물에 대한 사람들의 욕망과 인간의 편의를 위한 동물원의 구조로 인하여 동물들은 극심한 스트레스, 자해, 비정상적인 행동 등으로 고통스러운 삶을 살아간다.

⑤ 서울 대공원은 '환경 및 행동 풍부화'를 위해 동물이 지닌 본성에 맞게 먹이를 제공하고 있다.

　3문단에 따르면 서울 대공원은 동물원의 환경에 다양한 변화를 주고, 동물들이 지닌 고유한 본능에 맞게 먹이를 제공하고 있다.

---

02 핵심 내용 파악하기　　　　　　　　　답 | ①

㉠에 해당하는 사례로 적절하지 <u>않은</u> 것은?

정답 선지 분석

① 돌고래 쇼와 아쿠아리움의 폐지를 주장하는 시위를 벌이는 것

　㉠은 동물원이 사람이 아닌, 동물을 위한 공간으로 변모하도록 하는 것이다. 그런데 인위적인 돌고래 쇼 등의 동물 쇼를 반대하는 것은 ㉠에 해당하는 사례라고 파악할 수 있으나, 아쿠아리움을 폐지하는 것은 동물원 자체를 폐지하는 것으로서, 동물원 내의 공간 구조와 생활 환경을 바꾸는 것을 의미하는 ㉠에 해당하지 않는다.

오답 선지 분석

② 동물들의 야생 본능을 고려한 먹이 배급을 위해 시설을 개조하는 것

　3문단에서 ㉠과 관련된 사례인 서울 대공원은 '환경 및 행동 풍부화'를 통해 동물들이 지닌 고유한 본능에 맞게 먹이를 제공하고 있다고 하였으므로 적절하다.

③ 동물원을 아이들이 생태학을 배울 수 있는 학습 장소로 활용하는 것

　동물원의 교육적 기능을 강화하는 사례로, 4문단의 내용과 관련 지을 때 ㉠에 해당하는 사례임을 파악할 수 있다.

④ 콘크리트 바닥 대신 흙과 잔디가 깔린 사육장으로 동물의 생활 환경을 변화하는 것

　동물의 자연적인 생태 환경을 고려하여 환경을 조성한 사례로, 3문단의 내용과 관련지을 때 ㉠에 해당한다.

⑤ 원숭이 우리를 사람들이 가까이 접근할 수 없도록 설계하고 관람객이 먹이를 주는 행위를 금지하는 것

　동물들이 잃어버린 본성을 찾을 수 있도록 사람들의 접근을 제한하고 관람객이 먹이를 주는 행위를 금지하는 사례로, 4문단의 내용과 관련 지을 때 ㉠에 해당한다.

---

03 구체적 사례에 적용하기　　　　　　　　　답 | ⑤

윗글을 참고하여 보기 를 이해한 반응으로 가장 적절한 것은?

보기

　일본의 ○○동물원은 규모는 작지만 매년 300만 명의 관람객이 찾는 인기 동물원으로 유명하다. 그 이유는 동물을 단순히 관람하는 데에 그치지 않고 야생 동물의 원래 능력을 최대한 보여 주는 '행동 전시' 때문이다. ○○동물원은 각 동물의 능력에 맞게 전시관이 꾸며져 있다. 또한 작은 포유류와 파충류 등 멸종 위기에 놓인 동물들을 보호하고 번식시키기 위해 노력하고 있으며 야생으로 돌아갈 수 있도록 도와주는 훈련도 계속하고 있다.

정답 선지 분석

⑤ 일본의 ○○동물원은 자연적인 서식 환경의 중요성을 이해하고 이에 맞게 동물들의 생활 환경을 조성했군.

　〈보기〉에 따르면 일본의 ○○동물원은 동물원을 단순하게 동물을 관람하는 시설로만 두지 않고 동물의 능력에 맞게 전시관을 꾸몄다고 하였으므로, 자연적인 서식 환경을 고려하여 환경을 조성했다고 할 수 있다.

오답 선지 분석

① 앞서가는 동물원의 관계자들은 일본의 ○○동물원을 비판적인 시선으로 보겠군.

　〈보기〉의 일본의 ○○동물원은 윗글에서 설명하는 '앞서가는 동물원'과 마찬가지로 동물을 위한 공간으로 동물원을 변화하고자 노력하고 있다는 것을 알 수 있으므로, 앞서가는 동물원의 관계자들은 일본의 ○○동물원을 긍정적인 시선으로 바라볼 것이라 추론할 수 있다.

② 일본의 ○○동물원이 인기 있는 이유는 관람객이 편하게 관람할 수 있는 구조로 되어 있기 때문이군.

일본의 ○○동물원이 인기 있는 이유는 동물원을 단순하게 동물을 관람하는 시설로만 두지 않고, 야생 동물의 원래 능력을 최대한 보여 주도록 동물원의 환경을 조성했기 때문이라 추론할 수 있다.

③ 일본의 ○○동물원에서 보여 주는 '행동 전시'는 고대 이집트나 로마의 동물원에서도 볼 수 있었겠군.

일본의 ○○동물원은 동물들의 자연적인 서식 환경을 고려한 곳으로, 단지 동물들의 수집 및 사육을 위해 동물원을 만들었던 과거 이집트나 로마에서는 볼 수 없었던 동물원이다.

④ 일본의 ○○동물원은 동물원의 교육·보호·오락의 기능 중에 교육 기능만을 강조하고 있다고 볼 수 있군.

일본의 ○○동물원은 야생 동물의 능력을 보여 주는 환경 조성으로 생태계의 중요성을 대중에게 알리는 교육 기능과 멸종 위기 동물원을 보호하는 기능, 그리고 관람객에게 인기가 있는 것으로 보아 오락 기능까지를 모두 균형 있게 수행하고 있다고 파악할 수 있다.

04 세부 내용 이해하기

보기 2 는 보기 1 의 ⓐ가 의미하는 것을 서술한 것이다. ㉮, ㉯에 들어갈 말을 윗글에서 찾아 차례대로 쓰시오.

보기 1

지난 □□일 SNS를 중심으로 △△동물원 앵무새의 날개 일부가 훼손된 채 날갯짓하며 울고 있는 영상이 논란이 됐다. 전문가들은 이 영상에 대해 앵무새의 날개가 잘린 이유는 ⓐ 열악한 사육환경에 따른 스트레스성 자해 행동이라 밝혔다.

보기 2

ⓐ는 종별로 고유하게 지니고 있던 생활 환경과 (㉮)을/를 무시하고 (㉯)의 편의를 고려한 사육환경을 의미한다.

정답

특성, 인간

문학 1   고산구곡가(이이)

빠른 정답 체크   01 ①   02 ⑤   03 ④   04 어즈버

고산 구곡담(高山九曲潭)을 사람이 모르더니
  고산의 아홉 굽이 도는 계곡
터 닦아 집 지으니 벗님네 다 오신다

어즈버 무이(武夷)를 상상하고 학주자*를 하리라
  감탄사   주자가 〈무이도가〉를 지은 장소인 무이구곡을 상상하면서 주자학을 배우리라
  → 주자의 〈무이도가〉를 본떠 창작하였음을 알 수 있음
〈제1수〉
▶ 고산에 대한 소개와 학문에 대한 지향

□: 화자가 고산에서 경치를 즐기는 공간
일곡(一曲)은 어디인가 관암*에 해 비친다
첫 번째로 경치가 좋은 계곡
들판에 안개 걷히니 먼 산이 그림이로다

송간*에 술동이를 놓고 벗 오는 양 보노라
  자연 속에서 술을 마시며 즐김
〈제2수〉
▶ 관암의 아름다운 아침 풍경

이곡(二曲)은 어디인가 화암(花岩)에 봄이 늦었구나
                        계절적 배경
푸른 물에 꽃을 띄워 야외(野外)로 보내노라

사람이 승지*를 모르니 알게 한들 어떠리
  자연의 아름다움을 다른 사람들과 함께 나누고 싶어함
〈제3수〉
▶ 화암의 늦봄 풍경

사곡(四曲)은 어디인가 송애*에 해 넘는다

못 속의 바위 그림자 온갖 빛이 잠겼구나

임천*이 깊을수록 좋으니 흥에 겨워 하노라
세상을 벗어난 선비가 숨어 사는 곳은 세상과 멀수록 좋으니
〈제5수〉
▶ 송애의 저녁 풍경

오곡(五曲)은 어디인가 은병(隱屛)이 보기 좋다
              이이가 세운 후학을 양성하는 학교
물가에 세운 집은 깨끗함이 끝없구나

이 중에 강학*도 하려니와 영월음풍* 하리라
  자연이 경치를 즐기는 장소이자 학문을 닦는 공간임을 알 수 있음
〈제6수〉
▶ 은병정사에서의 생활

육곡(六曲)은 어디인가 조협*에 물이 넓다

나와 고기와 누가 더욱 즐기는가
  조협에서 낚시하는 즐거움을 표현함
황혼(黃昏)에 낚싯대 메고 달빛 받아 돌아온다
〈제7수〉
▶ 조협에서의 낚시

팔곡(八曲)은 어디인가 금탄*에 달이 밝다

빼어난 거문고로 곡조 몇을 연주하니

옛 가락 알 이 없으니 혼자 즐겨 하노라
  홀로 즐기는 아름다운 거문고의 선율
〈제9수〉
▶ 금탄의 달밤

┌ 구곡(九曲)은 어디인가 문산(文山)에 해 저문다
│
[A] 기암괴석*이 눈 속에 묻혔구나
│   계절적 배경이 겨울임을 알 수 있음
└ 사람은 오지 아니하고 볼 것 없다 하더라
  자연의 아름다움을 알지 못하는 사람들에 대한 안타까움
〈제10수〉
▶ 문산의 겨울 풍경
- 이이 , 〈고산구곡가〉 -

* 학주자(學朱子): 주자학을 배움.
* 관암(冠巖): 바위 봉우리의 이름. 갓같이 우뚝 솟은 데서 붙여진 이름.
* 송간(松間): 소나무와 소나무의 사이.
* 승지(勝地): 경치가 좋은 곳.
* 송애(松崖): 소나무가 자리 잡은 벼랑.
* 임천(林泉): 세상을 버리고 은둔하기 알맞은 곳을 비유적으로 이르는 말.
* 강학(講學): 학문을 닦고 연구함.
* 영월음풍(詠月吟風): 자연을 시로 읊음. 시를 짓고 읊으며 즐겁게 노는 것.
* 조협(釣峽): 낚시하는 골짜기.
* 금탄(琴灘): 음악 소리가 들리는 듯한 여울.

* 기암괴석(奇巖怪石): 기이하게 생긴 바위와 괴상하게 생긴 돌.

01 표현상의 특징 파악하기
답 | ①

윗글의 표현상 특징으로 적절한 것은?

정답 선지 분석

① 유사한 문장 구조를 반복하여 통일성을 드러내고 있다.

〈제1수〉를 제외하고 나머지 모든 수의 초장에는 '~곡은 어디인가'라는 동일한 방식의 질문을 반복하고 있다. 이를 통해 통일성이 형성되고 있으므로 적절하다.

오답 선지 분석

② 대상에 대한 평가 없이 객관적 사실만을 나열하고 있다.

화자는 자신이 소개하는 대상에 대해 '그림이로다', '보기 좋다' 등 주관적인 평가를 드러내고 있다.

③ 대상에 인격을 부여하여 대상이 지닌 속성을 묘사하고 있다.

〈제7수〉의 '나와 고기와 누가 더욱 즐기는가'에서 물고기에 인격을 부여했다고 볼 수는 있으나 이를 통해 대상이 지닌 속성을 묘사하고 있지는 않다.

④ 반어적 표현을 사용하여 화자의 상황을 간접적으로 드러내고 있다.

반어적 표현이란 자신의 속마음과는 반대로 말하는 표현 방법이다. 윗글에서는 자연에 대한 감상을 반대로 말하거나 돌려 말하지 않고 솔직하게 드러내고 있다.

⑤ 화자의 심정과 대조되는 자연물을 삽입함으로써 주제를 강조하고 있다.

윗글에서 자연은 화자에게 무한한 즐거움을 주는 대상으로, 화자의 심정이 자연물과 대조된다고 할 수 없다.

02 작품의 내용 이해하기
답 | ⑤

윗글에 대한 감상으로 적절하지 않은 것은?

정답 선지 분석

⑤ 〈제9수〉에서 화자는 자연 속에서 아름다운 음악을 들으며 고독감을 느끼고 있군.

〈제9수〉에서는 금탄의 달밤에 '배어난 거문고로 곡조 몇을 연주하'면서 즐거워하는 화자의 모습이 나타나 있다. '옛 가락 알 이 없으니 혼자 즐겨 하노라'에서 홀로 자연을 즐기는 것에 대한 아쉬움을 드러내고 있다고 볼 수는 있으나 고독감을 느끼고 있지는 않다.

오답 선지 분석

① 〈제1수〉에서 화자는 자신이 바라는 삶의 태도를 구체적으로 제시하고 있군.

〈제1수〉에서 화자는 주자가 〈무이도가〉를 지었던 곳인 무이구곡을 생각하며 자연 속에서 주자학을 배우겠다고 하였으므로 화자가 바라는 삶의 태도를 구체적으로 제시하고 있음을 알 수 있다.

② 〈제3수〉에서 화자는 자연의 아름다움을 다른 사람들과 함께 나누고 싶어 하고 있군.

〈제3수〉의 '사람이 승지를 모르니 알게 한들 어떠리'를 통해 경치가 좋은 곳을 다른 사람들에게 알림으로써 화자가 자연의 아름다움을 다른 이들과 함께 나누고 싶어 함을 알 수 있다.

③ 〈제5수〉에서 화자는 세속과 멀리 떨어져 자연에 은거하는 삶에 대한 만족감을 드러내고 있군.

〈제5수〉의 '임천이 깊을수록 좋으니'에서 '임천'은 '숲과 샘'을 의미하는 것뿐만 아니라 '세상을 버리고 은둔하기 알맞은 곳을 비유적으로 이르는 말'이기도 하다. 따라서 화자는 속세와 떨어져 자연에 은거하는 삶에 대해 만족감을 드러낸 것으로 볼 수 있다.

④ 〈제6수〉에서 화자는 자연을 풍류를 즐기는 공간이자 학문을 닦는 공간이라고 인지하고 있군.

'강학도 하려니 영월음풍하리라'는 자연 속에서 강학하면서 자연에 대해 시를 짓고 읊으며 즐겁게 놀기까지 하겠다는 의미이므로 화자는 자연을 학문을 닦는 공간이자 풍류를 즐기는 곳이라고 생각하였다.

03 작품 간의 공통점, 차이점 파악하기
답 | ④

윗글의 [A]와 보기 를 비교한 내용으로 적절하지 않은 것은?

보기

산촌에 눈이 오니 돌길이 묻혔어라
시비를 열지 마라 날 찾을 이 뉘 있으리
밤중만 일편명월이 그것이 벗인가 하노라

- 신흠, 〈산촌에 눈이 오니〉

* 시비(柴扉): 사립짝을 달아서 만든 문.
* 일편명월(一片明月): 한 조각의 밝은 달.

정답 선지 분석

④ [A]는 〈보기〉와 달리 자연물을 감상하지 못하게 된 화자의 안타까움이 드러난다.

[A]의 '기암괴석이 눈 속에 묻혔구나'는 문산의 겨울 풍경을 묘사한 것일 뿐, 자연물을 감상하지 못하게 된 화자의 안타까움이 드러나지는 않는다.

오답 선지 분석

① [A]와 〈보기〉 모두 자연과 어우러져 살아가는 화자의 만족감이 드러난다.

[A]에서는 문산의 겨울 풍경을 제시하며 '사람은 오지 아니하고 볼 것 없다 하더라'를 통해 자신과 달리 자연의 아름다움을 느끼지 못하는 사람들에 대한 안타까움을 표현하고 있으며, 〈보기〉에서는 '밤중만 일편명월이 그것이 벗인가 하노라'를 통해 자연과 어우러져 사는 삶에 대한 화자의 만족감을 드러내고 있다.

② [A]와 〈보기〉 모두 시어를 통해 계절적 배경이 겨울이라는 것을 알 수 있다.

[A]와 〈보기〉 모두 '눈'이라는 시어를 삽입하여 겨울이라는 계절적 배경을 드러내고 있다.

③ 〈보기〉는 [A]와 달리 화자가 다른 사람의 방문을 거부하고 있음을 알 수 있다.

〈보기〉에서 화자는 '시비를 열지 마라 날 찾을 이 뉘 있으리'라며 다른 사람의 방문을 거부하고 있음을 알 수 있다. 반면 [A]에서는 '사람은 오지 아니하고 볼 것 없다 하더라'를 통해 자연의 아름다움을 느끼지 못하는 사람들에 대한 안타까움을 표현하고 있을 뿐, 다른 사람의 방문을 거부하고 있지 않다.

⑤ [A]는 〈보기〉와 달리 자연의 아름다움을 알지 못하는 사람들에 대한 안타까움이 드러난다.

[A]의 '사람은 오지 아니하고 볼 것 없다 하더라'는 자연의 아름다움을 직접 와서 느껴보지도 않고 볼 것이 없다고 말하는 사람들에 대한 안타까움이 드러난 구절로 볼 수 있다.

04 시어의 기능 파악하기

보기 에서 설명하는 시어를 윗글에서 찾아 3음절로 쓰시오.

보기

다양한 감정을 나타내는 단어로, 앞서 전개된 시의 정서를 고조시키며, 시상을 마무리할 수 있도록 이끈다.

정답

어즈버

"아빠." / "응."

"이제 아까 같은 얘기하지 말고 다른 얘기해요."

"그런데 어쩌다 우리 그런 얘기를 했지?"

"몰라요."

"그러면 아빠가 너희들에게 어떻게 해 주었으면 좋겠는지 말해 봐. 평소 아빠한테 가지고 있던 불만도 좋고."

"아빠." / "응."

"⊙ 아빠는 글을 쓰시는 분이잖아요. 그런데 왜 저희들한텐 글
<u>대화의 중심 화제이자 평소 '아들'이 '아빠'에게 가지고 있던 불만</u>
쓰는 걸 안 가르쳐 줘요? 다른 숙제는 다 도와줘도 글쓰기 숙제
는 도와주지 않고요. 남들은 다 아빠가 저희들 글짓기를 도와주
는 줄 알고 있어요."

"그건 너희들의 세계를 다치게 하고 싶지 않기 때문이야. 아빠
<u>'아빠'가 '아들'에게 글 쓰는 것을 가르쳐 주지 않는 이유</u>
가 글을 쓰는 사람이니까 더욱."

"그러니까 더 도와줘야지요. 아빠는 이다음 우리가 글을 쓰는
사람이 되는 게 싫으세요?"

"그렇지는 않아. 무엇을 하든 너희들이 하고 싶은 일을 하는 사
람이 되면 되는 거니까."

"그런데 왜 그런 걸 안 가르쳐 주시려고 해요?"

"네가 기억하는지 모르겠다. 1학년 땐가 네가 일기를 쓰는 걸
<u>'아빠'의 말하기 태도 – 상대방의 관점에서 공감할 수 있는 내용을 말하며 이해를 도움 ①</u>
도와준 적이 있는데 말이지."

"그런데요?"

"그때 네가 이런 일기를 썼어. 놀이터에서 흙장난을 하며 놀았
던 것을 썼는데, 제일 마지막 부분을 이렇게 썼어. '햇빛이 반짝
반짝, 참 기분이 좋았다.' 그 한 구절만 보고도 아빠는 네가 어
떻게 놀았는지, 또 얼마나 재미있고 신나게 놀았는지 안 봐도
눈에 훤히 보이는 것 같았어." / "제가요?"

"그래서 아빠가 칭찬을 했지. 햇빛이 반짝반짝 참 기분이 좋았
다고 쓴 걸 너무 잘 썼다고. 그랬더니「그 다음부터는 '바람이 살
「」: '아들'이 '아빠'에게 칭찬받기 위한 글만 쓰게 됨
랑살랑 기분이 좋았다.' 그렇게도 쓰고, '나무가 흔들흔들 어지
러웠다.' 그렇게도 쓰고. 이틀마다 거의 한 번씩.」

"아, 내가 그랬구나. **그래서 어떻게 하셨어요?**"
<u>'아들'의 듣기 태도 – 상대방이 이야기를 이어갈 수 있게 맞장구를 치며 질문함</u>

"그래서 아빠가 생각했다. '어린 네 상상력은 하늘만큼 큰데 오
히려 아빠가 잘못 칭찬해 그 상상력을 한자리에 붙들어 매고 있
<u>'아빠'가 '아들'에게 글 쓰는 것을 가르쳐 주지 않게 된 계기</u>
구나.'하고. 아빠는 그런 사람을 많이 봤거든." / "어떤 사람요?"

"아빠 중학교 때에도 그랬고, 고등학교 때에도 그랬고, 아빠 옆에
는 글을 잘 쓰는 친구들이 참 많았단다. 또 그런 친구들을 선생님
이 칭찬해 주시고. 그런데 지금 그 친구들은 아무도 글을 쓰지 않
아. 가만히 생각하니까 <u>그 친구들이 그때 글을 잘 썼던 건 어른들
의 흉내를 내며 선생님한테 칭찬받을 글만 썼던 거야.</u> 그러는 동
<u>'아빠'의 말하기 태도 – 상대방의 관점에서 공감할 수 있는 내용을 말하며 이해를 도움 ②</u>
안 더 크게 퍼져 나갈 수 있는 자기 세계를 좁게 만들면서. 그래서
아빠는 앞으로도 네 글을 가만히 보기로만 했어. 너희들이 아무
리 잘 써도 어른만큼 잘 쓸 수 있는 것은 아니지만 그 대신 너희들
의 상상력은 끝이 없거든. 자칫 잘못 칭찬하거나 또 가르치려고
들면 오히려 너희들의 큰 세계를 작게 만들 수 있는 거란다."

"그래도 그렇죠."

"그래, **네가 그동안 아빠에게 많이 서운했구나**. 그런데 너, 윤태
<u>'아빠'의 듣기 태도 – 상대방의 처지를 이해하며 공감함 ①</u>
아저씨 알지?"

"알아요. 야구 감독 아저씨."

"너도 잘할 줄은 몰라도 야구에 대해서는 좀 알지? 직구*도 알
고 커브*도 알고 포크 볼*도 알고, 그게 어떻게 던지는 공인지
는 말이다."

"예, 변화구잖아요."

"언젠가 아빠가 넌·몇 년이나 야구 감독하면서 그래 어떻게 한
번도 우승을 못 시키냐니까 그 아저씨가 아빠한테 이런 말을 했
어. / "어떤 말요?"

"자기는 우승을 생각하는 감독이 아니라 어린 선수들의 장래를
<u>눈앞의 결과보다 어린 선수들의 가능성을 더 생각하는 사람임을 알 수 있음</u>
생각하는 감독이라고. 중학교 선수들은 너희들처럼 아직 한참
더 커야 할 선수들이거든. 키도 커야 하고 뼈도 커야 하고. 그런
데 다른 감독들은 그런 선수한테 어깨에 무리를 줘 가면서 커브
<u>당장의 우승만을 생각하는 사람들</u>
라든가 포크 볼 같은 변화구를 던지게 하고 그러거든. 그렇지만
<u>'아빠'가 '아들'에게 글 쓰는 것을 가르쳐 주지 않는 이유와 같음</u>
ⓐ 윤태 아저씨는 자기 학교 선수한텐 꼭 직구만 던지게 하는 거야.
커브 볼이나 포크 볼 같은 변화구는 이다음 어깨가 완전히 자리
잡은 다음 던져도 늦지 않다고 말이지. 그러니까 전국 대회에
나가 투수력에서 밀리는 거지. 우승도 그런 팀이 하고. 윤태 아
저씨는 우승보다는 앞으로 더 자라야 할 선수들의 어깨를 보호
<u>'아빠'의 말하기 태도 – 상대방의 관점에서 공감할 수 있는 내용을 말하며 이해를 도움 ③</u>
해 주며 기본기만 튼튼하게 가르치고 있는 거야. 그건 윤태 아
저씨가 누구보다 잘 알고 있는 일이니까. 윤태 아저씨도 고등학
교 2학년 때까지는 날리던 투수였는데 3학년 때부터 어깨가 고
장을 일으켰어. 그리고 지금은 이 세상에서 가장 훌륭한 야구
감독이 되어 있는 거고."

「아, **그러니까 윤태 아저씨는 당장의 우승보다 선수들의 장래를**
「」: '아들'의 듣기 태도 – 상대방의 말을 요약하고 정리하며 상대방의 말에 반응함

생각해 준 거네요? 아빠도 윤태 아저씨처럼 생각하시는 거고요.

"그래, 네 주변을 봐라. 이것저것 과외며 학원을 대여섯 군데 다니는 아이들도 있지?"

"예."

"미술 학원도 다니고 음악 학원도 다니고 글짓기 교실도 다니고, 영어 공부하러 다니고."

"많아요, 그런 애들."

"말로는 아이들을 위해서 가르친다고 하지만 어쩌면 그건 어른 <u>스스로의 조바심 때문에 아이들의 어깨를 혹사*하고 있는 것인지</u>
아이들의 세계를 작게 만드는 것
몰라. 아빠는 그렇게 생각한다."

"저하고 무적도 태권도 다니는데요, 뭐."

"그건 아빠 조바심*이지. 너희들이 밥을 잘 안 먹으니까 운동이라도 하면 좀 나을까 하고. 다니기 싫니?"

"아뇨, 재미있어요. 공부하는 것도 아니고."

"그저 공부만 안 하면 다 좋지."

"그럼요. 다 가서 물어보세요."

"안 물어봐도 알아. 아빠도 옛날에 그랬으니까."
'아빠'의 듣기 태도 – 상대방의 처지를 이해하며 공감함 ②

"히히, 재밌다. 저는 아빠도 어릴 때 우리하고 똑같이 생각하며
'아빠'와의 대화를 통해 '아들'은 '아빠'와 공감대를 형성함
컸다는 게 너무 신기해요. 어떤 때 보면 어른들은 그냥 어른이 된 것처럼 보일 때가 많거든요."

　　　　　　　　　　– 이순원, 〈아이들의 장래를 생각하는 야구 감독〉 –

* 직구(直球): 야구에서, 투수가 변화를 주지 아니하고 직선같이 곧게 던지는 공.
* 커브: 야구에서, 투수가 던진 공이 타자 가까이에 와서 변화하면서 갑자기 꺾이는 것. 또는 그런 공.
* 포크 볼: 야구에서, 투수가 집게손가락과 가운뎃손가락 사이에 끼어 던지는 공. 변화구의 하나로, 공의 회전이 적으며 타자 앞에서 갑자기 떨어진다.
* 혹사(酷使): 혹독하게 일을 시킴.
* 조바심: 조마조마하여 마음을 졸임. 또는 그렇게 졸이는 마음.

01　서술상의 특징 파악하기　　　답 | ②

윗글에 대한 설명으로 적절하지 <u>않은</u> 것은?

정답 선지 분석

② 인물 간의 대화를 통해 갈등을 드러내고 있다.
　'아들'이 '아빠'가 자신의 글을 도와주지 않은 것에 대한 불만을 드러내고는 있으나 이를 통해 갈등을 드러내고 있지는 않다.

오답 선지 분석

① 설득적인 목적의 대화를 찾아볼 수 있다.
　윗글에서 '아빠'는 아들의 글을 도와주지 않는 이유에 대해 설득적으로 말하고 있다.

③ 등장인물의 경험이 작품의 중심 내용을 이루고 있다.
　작품에서는 '아빠'의 직·간접적 경험이 중심 내용을 이루고 있다.

④ 다양한 사례를 제시하며 작품의 주제를 드러내고 있다.
　'아빠'는 '아빠'의 사례, '윤태 아저씨'의 사례를 제시하며 작품의 주제인 서로의 마음을 이해하며 소중히 보듬어야 할 삶의 덕목을 드러내고 있다.

⑤ 작품 속 서술자가 누구인지 분명하게 드러나지 않는다.
　대화만으로 이루어져 있으므로 서술자가 누군지 분명하게 드러나지 않는다.

02　작품의 내용 이해하기　　　답 | ③

㉠에 대한 이유로 적절하지 <u>않은</u> 것은?

정답 선지 분석

③ '아빠'는 '아들'의 장래를 중시해 태권도에 전념하게 하고 싶었기 때문이다.
　'아빠'는 '아들'에게 당장의 결과보다 선수들의 장래를 생각한 '윤태 아저씨'의 이야기를 하며, '아빠' 또한 '아들'의 장래를 중시한다고 하였을 뿐, '아들'이 태권도에 전념하기를 원한 것은 아니다.

오답 선지 분석

① '아빠'의 조바심 때문에 '아들'을 혹사시키고 싶지 않았기 때문이다.
　'아빠'는 자신의 숙제를 도와주지 않느냐는 '아들'의 물음에 당장의 우승보다 선수들의 장래를 생각한 '윤태 아저씨'의 이야기를 말하며 '말로는 아이들을 위해서 가르친다고 하지만 어쩌면 그건 어른 스스로의 조바심 때문에 아이들의 어깨를 혹사하고 있는 것인지 몰라. 아빠는 그렇게 생각한다.'고 하였으므로 ㉠의 이유로 볼 수 있다.

② '아빠'의 가르침으로 인해 '아들'의 상상력이 제한될 수 있기 때문이다.
　'어린 네 상상력은 하늘만큼 큰데 오히려 아빠가 잘못 칭찬해 그 상상력을 한자리에 붙들어 매고 있'다는 생각을 하였다고 했으므로 ㉠의 이유로 적절하다.

④ 무한한 가능성이 있는 '아들'의 세계를 '아빠'가 다치게 할 것 같았기 때문이다.
　자신의 숙제를 왜 도와주지 않느냐는 '아들'의 물음에 '그건 너희들의 세계를 다치게 하고 싶지 않기 때문이야.'라는 아빠의 말에서 확인할 수 있다.

⑤ '아들'이 '아빠'의 칭찬을 듣기 위해 어른들을 흉내낸 글만 쓸까 봐 우려되었기 때문이다.
　'아빠'는 왜 자신의 숙제를 도와주지 않느냐는 '아들'의 물음에, '아빠'의 친구들을 언급하며, 학창 시절 글을 잘 썼던 친구들은 어른들의 흉내를 내며 선생님께 칭찬받을 글만 썼는데, 그것이 친구들의 세계를 좁게 만들었다고 하였으므로 ㉠의 이유로 적절하다.

03　외적 준거를 참고하여 작품 이해하기　　　답 | ②

보기 를 참고하여 윗글을 이해한 것으로 적절하지 <u>않은</u> 것은?

보기

　공감적 듣기란 상대방의 감정을 이해하고, 상대방의 입장에서 문제를 바라보며 말을 들어주는 것이다. 공감적 듣기의 방법으로는 상대방의 눈을 맞추며 지속적으로 관심을 표현하거나 적절한 맞장구를 쳐주는 소극적 들어주기와, 대화 상대의 말을 요약·정리해 주거나 감정 이입을 통해 상대방의 정서에 반응하며 들어 주는 적극적 들어주기가 있다.

정답 선지 분석

② '아빠'의 말에 '아들'은 '그런데요?'라고 말하며 '아빠'의 말에 감정 이입하는 방식으로 공감적 듣기를 하고 있다.
　과거 '아들'의 일기를 도와준 이야기를 시작한 '아빠'의 말에 '아들'은 '그런데요?'라며 맞장구를 치고 있다. 〈보기〉에 따르면 상대방의 말에 적절한 맞장구를 쳐주는 방식은 소극적 들어주기에 해당하므로 적절하지 않다.

① '아빠'와 '아들'은 모두 상대방의 감정을 이해하고 상대방의 입장에서 문제를
바라보며 말을 들어주고 있다.
> 윗글의 '아빠'와 '아들'은 상대방의 감정을 이해하고 상대방의 입장에서 문제를 바라보
> 며 말을 들어주는 공감적 듣기를 하고 있다.

③ '아빠'의 말에 '아들'이 '그래서 어떻게 하셨어요?'라고 맞장구를 치는 것은
공감적 듣기 중에서도 소극적 들어주기에 해당한다.
> '아들'은 '아빠'의 말을 듣고 '그래서 어떻게 하셨어요?'라고 하며 맞장구를 치고 있다.
> 〈보기〉에 따르면 이는 소극적 들어주기에 해당하므로 적절하다.

④ '아빠'는 '아빠'에게 서운한 감정이 있던 '아들'에게 '네가 그동안 아빠에게
많이 서운했구나'라며 '아들'의 정서에 반응하며 공감하고 있다.
> '아빠'는 자신의 숙제를 도와주지 않아 서운했던 '아들'에게 '네가 그동안 아빠에게 많
> 이 서운했구나'라고 반응하며 공감하고 있음을 알 수 있다.

⑤ '아들'은 '윤태 아저씨'의 사례를 이야기하는 '아빠'에게 '그러니까 윤태 아저
씨는 당장의 우승보다 선수들의 장래를 생각해 준 거네요?'라며 '아빠'의 말
을 요약·정리하고 있다.
> '윤태 아저씨'의 이야기를 전한 '아빠'의 말에 '아들'은 '아빠'의 말을 요약하여 정리하
> 고 있다. 이는 공감적 듣기 중 적극적 들어주기에 해당한다.

04 등장인물의 성격 파악하기

**다음은 ⓐ를 통해 알 수 있는 '윤태 아저씨'의 모습이다. ㉠, ㉡에 들어갈
적절한 말을 윗글에서 찾아 차례대로 쓰시오.**

> 윤태 아저씨는 당장의 (　㉠　)보다 선수들의 (　㉡　)을/를 생각하
> 는 사람이다.

우승, 장래

| 본문 | 93쪽

문법 음운의 변동 (3) 탈락

빠른 정답 체크 **01** ② **02** ④ **03** ⑤ **04** 우는, 목놓아

01 자음의 탈락 이해하기   답 | ②

자음 탈락에 대한 설명으로 적절하지 않은 것은?

정답 선지 분석

② 'ㄹ' 탈락은 'ㄹ'이 어미의 첫 자음 앞에서만 탈락하는 현상이다.

'ㄹ' 탈락은 'ㄹ'이 어미의 첫 자음 'ㄴ, ㅂ, ㅅ' 및 '-(으)오', '-(으)ㄹ' 앞에서 탈락하거나, 파생어나 합성어가 만들어지면서 자음 'ㄴ, ㄷ, ㅅ, ㅈ' 앞에서 'ㄹ'이 탈락하는 현상을 말한다.

오답 선지 분석

① 형태소가 결합하면서 자음이 없어지는 현상을 말한다.

자음 탈락은 두 형태소가 결합하면서 자음이 없어지는 현상이다.

③ 두 형태소가 결합할 때 무조건 자음 탈락이 일어나는 것은 아니다.

'달님'의 경우 '달'과 '-님'이 결합하면서 자음 탈락이 일어나지 않으므로 두 형태소가 결합할 때 무조건 자음 탈락이 일어나는 것은 아니다.

④ 'ㅅ' 탈락에서는 어간의 끝소리가 모음으로 시작하는 어미 앞에서 탈락한다.

'ㅅ' 탈락은 어간의 끝소리인 'ㅅ'이 모음으로 시작하는 어미 앞에서 탈락하는 현상이다.

⑤ 'ㅎ' 탈락에서는 'ㅎ'이 모음으로 시작하는 어미뿐만 아니라 접사 앞에서도 탈락한다.

'ㅎ' 탈락은 'ㅎ'이 모음으로 시작하는 어미나 접사 앞에서 탈락하여 발음되는 현상이다.

02 모음의 탈락 이해하기   답 | ④

다음 중 모음 탈락이 이루어진 단어로 적절하지 않은 것은?

정답 선지 분석

④ 나는 고소한 냄새에 끌려 주방으로 들어갔다.

'끌려'의 경우 용언의 어간 '끌리-'와 어미 '-어'가 결합할 때 모음 'ㅣ'와 'ㅓ'가 합쳐져 'ㅕ'가 된 것으로, 모음이 탈락된 것이 아니라 축약된 것이다.

오답 선지 분석

① 그는 다리를 건너서 이곳에 도착했다.

'건너서'의 경우 용언의 어간 '건너-'와 어미 '-어서'가 결합하여 모음 'ㅓ'가 탈락하였다.

② 그 약은 너무 써서 차마 먹지 못할 정도다.

'써서'의 경우 용언의 어간 '쓰-'와 어미 '-어서'가 결합하여 모음 'ㅡ'가 탈락하였다.

③ 할머니는 손을 뻗어 나무에서 열매를 땄다.

'땄다'의 경우 용언의 어간 '따-'와 과거형 어미 '-았다'가 결합하여 모음 'ㅏ'가 탈락하였다.

⑤ 이럴 때일수록 모두 힘을 모아서 이겨내야 한다.

'모아서'의 경우 용언의 어간 '모으-'와 어미 '-아서'가 결합할 때 모음 'ㅡ'가 탈락하였다.

03 음운의 탈락 이해하기   답 | ⑤

보기 의 문장에서 일어난 음운의 탈락에 대한 설명으로 적절하지 않은 것은?

보기

웃으며 바느질하던 어머니가 발가락을 찧어 울상을 지은 아이의 부름을 듣고 방으로 달려가 불을 켰다.

정답 선지 분석

⑤ '켰다'는 '켜-'와 '-였다'가 합쳐질 때 'ㅕ'가 탈락한 것이다.

'켰다'는 어간 '켜-'가 'ㅓ'로 시작하는 어미 '-었다'와 합쳐질 때 'ㅓ'가 탈락된 것이다.

오답 선지 분석

① '웃으며'는 자음 탈락이 이루어지지 않은 경우이다.

'웃으며'는 어간 '웃-'의 끝소리 'ㅅ'이 모음으로 시작하는 어미 '-으며' 앞에서 탈락하는 현상인 'ㅅ' 탈락이 이루어지지 않은 경우에 해당한다.

② '바느질'은 '바늘'과 '-질'이 합쳐질 때 'ㄹ'이 탈락한 것이다.

'바느질'은 체언 '바늘'에 접미사 '-질'이 합쳐진 파생어로, 자음 'ㅈ' 앞에서 'ㄹ'이 탈락하는 현상인 'ㄹ' 탈락이 일어났다.

③ '찧어'는 'ㅎ' 탈락으로 인해 [찌어]로 발음된다.

'찧어'는 어간 '찧-'의 끝소리 'ㅎ'이 모음으로 시작하는 어미 '-어' 앞에서 탈락하는 현상인 'ㅎ' 탈락이 일어나 [찌어]로 발음된다.

④ '지은'은 '짓-'과 '-은'이 합쳐질 때 'ㅅ'이 탈락한 것이다.

'지은'은 어간 '짓-'의 끝소리 'ㅅ'이 모음으로 시작하는 어미 '-은' 앞에서 탈락하는 현상인 'ㅅ' 탈락이 일어났다.

04 자음의 탈락 파악하기

보기 에서 자음 탈락이 일어난 시어 두 개를 찾아 차례대로 쓰시오.

보기

까마득한 날에
하늘이 처음 열리고
어디 닭 우는 소리 들렸으랴.
         (중략)
다시 천고의 뒤에
백마 타고 오는 초인이 있어
이 광야에서 목놓아 부르게 하리라.

                                    - 이육사, 〈광야〉

정답

우는, 목놓아

　물은 투명하고 색깔이 없는 화합물이다. 지구에서 물은 무려
<u>물의 특징</u>
14억 톤에 이르는 가장 흔한 물질이지만 현재 태양계 행성 중에
서 물이 있다고 알려진 곳은 지구뿐이다. 물은 <u>지구의 동식물들</u>
이 생명을 유지하는 데 결정적인 도움을 주고 있는 물질로, 생명
<u>생명체에게 있어 물은 필수적인 물질임</u>
체는 물 없이 살아갈 수 없다.
▶ 1문단: 생명체에게 필수적인 물

　생물체가 생명을 유지하기 위해서 물에 의존하는 현상은 물 분
자 구조의 특징에서 비롯된다. 물 분자는 <u>한 개의 산소 원자(O)와</u>
<u>2개의 수소 원자(H)가 결합한 모양</u>으로, 2개의 수소 원자는 약
<u>물 분자의 모양</u>
104.5°의 각도로 산소 원자와 공유 결합한다. 공유 결합이란 원
자들이 결합하는 방식의 하나로, 원자들이 가지고 있는 전자들을
<u>공유 결합의 의미</u>
서로 공유하며 결합하는 것을 말한다. 이에 따라 산소 원자와 수
소 원자는 전자를 한 개씩 내어서 전자쌍을 만든다. 이때 산소 원
자는 전자와 친한 정도를 의미하는 전자친화도가 수소 원자보다
높아 <u>전자쌍이 산소 원자 쪽에 가깝게 위치하게 된다.</u> 이후 음전
<u>전자는 전자친화도가 높은 곳에 더 가까이 위치함</u>
하(-)를 띠는 전자의 특성으로 인해 전자쌍이 가까운 산소 원자는
약한 음전하(-)를, 수소는 상대적으로 약한 양전하(+)를 띠게 되
어 물 분자는 극성*을 띠게 된다. 따라서 극성을 띤 물 분자들끼
<u>(-)와 (+)가 양쪽에 위치하므로</u>
리는 서로 다른 물 분자의 수소와 산소 사이에 <u>전기적 인력이 작</u>
<u>전기적 성질을 띠면서 서로 끌어당김</u>
용한다.
▶ 2문단: 물의 분자 구조

　물이 여러 가지 물질을 잘 녹이는 특성을 지닌 이유는 물 분자
가 극성을 가졌기 때문이다. 따라서 물은 우리 몸에서 용매* 역할
<u>물질을 잘 녹이는 특성에 따른 물의 역할 ①</u>
을 하며, 각종 물질을 운반하는 기능을 담당한다. 물은 혈액을 구
<u>물질을 잘 녹이는 특성에 따른 물의 역할 ②</u>
성하고 있어 영양소, 산소, 호르몬, 노폐물 등을 운반하며, 대사
반응, 에너지 전달 과정의 매질* 역할을 한다.
▶ 3문단: 물 분자의 극성이 인체에 끼치는 영향

　또한 전기적 인력으로 결합된 구조는 물이 비열이 큰 성질을 갖
게 한다. 비열은 물질 1g의 온도 1℃를 높일 때 필요한 열량을 말
하는데, 비열이 클수록 같은 열을 가했을 때 온도가 느리게 올라
가며, 식을 때도 천천히 식는다. <u>우리 몸에서 분비되는 체액은 대</u>
<u>우리 몸의 체액 또한 비열이 큰 성질을 가짐</u>
<u>부분 물로 구성되어 있어서</u> 상당한 추위에도 어느 정도까지는 체
온이 내려가는 것을 막아 준다. 덕분에 지구상 동식물들은 체온
을 안정적으로 유지할 수 있다. 생명체뿐만 아니라 ㉠ <u>지구 전체</u>
<u>적으로도 온도가 일정한 바닷물이 에어컨 역할</u>을 하고 있다.
▶ 4문단: 물의 비열이 인체에 끼치는 영향

* 극성(極性) : 전극의 양극과 음극, 자석의 남극과 북극이 가지고 있는 서로 다른
성질.

* 용매(溶媒) : 어떤 액체에 물질을 녹여서 용액을 만들 때 그 액체를 가리키는 말.
액체에 액체를 녹일 때는 많은 쪽의 액체를 이른다.

* 매질(媒質) : 어떤 파동 또는 물리적 작용을 한 곳에서 다른 곳으로 옮겨 주는 매
개물.

---

01 세부 내용 파악하기 답 | ④

윗글에 대한 이해로 적절하지 않은 것은?

정답 선지 분석

④ 서로 같은 물 분자의 수소와 산소 사이에는 전기적 인력이 작용한다.

　2문단에 따르면 극성을 띤 물 분자들끼리는 서로 다른 물 분자의 수소와 산소 사이에
전기적 인력이 일어나므로 적절하지 않다.

오답 선지 분석

① 물은 생물체가 생명을 유지하는 데 도움을 준다.

　1문단에 따르면 물은 지구의 동식물들이 생명을 유지하는 데 결정적인 도움을 주고 있
는 물질로, 생명체는 물 없이 살아갈 수 없다.

② 극성을 지닌 물은 우리 몸에서 용매 역할을 한다.

　3문단에 따르면 물 분자의 극성으로 인해 물은 우리 몸에서 용매 역할을 한다.

③ 물이 존재하는 행성은 태양계 행성 중 지구뿐이다.

　1문단에 따르면 현재 태양계 행성 중에서 물이 있다고 알려진 곳은 지구뿐이다.

⑤ 조금 추워도 인간이 동사하지 않는 것은 비열이 큰 물의 성질 때문이다.

　4문단에 따르면 물은 비열이 크기 때문에 열을 가했을 때 온도가 느리게 올라가며, 식
을 때도 천천히 식는다. 따라서 추위에도 어느 정도까지는 체온이 내려가는 것을 막아
준다.

---

02 중심 내용 파악하기 답 | ②

㉠과 같은 현상이 발생하게 된 원인으로 가장 적절한 것은?

정답 선지 분석

② 전기적 인력으로 결합된 물의 비열이 크기 때문이다.

　4문단에서 전기적 인력으로 결합된 물의 비열이 크기 때문에 물의 온도 변화가 느리다
고 설명하고 있다. 이를 통해, 바닷물은 비열이 커 온도가 일정하기 때문에 지구 전체
적으로 기온을 낮추는 역할을 한다고 파악할 수 있다.

오답 선지 분석

① 지구상의 물이 약 14억 톤이나 존재하기 때문이다.

　지구상의 물이 많더라도 비열이 작으면 바닷물이 에어컨의 역할을 하기 어렵다.

③ 수소 원자는 독특한 각도로 산소와 결합하기 때문이다.

　2문단에 따르면 수소 원자는 104.5°의 각도로 산소 원자와 공유 결합하지만, 이로 인
해 ㉠과 같은 현상이 발생했다고 볼 수 없다.

④ 물은 물질들이 잘 녹는 독특한 특성을 지녔기 때문이다.

　3문단에 따르면 물 분자의 극성 때문에 물이 여러 가지 물질을 잘 녹이는 특성을 지녔
다고 하였으나, ㉠과 같은 현상이 발생한 원인은 아니다.

⑤ 물은 동식물들이 생명을 유지하는 데 중요하기 때문이다.

　1문단에 따르면 물은 지구의 동식물들이 생명을 유지하는 데 결정적인 도움을 주고 있
는 물질로, 생명체는 물 없이 살아갈 수 없으나, ㉠과 같은 현상과 관련은 없다.

03 핵심 내용 적용하기   답 | ③

윗글을 바탕으로 보기 를 이해한 내용으로 가장 적절한 것은?

보기

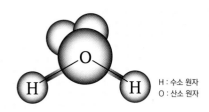

H : 수소 원자
O : 산소 원자

정답 선지 분석

③ H와 O는 같은 양만큼 전자를 내어 전자쌍을 만든다.

2문단에서 산소(O)와 수소(H)가 공유결합하는 과정에서 각각 전자 한 개씩을 내어서
전자쌍을 생성한다고 하였으므로 적절하다.

오답 선지 분석

① 전자쌍은 H에 더 가깝게 위치한다.

2문단에 따르면 산소 원자가 수소 원자보다 전자친화도가 높아 전자쌍이 산소 원자 쪽
에 가깝게 위치하게 된다.

② H와 O는 서로 같은 전하를 띠게 된다.

2문단에 따르면 산소 원자가 수소 원자보다 전자친화도가 크기 때문에 전자쌍은 산소
원자 쪽으로 가까이 붙고, 이로 인해 수소 원자(H)는 양전하(+)를, 산소 원자(O)는 음
전하(−)를 띠게 된다.

④ H는 공유 결합 시 약 104.5° 각도의 전자쌍을 만든다.

두 개의 수소(H) 원자가 산소(O) 원자와 104.5의 각도로 결합한다. 전자쌍은 산소 원
자와 수소 원자는 전자를 1개씩 내어서 만드는 것이므로 104.5° 각도와 전자쌍은 관
련이 없다.

⑤ 물 분자는 하나의 O에 두 개 이상의 H로 결합되어 있다.

물 분자는 한 개의 산소 원자(O)에 두 개의 수소 원자(H)로 결합 되어 있다.

04 세부 내용 파악하기

ⓐ, ⓑ에 들어갈 적절한 말을 윗글에서 찾아 쓰시오.

몸 안에 있는 노폐물이 원활하게 배출되지 않으면 체내 독소가 쌓여
부종을 유발한다. 이를 방지하기 위해선 물을 많이 마셔야 하는데, 그 이
유는 (ⓐ)을/를 가진 물 분자가 혈액을 구성해 영양소, 산소, 호르
몬, 노폐물 등의 물질을 (ⓑ)함으로써 대사 반응을 돕기 때문이다.

* 부종(浮腫): 몸이 붓는 증상. 심장병이나 콩팥병 또는 몸의 어느 한 부분의 혈액
순환 장애로 생긴다.

정답

극성, 운반

문학 1   **전봇대(장철문)**

빠른 정답 체크   ■1 ③   ■2 ⑤   ■3 ④   ■4 줄넘기

말라깽이 **전봇대는** 꼿꼿이 서서 □ : 다양한 시어의 반복으로 운율을 형성함
전봇대를 몹시 마른 사람에 빗대어 표현함 – 의인법
혼자다   ▶ 말라깽이 전봇대의 모습
　→ 각 연의 종결 어미를 '~다'로 통일함

골목 귀퉁이에 서서

혼자다
                                        ▶ 혼자 서 있는 전봇대의 모습

혼자라서

팔을 길게 **늘여**   ⌉ 전깃줄을 사람의 팔에 빗대어 표현함
                        ⌋   – 의인법
다른 전봇대와 손을 잡았다
                                        ▶ 다른 전봇대와 전깃줄로 연결된 전봇대

팔을 너무 **늘여**서

줄넘기 줄처럼 가늘어졌다
늘어진 전깃줄의 모습을 줄넘기 줄에 빗대어 표현함 – 직유법
                                        ▶ 전깃줄을 길게 늘인 전봇대

밤에는 보이지 않아서

불을 켜

서로 여기라고 손을 든다
자신의 존재를 알리기 위해 손을 든 것으로 표현함 – 의인법
                                        ▶ 밤이면 불을 밝히는 전봇대의 모습

서로 붙잡은 **손**과 **손**으로
전봇대가 전깃줄로 연결된 모습을 손을 붙잡은 것으로 빗대어 표현함 – 의인법
따뜻한 기운이 번져서

사람의 집에도 **불**이 켜진다.
전봇대를 통해 집집마다 불이 켜짐 ▶ 사람의 집에 따뜻한 기운으로 불을 밝히는 전봇대
　　　　　　　　　　　　　　　　　　　　 – 장철문, 〈전봇대〉 –

01 표현상의 특징 파악하기   답 | ③

윗글에 대한 설명으로 적절한 것은?

정답 선지 분석

③ 비유적 표현을 활용함으로써 전깃줄로 이어진 전봇대의 모습을 묘사하고 있다.

윗글에서는 전깃줄로 이어진 전봇대의 모습을 사람처럼 묘사하는 의인법을 활용하여
'팔을 길게 늘여 / 다른 전봇대와 손을 잡았다'라고 묘사하고 있다.

오답 선지 분석

① 다양한 시어를 반복하여 전봇대의 외로움을 강조하고 있다.

윗글에서는 '혼자', '팔', '손' 등의 시어를 반복하고 있으나, 이를 통해 전봇대의 외로움
을 강조하는 것은 아니다.

② 색채의 대비를 통해 홀로 서 있는 전봇대의 외로움을 표현하고 있다.

윗글에서는 색채의 대비가 나타나지 않는다.

④ 종결 어미를 통일하여 서로 앞다투어 불을 켜는 전봇대의 경쟁적인 모습을
나타내고 있다.

윗글에서 각 연의 종결 어미를 '~다'로 통일한 것은 맞지만, 운율을 형성하기 위한 것
이지 전봇대의 경쟁적인 모습을 나타내는 것은 아니다.

⑤ 역설적 표현을 통해 사람의 집에 전깃불이 켜지는 모습을 따뜻한 시선으로
바라보고 있다.
　윗글에서는 역설적 표현이 사용되지 않았다.

02 　작품의 분위기 파악하기　　　　　　　　　　답 | ⑤

윗글을 읽고 떠올릴 수 있는 구체적 장면으로 가장 적절한 것은?

정답 선지 분석
⑤ 외진 구석에서 전깃줄로 이어져 빛나는 전봇대의 따뜻한 모습이 사람들에게
까지 연결된 모습
　윗글에서 전봇대가 '다른 전봇대와 손을 잡'음으로써 사람의 집에도 '따뜻한 기운'이
번졌다고 하였으므로 윗글을 읽고 전깃줄로 이어져 빛나는 전봇대의 모습이 사람들에
게까지 연결된 모습을 떠올리는 것은 적절하다.

오답 선지 분석
① 깜깜한 밤에 사람들끼리 모여 손을 이어 잡고 있는 모습
　윗글에서 깜깜한 밤에 손을 이어 잡은 것이라 묘사되는 것은 사람이 아니라 전봇대이다.
② 한밤중에 옆집의 시끄러운 소리에 깨어 사람들이 모여든 모습
　윗글에서는 전봇대의 따뜻한 기운이 사람의 집에도 번져 집집마다 불이 켜지고 있으므
로, 옆집의 시끄러운 소리에 깨어 사람들이 모여든 모습과는 거리가 멀다.
③ 웅성거리는 사람들의 음성이 서로서로 연결되어 세상으로 퍼져나가는 모습
　윗글에서는 사람들의 음성이 세상으로 퍼져나가는 것이 아니라 전봇대의 전깃줄이 서
로 연결되어 그 따뜻한 불빛이 사람들에게까지 이어지고 있다.
④ 깊은 밤 외로운 아이 하나가 길을 걸어가다 전봇대를 바라보며 슬퍼하는 모습
　윗글에서는 전봇대끼리 손을 맞잡음으로써 그 따뜻한 기운이 사람의 집에도 이어지고
있으므로, 외로운 아이가 전봇대를 바라보며 슬퍼하는 모습과는 거리가 멀다.

03 　외적 준거를 통해 작품 이해하기　　　　　　　답 | ④

보기 를 참고하여 윗글을 이해한 것으로 적절하지 않은 것은?

보기
　동시는 주 독자층인 아이들이 쉽게 읽을 수 있어야 하므로 어린이가
이해할 수 있는 언어로 어린이의 감정을 담아 써야 한다. 이때 소박하고
단순한 감정을 담는 것이 중요하며, 주로 일상적 소재를 관찰하면서 떠
오른 생각을 비유와 상징을 사용하여 표현한다. 마지막으로 동시로 하
여금 아동들의 일상생활을 새로운 시각으로 볼 수 있도록 도와주어야 한
다. 이에 따르면 〈전봇대〉는 동시의 특징에 모두 해당하는 작품이다.

정답 선지 분석
④ 밤이면 불이 켜지는 전봇대를 '서로 여기라고 손을' 드는 것처럼 표현함으로
써 다른 사물에 빗대어 묘사하는 표현 방법을 사용하였군.
　윗글에서 전봇대의 불 켜진 모습을 '서로 여기라고 손을' 드는 것처럼 표현한 시행에서
는 사물을 사람처럼 표현하는 의인법이 사용되었다. 따라서 사물을 사람에 빗대어 묘
사하는 표현 방법이 사용되었다.

오답 선지 분석
① '전봇대'는 일상에서 발견할 수 있는 소재에 해당하겠군.
　〈보기〉에 따르면 동시는 일상적 소재를 관찰하면서 떠오른 생각을 표현한다고 하였으
므로 윗글의 중심소재인 '전봇대'는 일상적 소재로 볼 수 있다.
② 전깃줄로 서로 연결되어 있는 모습을 '다른 전봇대와 손을 잡'은 것처럼 표현
함으로써 전봇대의 모습을 새로운 시각으로 보게 하는군.
　전봇대에 전깃줄이 늘어진 모습을 '다른 전봇대와 손을 잡'은 것처럼 표현함으로써 〈보
기〉에서 언급한 아동들의 일상생활을 새로운 시각으로 볼 수 있도록 도와주고 있으므
로 적절하다.

③ 전깃줄을 늘어뜨린 모습을 표현하기 위해 어린이가 이해할 수 있는 단어인
'줄넘기 줄'을 활용하였군.
　전깃줄이 늘어진 모습을 아이들이 쉽게 이해할 수 있는 소재인 줄넘기 줄을 사용하여
쉽게 표현하였으므로 적절하다.
⑤ 집집마다 불이 켜진 것을 손을 잡아 '따뜻한 기운이 번'지는 것처럼 표현함으
로써 소박한 감정을 불러일으키는군.
　집집마다 불이 켜진 모습을 마치 전봇대의 따뜻한 기운이 다른 집까지 퍼져나간다고
표현함으로써 사람 사이의 따뜻함이라는 소박한 감정을 불러일으킨다.

04 　작품의 표현 방법 파악하기

**윗글에서 보기 의 ㉠과 동일한 표현 방법이 사용된 시행을 찾아 첫 어절
을 쓰시오.**

보기
㉠ 꽃가루와 같이 부드러운 고양이의 털에
고운 봄의 향기가 어리우도다.

금방울과 같이 호동그란 고양이의 눈에
미친 봄의 불길이 흐르도다. (후략)

　　　　　　　　　　　　　　　　- 이장희, 〈봄은 고양이로다〉

정답
줄넘기

빠른 정답 체크　１ ③　２ ④　３ ⑤　４ 말, 침묵

　한국을 떠나 미국의 애리조나주 투손시의 인디언 축제에 참가
했을 때의 일이다. 인디언 천막 안에서 <u>인디언 노인들과 흥미 있</u>
<u>는 대화를 주고받으리라 기대했던 나</u>는 아주 뜻밖의 일을 경험
'나'가 인디언 축제에서 기대한 것
했다. 천막 안으로 들어가 그들과 마주 앉자마자, 나는 내 소개를
하기 시작했다. 나는 글을 쓰는 작가이며, 인디언 세계에 무척 관
심이 많고, 잘 부탁한다는 말까지 잊지 않았다. 인디언들의 철학
과 역사를 많이 알고 있다는 것도 넌지시* 내비쳤다.

　그런데 <u>그들은 아무런 반응도 보이지 않았다.</u> 다만 허리를 꼿꼿
　　　　　'나'의 기대와는 전혀 다른 반응
<u>이 세우고 묵묵히 앉아 있을 뿐이었다.</u> 천막 안이 어슴푸레해서*
　　　　　　인디언들이 침묵을 유지함
그들의 시선이 나를 향하고 있는 건지 허공을 바라보고 있는 건
지도 알 수 없었다.

　천막마다 그런 식이었다. 「아마도 그들이 <u>나를 불청객으로 여기</u>
　　　　　　　　　　　　인디언들이 글쓴이에게 아무런 반응을 보이지 않는 것
<u>는 모양</u>이라고 생각했다. 축제에 참석한, 잘난 체하는 이방인*의
침입을 부정 타는* 일로 여길 법도 했다.」결국, 별다른 대화도 나
　　　　『 』: 인디언들의 침묵에 대한 글쓴이의 추측
누지 못한 채 천막마다 구부리고 들어가느라 허리만 뻐근했다.

홋날에야 나는 <u>그것</u>이 인디언 부족들의 전통인 것을 알았다. 누
<small>인디언 부족들의 전통</small>
군가를 만나면 그들은 대화를 시작하기 전에 그렇게 한동안 침묵
으로 상대방을 느끼는 것이다.「자기 앞에 있는 존재를 가장 잘 느
<small>「」: 인디언들은 침묵이 가장 훌륭한 의사소통이라 생각함</small>
끼는 방법은 말을 통한 것이 아니라 침묵을 통한 것」임을 그들은
깨닫고 있었다.

그 후 미국에서 돌아와 나는 누군가를 만날 때마다 **인디언들 흉**
내를 내고는 했다. 상대방의 존재를 느낀답시고 입을 다물고 오 분
이고 십 분이고 앉아 있었다. 그 결과, 아주 괴팍하고 거만한 사람
<small>인디언들을 흉내 낸 글쓴이에 대한 사람들의 반응</small>
이라는 평을 듣게 되었다. 침묵은 흉내가 아니라 존재의 평화로움
<small>진정한 침묵에 대한 글쓴이의 깨달음</small>
에서 저절로 나오는 것임을 미처 몰랐다.

어쨌거나 ㉠ <u>인디언들과 만남</u>은 내게 새로운 경험이었다. 그들
은 땅을 사랑하고, 벌레들이 날개 치는 소리를 사랑하고, 한겨울
들소의 코에서 나오는 덧없는 입김을 사랑했다. 그 세계에 이끌린
나머지, 나는 미국에 갈 때마다 자주 그들이 모여 사는 곳을 기웃
거리게 되었다. 나 역시 머리를 땋고 인디언 팔찌를 하고 다녔다.

몇 번의 여행을 인디언들과 함께하면서 나는 그들에게서 두 개
의 **인디언식 이름**을 얻었다. 그중의 하나가 '너무 많이 말해'였
<small>그 사람의 특징을 바탕으로 이름을 지음</small>   <small>인디언들이 생각하는 글쓴이의 특징</small>
다. 내가 뭘 얼마나 떠들었기에 그런 식으로 나를 부르는가 따지
고 싶었지만, 그랬다가는 '너무 많이 따져'라는 이름을 또 얻게
될까 봐 그럴 수도 없는 노릇이었다.

그렇다. 고백하지만, 나는 그들의 침묵에는 턱없이 모자랐고,
그들의 말에는 더없이 넘쳐 났다. 나는 이 생에서 **쓸데없는 말을**
너무 많이 하며 살고 있지 않은가?
<small>인디언과의 만남을 통해 글쓴이가 깨달은 내용</small>
　라코타족 인디언인 '서 있는 곰'은 말한다.

"침묵은 라코타족에게 의미 깊은 것이었다. 라코타족은 **대화를**
시작할 때, 잠시 침묵하는 것을 진정한 예의로 알고 있었다. '말
이전에 침묵이 먼저'라는 것을 알았던 것이다. 슬픈 일이 닥쳤
거나 누가 병에 걸렸거나, 또는 누가 죽었을 때, 나의 부족은 먼
저 침묵하는 것을 잊지 않았다. 어떤 불행 속에서도 침묵하는
마음을 잃지 않았다."

인디언들은 여러 부족으로 이루어져 있고, 부족마다 언어도 매
우 다르다.

그래서 나는 인디언을 만나면 그들의 부족 언어를 묻곤 했다.

"당신의 모국어는 무엇입니까?"

그러면 그들은 이렇게 답하곤 했다.

ⓐ <u>"우리의 모국어는 침묵입니다."</u>
<small>말보다 침묵으로 상대방을 더 잘 파악할 수 있다는 의미 - 역설적 표현</small>
　　　　　　　　　　　　　　　　　- 류시화, 〈나의 모국어는 침묵〉 -

* 넌지시: 드러나지 않게 가만히.
* 어슴푸레하다: 빛이 약하거나 멀어서 어둑하고 희미하다.
* 이방인(異邦人): 다른 나라에서 온 사람.
* 부정(을) 타다(不淨(을) 타다): 올바르지 아니하거나 옳지 못한 일로 해를 입다.

01 갈래의 특징 파악하기　　　　　　　　답 | ③

윗글에 대한 설명으로 적절하지 <u>않은</u> 것은?

정답 선지 분석

③ 상상력을 동원해 꾸며낸 이야기를 삽입하여 교훈을 전달하고 있다.
　 윗글은 자신의 경험만을 서술하고 있다. 상상력을 동원해 꾸며낸 이야기는 소설에 해
　 당한다.

오답 선지 분석

① 글쓴이가 인디언을 만났던 경험을 바탕으로 하여 쓴 수필이다.
　 윗글은 글쓴이가 인디언을 만났던 경험을 바탕으로 하여 쓴 수필이다.

② 자신의 체험에서 얻은 생각을 독백체의 형식으로 표현하고 있다.
　 윗글은 자신의 체험에서 얻은 생각을 독백체의 형식으로 표현하고 있다.

④ 자신의 생각과 느낌을 꾸밈없이 전달하여 독자에게 감동과 깨달음을 주고
　 있다.
　 윗글은 수필 갈래로, 자신의 생각과 느낌을 꾸밈없이 전달함으로써 독자에게 감동과
　 깨달음을 주고 있다.

⑤ 인디언의 말을 인용하여 글을 마무리함으로써 주제를 강조하고 강한 인상을
　 주고 있다.
　 윗글에서는 마지막 문장인 '우리의 모국어는 침묵입니다'라는 실제 인디언의 말을 인
　 용함으로써 글쓴이가 주장하는 침묵의 진정한 가치를 강조하고 강한 인상으로 글을 마
　 무리하고 있다.

02 구절의 의미 파악하기　　　　　　　　답 | ④

㉠과 관련된 글쓴이의 경험으로 적절하지 <u>않은</u> 것은?

정답 선지 분석

④ 인디언들의 대화 방식을 모방하면서 다른 사람들과 뛰어난 의사소통 관계를
　 형성하게 되었다.
　 글쓴이는 미국에서 인디언들의 침묵을 경험하고 나서 한국으로 돌아와 사람들을 만날
　 때마다 인디언들을 흉내 내며 '입을 다물고 오 분이고 십 분이고 앉아'만 있었다. 이러
　 한 행동 때문에 괴팍하고 거만한 사람이라는 평을 들었다.

오답 선지 분석

① 인디언들의 세계에 이끌려 그들의 문화를 따라하게 되었다.
　 윗글에서 글쓴이는 인디언들과의 만남 이후 그들의 세계에 이끌린 나머지 '미국에 갈
　 때마다 자주 그들이 모여 사는 곳을 기웃거리'며 '머리를 땋고 인디언 팔찌를 하고 다
　 녔다'고 하였다.

② 인디언들에게 자신을 소개하였음에도 그들에게서 아무런 반응을 얻지 못했다.
　 인디언들을 처음 만났을 때, 글쓴이는 인디언들에게 자신을 소개하였지만 글쓴이의 기
　 대와 달리 인디언들은 '아무런 반응도 보이지 않았다'고 하였다.

③ 인디언식 이름을 얻게 됨으로써 인디언들이 나를 어떻게 생각하는지 알게
　 되었다.
　 글쓴이는 인디언들에게서 '너무 많이 말해'라는 인디언식 이름을 얻었다. 이는 인디언
　 들이 생각하는 글쓴이의 특징이었으므로 글쓴이는 이를 통해 인디언들이 자신이 말을
　 많이 하는 사람이라고 생각한다는 것을 알게 되었다.

⑤ 인디언들의 침묵은 글쓴이가 그동안 쓸데없는 말을 너무 많이 하며 살아온
　 자신의 삶을 반성하는 계기가 되었다.
　 글쓴이는 인디언 부족의 전통인 침묵을 경험하고, 그것을 모방하는 과정에서 자신이
　 '이 생에서 쓸데없는 말을 너무 많이 하며 살고 있'었다고 반성하였다.

3 외적 준거를 통해 작품 이해하기 답 | ⑤

보기 는 한 인디언 추장의 연설문이다. 보기 를 참고하여 윗글을 이해한 내용으로 적절한 것은?

보기

아무 결과도 없는 '말뿐인 말들'에 나는 지쳤다. 그 많은 좋은 말들과 지켜지지 않은 약속들을 생각할 때마다 내 가슴엔 찬 바람이 분다. 세상에는 말할 자격이 없는 사람들이 너무 많은 말을 떠들고 있다. 우리 인디언들은 적게 말하고 오래 듣는다. 말은 노래와 의식에서 중요한 역할을 한다. 대화를 할 때도 마찬가지이다. 따라서 말을 아끼고, 필요할 때만 쓰는 것이 지혜로운 일이다.

– 조셉 추장, 〈고귀한 붉은 얼굴의 연설〉

정답 선지 분석

⑤ '대화를 시작할 때, 잠시 침묵'하는 인디언들의 전통은 말이 노래와 의식에서 중요한 역할을 한다는 생각에서 비롯된 것이다.

〈보기〉에 따르면, 인디언들에게 말은 노래와 의식에서 중요한 역할을 하고, 대화를 할 때도 마찬가지이므로 말을 아끼고 필요할 때만 쓰는 것이 지혜로운 일이라고 하였다. 따라서 '대화를 시작할 때, 잠시 침묵'하는 인디언들의 전통은 이러한 생각에서 비롯된 것이라고 추측할 수 있다.

오답 선지 분석

① 인디언들이 '나를 불청객으로 여'겼던 이유는 말할 자격이 없는 사람이라고 생각했기 때문이다.

윗글에서 글쓴이는 자신에 대해 소개한 뒤 인디언들에게서 아무런 반응을 얻지 못한 것에 대해 자신을 '불청객으로 여'겼기 때문이라고 추측했다. 하지만 이것은 인디언 부족의 전통일 뿐 인디언들이 글쓴이가 말할 자격이 없는 사람이라고 생각한 것은 아니다.

② 글쓴이가 '인디언들 흉내'를 내기 시작한 것은 아무 결과도 없는 말뿐인 말들에 지쳤기 때문이다.

글쓴이가 '인디언들 흉내'를 낸 것은 인디언들처럼 자기 앞에 있는 존재를 가장 잘 느끼기 위해서이다.

③ 글쓴이의 '인디언식 이름'은 글쓴이가 말을 아끼고 필요할 때만 쓰는 사람이라는 것을 보여 준다.

인디언들이 지어 준 글쓴이의 '인디언식 이름'은 '너무 많이 말해'다. 이를 통해 인디언들이 글쓴이가 많이 말하는 사람이라고 생각하는 것을 알 수 있다.

④ 글쓴이가 '쓸데없는 말을 너무 많이' 할 때마다 인디언들의 가슴엔 찬 바람이 불었다.

'쓸데없는 말을 너무 많이' 한다는 것은 글쓴이가 인디언들을 만난 뒤 자신의 삶에 대해 반성한 내용이다. 인디언들의 가슴에 찬 바람이 불었다는 것은 윗글에서 확인할 수 없다.

4 글의 표현 방법 파악하기

다음은 ⓐ의 의미를 서술한 것이다. ㉮, ㉯에 들어갈 말로 적절한 것을 윗글에서 찾아 차례대로 쓰시오.

(㉮)보다 (㉯)(으)로 상대방을 더 파악할 수 있다는 역설적 표현이다.

정답

말, 침묵

| 본문 | 105쪽

문법   음운의 변동 (4) 첨가

빠른 정답 체크   01 ⑤   02 ④   03 ④   04 ㄴ

01   'ㄴ' 첨가 현상 이해하기   답 | ⑤

'ㄴ' 첨가 현상에 대한 설명으로 적절하지 않은 것은?

정답 선지 분석

⑤ 모음으로 끝나는 앞 단어와 '이, 야, 여, 요, 유'로 시작하는 접미사가 합쳐질 때 일어난다.

'ㄴ' 첨가는 합성어와 파생어가 만들어질 때 자음으로 끝나는 앞 단어 또는 접두사와 '이, 야, 여, 요, 유'로 시작하는 뒤 단어 또는 접미사가 합쳐질 때 일어난다.

오답 선지 분석

① '삼일절'은 'ㄴ' 첨가 현상이 일어나지 않는 단어이다.

'삼일절'의 '삼일'은 두 단어를 이어 한 마디로 발음하고 있으므로 [삼닐쩔]로 발음해야 하지만 예외적으로 'ㄴ'음을 발음하지 않는 단어에 해당하므로 [사밀쩔]로 발음한다.

② 두 단어를 한 마디로 이어 발음할 때 일어나기도 한다.

'ㄴ' 첨가 현상은 단어와 단어가 합성되는 과정에서, 두 단어를 한 마디로 이어 발음할 때 일어난다.

③ 합성어와 파생어 사이에서 'ㄴ'이 첨가되어 발음되는 현상이다.

'ㄴ' 첨가 현상은 합성어와 파생어, 단어와 단어 사이에서 'ㄴ'이 첨가되어 발음되는 현상이다.

④ '금융'은 발음할 때 'ㄴ' 첨가 현상이 일어난 형태와 일어나지 않은 형태 모두 허용된다.

'금융'은 'ㄴ' 첨가 현상이 일어난 형태인 [금늉]과 'ㄴ' 첨가 현상이 일어나지 않은 형태인 [그뮹] 모두 발음이 가능하다.

02   사이시옷 첨가 현상 이해하기   답 | ④

사이시옷 첨가 현상에 대한 설명으로 적절하지 않은 것은?

정답 선지 분석

④ 한자어끼리 합성될 때는 사이시옷 첨가 현상이 절대 일어날 수 없다.

사이시옷 첨가 현상은 보통 순우리말로 된 합성어나 순우리말과 한자어로 된 합성어에서 발생한다. 그러나 '툇간', '셋방', '곳간', '찻간', '숫자', '횟수'의 경우 한자어로 된 합성어이지만 예외적으로 사이시옷이 첨가된다. 따라서 한자어끼리 합성될 때 사이시옷 첨가가 절대 일어날 수 없다는 것은 적절하지 않다.

오답 선지 분석

① 순우리말과 한자어가 합성되는 과정에서 일어난다.

사이시옷 첨가 현상은 순우리말과 한자어가 합성되는 과정에서 일어나는 현상이다.

② 순우리말끼리 합성되는 과정에서도 일어날 수 있다.

사이시옷 첨가 현상은 순우리말과 한자어가 합성될 때뿐만 아니라 순우리말끼리 합성되는 과정에서도 일어날 수 있다.

③ 우리말의 옛 관형격 조사인 'ㅅ'이 남은 것으로 추정된다.

'냇가'와 '콧등' 등의 단어를 살펴보면, 사이시옷 첨가 현상은 우리말의 옛 관형격 조사인 'ㅅ'이 남은 것으로 추정된다.

⑤ 사이시옷 뒤에 'ㄴ, ㅁ'이 올 때는 사이시옷 [ㄷ]이 'ㄴ'으로 비음화된다.

'아랫니'와 '툇마루'를 각각 [아랜니]와 [퇸:마루/퉨:마루]로 발음하는 것과 같이, 사이시옷 뒤에 'ㄴ, ㅁ'이 올 경우에는 사이시옷 [ㄷ]이 'ㄴ'으로 비음화되는 현상이 일어난다.

03   음운의 첨가 이해하기   답 | ④

보기 를 통해 알 수 있는 음운의 첨가 현상으로 적절하지 않은 것은?

보기

○○○○년 ○월 ○일

우리 가족은 한여름의 더위를 피하러 할머니 댁으로 놀러 갔다. 방학 숙제에 학원 수업까지 여러 할 일이 많았지만 나는 모든 것을 제쳐두고 냇가로 놀러 가 신나게 물놀이를 즐겼다. 저녁에는 할머니의 옛날이야기를 들으며 툇마루에서 수박을 먹었다. 내일은 할머니의 밭일을 도와 드려야겠다.

정답 선지 분석

④ '툇마루'는 순우리말 '퇴'와 '마루'가 합성되는 과정에서 사이시옷이 첨가된 단어이다.

'툇마루'는 한자어 '퇴'와 순우리말 '마루'가 합성되는 과정에서 사이시옷이 첨가된 단어이다.

오답 선지 분석

① '밭일'은 자음으로 끝난 단어 '밭'에 모음 '이'가 만나 ㄴ이 첨가되었다.

'밭일'은 앞 단어 '밭'이 자음으로 끝났고, 뒤 단어 '일'의 '이'는 'ㄴ' 첨가가 일어날 수 있는 모음인 '이, 야, 여, 요, 유' 중 하나에 해당하므로 'ㄴ' 첨가 현상이 일어난 단어에 해당한다.

② '할 일'은 두 단어를 이어 한 마디로 발음하는 과정에서 'ㄴ' 첨가 현상이 일어났다.

'할 일'은 은 두 단어 '할'과 '일'이 합성되는 과정에서 'ㄴ'이 첨가되어 [할닐]로 발음되고, 최종적으로 [할릴]로 발음된다.

③ '냇가'는 '내'가 모음으로 끝났기 때문에 'ㄱ' 앞에서 사이시옷 현상이 일어난 것이다.

사이시옷이 첨가되는 것은 순우리말과 순우리말, 또는 순우리말과 한자어가 합성되는 과정에서 앞 단어가 모음으로 끝날 때이다. '냇가'는 순우리말 '내'와 순우리말 '가'가 합성되는 과정에서 앞 단어인 '내'가 모음으로 끝났고, 이 때문에 'ㄱ'의 앞인 '내'에 받침 'ㅅ'이 붙게 되었다.

⑤ '한여름'은 앞 단어가 자음으로 끝나고, 뒤 단어가 '여'로 시작했기 때문에 [한녀름]으로 발음되었다.

'한여름'은 앞 단어인 '한'이 자음으로 끝나고, 뒤 단어인 '여름'이 '여'로 시작했기 때문에 'ㄴ' 첨가의 조건을 모두 충족한다. 따라서 [한녀름]으로 발음된다.

04   음운의 첨가 파악하기

보기 의 ㉠에 들어갈 자음을 쓰시오.

보기

사이시옷이 첨가된 단어 중 '잇몸', '텃마당', '빗물' 등은 사이시옷 뒤에 'ㄴ, ㅁ'이 올 때 받침 'ㅅ'이 (㉠)으로 발음된 경우에 해당한다.

정답

ㄴ

인터넷에서는 전 세계의 컴퓨터들이 네트워크로 연결되어 서로 통신을 수행하고 있다. 네트워크에 연결된 기기들은 통신 대상을
<u>네트워크마다 각각의 주소와 이름이 존재하는 이유</u>
구분하기 위해 각각의 이름과 주소를 사용하는데, 이때 주소는 기기들이 인식하고 처리할 수 있는 숫자로 표현되고 이름은 사람들이 쉽게 기억하고 호칭할 수 있는 문자열을 사용한다.
<u>네트워크의 이름이 문자열을 사용하는 이유</u>   ▶ 1문단: 인터넷 주소의 표현 형식

IP주소는 인터넷상에서 연결된 컴퓨터들을 각각 구분하기 위
<u>IP주소의 정의</u>
해 사용되는 주소이다. 인터넷을 이용하는 다른 기기가 통신하기 위해서는 IP주소를 할당받아야 한다. 현재 사용되는 IP주소를 IPv4라고 하는데, IPv4의 주소체계는 32비트*로 구성되어
<u>0에서 255의 숫자</u>
네 구역으로 나뉘고, 각 구역마다 8비트의 3자리 수를 통해
<u>32비트가 네 구역으로 나뉘어 한 구역마다 8비트가 할당됨</u>
'172.16.254.1'과 같은 형식으로 표현된다. 전 세계적으로 인터넷에 연결된 모든 컴퓨터는 구분을 위해 서로 다른 IP주소를 갖고 있거나, 고유한 IP를 가진 인터넷 주소 공유기와 네트워크 기기 등을 사용한다.
   ▶ 2문단: IP주소와 형식

그런데 인터넷 사용이 증가함에 따라 IP주소의 고갈이 우려되고 있다. IP주소로 표현할 수 있는 숫자보다 많은 수의 기기들이
<u>인터넷 사용이 증가함에 따라 한정된 IP주소의 수가 점점 줄어듦</u>
전 세계에서 인터넷을 사용하려는 것이다. 이 문제를 해결하기 위해 32비트의 주소 범위를 128비트로 확장한 IPv6가 등장하였다. 기존 IPv4는 약 43억 개의 주소만 이용이 가능한 반면, IPv6
<u>IPv4의 한계점</u>
는 거의 무한대의 주소 할당이 가능하다. 따라서 네트워크 연결이 필요한 모든 기기에 독립적인 IP주소를 부여할 수 있다는 장점이 있다.
<u>IPv6의 장점</u>
   ▶ 3문단: IP주소의 고갈과 IPv6의 등장

인터넷에서 특정 컴퓨터, 웹 사이트, 서버 등에 연결하려면 반드시 대상의 IP주소를 알아야 한다. IP주소를 입력하면 바로 대상에 접속할 수 있지만, 숫자 형식으로 된 IP주소는 사람이 기억
<u>숫자 형식의 IP주소를 사용할 때의 문제점</u>
하기도 어렵고 혼동하기 쉽다. 그렇기 때문에 직관적으로 구분할 수 있는 문자로 된 이름을 주소로 사용한다. '□□□.co.kr'처럼 우리가 사용하는 대부분의 인터넷 주소가 이에 해당한다. 어려운 숫자로 된 IP주소 대신에 기억하기 쉬운 문자로 된 인터넷 주소를 입력하면, 이 주소가 DNS(Domain Name System)를 통해 해당 IP주소로 변환된다. 즉, 「사용자가 웹 사이트에 접속하기 위
「 」: 네트워크 사용자가 문자열의 인터넷 주소를 통해 웹 사이트에 접속하는 과정
해 문자로 된 주소를 입력하면, 입력된 주소를 설정된 DNS의 IP를 통해 DNS에 전달하고, 이를 수신한 DNS에서는 사용자 컴퓨터로 사이트의 주소에 해당되는 IP를 전송한다. 사용자의 컴퓨터는 이제 DNS로부터 전송된 사이트의 IP로 접속하는 것이다.」
   ▶ 4문단: 컴퓨터에서의 IP주소와 DNS 활용 방식

* 비트: 컴퓨터가 사용하는 숫자 0, 1의 2진수 단위를 의미함. 1비트의 경우 0~1, 2비트의 경우 0~3, 4비트의 경우 0~15, 8비트의 경우 0~255의 범위를 나타낼 수 있음.

01   전개 방식 파악하기   답 | ⑤

윗글의 내용 전개 방식에 대한 설명으로 가장 적절한 것은?

정답 선지 분석

⑤ 대상과 관련된 여러 개념과 기능을 설명하고 있다.

윗글은 인터넷 주소 사용과 관련된 여러 개념과 각각의 기능을 나열하면서 설명하고 있다.

오답 선지 분석

① 대상과 관련된 여러 이론을 절충하고 있다.

윗글에서는 서로 다른 의견이나 관점 등을 절충하고 있지 않다.

② 대상과 상반되는 다른 현상을 소개하고 있다.

윗글에서는 인터넷 주소 사용과 상반되는 다른 현상이 제시되지 않았다.

③ 대상을 설명한 이론의 가치를 평가하고 있다.

윗글에서는 인터넷 주소 사용을 설명한 이론에 대한 가치를 평가하고 있지 않다.

④ 대상과 다른 대상과의 공통점을 비교하고 있다.

윗글에서는 인터넷 주소 사용과 관련하여 IPv4의 한계로 인해 IPv6가 등장하였다며 다른 대상이 언급되고 있으나, 둘 사이의 공통점을 비교하고 있지는 않다.

02   핵심 내용 파악하기   답 | ①

윗글을 통해 답변할 수 있는 질문으로 적절하지 않은 것은?

정답 선지 분석

① IPv6 주소 형식이 가진 문제점은?

윗글에서는 인터넷 사용의 증가에 따라 기존의 IPv4의 한계를 보완한 IPv6를 소개하면서 IPv6의 장점만을 제시하였다.

오답 선지 분석

② IP주소의 고갈이 우려되는 원인은?

3문단에 따르면 IP주소의 고갈이 우려되는 원인은 IP주소로 표현할 수 있는 숫자보다 많은 수의 기기들이 전 세계에서 인터넷을 사용하기 때문이다.

③ IPv4 주소와 IPv6 주소의 차이점은?

3문단에 따르면 IPv4는 약 43억 개의 주소만 이용이 가능한 반면에 IPv6는 거의 무한대의 주소 할당이 가능하다.

④ 문자열로 된 인터넷 주소를 사용하는 이유는?

4문단에 따르면 숫자 형식으로 된 IP주소는 사람이 기억하기도 어렵고 혼동할 가능성이 크므로 직관적으로 구분할 수 있는 문자로 된 이름을 인터넷 주소로 사용한다.

⑤ 네트워크에 연결된 통신 대상을 구분하는 법은?

1문단에 따르면 네트워크에 연결된 통신 대상을 구분하기 위해 각각의 이름과 주소를 사용한다.

보기 를 참고하여 윗글을 이해한 내용으로 가장 적절한 것은?

보기

갑자기 인터넷이 안 된다면 'DNS 체인저' 감염 의심해야

'DNS 체인저'는 사용자의 컴퓨터를 감염시켜 해당 PC에 설정된 DNS 서버가 아닌 공격자가 운영하는 DNS 서버로 연결되도록 하는 악성 코드의 한 종류다. 이 악성 코드에 감염되면 사용자는 원치 않은 웹 사이트로 접속된다. 공격자는 악의적인 웹 사이트를 만든 후 제휴 프로그램이나 가짜 백신 프로그램을 판매해 그로부터 수익을 얻고, 사용자가 입력한 아이디와 비밀번호를 가로채기도 하였다.

정답 선지 분석

① DNS의 주소가 조작되면 가짜 사이트에 접속할 수도 있겠군.

4문단에 따르면 DNS는 사람들이 직관적으로 구분이 가능한 문자로 된 이름 주소를 해당 IP주소로 변환하는 기능을 한다. 〈보기〉에서는 DNS 서버를 가짜 주소로 변경하여 이를 불법적으로 악용하는 사례가 제시되었다. 따라서 DNS의 주소를 조작할 경우 가짜 사이트에 접속할 수 있음을 파악할 수 있다.

오답 선지 분석

② 악성 코드를 막기 위해 IP주소를 할당받지 않고 인터넷을 사용해야겠군.

2문단에 따르면 인터넷을 이용하는 기기가 다른 기기와 통신하기 위해서는 IP주소를 할당받아야 하므로 적절하지 않다.

③ IPv4의 경우 악성 코드에 취약해서 IPv6와 같은 주소를 사용하게 되었군.

3문단에 따르면 인터넷 사용의 증가로 인하여 IPv4보다 주소 범위가 넓은 IPv6 주소를 사용하게 되었을 뿐, IPv4가 악성 코드에 취약해서 IPv6와 같은 주소를 사용한 것은 아니다.

④ DNS의 주소 대신 문자열의 인터넷 주소를 사용하면 악성 코드를 피할 수 있겠군.

4문단에 따르면 DNS는 문자열의 인터넷 주소를 IP주소로 변환하는 시스템이므로, 악성 코드를 피하려면 문자열의 인터넷 주소가 아닌 DNS 서버를 사용하지 않고 IP주소를 직접 입력하여 특정 컴퓨터나 웹 사이트에 바로 접속해야 한다.

⑤ 사용자가 기기를 통해 네트워크에 연결할 때 모두에게 고유한 IP주소를 부여해야겠군.

2문단에 따르면 IP주소는 인터넷상에서 연결된 컴퓨터들을 각각 구분하기 위해 사용되는 주소이다. 〈보기〉에서는 DNS의 악성 코드로 인해 피해가 발생한 것이므로, 사용자 모두에게 고유한 IP주소를 부여한다고 해서 'DNS 체인저'를 막을 수 있는 것은 아니다.

04 세부 내용 파악하기

보기 2 는 **보기 1** 에서 IPv4와 IPv6의 주소 형태가 다른 이유를 서술한 것이다. 빈칸에 들어갈 말로 적절한 것을 골라 차례대로 쓰시오.

보기 1

IPv4: 202.30.64.22

IPv6: 2001:0230:abcd:ffff:0000:0000:ffff:1111

보기 2

IPv4의 주소 범위는 (32/128)비트이고, IPv6의 주소 범위는 (32/128)비트이기 때문이다.

정답

32, 128

문학 1   엄마 걱정(기형도)

빠른 정답 체크   1 ③   2 ①   3 ⑤   4 열무 삼십 단

> 열무 삼십 단을 이고
> _{엄마의 고단한 삶을 보여 주는 소재}
> 시장에 간 우리 엄마
>
> 안 오시네, ㉠ 해는 시든 지 오래   □: 비슷한 시구의 반복으로 엄마가
> _{시간적 배경이 밤임을 알 수 있음}   오지 않아 외로운 '나'의 마음을
> ㉡ 나는 찬밥처럼 방에 담겨   강조하고 운율을 형성함
> _{외롭고 쓸쓸한 '나'의 처지 – 직유법, 촉각적 이미지}
> 아무리 천천히 숙제를 해도
>
> 엄마 안 오시네, ㉢ 배춧잎 같은 발소리 타박타박
> _{엄마의 지친 발소리 – 직유법}
> 안 들리네, 어둡고 무서워
> _{홀로 엄마를 기다리는 '나'의 정서}
> ㉣ 금 간 창틈으로 고요히 빗소리 → 화자가 가난한 유년 시절을
> _{청각적 이미지}   보냈다는 것을 알 수 있음
> 빈 방에 혼자 엎드려 훌쩍거리던
> ▶ 비 오는 밤 시장에 간 엄마를 홀로 기다리고 있는 유년 시절의 '나'
>
> 아주 먼 옛날
> _{화자가 과거를 회상한 것임을 알 수 있음}
> 지금도 내 눈시울을 뜨겁게 하는
> _{서글픔, 안타까움}
> 그 시절, ㉤ 내 유년*의 윗목* → 외롭고 힘들었던 어린 시절 – 은유법
> ▶ 유년 시절을 떠올리며 슬픔을 느끼는 '나'
>   - 기형도, 〈엄마 걱정〉 -
>
> *유년(幼年): 나이가 어린 때.
> *윗목: 온돌방에서 아궁이로부터 먼 쪽의 방바닥. 불길이 잘 닿지 않아 아랫목보다 상대적으로 차가운 쪽이다.

01 표현상의 특징 파악하기   답 | ③

윗글에 대한 설명으로 적절한 것은?

정답 선지 분석

③ 비유적 표현을 사용하여 화자의 정서를 효과적으로 전달한다.

윗글에서는 '찬밥처럼 방에 담겨', '배춧잎 같은 발소리 타박타박' 등의 직유법과 '내 유년의 윗목'과 같이 은유법을 사용함으로써 비가 내리는 늦은 밤 혼자 방에서 엄마를 기다리며 화자가 느꼈던 외로움을 생생하게 전달하고 있다.

오답 선지 분석

① 1연과 2연에서 서로 다른 화자가 등장하여 시를 전개한다.

윗글에서는 어른이 된 '나'가 자신의 유년 시절을 되돌아보고 있으므로 한 명의 화자만 등장한다.

② 상황을 가정하여 과거의 잘못에 대한 후회를 드러내고 있다.

윗글에서는 상황을 가정하여 과거의 잘못에 대한 후회를 드러내고 있지 않다.

④ 첫 연과 마지막 연의 시구가 비슷한 형태를 띰으로써 운율을 형성한다.

윗글은 첫 연과 마지막 연의 시구가 비슷한 형태를 띠지 않는다.

⑤ 의문을 나타내는 종결 어미를 사용하여 심각하고 무거운 분위기를 강조한다.

윗글에서 의문을 나타내는 종결 어미를 사용한 부분을 찾을 수 없다.

02 구절의 의미 파악하기   답 | ①

㉠~㉤에 대한 설명으로 적절하지 <u>않은</u> 것은?

정답 선지 분석

① ㉠: 해를 열무가 시드는 것에 비유하여 계절의 변화를 표현하고 있다.

'해는 시든 지 오래'라는 표현은 해를 열무가 시드는 것에 비유함으로써 시간이 지났다는 것을 의미할 뿐, 계절의 변화를 의미하지는 않는다.

오답 선지 분석

② ㉡: 보살핌을 받지 못하고 홀로 남겨진 '나'의 처지를 알 수 있다.

'나는 찬밥처럼 방에 담겨'는 홀로 남겨진 '나'의 쓸쓸한 처지를 비유한 표현이다.

③ ㉢: 지친 엄마의 힘없는 발걸음을 비유한 표현이다.

엄마의 지친 발소리를 '배춧잎'에 빗대어 표현함으로써 엄마의 피곤하고 지친 삶을 나타내고 있다.

④ ㉣: 유년 시절 '나'의 가정 형편이 넉넉하지 못했음을 파악할 수 있다.

'금 간 창틈'은 유년 시절 가정 형편이 넉넉하지 못했던 '나'의 상황을 알 수 있는 표현이다.

⑤ ㉤: 외롭고 쓸쓸했던 어린 시절을 상대적으로 차가운 공간인 '윗목'에 빗댄 표현이다.

'윗목'은 아랫목보다 상대적으로 차가운 곳을 가리키는 말로, 외롭고 쓸쓸했던 '나'의 어린 시절을 비유한 표현이다.

03 작품 비교하기   답 | ⑤

윗글과 〈보기〉의 공통점으로 적절하지 <u>않은</u> 것은?

보기

손가락에 침 발러 / 쏘옥, 쏙, 쏙
장에 가는 엄마 내다보려
문풍지를 / 쏘옥, 쏙, 쏙

아침에 햇빛이 반짝,

손가락에 침 발러 / 쏘옥, 쏙, 쏙
장에 가신 엄마 돌아오나
문풍지를 / 쏘옥, 쏙, 쏙

저녁 바람이 솔솔.

– 윤동주, 〈햇빛·바람〉

정답 선지 분석

⑤ 청각적 이미지를 사용하여 작품의 내용을 감각적으로 표현하고 있다.

윗글에서는 '빗소리'라는 시어를 통해 청각적 이미지가 사용되었음을 확인할 수 있으나 〈보기〉에서는 청각적 이미지가 나타난 시어를 찾을 수 없다.

오답 선지 분석

① 화자가 엄마를 기다리는 상황을 그려내고 있다.

윗글과 〈보기〉 모두 화자가 엄마를 기다리는 상황을 그려낸 시이다.

② 유사한 시구를 반복하여 운율을 형성하고 있다.

윗글에서는 '안 오시네', '엄마 안 오시네', '안 들리네'처럼 유사한 시구를 반복하고 있고, 〈보기〉 또한 '손가락에 침 발러'와 같이 동일한 시구와, '장에 가는 엄마', '장에 가신 엄마'와 같이 유사한 시구를 반복하여 운율을 형성하고 있다.

③ 시간의 경과를 나타내는 표현이 사용되었음을 확인할 수 있다.

윗글에서는 '해는 시든 지 오래'라는 표현을 통해 시간의 경과를 확인할 수 있고, 〈보기〉에서는 '아침에 햇빛이 반짝'과 '저녁 바람이 솔솔'을 통해 시간이 경과되었음을 확인할 수 있다.

④ 움직임을 묘사하는 말을 삽입하여 상황을 생생하게 전달하고 있다.

윗글에서는 엄마의 발소리를 묘사하는 말인 '타박타박'이, 〈보기〉에서는 화자가 문풍지에 구멍을 뚫는 모습을 묘사하는 '쏘옥', '쏙'이 삽입되어 상황을 생생하게 전달하고 있다.

04 시어의 의미 파악하기

윗글에서 엄마의 고단한 삶을 드러내는 소재를 찾아 3어절로 쓰시오.

정답

열무 삼십 단

문학 2 이생규장전(김시습)

빠른 정답 체크 01 ③ 02 ② 03 ③ 04 귀신, 이승

[앞부분 줄거리] 송도에 사는 이생은 어느 날 공부하러 가던 도중 <u>우연히 엿본 담 안에서 시를 읊는 최 씨를 보게 되고, 둘은 사랑에 빠진다.</u>
　　　　　제목 이생규장전의 뜻(이생이 담장 안을 엿보다)과 관련됨
그 이후 매일 밤 최 여인의 집을 다니던 이생은 아버지의 꾸짖음을 듣고 지방으로 쫓겨난다. 최 씨는 이 사실을 알고 병을 얻는다. 최 씨의 부모는
이생과 최 씨의 첫 번째 이별
딸의 병이 이생 때문임을 알게 되어 두 사람을 부부로 맺어 주기 위해 노력하고, 결국 이생과 최 씨는 혼례를 올린다. 그러나 <u>홍건적의 난으로 인해 양가 부모뿐만 아니라 최 씨까지 목숨을 잃게 된다.</u>
　　　　　이생과 최 씨의 두 번째 이별

이생은 슬픈 마음을 억누를 길이 없어 작은 누각에 올라가서 눈물을 훔치며 길게 탄식할 뿐이었다. 어느새 날이 저물었다. 그는 우두커니 홀로 앉아 지난날을 가만히 떠올려 보았지만 모든 게 한바탕 꿈만 같았다.

<u>이경*쯤 되어 달빛이 희미한 빛을 토하며 들보*를 비추었다.</u> 그런
비현실적인 사건 전개를 위한 배경 설정
데 회랑* 끝에서 웬 발소리가 들려왔다. 그 소리는 멀리서부터 들
최 씨의 발소리
려오더니 차츰 가까워졌다. ㉠ <u>발소리가 이생 앞에 이르렀을 때</u>
<u>보니 바로 최 씨였다.</u>
　　　최 씨가 환생하여 나타남 – 비현실적인 사건 전개

『이생은 그녀가 이미 죽은 것을 알고 있었지만, 너무도 사랑하는
『 』: 최 씨가 죽은 사실보다 최 씨에 대한 사랑이 앞섰기 때문에 – 비현실적, 주제와 관련됨
나머지 한 치의 의심도 없이 물었다.』

"당신은 어디로 피해 목숨을 부지하였소?"

최 씨는 이생의 손을 잡고 한바탕 통곡하더니 그간의 사정을 이야기하기 시작했다.

(중략)

그 뒤 ㉡ <u>이생은 벼슬을 구하지 않고 최 씨와 함께 살았다.</u> 목숨을 구하고자 달아났던 종들도 다시 스스로 돌아왔다. 이생은 이 때부터 인간사에 게을러져서 비록 친척이나 손님들의 길흉사*에

정답 및 해설 **57**

하례하고* 조문해야 할 일이 있더라도 문을 걸어 잠그고 밖으로
<small>두문불출(杜門不出)</small>
나가지 않았다. 그는 항상 최 씨와 더불어 시를 주고받으며 금실

좋게 행복한 시간을 보냈다. 그렇게 몇 년이 흘러갔다.

　어느 날 저녁 최 씨가 이생에게 말했다.

　"세 번이나 좋은 시절을 만났지만 세상일은 뜻대로 되지 않고 어
<small>① 이생과 최 씨가 처음 만나 사랑을 나눈 일 ② 이생과 최 씨가 혼인한 일 ③ 최 씨가 환생한 일</small>
그러지기만 하네요. 즐거움이 다하기도 전에 갑자기 슬픈 이별
<small>이생과 최 씨가 다시 이별해야 함</small>
이 닥쳐오니 말이에요."

　그러고는 마침내 오열하기 시작하였다. 이생은 깜짝 놀라서 물

었다.

　"무슨 일로 그러시오?"

　최 씨가 대답하였다.

　"저승길의 운수는 피할 수가 없답니다. ㉢『하느님께서 저와 당
<small>최 씨가 저승으로 돌아가야 함 – 이생과 최 씨의 세 번째 이별</small>
신의 연분이 아직 끝나지 않았고, 또 저희가 아무런 죄악도 저

지르지 않았음을 아시고 이 몸을 환생시켜 당신과 지내며 잠시

시름을 잊게 해주신 것이었어요.』그러나 인간 세상에 오랫동안
<small>『 』: 최 씨가 환생할 수 있었던 이유 – 비현실적인 사건에 개연성을 부여함</small>
머물면서 산 사람을 미혹시킬 수는 없답니다."

　최 씨는 시녀를 시켜 술을 올리게 하고는 〈옥루춘〉에 맞추어 노

래를 부르면서 이생에게 술을 권하였다.

[A]
> 창과 방패가 눈에 가득한 싸움터
> <small>홍건적의 난</small>
> 옥이 부서지고 꽃도 흩날리고 원앙도 짝을 잃네.
> <small>최 씨의 죽음　　　　　이생과 최 씨의 이별</small>
> 여기저기 흩어진 해골을 그 누가 묻어 주랴.
>
> 피에 젖어 떠도는 영혼 하소연할 곳 없어라.
>
> <small>중국 초나라의 희왕이 고당에 갔다 꿈속에서 무산의 선녀와 사랑을 나눔</small>
> 무산 선녀가 고당에 한번 내려온 후 – 이생과 최 씨의 상황
>
> 깨졌던 거울이 거듭 갈라지니 마음만 쓰려라.
> <small>이생과 최 씨가 다시 이별할 것임을 의미함</small>
> 이제 한번 이별하면 둘 사이 아득하니
> <small>이승과 저승의 거리로 인해</small>
> 하늘과 인간 사이에 소식마저 막히리라.

　최 씨는 한 마디씩 노래를 부를 때마다 눈물을 삼키느라 곡조를

제대로 이어가지 못하였다.

　이생도 슬픔을 걷잡지 못하여 말하였다.

　"내 차라리 당신과 함께 저세상으로 갈지언정 어찌 무료히 홀로
<small>죽음을 무릅쓰고서라도 최 씨와 함께 하고자 함</small>
살아남을 수 있겠소? 지난번 난리를 겪은 후 친척과 종들이 뿔

뿔이 흩어지고, 돌아가신 부모님의 유해가 들판에 버려져 있을

때 당신이 아니었다면 누가 부모님을 묻어 드릴 수 있었겠소?

옛 성현이 말씀하시기를 '어버이 살아 계실 때는 예로써 섬기
<small>부모에 대한 자식의 도리</small>
고, 돌아가신 후에는 예로써 장사 지내야 한다.'라고 했는데 당

신의 천성이 효성스럽고 인정이 두터웠기 때문에 이런 일을 다

처리할 수 있었던 것이오. ㉣ 당신의 정성에 너무도 감격하지만

한 편으로는 나에 대한 부끄러움을 참을 길이 없었소. 부디 그
<small>부모를 잘 모시지 못한 것에 대해 부끄러움을 느낌</small>
대는 인간 세상에 더 오래 머물다가 백 년 후 나와 함께 흙으로

돌아가시구려."

　최 씨가 대답하였다.

　"당신의 목숨은 아직도 한참 더 남아 있지만 저는 이미 귀신의

명부에 이름이 실렸으니 이곳에 더 오래 머물 수가 없답니다.
<small>최 씨가 이승에 오래 머물 수 없던 이유</small>
만약 제가 굳이 인간 세상을 그리워하며 미련을 두어 운명의 법

도를 어기게 된다면 단지 저에게만 죄과*가 미치는 게 아니라

당신에게도 누를 끼치게 될 거예요. 다만 제 유해가 아무 곳에

흩어져 있으니 만약 은혜를 베풀어 주시려면 그것이나 거두어

비바람과 햇볕 아래 그냥 나뒹굴지 않게 해 주세요."
<small>최 씨는 이생에게 자신의 유해를 거두어 주길 부탁함</small>
두 사람은 서로 바라보며 눈물만 줄줄 흘렸다.

　"서방님, 부디 몸 건강하세요."

　ⓐ 말을 마친 최 씨의 자취가 점차 희미해지더니 마침내 흔적도
<small>비현실적인 사건 전개</small>
없이 사라져 버렸다.

　이생은 그녀의 유골을 거두어 부모님 무덤 곁에 묻어 주었다.

장사를 지낸 뒤 ㉤ 이생도 최 씨와의 추억을 생각하다 병을 얻어
<small>비극적 결말을 통해 죽음을 초월한 두 사람의 사랑을 표현함</small>
몇 달 만에 세상을 떠나고 말았다.

　이 이야기를 들은 사람들마다 애처로워하며 그들의 절의*를 사

모하지 않는 이가 없었다.

– 김시습, 〈이생규장전〉 –

* 이경(二更): 하룻밤을 오경(五更)으로 나눈 둘째 부분. 밤 아홉 시부터 열한 시 사
이이다.
* 들보: 칸과 칸 사이의 두 기둥을 건너지르는 나무.
* 회랑(廻廊): 정당(正堂)의 좌우에 있는 긴 집채.
* 길흉사(吉凶事): 길사와 흉사를 아울러 이르는 말.
* 하례하다(賀禮하다): 축하하여 예를 차리다.
* 죄과(罪過): 죄가 될 만한 허물.
* 절의(節義): 절개와 의리를 아울러 이르는 말.

01 서술상의 특징 파악하기   답 | ③

윗글에 대한 설명으로 가장 적절한 것은?

정답 선지 분석

③ 두 인물 사이의 대화를 통해 애절한 사랑을 느낄 수 있다.

  환생한 최 씨가 다시 저승으로 돌아가야 하는 상황에서 '내 차라리 당신과 함께 저세상으로 갈지언정 어찌 무료히 홀로 살아남을 수 있겠소?'라는 이생의 말을 통해 죽어서라도 최 씨와 사랑을 이어가려는 이생의 애절한 사랑을 느낄 수 있다.

오답 선지 분석

① 인물 사이의 갈등을 중심으로 사건이 진행되고 있다.

  윗글에서는 인물과 인물 사이의 갈등이 아닌 인물(개인)과 사회 사이의 갈등이 드러난다.

② 비현실적인 사건을 삽입하여 현실 사회를 풍자하고 있다.

  죽은 최 씨가 환생하여 이생과 다시 만나는 것은 비현실적인 사건에 해당하지만 이를 통해 현실 사회를 풍자하는 것이 아닌 두 주인공의 애절한 사랑이라는 작품의 주제를 강조하고 있다고 봐야 한다.

④ 빈번한 장면 전환을 통해 환상적으로 사건을 전개하고 있다.

  윗글에서는 빈번한 장면 전환이 나타나지 않는다.

⑤ 개과천선의 결말로 이야기를 끝냄으로써 일반 고전 소설과 차이를 보인다.

  윗글의 결말은 개과천선이 아닌 비극적 결말로 이야기를 끝냄으로써 행복한 결말로 끝나는 일반 고전 소설과 차이를 보인다.

02 구절의 의미 파악하기   답 | ②

㉠~㉤에 대한 설명으로 적절하지 않은 것은?

정답 선지 분석

② ㉡: 이승의 사람과 저승의 영혼이 만나 사랑을 나눈다는 점에서 현실성이 두드러진다.

  이승의 사람인 이생과 저승의 영혼인 최 씨가 다시 만나 사랑을 나눈다는 점에서 현실성이 아닌 전기성이 두드러진다.

오답 선지 분석

① ㉠: 죽은 최 씨가 환생하여 이생에게 찾아왔음을 알 수 있다.

  ㉠은 죽은 줄 알았던 최 씨가 이생의 앞에 나타나는 장면으로, 홍건적의 난으로 죽은 최 씨가 환생하여 이생과 만나는 부분이다.

③ ㉢: 최 씨가 환생할 수 있었던 이유를 제시하여 사건 전개에 개연성을 부여하고 있다.

  최 씨는 이생에게 '하느님께서 저와 당신의 연분이 끝나지 않았고', 자신과 이생이 이승에서 아무런 죄악도 저지르지 않았기에 자신이 환생할 수 있었다고 밝힘으로써 최 씨의 환생이라는 비현실적인 사건 전개에 개연성을 부여하고 있다.

④ ㉣: 부모님이 돌아가신 뒤 제대로 장사 지내지 못한 것에 대한 이생의 죄책감이 드러난다.

  이생은 '어버이 살아 계실 때는 예로서 섬기고, 돌아가신 후에는 예로써 장사 지내야 한다.'는 옛 성현의 말을 인용하면서 최 씨로 인해 뿔뿔이 흩어진 부모님의 유해를 정리할 수 있었다며 고마움을 느낀다. 그러나 한편으로는 살아남았음에도 부모님을 장사 지내지 못한 것에 대해 죄책감을 느끼고 있다.

⑤ ㉤: 비극적 결말을 통해 죽음도 갈라놓을 수 없는 두 인물의 애절한 사랑을 드러내고 있다.

  최 씨가 저승으로 돌아간 후 이생 또한 최 씨를 따라 세상을 떠났다고 하였으므로 비극적 결말을 통해 죽음도 갈라놓을 수 없는 최 씨와 이생의 사랑을 드러내고 있다.

03 외적 준거를 통해 작품 이해하기   답 | ③

보기 를 참고하여 [A]를 이해한 것으로 적절하지 않은 것은?

보기

  시는 운율적인 형식 속에 인간의 경험, 느낌, 정서 등을 압축적으로 나타내는 문학의 한 양식이다. 시는 내용을 요약하여 표현함으로써 의미를 함축하고, 인물의 정서를 비유적으로 드러내며 주제를 집약적으로 전달한다. 또한 사건 전개의 방향을 암시하기도 하고, 작품의 분위기를 형성하기도 한다.

정답 선지 분석

③ '피에 젖어 떠도는 영혼 하소연할 곳 없어라'에서는 부모와 최 씨가 죽고 자신만이 살아남은 이생의 자책감이 드러나는군.

  [A]는 최 씨가 말하는 부분으로, '피에 젖어 떠도는 영혼'은 최 씨를 가리키며, '하소연할 곳 없어라.'는 억울하게 죽게 된 자신의 심정이 드러나는 표현이다.

오답 선지 분석

① '창과 방패가 눈에 가득한 싸움터'는 최 씨가 죽음을 겪게 된 이유와 밀접한 관련이 있겠군.

  최 씨는 홍건적의 난에 의해 죽음을 당하였고, '창과 방패가 눈에 가득한 싸움터'는 홍건적의 난을 가리키는 것이므로 적절하다.

② '원앙도 짝을 잃네'는 이생과 최 씨가 처했던 상황을 드러내는 비유적 표현이군.

  '원앙'은 이생과 최 씨를 비유하는 소재로, '원앙도 짝을 잃네.'는 최 씨와 이생이 이별했던 상황을 드러내는 비유적 표현이다.

④ '깨졌던 거울이 거듭 갈라지니'를 통해 이생과 최 씨가 다시 이별할 것임을 짐작할 수 있군.

  '깨졌던 거울이 거듭 갈라지니'는 이생과 최 씨가 다시 이별해야 하는 상황을 비유하는 표현이다.

⑤ '이제 한번 이별하면 둘 사이 아득하니'를 통해 이생과의 이별을 앞둔 최 씨의 서글픈 심정을 알 수 있군.

  이승의 이생을 두고 다시 저승으로 돌아가야 하는 최 씨의 상황을 '둘 사이 아득하니'라고 말함으로써 최 씨의 서글픈 심정을 드러내고 있다.

04 작품의 내용 이해하기

다음은 ⓐ의 이유를 서술한 것이다. 빈칸에 들어갈 말로 적절한 것을 골라 차례대로 쓰시오.

  최 씨가 이미 (귀신 / 환생)의 명부에 이름이 실려 (이승 / 저승)에 오래 머물 수 없었기 때문이다.

정답

귀신, 이승

정답 및 해설 59

| 본문 | 117쪽

빠른 정답 체크   **01** ②   **02** ③   **03** ③   **04** 힘

야구 좋아하시는 분들 계세요? 손 한번 들어 볼까요? 오, 정말

질문을 통해 듣는 이의 관심을 유발함   듣는 이의 적극적 참여를 유도함

많이 계시네요. 저도 야구 중계를 곧잘 보는 편인데요. 재작년쯤

이었던 것 같아요. 야구 중계를 우연히 보고 있는데, 베어스 팀의

경기였어요. 그 당시에 투수는 이현승 선수였고, 포수는 양의지

선수였어요. 베어스 팀이 위기 상황이 됐어요. 근데 그때 양의지

이현승 투수가 부담과 긴장을 느낄 만한 상황

포수가 타임을 요청하더니, 이현승 투수한테로 다가갔어요. 보

통 그럴 때 작전도 얘기하고 이런저런 의견을 교환하고 그러잖아

요. 그런데 양의지 선수가 뭐라고 얘기했더니 ㉠ 이현승 투수가

글러브로 이렇게 약간 쥐어박는 시늉을 하더니 피식 웃고는 서

말하는 이의 동작과 표정을 통해 듣는 이가 강연을 실감 나게 들을 수 있음

로 각자의 자리로 돌아갔어요. 그리고 경기는 진행되었죠. 그 당

시에 스포츠 해설자가 "방금 양의지 포수가 뭐라고 한 걸까요?"

라고 얘기했지만, 중계를 보는 우리는 알 수가 없죠. 베어스 팀은

위기 상황을 잘 넘겼어요. 이현승 투수가 공을 잘 던졌던 거겠죠.

이현승 투수가 위기 상황을 잘 모면함

승리 투수가 이현승 선수가 됐고요. 끝나고 나서 어떤 기자가 이

현승 투수를 인터뷰하면서 물어봤어요. 아까 8회에 양의지 포수

가 다가와서 뭐라고 하던가요? 그랬더니 이현승 투수가 뭐라고

대답했느냐면, 여러분 여기 보시면 이 까만 거 있죠? 이걸 언더셔

부가 자료를 제시함으로써 듣는 이의 이해를 도움

츠*라고 하는데 이거를 이현승 투수가 두 겹을 입고 있었대요. 양

의지 포수가 그 절체절명*의 위기 순간에 다가와서 했다는 말이

ⓐ "형, 이거 두 개 껴입었어? 추워? 나이 들었네." 이랬다는 거예

위기 순간과 관련 없는 농담을 건넴

요. 그러니까 이현승 투수는 '무슨 실없는 소리야.' 싶으니까 "야,

들어가." 이렇게 돼서 그렇게 헤어진 거죠. 양의지 포수가 하려고

했던 말이 무엇이었을까요? "형, 긴장 풀어. 힘 빼." 이 얘기를 하

양의지 포수가 농담을 한 의도

고 싶었던 거죠.

보통의 사람들이면 이럴 때 뭐라고 할까요? 「"형, 지금 너무 중

요한 순간이야. 모두가 형만 쳐다보고 있어. 이번 공이 얼마나 중

요한지 알지? 잘 던져야 해. 힘내!"라고 얘기를 하죠. 그러면 어떻

「 」: 상대를 긴장시키는 말

게 될까요? 더 긴장하게 되겠죠. 어깨에 힘이 빡 들어가고, 그러

면 공을 제대로 던지기가 더 힘들어질 거예요. 양의지 포수는 그

절체절명의 위기 순간에 이현승 투수에게 힘을 뺄 수 있도록 도

양의지 포수의 농담은 이현승 투수가 힘을 빼고 침착하게 경기할 수 있도록 함

와준 거죠.

– 김하나, 〈힘들 때 힘을 빼면 힘이 생긴다〉 –

---

* 언더셔츠: 속셔츠. 맨 속에 입는 셔츠.

* 절체절명(絕體絕命): 몸도 목숨도 다 되었다는 뜻으로, 어찌할 수 없는 절박한 경우를 비유적으로 이르는 말.

---

01   강연 내용 이해, 평가하기   답 | ②

윗글에 대한 설명으로 적절하지 않은 것은?

정답 선지 분석

② 어려운 용어를 활용하여 강연의 전문성을 높이고 있다.

   윗글에서 강연자는 어려운 용어를 활용하여 전문성을 높이고 있지 않다.

오답 선지 분석

① 질문을 통해 듣는 이의 관심을 유발하고 있다.

   윗글에서 강연자는 '야구 좋아하시는 분들 계세요?'라고 질문을 함으로써 듣는 이의 관심을 유발하고 있다.

③ 중요한 순간에 대처하는 상반된 반응을 비교하여 설명하고 있다.

   윗글에서 강연자는 절체절명의 순간에 보통의 사람들이 하는 말과, 이와 다르게 농담을 건넨 양의지 포수의 상황을 비교하여 설명하고 있다.

④ 공통의 관심사를 제시하여 듣는 이와의 공감대를 형성하고 있다.

   윗글에서 강연자는 '야구 좋아하시는 분들 계세요?'라며 질문을 하고, '저도 야구 중계를 곧잘 보는 편인데요.'라고 말하며 듣는 이와의 공감대를 형성하고 있다.

⑤ 듣는 이에게 구체적 행동을 요청함으로써 적극적인 참여를 유도하고 있다.

   윗글에서 강연자는 야구를 좋아하는 사람이 있는지 먼저 질문한 뒤, '손 한번 들어 볼까요?'라고 말함으로써 듣는 이에게 구체적 행동을 요청하고 있다. 따라서 듣는 이의 적극적인 참여를 유도하고 있다.

---

02   강연 표현 전략 사용하기   답 | ③

윗글에서 말하는 이가 ㉠과 같이 말한 목적으로 적절한 것은?

정답 선지 분석

③ 듣는 이가 강연을 더욱 실감 나게 이해할 수 있게 하기 위해서이다.

   ㉠에서 말하는 이는 야구선수의 표정과 몸짓을 흉내 내고 있다. 이는 말하는 이가 듣는 이의 이해를 돕고 강연을 더욱 실감 나게 들을 수 있도록 돕기 위해서 활용한 것이다.

오답 선지 분석

① 강연의 분위기를 엄숙하고 진지하게 조성하기 위해서이다.

   강연에서 말하는 이는 야구선수의 표정과 몸짓을 흉내 내고 있다. 이는 말하는 이가 듣는 이의 이해를 돕고 강연을 더욱 실감 나게 들을 수 있도록 돕기 위해서 활용한 것이다. 강연에서 말하는 이가 표정과 몸짓을 사용한다면 강연의 분위기를 자연스럽고 편안하게 조성할 수 있다.

② 말하는 이가 자신의 주장을 효과적으로 강조하기 위해서이다.

   강연에서 말하는 이는 야구선수의 표정과 몸짓을 흉내 내고 있다. 이는 듣는 이의 이해를 돕고 강연을 더욱 실감 나게 들을 수 있도록 돕는 것이지 자신의 주장을 효과적으로 강조하기 위한 것은 아니다.

④ 말하는 이가 듣는 이의 구체적인 행동 변화를 유도하기 위해서이다.

   강연에서 말하는 이는 야구선수의 표정과 몸짓을 흉내 내고 있다. 이는 말하는 이가 듣는 이의 이해를 돕고 강연을 더욱 실감 나게 들을 수 있도록 돕기 위해서 활용한 것이지 듣는 이의 구체적인 행동 변화를 유도하기 위한 것은 아니다.

⑤ 듣는 이의 상상력을 자극하여 상황을 다양하게 해석하게 하기 위해서이다.

   강연에서 말하는 이는 야구선수의 표정과 몸짓을 흉내 내고 있다. 이는 말하는 이가 듣는 이의 이해를 돕고 강연을 더욱 실감 나게 들을 수 있도록 돕기 위해서 활용한 것이지 듣는 이가 강연자의 다음 강연도 듣게 하기 위한 것은 아니다.

03 강연 표현 전략 사용하기　　　　　　　　답 | ③

보기 를 참고하여 윗글을 이해한 것으로 적절한 것은?

보기

설득 전략에는 크게 세 가지가 있다. 먼저, 이성적 설득은 논리적인 근거를 들어 말하는 이의 주장을 뒷받침하는 전략이다. 통계 자료, 자신의 직·간접적 경험이나 다른 사람의 말 등을 활용하여 설득력을 높인다. 감성적 설득은 감정에 호소하여 듣는 이의 마음을 사로잡는 전략이다. 유머를 사용하여 즐거움을 유발하거나 공포심을 자극하여 문제점을 강조하는 등 듣는 이의 욕망이나 동정심 같은 감정을 불러일으켜 설득력을 높인다. 인성적 설득은 말하는 이의 전문성, 도덕성, 사회성 등을 바탕으로 하여 전하는 말에 신뢰를 주는 전략이다.

정답 선지 분석

③ 말하는 이가 자신의 간접적인 경험을 바탕으로 하여 주장을 뒷받침하고 있으므로 이성적 설득 전략을 활용하였다.
　〈보기〉에 따르면 자신의 직·간접적 경험이나 다른 사람의 말 등을 활용하여 설득력을 높이는 설득 전략은 이성적 설득이다. 윗글에서는 자신이 야구 중계를 시청했던 경험을 말하고 있으므로 적절하다.

오답 선지 분석

① 유명 야구선수들의 대화를 인용함으로써 신뢰를 주고 있으므로 인성적 설득 전략을 활용하였다.
　〈보기〉에 따르면 인성적 설득 전략은 말하는 이의 전문성, 도덕성 등을 바탕으로 하여 신뢰를 주는 전략이다. 윗글에서 유명 야구선수들의 대화를 인용하기는 했으나, 이는 전문성을 바탕으로 신뢰를 주기 위해서가 아니라 주장하는 바에 대해 적절한 예시를 들기 위해서이므로 적절하지 않다.

② 선수들의 팀워크를 강조하여 듣는 이에게 감동을 주고 있으므로 감성적 설득 전략을 활용하였다.
　윗글에서 양의지 포수와 이현승 투수의 일화를 제시한 것은 말하는 이가 주장하는 바에 대해 설득력을 높이기 위한 것이지 두 선수의 팀워크를 강조하기 위해 제시한 것은 아니다.

④ 말하는 이가 포수와 투수의 말을 실감 나게 묘사하여 듣는 이에게 즐거움을 주고 있으므로 이성적 설득 전략을 활용하였다.
　〈보기〉에 따르면 즐거움을 유발하는 설득 전략은 감성적 설득 전략에 해당한다.

⑤ 실제 야구선수의 이름을 제시함으로써 논리적인 근거를 들어 말하는 이의 주장을 뒷받침하고 있으므로 인성적 설득 전략을 활용하였다.
　〈보기〉에 따르면 인성적 설득 전략은 말하는 이의 전문성, 도덕성, 사회성 등을 바탕으로 하여 전하는 말에 신뢰를 주는 전략이다.

04 강연 맥락 분석하기

다음은 '양의지 포수'가 ⓐ처럼 말한 의도를 설명한 것이다. 빈칸에 들어갈 말로 적절한 것을 윗글에서 찾아 쓰시오.

절체절명의 위기 순간, 양의지 포수는 ⓐ처럼 말함으로써 이현승 투수가 긴장을 풀고 (　　　)을/를 뺄 수 있도록 도와주려고 했다.

정답

힘

제품의 디자인은 소비자의 시선을 사로잡는 무기이다. 디자인의 기능은 단순히 상품 자체만을 의미하는 것이 아니라 소비와 관련된 심리적, 사회·문화적인 범주까지 포괄한다. 이를 고려할 때, 디

　　　디자인의 세 가지 기능
자인의 기능은 크게 실질적, 심미적, 상징적 기능으로 분류된다.
　　　　　▶ 1문단: 기능에 따른 디자인의 세 가지 분류

디자인 학계에서 지금까지 주로 주목해온 기능은 디자인의 실질적 기능으로, 제품의 기능이나 조작 등과 관련하여 디자인을 통
　　　디자인의 실질적 기능
해 제품의 목적에 부합하는 의도를 전달하는 기능이다. 따라서 디자인의 실질적 기능은 제품이 나타내는 기능과 의도를 고려한 가장 기본적인 기능이라 할 수 있다. 디자인의 심미적 기능은 소비자가 미적 감각을 통해 제품과 교감하는 심미적 양상을 의미한다.
　　　디자인의 심미적 기능
제품 디자인은 소비자에게 다량의 시각적 정보를 즉각적으로 제공함으로써「소비자의 주의를 끌고, 소비자는 자신의 미적 감각
　　『 」: 소비자에게 디자인의 심미적 기능이 활용되는 양상
속에 있는 주관적인 가치 체계에 따라 제품에 반응하는 것이다.」
　　　　　▶ 2문단: 디자인의 실질적 기능과 심미적 기능

최근 ⑦ MZ세대의 소비 경향은 디자인의 새로운 방향성을 요구하고 있다. 소비 행위 등을 통해 자신의 신념이나 가치관을 표출
　　　MZ세대의 소비 경향 ①
하는 행위를 의미하는 '미닝아웃(Meaning Out)', 소비를 통해 즐
　　　　　MZ세대의 소비 경향 ②
거움과 재미를 찾는 소비자를 일컫는 용어인 '펀슈머(Funsumer)' 등은 소비를 통해 자신만의 가치나 정치적 신념 등을 표출하고 취향과 재미를 누리고 싶어 하는 MZ세대의 특징을 반영한다.
　　　　　▶ 3문단: MZ세대의 소비 경향

이러한 MZ세대의 소비 양상은 디자인의 상징적 기능과 관련있는데, 디자인의 상징적 기능은 경험과 느낌을 제품과 연결하는
　　　　　　　디자인의 상징적 기능
기능이다. 소비자들은 제품과 디자인을 삶과 무관한 순수한 것으로 생각하지 않으며, 삶 속에서 의미 있는 것으로 생각되었을 때 제품을 선택하게 됨을 중요하게 생각한다. 즉 심미적 기능이 개인의 주관적 가치 체계와 반응하는 것이라면, 상징적 기능은 소비자 자신의 문화적 가치에 따라 반응하는 것이다.
　　　　　▶ 4문단: MZ세대의 소비 경향과 관련된 디자인의 상징적 기능

MZ세대는 제품의 기능이나 아름다움만을 추구하지 않는다. 단순한 소비를 넘어 자신의 취향이나 사회적 가치 등을 전달할 수 있는 제품을 구매하고자 한다. 때문에 제품이 MZ세대의 삶에서 어떤 의미를 전달하는지, 어떠한 가치를 표출할 수 있는지를 디
　　　　MZ세대를 사로잡기 위한 디자인의 역할
자인 속에 담아야 MZ세대의 시선을 사로잡게 될 것이다.
　　　　　▶ 5문단: MZ세대를 사로잡기 위해 요구되는 디자인의 역할

핵심 내용 파악하기   답 | ④

윗글에 대한 이해로 적절하지 않은 것은?

정답 선지 분석

④ 디자인의 상징적 기능은 디자인을 창조하는 디자이너의 문화적 가치에 따라
반응하는 것이다.
　4문단에 따르면 디자인의 상징적 기능은 소비자가 자신의 문화적 가치에 따라 반응하
　는 것을 의미한다.

오답 선지 분석

① 디자인의 기능은 세 가지로 나눌 수 있다.
　1문단에 따르면 디자인의 기능은 크게 실질적, 심미적, 상징적 기능으로 분류된다.

② 제품 디자인은 소비자의 미적 감각 속에 있는 주관적인 가치 체계를 자극한다.
　2문단에 따르면 제품 디자인은 소비자의 주의를 끌고, 소비자는 자신의 미적 감각 속
　에 있는 주관적인 가치 체계에 따라 제품에 반응한다.

③ 제품의 목적에 부합하는 의도를 전달하는 기능은 디자인의 가장 기본적인
기능이다.
　2문단에 따르면 제품의 목적에 부합하는 의도를 전달하는 기능은 디자인의 실질적 기
　능으로, 디자인의 가장 기본적인 기능이다.

⑤ MZ세대의 시선을 사로잡으려면 디자인이 그들의 삶에서 어떤 의미를 전달
하는지를 표현해야 한다.
　5문단에 따르면 MZ세대의 시선을 사로잡으려면 제품이 MZ세대의 삶에서 어떤 의미
　를 전달하는지, 어떠한 가치를 표출할 수 있는지를 디자인 속에 담아야 한다.

중심 내용 파악하기   답 | ③

㉠과 관련된 사례로 적절하지 않은 것은?

정답 선지 분석

③ □□ 가전 회사에서 출시한 다양한 색상의 가전제품 중 자신이 제일 좋아하
는 색깔을 선택하여 구매하는 것
　□□ 가전 회사는 기능이 아닌 다양한 색상의 제품을 만든 것으로 보아 디자인의 심미
　적 기능을 강조하고 있음을 파악할 수 있다. 4문단에 따르면 MZ세대의 소비 양상은
　디자인의 상징적 기능과 관련이 있으므로 적절하지 않다.

오답 선지 분석

① SNS상에서 인기 있는 캐릭터가 프린팅된 반팔 티셔츠와 잠옷 등을 구매하
는 것
　SNS상에서 인기 있는 캐릭터를 활용하여 옷을 판매한 것은 소비를 통해 즐거움과 재
　미를 찾는 펀슈머와 관련이 있다고 볼 수 있다. 이는 MZ세대의 소비 양상 중 하나에 속
　하므로 적절하다.

② ◎◎ 식품 회사가 이불 회사와의 협업을 통해 출시한 라면 봉지 모양의 침구
세트를 구매하는 것
　라면 봉지 모양의 침구 세트는 소비를 통해 즐거움과 재미를 찾는 펀슈머와 관련이 있
　으므로 MZ세대의 소비 양상 중 하나에 속한다.

④ 무분별한 동물 학살을 막기 위해 동물 가죽이 아닌 선인장 가죽으로 지갑을
만드는 ☆☆ 패션 브랜드의 제품을 구매하는 것
　동물 학살을 막기 위해 식물을 소재로 한 지갑을 만드는 것은 소비 행위를 통해 자신의
　신념이나 가치관을 표출하는 미닝아웃과 관련이 있으므로 MZ세대의 소비 양상에 해
　당한다.

⑤ 발달 장애인이 만든 쿠키를 판매하며, 그 수익금 전액을 장애인들의 자립을
위해 사용하는 ○○ 과자 회사의 쿠키를 구매하는 것
　발달 장애인이 만든 쿠키를 구매한 것은 소비 행위를 통해 자신의 신념이나 가치관을
　표출하는 미닝아웃과 관련이 있으므로 MZ세대의 소비 양상에 해당한다.

구체적 사례에 적용하기   답 | ③

윗글을 바탕으로 보기 를 이해한 내용으로 가장 적절한 것은?

보기

　환경 보호를 중시하는 시대적 요구와 친환경 정책에 발맞추어 ○○○ 음
료는 페트병의 재활용 효율을 높이기 위해서 몸체에서 라벨을 제거한 생수
를 출시했다. 이에 소비자들이 크게 환영하며 무라벨 생수를 구매하고 있다.

정답 선지 분석

③ 〈보기〉의 무라벨 디자인은 소비자들의 삶에서 의미 있다고 인식되었군.
　〈보기〉의 무라벨 생수는 기능이 아닌 환경 보호라는 가치를 표출하였기 때문에 소비자
　들에게 환영받고 있다. 이는 디자인의 상징적 기능과 관련된 것으로 MZ세대의 소비
　성향과 관련지어 분석할 수 있다. 따라서 〈보기〉의 소비자들에게 무라벨 디자인은 환
　경 보호라는 의미로 인식되었음을 분석할 수 있다.

오답 선지 분석

① 〈보기〉의 생수병은 디자인의 실질적 기능을 강조한 것이군.
　〈보기〉의 생수병은 디자인의 실질적 기능이 아닌 상징적 기능을 강조하였다.

② 〈보기〉의 소비자들은 자신의 미적 감각에 따라 제품을 선택하고 있군.
　〈보기〉의 소비자들은 미적 감각이 아닌 신념이나 가치관에 따라 제품을 구매하고 있다.

④ 〈보기〉의 소비자들은 MZ세대와 달리 소비를 통해 가치를 표현하고자 하는군.
　〈보기〉의 소비자들의 모습은, 자신의 취향이나 사회적 가치 등을 전달할 수 있는 제품
　을 구매하고자 하는 MZ세대 소비 성향을 보여주고 있다.

⑤ 〈보기〉의 ○○○ 음료는 디자인 학계에서 지금까지 주로 주목해온 기능을 활
용하였군.
　지금까지 주로 주목해온 기능은 디자인의 실질적 기능으로, 〈보기〉에서 ○○○ 음료는
　디자인의 실질적 기능이 아닌 상징적 기능을 활용하였다.

세부 내용 파악하기

보기 의 내용과 가장 관련 있는 디자인의 기능을 찾아 3어절로 쓰시오.

보기

　"디자인이란 물체의 표면적인 장식이 아니다. 어떤 하나의 목적 하에
사회적, 인간적, 경제적, 기술적 등의 여러 요소를 통합하여 공업 생산
의 궤도에 얹혀 갈 수 있는 제품을 계획 및 설계하는 기술이야말로 디
자인이다."

　　　　　　　　　　　　　　　　　　　　　　- 라슬로 모홀리 나기

정답

디자인의 실질적 기능

문학 1 넌 바보다(신형건)

빠른 정답 체크 01 ② 02 ④ 03 ④ 04 바보

씹던 껌을 아무 데나 퉤, 뱉지 못하고 ┐ 생활 태도가 바른
종이에 싸서 쓰레기통으로 달려가는 ┘ '너'의 모습

너는 참 바보다. ┌ ⍁: ① 비슷한 시구의 반복으로 운율을 형성함
　　　　　　　　└ ② 반어적 표현 – '너'의 바르고 정직한 행동을 강조함

　┌ 개구멍으로 쏙 빠져나가면 금방일 것을 ┐ 규칙을 잘 지키는
[㉠]　　　　　　　　　　　　　　　　　　 │ '너'의 모습
　└ 비잉 돌아 교문으로 다니는 ┘

너는 참 바보다.

　┌ 얼굴에 검댕* 칠을 한 연탄장수 아저씨한테 ┐ 착하고 예의 바른
[㉡]　　　　　　　　　　　　　　　　　　　　 │ '너'의 모습
　└ 쓸데없이 꾸벅, 인사하는 ┘

너는 참 바보다.

호랑이 선생님이 전근* 가신다고 ┐ 정이 많은
계집애들도 흘리지 않는 눈물을 찔끔거리는 ┘ '너'의 모습

너는 참 바보다.

　┌ 그까짓 게 뭐 그리 대단하다고 ┐ 따뜻한 마음을 지닌
[㉢]　　　　　　　　　　　　　　　 │ '너'의 모습
　└ 민들레 앞에 쪼그리고 앉아 한참 바라보는 ┘

너는 참 바보다.

　┌ 내가 아무리 거짓으로 허풍을 떨어도 ┐ 친구의 말을
[㉣]　　　　　　　　　　　　　　　　　　 │ 공감하며 듣는
　└ 눈을 동그랗게 뜨고 머리를 끄덕여 주는 ┘ '너'의 모습

너는 참 바보다.

바보라고 불러도 화내지 않고 ┐ 밝고 수더분한
씨익 웃어 버리고 마는 너는 ┘ '너'의 모습

정말 정말 바보다.

　　　　　　　　　　　　▶ 착하고 바르게 생활하는 '너'

　┌ 그럼, 난 뭐냐?
　│
　│ 그런 네가 좋아서 그림자처럼
[㉤] '너'에 대한 화자의 마음
　│ 네 뒤를 졸졸 따라다니는
　│ '나'는 '너'의 행동을 본받고 싶어 함
　└ 나는?

　　　　　　　　　▶ '너'가 좋아 '너'의 행동을 본받고 싶어 하는 '나'
　　　　　　　　　　　　　　　- 신형건, 〈넌 바보다〉 -

* 검댕: 그을음이나 연기가 엉겨 생기는, 검은 물질.
* 전근(轉勤): 근무하는 곳을 옮김.

01 표현상의 특징 파악하기　　　　　　　답 | ②

윗글에 대한 설명으로 적절한 것은?

정답 선지 분석

② 의태어를 사용하여 대상의 움직임을 생생하게 표현하고 있다.

윗글에서는 '퉤', '졸졸' 등의 의태어를 사용하고 있는데, 특히 '졸졸'은 '나'가 '너'가 좋아서 따라다니는 행동을 생생하게 표현하고 있다.

오답 선지 분석

① 다양한 심상을 활용하여 대상을 감각적으로 묘사하고 있다.

윗글에서 '검댕 칠'과 같이 시각적 심상이 드러난 부분이 있긴 하지만 그 외의 심상이 활용된 부분은 찾을 수 없다.

③ 각 연의 첫 행에서 일정한 글자 수를 반복하여 운율을 형성한다.

윗글에서는 각 연의 첫 행에서 글자 수를 반복하고 있지 않다.

④ 색채 대비가 드러나는 시어를 활용하여 대상의 특징을 부각하고 있다.

윗글에서 색채 대비가 드러난 부분을 찾을 수 없다.

⑤ 두 대상의 공통점을 제시하여 작품의 내용을 이해하기 쉽게 돕고 있다.

윗글에서 두 대상 사이의 공통점이 드러난 부분을 찾을 수 없다.

02 구절의 의미 파악하기　　　　　　　답 | ④

㉠~㉤에 대한 설명으로 적절하지 <u>않은</u> 것은?

정답 선지 분석

④ ㉣: '나'의 말이 허풍임에도 진지하게 공감하며 들어주는 '너'의 어리숙한 모습이 드러난다.

㉣에서는 친구의 말이 허풍임에도 진지하게 공감하며 들어주는 '너'의 어리숙한 모습이 아닌, 착하고 순수한 모습이 드러난다.

오답 선지 분석

① ㉠: '너'가 작은 규칙들도 지키는 바른 태도를 지녔음을 알 수 있다.

㉠에서는 개구멍으로 빠져나가면 빠르게 갈 수 있는 것을 교칙을 지키기 위해 교문으로 나가는 '너'의 모습이 나타난다. 이를 통해 '너'가 작은 규칙까지 지키는 바른 태도를 지녔음을 파악할 수 있다.

② ㉡: 그냥 지나치지 않고 인사를 하는 '너'의 착하고 예의 바른 모습이 드러난다.

㉡에서는 열심히 일하느라 얼굴에 검댕이 묻어 지저분해 보이는 연탄장수 아저씨를 보고 그냥 지나치지 않고 인사를 하는 '너'의 착하고 예의 바른 모습이 드러난다.

③ ㉢: 보잘것없는 흔한 꽃에도 관심을 가지는 '너'의 세심하고 따뜻한 마음을 엿볼 수 있다.

㉢에서는 '너'가 길바닥에 흔히 핀 민들레에도 관심을 가지고 한참 바라보는 모습을 통해 '너'의 세심하고 따뜻한 모습을 엿볼 수 있다.

⑤ ㉤: '나'가 '너'의 모습을 좋아하고 닮고 싶어 한다는 것을 알 수 있다.

㉤에서는 '나'가 진심으로 '너'를 '바보'라고 생각하는 것이 아닌, 착하고 바른 '너'의 모든 모습을 좋아하고 닮고 싶어 한다는 것을 알 수 있다.

윗글과 〔보기〕를 비교한 내용으로 적절하지 않은 것은?

〔보기〕

먼 후일 당신이 찾으시면

그때에 내 말이 '잊었노라.'

당신이 속으로 나무라면

'무척 그리다가 잊었노라.'

그래도 당신이 나무라면

'믿기지 않아서 잊었노라.'

오늘도 어제도 아니 잊고

먼 후일 그때에 '잊었노라.'

- 김소월, 〈먼 후일〉

정답 선지 분석

④ 윗글의 화자는 '너'를 본받고 싶어 하는 반면, 〈보기〉의 화자는 '당신'을 잊고 싶어 한다.

윗글의 화자는 착하고 바른 '너'의 행동을 본받고 싶어 하는 반면, 〈보기〉의 화자는 '당신'을 잊지 못하는 모습을 나타낼 뿐 잊고 싶어 하지는 않는다.

오답 선지 분석

① 윗글과 〈보기〉 모두 화자가 애정을 가진 대상을 중심 소재로 하고 있다.

윗글에서는 화자가 애정을 가진 대상인 '너'를, 〈보기〉에서는 화자가 사랑하는 사람인 '당신'을 중심 소재로 하고 있다.

② 윗글에서는 〈보기〉와 달리 '너'에 대한 화자의 마음이 직접적으로 드러나고 있다.

〈보기〉에서는 불특정한 미래에 '당신'을 다시 만날 상황을 가정하고 그때에 '잊었노라'라고 말하겠다고 반복하여 표현함으로써 '당신'을 결코 잊을 수 없다는 속마음을 반어법을 통해 강조하고 있으므로 '당신'을 그리워하는 화자의 마음이 직접적으로 드러난다고 볼 수 없다. 그러나 윗글에서는 2연의 '그런 네가 좋아서 그림자처럼 / 네 뒤를 졸졸 따라다니는 / 나는?'이라는 시행을 통해 '나'가 '너'의 모든 모습을 좋아하고 닮고 싶어 한다는 것을 알 수 있다.

③ 윗글에서 〈보기〉의 '잊었노라'와 유사한 표현법이 쓰인 시구는 '너는 참 바보다'이다.

윗글에서는 '너는 참 바보다', 〈보기〉에서는 '잊었노라'라는 시구를 삽입함으로써 화자의 속마음과 반대로 표현하는 반어적 표현을 활용하고 있다.

⑤ 윗글과 〈보기〉 모두 화자가 드러내고자 하는 바를 점층적으로 표현함으로써 강조하고 있다.

윗글에서는 '너는 참 바보다'가 반복되다가 2연에서 '정말 정말 바보다'라고 강조하며, 〈보기〉에서는 '잊었노라', '무척 그리다가 잊었노라', '믿기지 않아서 잊었노라'라고 점층적으로 표현하고 있다.

04　시어의 의미 파악하기

'너'의 바르고 정직한 행동에 대한 반어적 표현이 담긴 시어를 찾아 2음절로 쓰시오.

정답

바보

빠른 정답 체크　**01** ④　**02** ③　**03** ④　**04** 양반

[앞부분 줄거리] 강원도 정선에 사는 한 양반은 성품이 어질고 글 읽기를 좋아하였으나 가난하여 관아의 곡식을 타다 먹은 것이 천 석에 이르렀다. 이를 갚을 방법이 없던 양반에게 한 부자가 찾아와 양반의 관곡을 갚는 대신 양반이 가진 신분을 가져가기로 한다. 부자는 곧 곡식을 싣고 관아로 가서 양반의 빚을 모두 갚아 주었다.

한편 이 일이 어찌 된 영문인지 알 수가 없었던 군수는 몹시 의아해하며 직접 양반을 찾아갔다. 그런데 양반은 「벙거지*를 쓰고 잠방이*를 입고 나와 마당에 엎드려 절을 하는 것이었다. 그러면서 **자신을 '소인'이라고 낮추**며 감히 군수를 똑바로 쳐다보지도

「」: 부자에게 신분을 팔고 평민이 된 양반의 모습
자기보다 신분이 높은 사람을 상대할 때 자기를 낮추어 이르는 말

못하고 쩔쩔맸다.」이 모습을 본 군수는 깜짝 놀라 양반을 일으켜 세우며 말했다.

"이게 대체 무슨 일이오? 왜 이러는 것이오?"

그러자 양반은 엎드린 채 더욱 머리를 조아리며 말했다.

"황송하옵니다. 소인은 **양반 자리를 팔아 빚진 곡식을 갚았으니** 지금부터 양반이 아니며 이 고을의 부자가 양반입니다. 그러니 이제 소인이 어찌 양반 행세를 할 수 있겠습니까?"

이 말을 들은 군수는 감탄하며 말했다.

"**그 부자가 진정 양반**이구려! 「부유하면서도 인색하지 않으니 의

「」: 양반이 지향해야 할 모습을 간접적으로 드러냄

리가 있는 자요, 어려움에 처한 사람을 도와주었으니 어진 자요, 낮은 것을 싫어하고 높은 것을 좋아하니 지혜로운 자로다.」그 사람이야말로 진정한 양반이오. 하지만 양반 자리를 사고팔면서 증서 하나 만들지 않다니 이는 나중에 소송이 생길 수도

군수가 증서를 만들려는 이유

있는 문제라오. 그러니 이 고을 사람들이 보는 자리에서 군수인 내가 증서를 만들어 주겠소."

군수는 곧장 관아로 돌아가 고을에 사는 양반과 농사꾼, 공장*,

조선 시대의 사회 계급 – 사농공상(士農工商)

장사꾼들을 불러 모았다. 그리고 나서 군수는 부자를 높은 자리에 앉히고 양반은 마당 아래 서 있게 하였다. 그러고는 증서를 만들기 시작했다.

건륭 10년(1745년, 영조 21년) 9월 모일에 이 증서를 만든

중국 청나라 고종 때의 연호　　　　　아무 날

다. 어떤 양반이 자신의 양반 자리를 팔아 관곡을 갚았는데 그

돈으로 신분을 사고팔았던 당대의 사회상을 보여 줌

값이 쌀 천 석이니라. 본디 양반은 여러 종류가 있다. 글만 읽는 자는 '선비'요, 벼슬을 하는 자는 '대부'요, 덕이 있는 자는 '군자'라 한다. 그리고 무반*은 서쪽에 서고 문반*은 동쪽에

서는데 이 둘을 합쳐 '양반'이라고 부른다. 부자는 이 여러 가지 양반 중에서 마음에 드는 것을 고르면 되느니라.

<u>양반의 종류를 마음대로 선택할 수 있음 – 양반으로서의 가치가 상실됨</u>

그러나 <u>양반은 절대로 천한 일을 해서는 안 된다</u>. 늘 옛사람
<u>허례허식에 얽매인 양반의 규범을 풍자함</u>
의 뜻을 받들고 본받아야 하느니라. 오경*이 되면 일어나 촛불을 켜고 마음을 가다듬으며, 눈으로는 코끝을 내려다보고 발꿈치는 모아 엉덩이를 받치고 앉아야 한다. 얼음 위에 박을 굴리듯 〈동래박의*〉를 술술 외워야 한다. 배가 고파도 참아야 하
<u>말이나 글을 거침없이 줄줄 읽는 모양을 비유적으로 이르는 말</u>
고 추운 것도 견뎌야 하며 가난이란 말을 입 밖으로 꺼내서는 안 된다. 이를 부딪치며 뒤통수를 손가락으로 탁탁 두드리고, 입안에 침을 머금고 양치질하듯 입맛을 다신 뒤에 삼켜야 한다. 소맷자락으로 휘양*을 닦아 먼지를 털어서 털 무늬를 일으키고, 세수할 때는 주먹을 문질러 씻지 말아야 하며, 양치질을 해서 입에서 냄새가 나지 않도록 해야 한다. <u>종을 부를 땐 목소리를 길게 뽑아 부르고, 느리게 걸으면서 신발 뒤축을 끌듯</u>
<u>쓸데없이 허세를 부리는 양반의 모습</u>
이 걸어야 한다.

(중략)

이렇듯 양반이라 하면 마땅히 이를 지켜야 하는데, 만일 부자가 이 중 하나라도 어길 시 관아에 와서 재판을 받고 이 증서를 고쳐야 할 것이다.

「군수가 이렇게 증서를 다 쓴 뒤 서명하고 좌수*와 별감*도 서명
「」: 증서의 엄중함과 위압감을 드러냄
을 하였다. 그러고 나서 통인*이 가져온 도장을 찍었는데 그 소리는 마치 큰 북소리처럼 들렸고, 찍어 놓은 모양새는 별들이 흩어져 있는 것 같았다.」

호장*이 이 증서를 다 읽고 나자 <u>부자는 한참 동안 멍하니 생각</u>
<u>증서의 내용이 자신이 생각했던 것과 너무 달라 당황함</u>
에 잠겨 있다가 말했다.

"양반이라는 게 겨우 이것뿐이란 말입니까? 듣기에 양반은 신선
<u>양반에 대한 부자의 생각</u>
이나 마찬가지라 하던데 겨우 이것뿐이라면 ⓣ <u>그 많은 곡식을</u>
<u>부자의 생각만큼 양반이라는 신분이 가치가 없음</u>
<u>바치고 산 게 너무 억울합니다</u>. 그러니 좀 더 좋은 쪽으로 고쳐 주십시오."

그러자 군수는 부자의 요청대로 증서를 고쳐 쓰기 시작했다.

하늘이 백성을 낳으실 때 네 종류로 나누었다. 이 중에 <u>가장</u>
<u>귀한 것이 선비, 즉 양반인데 이보다 더 좋은 것은 없다. 양반</u>
<u>양반의 특권 의식</u>
은 농사짓지 않아도 되고 장사하지 않아도 된다. 글공부만 조금 하면 과거를 치를 수 있는데, 크게 되면 문과요, 작게 되어도 진사는 된다.

문과에 급제하면 홍패를 받는데, 비록 길이가 두 자도 못 되

는 작은 종이지만 이것만 있으면 <u>세상의 온갖 것을 다 얻을 수</u>
<u>당시 양반이라는 신분이 가진 높은 특권</u>
<u>있으니</u> 돈 자루라 할 수 있다.

(중략)

「설사 가난한 선비가 되어 시골에 산다 해도 마음대로 살 수
「」: 양반이라는 신분을 이용하여 평민을 괴롭힘
있다. 이웃집 소를 가져다 자기 밭을 먼저 갈 수 있으며, **마을**
사람을 불러 자기 밭의 김을 먼저 매게 할 수도 있다. 만약 어떤 놈이 이에 불만을 품거나 말을 잘 듣지 않으면 코에 잿물을 들이붓고, 상투를 잡으며 귀얄 수염을 뽑더라도 원망할 수 없다.」

군수가 증서를 반쯤 고쳐 쓸 때쯤 부자는 어이가 없다는 듯 혀를 내두르며 말했다.

「"제발 그만두십시오! 양반이라는 건 참으로 맹랑한 것이구려.
「」: 부자의 말을 빌려 양반을 풍자하고 있음
당신들은 지금 **나를 도둑놈으로 만들 작정**이시오?"」

말을 마친 부자는 머리를 흔들며 서둘러 달아났다. 그리고 <u>죽는</u>
<u>날까지 '양반'이라는 말을 입 밖에 꺼내지 않았다.</u>
<u>양반이라는 신분이 좋은 것이 아니라는 것을 깨달았기 때문에</u>

– 박지원, 〈양반전〉 –

* 벙거지: 주로 병졸이나 하인이 쓰던 모자.
* 잠방이: 가랑이가 무릎까지 내려오도록 짧게 만든 홑바지.
* 공장(工匠): 수공업에 종사하던 장인.
* 무반(武班): 무과 출신의 벼슬아치.
* 문반(文班): 문과 출신의 벼슬아치.
* 오경(五更): 하룻밤을 다섯 부분으로 나누었을 때 맨 마지막 부분. 새벽 세 시에서 다섯 시 사이.
* 동래박의(東萊博議): 1168년에 중국 남송의 동래(東萊) 여조겸이 〈춘추좌씨전〉에 대하여 논평하고 주석(註釋)한 책.
* 휘양: 추울 때 머리에 쓰던 모자의 하나.
* 좌수(座首): 조선 시대에, 지방의 자치 기구인 향청(鄕廳)의 우두머리.
* 별감(別監): 조선 시대에, 유향소에 속한 직책. 고을의 좌수에 버금가던 자리.
* 통인(通引): 조선 시대에, 경기·영동 지역에서 수령의 잔심부름을 하던 구실아치.
* 호장(戶長): 고을 구실아치의 우두머리.

01 작품의 특징 파악하기 답 | ④

윗글에 대한 설명으로 적절하지 <u>않은</u> 것은?

정답 선지 분석

④ 아무리 노력을 해도 돈을 벌 수 없던 사회 구조를 비판하고 있다.

윗글에서 양반은 평생 글만 읽어 일을 할 줄 몰라 관아에서 곡식을 타다 먹고, 이를 갚지 못하고 있다. 따라서 사회 구조 때문이 아니라, 양반의 무능함 때문에 가난한 상황을 이어가고 있던 것이다.

오답 선지 분석

① 비판적인 성격을 강하게 드러내고 있다.

윗글은 양반에 대한 부정적 인식을 바탕으로 양반의 허례허식, 무능함 등에 대해 풍자의 방법을 이용하여 드러내고 있으므로 비판적인 성격을 띠고 있다.

② 풍자적인 표현을 통해 주제를 강조하고 있다.

윗글의 매매 증서에서 드러나는 풍자 표현을 통해 작품의 주제인 체면만을 중시하는 양반의 모습, 양반의 진정한 덕목을 잊은 채 허례허식에 얽매인 행태에 대한 비판을 강조하고 있다.

③ 조선 후기의 시대상을 사실적으로 반영하고 있다.

윗글은 신분제가 동요되었던 조선 후기의 시대상을 사실적으로 반영하고 있다.

⑤ 양반의 비도덕적인 모습을 풍자함으로써 양반을 부정적으로 표현하고 있다.

윗글은 환곡을 갚지 못하는 양반의 무능함과 가난을 드러내고, 증서를 통해 양반의 허례허식과 횡포를 언급하고 있다. 이를 통해 학문에 정진하는 양반의 모습이 아닌, 무능하면서 허례허식에 얽매여 있고 탐욕스럽기까지 한 양반의 모습을 풍자하며 양반을 부정적으로 그리고 있다.

---

02 작품의 내용 파악하기   답 | ③

윗글을 통해 알 수 있는 당시 사회상으로 적절하지 <u>않은</u> 것은?

정답 선지 분석

③ 부유한 평민층이 등장하여 신분의 차별이 없어졌다.

부자를 통해 부유한 평민층이 등장하였음을 알 수 있으나, 이로 인해 신분의 차별이 없어졌음을 알 수는 없다.

오답 선지 분석

① 경제적으로 몰락한 양반이 등장하였다.

돈이 없어 관아에서 쌀을 타다 먹고, 이를 갚지 못하는 양반을 등장시킴으로써 당시 경제적으로 몰락한 양반이 있었음을 알 수 있다.

② 가난한 자들은 관아의 곡식을 타다 먹을 수 있었다.

쌀을 살 돈이 없어 관아에서 관아의 곡식을 타다 먹은 양반을 통해 당시 가난한 사람들은 관아의 곡식을 타다 먹을 수 있었음을 알 수 있다.

④ 양반과 평민이 서로 신분을 사고파는 것이 가능했다.

양반의 곡식 값을 갚아주는 대신 양반의 신분을 사게 된 부자의 모습을 통해 당시 신분을 서로 사고파는 것이 가능했음을 알 수 있다.

⑤ 자신보다 신분이 낮은 평민에 대한 양반의 횡포가 빈번했다.

윗글의 두 번째 매매 증서에서 이웃집 소를 가져다 자기 밭을 먼저 갈거나 마을 사람을 불러 자기 밭의 김을 먼저 매게 한다는 내용을 통해 당시 양반들이 자신의 높은 신분을 이용해 평민을 못살게 굴었음을 알 수 있다.

---

03 외적 준거를 통해 작품 이해하기   답 | ④

보기 는 윗글의 서문이다. 보기 를 참고하여 윗글을 이해한 것으로 적절하지 <u>않은</u> 것은?

보기

선비는 몸이 비록 높아지더라도 선비에서 떠나지 않아야 할 것이며, 몸이 비록 곤궁하더라도 선비의 본분을 잊어서는 아니 될 것이다. 지금 소위 선비들은 양반의 도리를 지키는 것에는 힘쓰지 않고 부질없이 문벌만을 이득의 기회로 여겨 그의 세덕을 팔고 사게 되니, 이야말로 저 장사치에 비해서 무엇이 낫겠는가. 이에 나는 이 〈양반전〉을 써 보았노라.

* 도리(道理): 사람이 어떤 입장에서 마땅히 행하여야 할 바른길.
* 문벌(門閥): 대대로 내려오는 그 집안의 사회적 신분이나 지위.
* 세덕(世德): 대대로 쌓아 내려오는 미덕.

정답 선지 분석

④ '마을 사람을 불러 자기 밭의 김을' 매게 하는 모습을 드러냄으로써 도리를 지키는 것에는 힘쓰지 않고 농사에만 힘쓰는 양반을 비판하고 있다.

윗글의 '마을 사람을 불러 자기 밭의 김을' 매게 하는 모습은 양반의 신분을 이용해 평민에게 이득을 취하는 것이다. 이는 양반의 도리를 지키지 않는 모습으로는 볼 수 있겠지만 농사에 힘쓰는 양반이라고 볼 수는 없다.

오답 선지 분석

① '자신을 '소인'이라고 낮추'는 양반의 모습은 몸이 비록 곤궁하더라도 선비의 본분을 잊지 않아야 한다던 글쓴이의 생각과 대조된다.

〈보기〉에 따르면 글쓴이는 '몸이 비록 곤궁하더라도 선비의 본분을 잊어서는 아니 될 것'이라고 강조한다. 그러나 윗글에서 양반은 부자에게 양반의 신분을 판 뒤 자신을 낮추며 평민처럼 행동하고 있으므로 글쓴이의 생각과 대조된다고 볼 수 있다.

② 글쓴이는 '양반 자리를 팔아 빚진 곡식을 갚'은 양반의 행동을 장사치와 다름없다고 생각할 것이다.

윗글에서 양반은 자신의 신분을 팔아 빚진 곡식을 갚는다. 〈보기〉에서 글쓴이는 '문벌만을 이득의 기회로 여겨' 자신의 신분을 파는 것을 '장사치'에 비유하고 있다. 따라서 글쓴이는 양반의 행동을 장사치와 다름없다고 생각할 것이다.

③ '부자가 진정 양반'이라는 군수의 말을 통해 양반이 행해야 할 진정한 덕목을 간접적으로 드러내고 있다.

윗글에서 군수는 '부자가 진정 양반'이라고 언급하며 부유하면서도 인색하지 않고, 어려움에 처한 사람을 도와주는 등 부자의 행동을 칭찬하고 있다. 이는 〈보기〉에서 글쓴이가 '양반의 도리를 지키'는 것에 힘써야 한다는 것과 관련이 있다.

⑤ '나를 도둑놈으로 만들 작정'이냐는 부자의 물음을 통해 양반에 대한 부정적 인식을 간접적으로 드러내고 있다.

윗글에서 부자가 말하는 '도둑놈'은 양반을 가리키는 것으로 이는 글쓴이가 양반에 대해 부정적 인식을 가지고 있음을 간접적으로 드러내고 있다.

---

04 작품의 내용 이해하기

다음은 ㉠의 이유를 서술한 것이다. 빈칸에 들어갈 말로 적절한 것을 윗글에서 찾아 쓰시오.

부자의 생각만큼 (   )(이)라는 신분이 가치가 없었기 때문이다.

정답

양반

| 본문 | 129쪽

작문 | 보고하는 글 쓰기

빠른 정답 체크 01 ④ 02 ④ 03 ② 04 자료 조사

대구 근대 문화 골목 조사 보고서

◎ 조사 목적

대구 근대 문화 골목은 우리 고장의 역사와 문화가 잘 남아 있는 곳으로, 대구의 대표적인 관광지이다. 대구 근대 문화 골목을 이루고 있는 유
적지를 다른 지역 사람들에게 알리기 위해 이곳을 조사하기로 했다.
                    조사의 목적

◎ 조사 동기

우리 학교 학생 100명 중 33명이 다른 지역에 소개하고 싶은 우리 지역
      설문 대상
관광지로 '근대 문화 골목'을 추천하였다. 이에 따라 조사 대상을 '근대 문
화 골목'으로 선정하였다.

◎ 조사 대상과 조사 기간

대구 근대 문화 골목의 유적지를 ○○월 ○○일부터 ○○월 ○○일까지
           조사 대상   조사 기간
조사하였다.

◎ 조사 방법

자료 조사	텔레비전 뉴스, 책, 인터넷 등을 활용하여 대구 근대 문화 골목에 대한 자료를 수집하였다.
현장 조사	근대 문화 골목을 직접 방문하여 문화 해설사의 설명을 듣고, 유적지의 사진을 촬영하였다.

◎ 조사 내용

• 대구 근대 문화 골목의 유적지 소개

대구의 근대 문화 골목은 대구 도심에 자리하고 있으며, 오래된 건축물
들을 비롯한 근대의 문화유산이 잘 보존되어 있다. 그 이유는 이 지역이 한
국 전쟁 당시 다른 지역에 비해서 피해가 크지 않았기 때문이다. 따라서 대
구 근대 문화 골목에 찾아오면 한국 전쟁 이전의 생활상을 엿볼 수 있다.

① 청라 언덕

청라 언덕은 근대 문화 골목 입구에 있는 작은 공원
이다.「'청라'라는 이름은 '푸른 담쟁이'라는 뜻으로,
「」: 청라 언덕 이름의 유래
1893년경부터 대구에서 선교 활동을 하던 미국인 선

교사들이 이 근방에 담쟁이를 많이 심은 데서 유래하였다.」청라 언덕에는
서양식으로 꾸며진 정원과 세 채의 주택이 있는데, 이 역시 미국인 선교사
들이 짓고 자신들의 집으로 사용하던 것이다. 각각의 주택은 선교사들의
     서양식 정원이 있는 이유
이름을 따서 스윗즈 주택, 챔니스 주택, 블레어 주택으로 부른다.

② 삼일 만세 운동 길

[A]
삼일 만세 운동 길은 일제 강점기였던 1919년 삼일 운동 당시, 만
세 운동 집결 장소로 향하던 학생들이 경찰의 감시를 피하기 위해 이
용했던 지름길이자 비밀 통로였다. 90개의 계단이 옆에 세워진 벽면
에는 1900년대 대구 도심의 모습이 담긴 사진과 삼일 운동 당시를 촬
       1900년대 대구 도심과 삼일 운동 당시 모습을 생생하게 느낄 수 있는 이유

└─ 영한 사진이 전시되어 있어서 당시의 모습을 생생하게 느낄 수 있다.

◎ 소감

조사를 하면서 대구 근대 문화 골목에는 근대의 역사와 문화를 엿볼 수
있는 유적지가 많다는 사실을 알게 되었다. 근대 문화 골목에는 우리가 소
개한 곳 이외에도 유적지들이 많이 있는데, 더 조사하지 못한 점이 아쉬웠
다. 앞으로도 근대 문화 골목에 지속적인 관심을 기울이며 많은 사람들에게
근대 문화 골목의 가치를 알리고 싶다.

◎ 참고 자료 출처

• 백승운 외, 〈근대路의 여행_골목〉, 대구광역시 중구청, 2012.
• 대구광역시 중구청 누리집(http://www.jung.daegu.kr)
• 〈케이비에스(KBS)뉴스〉 2017. 6. 21.

01 보고 글쓰기 내용 생성하기 답 | ④

윗글을 쓸 때 유의해야 할 점으로 적절하지 않은 것은?

정답 선지 분석

④ 예상 독자의 지식수준을 고려하여 조사 내용을 보고서에 모두 제시해야 한다.
예상 독자의 지식수준을 고려해야 하는 것은 맞지만, 조사한 내용을 보고서에 모두 제
시해야 하는 것은 아니다. 글의 목적과 주제에 맞는 자료만을 선별하여 제시해야 한다.

오답 선지 분석

① 조사한 내용을 사실 그대로 정확하고 명료하게 제시해야 한다.
윗글의 갈래는 보고하는 글로, 보고하는 글을 쓸 때는 조사한 내용을 사실 그대로 정확
하고 명료하게 제시해야 한다.

② 그림, 사진, 도표 등의 보조 자료를 효과적으로 활용해야 한다.
보고하는 글을 쓸 때는 읽는 이의 이해를 돕기 위해 그림, 사진, 도표 등의 보조 자료를
효과적으로 활용하는 것이 좋다.

③ 조사 목적과 동기, 조사 대상과 기간, 조사 내용, 소감 등을 포함해야 한다.
보고하는 글의 구성은 '처음-가운데-끝'으로 이루어져 있다. '처음' 부분에는 관찰,
조사, 실험한 목적을 드러내기 위해 조사 목적과 동기, 조사 대상과 기간 등을 명시해
야 한다. '가운데'에서는 조사 내용을 제시하고, '끝'에서는 관찰, 조사, 실험의 내용을
요약하거나 소감을 제시하며 글을 마무리해야 한다.

⑤ 글의 구성은 간결하면서도 '처음-가운데-끝'과 같은 구성을 갖추고 있어야
한다.
보고하는 글은 간결한 구성을 취하되, '처음-가운데-끝'과 같은 구성에 맞게 내용을
조직해야 한다.

02 보고 글쓰기 자료, 매체 활용하기 답 | ④

윗글을 읽은 학생들의 반응으로 적절하지 않은 것은?

정답 선지 분석

④ 조사 방법을 설명할 때 직접 조사하는 사진을 같이 제시했다면 유적지에 대
한 현장감이 생겼겠군.
사진은 유적지의 모습을 생생하게 전달하기 위해 활용한 것이다. 유적지를 조사하는
모습을 찍은 사진을 통해 유적지에 대한 현장감을 느낄 수 있다고 할 수 없다.

① 삼일 만세 운동 길을 설명할 때 청라 언덕처럼 사진 자료를 함께 제시했다면 좋았겠군.

삼일 만세 운동 길에서는 사진 없이 설명만 제시되어 있으므로, 청라 언덕을 소개한 부분처럼 사진 자료를 함께 제시했다면 독자의 이해를 도울 수 있었을 것이다.

② 도표를 활용하여 설문 조사 결과를 보여줬다면 글을 이해하는 데 훨씬 도움이 되었겠군.

우리 학교 학생 100명 중 33명이 다른 지역에 소개하고 싶은 우리 지역 관광지로 '근대 문화 골목'을 추천하였다고 하였다. 이때 도표를 통해 설문 조사 결과를 제시한다면 독자가 글을 이해하는 데 도움이 될 것이다.

③ 유적지를 소개할 때 골목의 전체적인 모습을 그린 약도를 제시했다면 독자가 이해하기 쉬웠겠군.

근대 문화 골목을 소개하면서 골목의 전체적인 모습을 그린 약도를 그림으로 제시한다면 뒤이어 소개할 각 유적지의 위치와 모습을 파악할 수 있으므로 독자가 보고서를 이해하기 수월했을 것이다.

⑤ 청라 언덕을 소개할 때 사진을 제시함으로써 청라 언덕을 모르는 사람도 이곳의 모습을 생생하게 알 수 있군.

청라 언덕을 소개하는 부분에서는 사진을 제시하여 독자의 이해를 돕고 모습을 생생하게 알 수 있도록 하고 있다.

---

03 보고 글쓰기 표현 전략 사용하기 　　　답 | ②

보기 의 내용을 준수하여 보고서를 계획한 학생으로 적절한 것은?

보기

　쓰기 윤리란 글쓴이가 글을 쓰는 과정에서 준수해야 할 윤리적 규범이다. 쓰기 윤리를 지키기 위해서는 다른 사람이 생산한 아이디어나 자료, 글을 표절해서는 안 되고, 인용할 때는 글의 출처를 밝혀야 한다. 또한 조사나 연구의 내용을 과장, 축소, 변형, 왜곡하지 않고 제시하는 것이 쓰기 윤리를 지키는 행동이다.

② 민주: 보고서와 관련된 자료를 인용할 때 출처를 밝힐 수 있도록 책의 제목과 글쓴이를 알아두자.

〈보기〉에 따르면 다른 사람이 생산한 글을 인용할 때는 글의 출처를 밝혀야 한다. 민주는 글을 인용할 때 출처를 밝히기 위해 책의 제목과 글쓴이를 알아두자고 하고 있으므로 올바른 쓰기 윤리에 해당한다.

① 현진: 인터넷에 이미 근대 문화 골목에 대한 자세한 글이 있네. 이름만 바꿔서 그대로 제출하자.

〈보기〉에 따르면 다른 사람이 생산한 글을 표절해서는 안 되고, 인용할 때는 글의 출처를 밝혀야 한다.

③ 정민: 조사 기간이 애초 계획했던 일정보다 길어졌지만, 보고서에는 변경된 조사 기간을 반영하지 말자.

〈보기〉에 따르면 조사나 연구의 내용을 과장, 축소, 변형, 왜곡하지 말아야 한다. 변경된 조사 기간을 보고서에 반영하지 않는 것은 조사 내용을 축소하는 것에 해당한다.

④ 보라: 근대 문화 골목이 설문 조사에서 가장 많은 표를 얻었지만, 서문 시장이 더욱 흥미로울 것 같으니 설문 결과를 바꿔 제시하자.

〈보기〉에 따르면 조사나 연구의 내용을 과장, 축소, 변형, 왜곡하지 말아야 한다. 설문 결과를 바꿔 제시하는 것은 조사 결과를 변형, 왜곡하는 것에 해당한다.

⑤ 지연: 불가피한 사정으로 현장 조사를 하지 못했지만, 다양한 조사 방법을 계획한 것은 맞으니까 현장 조사에 대한 내용도 보고서에 제시하자.

〈보기〉에 따르면 조사나 연구의 내용을 과장하지 않고 제시하는 것이 쓰기 윤리를 지키는 행동이다. 현장 조사를 하지 않았지만 현장 조사를 했다고 제시하는 것은 조사나 연구의 내용을 과장하는 것에 해당한다.

---

04 보고 글쓰기 자료 활용하기

보기 는 [A]에 활용된 자료이다. 보기 에 해당하는 조사 방법을 윗글에서 찾아 쓰시오.

보기

　제일 교회 담장 옆 오르막길에는 90개의 계단이 있다. 이 계단은 1919년 삼일 운동 당시, 만세 운동 집결 장소로 향하던 학생들이 경찰의 감시를 피하기 위해 이용했던 지름길이다. 이른바 비밀 통로였던 셈이다. 그 길이 지금은 '삼일 만세 운동 길'로 불리고 있다. 계단의 한쪽 벽에는 1900년대 대구 도심의 모습과 삼일 운동 당시를 촬영한 사진 및 설명이 게재되어 있다.

　　　　　　　　　　　　　　　　　- 백승운 외, 〈근대路의 여행_골목〉

자료 조사

독서	고전 논리학의 세 가지 원리

빠른 정답 체크　　**01** ③　**02** ①　**03** ③　**04** 배중률

　아리스토텔레스는 정확한 논리 추론을 위해서는 세 가지의 사유의 원칙인 동일률, 모순율, 배중률을 지켜야 한다고 주장했다.
　　　　　　　　사유의 세 가지 원칙
이는 고전 논리학의 핵심적 원리로 자리매김하였다. 이 원리를 구체적으로 보면 다음과 같다.
　　　　　　　　　　　　　▶1문단: 아리스토텔레스가 주장한 사유의 원칙

　동일률은 'A는 A다.'라는 형식으로 표현되며, 어떤 대상이나 현상은 고정되어 있다는 것을 반영한 것으로 동일한 사유 과정에서 판단은 동일성을 가져야 한다는 점을 제시한다. 이를 명제와
　　　　　　동일률의 개념
관련된 언어로 바꾸면 '만일 어떤 명제가 옳으면 그 명제는 옳다'라고 표현할 수 있다. 이는 한 번 사용한 개념과 판단은 이후에도 똑같이 적용해야 한다는 것이며, 이 원칙을 지키지 않으면 사유나 추론에 오류가 생긴다는 것을 의미한다. 따라서 이러한 동일
　　　　　　　　　　논리 추론 과정에서 동일률을 지키지 않을 시 생기는 문제
률은 긍정 판단의 기초가 된다.
　　　　　　　　　　　　　▶2문단: 동일률의 개념

　다음으로 모순율은 '어떤 것도 A이면서 A가 아닌 것이 될 수는 없다.'처럼 어떤 명제와 그 명제의 부정이 동시에 참이거나 동시에
　　　　　　　　　　모순율의 개념
거짓일 수 없다는 것이다. 즉 동일한 주장은 참인 동시에 거짓일 수 없다는 뜻으로 올바른 사고에서는 모순되는 두 가지 판단은 동시에 허용되지 않음을 의미한다. 한 예로 중국의 '창과 방패의 모순' 고사에 나타나는 '나의 이 창은 모든 방패를 다 뚫을 수 있다'와 '나의 이 방패는 모든 창을 다 막을 수 있다'는 것은 서로 양립
　　　　　　　　　　　논리 추론에서 모순율의 의의
할 수 없는 모순이 된다. 이러한 원리는 부정 판단의 기초가 된다.
　　　　　　　　　　　　　▶3문단: 모순율의 개념

　마지막으로 배중률은 '어떤 것이든 A이거나, 또는 A가 아니다.'

처럼 명제의 참과 거짓만 있고 중간은 없다는 추론의 원리다. 이

<u>배중률의 개념</u>

에 따르면 상호 모순되는 명제 중 하나는 반드시 참이고 그 외에

제3의 진리값이 없다. 즉, '나는 배가 고프다'라는 명제를 부정한

'나는 배가 고프지 않다'는 배중률이므로 중간은 없는 것이다. 이

때문에 배중률은 <u>선언 판단의 기초</u>라고 볼 수 있다.

<u>논리 추론에서 배중률의 의의</u>　　　　　▶4문단: 배중률의 개념

　그런데 이러한 아리스토텔레스의 사유의 원칙은 <u>항상 완벽</u>

<u>한 사고 논리를 제공하지 않는다</u>는 비판이 있다. 대표적으로

<u>사유의 세 가지 원칙의 비판점</u>

㉠ 거짓말쟁이의 역설이 있다. 그리스 크레타 지역에 사는 철학

자 K는 크레타 지역 사람들이 거짓말을 많이 하는 현실을 드러내

기 위해 "크레타 사람들은 모두 거짓말만 한다."고 하였다. 만약

위 문장이 참이라면 <u>K도 거짓말만 할 것이므로</u> 위 문장은 거짓이

<u>K 또한 크레타 사람이기 때문에</u>

된다. 반대로 위 문장이 거짓이라면 크레타 사람들은 모두 진실

만을 말할 것이다. 따라서 크레타 사람인 <u>K 또한 참을 말할 것이므</u>

<u>크레타 사람들은 진실만을 말할 것이라는 사실에 따라</u>

로 위 문장은 참이 된다. 위 문장을 참이라고 가정하면 거짓이 되

고, 거짓이라고 가정하면 참이 되는, 즉 의미론적으로 볼 때 <u>역설</u>

이 생기는 것이다. 이는 아리스토텔레스가 주장한 고전 논리학의

<u>K의 명제는 참이면서 거짓에 해당하므로</u>

<u>핵심적 원리를 위배한다*.</u>

<u>배중률과 모순율</u>　　　　　▶5문단: '거짓말쟁이의 역설'에 따른 사유의 원칙 비판

　* 위배하다(違背하다): 법률, 명령, 약속 따위를 지키지 않고 어기다.

01　세부 내용 파악하기　　　　　답 | ③

윗글에 대한 이해로 적절하지 <u>않은</u> 것은?

정답 선지 분석

③ 참과 거짓 사이의 제3의 논리값이 존재해야 배중률이 성립된다.

　4문단에서 배중률은 상호 모순되는 명제 중 하나는 반드시 참이고 그 외에 제3의 논리값이 없다는 추론의 원리라고 하였으므로 적절하지 않다.

오답 선지 분석

① 동일률이 지켜지지 않으면 사유와 추론에 오류가 생긴다.

　2문단에서 동일률이라는 원칙을 지키지 않으면 사유나 추론에 오류가 생긴다고 하였으므로 적절하다.

② 고전 논리학은 항상 완벽한 사고 논리를 제공하지는 않는다.

　1문단에서 아리스토텔레스의 사유의 법칙이 고전 논리학의 핵심적 원리로 자리매김하였다고 하였고, 5문단에서 고전 논리학의 핵심인 아리스토텔레스의 사유의 원칙은 항상 완벽한 사고 논리를 제공하지 않는다는 비판이 있다고 하였으므로 적절하다.

④ 모순된 판단이 양립할 수 없다는 것은 부정 판단의 기초가 된다.

　3문단에서 모순율을 '올바른 사고에서는 모순되는 두 가지 판단은 동시에 허용되지 않'는다고 하였고, 이 모순율은 부정 판단의 기초가 된다고 하였으므로 적절하다.

⑤ 동일한 사유 과정에서 판단이 동일해야 한다는 것은 긍정 판단의 기초가 된다.

　2문단에서 동일률을 '동일한 사유 과정에서 판단은 동일성을 가져야 한다'라는 것으로 설명하고, 이는 긍정 판단의 기초가 된다고 진술하고 있으므로 적절하다.

02　세부 내용 간의 관련성 파악하기　　　　　답 | ①

㉠에 대한 설명으로 가장 적절한 것은?

정답 선지 분석

① K의 말은 참일 수도 있고 거짓일 수도 있다는 점에서 모순율을 위배한다.

　㉠은 명제를 참이라고 가정하면 거짓이 되고, 거짓이라고 가정하면 참이 되므로, 의미론적으로 볼 때 역설이 생긴다고 하였다. 따라서 K의 말은 참일 수도 있고 거짓일 수도 있다. 이는 3문단에 언급된 동일한 주장은 참인 동시에 거짓일 수 없다는 모순율을 위배한다고 할 수 있다.

오답 선지 분석

② K의 말은 항상 참일 것이므로, 거짓이 될 수 없다는 점에서 배중률을 위배한다.

　배중률은 'A거나 A가 아니다.' 혹은 참이거나, 참이 아니어야 한다는 원칙이다. ㉠에서 '크레타 사람들은 모두 거짓말만 한다.'라는 문장을 참이라고 가정하면 거짓이 되고, 거짓이라고 가정하면 참이 되므로 K의 말은 참일 수도 있고 거짓일 수도 있다. 따라서 K의 말이 거짓이 될 수 없다는 점에서 배중률을 위배한 것이 아니다.

③ K의 말은 참이라고 가정하면 거짓이 될 수 있다는 점에서 배중률을 따르고 있다.

　배중률은 'A이거나 A가 아니다.' 혹은 참이거나, 참이 아니어야 한다는 원칙이다. ㉠에서 '크레타 사람들은 모두 거짓말만 한다.'라는 문장을 참이라고 가정하면 거짓이 되고, 거짓이라고 가정하면 참이 되므로, K의 말은 참일 수도 있고 거짓일 수도 있다. 따라서 참이라고 가정하면 거짓이 될 수 있다는 점에서 배중률을 위배한 것이다.

④ K의 말은 가정을 어떻게 하느냐에 따라 참과 거짓이 구별되므로 모순율을 따르고 있다.

　㉠에서는 '크레타 사람들은 모두 거짓말만 한다.'라는 문장을 참이라고 가정하면 거짓이 되고, 거짓이라고 가정하면 참이 되므로, K의 말은 참일 수도 있고 거짓일 수도 있다는 것이다. 이는 3문단에서 설명한 동일한 주장은 참인 동시에 거짓일 수 없다는 모순율에 위배된다.

⑤ K의 말은 거짓말을 많이 하는 현실을 드러내기 위한 것이라는 점에서 모순율을 따르고 있다.

　㉠에서는 '크레타 사람들은 모두 거짓말만 한다.'라는 문장을 참이라고 가정하면 거짓이 되고, 거짓이라고 가정하면 참이 되므로, K의 말은 참일 수도 있고 거짓일 수도 있다는 것이다. 이에 따르면 거짓말을 많이 하는 현실을 드러내기 위한 것이라는 의도 또한 참인 동시에 거짓이 될 수 있으므로 모순율에 위배된다.

03　다른 이론과 비교하기　　　　　답 | ③

윗글과 보기 를 비교한 내용으로 적절하지 <u>않은</u> 것은?

보기

　헤겔의 변증법은 모든 대상과 현상은 변화하고 발전한다는 것을 전제로 한다. 이때 발전이라는 것은 특정한 대상과 현상이 이전에는 존재하지 않는 질적으로 전혀 새로운 상태가 되는 변화를 일컫는다. 자연은 항상 조화롭게 살아가는 것이 아니라 생과 사, 화합과 분해, 찬반 논리 등 여러 종류의 대립이 존재하는데 이러한 모순적 상황은 통일체를 이루면서 외부의 힘이 없이도 스스로 변화하고 발전한다는 것이다. 이를 바탕으로 헤겔은 변증법이야말로 변화와 발전을 설명할 수 있는 논리이자 사고의 법칙이라고 설명한다.

정답 선지 분석

③ 헤겔은 모순적 상황의 통일체가 판단의 동일성을 이끈다는 논리로 동일률의 허점을 지적하겠군.

　〈보기〉에서 헤겔은 대상은 모순적 상황이 통일체를 이루면서 모두 변화한다고 하였는데, 이는 대상과 현상은 고정되어 있다는 동일률과는 관점이 다르다. 따라서 모순적 상황의 통일체가 판단의 통일성을 이끈다는 것은 헤겔의 입장이 될 수 없으므로 적절하지 않다.

① 헤겔은 'A는 A가 아닐 수 있다'라는 논리로 고전 논리학을 비판하겠군.

〈보기〉에서 헤겔의 변증법은 모든 대상과 현상은 변화한다는 것을 전제로 한다고 하였다. 이는 A라는 대상과 현상이 변화한다는 것이므로 이는 'A는 A가 아닐 수 있다'는 논리로 볼 수 있다. 이러한 헤겔의 논리는 고전 논리학의 핵심 원리 중 하나인 동일률과는 관점이 다르다. 따라서 헤겔이 입장에서 고전 논리학은 비판의 대상이 될 수 있다.

② 헤겔은 모순이 발전의 기초라는 논리를 내세워 고전 논리학을 비판하겠군.

〈보기〉에서 헤겔은 찬반 논리 등 대립적이고 모순적인 상황이 변화와 발전의 원동력이라고 설명하고 있다. 이는 명제에는 모순이 없어야 한다는 고전 논리학의 모순율과는 상반되는 관점이다. 따라서 헤겔의 입장에서는 고전 논리학은 비판의 대상이 될 수 있다.

④ 헤겔은 대상은 질적 변화를 통해 발전한다는 논리로 대상의 고정성을 주장하는 동일률을 비판하겠군.

〈보기〉에서 헤겔은 대상의 발전은 질적으로 전혀 새로운 상태가 되는 것이라고 하였다. 이는 2문단에서 대상은 고정되어 있다는 동일률의 관점과는 상반된다. 따라서 헤겔의 입장에서는 동일률의 관점은 비판의 대상이 될 수 있다.

⑤ 헤겔은 논리적 대립이 발전의 힘이라는 논리로 긍정 판단만으로는 스스로 변화하는 대상을 설명할 수 없다고 말하겠군.

〈보기〉에서 헤겔은 논리적 대립이 스스로 변화하고 발전하게 이끈다고 하였다. 이는 대상이나 현상이 고정되어 있다는 동일률의 긍정 판단과는 관점이 상반된다. 따라서 헤겔의 입장에서는 긍정 판단은 스스로 변화하는 대상을 설명할 수 없다고 말할 수 있다.

문학 1   고시 8(정약용)

빠른 정답 체크   01 ③   02 ③   03 ③   04 황새, 뱀

[A]
鷰子初來時 (제비) 한 마리 처음 날아와
○ : 힘없는 백성들
喃喃語不休 지지배배 그 소리 그치지 않네
제비가 지저귀는 소리 - 고통에 찬 백성들의 신음

[B]
語意雖未明 말하는 뜻 분명히 알 수 없지만
지배층의 수탈로 집을 잃고 유랑하는 백성들의 현실 반영
似訴無家愁 집 없는 서러움을 호소하는 듯
▶ 집 없는 서러움을 호소하는 제비

[C]
楡槐老多穴 느릅나무 홰나무 묵어 구멍 많은데
대화 형식을 통한 시상 전개
何不此淹留 어찌하여 그곳에 깃들지 않니
▶ 제비에게 집을 짓지 않는 이유를 물음

[D]
燕子復喃喃 제비 다시 지저귀며
似與人語酬 사람에게 말하는 듯   당시 시대 상황을 우의적으로 표현함
                                    - 지배층의 가혹한 수탈 풍자

[E]
楡穴鸛來啄 느릅나무 구멍은 황새가 쪼고
△ : 권력을 가진 지배층
槐穴蛇來搜 홰나무 구멍은 뱀이 와서 뒤진다오
▶ 제비가 집을 짓지 않는 이유
- 정약용, 〈고시(古詩) 8〉 -

---

04   구체적 사례에 적용하기

〈보기〉의 고사에서, 신하가 활용한 사유의 원칙을 윗글에서 찾아 쓰시오.

보기

임금은 단지 속에 '생'자와 '사'자를 각기 써 놓은 쪽지를 넣어 '생'자를 뽑으면 살리고, '사'자를 뽑으면 신하를 죽이기로 하였다. 단지 속에는 사실 신하를 죽이기 위해 '사'자 두 개만 넣어진 상태였다. 이를 알고 있던 신하는 쪽지를 뽑은 다음 바로 입 안에 넣어 삼켜버렸다. 놀란 임금이 이유를 묻자 신하는 "단지 속의 남은 쪽지를 보면 제가 삼킨 것을 알 수 있을 것"이라고 하였고, 단지에는 '사'자가 적힌 쪽지가 남아 있었다. 이에 따르면 신하가 삼킨 쪽지는 '생'일 것이기 때문에, 임금은 신하를 죽일 수 없었다.

정답

배중률

---

01   표현상의 특징 파악하기   답 | ③

윗글에 대한 설명으로 적절한 것은?

③ 말을 건네는 방식을 통해 현실에 대한 인식을 드러내고 있다.

윗글에서 화자는 '느릅나무 홰나무 묵어 구멍 많은데 / 어찌하여 그곳에 깃들지 않니'라고 제비에게 말을 건네고 있으며, 이에 제비가 '느릅나무 구멍은 황새가 쪼고 / 홰나무 구멍은 뱀이 와서 뒤진다오'라고 말함으로써 당시 만연했던 지배층의 횡포를 풍자하며 현실 인식을 드러내고 있다.

① 반어적 표현을 통해 주제를 강조하고 있다.

윗글에서 반어적 표현을 사용한 부분을 찾을 수 없다.

② 과거와 현재의 대비를 통해 그리움의 정서를 강화하고 있다.

윗글에서 과거와 현재를 대비한 부분을 찾을 수 없다.

④ 비유적 표현을 사용함으로써 자연의 아름다움을 나타내고 있다.

윗글에서 비유적 표현을 사용하여 자연의 아름다움을 나타낸 부분을 찾을 수 없다.

⑤ 중심 소재와 대비되는 자연물은 화자의 연민을 불러일으키는 역할을 한다.

윗글의 중심 소재인 '제비'와 대조되는 자연물은 '황새'와 '뱀'으로, 두 대상은 지배층의 가혹한 수탈을 풍자하기 위해 사용된 자연물이다.

---

02   작품의 내용 이해하기   답 | ③

[A]~[E]를 이해한 내용으로 적절하지 않은 것은?

③ [C]: 화자는 자신에게 찾아온 제비를 쫓아내기 위해 질문의 방식을 통해 간접적으로 돌려 말하고 있다.

화자는 제비가 우는 이유에 대한 구체적인 사연을 듣기 위해 질문한 것이지, 제비를 쫓아내기 위해 질문한 것은 아니다.

① [A]: 울음소리를 그치지 않는 제비의 모습을 통해 제비에게 문제가 생겼음을 짐작할 수 있다.

제비가 화자에게 날아와 지지배배 그 소리가 그치지 않았다고 하였으므로, 이를 통해 제비에게 문제가 생겼으며, 이와 관련된 시상이 전개될 것을 예측할 수 있다.

② [B]: 제비는 자신에게 생긴 문제를 화자에게 하소연함으로써 화자의 반응을 유도하고 있다.

제비는 집이 없는 자신의 상황을 화자에게 하소연하였으며, 이를 들은 화자는 제비에게 말을 건네며 반응하고 있다.

④ [D]: 화자의 질문에 대한 제비의 응답으로, 다음에 제비가 화자에게 답한 내용이 드러날 것이라 예상할 수 있다.

화자의 물음에 제비가 사람에게 말하는 듯 다시 지저귄다고 하였으므로 다음 행에서 화자의 질문에 대한 답이 드러날 것이라 예상할 수 있다.

⑤ [E]: 제비가 화자에게 찾아올 수밖에 없었던 이유를 자세히 밝히고 있다.

제비는 자신이 본래 깃들어야 하는 곳인 '느릅나무'와 '해나무'를 '황새'와 '뱀'에게 빼앗겼음을 화자에게 자세히 밝히고 있다.

03 외적 준거를 통해 작품 감상하기   답 | ③

윗글과 보기 를 비교한 내용으로 적절하지 않은 것은?

어느 날 공자가 제자들과 산을 지나가는데, 세 무덤 앞에서 울고 있는 여인을 보았다. 공자가 제자를 시켜 여인에게 그 이유를 묻게 하자 여인이 답했다.

"시아버지와 남편, 그리고 아들까지 호랑이에게 잡아 먹혔습니다."

제자가 물었다.

"그런데도 왜 부인께서는 이곳을 떠나지 않으셨습니까?"

"이곳에는 세금이나 재물을 빼앗는 못된 벼슬아치가 없답니다. 그래서 떠나지 못하고 있습니다."

이 말을 들은 공자는 길게 탄식하며 제자들에게 말했다.

"세상에 무서운 짐승이 있다면 그것은 바로 호랑이일 것이다. 그러나 가혹한 정치는 호랑이보다 더 무섭다는 것을 꼭 명심해라."

③ 윗글에서 '제비'의 울음소리와 〈보기〉에서 여인의 울음은 모두 지배층의 횡포로 인한 것이다.

윗글에서 '제비'는 자신의 터전을 차지한 '황새'와 '뱀', 즉 지배층에 의한 수탈 때문에 우는 것이 맞으나, 〈보기〉에서 여인이 우는 이유는 시아버지와 남편, 아들이 호랑이에게 잡아 먹혔기 때문이다.

① 윗글의 '제비'와 〈보기〉의 여인은 모두 지배층에게 수탈당하는 백성임을 알 수 있다.

윗글의 제비는 '황새'와 '뱀'으로 비유된 지배층에게 수탈당하고, 〈보기〉의 여인은 세금이나 재물을 빼앗는 못된 벼슬아치를 피해 자신이 사는 곳을 떠나지 못한다고 밝혔으므로 두 대상 모두 지배층에게 수탈당하는 백성임을 알 수 있다.

② 윗글의 화자와 〈보기〉의 공자는 모두 현실에 대한 비판적 시각을 드러내는 역할을 한다.

윗글의 화자는 제비와의 대화를 통해 지배층의 가혹한 횡포를 우의적으로 표현하고 있고, 〈보기〉의 공자는 '가혹한 정치는 호랑이보다 더 무섭다'라고 말하며 세금이나 재물을 빼앗는 못된 벼슬아치에 대해 직접적으로 비판하고 있다.

④ 윗글의 '황새'와 '뱀'은 〈보기〉의 공자의 시선으로 볼 때 호랑이보다 더 무서운 대상이라 할 수 있다.

〈보기〉에서 공자는 '세상에 무서운 짐승이 있다면 그것은 바로 호랑이'일 것이나, '가혹한 정치'가 호랑이보다 더 무섭다는 것을 명심하라고 하였다. 윗글에서 가혹한 정치를 일삼는 대상은 '황새'와 '뱀'에 해당하므로, 〈보기〉의 공자는 '황새'와 '뱀'을 호랑이보다 더 무서운 대상으로 인식할 것이다.

⑤ 제비는 지배층의 횡포로 인해 집을 잃었다면, 〈보기〉의 여인은 지배층의 횡포로 인해 목숨이 위태함에도 집을 떠나지 못한다는 점에서 차이가 있다.

윗글의 '제비'는 지배층으로 대표되는 '황새'와 '뱀'으로 인해 자신의 집을 빼앗겼으나, 〈보기〉의 여인은 자신 또한 시아버지와 남편, 아들처럼 목숨을 잃을까 위태로운 상황임에도 세금이나 재물을 빼앗는 못된 벼슬아치가 더 무서워 집을 떠나지 못하고 있으므로 차이가 있다.

04 시어의 의미 파악하기

윗글에서 '제비'와 대립되는 시어 두 개를 찾아 차례대로 쓰시오.

황새, 뱀

문학 2   이상한 선생님(채만식)

빠른 정답 체크   01 ④   02 ③   03 ④   04 아무튼, 선생님이었다.

우리 **박 선생님**은 참 이상한 선생님이었다.

박 선생님은 생긴 것부터가 무척 이상하게 생긴 선생님이었다.

『키가 한 뼘밖에 안 되어서 뼘생 또는 뼘박이라는 별명이 있는 것

『』: 박 선생님의 외양 ① - 작은 키   박 선생님의 별명 ①

처럼, 박 선생님의 키는 키 작은 사람 가운데에서도 유난히 작은

키였다. ㉠ 일본 정치 때에, 혈서*로 지원병을 지원했다 체격 검

박 선생님의 친일적인 태도

사에 키가 제 척수*에 차지 못해 낙방*이 되었다면, 그래서 땅을

치고 울었다면, 얼마나 작은 키인지 알 일이다.』

그런『작은 키에 몸집은 그저 한 줌만 하고. 이 한 줌만 한 몸집.

『』: 박 선생님의 외양 ② - 큰 얼굴

한 뼘만 한 키 위에 깜짝 놀랄 만큼 큰 머리통이 위태위태하게 올

라앉아 있다. 그래서 박 선생님 또 하나의 별명은 대갈장군이라

고도 했다.』

머리통이 그렇게 큰 박 선생님의 얼굴은 어떻게 생겼느냐 하면,

또한 여느 사람과는 많이 달랐다.

『뒤통수와 앞이마가 툭 내솟고, 내솟은 좁은 이마 밑으로 눈썹이

『』: 박 선생님의 외양 ③ - 독특한 생김새

시꺼멓고, 왕방울 같은 두 눈은 부리부리하니 정기*가 있고도 사

납고, 코는 매부리코요, 입은 메기입으로 귀밑까지 넓죽 째지고,

목소리는 쇠꼬챙이로 찌르는 것처럼 쨍쨍하고.』

이런 대갈장군인 뼘생 박 선생님과 아주 정반대로 생긴 이가 강

선생님이었다.

ⓛ『강 선생님은 키가 크고, 몸집도 크고, 얼굴이 너부룩하고*,
『 』: 강 선생님의 외양 - 박 선생님과 대조됨
얼굴이 검기는 해도 순하여 사나움이 든 데가 없고, 눈은 더 순하고, 허허 웃기를 잘하고, 별로 성을 내는 일이 없고, 아무하고나 장난을 잘하고……』, 강 선생님은 이런 선생님이었다.

(중략)

학교에서고 학교 밖에서고 조선말로 말을 하다 선생님한테 들키는 날이면 경치는* 판이었다. 선생님들 중에서도 제일 심하게
제일 심하게 조선말을 쓰지 못하게 하는
밝히는 선생님이 뼘박 박 선생님이었다. 교장 선생님이나 다른 일본 선생님은 나무라기만 하고 마는 수가 있어도, 뼘박 박 선생님만은 절대로 용서가 없었다.

나도 여러 번 혼이 나 보았다.
'나'는 조선말을 사용해서 '박 선생님'께 여러 번 혼이 남
한번은 상준이 녀석과 어떡하다 쌈이 붙었는데 둘이 서로 부둥켜안고 구르면서 이 자식아, 저 자식아, 죽어 봐, 때려 봐, 하면서
'나'와 상준이가 조선말을 사용함
한참 때리고 제기고* 하는 참이었다.

그런데, 느닷없이

ⓒ "고랏! 조셍고데 겡까 스루야쓰가 이루까(이놈아! 조선말로
조선말을 사용한 것을 나무람 - 친일적인 태도
쌈하는 녀석이 어딨어)."

하면서 구둣발길로 넓적다리를 걷어차는 건, 정신없는 중에도 뼘박 박 선생님이었다.

우리 둘이는 그 자리에서 뺨이 붓도록 따귀를 맞았고, 공부 시간에 들어가지도 못하고 그 시간 동안 변소 청소를 했고, 그리고 조행* 점수를 듬뿍 깎았다.

이렇게 뼘박 박 선생님한테 **제일 중한 벌**을 받는 때가 언제냐 하면, 조선말로 지껄이다 들키는 때였다.

강 선생님은 그와 반대로 아무 시비가 없었다.
강 선생님은 박 선생님과 달리 조선말을 쓰는 것을 나무라지 않음
『교실에서 공부를 할 때 빼고는 그리고 다른 선생님, 그중에서도
『 』: 강 선생님은 박 선생님과 달리 조선말을 자주 사용함
ⓔ 교장 이하 일본 선생님들과 뼘박 박 선생님이 보지 않는 데서는, 강 선생님은 우리한테, 일본 말로 말을 하지 않았다. 우리들이 일본 말을 해도 강 선생님은 조선말을 하곤 했다.』

우리가 어쩌다

"선생님은 왜 '국어(일본 말)'로 안 하세요?"

하고 물으면 강 선생님은 웃으면서

"나는 '국어'가 서툴러서 그런다."

하고 대답했다.

그렇지만 우리가 보기에도 강 선생님은 일본 말이 서투른 선생님이 아니었다.

[중간 부분 줄거리] 일본이 패망하자, 박 선생님은 맹신하였던 일본이 전쟁에서 패배했다는 사실에 의기소침해 한다. 박 선생님은 일본이 패망했는지 묻는 대석 언니에게 성을 내며 일본의 패망을 쉽게 받아들이지 못한다. 해방 소식에 기뻐하는 강 선생님은 박 선생님을 큰 소리로 꾸짖으며 일본이 패망한 후에도 미련을 버리지 못하는 박 선생님의 친일적인 태도를 비판한다. 그 후 박 선생님은 일본에 충성하던 태도를 버리고 미국을 찬양한다.

뼘박 박 선생님은 미국을 침이 마르도록 칭찬했다.『이 세상에
『 』: 일본이 패망하자 미국의 편에 서는 박 선생님의 기회주의적인 태도
미국같이 훌륭한 나라가 없고, 미국 사람같이 훌륭한 백성이 없다고 했다. 우리 조선은 미국 덕분에 해방이 되었으니까 미국을 누구보다도 고맙게 여기고, **미국이 시키는 대로 순종**해야 하느니라고 했다.』

ⓜ 우리가 혹시 말끝에 "미국 놈……."이라고 하면, 뼘박 박 선생님은 단박 붙잡다가 벌을 세우곤 하였다. 전에 "덴노헤이까 바가(천황 폐하 망할 자식)!"라고 한 것만큼이나 엄한 벌을 주었다.

"이놈아 아무리 미련한 소견*이기로, 자아 보아라.『우리 조선을
『 』: 박 선생님은 미국을 찬양하면서 고마운 마음을 가져야 한다고 가르침
독립을 시켜 주느라구 자기 나라 백성을 많이 죽여 가면서 전쟁을 했지. 그래서 그 덕에 우리 **조선이 왜놈의 압제*에서 벗어**나서 독립이 되질 아니했어? 그뿐인감? 독립을 시켜 주구 나서두 우리 조선 사람들 배 아니 고프구 편안히 잘 살라고 양식이야, 옷감이야, 기계야, 자동차야, 석유야, 설탕이야, 구두야, 무어 죄다 골고루 가져다주지 않어?』그런데 그런 고마운 사람들더러, 미국 놈이 무어야?"

벌을 세우면서 뼘박 박 선생님은 이렇게 꾸짖곤 하였다.

[A]
우리는 뼘박 박 선생님더러 미국에도 덴노헤이까(천황)가 있느냐고 물었다. 미국에 덴노헤이까가 있지 않고서야 그렇게 **일본의 덴노헤이까**처럼 우리 조선 사람을 친아들과 같이 사랑하고, 우리 조선 사람들이 잘 살도록 근심을 하며, 온갖 물건을 가져다주고 할 이치가 없기 때문이었다(해방 전에 뼘박 박 선생님은, 덴노헤이까는 우리 조선 사람들을 일본 사람들과 같이 사랑하고, 우리 조선 사람들이 잘 살기를 근심하신다고 늘 가르쳐 주곤 했다.).

뼘박 박 선생님은 미국에는 덴노헤이까는 없고, 덴노헤이까보다 훌륭한 '돌멩이'라는 양반이 있다고 대답했다.

우리는 그럼 이번에는 그 '돌멩이'라는 훌륭한 어른을 위하
미국의 제33대 대통령 트루먼을 가리킴
여 '미국 신민노 세이시(미국 신민 서사)'를 부르고, 기미가

요(일본의 국가)대신 돌멩이 가요를 부르고 해야 하나 보다고 생각했다.

아무튼 뻠박 박 선생님은 참 이상한 선생님이었다.
박 선생님의 기회주의적인 태도를 이해하지 못한 '나'의 평가
- 채만식, 〈이상한 선생님〉 -

* 혈서(血書): 제 몸의 피를 내어 자기의 결심, 청원, 맹세 따위를 글로 씀. 또는 그 글.
* 척수(尺數): 길이에 대한 몇 자 몇 치의 셈.
* 낙방(落榜): 시험, 모집, 선거 따위에 응하였다가 떨어짐.
* 정기(精氣): 생기 있고 빛이 나는 기운.
* 너부룻하다: '너부죽하다'의 방언. 조금 넓고 평평한 듯하다.
* 경치다(黥치다): 혹독하게 벌을 받다.
* 제기다: 팔꿈치나 발꿈치 따위로 지르다.
* 조행(操行): 태도와 행실을 아울러 이르는 말.
* 소견(操行): 어떤 일이나 사물을 살펴보고 가지게 되는 생각이나 의견.
* 압제(壓制): 권력이나 폭력으로 남을 꼼짝 못 하게 강제로 누름.

01 서술상의 특징 파악하기
답 | ④

윗글에 대한 설명으로 적절하지 않은 것은?

정답 선지 분석

④ 비유적인 표현을 활용하여 작품의 주제를 직접적으로 드러내고 있다.
윗글에서 비유적 표현을 통해 작품의 주제를 직접적으로 드러낸 부분을 찾을 수 없다.

오답 선지 분석

① 인물의 외모와 행동을 우스꽝스럽게 표현하여 풍자하고 있다.
윗글에서 '나'는 '박 선생님'에 대해 '작은 키에 몸집은 그저 한 줌만 하고, 이 한 줌만 한 몸집, 한 뼘만 한 키 위에 깜짝 놀랄 만큼 큰 머리통이 위태위태하게 올라앉아 있다. 그래서 박 선생님 또 하나의 별명은 대갈장군이라고도 했다'라고 서술함으로써 인물을 우스꽝스럽게 표현하고 있다.

② 시대적 배경이 드러나는 단어를 통해 일제 강점기임을 알 수 있다.
윗글에서는 '일본 정치', '조선말'이라는 단어와 일본어를 쓰는 인물 등을 통해 작품의 시대적 배경이 일제 강점기임을 알 수 있다.

③ 작품 속의 서술자가 인물의 행동과 사건을 관찰하여 전달하고 있다.
윗글은 1인칭 관찰자 시점의 글로, 작품 속의 서술자인 '나'가 중심인물인 '박 선생님'의 행동과 사건을 관찰하여 전달한다.

⑤ 인물들의 외양을 대조적으로 묘사함으로써 성격을 간접적으로 표현하고 있다.
윗글에서는 '박 선생님'의 외양과 '강 선생님'의 외모를 대조적으로 묘사함으로써 두 인물의 성격이 정반대일 것임을 간접적으로 표현하고 있다.

02 작품의 내용 이해하기
답 | ③

㉠~㉤에 대한 설명으로 적절하지 않은 것은?

정답 선지 분석

③ ㉢: 아름다운 조선말을 지키려는 '박 선생님'의 애국주의적인 면모가 드러난다.
'박 선생님'이 조선말로 싸움을 하는 것을 나무란 이유는 아름다운 조선말을 지키기 위해서가 아니라, 일본 말을 쓰지 않았기 때문이다.

오답 선지 분석

① ㉠: '박 선생님'의 작은 키를 우스꽝스럽게 표현함과 동시에 일본에 대한 '박 선생님'의 충성심이 드러난다.
'박 선생님'이 일본군에 지원했다가 작은 키로 인해 낙방하는 내용을 통해 '박 선생님'의 작은 키를 강조함과 동시에 일본에 대한 '박 선생님'의 충성심을 드러낸다.

---

② ㉡: '박 선생님'과 달리 '강 선생님'을 긍정적으로 바라보는 '나'의 시선이 드러난다.
'나'가 못생기고 우스꽝스러운 외모를 가진 '박 선생님'과 달리 '강 선생님'은 '키가 크고, 몸집도 크고, 얼굴이 너부룻하고, 얼굴이 검기는 해도 순하여 사나움이 든 데가 없고, 눈은 더 순하고, 허허 웃기를 잘하고, 별로 성을 내는 일이 없고, 아무거나 장난을 잘한다고 표현한 것을 통해 '나'가 '박 선생님'과 달리 '강 선생님'을 긍정적으로 바라보고 있음을 알 수 있다.

④ ㉣: '박 선생님'과 대조적으로 일제에 저항하는 '강 선생님'의 모습이 드러난다.
항상 일본 말을 사용하며, 조선말을 쓰는 학생을 엄중하게 처벌하는 '박 선생님'과 달리 '강 선생님'은 다른 선생님이 주변에 없을 때 조선말을 사용함으로써 일제에 저항하고 있다.

⑤ ㉤: 일본이 패망하자, 태도를 바꿔 미국을 무조건적으로 따르는 '박 선생님'의 모습이 드러난다.
'박 선생님'은 일본이 패망하자 미국의 편에 섰으며, 일본 말을 쓰지 않던 학생에게 벌을 주었던 것처럼 이제는 미국을 비난하는 학생들을 벌하는 모습을 통해 미국을 무조건적으로 따르는 '박 선생님'의 태도를 알 수 있다.

03 작품 비교하기
답 | ④

보기 의 '그'와 윗글의 '박 선생님'을 비교한 것으로 적절하지 않은 것은?

보기

'친일파, 민족 반역자, 반일 투사 치료 거부, 일제의 간첩 행위…….' 이건 너무도 어마어마한 죄상이다. 취조할 때 나열하던 그대로 한다면 고작해야 무기 징역, 사형감일지도 모른다. (중략)
'그럼, 어쩐단 말이야. 식민지 백성이 별수 있었어. 날구 뛴들 소용이 있었느냐 말이야. 어느 놈은 일본 놈한테 아첨을 안 했어. 주는 떡을 안 먹은 놈이 바보지. 흥, 다 그놈이 그놈이지.'…
그는 자기가 들고 온 상감진사(象嵌辰砂) 고려청자 화병에 눈길을 돌렸다. 사실 그것을 내놓는 데는 얼마간의 아쉬움이 없지 않았다. 국외로 내보낸다는 자책감 같은 것은 아예 생각해 본 일이 없는 그였다.
- 전광용, 〈꺼삐딴 리〉

정답 선지 분석

④ 미국 덕분에 '조선이 왜놈의 압제에서 벗'어날 수 있었다는 '박 선생님'의 말에는 '그'와 달리 일본에 대한 저항 의식이 반영되어 있군.
미국 덕분에 일제로부터 해방될 수 있었다는 '박 선생님'의 말을 통해 일본이 패망한 후 미국의 편에 서게 된 '박 선생님'의 기회주의적인 모습을 알 수 있을 뿐, 일본에 대한 '박 선생님'의 저항 의식이 반영되어 있다고 볼 수 없다.

오답 선지 분석

① '박 선생님'과 '그'는 조선 사람이지만 일본의 편에서 행동한다는 점에서 공통점이 있군.
윗글의 '박 선생님'과 〈보기〉의 '그'는 모두 조선 사람임에도 불구하고 당시 권력을 쥐고 있던 일본에 빌붙어 살아가는 인물이다.

② 조선말을 쓴 학생에게 '제일 중한 벌'을 내린 '박 선생님'과 친일 행위를 일삼는 '그'의 행동에는 비슷한 점이 있군.
일본말이 아닌 조선말을 쓰는 학생을 벌하는 '박 선생님'의 행위 또한 친일 행위에 해당하므로 〈보기〉의 '그'와 공통점이 있다.

③ '미국이 시키는 대로 순종'해야 한다는 '박 선생님'과 국가의 문화재를 아무런 죄의식 없이 해외로 반출하는 '그'는 모두 민족의식이 없는 인물이군.
미국 덕분에 조선이 일제로부터 해방이 되었으므로 미국에 순종해야 한다는 '박 선생님'의 말을 통해 '박 선생님'이 민족의식이 부재한 인물임을 알 수 있다. 또한 고려청자를 국외로 내보낸다는 자책감 같은 것은 아예 생각하지 않았다는 〈보기〉의 '그' 또한 민족의식이 부재한 인물이다.

⑤ 학생들에게 '일본의 덴노헤이까'를 훌륭한 어른이라 가르쳤던 '박 선생님'의
모습을 '그'가 보았다면, 일본 놈에게 아첨한 놈이라고 여겼겠군.
  '일본의 덴노헤이까', 즉 천황을 학생들에게 훌륭한 어른이라 가르쳤던 '박 선생님'의
  모습은 친일 행위에 해당하므로 〈보기〉의 '그'는 '박 선생님'을 자신처럼 일본 놈에게
  아첨한 놈이라고 여겼을 것이다.

04 작품의 표현 방법 파악하기

[A]에서, ⓐ에 해당하는 문장을 찾아 첫 어절과 마지막 어절을 쓰시오.

〈이상한 선생님〉은 권력에 편에 빌붙어 사는 인물을 비판적인 시각으
로 바라본 작품이다. 작가는 '박 선생님'으로 대표되는 인물의 외모, 말
과 행동을 우스꽝스럽게 표현함으로써 인물의 부정적이고 기회주의적
인 모습을 부각하고 ⓐ 서술자의 말을 빌려 인물을 직접적으로 비판하기
도 하였다.

정답

아무튼, 선생님이었다.

12강

| 본문 | 141쪽

문법 품사 (1) 체언

빠른 정답 체크 01 ④ 02 ① 03 ③ 04 것

01 체언의 특징 파악하기 답 | ④

체언에 대한 설명으로 적절하지 않은 것은?

정답 선지 분석

④ 문장에서 사용될 때 주로 형태가 변하는 특성을 지닌다.

체언은 문장에서 사용될 때 형태가 변하지 않는 불변어이다. 즉 체언은 문장에서 사용될 때 항상 같은 형태로만 사용된다. 문장에서 사용될 때 형태가 변하는 특성을 가진 것은 서술격 조사 '이다'와 용언이다.

오답 선지 분석

① 관형사의 수식을 받을 수 있다.

체언은 관형사의 수식을 받을 수 있다.

② 조사와 결합하여 사용할 수 있다.

체언은 조사와 결합하여 사용할 수 있다.

③ 명사, 대명사, 수사가 체언에 해당한다.

체언은 문장에서 중심이 되는 역할을 하며 명사, 대명사, 수사가 이에 해당한다.

⑤ 주로 주어의 자리에 오며 목적어나 보어로 사용되기도 한다.

체언은 '누구' 또는 '무엇'을 나타내며 문장의 주체 자리에 나타나는 단어이다. 주로 주어가 되는 자리에 오며, 목적어나 보어로 사용되기도 한다.

02 명사의 분류 기준 이해하기 답 | ①

보기 의 ㉠과 ㉡에 들어갈 말로 적절한 것은?

보기

명사는 구체성에 따라 분류하면 (㉠)와 (㉡)로 나눌 수 있다. (㉠)은 눈에 보이는 사물의 이름을 나타내는 명사로 사람, 꽃, 집, 컴퓨터 등이 해당한다. 반면, (㉡)은 눈에 보이지 않는 사물의 이름을 나타내는 명사로 행복, 성공, 희망, 기쁨 등이 해당한다.

정답 선지 분석

	㉠	㉡
①	구체 명사	추상 명사

㉠ 명사는 구체성에 따라 구체 명사와 추상 명사로 분류할 수 있는데 눈에 보이는 사물의 이름을 나타내는 명사가 구체 명사이다.
㉡ 명사는 구체성에 따라 구체 명사와 추상 명사로 분류할 수 있는데 눈에 보이지 않는 사물의 이름을 나타내는 명사가 추상 명사이다.

03 인칭 대명사 파악하기 답 | ③

밑줄 친 단어 중, 보기 에서 설명하는 품사에 해당하는 것은?

보기

• 조사와 결합할 수 있다.
• 사람의 이름을 대신하여 나타낸다.
• 경제적인 언어생활을 가능하게 한다.

정답 선지 분석

③ 유진이와 나는 죽마고우다.

〈보기〉에서 설명하고 있는 것은 사람이나 사물의 이름을 대신하여 나타내는 인칭 대명사이다. '나'는 사람의 이름을 대신하여 나타내는 인칭 대명사 중 하나이기 때문에 적절하다.

오답 선지 분석

① 여기서 잠시 쉬다 가자.

〈보기〉에서 설명하고 있는 것은 사람이나 사물의 이름을 대신하여 나타내는 대명사 중에서도 사람의 이름을 대신하여 나타내는 인칭 대명사이다. '여기'는 대명사에 해당하지만 사물이나 장소의 이름을 대신하여 나타내는 지시 대명사에 해당한다.

② 맛있는 과자를 먹고 싶다.

〈보기〉에서 설명하고 있는 것은 사람이나 사물의 이름을 대신하여 나타내는 대명사 중에서도 사람의 이름을 대신하여 나타내는 인칭 대명사이다. '과자'는 사람이나 사물의 이름을 나타내는 명사이다. 그중에서도 '과자'는 보통 명사이자 구체 명사에 해당한다.

④ 나는 상현초등학교를 졸업했다.

〈보기〉에서 설명하고 있는 것은 사람이나 사물의 이름을 대신하여 나타내는 대명사 중에서도 사람의 이름을 대신하여 나타내는 인칭 대명사이다. '상현초등학교'는 사람이나 사물의 이름을 나타내는 명사이다. 그중에서도 '상현초등학교'는 고유 명사이자 구체 명사에 해당한다.

⑤ 셋이 먹다가 둘이 죽어도 모른다.

〈보기〉에서 설명하고 있는 것은 사람이나 사물의 이름을 대신하여 나타내는 대명사 중에서도 사람의 이름을 대신하여 나타내는 인칭 대명사이다. '셋'은 사람의 수나 양, 순서를 나타내는 수사인데 그중에서도 양수사에 해당한다.

04 의존 명사 파악하기

보기 의 문장에서 홀로 자립하여 사용할 수 없는 명사를 찾아 쓰시오.

보기

저기 보이는 것이 우리 집이다.

정답

것

독서 채찍 효과

빠른 정답 체크 01 ⑤ 02 ③ 03 ① 04 먼, 커지는

세계 경제에 큰 변화가 생길 때마다 한국 경제가 충격을 받는 현상을 '공급 사슬망의 채찍 효과'로 설명할 수 있다. 세계적인 생활 용품 제조업체인 프록터 앤 갬블(P&G)의 아기 기저귀 물류 담당 임원은 수요 변동을 분석하다 흥미로운 사실을 발견했다. 아기 기저귀라는 상품의 특성상 소비자 수요는 일정한 편인데, 소매점과 도매점의 주문 수요 변동 폭이 눈에 띄게 커진 것이다. 그리고 이

아기 기저귀 수요 변동 분석에서 발견된 현상 ①

런 주문 변동 폭은 '최종 소비자-소매점-도매점-제조업체-원자재 공급업체'로 이어지는 공급 사슬망에서 최종 소비자로부터 먼 제조업체 또는 원자재 공급업체 쪽으로 갈수록 증가했다.

아기 기저귀 수요 변동 분석에서 발견된 현상 ② ▶ 1문단: 공급 사슬망의 채찍 효과

정답 및 해설 75

이러한 현상을 '채찍 효과'라 하며,「소를 몰 때 쓰는 긴 채찍의
　①, ②와 같은 현상을 의미하는 용어
경우 휘두를 때 손잡이 부분에 작은 힘만 가해져도 끝부분에 가
서는 큰 파동이 생기는 데서 착안한 이름이다.」선진국의 소비시
　　　　　　　　　　　　　　　「」: 채찍 효과의 어원
장에 조금만 충격이 발생해도, 한국이나 중국 등 제조 중심 국가
　　　　　　　　　　　채찍 효과의 구체적 사례
의 경기가 크게 흔들리는 것이 바로 채찍 효과의 영향 때문이라
할 수 있다.
　　　　　　　　　　　　▶ 2문단: 채찍 효과의 개념과 어원
　공급 사슬망에서 일어나는 현상 외에도 채찍 효과가 발생하는
데는 여러 요인이 있다. 가장 큰 이유는 '리드타임(Lead Time)'
　　　　　　　　　　　채찍 효과가 발생하는 가장 큰 이유
때문이다. 리드타임이란, 제품 하나를 생산할 때 주문에서 출고
　　　　　　　　　　　　리드타임의 개념
까지 걸리는 시간을 의미한다. 예를 들어 2000년이나 2007년처
럼 경제가 호황을 누리고 있을 때 반도체와 같은 전자 산업의 핵
심 부품을 생산하는 기업들은 고객 주문이 이미 잔뜩 쌓여 있기
에 새로 주문하더라도 리드타임이 3개월 혹은 그 이상이 걸리곤
한다. 이런 상황에서 다른 경쟁 기업보다 더 빨리 부품을 수령할
　　　　　　　　　　기업이 부품 업체에 과잉 주문하는 이유
수 있다면 경쟁에서 확실하게 승리할 수 있을 것이라 기대해 기
업들은 부품 업체에 평소 수요보다 훨씬 많이 주문하게 된다. 그
이유는 '대량 공급 우선의 법칙'에 대한 기대 때문이다. 대량 주
문하는 고객을 우대하고, 또 가격을 깎아주는 업계의 관행을 이
　　　　　　　　대량 공급 우선의 법칙의 개념
용해 조금이라도 빨리 부품을 받기 위한 목적으로 과잉 주문하는
것이다.
　　　　　　　　　　　　　▶ 3문단: 리드타임의 개념과 사례
　그러나 상황이 바뀌어 반도체 수요가 감소할 경우에는 심각한
문제가 벌어진다. 부품 업체 측에서 확보된 주문 수량에 맞춰 고
용 인력을 채용하고, 설비를 늘려 놓는데, 기업의 주문이 일제
히 취소된다면 이 부품 업체는 심각한 문제를 겪게 된다. 이렇
　　　　　　　　　　　부품 업체가 큰 타격을 입게 됨
듯 선진국 소비자의 사소한 변화만으로도 한국이나 중국 같은 제
조·부품 대국은 크게 흔들릴 수밖에 없다.
　　　　　　　　　▶ 4문단: 리드타임으로 인한 채찍 효과가 발생할 시의 악영향

01　글쓰기 전략 파악하기　　　　　　　　　답 | ⑤

윗글의 설명 방법으로 적절하지 않은 것은?

[정답 선지 분석]

⑤ 특정 경제 현상의 문제점을 설명하고 그 해결책을 제시하고 있다.

　4문단에서 채찍 효과가 일어났을 때 부품 업체가 겪을 수 있는 문제점에 대해 설명하
　였으나, 그 해결책을 제시하고 있지는 않다.

[오답 선지 분석]

① 특정 경제 현상이 일어나는 원인을 제시하고 있다.

　3문단에서 채찍 효과가 일어나는 원인인 리드타임을 제시하고 있다.

② 특정 경제 용어의 구체적인 뜻을 풀이하여 설명하고 있다.

　3문단에서 리드타임의 개념을 자세히 풀어 설명하고 있다.

③ 특정 경제 용어의 의미를 구체적 사례를 들어 설명하고 있다.

　1문단에서 기저귀의 사례를 제시함으로써 채찍 효과를 설명하고 있고, 3문단에서 반
　도체의 예를 들어 리드타임의 의미를 설명하고 있다.

④ 특정 경제 현상의 이름이 붙게 된 까닭을 밝혀 설명하고 있다.

　2문단에서 최종 소비자로부터 먼 업체의 주문 수요 변동 폭이 급격하게 변화하는 현상
　인 채찍 효과의 어원을 설명하고 있다.

02　세부 내용 이해하기　　　　　　　　　답 | ③

윗글에 대한 이해로 적절하지 않은 것은?

[정답 선지 분석]

③ 소비자의 수요가 일정하다면 채찍 효과는 일어나지 않는다.

　1문단에서 기저귀의 경우 소비자의 수요가 일정하지만 소매점과 도매점의 주문 수요
　에 변동이 생긴다고 하였고, 이러한 현상을 채찍 효과라고 밝히고 있다. 즉, 채찍 효과
　는 소비자의 수요와 관계없이 발생하는 것이므로 소비자의 수요가 일정하면 채찍 효과
　가 일어나지 않는다는 설명은 적절하지 않다.

[오답 선지 분석]

① 한국 경제는 세계 경제에 큰 영향을 받는다.

　1문단에서 세계 경제에 큰 변화가 생길 때마다 한국 경제가 충격을 받는다고 했으며,
　2문단과 4문단에 따르면 한국은 제조 중심 국가이기 때문에 선진국 소비시장의 변동
　에 따라 경기가 크게 흔들린다.

② 한국이나 중국은 제조, 부품 생산을 주로 하는 국가이다.

　4문단에 따르면 한국이나 중국은 제조, 부품 생산을 주로 하는 국가에 해당하므로 선
　진국의 변화에 큰 영향을 받는다.

④ 채찍 효과가 발생하는 가장 큰 이유는 '리드타임' 때문이다.

　3문단에 따르면 리드타임은 채찍 효과가 발생하는 가장 큰 이유이다.

⑤ 기업의 과잉 주문은 부품의 신속한 확보가 곧 경쟁의 승리를 의미한다는 기
　대에서 비롯된다.

　3문단에 따르면 다른 경쟁 기업보다 부품을 빨리 수령한다면 경쟁에서 승리할 것이라
　기대하기 때문에 과잉 주문이 일어난다.

03　구체적 사례에 적용하기　　　　　　　　답 | ①

윗글과 보기 를 읽고 ㉠과 ㉡에 각각 대응하는 것으로 적절하지 않은 것은?

보기

　'크림 가득 빵'이 출시된 지 얼마 되지 않았을 때, 골목에 있는 작은 구
멍가게에서 ㉠ 한 소년이 '크림 가득 빵' 3개를 샀다. 이 빵이 나온 지 얼
마 되지 않았지만 찾는 손님이 생기자 인기 제품이라 여긴 구멍가게 주
인은 소매상에 '크림 가득 빵' 3박스를 주문했다. 작은 구멍가게에서 3
박스를 주문하자 소매상에서도 인기 제품이라 생각하고 재고 확보를 위
해 도매상에 50박스를 주문했다. 도매상은 갑작스러운 신상품 주문에
㉡ 제조사에 500박스를 주문했다. 소년이 필요한 것은 단지 빵 3개였지
만 결과적으로 제조사는 500박스 이상을 만들게 되었다.

[정답 선지 분석]

	㉠	㉡
①	한국과 중국	세계 경제

　㉠ 윗글에 따르면 〈보기〉의 '한 소년'은 채찍 효과에서 채찍의 손잡이에 해당한다. 이
　는 최종 소비자, 즉 선진국의 소비시장에 해당하며 3문단의 반도체가 필요한 기업
　에 해당한다. 하지만 '한국과 중국'은 제품을 생산하는 부품 업체, 즉 채찍의 끝부분
　에 해당하므로 적절하지 않다.

ⓒ 윗글에 따르면 〈보기〉의 '제조사'는 채찍 효과에서 채찍의 끝부분에 해당한다. 이는 원자재 공급업체, 즉 제조 중심 국가에 해당하며 3문단의 반도체의 부품을 생산하는 업체에 해당한다. 하지만 '세계 경제'는 채찍의 끝부분인 한국 경제가 충격을 받게 되는 요인, 즉 채찍의 손잡이에 해당하므로 적절하지 않다.

* 타전(打電): 전보나 무전을 침.

04 중심 내용 파악하기

보기 의 빈칸에 들어갈 단어를 윗글에서 찾아 쓰시오.

보기

'협력 공급 기획 예측(CPFR)'이란 유통업체와 제조업체가 공동 수요 예측을 통해 예측력을 높이고 재고와 결품을 최소화하기 위해 맺는 계약이다. 이는 공급 사슬망에서 최종 소비자로부터 (먼 / 가까운) 제조업체나 원자재 공급업체로 갈수록 주문 변동 폭이 (커지는 / 작아지는) 현상인 채찍 효과를 방지하기 위한 전략이다.

* 결품(缺品): 여러 사유로 인해 정해진 수량에서 부족하거나 빠진 상품.

정답

먼, 커지는

문학 1 귀뚜라미(나희덕)

빠른 정답 체크 01 ③ 02 ④ 03 ④ 04 타전 소리

높은 가지를 흔드는 **매미 소리**에 묻혀
매미가 사는 공간   큰 소리를 내는 매미에 비해 작은 귀뚜라미의 소리
㉠ **내 울음** 아직은 노래 아니다.
자신의 울음이 노래가 되기를 소망함   ▶ 매미 소리에 묻힌 귀뚜라미의 울음
○: 귀뚜라미를 의인화하여 시의 화자로 삼음

┌ **차가운 바닥** 위에 토하는 울음,
│ 귀뚜라미가 사는 공간(매미가 사는 '높은 가지'와 대조적)
│ 풀잎 없고 이슬 한 방울 내리지 않는   ┐ 귀뚜라미가 처한
│   ┘ 열악한 상황
│ ㉡ 지하도 콘크리트 벽 좁은 틈에서
[A]│   귀뚜라미가 사는 공간
│ 막힐 듯, 그러나 ㉢ 여기 살아 있다
│ 귀뚜라미의 울음소리(의성어)   └ 자신이 살아있음을 알리려는 절실한 의지
│ ㉣ 귀뚜르르 뚜르르 보내는 타전* 소리가
│   울음소리를 통해 자신이 살아 있음을 알림
└ 누구의 **마음** 하나 울릴 수 있을까.
          □: 의문형 어미를 반복하여 화자의 소망을 간절하게 드러냄
          ▶ 고통 속에서도 희망을 잃지 않는 귀뚜라미

지금은 매미 떼가 하늘을 찌르는 시절
          계절적 배경이 여름임을 알 수 있음
그 소리 걷히고 맑은 **가을**이
          귀뚜라미가 기다리는 계절
『어린 풀숲 위에 내려와 뒤척이기도 하고
『』: 계절의 변화(여름→가을) - 의인법
계단을 타고 **이 땅 밑까지 내려오**는 날』
          귀뚜라미가 사는 공간
㉤ 발길에 눌려 우는 **내 울음**도
          고통에 신음하는 소리
㉥ 누군가의 가슴에 실려 가는 노래일 수 있을까.
          누군가에게 감동을 주는 소리
          ▶ 가을이 되면 자신의 울음이 노래가 되기를 바라는 귀뚜라미
                              - 나희덕, 〈귀뚜라미〉 -

---

01 표현상의 특징 파악하기   답 | ③

윗글의 표현상 특징으로 적절하지 않은 것은?

정답 선지 분석

③ 대상을 의인화함으로써 대상에 대한 부정적 인식을 강조하고 있다.

윗글의 화자는 귀뚜라미로, 시적 화자를 의인화함으로써 대상에 대한 부정적 인식이 아닌 작품의 주제를 강조하고 있다.

오답 선지 분석

① 감각적 심상을 활용하여 대상을 효과적으로 표현하고 있다.

윗글의 '차가운 바닥'에서는 촉각적 심상을, '귀뚜르르 뚜르르'에서는 청각적 심상을 활용하는 등, 감각적 심상을 활용하여 대상을 효과적으로 표현하고 있다.

② 대조적인 관계의 시어를 등장시켜 화자의 상황을 부각하고 있다.

윗글에서는 시적 화자 '귀뚜라미'와 대조되는 관계인 '매미'를 등장시켜 귀뚜라미의 어렵고 소외된 상황을 부각하고 있다.

④ 의문형으로 문장을 끝맺어 화자의 바람을 절실하게 드러내고 있다.

윗글에서는 '울릴 수 있을까', '노래일 수 있을까'와 같이 의문형을 사용하여 화자의 소망을 간절하고 절실하게 드러내고 있다.

⑤ 비슷한 문장 구조를 반복하여 의미를 강조하고 운율을 형성하고 있다.

윗글에서는 2연의 '누구의 마음 하나 울릴 수 있을까'와 3연의 '누군가의 가슴에 실려 가는 노래일 수 있을까'와 같이 비슷한 문장 구조를 반복함으로써 의미를 강조하고 운율을 형성하고 있다.

---

02 구절의 의미 파악하기   답 | ④

㉠~㉥에 대한 설명으로 적절하지 않은 것은?

정답 선지 분석

④ ㉣: '나'가 인간의 이기심으로 인해 도시에서 소외된 존재임을 드러낸다.

㉣에서는 귀뚜라미가 처한 열악한 상황을 드러내고 있을 뿐, '나'가 인간의 이기심으로 인해 도시에서 소외된 존재라는 것은 확인할 수 없다.

오답 선지 분석

① ㉠: '아직은'이라는 표현을 통해 '나'의 울음이 언젠가 노래가 될 것이라는 희망을 알 수 있다.

㉠에서는 '아직은'이라는 부사를 삽입함으로써 귀뚜라미인 '나'의 소리가 지금은 그저 울음에 불과하지만 언젠가는 노래가 될 것이라는 희망을 드러내고 있다.

② ㉡: 생명이 살아가기 힘든 환경으로, 귀뚜라미가 처한 열악한 상황을 의미한다.

㉡은 자연물이 살아갈 수 없는 삭막한 공간이자 귀뚜라미가 살고 있는 공간을 의미하는 것으로, 귀뚜라미가 처한 열악한 상황을 드러낸다.

③ ㉢: '나'가 울음소리를 통해 열악한 환경에서 자신이 생존하고 있다는 신호를 보내고 있음을 알 수 있다.

㉢에서는 전보나 무전을 치는 소리처럼 귀뚜라미 또한 울음을 통해 자신의 존재를 알리고 있음을 확인할 수 있다.

⑤ ㉥: '나'의 울음소리가 다른 사람의 마음을 울리는 노래가 되기를 희망하고 있다.

㉥에서는 가을이 되면 자신의 울음소리가 누군가의 가슴에 실려 가는 노래가 되기를 바라는 귀뚜라미의 희망을 '있을까'라는 의문형 종결 어미를 통해 표현하고 있다.

03 외적 준거를 통해 작품 감상하기　　　　답 | ④

보기 는 백과사전에 등록된 귀뚜라미와 매미에 대한 정보이다. 이를 참고하여 윗글을 감상한 내용으로 적절하지 <u>않은</u> 것은?

보기

귀뚜라미

귀뚜라미는 늦여름에서 가을에 걸치는 8월에서 10월 사이에 많이 나타나며, 주로 밤에 활동하고 구슬프고 처량한 울음소리를 낸다는 특징이 있다. 사는 곳은 돌 밑이나 땅바닥 근처와 같이 사람이 사는 곳 주변이다.

매미

매미는 7월~9월 사이의 여름에 나타나며, 주로 낮에 활동하고, 귀를 자극하는 높고 큰 울음소리를 낸다는 특징이 있다. 사는 곳은 나무 기둥이다.

정답 선지 분석

④ 윗글의 계절적 배경은 '매미 떼가 하늘을 찌르는' 여름이므로 귀뚜라미는 이를 피해 계속 밑으로 이동하였음을 알 수 있군.

〈보기〉에 따르면 매미의 활동 시기는 여름이므로, 윗글의 계절적 배경 또한 '매미 떼가 하늘을 찌르는' 여름임을 알 수 있으나, 귀뚜라미가 이를 피해 밑으로 이동하였음은 알 수 없다.

오답 선지 분석

① 화자는 사실에 기반하여 매미가 사는 공간을 '높은 가지'로, 귀뚜라미가 사는 공간을 '차가운 바닥'으로 표현했겠군.

〈보기〉에 따르면 매미가 사는 곳은 나무 기둥이고, 귀뚜라미가 사는 곳은 땅바닥 근처와 같이 사람이 사는 곳 주변이라 하였으므로 화자는 사실에 기반하여 매미와 귀뚜라미가 사는 공간을 '높은 가지'와 '차가운 바닥'으로 표현한 것임을 알 수 있다.

② 귀뚜라미의 울음이 '매미 소리에 묻'힌 것은 실제 매미가 귀를 자극하는 높고 큰 울음소리를 내는 것과 관련이 있겠군.

〈보기〉에 따르면 매미는 귀를 자극하는 높고 큰 울음소리를 낸다고 하였다. 이에 따라 작가는 윗글에서 귀뚜라미의 울음이 '매미 소리에 묻'혔다고 표현함으로써 매미의 큰 울음소리를 나타내었다.

③ 귀뚜라미는 구슬프고 처량한 울음소리를 낸다는 특징이 있으므로 작가는 귀뚜라미의 울음이 다른 이의 '마음'을 '울릴 수' 있을 것이라 생각했겠군.

〈보기〉에 따르면 귀뚜라미는 구슬프고 처량한 울음소리를 낸다는 특징이 있다. 따라서 윗글에서도 귀뚜라미의 이러한 특성을 활용하여 귀뚜라미의 울음이 다른 이의 마음을 울릴 수 있는 노래가 될 것이라 생각하였다.

⑤ 귀뚜라미는 실제 가을에 주로 활동하는 동물이므로 윗글에서 '가을'이 자신이 사는 공간인 '이 땅 밑까지 내려오'기를 바란 것이군.

〈보기〉에 따르면 귀뚜라미는 늦여름에서 가을에 활동한다고 하였다. 윗글의 계절적 배경이 여름인 것으로 보아 귀뚜라미는 자신이 활동할 수 있는 계절인 '가을'을 기다리고 있음을 알 수 있다.

04 시어의 의미 파악하기

보기 에 해당하는 시어를 윗글의 [A]에서 찾아 2어절로 쓰시오.

보기

• 귀뚜라미의 울음을 비유함.
• 귀뚜라미가 살아 있다는 표시임.

정답

타전 소리

▶ 빠른 정답 체크　　■1 ②　　■2 ③　　■3 ④　　■4 책 속에 길이 있다

사방이 산으로 둘러싸인 곳에서 태어나 아침에 눈을 떠서 저녁
　글쓴이가 전학하기 전까지 살았던 고향의 모습
에 감을 때까지 늘 산을 보아야 하는 곳에서 중학교 1학년까지를

보내고 2학년 봄, 서울의 남쪽 관악산이 올려다보이는 중학교로

전학을 했다. 담임 선생님은 미술 선생님이셨는데 특별 활동으로

산악반을 맡고 계시기도 했다. 매주 화요일 6교시, 일주일에 단 한

시간 활동하는 그 '특별'한 '활동'은 내 취향과는 아무런 상관없이

시간 내내 산과 학교 사이를 뛰어 오가는 산악반으로 정해졌다.
　담임 선생님이 산악반을 맡고 계셨기 때문에
　3학년이 되면서 비로소 내가 좋아하는 특별 활동을 선택할 기

회가 왔다. 나는 특별 활동 산악반의 경험에 비추어, 되도록 몸을

많이 움직이지 않는 특별 활동반을 점찍었는데 그게 바로 도서반
글쓴이가 몸을 많이 움직이는 산악반 활동을 좋아하지 않았음을 알 수 있음
이었다. 도서반 담당 선생님은 특별 활동의 첫날, 도서반이 할 일

에 관해 아주 짧고 쉽게 설명해 주셨다.

『"여러분 곁에는 책이 있다. 그 책 가운데 자기 마음에 드는 책을
『』: 도서반의 활동 내용
　골라서 읽고 수업이 끝나는 종소리가 울리면 가면 된다."』

그리고 선생님 본인이 마음에 드는 책을 골라서 자리를 잡고 읽

는 것으로 시범을 보여 주셨다. 나는 책을 고르러 가는 아이들의

뒤를 따라가서 한자로 제목이 씌어 있어서 아이들이 거의 손을
　　　　　　　아이들이 책에 거의 손을 대지 않은 이유
대지 않는 책 가운데 하나를 꺼내 들었다.

그 책은《한국 고전* 문학 전집》같은 묵직한 제목 아래 편집된
글쓴이가 고른, 한자로 제목이 쓰인 책
수십 권의 시리즈 가운데 한 권이었다.『반드시 읽어야 한다는 것
　　　　　　　　　　　　　『』: 고전을 읽어야 한다고 강조하지만 정작 실제로 읽는 사람은 별로 없음
을 강조하는 고전 대부분이 그렇듯 책 표지는 사람의 손을 거의

거치지 않아서 깨끗했다.』지은이는 박지원, 내가 처음으로 펴 든
　　　　　　　　　　　　　조선 후기의 실학자
대목은 〈허생전〉이었다.

나이가 두 자리 숫자가 되면서 무협지*에 빠지기 시작해서 전학
　　　십 대(청소년)가 되면서
오기 전 국내에서 출간된 대부분의 무협지를 읽었다고 생각하고
　　　　　　　글쓴이의 독서 경험 – 무협지를 즐겨 읽음
있던 내게, 한문 문장을 번역한 예스러운 문체*는 별 거부감이 없
　　　　　　무협지와 〈허생전〉의 공통점 ① – 예스러운 문체
었다. 오히려 옆자리나 앞자리의 아이들이 읽고 있는 현대 소설이

가볍게 느껴질 정도였다. 내용 역시 익숙했다.『허생이라는 인물은
　　　　　　　　　　　　　　『』: 무협지와 〈허생전〉의 공통점 ② – 작품의 전체적인 내용
깊고 고요한 곳에 숨어 있으면서 실력을 쌓은 뒤에, 일단 세상에

나갈 일이 생기자 한바탕 멋지게 세상을 뒤흔들어 놓고서는 다시

제자리로 돌아온다. 무협지에서 흔히 볼 수 있는 방식이었다.』

〈허생전〉 다음에는 〈호질〉, 〈양반전〉도 있었다. 책이 꽤 두꺼웠

으니 박지원의 저작* 가운데 상당 부분이 책에 들어 있었을 것이

다. 그런데 그 책 속에 있는 주인공들은 내가 읽었던 수천 권의 무
　　　　　　박지원의 소설

협지의 주인공과는 달라도 많이 달랐다. 「무협지를 읽고 나면 주인공 이름 말고는 기억에 남는 게 없는데 박지원 소설은 주인공이 다음에 어떻게 되었을지 궁금하게 하고 내가 주인공이 되었더라면 어떻게 했을지 자꾸만 생각을 하게 만들었다., 한두 번 씹으

「」: 박지원의 소설과 무협지의 차이점 – 박지원의 소설은 그 내용을 더욱 곱씹어 보게 함

면 단맛이 다 빠져 버리는 무협지와는 달리 읽을수록 새로운 맛

한두 번만 읽어도 금방 재미가 없어짐   여러 번 읽을수록 새로운 의미가 더해짐

이 우러나왔다. 보석처럼 단단하고 품위 있는 문장은 아름답기까지 했다. 「책을 읽으면서 내 정신세계가 무슨 보약을 먹은 듯이 한

「」: 박지원의 소설을 읽으면서 느낀 긍정적 효과를 보약에 빗대어 표현함

층 더 넓어지고 수준이 높아지는 듯한 느낌이 들었다., 일주일에 단 한 시간, 도서관에서 단 한 권의 책을 거듭 펴서 읽었을 뿐인데도.

중학교 3학년 1학기 특별 활동 시간에 나는 몇백 년 전 글을 쓴 사람의 숨결이 글을 다리로 하여 건너와 느껴지는 경험을 처음

책을 읽으며 글쓴이와 교감함

해 보았다. 무엇보다 중요한 것은 그것이 무척 재미있었다는 것이다. 읽으면 내 피와 살이 되는 고전, 맛있는 고전, 내가 재미를 들인 최초의 고전이 우리의 조상이 쓴 것이라는 데에서 나오는

박지원의 소설

뿌듯함까지 맛볼 수 있었다.

3학년 2학기가 되었을 때 특별 활동 시간은 없어졌다. 내가 1학기의 특별 활동 시간에 읽은 것은 박지원의 책이 전부였다. 하지만 내가 지금 소설을 쓰고 있는 것은 바로 그 책 때문이라고 생각

박지원의 소설은 글쓴이의 인생에도 영향을 주었음

한다. 특별하지 않은 특별 활동 시간에 읽은 아주 특별한 그 책이

박지원의 소설

내 일생을 바꾸었다.

[A]

누구에게나 그런 일이 일어날 수 있다. 모르고 지나갈 수도 있다. 어떤 책을 계기로 「인간의 지극한 정신문화, 그 높고 그

「」: 책은 인간이 쌓아온 지극한 정신문화를 이해할 수 있게 함

윽한 세계에 닿고 그 일원이 되는 것,은 겪어 보지 못한 사람은 알 수 없는 행복을 안겨 준다. 이 세상에 인간으로 나서 인간으로 살면서 인간다운 삶을 살고 드높은 가치를 추구하는 길을 책이 보여 준다. 책은 지구상에서 인간이라는 종만이 알고 있는, 진정한 인간으로 나아가는 통로이다. 그래서 사람들

책에 대한 비유적 표현

은 말하는지도 모른다, 책 속에 길이 있다고.

명언을 활용하여 주제를 강조함

- 성석제, 〈맛있는 책, 일생의 보약〉 -

* 고전(古典): 오랫동안 많은 사람에게 널리 읽히고 모범이 될 만한 문학이나 예술 작품.
* 무협지(武俠誌): 무술에 뛰어난 능력을 가진 협객(俠客)의 이야기를 다룬 소설책.
* 문체(文體): 문장의 개성적 특색.
* 저작(著作): 예술이나 학문에 관한 책이나 작품 따위를 지음. 또는 그 책이나 작품.

01   서술상의 특징 파악하기   답 | ②

윗글에 대한 설명으로 적절하지 않은 것은?

정답 선지 분석

② 고전을 즐겨 읽었던 사람들의 다양한 독서 방법과 태도를 설명하고 있다.
   윗글에서는 글쓴이가 고전을 읽은 경험을 설명했을 뿐, 고전을 즐겨 읽었던 사람들에 대해서는 설명하고 있지 않다.

오답 선지 분석

① 글쓴이의 과거 경험과 그를 통해 얻은 깨달음을 전달하고 있다.
   윗글의 갈래는 수필로, 글쓴이의 과거 독서 경험과 그를 통해 얻은 독서의 가치와 중요성을 전달하고 있다.

③ 비유적 표현을 활용한 제목을 통해 읽기의 가치와 중요성을 강조하고 있다.
   윗글의 제목은 '맛있는 책, 인생의 보약'으로, '책'을 '인생의 보약'으로 비유하여 읽기의 가치와 중요성을 강조하고 있다.

④ 관용적 표현을 삽입함으로써 글쓴이가 전달하고자 하는 주제를 드러내고 있다.
   윗글에서는 '책 속에 길이 있다'라는 명언, 즉 관용적 표현을 삽입함으로써 글쓴이가 전달하고자 하는 주제인 읽기의 가치와 중요성을 드러내고 있다.

⑤ 박지원의 소설을 읽었던 경험을 중심으로 고전의 매력과 가치를 나타내고 있다.
   윗글에서 글쓴이는 중학교 때 박지원의 소설 〈허생전〉을 읽었던 경험을 중심으로 하여 고전의 매력과 가치를 나타내고 있다.

02   작품의 내용 이해하기   답 | ③

윗글에 제시된 '나'의 경험으로 적절하지 않은 것은?

정답 선지 분석

③ 도서반 특별 활동 시간마다 매번 다양한 작가의 고전을 읽게 되었다.
   윗글에서 글쓴이는 중학교 3학년 1학기의 특별 활동 시간에 읽은 것은 박지원의 책이 전부라고 하였으므로 매번 다양한 작가의 고전을 읽지 않았다.

오답 선지 분석

① 중학교 2학년 때 고향을 떠나 서울로 전학했다.
   윗글의 글쓴이는 '사방이 산으로 둘러싸인 곳에서 태어나' 늘 산을 보아야 하는 곳에서 중학교 1학년 때까지 지내다 중학교 2학년 봄, '서울의 남쪽 관악산이 올려다보이는 중학교로 전학을 했다'고 하였다.

② 중학교 3학년 때 비로소 원하는 특별 활동반에 들어갈 수 있었다.
   윗글에서 '3학년이 되면서 비로소 내가 좋아하는 특별 활동을 선택할 기회가 왔다'고 하였다.

④ 중학교 2학년 때 특별 활동반으로 담임 선생님이 담당하시던 산악반에 들어갔다.
   윗글에서 글쓴이는 서울의 중학교로 전학 후 당시 담임 선생님이 특별 활동반으로 산악반을 맡고 계셨기 때문에 자신의 취향과는 아무런 상관없이 특별 활동반으로 산악반이 되었다고 하였다.

⑤ 십 대가 되면서 이미 국내의 모든 무협지를 읽었을 정도로 무협지에 빠져 있었다.
   윗글에서 글쓴이는 '나이가 두 자리 숫자가 되면서 무협지에 빠'졌고, '전학 오기 전 국내에서 출간된 대부분의 무협지를 읽었다고' 생각하고 있었다.

보기 를 읽은 글쓴이가 했을 생각으로 적절하지 <u>않은</u> 것은?

보기

　허생은 만 냥을 입수하자, 다시 자기 집에 들르지도 않고 바로 안성(安城)으로 내려갔다. 안성은 경기도, 충청도 사람들이 마주치는 곳이요, 삼남(三南)의 길목이기 때문이다. 거기서 대추, 밤, 감, 배며 석류, 귤, 유자 등속의 과일을 모조리 두 배의 값으로 사들였다. 허생이 과일을 몽땅 쓸었기 때문에 온 나라가 잔치나 제사를 못 지낼 형편에 이르렀다. 얼마 안 가서, 허생에게 두 배의 값으로 과일을 팔았던 상인들이 도리어 열 배의 값을 주고 사 가게 되었다. 허생은 길게 한숨을 내쉬었다.

　"만 냥으로 온갖 과일의 값을 좌우했으니, 우리나라의 형편을 알 만하구나."

－ 박지원, 〈허생전〉

* 등속(等屬): 나열한 사물과 같은 종류의 것들을 몰아서 이르는 말.

정답 선지 분석

④ 무협지를 읽고 난 것처럼 그 내용을 계속 돌이켜 생각하게 만들고, 읽을수록 새로운 의미가 더해지는군.
　글쓴이는 박지원의 소설을 읽으며 그동안 자신이 읽었던 수천 권의 무협지의 주인공과는 달리 다음에 어떻게 되었을지 궁금하게 하고 내가 주인공이 되었더라면 어떻게 했을지 자꾸만 생각을 하게 만들었다고 하였다. 또한 한두 번 씹으면 단맛이 다 빠져 버리는 무협지와는 달리 읽을수록 새로운 맛이 우러나왔다고 하였으므로 적절하지 않다.

오답 선지 분석

① 몇백 년 전 글을 쓴 글쓴이의 숨결이 글을 통해 나에게 건너와 느껴지는 것 같군.
　글쓴이는 박지원의 책을 읽으며 몇백 년 전 글을 쓴 사람의 숨결이 글을 다리로 하여 건너와 느껴지는 경험을 처음 해 보았다고 하였으므로 적절하다.

② 한문 문장을 번역한 예스러운 문체는 이미 무협지에서 접해봤기에 거부감이 들지 않는군.
　글쓴이는 십 대에 접어들면서 무협지에 빠져 고전 소설에서의 한문 문장을 번역한 예스러운 문체가 별 거부감이 없다고 하였으므로 적절하다.

③ 내가 재미를 들인 최초의 고전이 외국 사람이 아닌 우리 조상이 쓴 것이어서 더욱 뿌듯하군.
　글쓴이는 고전을 읽는 경험을 통해 자신이 재미를 들인 최초의 고전이 우리의 조상이 쓴 데에서 나오는 뿌듯함을 맛볼 수 있었다고 하였으므로 적절하다.

⑤ 보석처럼 단단하고 품위 있는 문장은 내 정신세계를 한층 더 넓어지게 하고 독서 수준을 높이는 것 같군.
　글쓴이는 박지원의 소설 속 문장을 보석처럼 단단하고 품위 있다고 느꼈고, 책을 읽으면서 자신의 정신세계가 무슨 보약을 먹은 듯이 한층 더 넓어지고 수준이 높아지는 듯한 느낌이 들었다고 하였으므로 적절하다.

윗글의 [A]에서, 빈칸에 들어갈 적절한 말을 찾아 4어절로 쓰시오.

　명언(名言)은 사리에 맞는 훌륭한 말 또는 널리 알려진 말을 뜻하는 단어로, 간결하고 짧은 문장으로 교훈이나 가르침을 주는 말이다. 작가는 윗글에서 '(　　　　　　　　　　)'(이)라는 명언을 통해 책은 인간다운 삶을 살고 드높은 가치를 추구하는 길을 보여 주며, 진정한 인간으로 나아가는 통로라는 주제를 표현하고 있다.

정답

책 속에 길이 있다

문법 **품사 (2) 용언**

빠른 정답 체크 **01** ② **02** ① **03** ③ **04** 동사, 형용사

01 본용언과 보조 용언 구분하기 답 | ②

다음 중 밑줄 친 부분이 '본용언+보조 용언'의 구조로 되어 있지 않은 것은?

정답 선지 분석

② 엄마가 사과를 깎아서 주었다.

본용언과 보조 용언 사이에는 시간적 선후관계를 나타내는 연결 어미 '-아/어서'가 들어갈 수 없다. 또한 결합된 용언의 실질적인 의미가 모두 살아 있다면 이는 '본용언+본용언'의 구조이다. 즉, '깎아서 주었다'는 '깎다'와 '주다'의 본래의 의미가 모두 살아 있고, 용언과 용언 사이에 연결 어미 '-아서'가 들어가기 때문에 '본용언+본용언' 구조로 볼 수 있다.

오답 선지 분석

① 네 얘기 한 번 들어나 보자.

'들어나 보자'의 경우 '보다'가 '듣다'의 뒤에 붙어서 의미를 보충해주고 있는 것이지 그 자체로 실질적인 의미를 가지고 있지 않기 때문에 '본용언+보조 용언'의 구조라고 볼 수 있다.

③ 언니가 과자를 다 먹어 버렸다.

'먹어 버렸다'의 경우 '버리다'가 '먹다'의 뒤에 붙어서 의미를 보충해주고 있는 것이지 그 자체로 실질적인 의미를 가지고 있지 않기 때문에 '본용언+보조 용언'의 구조라고 볼 수 있다.

④ 오늘따라 친구가 너무 보고 싶다.

'보고 싶다'의 경우 '싶다'가 '보다'의 뒤에 붙어서 의미를 보충해주고 있는 것이지 그 자체로 실질적인 의미를 가지고 있지 않기 때문에 '본용언+보조 용언'의 구조라고 볼 수 있다.

⑤ 화가 난 동생이 그냥 나가 버렸다.

'나가 버렸다'의 경우 '버리다'가 '나가다'의 뒤에 붙어서 의미를 보충해주고 있는 것이지 그 자체로 실질적인 의미를 가지고 있지 않기 때문에 '본용언+보조 용언'의 구조라고 볼 수 있다.

02 자동사와 타동사 구분하기 답 | ①

보기 와 같이 동사를 분류할 때, 밑줄 친 동사가 나머지와 다른 것은?

보기

동사는 동사가 나타내는 동작이 미치는 범위에 따라 자동사와 타동사로 나눌 수 있다.
자동사는 동사가 나타내는 동작이 주어에만 미치지만, 타동사는 동사가 나타내는 동작이 주어가 아닌 다른 대상에도 미친다.

정답 선지 분석

① 수아는 자리에 앉았다.

자동사와 타동사의 가장 큰 차이는 목적어의 유무이다. 타동사는 동작의 대상인 목적어를 필요로 하는 동사이기 때문이다. '앉다'의 경우는 목적어를 필요로 하지 않고, 동사가 나타내는 동작이 문장의 주어에만 미치고 있기 때문에 자동사이다.

오답 선지 분석

② 민수는 어제 뮤지컬을 봤다.

'보다'의 경우 문장 안에서 '(무엇을) 보다'로 사용된다. 즉, 동사가 목적어를 필요로 하고, 동사가 나타내는 움직임이 목적어에도 미치고 있기 때문에 타동사로 이해할 수 있다.

③ 예지는 숙제로 신문을 읽었다.

'읽다'의 경우 문장 안에서 '(무엇을) 읽다'로 사용된다. 즉, 동사가 목적어를 필요로 하고, 동사가 나타내는 움직임이 목적어에도 미치고 있기 때문에 타동사로 이해할 수 있다.

④ 지수는 아이돌 노래를 듣는다.

'듣다'의 경우 문장 안에서 '(무엇을) 듣다'로 사용된다. 즉, 동사가 목적어를 필요로 하고, 동사가 나타내는 움직임이 목적어에도 미치고 있기 때문에 타동사로 이해할 수 있다.

⑤ 태희는 맛있는 케이크를 만들었다.

'만들다'의 경우 문장 안에서 '(무엇을) 만들다'로 사용된다. 즉, 동사가 목적어를 필요로 하고, 동사가 나타내는 움직임이 목적어에도 미치고 있기 때문에 타동사로 이해할 수 있다.

03 동사와 형용사의 특징 파악하기 답 | ③

보기 의 밑줄 친 단어들에 대한 설명으로 적절하지 않은 것은?

보기

㉠ 어제 수민이는 피자를 먹었다.
㉡ 수민이는 정말 예쁘다.

정답 선지 분석

③ ㉡의 '예쁘다'는 관형어 '정말'의 수식을 받고 있다.

용언은 관형사의 수식을 받지 않고 부사의 수식을 받는다. ㉡의 '예쁘다'의 경우 형용사에 해당하기 때문에 관형어의 수식을 받는다는 것은 적절하지 않다. 또한 '예쁘다'의 앞에서 '예쁘다'를 수식하고 있는 '정말'은 부사에 해당한다.

오답 선지 분석

① ㉠의 '먹었다'는 '먹다'에 과거형 시제 '-었-'이 들어간 것이다.

㉠의 '먹었다'는 '먹다'라는 동사에 과거형 선어말 어미 '-었-'이 결합한 형태이다.

② ㉠의 '먹었다'는 '피자를'이라고 하는 목적어를 가지고 있기 때문에 타동사이다.

'먹다'는 문장에서 '(무엇을) 먹다'로 사용된다. 즉, 목적어를 필요로 하기 때문에 타동사이다.

④ ㉡의 '예쁘다'는 상태나 성질을 나타내는 성상 형용사이다.

형용사는 사람이나 사물의 상태나 성질을 나타내는 단어를 의미한다. 이 중 성상 형용사는 상태나 성질을 나타내는 형용사로, ㉡의 '예쁘다'는 '수민이'의 성질을 나타내는 단어이므로 성상 형용사에 해당한다.

⑤ ㉠의 '먹었다'와 ㉡의 '예쁘다'는 모두 용언으로, 활용할 때는 어간이 아닌 어미가 바뀐다.

㉠의 '먹었다'와 ㉡의 '예쁘다'는 모두 용언이다. 용언은 어간과 어미로 이루어져 있는데, 활용할 때 어미의 형태가 바뀌게 된다.

04 동사와 형용사의 특징 비교하기

빈칸에 들어갈 말을 골라 차례대로 쓰시오.

(동사 / 형용사)는 청유형, 명령형 종결 어미와 결합할 수 있지만 (동사 / 형용사)는 결합할 수 없다.

정답

동사, 형용사

우주의 기원에 관한 주장으로 정상우주론과 대폭발 이론이 대립하였다. 정상우주론은 우주 내에서는 시간과 공간에 관계없이
(정상우주론의 주장 ①)
우주의 모습이 항상 똑같다는 이론으로, 대폭발 이론(빅뱅이론)에 맞서는 이론이다. 1940년 영국의 천문학자 ⓐ 프레드 호일은
(정상우주론을 주장한 사람)
허만 본디와 토마스 골드 등 동료 과학자와 '정상우주론'을 공동 발표했다. 그들은 우주가 시작과 끝이 없고, 같은 상태를 유지하
(정상우주론의 주장 ②)
면서 변하지 않는다고 주장했다. 정상우주론에서는 우주는 팽창
하지만*, 팽창으로 인해 줄어든 밀도만큼 이를 채우기 위해 새로
(정상우주론의 주장 ③)
운 물질이 계속 생겨나서 결국 밀도는 변하지 않는다고 하였다.

하지만 1960년대에 접어들어 정상우주론의 예측과 다른 관측 결
(정상우주론의 쇠퇴)
과가 발표되면서 점차 지지를 잃게 된다.
▶ 1문단: 정상우주론의 주장

대폭발 이론은 우주의 모든 물질이 한 점에 모여 있다가 대폭발
(대폭발 이론의 주장 ①)
을 일으키면서 지금의 우주가 만들어졌다는 이론이다. 1940년대 러시아 출신의 미국 물리학자 ⓑ 조지 가모프가 현재의 대폭발
(대폭발 이론을 주장한 사람)
이론을 체계화하였다. 대폭발 이론에 따르면 태초의 우주는 아주
(대폭발 이론의 주장 ②)
작은 한 점이었으나 엄청나게 큰 밀도와 온도로 대폭발, 즉 빅뱅을 일으킨 뒤 짧은 시간 동안 우주 공간이 급속히 팽창하면서 지
(대폭발 이론의 주장 ③)
금의 우주가 이루어졌다. 우주가 팽창하면서 온도와 밀도가 낮아지는 과정에서 물질이 생성되고, 오늘날의 항성*들이 탄생했다는
(대폭발 이론의 주장 ④)
것이다.
▶ 2문단: 대폭발 이론의 주장

조지 가모프는 대폭발 이론의 근거로 허블이 발견한 우주 팽창
(대폭발 이론의 근거)
을 들고 있다. 미국의 천문학자인 에드윈 허블은 1929년 우주가 팽창한다는 사실을 발견했다. 빛을 내는 물체가 멀어질 때는 붉게 보이는 현상이 나타나는데, 허블은 망원경으로 외부 은하에서 방출되는 빛이 붉게 보이는 현상을 관측했다. 이는 ㉠ 도플러 효과
(빛의 진동수 감소 → 파장 길어짐 → 붉은빛 방출)
와 관련이 있다. 도플러 효과는 빛이나 소리 등 파동*을 발생하는 물체가 관찰자에게서 멀어질수록 진동수가 감소하는 현상이다.
(도플러 효과의 개념)
빛의 진동수가 줄어들면 파장*이 길어지고, 파장이 길어지면 붉은빛을 방출한다.
▶ 3문단: 대폭발 이론의 근거인 우주 팽창

팽창우주는 풍선에 비유할 수 있다. 바람을 넣지 않은 풍선들에 점을 찍어, 그 점들을 은하라고 생각해 보자. 이 풍선에 바람을 불어 넣으면 점들 사이의 거리는 멀어질 수밖에 없다. 반대로 풍
(우주가 팽창하는 상황)
선의 공기가 빠지면, 표면의 어떤 점에서 보더라도 주위의 점들은 점점 가까워지는 것처럼 보일 것이다.
▶ 4문단: 팽창우주의 상황

허블은 멀리 있는 은하일수록 더욱 빠른 속도로 멀어지고 있으
(허블의 주장)
며, 멀어지는 속도는 거리에 비례한다고 하였다. 예를 들어 2배 멀리 있는 은하는 2배 빨리 멀어지고, 3배 멀리 있는 은하는 3배 빨리 멀어진다. 이것은 우주에서의 방향이나 위치에 관계없이 일정하다. 이는 균일하고 등방*적인 우주가 팽창하고 있음을 보여
(은하가 움직이는 이유 – 우주의 팽창에 따라)
준다. 거대 규모에서 볼 때, 은하는 스스로 움직인다기보다 우주의 팽창에 따라 움직이는 것이라고 할 수 있다.
▶ 5문단: 허블이 증명한 우주 팽창

* 팽창하다(膨脹하다): 부풀어서 부피가 커지다.
* 항성(恒星): 천구 위에서 서로의 상대 위치를 바꾸지 아니하고 별자리를 구성하는 별.
* 파동(波動): 물결의 움직임.
* 파장(波長): 파동에서, 같은 위상을 가진 서로 이웃한 두 점 사이의 거리.
* 등방(等方): 물체의 물리적 성질이 물체 내의 방향에 따라 다르지 아니하고 같음.

01 핵심 내용 이해하기   답 | ④

ⓐ와 ⓑ에 대한 이해로 적절하지 않은 것은?

정답 선지 분석

④ ⓑ의 주장은 훗날 허블이 망원경으로 관측한 결과로 증명되었다.

3문단에서 허블이 망원경으로 외부 은하를 관측한 것은 1929년이라고 하였다. 그리고 2문단에서 조지 가모프가 대폭발 이론을 체계화한 것은 1940년대라고 하였으므로, ⓑ의 주장이 훗날 밝혀진 허블의 관측 결과로 증명되었다는 설명은 적절하지 않다.

오답 선지 분석

① ⓐ는 우주 내에서는 시간과 공간에 관계없이 우주의 모습이 항상 똑같다고 주장하였다.

1문단에서 ⓐ는 정상우주론을 발표하며 우주 내에서는 시간과 공간에 관계없이 우주의 모습이 항상 똑같다고 주장했다고 하였다.

② ⓑ는 태초의 우주는 오늘날의 우주보다 더 뜨거웠다고 주장하였다.

2문단에서 ⓑ는 태초의 우주는 아주 작은 한 점이었으나 엄청나게 큰 밀도와 온도로 대폭발하였으며, 짧은 시간 동안 급속히 팽창하는 과정에서 온도와 밀도가 낮아졌다고 하였으므로 오늘날의 우주보다 태초의 우주가 더 뜨거웠다고 할 수 있다.

③ ⓑ는 오늘날의 우주도 처음에는 한 점에 불과했다고 주장하였다.

2문단에서 ⓑ는 태초의 우주는 아주 작은 한 점이었다고 하였다.

⑤ ⓐ와 ⓑ는 모두 우주가 팽창하고 있다고 보았다.

각각 1문단과 2문단에서 ⓐ와 ⓑ 모두 우주가 팽창한다고 주장했음을 알 수 있다.

02 세부 내용 파악하기   답 | ②

㉠에 대한 설명으로 적절하지 않은 것은?

정답 선지 분석

② ㉠을 근거로 허블은 대폭발 이론을 주장했다.

3문단에 따르면, 허블은 도플러 효과를 통해 우주가 팽창한다는 사실을 발견했다. 대폭발 이론을 주장한 것은 아니다.

오답 선지 분석

① ㉠에 의하면 빛은 파동의 형태로 전달된다.

도플러 효과는 빛이나 소리 등 파동을 발생하는 물체가 관찰자에게서 멀어질수록 진동수가 감소하는 현상이므로, 이를 통해 빛이 파동의 형태로 전달된다고 할 수 있다.

③ ㉠을 근거로 허블은 우주가 팽창함을 발견했다.

허블은 망원경으로 외부 은하에서 방출되는 빛이 붉게 보이는 현상을 관측하여 우주가 팽창함을 발견했는데, 이는 도플러 효과를 바탕으로 한 것이다.

④ ㉠에 의하면 허블이 관측한 외부 은하는 파장이 길다.

㉠에 의하면 빛의 파장이 길면 붉은빛을 방출한다고 하였는데, 허블이 관측한 외부 은하가 붉은빛을 띠므로 파장이 길다고 할 수 있다.

⑤ ㉠에 의하면 은하가 멀어질수록 빛의 진동수는 점차 줄어든다.

㉠에 의하면 파동을 발생하는 물체가 관찰자에게서 멀어질수록 진동수가 감소한다고 하였다. 따라서 은하가 멀어질수록 빛의 진동수는 점차 줄어든다.

03 구체적 사례에 적용하기
답 | ②

보기 를 통해 허블의 팽창이론을 이해한 것으로 적절하지 <u>않은</u> 것은?

보기

네 명의 아이들을 1미터 간격으로 세운다. 첫 번째 아이는 그대로 제자리에 있고, 나머지 아이들 사이의 거리가 2초 동안 2미터가 되게 한다.

정답 선지 분석

② 아이들이 움직인 것은 은하가 스스로 움직임을 의미하겠군.

〈보기〉는 허블의 팽창이론을 설명할 수 있는 예이다. 그런데 허블은 은하는 스스로 움직인다기보다 우주의 팽창에 따라 움직이는 것이라고 하였으므로 〈보기〉에서 아이들이 움직인 것이 은하가 스스로 움직임을 의미한다는 것은 적절하지 않다.

오답 선지 분석

① 네 명의 아이들은 우주에서의 은하를 의미하는군.

〈보기〉에서 아이들이 움직인 것은 우주가 팽창하고 있음을 설명하기 위한 것이므로, 허블의 팽창이론에 의하면 〈보기〉의 네 명의 아이들은 은하를 의미한다고 볼 수 있다.

③ 두 번째 아이부터 네 번째 아이로 갈수록 더 빨리 움직이겠군.

5문단에서 허블은 멀리 있는 은하일수록 더욱 빠른 속도로 멀어진다고 하였으므로 〈보기〉에서 두 번째 아이부터 세 번째, 네 번째 아이로 갈수록 더 빨리 움직이게 된다.

④ 아이들 사이에 간격이 벌어지는 것은 은하들 사이의 거리가 멀어졌음을 의미하겠군.

〈보기〉의 아이들이 은하를 의미한다면, 아이들 사이에 간격이 벌어지는 것은 은하들 사이의 거리가 멀어졌음을 의미한다.

⑤ 처음 있던 자리로부터 두 번째 아이는 1미터, 세 번째 아이는 2미터, 네 번째 아이는 3미터를 움직이겠군.

〈보기〉에서 아이들 각각의 간격이 2미터가 되게 하려면 처음 있던 자리에서 두 번째 아이는 1미터, 세 번째 아이는 2미터, 네 번째 아이는 3미터를 움직여야 한다.

04 관점 비교하기

다음은 ⓐ와 ⓑ의 관점 차이를 설명한 것이다. 빈칸에 들어갈 말로 적절한 것을 골라 차례대로 쓰시오.

ⓐ는 우주가 (팽창 / 수축)하면서 새로운 물질이 계속 생겨나서 밀도는 변하지 않는다고 보았고, ⓑ는 우주가 팽창하면서 밀도가 (높아진다 / 낮아진다)고 보았다.

정답

팽창, 낮아진다

타향에 사는 사람의 외로움과 소외감
나는 ⓐ 북관*에 혼자 앓아누워서
└ 화자가 있는 공간. 화자에게는 타향임
어느 아츰* 의원을 뵈이었다
└ 고향의 따뜻함을 느끼게 되는 계기   ▶ '나'가 북관에서 의원에게 진찰을 받음
의원은 『여래* 같은 상을 하고 관공*의 수염을 드리워서
└ 자비롭고 인자함   └ 너그럽고 푸근함
㉠ 먼 옛적 어느 나라 신선 같은데 『』: 직유법 – 의원의 외양 묘사
└ 동화적 요소 – 고향을 회상하는 실마리
새끼손톱 길게 돋은 손을 내어
└ 시각적 묘사
묵묵하니 한참 맥을 짚더니

㉡ 문득 물어 고향이 어데냐 한다
└ 전통적인 인간관계 형성의 계기   ▶ 의원이 고향을 물음
ⓑ 평안도 정주라는 곳이라 한즉
└ 화자의 고향이자 아무개 씨의 고향
㉢ 그러면 아무개 씨 고향이란다
└ 화자와 의원 사이에 공통 지인이 있음
그러면 아무개 씰 아느냐 한즉

의원은 빙긋이 웃음을 띠고

막역지간*이라며 수염을 쓴다
└ 의원과 아무개 씨의 관계   ▶ 의원이 아무개 씨와 자신의 관계를 밝힘
나는 아버지로 섬기는 이라 한즉
└ 화자와 아무개 씨의 관계
㉣ 의원은 또다시 넌즈시 웃고

말없이 팔을 잡어 맥을 보는데
└ 촉각적 심상
손길은 따스하고 부드러워
① 고향의 따뜻한 정 ② 고향에 대한 그리움을 환기시킴
㉤ 고향도 아버지도 아버지의 친구도 다 있었다
└ 의원의 손길에서 고향과 가족을 떠올림 ▶ '나'는 의원으로부터 고향의 정을 느낌
- 백석, 〈고향〉 -

* 북관(北關): '함경도'의 다른 이름.
* 아츰: '아침'의 방언.
* 여래(如來): 여래 십호의 하나. 진리로부터 진리를 따라서 온 사람이라는 뜻으로 '부처'를 달리 이르는 말.
* 관공: 중국 삼국 시대 촉한의 무장인 관우를 높여 부르는 말. 긴 수염이 아름다웠던 것으로 유명함.
* 막역지간(莫逆之間): 서로 거스르지 않는 사이라는 뜻으로, 허물이 없는 아주 친한 사이를 이르는 말.

01 구절의 의미 파악하기
답 | ④

㉠~㉤을 이해한 내용으로 적절하지 <u>않은</u> 것은?

정답 선지 분석

④ ㉣: 의원이 자신의 고향을 떠올리고 있음을 나타낸다.

㉣에서 의원이 '넌즈시 웃'었다고 했으나, 이는 '나'가 '아무개 씨'에 대해 '아버지로 섬기는 이'라고 한 것에 대한 반응으로, 의원이 자신의 고향을 떠올리고 웃었는지는 알 수 없다.

오답 선지 분석

① ㉠: 의원을 묘사하여 동화적 분위기를 형성한다.

㉠은 의원을 '먼 옛적 어느 나라 신선'에 비유하며 묘사하여 동화적 분위기를 형성한다.

② ⓛ: 화자와 의원의 대화가 시작되는 계기가 된다.

ⓛ은 의원이 화자에게 고향이 어디인지 묻는 것으로, 이는 화자와 의원의 대화가 시작되는 계기가 된다.

③ ⓒ: 화자와 의원의 유대를 이끌어 낸다.

ⓒ에서 의원은 화자의 고향인 평안도 정주가 '아무개 씨'의 고향이라고 말하고 있는데, 그럼으로써 화자와 의원이 함께 아는 사람인 '아무개 씨'를 통해 유대를 이끌어 낸다.

⑤ ⓜ: 화자가 고향의 정을 느끼고 있음을 의미한다.

ⓜ은 화자가 의원의 따스하고 부드러운 손길로부터 '고향도 아버지도 아버지의 친구도 다' 느꼈음을 의미한다.

02 시어의 의미 이해하기   답 | ②

ⓐ, ⓑ에 대한 설명으로 가장 적절한 것은?

정답 선지 분석

② ⓐ는 화자가 현재 사는 공간이고, ⓑ는 화자가 과거에 살았던 공간이다.

ⓐ인 '북관'은 화자가 현재 사는 공간으로, 화자는 북관에서 혼자 앓아누웠다. ⓑ인 '평안도 정주'는 화자의 고향으로, 화자가 과거에 살았던 공간이다.

오답 선지 분석

① ⓐ는 화자가 병을 치료한 공간이고, ⓑ는 화자가 병을 얻은 공간이다.

화자가 북관에서 의원을 찾아갔으므로 ⓐ를 화자가 병을 치료한 공간으로 볼 여지는 있지만, 화자가 병을 얻은 곳이 ⓑ인지는 알 수 없다.

③ ⓐ는 화자가 그리워하는 공간이고, ⓑ는 화자가 잊고 싶어 하는 공간이다.

화자가 그리워하는 공간은 ⓐ가 아니라 고향인 ⓑ이다.

④ ⓐ는 화자가 안정감을 느끼는 공간이고, ⓑ는 화자가 불안감을 느끼는 공간이다.

화자가 북관에서 의원의 따스하고 부드러운 손길을 느꼈다는 것에서 ⓐ를 화자가 안정감을 느끼는 공간으로 볼 여지는 있지만, 화자가 ⓑ에서 불안감을 느꼈는지는 알 수 없다.

⑤ ⓐ는 화자가 내적 갈등을 겪는 공간이고, ⓑ는 화자가 갈등을 해결하는 공간이다.

화자는 ⓐ에서 내적 갈등을 겪고 있지 않으며, ⓑ에서 화자의 갈등이 해결되었는지도 알 수 없다.

03 작품 간의 공통점, 차이점 파악하기   답 | ④

윗글과 보기 를 비교한 것으로 적절하지 않은 것은?

보기

눈을 가만 감으면 굽이 잦은 풀밭길이
개울물 돌돌돌 길섶으로 흘러가고
백양 숲 사립을 가린 초집들도 보이구요

송아지 몰고 오며 바라보던 진달래도
저녁 노을처럼 산을 둘러 퍼질 것을
어마씨 그리운 솜씨에 향그러운 꽃지짐

어질고 고운 그들 멧남새도 캐어 오리
집집 끼니마다 봄을 씹고 사는 마을
감았던 그 눈을 뜨면 마음 도로 애젓하오

- 김상옥, 〈사향〉

* 길섶: 길의 가장자리.
* 어마씨: '어머니'의 방언.
* 꽃지짐: 찹쌀가루를 반죽하여 대추나 쑥갓 잎, 꽃잎 따위를 펴 놓고 지져 만든 전병, 저냐, 누름적 따위의 음식.

* 멧남새: '멧나물(산에서 나는 나물)'의 방언.
* 애젓하다: 마음이 섭섭하고 애틋하다.

정답 선지 분석

④ 윗글은 고향의 풍경을 묘사하고 있지만, 〈보기〉는 묘사하고 있지 않다.

윗글은 고향의 풍경을 묘사하고 있지 않다. 고향의 풍경을 묘사한 것은 〈보기〉이다.

오답 선지 분석

① 윗글과 〈보기〉는 모두 시각적 심상을 활용하고 있다.

윗글은 '의원은 여래 같은 상을 하고 관공의 수염을 드리워서'에서 시각적 심상을 활용하였고, 〈보기〉 또한 '개울물 돌돌돌 길섶으로 흘러가고' 등에서 시각적 심상을 활용하였다.

② 윗글과 〈보기〉는 모두 고향에 대한 그리움을 주된 정서로 삼고 있다.

윗글은 '아버지도 아버지의 친구도 다 있'는 고향에 대한 그리움을 주된 정서로 삼고 있고, 〈보기〉 또한 '감았던 그 눈을 뜨면 마음 도로 애젓하오'에서 고향에 대한 그리움이 표현되고 있다.

③ 윗글은 후각적 심상을 활용하지 않았지만, 〈보기〉는 활용하고 있다.

윗글에서는 후각적 심상을 활용한 부분을 찾아볼 수 없다. 〈보기〉는 '향그러운 꽃지짐'에서 후각적 심상을 활용하였다.

⑤ 윗글에는 인물 간의 대화가 드러나 있지만, 〈보기〉에는 드러나 있지 않다.

윗글은 7~13행에서 화자와 의원의 대화가 드러나 있으나, 〈보기〉에서는 인물 간의 대화를 찾아볼 수 없다.

04 소재의 의미 이해하기

보기 에서 설명하는 시어를 윗글에서 찾아 2음절로 쓰시오.

보기

화자로 하여금 고향과 가족을 떠올리게 하는 매개체로, 화자에게 고향에 대한 감정을 불러일으킨다.

정답

손길

[앞부분 줄거리] 팔선녀와 만나 욕망을 가진 성진은 스승 육관 대사에게 내쳐진다. 성진은 양소유라는 이름으로 인간 세상에 환생하여 벼슬을 하고,
(인간 부귀)
마찬가지로 인간 세상에 환생한 팔선녀를 아내로 맞는다. 어느 날, 양소
(남녀 정욕)
유는 세속의 부귀영화에 허망함을 느끼고 아내들에게 불교에 귀의할 뜻
을 전한다.

홀연 석경*에 막대 던지는 소리 나거늘 괴이히 여겨 생각하되
(지팡이를 짚는 소리)
'어떤 사람이 올라오는고?' 하더니, 한 호승*이 눈썹이 길고 눈이

맑고 얼굴이 괴이하더라. 엄연히* 좌상*에 이르러 승상을 보고
(외양 묘사를 통해 호승의 비범함을 드러냄)
예하여 왈, / "산야 사람이 대승상께 뵈나이다."

승상이 이인*인 줄 알고 황망히 답례 왈, / "사부는 어디로부터
(호승의 비범함을 알아봄)
오신고?"
(옛말을 인용하여 상황을 드러냄)
호승이 웃어 왈, / "평생 고인*을 몰라보시니 귀인이 잊음 헐타
(호승이 대사임을 알아보지 못함)
는 말이 옳도소이다."

승상이 자세히 보니 과연 낯이 익은 듯하거늘 홀연 깨쳐 능파
(팔선녀 중 하나로, 토번을 정벌하러 갔을 때 연을 맺음)
낭자를 돌아보며 왈,

"소유가 전일 토번을 정벌할 제 꿈에 동정 용궁에 가 잔치하고
(능파는 동정 용궁의 딸임)
돌아오는 길에 남악에 가 놀았는데, 한 화상*이 법좌에 앉아서
(꿈에서 호승을 만난 것을 기억해 냄)
경을 강론하더니 노부가 그 화상이냐?"

호승이 박장대소하고 가로되,

"옳다, 옳다. 비록 옳으나 몽중에 잠깐 만나 본 일은 생각하고 십 년
(꿈에 남악에서 만난 일)
을 동처하던* 일을 알지 못하니 뉘 양 장원을 총명타 하더뇨?"
(성진이 육관 대사로부터 가르침을 받은 일) (장원 급제한 양소유를 이르는 말)
승상이 망연하여 가로되,

[A]
┌ "소유가 십오륙 세 전은 부모 좌하*를 떠나지 않았고 십육 세
│ (십오륙 세 전에는 부모와 함께 살았음)
│ 에 급제하여 연하여 직명이 있었으니, 동으로 연국에 봉사
│ (십육 세에 급제한 후 계속해서 벼슬을 함)
│ 하고 서로 토번을 정벌한 밖은 일찍 경사*를 떠나지 않았으니
│ (연국과 토번에 갔을 때 이외에는 수도를 떠나지 않음)
└ 언제 사부로 더불어 십 년을 상종하였으리오?"
(양소유의 생애에서는 호승과 십 년을 함께 지낼 시간이 없었음)
호승이 웃어 왈, / "상공이 오히려 춘몽을 깨지 못하였도소이다."

승상 왈, / "사부가 어찌하면 소유로 하여금 춘몽을 깨게 하리오?"

호승 왈, / "이는 어렵지 아니하니이다."

하고, 손 가운데 석장*을 들어 석난간을 두어 번 두드리니 홀연
(꿈에서 깨어나게 함)
네 녘 산골로부터 구름이 일어나 대 위에 끼이어 지척을 분변치
(고전소설의 전기적 요소)
못하니, 승상이 정신이 아득하여 마치 취몽 중에 있는 듯하더니

오래되어서야 소리 질러 가로되,

"사부가 어이 정도*로 소유를 인도치 아니하고 환술로 서로 희
(호승이 자신을 희롱하고 있다고 생각함)
롱하느뇨?"

말을 떨구지 못하여서 구름이 걷히니 호승이 간 곳이 없고 좌우

를 돌아보니 여덟 낭자가 또한 간 곳이 없는지라. 정히 경황하여

하더니, 그런 높은 대와 많은 집이 일시에 없어지고 제 몸이 한 작
(인간 세계의 부귀영화)
은 암자 중의 한 포단 위에 앉았으되, 향로에 불이 이미 사라지
(연화 도량으로 돌아옴)   (시간의 흐름 → 양소유의 삶은 하룻밤 꿈이었음)
고, 지는 달이 창에 이미 비치었더라.

스스로 제 몸을 보니 일백여덟 낱 염주가 손목에 걸렸고 머리를
(성진의 신분을 드러내는 요소 ①)
만지니 갓 깎은 머리털이 가칠가칠하였으니, 완연히 소화상의 몸
(성진의 신분을 드러내는 요소 ②)
이요 다시 대승상의 위의* 아니니, 정신이 황홀하여 오랜 후에 비

로소 제 몸이 연화 도량 성진 행자*인 줄 알고 생각하니, 처음에
(자신이 누구인지 깨달음)
스승에게 수책하여 풍도*로 가고 인간 세상에 환생하여 양가의 아
(양소유로 환생하게 된 계기)
들 되어 장원 급제 한림학사 하고 출장입상하여* 공명신퇴하고* 두
(양소유로 살며 세속적인 욕망을 실현함)
공주와 여섯 낭자로 더불어 즐기던 것이 다 하룻밤 꿈이라. 마음에,

'이 필연 사부가 나의 염려를 그릇함을 알고 나로 하여금 이 꿈
(세속적인 욕망을 가짐)
을 꾸어 인간 부귀와 남녀 정욕이 다 허사인 줄 알게 함이로다.'
(대사가 성진으로 하여금 꿈을 꾸게 한 이유)
급히 세수하고 의관을 정제하여 방장에 나아가니 다른 제자들

이 이미 다 모였더라. 대사가 소리하여 묻되,

"성진아, 인간 부귀를 지내니 과연 어떠하더뇨?"
(성진이 꾼 꿈을 알고 있음)
성진이 고두하며* 눈물을 흘려 가로되,

"성진이 이미 깨달았나이다. 제자가 불초하여* 염려를 그릇 먹

어 죄를 지으니 마땅히 인세에 윤회할 것이거늘, 사부가 자비하
(꿈과 현실을 구별함)
사 하룻밤 꿈으로 제자의 마음을 깨닫게 하시니 사부의 은혜를

천만 겁*이라도 갚기 어렵도소이다."

대사가 가로되,

"네, 흥이 나서 갔다가 흥이 다하여 돌아왔으니 내 무슨 관여가

있으리오? 네 또 이르되 '인세에 윤회한 것을 꿈을 꾸었다' 하니

이는 인세와 꿈을 다르다 함이니 네 오히려 꿈을 채 깨지 못하였
(인세와 꿈을 구별하는 것은 무의미함)
도다. ㉠ '장주가 꿈에 나비 되었다가 나비 장주가 되니', 어느 것
(호접지몽(胡蝶之夢))
이 거짓 것이요 어느 것이 참된 것인 줄 분변치 못하나니, 어제
(거짓과 참은 하나이므로 구별하는 것은 무의미함)
성진과 소유가 어느 것은 정말 꿈이요 어느 것이 꿈이 아니뇨?"

성진이 가로되,

"제자가 아득하여 꿈과 참된 것을 알지 못하니 사부는 설법하사
(대사가 주려는 깨달음을 이해하지 못함)
제자를 위하여 자비하사 깨닫게 하소서."

대사가 가로되,

[B]
┌ "이제 금강경* 큰 법을 일러 너의 마음을 깨닫게 하려니와,
│
└ 당당히 새로 오는 제자가 있을 것이니 잠깐 기다릴 것이라."
(팔선녀)

하더니, 문 지킨 도인이 들어와,

"어제 왔던 <u>위 부인 좌하 선녀 여덟 사람</u>이 또 와 사부께 뵈어지이다 하나이다."
　　　　　　　　　　대사의 예측이 옳음

대사가 / "들어오라."

하니, 팔선녀가 대사의 앞에 나아와 합장 고두하고 가로되,

"제자 등이 비록 위 부인을 모셨으나 실로 배운 일이 없어 세속 정욕을 잊지 못하더니, <u>대사의 자비하심을 입어 하룻밤 꿈에 크게 깨달았으니</u> 제자 등이 이미 위 부인께 하직하고 불문*에 돌
　　　　성진과 같은 꿈을 꾸었음
아왔으니 사부는 끝내 가르침을 바라나이다."

대사 왈,

"<u>여선*의 뜻이 비록 아름다우나 불법이 깊고 머니 큰 역량과 큰 발원*이 아니면 능히 이르지 못하나니 선녀는 모름지기 스스로 헤아려 하라.</u>"
　　　　　　팔선녀의 의지를 확인하려 함

팔선녀가 돌아가 <u>낯 위의 연지분을 씻어 버리고</u> 각각 소매로서
　　　　　　　세속의 아름다움을 버림 ①
<u>금전도*를 내어 흑운* 같은 머리를 깎고</u> 들어와 사뢰되*,
　　세속의 아름다움을 버림 ②

"제자 등이 이미 <u>얼굴을 변하였으니</u> 맹세하여 사부의 교령*을
　　　　　　세속의 아름다움을 버렸음을 알림
태만치 아니하리이다."

대사가 가로되,

"<u>좋다! 너희 여덟 사람이 능히 이렇듯 하니 진실로 드문 일이로다.</u>"
　　　　팔선녀의 의지를 확인하고 귀의를 허락함

드디어 법좌에 올라 경문을 강론하니 <u>백호* 빛이 세계에 쏘이고 하늘 꽃이 비같이 내리더라.</u>
　　　　　　　　신비스러운 분위기

- 김만중, 〈구운몽〉 -

* 석경(石逕): 돌이 많은 좁은 길.
* 호승(胡僧): 인도나 서역의 승려.
* 엄연히(儼然히): 사람의 겉모양이나 언행이 의젓하고 점잖게.
* 좌상(座上): 여러 사람이 모인 자리.
* 이인(異人): 재주가 신통하고 비범한 사람.
* 고인(故人): 오래전부터 사귀어 온 친구.
* 화상(和尙): '승려'를 높여 이르는 말.
* 동처하다(同處하다): 한방에서 같이 거처하다.
* 좌하(座下): 받들어 모시는 자리 아래.
* 경사(京師): 한 나라의 중앙 정부가 있는 곳.
* 석장(錫杖): 승려가 짚고 다니는 지팡이.
* 정도(正道): 올바른 길. 또는 정당한 도리.
* 위의(威儀): 위엄이 있고 엄숙한 태도나 차림새.
* 도량(道場): 불도를 수행하는 절이나 승려들이 모인 곳.
* 행자(行者): 불도를 닦는 사람.
* 풍도(酆都): 도가에서, '지옥'을 이르는 말.
* 출장입상하다(出將入相하다): 문무를 다 갖추어 장수와 재상의 벼슬을 모두 지내다.
* 공명신퇴하다(功名身退하다): 공을 세워 이름을 떨치고 벼슬에서 물러나다.
* 고두하다(叩頭하다): 공경하는 뜻으로 머리를 땅에 조아리다.
* 불초하다(不肖하다): 못나고 어리석다.
* 겁(劫): 어떤 시간의 단위로도 계산할 수 없는 무한히 긴 시간.
* 금강경(金剛經): 지혜를 금강의 견실함에 비유하여 해설한 불경.
* 불문(佛門): 불교를 믿는 사람. 또는 그들의 사회.

* 여선(女仙): 여성 선녀.
* 발원(發願): 신이나 부처에게 소원을 빎. 또는 그 소원.
* 금전도(金剪刀): 예전에, 금으로 만든 가위를 이르던 말.
* 흑운(黑雲): 검은 구름.
* 사뢰다: 웃어른에게 말씀을 올리다.
* 교령(敎令): 가르침과 명령.
* 백호(白毫): 부처의 두 눈썹 사이에 있는 희고 빛나는 가는 터럭.

01 작품의 내용 이해하기　　　　　　　답 | ③

윗글의 내용으로 적절하지 <u>않은</u> 것은?

정답 선지 분석

③ 성진은 자신이 꿈을 꾸었던 것에 불만을 품었다.

승상이 '사부가 어이 정도로 소유를 인도치 아니하고 환술로 서로 희롱하느뇨?'라고 말하기는 하지만 이는 호승이 석장으로 석난간을 두드리니 구름이 일어난 것에 대한 반응이다. 자신이 성진이라는 것을 깨달은 뒤에는 대사에게 '사부가 자비하사 하룻밤 꿈으로 제자의 마음을 깨닫게 하시니'라고 말하므로, 성진은 자신이 꿈을 꾸었던 것에 불만을 품은 것이 아니라 대사에게 감사함을 느끼고 있는 것이다.

오답 선지 분석

① 승상은 꿈에서 호승을 만났던 것을 기억했다.

승상이 호승을 자세히 보고 낯이 익은 것을 알아차리고 '꿈에 동정 용궁에 가~노부가 그 화상이냐?'라고 하는 것을 통해 승상은 꿈에서 호승을 만났던 것을 기억하고 있음을 알 수 있다.

② 팔선녀는 대사에게 귀의에 대한 의지를 보였다.

팔선녀가 가르침을 청했을 때, 대사가 '선녀는 모름지기 스스로 헤아려 하라'라고 말하며 의지를 확인하려 하자 팔선녀는 연지분을 씻고 머리를 깎는 등 세속의 아름다움을 버림으로써 귀의에 대한 의지를 보였다.

④ 호승은 승상을 깨어나게 하기 위해 난간을 두드렸다.

승상이 '사부는 어찌하면 소유로 하여금 춘몽을 깨게 하리오?'라고 말하자 호승은 이는 어렵지 않다고 말하면서 손 가운데 석장을 들어 석난간을 두어 번 두드려 승상을 깨어나게 하였다.

⑤ 성진은 꿈에서 깨어나 승상으로서의 과거를 떠올렸다.

성진은 꿈에서 깨어나 자신이 성진인 줄 알아차린 뒤 '인세에 환생하여~두 공주와 여섯 낭자로 더불어 즐기던' 승상으로서의 과거를 떠올렸다.

02 발화의 의미 파악하기　　　　　　　답 | ③

[A]와 [B]에 대한 이해로 가장 적절한 것은?

정답 선지 분석

③ [A]는 과거에 자신이 겪었던 일을, [B]는 미래에 일어날 일을 말하고 있다.

[A]에서 승상은 '십오륙 세 전은~일찍 경사를 떠나지 않았으니'라고 하며 과거에 자신이 겪었던 일을 말하고 있고, [B]에서 대사는 '새로 오는 제자가 있을 것이니'라고 하며 미래에 일어날 일을 말하고 있다.

오답 선지 분석

① [A]와 [B]는 모두 근거를 들어 상대에게 지시를 내리고 있다.

[B]에서 대사는 '새로 오는 제자가 있을 것'이라는 근거를 들어 성진에게 잠깐 기다릴 것을 지시하고 있지만, [A]에서 승상이 근거를 들어 호승에게 지시를 내리고 있는 것은 아니다.

② [A]와 [B]는 모두 상대에게 의문을 표현하며 대답을 요구하고 있다.

[A]에서 승상은 '언제 사부로 더불어 십 년을 상종하였으리오?'라고 하며 의문을 표현하고 있지만, [B]에서 대사가 성진에게 의문을 표현하며 대답을 요구하고 있는 것은 아니다.

④ [A]는 자신의 잘못을, [B]는 타인의 경험을 언급하며 상대를 설득하고 있다.

[A]에서 승상은 자신의 잘못을 언급하며 상대를 설득하고 있지 않고, [B]에서도 대사가 타인의 경험을 언급하며 상대를 설득하고 있지 않다.

⑤ [A]는 격언을 인용하며, [B]는 비유를 활용하며 자신의 생각을 전달하고 있다.

[A]에서 승상은 격언을 인용하며 자신의 생각을 전달하지 않았고, [B]에서도 대사가 비유를 활용하며 자신의 생각을 전달하고 있지 않다.

03 외적 준거를 바탕으로 작품 이해하기　　　답 | ②

보기 를 참고했을 때, 대사가 ㉠을 언급한 이유로 가장 적절한 것은?

보기

옛날에 장주가 꿈에 나비가 되었다. 잘도 날아다니는 나비였는데 스스로 유쾌하고 뜻에 만족스러웠는지라 자기가 장주인 것을 알지 못했다. 갑자기 꿈에서 깨니 자신은 장주였다. 알지 못하겠다. 장주의 꿈에 장주가 나비가 되었던가, 나비의 꿈에 나비가 장주가 되었던가?

- 〈장자〉 제2편 제물론 제6장

정답 선지 분석

② 인세와 꿈의 구별은 무의미하다는 것이군.

㉠은 고사를 인용한 것으로, 〈보기〉에 따르면 이는 인세의 장주와 꿈속의 나비를 구별하는 것이 무의미하다는 것이다. 대사는 성진의 상황을 〈보기〉의 고사에 빗대어 설명하면서 성진과 소유 중 어느 것이 꿈인지 구별하는 것은 무의미하다고 말하고 있다.

오답 선지 분석

① 현실에 안주하여 살면 안 된다는 것이군.

〈보기〉에 따르면 ㉠에는 현실에 안주하여 살면 안 된다는 의미가 담겨 있지 않으며, 대사 역시 이 이유로 ㉠을 언급한 것이 아니다.

③ 한낱 미물도 소중히 대해야 한다는 것이군.

〈보기〉에 따르면 ㉠에는 한낱 미물도 소중히 대해야 한다는 의미가 담겨 있지 않으며, 대사 역시 이 이유로 ㉠을 언급한 것이 아니다.

④ 자신이 누구인지 알고 있어야 한다는 것이군.

〈보기〉에 따르면 ㉠에는 오히려 인세의 장주와 꿈속의 나비를 구별하는 것이 무의미하다는 의미가 담겨 있다.

⑤ 얽매임 없이 자유로운 삶이 중요하다는 것이군.

〈보기〉에 따르면 ㉠에는 얽매임 없이 자유로운 삶이 중요하다는 의미가 담겨 있지 않으며, 대사 역시 이 이유로 ㉠을 언급한 것이 아니다.

04 작품의 내용 이해하기

ⓐ, ⓑ에 들어갈 말을 차례대로 쓰시오.

성진은 대사가 자신이 인간 (ⓐ)와/과 남녀 정욕이 다 허사인 줄 알게 하기 위해 (ⓑ)을/를 꾸게 하였다고 생각하였다.

정답

부귀, 꿈

| 본문 | 165쪽

매체 명태의 귀환

빠른 정답 체크 01 ① 02 ⑤ 03 ③ 04 높아졌음

'국민 생선' 명태
부제를 통해 독자의 이해를 도움

ⓐ 명태만큼 여러 이름으로 불리는 생선이 있을까? 예로부터 우리나라에서는 잡은 지 얼마 안 된 싱싱한 '생태'로, 또는 꽁꽁 얼린
명태의 여러 이름
'동태'로 얼큰하게 탕을 끓여 먹고 매콤하게 찜을 해 먹었다. 『꾸덕꾸덕하게 말려 찜 요리에 적당한 '코다리', 노릇노릇하게 구워 먹는 '노가리', 통통한 주머니 안에 작은 알들이 가득한 '명란젓', 꼬들꼬들한 식감을 자랑하는 '창난젓'까지 모두 명태로 만든 것이다.』
『』: 명태로 만들 수 있는 다양한 요리의 이름
눈과 비, 바람을 맞으며 오랫동안 말린 '황태'나 바싹 말린 '북어'
건조 방법에 따라 달라지는 명태의 이름
로 육수를 우려내 요리의 기본 재료로 쓰기도 한다. 많은 이름에서도 알 수 있듯, 우리 식단에 가장 많이 등장하는 생선이 명태다.
우리나라 요리에서 자주 쓰이는 명태
ⓑ 하지만 명태는 다른 나라에서는 그렇게 인기 있는 생선이 아니다. 살코기 자체에 별다른 맛이나 식감이 없어, 불에 직접 구워
외국에서 명태가 인기가 없는 이유
먹기를 좋아하는 식문화에는 어울리지 않기 때문이다. 그래서 외국에서는 다른 생선과 함께 잘게 다져서 어묵을 만들거나, 튀김옷을 입혀 바삭하게 튀겨서 소스를 묻혀 먹는다. 하지만 얼큰한 국물을 좋아하는 한국인의 입맛에는 딱 맞는 '국민 생선'이라 해도 손색이 없다. 우리나라에서는 명태를 한 해에 25만 톤(t)이나
우리나라의 명태 소비량
소비한다.

국산 명태가 사라졌다

명태는 1970년대만 해도 동해에서 매년 7만 톤(t) 안팎으로 잡
과거에는 우리나라에서 명태가 많이 잡혔음
힐 만큼 흔했다. ⓒ 알을 밴 고기일수록 맛이 좋고 어린 고기까지 술안주로 인기 있었던 탓일까. 결국, 우리 바다에서 명태의 씨가 말라 버렸다. 2008년 이후 매년 우리나라 가까운 바다에서 잡
어획량이 소비량에 비해 현저히 적음
히는 명태는 1톤(t) 안팎이다. 지금 우리 식탁에 올라오는 명태는 거의 다 수입한 것으로, 러시아산이 대부분이다.

전문가들은 국산 명태가 사라진 원인 중 하나로, 어린 명태까지 마
국산 명태가 사라진 원인 ①
구잡이로 잡은 것을 든다. 기후가
변하면서 동해의 표층* 수온이 변
국산 명태가 사라진 원인 ②

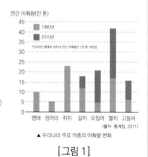

연간 어획량(만 톤)

▲ 우리나라 주요 어종의 어획량 변화
(출처: 통계청, 2011)

[그림 1]

한 것도 원인으로 추정한다. 명태는 차가운 물을 좋아하는 냉수성 어류인데, 수온이 올라가는 바람에 동해가 이제는 명태가 살
수온 변화가 명태에게 미친 영향
기 어려운 환경이 되었다는 것이다. ⓓ 국립수산과학원에 따르면 동해의 연평균 표층 수온은 1970년부터 2016년까지 47년간 섭씨 0.93도(℃)가량 올랐다. 이렇게 바닷물이 따뜻해지면서, 1970년대와 1980년대에 많이 잡히던 명태와 정어리, 갈치, 쥐치의 수
수온 변화로 인한 결과 ①
가 줄어들었다. 특히 명태와 정어리는 2000년대 이후 찾기가 힘들다. 대신에 1990년대부터 오징어, 멸치, 고등어 등이 늘어났으
수온 변화로 인한 결과 ②
며 예전에는 우리 바다에 거의 없었던 온대성, 아열대성 물고기들이 많이 나타났다. ⓔ 모두 기후 변화에 따른 현상이다.

[그림 2]

* 표층(表層): 여러 층으로 된 것의 겉을 이루고 있는 층.

01 매체 내용 이해하기 답 | ①

윗글의 내용으로 적절하지 않은 것은?

정답 선지 분석

① 외국에서는 명태를 이용해 국물을 내어 먹는다.
2문단에 따르면, 외국에서는 명태를 다른 생선과 함께 잘게 다져서 어묵을 만들거나, 튀김옷을 입혀 바삭하게 튀겨서 소스를 묻혀 먹는다. 명태로 낸 얼큰한 국물을 좋아하는 쪽은 한국인이다.

오답 선지 분석

② 우리나라의 명태 어획량은 명태 소비량보다 적다.
2문단에서 우리나라에서는 명태를 한 해에 25만 톤이나 소비하지만, 3문단에서 2008년 이후 매년 우리나라 가까운 바다에서 잡히는 명태는 1톤 안팎이라고 하였다.

③ 명태는 말린 방법에 따라 부르는 이름이 다양하다.
눈과 비, 바람을 맞으며 오랫동안 말린 명태는 '황태', 바싹 말린 명태는 '북어'라고 부르는 등 말린 방법에 따라 부르는 이름이 다양하다고 하였다.

④ 우리나라 사람들이 먹는 명태 대부분은 수입산이다.
3문단에서 지금 우리 식탁에 올라오는 명태는 거의 다 수입한 것으로, 러시아산이 대부분이라고 하였다.

⑤ 수온이 높아지며 우리나라 바다에 명태가 줄어들었다.
4문단에서 동해의 수온이 올라가고 바닷물이 따뜻해지면서 2000년대 이후 명태와 정어리를 찾기 힘들어졌다고 하였다.

02 매체 언어의 표현 방법 파악하기   답 | ⑤

㉠~㉤에 대한 설명으로 적절하지 않은 것은?

정답 선지 분석

⑤ ㉤: 널리 알려진 내용이 실제로는 틀렸음을 드러낸다.

㉤에서 '모두 기후 변화에 따른 현상이다'라고 한 것은, '특히 명태와 정어리는~많이 나타났다'에서 설명한 현재 상황의 원인을 드러내는 것이다. 널리 알려진 내용이 실제로는 틀렸음을 드러내는 것은 아니다.

오답 선지 분석

① ㉠: 질문의 형식을 활용하여 독자의 흥미를 끈다.

㉠에서는 '명태만큼 여러 이름으로 불리는 생선이 있을까?'라는 질문을 활용하여 독자의 흥미를 끌고 있다.

② ㉡: 앞서 설명한 내용과 반대되는 내용이 나올 것을 암시한다.

㉡은 '하지만'으로 시작하여, 앞서 우리 식단에 가장 많이 등장하는 생선이 명태라고 하였으나 ㉡ 이후 다른 나라에서는 그렇지 않다는 내용이 나올 것을 암시한다.

③ ㉢: 뒤에 나올 내용의 원인 중 하나를 간접적으로 설명한다.

㉢에서는 우리 바다에서 명태가 사라진 이유가 '알을 밴 고기일수록 맛이 좋고 어린 고기까지 술안주로 인기 있었던 탓'이라고 하며, 국산 명태가 사라진 원인 중 하나가 어린 명태까지 마구잡이로 잡았기 때문임을 간접적으로 설명하고 있다.

④ ㉣: 구체적인 연도와 수치를 들어 글의 신뢰성을 높인다.

㉣에서는 '1970년부터 2016년까지 47년간'이라는 구체적인 연도와, 동해의 연평균 표층 수온이 '섭씨 0.93도'가 올랐다는 구체적인 수치를 들어 글의 신뢰성을 높인다.

03 매체 자료의 적절성 판단하기   답 | ③

윗글의 글쓴이가 [그림 1]을 통해 말하고자 하는 내용으로 가장 적절한 것은?

정답 선지 분석

③ 2000년대 이후 우리나라에서 명태는 거의 잡히지 않고 있다.

4문단에서는 어린 명태까지 마구잡이로 잡고, 동해의 표층 수온이 올라갔기 때문에 국산 명태가 사라졌으며, 특히 명태와 정어리는 2000년대 이후 찾기 힘듦을 설명하고 있다. [그림 1]은 1980년대에는 10만 톤이 잡혔던 명태가 2010년에는 1만 톤 미만으로 잡혔음을 나타내는 그래프이므로 2000년대 이후 우리나라에서 명태는 거의 잡히지 않고 있음을 말하기 위해 사용되었다는 설명은 적절하다.

오답 선지 분석

① 우리나라 바다에 사는 물고기의 종류는 다양하지 않다.

[그림 1]은 우리나라 주요 어종의 어획량 변화를 나타낼 뿐, 우리나라 바다에 사는 물고기의 종류가 다양하지 않음을 나타내는 것은 아니다.

② 기후 변화로 인해 쥐치가 1980년대보다 많이 잡히고 있다.

기후 변화로 인해 어획량에 변화가 생긴 것은 맞으나, 쥐치는 20만 톤이 넘게 잡혔던 1980년과 달리 2010년에는 1만 톤 미만으로 잡혔으므로 적절하지 않다.

④ 명태보다는 멸치나 오징어 등을 더 많이 소비하도록 해야 한다.

글쓴이는 명태보다는 멸치나 오징어 등을 더 많이 소비해야 한다고 주장하지 않았다.

⑤ 고등어는 2000년대 이후 나타나기 시작한 아열대성 물고기이다.

윗글을 통해 동해의 표층 수온 변화로 인해 아열대성 물고기가 나타나기 시작했음을 알 수 있으나, 고등어가 2000년대 이후 나타나기 시작한 아열대성 물고기라고 하지는 않았다.

04 매체 자료 보완하기

보기 의 자료를 윗글의 4문단에 추가한다고 할 때, 빈칸에 들어갈 말로 적절한 것을 골라 쓰시오.

보기

동해 표층 수온 변화

(출처: 국립수산과학원, 2015)

〈보기〉의 자료를 통해, 해가 지날수록 표층 수온이 (높아졌음 / 낮아졌음)을 구체적으로 나타내어 글의 내용을 뒷받침할 수 있다.

정답

높아졌음

독서   유전자 가위 기술

빠른 정답 체크   01 ③   02 ⑤   03 ②   04 DNA

유전 질환뿐만 아니라 암, 감염증, 대사 이상* 질환, 자가 면역
　　　　　　　　　　유전자 가위 기술의 활용 범위
질환 등의 치료에도 활용이 가능한 기술로 유전자 가위 기술이 있

다. 이는 기존의 의학적 방법으로 치료가 어려운 다양한 난치성

질환에서 문제가 되는 유전자를 편집하거나 정상적인 기능을 하
　　　　　　　　　　　　유전자 가위 기술의 개념
도록 유전자를 제거하여 근원적인 치료를 할 수 있는 기술이다.

▶ 1문단: 유전자 가위 기술의 개념

우리 몸에 중요한 단백질을 만들 수 있는 정보는 DNA에 달려
　　　　　　　　DNA에 들어 있는 정보
있고, 이런 정보를 담은 DNA의 특정 부분을 유전자라고 한다.

유전자 가위는 DNA를 자를 수 있는 기능을 가진 효소를 쓰임에

맞게 변형하고, 자르고자 하는 표적 DNA 염기* 서열을 인식하여
　　　　　　　　　유전자 가위의 개념과 원리
특정한 위치에서 DNA를 자를 수 있도록 구성된 인공 효소를 말

한다. 지금까지 개발된 유전자 가위는 1세대 ⓐ 징크 핑거, 2세대

ⓑ 탈렌, 3세대인 ⓒ 크리스퍼이다.

▶ 2문단: 유전자 가위의 원리

　1세대 유전자 가위인 '징크 핑거'는 1996년에, 2세대 가위인

'탈렌'은 2009년에 발견됐다. 유전자 가위는 세포 속으로 들어가

자르고자 하는 DNA의 특정 염기 서열에 달라붙어서 그 부위를
　　　　　　　　　　　유전자 가위의 역할

자른다. 징크 핑거는 약 9개, 탈렌은 약 12개의 DNA 염기 서열
<u>탈렌의 정확도가 더 높음</u>
을 인식할 수 있다. 인식할 수 있는 염기 서열의 개수가 많을수록

<u>원하는 DNA 부위를 자를 수 있는 정확도가 높다</u>. 징크 핑거는
<u>유전자 가위가 인식할 수 있는 염기 서열의 개수와 정확도는 비례함</u>
원래 자르려던 곳 외에 무려 1만 2천 곳의 엉뚱한 부분을 자를 수

있는 반면, 탈렌은 약 190곳에 불과하다. 그러나 이것도 정확도
<u>탈렌의 정확도는 절대적으로는 높은 것이 아님</u>
가 낮은 편이어서 탈렌도 각광받지는* 못했다. 또 징크 핑거와 탈

렌 모두 단백질로 만든 유전자 가위이기 때문에, <u>자르려는 DNA</u>

<u>의 염기 서열이 달라지면 그에 맞춰 단백질을 다시 만들어야 하</u>
<u>징크 핑거와 탈렌의 단점</u>
<u>는 번거로움이 있다.</u>

▶ 3문단: 유전자 가위 기술의 종류 ①, ② - 1세대 징크 핑거, 2세대 탈렌
반면 3세대인 '<u>크리스퍼</u>'는 무려 21개의 염기를 인식할 수 있어
<u>징크 핑거와 탈렌보다 정확도가 훨씬 높음</u>
서 자르고자 하는 DNA의 특정 부위에만 정확히 달라붙을 수 있다.
<u>크리스퍼의 장점 ①</u>
수학적으로는 엉뚱한 부위를 자를 확률이 4조 4000만 분의 1

수준으로 이전 세대에 비해 정확도가 높다. 게다가 크리스퍼의

<u>구성품 중 '절단 효소 단백질'은 요구르트 유산균에서 쉽게 얻을 수</u>
<u>크리스퍼의 장점 ②</u>
있고, <u>DNA를 인식하는 부분은 RNA로 되어 있어 자르고자 하는</u>

<u>DNA 부위의 염기 서열이 달라져도 이에 맞게 금방 만들 수 있다.</u>
<u>크리스퍼의 장점 ③</u> ▶ 4문단: 유전자 가위 기술의 종류 ③ - 3세대 크리스퍼
'크리스퍼'를 세포막 성분과 비슷한 지질* 성분으로 포장해 세
<u>크리스퍼의 작동 과정 ①</u>
포막에 흡수시키면 포장지 역할을 했던 지질은 세포막에 남고,

유전자 가위는 세포 속으로 들어간다. 세포 속에 들어온 유전자

가위는 핵공*을 통해 세포의 핵까지 가야 하는데, 이때 'NLS'라
<u>크리스퍼의 작동 과정 ②</u>
는 작은 단백질을 통해 핵으로 들어간다. 들어온 유전자 가위는

<u>표적 DNA에 꼭 맞는 가이드 RNA를 합성하고 절단 효소 단백질</u>
<u>크리스퍼의 작동 과정 ③</u>
<u>(Cas9)과 결합한다.</u> <u>Cas9가 표적 DNA에 달라붙으면 이중 나선</u>
<u>크리스퍼의 작동 과정 ④</u>
<u>이 풀리고 그중 한 가닥이 가이드 RNA에 결합한다.</u> <u>Cas9는 가</u>

<u>이드 RNA가 끼어 들어간 곳의 DNA를 양쪽에서 잘라낸다.</u> 잘린
<u>크리스퍼의 작동 과정 ⑤</u>
<u>DNA 사이로 새로 만든 DNA 조각이 들어가 결합하면서 DNA</u>
<u>크리스퍼의 작동 과정 ⑥</u>
염기 서열이 기존과 달라지고 결과적으로 ㉠ 단백질이 제대로 만
<u>문제가 되는 유전자가 제거됨</u>
들어지지 않는다.

▶ 5문단: 크리스퍼의 작동 과정

* 대사 이상 (代謝異常): 신체의 물질대사 과정에서 생기는 장애를 통틀어 이르는 말.
* 염기(鹽基): DNA나 RNA의 구성 성분인 질소를 함유하는, 고리 모양의 유기 화합물.
* 각광받다(脚光받다): 많은 사람들의 관심이나 흥미, 인기 등을 얻거나 끌게 되다.
* 지질(脂質): 생물체 안에 존재하며 물에 녹지 아니하고 유기 용매에 녹는 유기 화합물을 통틀어 이르는 말.
* 핵공(核孔): 핵막에 존재하는 핵과 세포질 사이의 물질 이동 통로.

01 핵심 내용 이해하기 답 | ③

ⓐ~ⓒ에 대한 이해로 적절하지 <u>않은</u> 것은?

정답 선지 분석

③ ⓐ, ⓑ와 달리 ⓒ는 자르려는 DNA의 염기 서열이 달라지면 사용이 어렵다.

ⓐ는 징크 핑거, ⓑ는 탈렌, ⓒ는 크리스퍼이다. 3문단에서 징크 핑거와 탈렌은 자르려는 DNA의 염기 서열이 달라지면 그에 맞춰 단백질을 다시 만들어야 하는 번거로움이 있지만, 4문단에서 크리스퍼는 자르고자 하는 DNA 부위의 염기 서열이 달라져도 이에 맞게 금방 만들 수 있다고 하였다.

오답 선지 분석

① ⓐ에 비해 ⓑ는 원하는 DNA 부위를 자를 수 있는 정확도가 높다.

3문단에서 ⓐ가 인식할 수 있는 염기 서열은 9개, ⓑ는 12개라고 하였다. 그리고 인식할 수 있는 염기 서열의 개수가 많을수록 원하는 DNA 부위를 자를 수 있는 정확도가 높다고 하였다.

② ⓑ는 ⓒ보다 정확도가 낮고, 활용이 번거로워 관심을 받지 못했다.

3문단에서 ⓑ는 정확도가 낮고, 자르려는 DNA의 염기 서열이 달라지면 그에 맞춰 단백질을 다시 만들어야 하는 번거로움이 있어 각광받지 못했다고 하였다.

④ ⓐ, ⓑ, ⓒ는 모두 유전 질환, 암, 감염증 등의 치료에 활용된다.

ⓐ, ⓑ, ⓒ는 모두 유전자 가위로, 1문단에서 유전자 가위는 유전 질환뿐만 아니라 암, 감염증 등의 치료에도 활용이 가능한 기술이라고 하였다.

⑤ ⓐ, ⓑ, ⓒ는 모두 DNA의 특정 염기 서열에 달라붙어 그 부위를 자르는 인공 효소이다.

2문단에서 유전자 가위는 DNA를 자를 수 있는 기능을 가진 효소를 쓰임에 맞게 변형하여, 자르고자 하는 표적 DNA 염기 서열을 인식하여 특정한 위치에서 DNA를 자를 수 있도록 구성된 인공 효소라고 하였다.

02 문장의 의미 이해하기 답 | ⑤

㉠의 의미로 가장 적절한 것은?

정답 선지 분석

⑤ 난치성 질환에서 문제가 되는 유전자를 제거하여 근원적인 치료를 할 수 있다.

2문단에 따르면 우리 몸에 중요한 단백질을 만들 수 있는 정보는 DNA에 달려 있고, 이런 정보를 담은 DNA의 특정 부분을 유전자라고 한다. ㉠은 유전자를 편집하거나 제거하여 난치성 질환에서 문제가 되는 단백질이 제대로 만들어지지 않게 하는 것이다. 따라서 유전자 가위를 이용해 DNA에서 문제가 되는 부분을 제거함으로써 단백질이 제대로 만들어지지 않는다는 것은, 난치성 질환 등에서 근원적인 치료가 되었다는 것을 의미한다.

오답 선지 분석

① 단백질이 정상적으로 성장하는 것이 어려워진다.

DNA에서 문제가 되는 부분을 제거하여 단백질이 제대로 만들어지지 않는 것은 맞지만, ㉠의 의미가 단백질이 정상적으로 성장하는 것이 어려워진다는 것은 아니다.

② DNA 염기 서열이 달라져 엉뚱한 부분을 자르게 된다.

세포막에 흡수된 크리스퍼는 유전자를 편집하거나 제거하는데, 이로써 DNA 염기 서열이 달라지고 문제가 되는 단백질이 제대로 만들어지지 않게 하는 것이므로 엉뚱한 부분을 자르게 되는 것은 아니다.

③ 요구르트 유산균에서 다시 절단 효소 단백질을 얻어야 한다.

크리스퍼의 구성품 중 절단 효소 단백질은 요구르트 유산균에서 얻을 수 있지만, 단백질이 제대로 만들어지지 않는다고 다시 절단 효소 단백질을 얻어야 하는 것은 아니다.

④ DNA 염기 서열이 달라져 단백질을 다시 만드는 번거로움이 생긴다.

크리스퍼가 유전자를 편집하거나 제거하면 DNA 염기 서열이 달라져 단백질이 제대로 만들어지지 않으므로 단백질을 다시 만드는 번거로움이 생기는 것은 아니다.

03 구체적 사례에 적용하기
답 | ②

보기 는 크리스퍼 유전자 가위가 작동하는 원리이다. 보기 와 윗글에 대한 이해로 적절하지 <u>않은</u> 것은?

보기

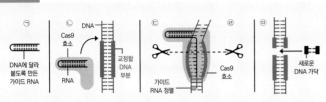

정답 선지 분석

② ㉡: 표적 DNA는 가이드 RNA를 인식해 꼭 맞는 DNA를 합성한다.

㉡의 과정에서 유전자 가위는 표적 DNA에 꼭 맞는 가이드 RNA를 합성한다. 가이드 RNA를 인식해 꼭 맞는 DNA와 합성하는 것이 아니다.

오답 선지 분석

① ㉠: 세포 속에 들어온 유전자 가위는 NLS 단백질을 통해 핵으로 들어가 가이드 RNA를 합성한다.

㉠의 과정에서 세포 속에 들어온 유전자 가위는 핵공을 통해 세포의 핵까지 가야 하는데, 이때 NLS라는 작은 단백질을 통해 핵으로 들어가 표적 DNA에 꼭 맞는 가이드 RNA를 합성한다.

③ ㉢: 가이드 RNA는 절단 효소 단백질(Cas9)과 결합한다.

㉢의 과정에서 유전자 가위가 합성한 가이드 RNA는 절단 효소 단백질과 결합한다.

④ ㉣: 절단 효소 단백질이 가이드 RNA가 끼어 들어간 곳의 DNA를 양쪽에서 잘라낸다.

㉣의 과정에서 Cas9가 표적 DNA에 달라붙으면 이중 나선이 풀리고, 그중 한 가닥이 가이드 RNA에 결합하여 Cas9가 가이드 RNA가 끼어 들어간 곳의 DNA를 양쪽에서 잘라낸다.

⑤ ㉤: 잘린 DNA 사이로 새로 만든 DNA 조각이 들어가 결합한다.

㉤의 과정에서 잘린 DNA 사이로 새로 만든 DNA 조각이 들어가 결합하면서 DNA 염기 서열이 기존과 달라진다.

04 세부 내용 파악하기

빈칸에 공통으로 들어갈 말을 찾아 쓰시오.

크리스퍼는 (　　　)을/를 인식하는 부분이 RNA로 되어 있어 자르고자 하는 (　　　) 부위의 염기 서열이 달라져도 이에 맞게 금방 만들 수 있다.

정답

DNA

문학 1   먼 후일(김소월)

빠른 정답 체크   01 ③   02 ③   03 ⑤   04 오늘도, 잊고

먼 훗날 당신이 찾으시(면)
재회를 가정하는 날 ○: 미래의 상황을 가정함
㉠ 그때에 내 말이 '잊었노라'
　　□: 반어법(실제로는 잊지 못함),
　　　반복을 통한 주제 강조
▶ 먼 훗날 임이 찾아왔을 때 화자의 반응

당신이 속으로 **나무라(면)**
　　'잊었노라'라는 말에 대한 임의 반응
'**무척 그리다가 잊었노라**'
오랫동안 임을 그리워함
▶ 임이 나무라는 것에 대한 화자의 반응

그래도 당신이 **나무라(면)**
임의 나무람이 계속됨
'**믿기지 않아서 잊었노라**'
임과의 이별에 대한 화자의 반응
▶ 임이 계속 나무라는 것에 대한 화자의 반응

오늘도 어제도 아니 잊고
　　화자의 본심이 드러남
먼 훗날 그때에 '**잊었노라**'
미래에도 화자는 임을 잊지 못함
▶ 임을 잊지 못하는 화자의 마음
- 김소월, 〈먼 후일〉 -

01 표현상의 특징 파악하기
답 | ③

윗글의 표현상 특징으로 적절하지 <u>않은</u> 것은?

정답 선지 분석

③ 대조적 시어를 나열하여 화자의 변화를 나타내고 있다.

윗글에서 대조적 시어는 찾을 수 없으며, 화자는 처음부터 일관되게 임을 잊지 못하는 마음을 표현하고 있다.

오답 선지 분석

① 반어법을 활용하여 화자의 정서를 드러내고 있다.

'잊었노라'는 반어법으로, 화자가 임을 잊지 못하고 있음을 드러내기 위한 것이다.

② 미래의 일을 가정하여 시적 상황을 전개하고 있다.

화자는 먼 훗날 임이 자신을 찾는 상황과, 잊었다는 말을 듣고 자신을 나무라는 것을 가정하여 시적 상황을 전개하고 있다.

④ 각 행의 글자 수를 비슷하게 맞춰 운율을 형성하고 있다.

윗글은 각 행의 글자 수를 대체적으로 3·3·4의 3음보로 맞춰 운율을 형성하고 있다.

⑤ 동일한 시어와 문장구조를 반복하여 주제를 강조하고 있다.

윗글은 '잊었노라'를 반복하고, '~면 ~ 잊었노라'의 문장구조를 반복하여 주제를 강조하고 있다.

02 표현상의 특징 파악하기
답 | ③

㉠과 같은 표현법이 쓰인 시구로 가장 적절한 것은?

정답 선지 분석

③ 나 보기가 역겨워 / 가실 때에는 / 죽어도 아니 눈물 흘리우리다
- 김소월, 〈진달래꽃〉

㉠은 임이 자신을 찾는다면 '잊었노라'라고 대답할 것이지만 화자는 실제로는 임을 잊지 못하고 있으므로, 말하고자 하는 의미와 반대로 말하는 반어법이 사용된 것이다. '죽어도 아니 눈물 흘리우리다' 역시 임이 자신이 싫어서 떠날 때 울지 않겠다는 의

미가 아니라, 오히려 많이 울겠다는 의미이므로 반어법이 사용되었다.

오답 선지 분석

① 나는 아직 기다리고 있을 테요 / 찬란한 슬픔의 봄을

― 김영랑, 〈모란이 피기까지는〉

'나는 아직 찬란한 슬픔의 봄을 기다리고 있을 테요'라고 하는 것이 올바른 문장 순서인 것으로 보아 도치법이 사용되었고, '찬란한 슬픔의 봄을'에서 역설법이 사용되었다.

② 하늘은 날더러 구름이 되라 하고 / 땅은 날더러 바람이 되라 하네

― 신경림, 〈목계 장터〉

'~은 날더러 ~이 되라'의 구조가 짝지어진 것으로 보아 대구법이 사용되었다.

③ 까마득한 날에 / 하늘이 처음 열리고 / 어데 닭 우는 소리 들렸으랴

― 이육사, 〈광야〉

'어데 닭 우는 소리 들렸으랴'에서 설의법이 사용되었다.

⑤ 아아, 누구던가 / 이렇게 슬프고도 애달픈 마음을 / 맨 처음 공중에 달 줄을 안 그는

― 유치진, 〈깃발〉

'이렇게 슬프고도~그는 누구던가'라고 하는 것이 올바른 문장 순서인 것으로 보아 도치법이 사용되었고, '아아'에서 영탄법이 사용되었다.

03 외적 준거를 바탕으로 작품 이해하기 답 | ⑤

보기 를 참고하여 윗글을 이해한 내용으로 적절하지 않은 것은?

보기

〈먼 후일〉에서 화자는 이미 사랑하는 사람과 이별한 상황이지만, 그 사람을 잊지는 못하고 있다. 그렇기 때문에 화자는 사랑하는 사람과 재회하는 상황을 가정하고 있다.

정답 선지 분석

⑤ 4연의 '잊었노라'는 화자가 마침내 이별을 극복했음을 의미한다.
  4연의 '잊었노라'는 반어적 표현으로, 화자는 '먼 훗날 그때'에도 '당신'을 잊지 못할 것이라고 말하고 있다.

오답 선지 분석

① 1연의 '먼 훗날'은 화자가 임과의 재회를 가정하는 날이다.
  1연에서 화자는 '당신'이 화자를 찾는 '먼 훗날'을 가정하고 있다.

② 2연의 '나무라면'은 자신을 잊었다는 화자의 말에 대한 임의 반응이다.
  2연에서 '당신'은 자신을 잊었다고 말하는 화자를 질책하고 있다.

③ 3연의 '믿기지 않아서'는 화자가 이별을 받아들이지 못했음을 의미한다.
  3연에서 화자는 자신이 '당신'과의 이별을 믿지 못했음을 밝히고 있다.

④ 4연의 '오늘도 어제도'는 화자가 임을 그리워하며 잊지 못한 날이다.
  4연에서 화자는 '오늘도 어제도' 임을 잊지 않았다면서 줄곧 임을 그리워했음을 고백하고 있다.

04 시구의 의미 파악하기

화자가 '당신'을 잊지 못하고 그리워했다는 것이 직설적으로 드러나는 시구를 찾아 첫 어절과 마지막 어절을 쓰시오.

정답

오늘도, 잊고

빠른 정답 체크   **01** ⑤   **02** ②   **03** ①   **04** 땅, 병원

아버지는 아들의 뒤를 쫓아 이내 개울에서 들어왔다. 아들은,
<u>의사인 아들은,</u> 마치 환자에게 치료방법을 이르듯이, 냉정히 차
아들의 직업을 이용한 비유
근차근히 이야기를 시작하였다. 『외아들인 자기가 부모님을 진작
『 』: 창섭이 아버지를 설득하기 위해 한 이야기(요약적 제시)
모시지 못한 것이 잘못인 것, 한집에 모이려면 자기가 병원을 버
리기보다는 **부모님이 농토를 버리시고 서울로 오시는 것이 순리***
물질적 가치관 → 병원의 경제적 이익이 더 큼
인 것, 병원은 나날이 환자가 늘어 가나 입원실이 부족되어 오는

환자의 삼분지 일밖에 수용 못 하는 것, 지금 시국에 큰 건물을 새
병원이 더 큰 이익을 낼 수 있음에도 못 내는 상황임
로 짓기란 거의 불가능의 일인 것, 마침 교통 편한 자리에 삼 층
창섭이 사고자 하는 것
양옥*이 하나 난 것, 인쇄소였던 집인데 전체가 콘크리트여서 방

화 방공*으로 가치가 충분한 것, 삼 층은 살림집과 직공들의 합
양옥이 병원으로 쓰이기에 적합한 이유
숙실로 꾸미었던 것이라 입원실로 변장하기에 용이한 것, 각층
에 수도·가스가 다 들어온 것, 그러면서도 가격은 염한* 것, 염하
기는 하나 삼만 이천 원이라, 지금의 병원을 팔면 일만 오천 원쯤
은 받겠지만 그것은 새 집을 고치는 데와, 수술실의 기계를 완비
땅을 팔아 집값을 마련해야 하는 이유
하는 데 다 들어갈 것이니 집값 삼만 이천 원은 따로 있어야 할
것, 시골에 땅을 둔대야 일 년에 고작 삼천 원의 실리*가 떨어질
지 말지 하지만 땅을 팔아다 병원만 확장해 놓으면, 적어도 일 년
땅을 물질적으로 바라봄
에 만 원 하나씩은 이익을 뽑을 자신이 있는 것, 돈만 있으면 땅은
이담에라도, 서울 가까이라도 얼마든지 좋은 것으로 살 수 있는
것……』아버지는 아들의 의견을 끝까지 잠잠히 들었다. 그리고,

"점심이나 먹어라. 나두 좀 생각해 봐야 대답허겠다."

하고는 다시 개울로 나갔고, <u>떨어졌던 다릿돌</u>을 올려놓고야 들어
돌다리의 다릿돌
와 그도 점심상을 받았다.

점심을 자시면서였다.

"원, 요즘 사람들은 힘두 줄었나 봐! 그 다리 첨 놀 제 내가 어려
돌다리가 오래되었음을 알 수 있음
서 봤는데 불과 여남은이서 거들던 돌인데 장정* 수십 명이 한

나잘을 씨름을 허다니!"

"나무다리가 있는데 건 왜 고치시나요?"
창섭은 나무다리가 있으면 돌다리는 쓸모없다고 생각함
"너두 그런 소릴 허는구나. 나무가 돌만허다든? 넌 그 다리서
나무는 돌보다 오래가지 못함
고기 잡던 생각두 안 나니? 서울루 공부 갈 때 그 다리 건너서
창섭과 돌다리의 인연을 상기시킴
떠나던 생각 안 나니? 시체* 사람들은 모두 인정이란 게 사람헌
테만 쓰는 건 줄 알드라! 『내 할아버니 산소에 상돌*을 그 다리로
『 』: 돌다리를 가족사의 일부로 인식함
건네다 모셨구, 내가 천잘 끼구 그 다리루 글 읽으러 댕겼다. 네
어미두 그 다리루 가말 타구 내 집에 왔어. 나 죽건 그 다리루

건네다 물어라……」 난 서울 갈 생각 없다."
<u>창섭의 제안을 거절함</u>

"네?"

"천금*이 쏟아진대두 난 땅은 못 팔겠다. 「내 아버님께서 손수 이
　　　　　　　　　　　　　　　　「 」: 땅이 지닌 역사 ①
룩허시는 걸 내 눈으루 본 밭이구, 내 할아버님께서 손수 피땀

을 흘려 모신 돈으루 장만허신 논들이야」 돈 있다고 어디가 느

르지논* 같은 게 있구, 독시장밭* 같은 걸 사?「느르지 논둑에 선
<u>땅은 돈이 있다고 막 살 수 있는 것이 아님</u>　　　「 」: 땅이 지닌 역사 ②
느티나문 할아버님께서 심으신 거구, **저 사랑 마당에 은행나무**

는 아버님께서 심으신 거다」 그 나무 밑에를 설 때마다 난 그 어

룬들 동상이나 다름없이 경건한 마음이 솟아 우러러보군 헌다.
　　　　　　<u>나무를 보며 경건한 마음을 가짐</u>
땅이란 걸 어떻게 일시 이해를 따져 사구 팔구 허느냐? 땅 없어
　　　　　　　<u>땅을 물질적으로 바라보지 않음</u>
봐라, 집이 어딨으며 나라가 어딨는 줄 아니? 땅이란 천지만물의

근거야.「돈 있다구 땅이 뭔지두 모르구 욕심만 내 문서 쪽으로
　　　　　「 」: 아버지가 비판하는 사람들
사 모기만 하는 사람들, 돈놀이처럼 변리*만 생각허구 제 조상들

과 그 땅과 어떤 인연이란 건 도시* 생각지 않구 헌신짝 버리듯

하는 사람들」 다 내 눈엔 괴이한 사람들루밖엔 뵈지 않드라."

"……"

"네가 뉘 덕으루 오늘 의사가 됐니? 내 덕인 줄만 아느냐? 내가

땅 없이 뭘루? 밭에 가 절하구 논에 가 절해야 쓴다. 자고로 하
<u>창섭이 의사가 된 것은 땅의 덕임</u>
눌 하눌 허나 하늘의 덕이 땅을 통허지 않군 사람헌테 미치는

줄 아니? 땅을 파는 건 그게 하눌을 파나 다름없는 거다."
　　　　　<u>땅을 하늘과 같이 생각함</u>
"……"

"땅을 밟구 다니니까 땅을 우섭게들* 여기지? 땅처럼 응과가 분

명헌 게 무어냐? 하눌은 차라리 못 믿을 때두 많다. 그러나 힘들

이는 사람에겐 힘들이는 만큼 땅은 반드시 후헌 보답을 주시는
　　　　　　　　<u>땅은 노력한 만큼의 보답이 돌아옴</u>
거다.「세상에 흔해 빠진 지주들, 땅은 작인*들헌테나 맡겨 버리
　　　「 」: 땅을 물질적으로만 바라보는 지주들을 비판함
구, 떡 도회지에 가 앉어 소출*은 팔어다 모다* 도회지*에 낭비

해 버리구, 땅 가꾸는 덴 단돈 일 원을 벌벌 떨구, 땅으루 살며

땅에 야박한 놈은 자식으로 치면 후레자식 셈이야」 땅이 말을

할 줄 알어 봐라? 배가 고프단 땅이 얼마나 많을 테냐? 해마다

걷어만 가구, 땅은 자갈밭이 되니 아나? 둑이 떠나가니 아나?
　　　　　<u>땅을 홀대하는 사람들</u>
거름 한번을 제대로 넣나? 정 급허게 돼 작인이 우는 소리나 해

야 요즘 너이 신의*들 주사침 놓듯, 애꿎인 금비*만 갖다 털어

넣지. 그렇게 땅을 홀댈* 허군 인제 죽어서 땅이 무서서 어디루
　　　　　　　　　　　　　　　　<u>사람은 죽어서 땅에 묻힘</u>
들 갈 텐구!"

창섭은 입이 얼어 버리었다. 손만 부비었다. 자기의 생각은 너

무나 자기 본위*였던 것을 대뜸 깨달았다. 땅에는 이해를 초월한
<u>아버지가 자신의 제안을 받아들이지 않을 것을 알아차림</u>

일종 종교적 신념을 가진 아버지에게 아들의 이단적인 계획이 용
　　　　　　　　　　　　　　　　<u>땅을 팔아 그 돈으로 병원을 확장하려는 것</u>
납될 리 만무*였다. 아버지는 상을 물리고도 말을 계속하였다.

"너루선 어떤 수단을 쓰든지 병원부터 확장허려는 게 과히 엉뚱
　　　　　　　　<u>창섭의 입장을 이해하지 못하는 것은 아님</u>
헌 욕심은 아닐 줄두 안다. 그러나 욕심을 부려 못쓰는 거다. 의술

은 예로부터 인술이라지 않니? 매살 순탄허게 진실허게 해라."
　　　　　　　　<u>의사인 아들에 대한 당부</u>
(중략)

"㉠ 자식의 젊은 욕망을 들어 못 주는 게 애비 된 맘으루두 섭섭
　　　=아들의 이단적인 계획
허다. 그러나 이 늙은이헌테두 그만 신념쯤 지켜 오는 게 있다

는 걸 무시하지 말어 다구."

아버지는 다시 일어나 담배를 피우며 다리 고치는 데로 나갔다.

옆에 앉었던 어머니는 두 눈에 눈물을 쭈루루 흘리었다.
　　　　　　<u>아버지와 창섭의 입장을 모두 이해함</u>
"너이 아버지가 여간 고집이시냐?"

"아뇨, 아버지가 어떤 어룬이신 건 오늘 제가 더 잘 알었습니다.
　　　　　　　　　　　　<u>땅을 소중히 여기는 아버지의 입장을 이해함</u>
우리 아버진 훌륭헌 인물이십니다."

그러나 창섭도 코허리가 찌르르하였다. 자기가 계획하고 온 일
　　　　　　<u>아버지와 거리감을 느낌</u>
이 실패한 것쯤은 차라리 당연하게 생각되었고, **아버지와 자기와**

의 세계가 격리되는 일종의 결별의 심사*를 체험하는 때문이었다.
<u>아버지(전통적 가치관) ↔ 창섭(물질적 가치관)</u>

- 이태준, 〈돌다리〉 -

* 순리(順理): 순한 이치나 도리. 또는 도리나 이치에 순종함.

* 양옥(洋屋): 서양식으로 지은 집.

* 방공(防空): 적의 항공기나 미사일의 공격을 막음.

* 염하다(廉하다): 값이 싸다.

* 실리(實利): 실제로 얻는 이익.

* 장정(壯丁): 나이가 젊고 기운이 좋은 남자.

* 시체(時體): 그 시대의 풍습·유행을 따르거나 지식 따위를 받음. 또는 그런 풍습
　이나 유행.

* 상돌(床돌): 무덤 앞에 제물을 차려 놓기 위하여 넓적한 돌로 만들어 놓은 상.

* 천금(千金): 많은 돈이나 비싼 값을 비유적으로 이르는 말.

* 느르지논, 독시장밭: 농사짓기 좋은 논과 밭.

* 변리(邊利): 남에게 돈을 빌려 쓴 대가로 치르는 일정한 비율의 돈.

* 도시(都是): 이러니저러니 할 것 없이 아주.

* 우섭다: '우습다'의 방언.

* 작인(作人): 다른 사람의 농지를 빌려 농사를 짓고 그 대가로 사용료를 지급하는 사람.

* 소출(所出): 논밭에서 나는 곡식. 또는 그 곡식의 양.

* 모다: '모두'의 방언.

* 도회지(都會地): 사람이 많이 살고 상공업이 발달한 번잡한 지역.

* 신의(神醫): 의술이 뛰어나 병을 신통하게 잘 고치는 의원이나 의사.

* 금비(金肥): 돈을 주고 사서 쓰는 거름.

* 홀대(忽待): 소홀히 대접함.

* 본위: 판단이나 행동에서 중심이 되는 기준.

* 만무(萬無): 절대로 없음.

* 심사(心思): 어떤 일에 대한 여러 가지 마음의 작용.

작품의 내용 파악하기   답 | ⑤

윗글에 대한 설명으로 가장 적절한 것은?

정답 선지 분석

⑤ 아버지는 창섭에게 진실한 의원이 될 것을 당부했다.

아버지는 '의술은 예로부터 인술이라지 않니? 매살 순탄하게 진실하게 해라'라고 말하며 창섭에게 진실한 의원이 될 것을 당부했다.

오답 선지 분석

① 창섭은 아버지의 신념이 어리석다고 생각했다.

창섭이 '우리 아버진 훌륭헌 인물이십니다'라고 한 것을 보아, 창섭은 땅을 소중히 하는 아버지의 신념을 존중하고 있다.

② 창섭은 감정적인 이유를 들어 아버지를 설득했다.

창섭은 삼 층 양옥을 사들여야 하는 이유를 설명하며 구체적인 금액을 드는 등, 감정적인 이유가 아닌 실리적인 이유를 들어 아버지를 설득했다.

③ 아버지는 창섭과 함께 서울로 가기로 마음먹었다.

아버지는 '난 서울 갈 생각 없다'라고 말하며 서울로 오시라는 창섭의 제안을 거절했다.

④ 아버지는 시대에 맞게 삶의 방식을 바꾸어 살았다.

아버지는 '시체 사람들은 모두 인정이란 게 사람헌테만 쓰는 건 줄 알드라'라고 말하며 요즘 사람들을 비판하는 등 전통적인 삶의 방식을 유지하고 있다.

02

인물의 태도, 심리 파악하기   답 | ②

아버지의 신념으로 적절하지 않은 것은?

정답 선지 분석

② 돈이 있으면 땅은 쉽게 살 수 있다.

아버지는 '땅이란 걸 어떻게 일시 이해를 따져 사구 팔구 허느냐?'라고 하며 '돈 있다구 땅이 뭔지두 모르구 욕심만 내 문서 쪽으로 사 모기만 하는 사람들'을 비판했으므로 돈이 있으면 땅은 쉽게 살 수 있다는 신념을 가지고 있지 않다. '돈만 있으면 땅은 이담에라도, 서울 가까이라도 얼마든지 좋은 것으로 살 수 있는 것'이라는 근거를 들어 돈이 있으면 땅은 쉽게 살 수 있다고 주장한 사람은 아들인 창섭이다.

오답 선지 분석

① 땅이 없으면 집과 나라도 없다.

아버지는 '땅 없어 봐라, 집이 어딨으며 나라가 어딨는 줄 아니?'라고 했으므로 땅이 없으면 집과 나라도 없다는 신념을 가지고 있음을 알 수 있다.

③ 땅은 노력한 만큼의 보답을 해 준다.

아버지는 '힘들이는 사람에겐 힘들이는 만큼 땅은 반드시 후헌 보답을 주시는 거다'라고 했으므로 땅은 노력한 만큼의 보답을 해 준다는 신념을 가지고 있음을 알 수 있다.

④ 땅을 돌보지 않고 홀대해서는 안 된다.

아버지는 '땅으루 살며 땅에 야박한 놈은 자식으로 치면 후레자식 셈이야', '그렇게 땅을 홀댈 허구 인제 죽어서 땅이 무서서 어디루 갈 텐구!'라고 했으므로 땅을 돌보지 않고 홀대해서는 안 된다는 신념을 가지고 있음을 알 수 있다.

⑤ 조상과 땅의 인연을 기억하며 살아야 한다.

아버지는 '내 아버님께서~경건한 마음이 솟아 우러러보군 한다', '제 조상들과 그 땅과 어떤 인연이란 건 도시 생각지 않구 헌신짝 버리듯 하는 사람들, 다 내 눈엔 괴이한 사람들루밖엔 뵈지 않드라'라고 했으므로 조상과 땅의 인연을 기억하며 살아야 한다는 신념을 가지고 있음을 알 수 있다.

외적 준거를 바탕으로 작품 이해하기   답 | ①

보기 를 참고했을 때, 윗글에 대한 감상으로 적절하지 않은 것은?

보기

〈돌다리〉가 창작된 것은 일제 강점기인 1943년으로, 일제에 의해 서구의 근대 문명과 물질적 가치관이 강제로 유입되던 시기이다. 근대화 과정에서 물질적 가치와 전통적 가치는 서로 충돌할 수밖에 없었다. 이 소설은 이러한 시대 현실을 부자간의 갈등을 통해 형상화하고 있다. 부자간의 갈등은 땅의 처분에 대한 의견 차이뿐만이 아니라, 돌다리에 대한 인식 차이로도 나타난다.

정답 선지 분석

① 창섭이 '부모님이 농토를 버리시고 서울로 오시는 것이 순리'라고 하는 것은 가족을 중시하는 전통적인 가치관에 의해서이군.

창섭이 가족이 한집에 있기 위해서는 부모님이 서울로 오시는 것이 옳다고 말하는 것은, 부모님이 농토를 팔아 병원을 확장할 돈을 마련하게 되는 것을 전제로 한다. 이는 가족을 중시하는 전통적인 가치관이 아닌, 돈을 중시하는 물질적인 가치관에 의해서이다.

오답 선지 분석

② 창섭이 '나무다리가 있는데 건 왜 고치시'냐고 의문을 표현하는 것은 돌다리에 대한 인식이 아버지와 다름을 나타내는군.

돌다리를 고치는 것을 당연하게 생각하는 아버지와는 달리, 창섭은 나무다리가 있으니 돌다리를 고칠 필요가 없다고 생각한다. 이는 아버지와 창섭의 돌다리에 대한 인식이 서로 다름을 나타낸다.

③ 아버지가 돌다리를 가리켜 '네 어미두 그 다리루 가말 타구 내 집에 왔다'고 하는 것은 돌다리를 가족사의 일부로 받아들인 것이군.

아버지는 돌다리의 소중함을 말하며 할아버지 산소에 상돌을 다리로 건너다 모신 것, 자신이 천자를 끼고 다리로 글 읽으러 다닌 것, 어머니가 다리로 가마를 타고 집에 왔다는 것 등을 말하고 있다. 이는 돌다리를 가족사의 일부로 받아들인 것이다.

④ 아버지가 '저 사랑 마당에 은행나무는 아버님께서 심으신 거'라고 하는 것은 땅의 역사적 가치를 강조하기 위해서이군.

아버지는 땅의 소중함을 말하며 느르지 논둑에 선 느티나무는 할아버님이 심었다는 것과 사랑 마당에 은행나무는 아버님께서 심었다는 것을 말하고 있다. 또한 나무를 어른들 동상이나 다름없이 올려다본다고 했는데, 이는 조상대부터 인연이 있는 땅의 역사적 가치를 강조하기 위해서이다.

⑤ 창섭이 '아버지와 자기와의 세계가 격리되는 일종의 결별의 심사를 체험'하는 것은 아버지와의 가치관의 충돌 때문이군.

창섭은 땅을 팔아 병원을 확장할 돈을 마련하고자 하지만, 아버지는 땅은 절대로 팔지 않겠다고 말하고 있다. 이는 아들의 물질적인 가치관과 아버지의 전통적인 가치관이 충돌하는 것으로, 창섭은 이로 인해 아버지와 자기와의 세계가 격리되는 일종의 결별의 심사를 체험하고 있다.

작품의 내용 파악하기

다음은 ㉠의 의미를 설명한 것이다. ⓐ, ⓑ에 들어갈 말을 찾아 차례대로 쓰시오.

㉠은 창섭이 (ⓐ)을/를 팔아 (ⓑ)을/를 확장할 돈을 마련하려고 하는 것을 의미한다.

정답

땅, 병원

| 본문 | 177쪽

문법   품사 (3) 수식언

01   관형사 구분하기   답 | ①

다음 중 밑줄 친 부분의 품사가 다른 것은?

정답 선지 분석

① 사과 하나만 주세요.

   관형사의 경우 뒤에 조사가 붙을 수 없는데 '하나' 뒤에 조사 '만'이 붙어 있는 것을 확인할 수 있다. 따라서 이때의 '하나'는 관형사가 아닌 수사임을 알 수 있다. 수를 셀 때 '하나, 둘, 셋, …'은 수사이고 '한, 두, 세, …'는 수 관형사이다.

오답 선지 분석

② 이 사람이 우리 언니야.

   '이'는 뒤에 오는 명사 '사람'을 수식하고 있는 관형사이다.

③ 누가 내 새 책을 가져갔니?

   '새'는 뒤에 오는 명사 '책'을 수식하고 있는 관형사이다.

④ 어느 분이 예약하셨을까요?

   '어느'는 뒤에 오는 명사 '분'을 수식하고 있는 관형사이다.

⑤ 이 중에서 어떤 것이 네 것이니?

   '어떤'은 뒤에 오는 명사 '것'을 수식하고 있는 관형사이다.

02   관형사와 부사 비교하기   답 | ③

보기의 ㉠과 ㉡에 대한 설명으로 적절한 것은?

보기

• ㉠첫째 아들은 선생님이다.

• 봄이 되니 벚꽃이 ㉡활짝 피었다.

정답 선지 분석

③ ㉠은 수 관형사에 해당하고 ㉡은 성상 부사에 해당한다.

   ㉠은 뒤에 오는 명사 '아들'을 수식하고 있기 때문에 수량이나 순서를 나타내는 수 관형사에 해당한다. ㉡은 뒷말의 모양, 상태, 정도를 나타내고 있기 때문에 성상 부사에 해당한다.

오답 선지 분석

① ㉠과 같은 품사의 예로 '그러나'가 있다.

   ㉠은 뒤에 오는 명사 '아들'을 수식하는 수 관형사이다. '그러나'는 접속 부사이기 때문에 옳지 않다.

② ㉠과 ㉡은 모두 용언을 꾸며주는 수식언이다.

   ㉠의 경우 관형사이기 때문에 체언을 꾸며 주는 수식언이고 ㉡은 부사로 용언, 다른 부사, 문장 전체 등을 꾸며 주는 수식언이다.

④ ㉠은 조사와 결합할 수 있지만 ㉡은 조사와 결합할 수 없다.

   ㉠은 관형사이기 때문에 조사와 결합할 수 없지만 ㉡은 부사이기 때문에 조사와 결합할 수 있다.

⑤ ㉠은 뒤에 오는 '아들'을 수식하고 ㉡은 앞에 오는 '벚꽃'을 수식한다.

   ㉠은 관형사로 뒤에 오는 체언인 아들을 수식하고 있지만 ㉡은 부사로 뒤에 오는 용언 '피었다'를 수식하고 있다.

03   부사 분류하기   답 | ④

보기의 ㉠~㉢에 들어갈 말로 적절한 것은?

보기

   부사는 문장에서 주로 용언을 꾸며 주는 역할을 한다. 이런 부사는 쓰이는 특징에 따라 성상 부사, 지시 부사, 부정 부사, 양태 부사, 접속 부사로 나눌 수 있다.

   '잘, 매우, 너무, 바로, 정말'은 (㉠)에 해당하며, '아니, 못'의 경우는 (㉡)에 해당하고, '내일, 언제, 아까'는 (㉢)에 해당한다.

정답 선지 분석

	㉠	㉡	㉢
④	성상 부사	부정 부사	지시 부사

㉠ 뒷말의 모양, 상태, 정도를 나타내는 부사는 성상 부사이다.

㉡ 용언의 내용을 부정하는 부사는 부정 부사이다.

㉢ 장소, 시간, 앞에 나온 사실을 나타내는 부사는 지시 부사이다.

04   수식언 파악하기

보기의 문장에 사용된 수식언의 총 개수를 쓰시오.

보기

   그리고 그 사람이 너무 아름다워서 말을 세 마디밖에 못 했어.

정답

5개

독서   영화 속 시간을 조절하는 방법

   어두컴컴한 극장 안에서 관객은 영화가 제시하는 시간 속으로 완전히 몰입하게* 된다. 두 시간가량의 관람 시간 동안 영화 속에서는 일생을 보내기도 하고, 단 십 분으로 축약된 경험을 하기도 한다.
       영화의 시간과 현실의 시간은 다르게 흘러감
편집 기사는 영화 속 시간을 조절하기 위해 대체로 두 가지 방법을 사용한다. 첫째는 '인터컷(intercut)'으로 중간에 삽입되는 컷의 사용을 통해 영화 내적 시간을 더욱 늘리거나 줄이는 기법이
       인터컷의 활용
며, 둘째는 신(scene)과 시퀀스(sequence)*를 잇는 장면 전환용
       광학적 기법의 활용
'광학적* 기법'을 사용하는 방식이다.
       ▶ 1문단: 영화 속 시간을 조절하기 위한 인터컷과 광학적 기법
하나의 ㉠인터컷을 사용함으로써 편집 기사는 시간을 생략할 수 있다. 예를 들어, 『빠르게 전개되는 대화 장면에서 주인공이 일
       『 』: 인터컷의 사용 예시
어나서 물컵을 가지러 방에서 나간다고 하자. 이때 편집 기사는 방을 나가는 주인공을 바라보는 상대방의 얼굴 클로즈업을 한 컷
       주인공이 걸어가는 동작을 생략하기 위해 활용한 인터컷
첨가함으로써 시간을 생략할 수 있다. 여기서 상대방의 얼굴 클

로즈업이 바로 인터컷에 해당한다. 중심 사건과 직접적인 연관이 없는 이 인터컷은 극히 짧은 시간에 걸쳐 있으며, 바로 이어서 주인공이 다른 방에서 물을 마시고 있는 장면으로 이어질 수 있다. 이 짧은 인터컷으로 인해 주인공이 걸어가는 긴 동작이 생략될 수 있는 것이다.」

▶ 2문단: 인터컷의 사용 예시

이러한 인위적*인 시간의 생략에도 불구하고 관객들은 시간이 연속된다고 느끼는데, 그 이유는 이미 사건에 깊이 동화되어 있
<u>관객들이 시간이 연속된다고 느끼는 이유</u>
기 때문이다. 인터컷에 의해 잠시 시선이 분산되기는 한다. 하지만 곧 원래의 사건에 집중함으로써 중간의 생략된 시간에 대한
<u>관객들은 중심 사건에 집중함</u>
관심을 배제한 채 사건 진행을 지켜보게 된다.

▶ 3문단: 인터컷이 효과적인 이유

광학적 기법은 장면과 장면을 서로 잇는 방식으로 사용한다. 이러한 기법으로는 새로운 장면을 드러내기 위한 프레임의 '넘기
<u>광학적 기법의 종류 ①</u>
기', 한 화면이 다른 화면과 전환하거나 중간에 멈출 때 두 화면
<u>광학적 기법의 종류 ②</u>
이 겹치지 않고 한 화면의 일부에 다른 화면이 나타나는 장면 전환 방법인 '와이프(wipe)', 한 장면이 다른 것에 겹쳐지는 '수퍼
<u>광학적 기법의 종류 ③</u>
(super)', 한 화면이 사라짐과 동시에 다른 화면이 점차로 나타나
<u>광학적 기법의 종류 ④</u>
는 장면 전환 기법인 '디졸브(dissolve)', 한 화면 안에 여러 작은 화면을 분열해서 보여 주는 '다중 화면' 등 여러 방식이 사용되고
<u>광학적 기법의 종류 ⑤</u>
있다. 광학적 기법은 짧은 순간 장면과 장면의 변화를 가져오고,
<u>광학적 기법의 효과</u>
관객들을 순식간에 다른 장소로 이동시키는 효과를 준다.

▶ 4문단: 광학적 기법의 종류

이와 같은 기법은 영화 속의 시간을 효과적으로 표현하여 관객들에게 전달하는 효과가 있다. 와이프는 주로 시간을 급히 앞당길 때
<u>와이프가 사용되는 경우</u>
사용된다. 지나간 장면이 여전히 화면에 있는 동안 새로운 화면이 앞에 가로놓이게 되므로 관객들은 시간 간격을 잘 느끼지 못한다. 그럼으로써 영화는 몇 주 혹은 몇 달의 공백을 효과적으로 메운다. 디졸브는 연결되는 두 장면이 밀접한 관련이 있음을 암시
<u>디졸브가 사용되는 경우</u>
한다. 한 시퀀스를 이루는 모든 쇼트*를 컷 연결시키고, 시퀀스의 마지막 쇼트와 다음 시퀀스의 첫 쇼트를 디졸브로 연결하면 자연
<u>디졸브의 활용 방식</u>
스럽게 시간과 장소가 바뀌는 것을 설명할 수 있다.

▶ 5문단: 광학적 기법의 종류인 와이프와 디졸브

* 몰입하다(沒入하다): 깊이 파고들거나 빠지다.
* 시퀀스: 영화에서, 하나의 이야기가 시작되고 끝나는 독립적인 구성단위. 극의 장소, 행동, 시간의 연속성을 가진 몇 개의 장면이 모여서 이루어진다.
* 광학적(光學的): 빛의 현상이나 성질과 관련된 것.
* 인위적(人爲的): 자연의 힘이 아닌 사람의 힘으로 이루어지는 것.
* 쇼트: 한 번의 연속 촬영으로 찍은 장면을 이르는 말.

01 내용 전개 방법 파악하기　　　　　답 | ③

윗글에 대한 설명으로 적절하지 <u>않은</u> 것은?

정답 선지 분석

③ 영화 촬영 기법에 관한 용어를 자세히 풀어 설명하고 있다.

　윗글은 영화 촬영 기법이 아닌, 편집 기법에 관한 용어를 자세히 풀어 설명하고 있다.

오답 선지 분석

① 장면 전환을 위한 편집 기법을 나열하여 설명하고 있다.

　장면 전환을 위한 편집 기법은 광학적 기법이다. 4문단에서 광학적 기법의 종류인 넘기기, 와이프, 수퍼, 디졸브, 다중 화면을 구체적으로 나열하여 설명하고 있다.

② 편집 기법이 사용되는 구체적 예시를 들어 설명하고 있다.

　2문단에서 인터컷이 사용되는 구체적 예시를 들어 설명하고 있다.

④ 편집된 영화에 대한 관객의 반응을 인과의 방법으로 설명하고 있다.

　3문단에서 인위적으로 시간을 생략해도 관객이 시간이 연속된다고 느끼는 것은 이미 사건에 깊이 동화되어 있기 때문이라고 설명하고 있다.

⑤ 영화 속 시간을 조절하기 위한 편집 방법을 두 가지로 나누어 설명하고 있다.

　1문단에서 영화 속 시간을 조절하기 위한 방법을 인터컷과 광학적 기법으로 나누고, 2~3문단에서는 인터컷, 4~5문단에서는 광학적 기법에 대해 설명하고 있다.

02 세부 내용 파악하기　　　　　답 | ⑤

영화에서 ㉠이 가능한 이유로 가장 적절한 것은?

정답 선지 분석

⑤ 관객들이 사건에 동화되어 있어 생략된 사건에 대해 관심을 갖지 않기 때문이다.

　3문단에 따르면, 인터컷이 사용되었을 때에도 관객들은 이미 사건에 깊이 동화되어 있어 원래의 사건에 집중하여 중간에 생략된 사건에 대한 관심을 배제한 채 사건 진행을 지켜보게 된다.

오답 선지 분석

① 영화 상영 시간이 정해져 있기 때문이다.

　인터컷의 효과와 영화 상영 시간의 상관관계에 대해서는 알 수 없다.

② 두 장면을 효과적으로 이을 수 있기 때문이다.

　4문단에 따르면, 두 장면을 서로 잇는 방식으로 사용하는 것은 광학적 기법이다.

③ 관객들이 원하는 대로 영화 속 시간을 조절할 수 있기 때문이다.

　인터컷을 사용해 관객들이 원하는 대로 영화 속 시간을 조절할 수 있는지는 알 수 없다.

④ 편집 처리되는 장면이 중심 사건과 직접적으로 연결되어 있기 때문이다.

　2문단에 따르면, 인터컷은 중심 사건과 직접적인 연관이 없으며 극히 짧은 시간에 걸쳐 있다.

03 구체적 사례에 적용하기 답 | ④

윗글과 보기 에 대한 이해로 적절하지 않은 것은?

보기

ⓐ 오른쪽 화면이 왼쪽 화면을 밀어내면서 화면이 전환된다.

 →  →

ⓑ 배수구의 원 모양과 눈동자의 모양이 겹쳐지면서 배수구 화면은 사라지고 눈동자 화면으로 전환된다.

 →  →

정답 선지 분석

④ ⓐ는 ⓑ와 달리 장면의 변화를 통해 관객들이 장소가 바뀌었다고 느끼게 한다.

ⓐ는 두 화면이 겹치지 않고 한 화면의 일부에 다른 화면이 나타나는 장면 전환 방법인 '와이프'이고, ⓑ는 한 화면이 사라짐과 동시에 다른 화면이 점차로 나타나는 장면 전환 기법인 '디졸브'이다. 4문단에 따르면, ⓐ와 ⓑ 모두 장면과 장면의 변화를 가져와 관객들을 순식간에 다른 장소로 이동시키는 효과를 주는 광학적 기법이다.

오답 선지 분석

① ⓐ는 시간을 급히 앞당길 때 주로 사용한다.

5문단에 따르면, 와이프는 주로 시간을 급히 앞당길 때 사용한다.

② ⓑ는 연결되는 두 장면이 관련 있음을 암시한다.

5문단에 따르면, 디졸브는 연결되는 두 장면이 밀접한 관련이 있음을 암시한다.

③ ⓑ는 시퀀스의 마지막 쇼트와 다음 시퀀스의 첫 쇼트를 연결한다.

5문단에 따르면, 디졸브는 한 시퀀스를 이루는 모든 쇼트를 컷 연결시키고, 시퀀스의 마지막 쇼트와 다음 시퀀스의 첫 쇼트를 디졸브로 연결한다.

⑤ ⓐ와 ⓑ는 장면과 장면을 서로 잇는 방식으로 영화 속 시간을 효과적으로 표현한다.

ⓐ와 ⓑ는 모두 광학적 기법이며, 4문단에 따르면 광학적 기법은 장면과 장면을 서로 잇는 방식으로 사용한다.

04 세부 내용 파악하기

빈칸에 들어갈 말을 골라 차례대로 쓰시오.

(수퍼 / 와이프)는 두 화면이 겹치지 않지만, (수퍼 / 와이프)는 한 장면이 다른 장면에 겹쳐진다.

정답

와이프, 수퍼

빠른 정답 체크 01 ⑤ 02 ③ 03 ④ 04 늦고 병든 몸

늦고 병든 몸을 주사로 보내실새
　겸양의 표현
을사 삼하에 진동영 내려오니
시간적 배경　공간적 배경
㉠ 관방 중지*에 병이 깊다 앉아 있으랴.
　설의법 – 병이 깊다고 해서 앉아 있을 수 없음
일장검 비껴 차고 병선에 굳이 올라

여기 진목*하여 대마도를 굽어보니
　왜적의 근거지
바람 좇은 황운은 원근에 쌓여 있고
　전쟁의 기운을 비유한 표현
아득한 창파*는 긴 하늘과 한 빛이로다.
　바다와 하늘의 색이 다르지 않음

〈서사〉

▶ 통주사로 진동영에 부임하여 배에 올라 대마도를 바라봄

선상에 배회하며 고금*을 사억하고*

㉡ 어리 미친 회포에 헌원씨를 원망하노라.
　□: 화자가 원망하는 대상
대양이 망망하여 천지에 둘렸으니

「진실로 배 아니면 풍파 만리 밖의
「」: 배가 있기 때문에 먼 곳의 오랑캐들이 우리나라를 노리게 됨
어느 사이* 엿볼넌고.」

㉢ 무슨 일 하려 하여 배 만들기를 비롯한고.

만세 천추에 가없는* 큰 폐 되어
　배를 만든 것을 폐라고 표현함
보천지하에* 만백성의 원망 길렀는가.
　왜적의 침입을 가능하게 했기 때문

〈본사 1〉

▶ 배를 만든 헌원씨를 원망함

어즈버 깨달으니 진시황의 탓이로다.
　감탄사
배 비록 있다 하나 왜를 아니 삼기던들*
　배가 있더라도 왜적이 생기지 않았다면 고통받지 않았을 것임
일본 대마도로 빈 배 절로 나올넌가.

뉘 말을 믿어 듣고 동남 동녀를 그토록 들여다가
　불로초를 찾기 위해 서불과 함께 동남 동녀를 보냄
해중 모든 섬에 도적을 만들어 두고

통분한 수욕이 화하*에 다 미친다.
　왜적이 중국도 노리고 있음
장생 불사약을 얼마나 얻어 내어

만리장성 높이 쌓고 몇만 년을 살았던고.
　설의법 – 몇만 년을 살지 못함
㉣ 남대로 죽어 가니 유익한 줄 모르겠다.
　불사를 얻지 못하고 다른 사람과 다름없이 죽음을 맞이함
어즈버 생각하니 서불 등이 이심하다*.

㉤ 인신*이 되어서 망명도 하는 것가.
　진시황에게 돌아오지 않은 서불을 비판함
신선을 못 보거든 수이나 도라오면

주사 이 시름은 전혀 없게 삼길렀다.
　'수이나 돌아오면'이라는 가정의 결과

〈본사 2〉

▶ 왜적이 생기게 한 진시황과 서불을 원망함
- 박인로, 〈선상탄〉 -

* 관방 중지(關防重地): 국경 지방에 있는 요새 지대.
* 여기진목(勵氣瞋目): 기운을 돋우고 눈을 부릅뜸.
* 창파(滄波): 넓고 큰 바다의 맑고 푸른 물결.
* 고금(古今): 예전과 지금을 아울러 이르는 말.
* 사억하다(思憶하다): 생각하다.
* 사이(四夷): 예전에, 중국의 사방에 있던 오랑캐인 동이, 서융, 남만, 북적을 통틀어 이르던 말.
* 가없다: 끝이 없다.
* 보천지하(普天之下): 온 하늘의 아래라는 뜻으로, 온 세상이나 넓은 세상을 이르는 말.
* 삼기다: 생기게 하다. 생기다.
* 화하(華夏): 중국의 다른 이름.
* 이심하다(已甚하다): 지나치게 심하다.
* 인신(人臣): 임금을 섬기어 벼슬하는 사람.

01 표현상의 특징 파악하기 답 | ⑤

윗글에 대한 설명으로 적절하지 <u>않은</u> 것은?

정답 선지 분석

⑤ 비유적 표현을 활용하여 화자의 정서 변화를 표현하고 있다.

윗글에서 비유적 표현은 활용되지 않았으며, 화자의 정서 변화 역시 찾아볼 수 없다. 화자는 일관적으로 왜적에 대한 적개심과 전쟁의 원인이 되는 고사 속 인물들에 대한 원망을 표출하고 있다.

오답 선지 분석

① 색채 이미지를 활용하여 풍경을 묘사하고 있다.

〈서사〉의 '바람 좋은 황운은 원근에 쌓여 있고 / 아득한 창파는 긴 하늘과 한 빛이로다'에서 노란색과 파란색의 색채 이미지를 활용하여 풍경을 묘사하고 있다.

② 설의적 표현을 활용하여 특정 인물을 비판하고 있다.

〈본사 1〉의 '어느 사이 엿볼넌고', '보천지하에 만백성의 원망 길렀는가'에서 설의적 표현을 활용하여 헌원씨를 비판하고 있다. 또한 〈본사 2〉에서는 '일본 대마도로 빈 배 절로 나올넌가', '만리장성 높이 쌓고 몇만 년을 살았던고'에서 설의적 표현을 활용하여 진시황을, '인신이 되어서 망명도 하는 건가'에서 서불을 비판하고 있음을 알 수 있다.

③ 시간적 배경과 공간적 배경을 밝혀 사실성을 더하고 있다.

〈서사〉에서 '을사 삼하'라는 시간적 배경과 '진동영'이라는 공간적 배경을 밝혀 사실성을 더하고 있다.

④ 고사를 인용하여 전쟁의 원인을 간접적으로 드러내고 있다.

〈본사 1〉에서 헌원씨의 고사를 인용하여 배가 만들어졌기 때문에 왜적이 침입할 수 있게 되었음을, 〈본사 2〉에서 진시황과 서불의 고사를 인용하여 불로초를 찾으려 동남 동녀를 보냈기 때문에 왜적이 생겨났음을 말하며 전쟁의 원인을 간접적으로 드러내고 있다.

02 시구의 의미 이해하기 답 | ③

㉠~㉤을 이해한 내용으로 적절하지 <u>않은</u> 것은?

정답 선지 분석

③ ㉢: 헌원씨가 유용한 곳에 쓰기 위해 배를 만들었다는 사실이 드러난다.

화자는 ㉢의 앞부분에서 헌원씨가 배를 만들지 않았다면 오랑캐가 침입하지도 못했을 것이라고 말하고 있다. 이를 미루어 볼 때, '무슨 일 하려 하여 배 만들기를 비롯한고'는 '대체 무슨 일을 하려고 배를 만들기 시작하였는가?'라는 의미로, 화자가 배를 만든 헌원씨를 원망하고 있음을 알 수 있다. 그러나 헌원씨가 유용한 곳에 쓰기 위해 배를 만들었는지는 윗글에서 찾아볼 수 없다.

오답 선지 분석

① ㉠: 자신의 임무를 다하려는 화자의 책임감을 의미한다.

화자는 병이 깊으나 국경의 중요한 요새를 지키면서는 병을 이유로 앉아 있을 수만은 없다고 말하고 있으므로, 이는 자신의 임무를 다하려는 화자의 책임감을 의미한다.

② ㉡: 화자가 자신의 생각이 잘못되었음을 인식하고 있음이 나타난다.

화자는 헌원씨를 원망하고 있으나 이를 가리켜 '어리 미친 회포', 즉 어리석고 미친 생각이라고 하고 있으므로 자신의 생각이 잘못되었음을 인식하고 있다.

④ ㉣: 진시황이 다른 사람과 다름없이 죽었음을 알 수 있다.

진시황은 불사약을 찾고 만리장성을 높게 쌓았으나 남대로 죽어 갔다고 했으므로, 진시황이 불사를 얻지 못하고 다른 사람과 다름없이 죽었음을 알 수 있다.

⑤ ㉤: 임금에 대한 충성을 중요시하는 화자의 태도가 드러난다.

화자는 서불이 임금을 섬기는 신하이면서도 망명한 것을 비판하고 있으므로, 이를 통해 화자가 임금에 대한 충성을 중요시한다는 것을 알 수 있다.

03 외적 준거를 바탕으로 작품 이해하기 답 | ④

보기 는 윗글을 이해하기 위해 찾은 자료이다. **보기** 를 바탕으로 윗글을 이해한 내용으로 적절하지 <u>않은</u> 것은?

보기

ⓐ 헌원씨: 고대 중국의 전설적인 군주로, 중국 신화의 신이다. 처음으로 창, 방패, 수레, 배 등을 만들어 문명을 일으켰다고 전해진다.

ⓑ 진시황: 중국 진나라의 첫 번째 황제이다. 죽음을 두려워하여 불로초를 구하고자 했는데, 서불이 불로초를 구해 오겠다고 하자 엄청난 양의 재물과 동남 동녀를 딸려 보내 주었다.

ⓒ 서불: 중국 진나라의 인물로, 진시황의 명령을 받아 동쪽으로 불로초를 구하러 갔다가 돌아오지 않았다.

정답 선지 분석

④ ⓑ의 행동은 중국에는 좋은 영향을, 조선에는 나쁜 영향을 미쳤군.

〈본사 2〉에서 화자가 진시황이 불로초를 찾기 위해 배에 동남 동녀를 태워 보냈기 때문에 섬에 왜적이 생겨났다고 말하고 있음을 알 수 있다. 또한 화자는 이에 대해 '통분한 수욕이 화하에 다 미친다'고 했는데, 화하는 곧 중국을 뜻하므로 진시황의 행동은 중국에도 나쁜 영향을 미친 것이다.

오답 선지 분석

① ⓐ, ⓑ, ⓒ는 모두 화자가 원망하고 있는 대상으로 언급되었군.

〈본사 1〉의 '어리 미친 회포에 헌원씨를 원망하노라'에서 ⓐ에 대한 원망을, 〈본사 2〉의 '어즈버 깨달으니 진시황의 탓이로다'에서 ⓑ에 대한 원망을, '어즈버 생각하니 서불 등이 이심하다'에서 ⓒ에 대한 원망을 확인할 수 있다.

② ⓐ는 화자에게 있어 오랑캐의 침입을 가능하게 한 사람이군.

〈본사 1〉의 '진실로 배 아니면 풍파 만리 밖의 / 어느 사이 엿볼넌고'에서 화자가 ⓐ가 만든 배로 인해 만 리 밖 바다의 오랑캐들까지 우리나라를 침입하려 엿보고 있다고 생각하고 있음을 알 수 있다.

③ ⓑ가 보낸 동남 동녀가 왜적이 되었다고 화자는 생각하고 있군.

〈본사 2〉의 '뉘 말을 믿어 듣고 동남 동녀를 그토록 들여다가 / 해중 모든 섬에 도적을 만들어 두고'에서 화자가 ⓑ가 서불에게 동남 동녀를 딸려 보냈기 때문에 대마도에 왜적이 생겨났다고 생각하고 있음을 알 수 있다.

⑤ ⓒ가 돌아왔다면 화자는 왜적으로 시름하지 않았을 것이군.

〈본사 2〉의 '신선을 못 보거든 수이나 도라오면 / 주사 이 시름은 전혀 없게 삼길렀다'에서 화자가 신선을 만나지 못한 ⓒ가 동남 동녀를 데리고 돌아오기라도 했으면 시름이 생기지 않았을 것이라고 생각하고 있음을 알 수 있다.

04 시구의 의미 이해하기

화자가 자신을 겸손하게 부른 표현을 윗글에서 찾아 3어절로 쓰시오.

정답

늙고 병든 몸

밥을 먹은 뒤 지게를 지고 일터로 갈랴 하다 도루 벗어던지고
_{일하고자 하는 마음이 사라짐}
바깥마당 공석* 우에 들어누워서, 나는 차라리 죽느니만 같지 못
_{점순이와의 혼례를 원하는 '나'의 마음}
하다 생각했다.

내가 일 안 하면 장인님 저는 나이가 먹어 못 하고 결국 농사 못
_{장인에게 '나'의 노동력이 필요한 이유}
짓고 만다. 뒷짐으로 트림을 꿀꺽, 하고 대문 밖으로 나오다 날
보고서,

"이 자식아! 너 왜 또 이러니?"

"관객*이 났어유, 어이구 배야!"
_{꾀병을 부림}
"기껀 밥 처먹고 나서 무슨 관객이야, 남의 농사 버려 주면 이

자식아, 징역* 간다, 봐라!"
_{'나'에게 일을 하라고 협박함}
"가두 좋아유, 아이구 배야!"

㉠ 참말 난 일 안 해서 징역 가도 좋다 생각했다. 일후* 아들을
_{징역을 감수하고서라도 장인에게 반발하는 '나'}
낳아도 그 앞에서 바보 바보 이렇게 별명을 들을 테니까 오늘은
_{점순이와의 결혼 후에도 떳떳하고 싶음}
열 쪽이 난대도 결정을 내고 싶었다.

장인님이 일어나라고 해도 내가 안 일어나니까 눈에 독이 올라

서 저편으로 힝하게 가더니 지게막대기를 들고 왔다. 그리고 그걸
_{화가 난 장인의 행동}
로 내 허리를 마치 들떠 넘기듯이 쿡 찍어서 넘기고 넘기고 했다.

밥을 잔뜩 먹고 딱딱한 배가 그럴 적마다 퉁겨지면서 밸창*이 꼿

꼿한 것이 여간 켕기지 않았다. 그래도 안 일어나니까 이번엔 배를

지게막대기로 위에서 쿡쿡 찌르고 발길로 옆구리를 차고 했다.
_{'나'를 괴롭히는 장인}
장인님은 원체 심청*이 궂어서 그렇지만 나도 저만 못하지 않게
_{장인이 나쁜 사람이라고 인식하고 있었음}
배를 채웠다. 아픈 것을 눈을 꽉 감고 넌 해라 난 재미난 듯이 있
_{장인에게 반응하지 않음으로써 약 올리기 위함}
었으나, 볼기짝을 후려갈길 적에는 나도 모르는 결에 벌떡 일어

나서 그 수염을 잡아챘다마는 내 골이 난 것이 아니라 정말은 아
_{화가 나서가 아니라 점순이가 보고 있었기 때문}
까부터 부엌 뒤 울타리 구멍으로 점순이가 우리들의 꼴을 몰래
_{'나'가 드러눕고 장인이 '나'를 발로 차는 것을}
엿보고 있었기 때문이다. ㉡ 가뜩이나 말 한마디 톡톡히 못 한다

고 바보라는데 매까지 잠자코 맞는 걸 보면 짜장 바보로 알 게 아
_{점순이가 자신을 바보로 알 것을 걱정함}
닌가. 또 점순이도 미워하는 이까짓 놈의 장인님 나하곤 아무것
_{점순이가 장인을 미워한다고 생각함}
도 안 되니까 막 때려도 좋지만 사정 보아서 수염만 채고(제 원대
_{점순이는 '나'에게 장인의 수염을 잡아채서 혼내 주라고 했었음}
로 했으니까 이때 점순이는 퍽 기뻤겠지.) 저기까지 잘 들리도록,
_{점순이에게 보여주기 위한 행동}
"이걸 까셀라* 부다!" / 하고 소리를 쳤다.

장인님은 더 약이 바짝 올라서 잡은 참 지게막대기로 내 어깨를

그냥 내리갈겼다. 정신이 다 아찔하다. 다시 고개를 들었을 때 그

때엔 나도 온몸에 약이 올랐다. 이 녀석의 장인님을, 하고 눈에서
_{장인의 행동에 '나'도 화가 남}

불이 퍽 나서 그 아래 밭 있는 넝 알로* 그대로 떠밀어 굴려 버렸

다. 조금 있다가 장인님이 씩, 씩, 하고 한번 해보려고 기어오르

는 걸 얼른 또 떠밀어 굴려 버렸다.

기어오르면 굴리고, 굴리면 기어오르고, 이러길 한 너덧 번을
_{장인과 '나'의 실랑이}
하며 그럴 적마다,

"부려만 먹구 왜 성례* 안 하지유!"
_{장인과 '나'의 갈등이 직접적으로 드러남}
나는 이렇게 호령했다. 하지만 장인님이 선뜻, 오냐 낼이라두

성례시켜 주마, 했으면 나도 성가신 걸 그만두었을지 모른다. 나
_{'나'가 원하는 것은 오로지 점순이와의 혼인임}
야 이러면 때린 건 아니니까 나중에 장인 쳤다는 누명도 안 들을

터이고 얼마든지 해도 좋다.

한번은 장인님이 헐떡헐떡 기어서 올라오더니 내 바짓가랑이를

요렇게 노리고서 단박 움켜잡고 매달렸다. 악, 소리를 치고 나는

그만 세상이 다 팽그르 도는 것이,
_{급소를 잡혀 심한 고통을 느낌}
"빙장님! 빙장님! 빙장님!"
_{장인을 높여 부름}
"이 자식! 잡아먹어라, 잡아먹어!"

"아! 아! 할아버지! 살려 줍쇼, 할아버지!"
_{장인을 할아버지라고 부름 → 해학성}
하고 두 팔을 허둥지둥 내절 적에는 이마에 진땀이 쭉 내솟고 인

젠 참으로 죽나 보다, 했다. 그래도 장인님은 놓질 않더니 내가 기

어이 땅바닥에 쓰러져서 거진 까무러치게 되니까 놓는다. ㉢ 더럽

다, 더럽다. 이게 장인님인가? 나는 한참을 못 일어나고 쩔쩔맸
_{독백조의 표현}
다. 그러다, 얼굴을 드니(눈에 참 아무것도 보이지 않았다.) 사지
_{화가 머리끝까지 남}
가 부르르 떨리면서 나도 엉금엉금 기어가 장인님의 바짓가랑이

를 꽉 움키고 잡아나꿨다.

내가 머리가 터지도록 매를 얻어맞은 것이 이 때문이다. 그러나
_{장인의 바짓가랑이를 잡아나꿨기 때문}
여기가 또한 우리 장인님이 유달리 착한 곳이다. 여느 사람이면
_{'나'의 어수룩함이 드러남}
사경*을 주어서라도 당장 내쫓았지, 『터진 머리를 불솜*으로 손수
_{『 』: '나'를 회유하여 계속 머슴으로 부려먹기 위함}
지져 주고, 호주머니에 히연* 한 봉을 넣어 주시고 그리고,

"올 갈엔 꼭 성례를 시켜 주마. 암말 말구 가서 뒷골의 콩밭이나

얼른 갈아라."

하고 등을 뚜덕여* 줄 사람이 누구냐.』

㉣ 나는 장인님이 너무나 고마워서 어느덧 눈물까지 났다. 점순
_{장인의 말과 행동에 회유됨}
이를 남기고 이젠 내쫓으려니, 하다 뜻밖의 말을 듣고,
_{'나'가 예측했던 상황}
"빙장님! 인제 다시는 안 그러겠어유."
_{장인과 '나'의 화해가 이루어짐}
이렇게 맹세를 하며 불랴살야* 지게를 지고 일터로 갔다. 그러나
_{장인과 바짓가랑이를 잡고 싸울 때   '나'는 결국 장인에게 이용당함}
『이때는 그걸 모르고 장인님을 원수로만 여겨서 잔뜩 잡아당겼다.』
_{『 』: 위의 상황은 미래에 일어날 일을 미리 설명한 것임(역순행적 구조)}
"아! 아! 이놈아! 놔라, 놔."

장인님은 헛손질을 하며 솔개미*에 챈 닭의 소리를 연해 질렀

다. 놓긴 왜, 이왕이면 호되게 혼을 내주리라, 생각하고 짓궂이

더 댕겼다마는 장인님이 땅에 쓰러져서 눈에 눈물이 피잉 도는

것을 알고 좀 겁도 났다.

ⓐ "할아버지! 놔라, 놔, 놔, 놔놔."
　　ㆍ'나'를 할아버지라고 부름 → 해학의 극대화
그래도 안 되니까, / "얘, 점순아! 점순아!"

이 악장*에 안에 있었던 장모님과 점순이가 헐레벌떡하고 단숨

에 뛰어나왔다.

나의 생각에 장모님은 제 남편이니까 역성*을 할는지도 모른다.
　　　　　　　　　ㆍ장모는 장인의 편을 들 것이라고 예상함
그러나 점순이는 내 편을 들어서 속으로 고수해서 하겠지……
　　　ㆍ점순이는 자신의 편을 들 것이라고 예상함
대체 이게 웬 속인지(지금까지도 난 영문을 모른다.) **아버질 혼내**
　　　ㆍ점순이의 속마음을 이해하지 못함
주기는 제가 내래 놓고 이제 와서는 달려들며,
　　ㆍ점순이의 적극적인 면모
"에그머니! 이 망할 게 아버지 죽이네!"
　ㆍ'나'의 예상과 달리 점순이가 장인의 편을 듦 → 극적 반전
하고 내 귀를 뒤로 잡아당기며 마냥 우는 것이 아니냐. ⓜ 그만

여기에 기운이 탁 꺾이어 나는 얼빠진 등신이 되고 말았다. 장모
　　　　　ㆍ점순이의 행동에 얼이 빠짐
님도 덤벼들어 한쪽 귀마저 뒤로 잡아채면서 또 우는 것이다.

이렇게 꼼짝 못하게 해놓고 장인님은 지게막대기를 들어서 사

뭇 나려조겼다. 그러나 나는 구태여 피할랴지도 않고 암만해도

그 속 알 수 없는 점순이의 얼굴만 멀거니 들여다보았다.
　　ㆍ점순이의 이중적 태도에 망연자실함
"이 자식! 장인 입에서 할아버지 소리가 나오도록 해?"

- 김유정, 〈봄·봄〉 -

* 공석(空석): 빈 명석.
* 관격(關格): 관격. 먹은 음식이 갑자기 체하여 가슴 속이 막히고 위로는 계속 토
　하며 아래로는 대소변이 통하지 않는 위급한 증상.
* 징역(懲役): 대한 제국 때에, 감옥에 가두어 노역에 복무시키던 형벌.
* 일후(日後): 시간이 지나 뒤에 올 날.
* 뻘창: 배알. '창자'를 비속하게 이르는 말.
* 심청(心청): 마음보.
* 까세다: 까실르다. '그슬리다'의 방언.
* 넝 알로: 넝 아래로. '넝'은 논밭들이 언덕진 곳을 뜻함.
* 성례(成禮): 혼인의 예식을 지냄.
* 사경(私耕): 머슴이 주인에게서 한 해 동안 일한 대가로 받는 돈이나 물건.
* 불솜: 상처를 소독하기 위하여 불에 그슬린 솜방망이.
* 희연: 희연. 일제 강점기 때의 담배 이름.
* 뚜덕이다: 잘 울리지 않는 물체를 좀 세게 두드리는 소리를 내다.
* 불랴살야: 부랴사랴. 매우 부산하고 급하게 서두르는 모양.
* 솔개미: '솔개'의 방언.
* 악장: 있는 힘을 다하여 모질게 마구 쓰는 기운을 강조하여 이르는 말.
* 역성: 옳고 그름에는 관계없이 무조건 한쪽 편을 들어 주는 일.

01　작품의 내용 파악하기　　　　답 | ④

윗글에 대한 설명으로 가장 적절한 것은?

정답 선지 분석

④ '나'가 장인과 싸운 것은 오로지 혼인을 시켜 주지 않았기 때문이다.

'나'는 장인에게 부려만 먹고 왜 성례 안 하냐고 물으면서, 장인이 선뜻 '오냐, 낼이라
도 성례시켜 주마' 했으면 싸우는 것을 관뒀을 것이라고 생각한다. 따라서 '나'가 장인
과 싸운 것은 다른 이유나 악감정 때문이 아니라, 오로지 점순이와 혼인을 시켜 주지
않았기 때문이다.

오답 선지 분석

① 장인은 '나'를 할아버지라고 부른 것을 대범하게 웃어넘겼다.

장인은 '나'를 꼼짝 못하게 해놓고 지게막대기를 들어 때리면서 '이 자식! 장인 입에서
할아버지 소리가 나오도록 해?'라고 말했다.

② '나'는 장모와 점순이가 자신의 편을 들어 줄 거라고 생각했다.

'나'는 '장모님은 제 남편이니까 역성을 할는지도 모른다'고 생각했다. 즉, 장모는 장인
의 편을 들 것이라고 생각했다.

③ 장인은 수염이 잡히자 '나'를 때리지 않고 말로써 해결하려고 했다.

'나'가 장인의 수염을 채자, 장인은 더 약이 바짝 올라서 지게막대기로 '나'의 어깨를
내리갈겼다.

⑤ 장인은 '나'가 배가 아프다고 하자 일을 하지 않아도 된다고 말했다.

'나'가 관격이 났다고 말하자 장인은 '남의 농사 버려 주면 이 자식아, 징역 간다, 봐
라!'라고 말하고 지게막대기로 '나'를 쿡쿡 찌르면서 일하러 나갈 것을 종용했다.

02　인물의 심리 파악하기　　　　답 | ⑤

㉠~㉤에 대한 설명으로 적절하지 않은 것은?

정답 선지 분석

⑤ ㉤: 점순이와의 혼인이 좌절된 '나'의 실망감이 드러나 있다.

㉤에서 '나'가 '기운이 탁 꺾'이고 '얼빠진 등신'이 된 것은 점순이와의 혼인이 좌절되
었기 때문이 아니라, 당연히 자신의 편을 들 것이라고 생각했던 점순이가 아버지(장인)
의 편을 들어 '나'의 귀를 잡아당겼기 때문이다. 따라서 ㉤에 점순이와의 혼인이 좌절
된 '나'의 실망감이 드러나 있다는 설명은 적절하지 않다.

오답 선지 분석

① ㉠: 문제 상황을 해결하려는 '나'의 굳은 의지가 드러나 있다.

장인이 시키는 일을 하지 않고 징역에 가도 좋다고까지 생각하며 장인에게 반발하는
모습을 통해 점순이와의 혼인이 이루어지지 않는 문제 상황을 해결하려는 '나'의 굳은
의지를 알 수 있다.

② ㉡: 장인에게 맞서 싸우기로 한 '나'의 결심이 드러나 있다.

점순이가 장인과 자신의 모습을 보고 있다는 것을 알아차리고, 매를 잠자코 맞고 있
으면 점순이가 자신을 바보로 알까 봐 걱정하는 모습에서 장인에게 맞서 싸우기로 한
'나'의 결심을 알 수 있다.

③ ㉢: 자신을 거의 까무러치게 한 장인에 대한 '나'의 악감정이 드러나 있다.

자신이 거의 까무러치고 나서야 바짓가랑이를 잡은 손을 놓은 장인을 가리켜 더럽다고
하는 것에서 장인에 대한 '나'의 악감정을 알 수 있다.

④ ㉣: 장인의 회유에 넘어가 감동을 받은 '나'의 어수룩함이 드러나 있다.

올 가을엔 꼭 성례를 시켜 줄 테니 가서 일하라는 장인의 회유에 넘어가 눈물을 흘릴
정도로 감동을 받은 모습에서 '나'의 어수룩함을 알 수 있다.

보기 를 바탕으로 윗글을 감상한 내용으로 적절하지 <u>않은</u> 것은?

> **보기**
>
> 〈봄·봄〉은 혼인을 핑계로 일만 시키는 교활한 장인과, 그런 장인에게 반발하면서도 끝내 이용당하는 순박하고 어리숙한 머슴 '나'의 갈등을 해학적으로 그렸다. 주인공 '나'는 점순이와 혼인을 시켜 준다는 말을 믿고 3년 7개월을 무일푼으로 머슴살이를 한다. 장인은 딸을 미끼로 삼아 노동력을 얻고, 점순이는 은근히 '나'에게 적극적인 행동을 종용하면서도 결정적인 순간 아버지의 편을 든다.
>
> * 해학적(諧謔的): 익살스럽고도 품위가 있는 말이나 행동이 있는.
> * 무일푼(無一푼): 돈이 한 푼도 없음.
> * 종용하다(慫慂하다): 잘 설득하고 달래어 권하다.

정답 선지 분석

② '나'가 장인에게 배를 채이면서도 '눈을 꽉 감고 넌 해라 난 재미난 듯이 있'는 것은 폭력에 반응하지 않을 정도로 순박한 '나'의 성격을 보여 주는군.

'나'가 장인에게 배를 채인 것은 관객이 났다고 꾀병을 부리고 있었기 때문이다. 이는 장인에게 얼른 점순이와 혼인시켜 달라고 주장하기 위해 반항하는 것으로, '나'가 '눈을 꽉 감고 넌 해라 난 재미난 듯이 있'는 것은 '나'가 폭력에 반응하지 않을 정도로 순박하기 때문이 아니라 고의로 장인을 약올리려 하고 있기 때문이다.

오답 선지 분석

① '나'가 일하지 않으면 장인은 '나이가 먹어 못 하고 결국 농사 못 짓'는다는 것은 장인이 딸을 미끼로 삼아 노동력을 얻어야 하는 이유이군.

'나'의 설명으로 보아 장인은 나이가 먹어 직접 농사를 짓지 못하여 점순이와의 혼인을 미끼로 삼아 '나'를 머슴으로 부려먹고 있는 것이기 때문에 적절하다.

③ '부려만 먹구 왜 성례 안 하'냐는 '나'의 말은 장인과 '나'의 갈등을 직접적으로 드러내는 동시에, '나'가 장인에게 반발하는 이유를 드러내는군.

장인과 '나'가 갈등을 빚고, '나'가 장인에게 반발하는 것은 '나'가 점순이와 혼인을 시켜 주겠다는 장인의 약속을 믿고 무일푼으로 머슴살이를 하고 있으나 3년이 넘도록 혼인을 하지 못했기 때문이므로 적절하다.

④ '나'가 '머리가 터지도록 매를 얻어맞'고도 '우리 장인님이 유달리 착'하다고 생각하는 것을 보아 끝내 노동력으로 이용당하게 되겠군.

'나'는 장인에게 모진 폭력을 당하고서도 장인이 자신을 내쫓지 않고 치료해 주며 올 가을에 혼인을 시켜 주겠다고 약속하자 지게를 지고 일터로 갔다. '나'는 이렇듯 어리숙하여 장인에게 끝내 이용당하는 것이다.

⑤ 점순이가 '아버질 혼내 주기는 제가 내래 놓'았다는 것을 통해 '나'에게 적극적인 행동을 종용한 적이 있음을 알 수 있군.

과거에 점순이가 '나'에게 아버지를 혼내 주라고 한 적이 있음을 알 수 있으며, '나'는 그 이유로 점순이가 자신의 편을 들 것이라고 믿었다가 점순이에게 귀를 잡히고 얼이 빠졌으므로 적절하다.

04 구절의 의미 파악하기

다음은 ⓐ가 해학적인 이유를 설명한 것이다. 빈칸에 들어갈 말을 찾아 2음절로 쓰시오.

> ⓐ는 ( )이/가 자신보다 어린 '나'를 '할아버지'라고 부르고 있다는 점에서 해학적이다.

정답

장인

16강

매체　품사 (4) 관계언, 독립언

빠른 정답 체크　**1** ③　**2** ⑤　**3** ①　**4** 은, 의, 이다

01　조사 구분하기　답 | ③

보기 의 ㉠~㉢에 사용된 조사에 대한 설명으로 적절하지 <u>않은</u> 것은?

보기

㉠ 우산의 색깔이 노랗다.
㉡ 철수는 학생이다.
㉢ 은지와 지수는 야구와 축구를 좋아한다.

정답 선지 분석

③ ㉡의 '철수는'의 '는'은 주격 조사에 해당한다.
　㉡의 '철수는'의 '는'은 주격 조사가 아닌 보조사로 앞말에 특별한 뜻을 더해 주는 조사이다.

오답 선지 분석

① ㉠의 '우산의'의 '의'는 관형격 조사에 해당한다.
　㉠의 '우산의'의 '의'는 관형격 조사로 앞말이 일정한 자격을 갖게 하는 격 조사 중 하나이다.

② ㉠의 '색깔이'의 '이'는 주격 조사에 해당한다.
　㉠의 '색깔이'의 '이'는 주격 조사로 앞말이 일정한 자격을 갖게 하는 격 조사 중 하나이다.

④ ㉡의 '학생이다'의 '이다'는 서술격 조사에 해당한다.
　㉡의 '학생이다'의 '이다'는 서술격 조사로 앞말이 일정한 자격을 갖게 하는 격 조사 중 하나이다.

⑤ ㉢에는 접속 조사가 두 번 사용되고 있다.
　㉢에서는 '은지와 지수'를 접속 조사 '와'를 사용해 같은 자격으로 이어 주고 있고, '야구와 축구'를 접속 조사 '와'를 사용해 같은 자격으로 이어 주고 있음을 알 수 있다. 따라서 ㉢에서는 접속 조사가 총 2번 사용되고 있다.

02　의존 명사와 조사 구분하기　답 | ⑤

다음 중 품사가 <u>다른</u> 것은?

정답 선지 분석

⑤ 노력한 <u>만큼</u> 대가를 얻을 수 있다.
　'만큼'은 앞말과 띄어 쓰고 있고 앞말의 수식을 받고 있다. 따라서 이 문장에서의 '만큼'은 '앞의 내용에 상당한 수량이나 정도임'을 나타내는 의존 명사이다.

오답 선지 분석

① 가진 것은 이것<u>뿐</u>이다.
　체언 '이것' 뒤에 붙여서 쓰고 있기 때문에 '뿐'은 '그것만이고 더는 없음' 또는 '오직 그렇게 하거나 그러하다는 것'을 나타내는 조사이다.

② 나는 나<u>대로</u> 살고 싶다.
　체언 '나' 뒤에 붙여서 쓰고 있기 때문에 '대로'는 '따로따로 구별됨'을 나타내는 조사이다.

③ 하나<u>만</u> 알고 둘을 모른다.
　체언 '하나' 뒤에 붙여서 쓰였기 때문에 '만'은 '다른 것으로부터 제한하여 어느 것을 한정함'을 나타내는 조사이다.

④ 우주<u>만큼</u> 키가 큰 사람은 없다.
　체언 '우주' 뒤에 붙여서 쓰고 있기 때문에 '만큼'은 '앞말과 비슷한 정도나 한도임'을 나타내는 조사다.

03　감탄사 구분하기　답 | ①

보기 에서 설명하고 있는 품사가 사용되지 <u>않은</u> 문장은?

보기

　이 품사는 문장 내에서 독립적으로 사용되며 쉼표나 느낌표 등을 사용하여 독립된 요소임을 표현한다. 이 품사는 형태가 변하지 않고 고정되어 있으며, 조사와 결합하지 않는다. 단독으로 문장을 이룰 수 있고, 생략해도 문장이 성립한다.

정답 선지 분석

① 소라야, 무슨 일 있었어?
　〈보기〉에서 설명하고 있는 품사는 '감탄사'이다. '야, 무슨 일 있었어?'의 경우의 '야'는 독립적으로 사용된 감탄사라고 볼 수 있다. 하지만 '소라야, 무슨 일 있어?'의 '야'는 명사 '소라'에 호격 조사 '야'가 붙은 것이라고 할 수 있다.

오답 선지 분석

② 어머나! 너가 민지 친구 영지니?
　〈보기〉에서 설명하고 있는 품사는 '감탄사'이다. '어머나'의 경우 놀람과 느낌의 뜻을 지닌 감탄사라고 할 수 있다.

③ 여보세요, 거기 윤주네 집 맞나요?
　〈보기〉에서 설명하고 있는 품사는 '감탄사'이다. '여보세요'의 경우 부름의 뜻을 지닌 감탄사라고 할 수 있다.

④ 아차! 준비물을 챙기는 걸 깜박했다.
　〈보기〉에서 설명하고 있는 품사는 '감탄사'이다. '아차'의 경우 놀람과 느낌의 뜻을 지닌 감탄사라고 할 수 있다.

⑤ 그래, 알겠어. 오늘 안으로 연락해 줘.
　〈보기〉에서 설명하고 있는 품사는 '감탄사'이다. '그래'의 경우 대답의 뜻을 지닌 감탄사라고 할 수 있다.

04　조사 파악하기

보기 의 문장에서 사용된 조사 세 개를 찾아 쓰시오.

보기

부모님은 언제나 나의 자랑이다.

정답

은, 의, 이다

이스라엘의 스포츠 심리학자 마이클 바엘리는 월드컵, 유럽컵, 챔피언스 리그 등 3대 축구 경기에서의 페널티킥 286개를 조사했다. 바엘리는 선수가 선택한 방향, 골키퍼의 대응, 골의 성공 여부를 분석했다. 먼저, 선수가 공을 날리는 방향은 오른쪽, 왼
　　　　　　　　　어느 쪽이든 수비에 성공할 확률이 비슷함
쪽, 가운데 세 방향이 비슷하게 각각 1/3의 비율이었다. 하지만 가운데에 그대로 서서 공을 막는 골키퍼는 극히 드물었다. 골키
　　　　　　　　　　　　　행동 편향 때문
퍼들은 키커가 공을 차기 전에 어느 쪽으로 공을 날릴지 예상하고 몸을 움직여 오른쪽이나 왼쪽으로 몸을 날렸다. 그런데 방향을 맞혔다고 하더라도 공을 막은 것은 25퍼센트에 불과했다. 가
　　　'아무것도 하지 않는 것'이 '무언가를 하는 것'보다 효과적임
운데에 그대로 서서 공을 막은 골키퍼는 몇 안 되지만, 수비 확률은 60퍼센트였다. 이 연구 결과에 따르면 가운데에 그대로 서 있는 것이 오히려 합리적이다.
　　　　　　　　　　　　▶1문단: 마이클 바엘리의 연구

이 통계 수치를 잘 알고 있으면서도 골대 중앙에 그대로 서서 공을 막으려는 골키퍼는 거의 없다. 1/2은 왼쪽으로 몸을 날리
　　　　'무언가를 하는 것'을 선택함
고, 1/2은 오른쪽으로 몸을 날린다. 골대 중앙에 가만히 서 있다가 공이 왼쪽이나 오른쪽으로 스쳐 지나가는 것을 보는 것보다
　　　　　'아무것도 하지 않는 것'의 결과
틀린 방향으로라도 몸을 날리는 것이 덜 괴롭기 때문이다. 이처
　'무언가를 하는 것'
럼 '무언가를 하는 것'이 '아무것도 하지 않는 것'보다 낫다고 믿
　　　　　　　　　　　　　행동 편향의 개념
는 인간의 성향이 바로 '행동 편향'이다.
　　　　　　　　　　▶2문단: 행동 편향의 개념

우리는 결단력 있게 행동하는 사람에게 찬사를 보낸다. 반대로 행동하지 않고 가만히 있다가 좋은 결과를 가져온 경우에는 별로 인정해 주지 않는다. 사람들은 우선 행동하는 것이 생존에 도움이 되었던 원시 시대에 만들어진 습관 때문에 행동하는 쪽을 더
　　　　　　　　　　　행동 편향이 나타나는 원인
선호하기 때문이다.
　　　　　　　　　▶3문단: 행동 편향이 나타나는 원인

행동 편향과 반대로 ⓐ 부작위 편향은 '아무것도 하지 않는 것'이 '무언가를 하는 것'보다 낫다고 믿는 성향을 말한다. 행동
　　　　　　　부작위 편향의 개념
했을 때보다 행동하지 않았을 때의 책임이 작다고 보는 것이다.
　　　　　　부작위 편향이 나타나는 원인
그래서 부작위 편향이 작동하면 인간은 해야 할 일을 하지 않게 된다. 가령, 교통사고로 다친 사람이 길에 누워 있어도 나서지 않
　　　　　　　　　　　　부작위 편향의 예시 ①
는 것은, 괜히 나섰다가 사정이 더 나빠져 자기에게 책임이 돌아오지 않을까 겁나기 때문이다. 신약을 개발하지 않았다고 제약 회사를 원망하지는 않지만, 신약을 썼다가 부작용이 생기면 제약
　　　　　　　　　　　부작위 편향의 예시 ②
회사를 원망한다. 그러나 부작용이 무서워 제약 회사가 신약을 개발하지 않는다면, 인류의 건강 측면에서 더 큰 손해이다. 부작

위 편향은 행동 편향에 비해 잘 보이지 않는다. 행동하지 않는 것
　　　　　　부작위 편향의 특징
은 행동하는 것보다 눈에 덜 띄기 때문이다.
　　　　　　　　　　　　▶4문단: 부작위 편향의 개념

01 내용 전개 방식 파악하기 　　　　　　　　답 | ④

윗글에 대한 설명으로 적절하지 않은 것은?

정답 선지 분석

④ 행동 편향과 부작위 편향을 통계 수치를 들어 설명하고 있다.
　1~2문단에서 행동 편향을 설명하면서 페널티킥의 사례를 들고 통계 수치를 제시하고 있으나, 부작위 편향을 설명할 때는 통계 수치를 들지 않았다.

오답 선지 분석

① 행동 편향이 나타나게 된 원인을 드러내어 설명하고 있다.
　3문단에서 사람들은 우선 행동하는 것이 도움이 되었던 원시 시대에 만들어진 습관 때문에 행동하는 쪽을 더 선호한다고 하였다.

② 행동 편향과 부작위 편향의 뜻을 풀이하여 설명하고 있다.
　2문단에서 '무언가를 하는 것'이 '아무것도 하지 않는 것'보다 낫다고 믿는 인간의 성향이 행동 편향임을, 4문단에서 '아무것도 하지 않는 것'이 '무언가를 하는 것'보다 낫다고 믿는 성향이 부작위 편향임을 설명하고 있다.

③ 부작위 편향에 대한 사례를 들어 구체적으로 설명하고 있다.
　4문단에서 교통사고로 다친 사람이 길에 누워 있어도 나서지 않는 사례를 들어 부작위 편향을 설명하고 있다.

⑤ 행동 편향에 대한 전문가의 연구 내용을 인용하여 개념을 설명하고 있다.
　1~2문단에서 행동 편향을 설명하기 위해 이스라엘의 스포츠 심리학자 마이클 바엘리의 연구 내용을 인용하고 있다.

02 세부 내용 이해하기 　　　　　　　　답 | ④

윗글에 대한 이해로 적절하지 않은 것은?

정답 선지 분석

④ 부작위 편향은 행동 편향보다 눈에 잘 띄지 않기 때문에 제약 회사가 신약을 개발하려 하는 것이군.
　4문단에 따르면, 부작위 편향이 행동 편향보다 눈에 잘 띄지 않는 것은 맞다. 그러나 이 때문에 제약 회사가 신약을 개발하려 하는 것은 아니다. 제약 회사는 신약을 개발했을 때 발생할 수 있는 부작용에 대한 원망을 책임지지 않기 위해 부작위 편향의 태도로 신약을 개발하지 않을 수 있다는 예시를 든 것이다.

오답 선지 분석

① 원시 시대에는 행동 편향이 생존에 도움이 되었겠군.
　3문단에 따르면, 원시 시대에는 우선 행동하는 것이 생존에 도움이 되었는데, 이는 행동 편향과 관련이 있다.

② 부작위 편향이 나타나는 것은 책임을 피하고 싶은 심리 때문이라 할 수 있겠군.
　4문단에 따르면, 부작위 편향에서는 행동했을 때보다 행동하지 않았을 때의 책임이 적다고 보며, 이는 책임을 피하고 싶은 심리와 관련이 있다.

③ 마이클 바엘리의 연구에 따르면 가운데 그대로 서서 공을 막는 것이 가장 수비를 잘 하는 것이겠군.
　1문단에 따르면, 마이크 바엘리의 연구 결과에서는 골키퍼가 가운데에 그대로 서 있는 것이 오히려 합리적이다.

⑤ 페널티킥의 상황에서 골키퍼가 틀린 방향으로라도 몸을 날리는 것은 '무언가를 하는 것'에 해당하는군.
　2문단에 따르면, 골키퍼는 골대 중앙에 가만히 서 있다가 공이 왼쪽이나 오른쪽으로 스쳐 지나가는 것을 보는 것보다야 틀린 방향으로라도 몸을 날리는 것이 덜 괴롭기 때문에 한쪽으로 몸을 날린다. 이는 '무언가를 하는 것'에 해당한다.

ⓐ에 해당하는 예시로만 묶은 것은?

ⓐ 세무서에 수입을 신고하지 않는 것은 세금 서류를 위조하는 것보다 덜 불법적인 일로 느껴진다.

ⓑ 결과물에는 차이가 없지만, 팀장이 바뀔 때마다 새 팀장들은 기존에 일하던 방식을 새로운 방식으로 바꾼다.

ⓒ 어떤 의사가 병명이 불분명한 환자를 진찰하고 있었다. 의사는 환자에게 약을 처방할지 말지를 고민하다 약을 처방해 주었다.

ⓓ 투자가들과 경제 애널리스트들은 새로 개발한 잘못된 상품을 판매하는 것보다는 새로운 상품을 개발하지 않는 것이 이익이라고 여긴다.

ⓔ 백신을 불신하는 부모들은 아이에게 예방주사를 맞혔다가 병에 걸리는 것보다는 예방주사를 거부해 병에 걸리는 것이 낫다고 생각한다.

정답 선지 분석

③ ㄱ, ㄹ, ㅁ

ⓐ 세금 서류를 위조하는 것은 '무언가를 하는 것'이고, 세무서에 수입을 신고하지 않는 것은 '아무것도 하지 않는 것'이다. 따라서 부작위 편향의 예시로 적절하다.

ⓓ 잘못된 상품을 판매하는 것은 '무언가를 하는 것'이고, 새로운 상품을 개발하지 않는 것은 '아무것도 하지 않는 것'이다. 따라서 부작위 편향의 예시로 적절하다.

ⓔ 아이에게 예방주사를 맞혔다가 병에 걸리는 것은 '무언가를 하는 것'의 결과이고, 예방주사를 거부해 병에 걸리는 것은 '아무것도 하지 않는 것'의 결과이다. 따라서 부작위 편향의 예시로 적절하다.

오답 선지 분석

ⓑ 새 팀장들이 기존에 일하던 방식을 새로운 방식으로 바꾸는 것은 '무언가를 하는 것'이므로 부작위 편향의 예시로 적절하지 않다.

ⓒ 의사가 병명이 불분명한 환자에게 약을 처방해 주는 것은 '무언가를 하는 것'이므로 부작위 편향의 예시로 적절하지 않다.

04　인과 관계 파악하기

빈칸에 들어갈 말로 적절한 것을 골라 쓰시오.

부작위 편향이 나타나는 이유는, 행동했을 때보다 행동하지 않았을 때의 책임이 더 (크다 / 작다)고 보기 때문이다.

정답

작다

빠른 정답 체크　❶ ④　❷ ⑤　❸ ③　❹ 봄 길

```
┌ 『길이 끝나는 곳에서도         □: 유사한 시구 반복
[A]                        △: 단정적인 어조의 반복
└ 길이 있다.                → 운율 형성, 화자의 확신 어린 태도를 드러냄
  『 』: 역설법 – 절망 속에서도 희망이 존재함
ㄱ 길이 끝나는 곳에서도
    절망적인 상황
길이 되는 사람이 있다
절망적인 상황을 극복하려는 사람
스스로 봄 길이 되어
  사랑과 희망에 대한 믿음
끝없이 걸어가는 사람이 있다
절망 앞에서도 포기하지 않는 사람  ▶ 절망적인 상황에서도 포기하지 않는 사람이 있음
ㄴ 『강물은 흐르다가 멈추고
『 』: 추상적인 관념(절망)을 자연물을 사용하여 구체적으로 형상화함
새들은 날아가 돌아오지 않고

ㄷ 하늘과 땅 사이의 모든 꽃잎은 흩어져도』
                          ▶ 절망적인 상황이 됨
보라
명령형 어미 → 화자의 의지 강조
ㄹ 사랑이 끝난 곳에서도
    절망적인 상황
사랑으로 남아 있는 사람이 있다
  절망적인 상황을 극복하려는 사람
스스로 사랑이 되어

ㅁ 한없이 봄 길을 걸어가는 사람이 있다
  어려운 상황에서도 사랑을 베푸는 사람
              ▶ 절망적인 상황에서도 희망을 만들어 내는 사람이 있음
                      - 정호승, 〈봄 길〉 -
```

01　표현상의 특징 파악하기　　　　답 | ④

윗글에 대한 내용으로 적절하지 않은 것은?

정답 선지 분석

④ 명령형 어미를 활용하여 화자의 정서를 표현하고 있다.

윗글의 10행에서 '보라'라는 명령형 어미가 사용되었지만, 이는 화자의 정서를 표현하고 있는 것이 아니라 화자의 단호한 의지를 표현하고 있는 것이다.

오답 선지 분석

① 자연물을 이용하여 시적 상황을 제시하고 있다.

윗글은 자연물인 '강물', '새들', '꽃잎'을 이용하여 절망적인 상황을 제시하고 있다.

② 대조적인 상황을 제시하여 의미를 강조하고 있다.

윗글은 '길이 끝나는 곳', '사랑이 끝나는 곳' 등의 절망적인 상황과, 이와 대조적으로 '길이 되는 사람이 있다', '사랑으로 남아 있는 사람이 있다' 등의 희망적인 상황을 제시하여 의미를 강조하고 있다.

③ 비슷한 문장 구조를 반복하여 운율을 형성하고 있다.

윗글은 '~는 곳에서도', '~는 사람이 있다'의 문장 구조를 반복하여 운율을 형성하고 있다.

⑤ 단정적인 어조를 사용하여 화자의 태도를 드러내고 있다.

윗글은 '있다'라는 단정적인 어조의 시어를 반복하여 화자의 확신에 찬 태도를 드러내고 있다.

02 시구의 의미 이해하기

답 | ⑤

㉠~㉤ 중 의미가 나머지와 <u>다른</u> 하나는?

정답 선지 분석

⑤ ㉤

㉤은 절망 속에서도 사랑과 희망을 품는 사람을 의미하는 시구이다.

오답 선지 분석

㉠, ㉡, ㉢, ㉣은 모두 절망적인 상황을 의미하는 시구이다.

03 표현상의 특징 파악하기

답 | ③

보기를 참고했을 때, [A]와 동일한 표현법이 쓰인 것은?

보기

역설법은 표면적으로는 모순되거나 부조리한 것 같지만, 그 너머에서 진실을 드러내고 있는 수사법이다. 즉, 언어 표현 그 자체에서 서로 논리적으로 모순된 진술을 보인다.

정답 선지 분석

③ 두 볼에 흐르는 빛이 / 정작으로 고와서 서러워라

— 조지훈, 〈승무〉

'길이 끝나는 곳에서도 / 길이 있다'는 표면적으로 모순된 표현이나 그 이면에는 절망적인 상황에서도 희망이 있음을 나타내고 있다. '고와서 서러워라' 역시 표면적으로 모순된 표현으로, '서러울 정도로 곱다'라는 뜻이다. 따라서 [A]와 동일한 역설법이 사용되었다.

오답 선지 분석

① 내 마음은 호수요 / 그대 노 저어 오오

— 김동명, 〈내 마음은〉

'내 마음'을 '호수'에 빗대어 표현하고 있으므로 은유법이 사용되었다.

② 지금은 남의 땅—빼앗긴 들에도 봄은 오는가?

— 이상화, 〈빼앗긴 들에도 봄은 오는가〉

'조국'을 '빼앗긴 들'에 빗대어 표현하고 있으므로 사물의 한 부분이나 특징 등을 들어 전체를 나타내는 대유법이 사용되었다.

④ 산에는 꽃 피네 / 꽃이 피네 / 갈 봄 여름 없이 / 꽃이 피네

— 김소월, 〈산유화〉

'꽃이 피네'가 반복되어 나타나 있으므로 반복법이 사용되었다.

⑤ 풀은 눕고 / 드디어 울었다 / 날이 흐려서 더 울다가 / 다시 누웠다

— 김수영, 〈풀〉

사람이 아닌 '풀'이 사람처럼 '눕고' '울었다'고 했으므로 의인법이 사용되었다.

04 시어의 의미 이해하기

윗글에서 '사랑과 희망에 대한 믿음'을 의미하는 시어를 찾아 2어절로 쓰시오.

정답

봄 길

빠른 정답 체크 　01 ② 　02 ② 　03 ③ 　04 동화 전집

<u>빈둥거리다 만난 보물</u>
　　　　백과사전
　나는 학교 다닐 때조차 집에 돌아오면 한두 시간 정도는 아무것
　　　　　　　　어린 시절의 '나'의 모습
도 안 하고 빈둥거리기가 예사였다. 학원은커녕 놀 거리가 떨어

져서 막간*을 이용해 쉬는 거였다. 요즘 아이들에겐 다른 세상 이
　　　　　　　　　　　　요즘 아이들은 학원에 다니느라 바쁨
야기일 것이다. 그런데 빈둥거리는 것 역시 필요하고 좋다는 게
　　　　　　　　　　　　휴식에 대한 긍정적인 입장
내 생각이다. 공부하다 휴식 시간이 되면 게임기를 붙들고 사는
　　　　　　　　　　　　　　　　요즘 아이들
아이들, 이 아이들에게는 상상력이 자라날 공간이 부족하다. 아
　　　　　　　　　요즘 아이들의 문제점
무것도 하지 않고 시간 보내기를 못 하는 요즘 아이들을 보면 매

우 안타깝다.「아무것도 하지 않는 시간에 우리 영혼과 가슴은 새
　　　　　　　「: 아무것도 하지 않는 시간이 필요한 이유
로운 것을 받아들이고 만들어 낼 ㉠ 밭을 일구는* 것인데 말이다.」

(중략)

　우연히 백과사전을 펼쳐 본 나는 그때부터 틈만 나면 그 책을
□ : '나'의 인생에 영향을 미친 책
끼고 살았다. 어느 쪽을 펼쳐도 읽을거리가 그득했다. 몰랐던 사

실을 알게 되는 재미가 생각지도 못한 즐거움을 선사했고*, 총천
　　　　　　　'나'가 백과사전을 좋아한 이유 ①
연색* 사진까지 실려 있어 더욱 흥미진진했다. 내가 자주 본 분야
　　　　　　　'나'가 백과사전을 좋아한 이유 ②
는 동물에 대한 것이었는데 사진을 통해 처음 본 신기한 동물들
　　　　　　　　　　　　　　'나'가 백과사전을 좋아한 이유 ③
이 나의 호기심을 마구 자극했다.

　백과사전의 장점은 처음부터 차근차근 읽을 필요 없이 아무 쪽

이나 펼쳐도 재미있게 읽을 수 있다는 것이다.「그날그날 마음 내키
　　　　　　　　'나'가 백과사전을 좋아한 이유 ④　　「」: 시간 가는 줄 모르고 책을 읽었음
는 대로 펼친 쪽을 읽다 보면 마당 가득 ㉡ 노을빛이 물들곤 했다.」

그 백과사전이 거의 너덜너덜해지도록 읽었던 것 같다. 그러다가

백과사전을 밀치고 나를 사로잡은 책이 등장했다. 바로 세계 동
　　　　　　　　　　　　이어질 내용을 예고함
화 전집*이었다.

<u>새로운 세계를 열어 준 책</u>
　　　세계 동화 전집
　세계 동화 전집은 어머니가 아는 분에게 사신 책인데, 우리 집

책꽂이에 꽂힌 그날부터 나를 사로잡고 말았다.「자연 속에서 맘
　　　　　　　　　　　　　　　　　　　　「」: 아무것도 하지 않는 시간이 필요한 이유
껏 뛰어놀고 싶어 방학만 기다렸던 내게 ㉢ 새로운 세계가 열린

셈이었다.」

　전부 열두 권인 그 전집이 그때부터 나의 가장 친한 친구가 되

었다. 동화를 읽는 동안 나는 세계 여러 나라를 여행하면서 그 나
　　　　　　　　　　　　　　　　책을 읽으며 간접 체험을 함
라 아이들을 사귀었다. 그리고 내 머릿속에는 그 이야기들의 뒷
등장인물에게 감정을 이입함　　　　　　　　상상력을 발휘하며 책을 읽음
이야기가 만들어지곤 했다.

　그중에서 내가 가장 좋아하여 수없이 반복해서 읽은 이야기는

1권과 2권이었는데, 그 책들이 왜 그렇게 좋았는지는 지금도 정확히 설명할 수가 없다. <u>1권은 엑토르 말로의 〈집 없는 천사〉였고 2권이 에드몬도 데아미치스의 〈사랑의 학교〉였다.</u> 몇 해 전
<small>세계 동화 전집 중 '나'가 가장 많이 읽은 책</small>
누군가가, 어렸을 때 가장 감명 깊게 읽은 동화가 무엇이냐고 물은 적이 있는데 이 두 권 중에서 고민하다 결국 <u>〈사랑의 학교〉라</u>
<small>'나'가 어렸을 때 가장 감명 깊게 읽은 동화</small>
<u>고 답했다.</u> 그러곤 내친김*에 서점에 들러 〈사랑의 학교〉를 사서 다시 읽었다. 읽는 내내 몇 번이나 눈시울을 붉혔고 끝내는 혼자 <u>소리 내어 흐느끼고 말았다.</u>
<small>〈사랑의 학교〉를 읽고 감동을 받음</small>

이 책은 <u>엔리코라는 주인공이 학교생활에서 일어나는 여러 가</u>
<small>〈사랑의 학교〉 소개</small>
<u>지 사건을 관찰한 일기 형식의 글이다.</u>『친구와의 우정, 선생님과
<small>「」: 〈사랑의 학교〉에 담긴 내용</small>
학생들 간의 두터운 정, 부모님의 깊은 사랑, 어려움을 극복해 내는 의지, 바른 것을 지향하는 정의로운 마음』등이 이 책에 모두 들어 있다.

㉮ 이후 내가 나이를 먹고 살아가면서 나름대로 만들어 온 원
<small>효용론적 관점에서 〈사랑의 학교〉에 대한 감상을 서술함</small>
칙*이나 삶을 대하는 자세도 은연중* 〈사랑의 학교〉에서 영향을 받았음을 알게 되었다. 그 <u>이야기들 속에 어떻게 다른 사람을 사랑하고 정의와 진실을 지켜 나가는지가 들어 있기 때문이리라.</u>
<small>〈사랑의 학교〉에서 영향을 받은 이유</small>
<u>우정, 사랑, 정의 등의 주제를 주입식이 아니라 감동하면서 깨</u>
<small>〈사랑의 학교〉의 가치</small>
<u>닫게 해 주는</u> 〈사랑의 학교〉는 어른들에게도 다시 한번 읽어 보라고 권하고 싶다. 어렸을 때는 그 이야기를 무척 좋아하면서도 울었던 것 같지는 않은데, 나의 역할과 위치가 달라져서 색다른 감
<small>어른이 된 '나'가 〈사랑의 학교〉를 읽고 운 이유</small>
동을 느끼게 되었나 보다. <u>좋은 책은 언제 읽어도 그때그때 새로운 감동을 주는 것이며, 그 사람의 인생에 지대한 영향을 미친다</u>
<small>어른이 되어 〈사랑의 학교〉를 읽은 '나'의 깨달음</small>
는 것을 다시금 실감했다.

이 세계 동화 전집은 중학교에 진학하여 새로운 소설을 접하기
<small>세계 동화 전집에 사로잡혀 있었음을 알 수 있음</small>
전까지 나의 세계였다. 수없이 읽고 또 읽었다. 그 이야기들의 주인공이 되어 많은 경험을 하면서 ㉣ 생각 주머니를 키워 갔다. 세계 동화 전집을 만나기 전의 나와 만난 후의 나는 달라졌다. 간단히 말하면 <u>그전까지 없었던 사유*의 세계가 만들어지고, 상상력</u>
<small>세계 동화 전집을 읽고 '나'에게 생긴 변화</small>
의 범위가 넓어졌다고 할까?

동화 전집을 읽기 전에는 집에서든 시골에 가서든 밤늦게까지 무조건 뛰어놀기만 했다. 특히 시골에 가면 <u>고삐 풀린 망아지처</u>
<small>자유롭고 거침이 없음을 비유하는 말</small>
럼 안 다니는 곳이 없을 정도로 천방지축* 쏘다니며 놀았다. 벌레도 잡고 물고기도 잡으며 눈만 뜨면 싸돌아다니느라 방학이 끝나면 온통 새까맣게 타 있곤 했다. <u>생각하기보다는 마냥 몸으로 논</u>
<small>세계 동화 전집을 읽기 전의 '나'의 모습</small>
<u>것이다.</u>

그런데 세계 동화 전집을 읽고 난 후에는 <u>세상과 자연을 대하는 태도부터 달라졌고,</u> 당연히 행동에도 변화가 생겼다. 학교생활
<small>사유의 세계가 만들어졌기 때문</small>
을 할 때는 물론이고, 뛰놀 곳 천지인 시골에서도 <u>혼자 가만히 있는 시간을 스스로 만들기 시작했다.</u> <u>산을 올라가 무덤 앞에 앉아</u>
<small>세계 동화 전집을 읽은 후의 '나'의 모습 ①   세계 동화 전집을 읽은 후의 '나'의 모습 ②</small>
<u>한참 생각에 잠기기도 하고, 작은 공책을 들고 가서 무언가를 쓰</u>
<small>세계 동화 전집을 읽은 후의 '나'의 모습 ③</small>
<u>기도 했다.</u> <u>소 풀을 먹이러 나가서도 소는 대충 묶어 놓고 냇가에 앉아 냇물이 흘러가는 모습을 물끄러미 바라보곤 했다.</u>
<small>세계 동화 전집을 읽은 후의 '나'의 모습 ④</small>
이 모든 게 어머니가 사 주신 세계 동화 전집의 영향이었다. 초등학교 고학년이 되면 모두 성장의 시기를 겪게 마련인데,『나는 동
<small>「」: 세계 동화 전집 덕분에 자아와 개성이 형성됨</small>
화 덕분에 다른 아이들보다 성숙해지면서 나만의 ㉤ 특별한 색깔을 만들어 간 것 같다.』또래들보다 생각의 폭이 넓어지고 깊이가 깊어진 것도, 창의적으로 사고할 수 있는 밑바탕과 시인을 꿈꾸는 감성이 만들어진 것도 그 책들 덕분이었다.

- 최재천, 〈과학자의 서재〉 -

* 막간(幕間): 어떤 일의 한 단락이 끝나고 다음 단락이 시작될 동안.
* 일구다: 논밭을 만들기 위하여 땅을 파서 일으키다.
* 선사하다(膳賜하다): 존경, 친근, 애정의 뜻을 나타내기 위하여 남에게 선물을 주다.
* 총천연색(總天然色): 완전히 자연 그대로의 색.
* 전집(全集): 한 사람 또는 같은 시대나 같은 종류의 작품을 한데 모아 한 질로 출판한 책.
* 내친김: 이왕 일이나 이야기 따위를 시작한 때.
* 원칙(原則): 어떤 행동이나 이론 따위에서 일관되게 지켜야 하는 기본적인 규칙이나 법칙.
* 은연중(隱然中): 남이 모르는 가운데.
* 사유(思惟): 대상을 두루 생각하는 일.
* 천방지축(天方地軸): 너무 급하여 허둥지둥 함부로 날뛰는 모양.

01 작가의 태도 파악하기   답 | ②

윗글의 '나'의 입장으로 가장 적절한 것은?

정답 선지 분석

② 좋은 책은 한 사람의 인생에 큰 영향을 미친다.
<small>9문단에서 '좋은 책은~그 사람의 인생에 지대한 영향을 미친다는 것을 다시금 실감했다'라고 했으므로 적절하다.</small>

오답 선지 분석

① 동화를 많이 읽으면 사고방식이 유치해진다.
<small>13문단에서 '나는 동화 덕분에 다른 아이들보다 성숙해지면서 나만의 특별한 색깔을 만들어 간 것 같다'라고 했으므로, 글쓴이는 동화를 많이 읽으면 다른 아이들보다 성숙해진다는 입장이다.</small>

③ 아무것도 하지 않고 빈둥거리는 것은 시간 낭비이다.
<small>1문단에서 '빈둥거리는 것 역시 필요하고 좋다는 게 내 생각이다'라고 했으므로, 글쓴이는 아무것도 하지 않고 빈둥거리는 것도 필요하고 좋은 것이라는 입장이다.</small>

④ 백과사전을 읽을 때는 첫 항목부터 차례로 읽어야 한다.
<small>3문단에서 '백과사전의 장점은 처음부터 차근차근 읽을 필요 없이 아무 쪽이나 펼쳐도 재미있게 읽을 수 있다는 것이다'라고 했으므로, 글쓴이는 백과사전을 읽을 때 첫 항목부터 차례로 읽지 않아도 된다는 입장이다.</small>

⑤ 어렸을 때 읽고 울지 않은 책은 커서 읽어도 감동을 주지 않는다.

9문단에서 '어렸을 때는 그 이야기를 무척 좋아하면서도 울었던 것 같지는 않은데, 나의 역할과 위치가 달라져서 색다른 감동을 느끼게 되었나 보다'라고 했으므로, 글쓴이는 어렸을 때 읽고 울지 않은 책이더라도 커서 읽으면 색다른 감동을 느낄 수 있다는 입장이다.

02 소재의 의미 파악하기   답 | ②

㉠~㉤에 대한 의미로 적절하지 않은 것은?

정답 선지 분석

② ㉡: 책을 읽을 때 마음속에 생겨나는 정서적 변화를 의미한다.

'노을빛'은 시간이 가는 줄도 모르고 책에 푹 빠져 있었음을 의미하는 것이지, 책을 읽을 때 마음속에 생겨나는 정서적 변화를 의미하는 것이 아니다.

오답 선지 분석

① ㉠: 새로운 지식과 감상을 받아들이고 만들어 낼 마음의 공간을 의미한다.

㉠을 가리켜 우리의 영혼과 가슴이 새로운 것을 받아들이고 만들어 내기 위한 공간이라고 했으므로 적절하다.

③ ㉢: 자연 속에서 뛰놀기보다 책을 읽는 것에 재미를 붙이게 된 것을 의미한다.

자연 속에서 맘껏 뛰어놀고 싶어 방학만 기다렸던 글쓴이에게, 세계 동화 전집이 책꽂이에 꽂힌 그날부터 ㉢이 열렸다고 했으므로 적절하다.

④ ㉣: 사유의 세계와 넓어진 상상력의 범위를 의미한다.

㉣을 키움으로써 그전까지 없었던 사유의 세계가 만들어지고 상상력의 범위가 넓어졌다고 했으므로 적절하다.

⑤ ㉤: 또래들보다 성숙하고 창의적으로 생각할 수 있는 능력을 의미한다.

동화 덕분에 다른 아이들보다 성숙해지면서 ㉤을 만들어 가고, 창의적으로 사고할 수 있는 밑바탕이 되었다고 했으므로 적절하다.

03 외적 준거를 바탕으로 작품 이해하기   답 | ③

보기 를 참고했을 때, ⓐ~ⓓ 중 ㉮에 사용된 관점으로 가장 적절한 것은?

보기

문학을 감상하는 관점에는 크게 네 가지가 있다. ⓐ 내재적 관점은 작품을 이해하는 데 필요한 것은 모두 작품 안에 존재한다고 보며, 오로지 작품 자체에만 관심을 집중하여 감상하는 것이다. ⓑ 표현론적 관점은 작가와 관련된 요소, 예를 들면 작가의 성장 배경, 종교, 체험 등이 작품 속에 어떻게 나타나는지 살펴보는 것이다. ⓒ 효용론적 관점은 독자가 작품에서 어떤 감동을 얻을 수 있는지, 작품의 어떤 면에서 영향을 받을 수 있는지를 중점으로 감상하는 것이다. ⓓ 반영론적 관점은 작품이 현실 세계의 반영이라고 보고, 작품이 현실 세계를 어떻게 반영하고 있는지 파악하여 감상하는 것이다.

정답 선지 분석

③ ⓒ

㉮는 글쓴이의 삶의 원칙이나 삶을 대하는 자세가 〈사랑의 학교〉에서 영향을 받았다는 내용이다. 따라서 독자가 작품의 어떤 면에서 영향을 받을 수 있는지가 중심인 효용론적 관점에 해당한다.

04 세부 내용 파악하기

빈칸에 공통으로 들어갈 말을 찾아 2어절로 쓰시오.

'나'는 (　　　)을/를 읽기 전에는 시골에 가면 천방지축 쏘다니며 몸으로 놀았지만, (　　　)을/를 읽은 후에는 혼자 가만히 있는 시간을 스스로 만들기 시작했다.

정답

동화 전집

| 본문 | 201쪽

빠른 정답 체크 **01** ② **02** ⑤ **03** ④ **04** 보호, 교육적

사회자: 지금부터 '동물원을 폐지해야 한다.'라는 논제로 교내 토
_{논제 제시}
론 대회를 시작하겠습니다. 「동물원은 '동물 보호와 연구를 진
_{「: 논제와 관련된 주요 개념을 정의함}
행하고 관람객에게 동물 관련 지식과 오락을 제공하려는 목적
으로 동물을 모아 기르는 곳'입니다.」그런데 최근 동물원을 둘
러싼 사회적 논란이 커지고 있습니다. 이와 관련하여 동물원
_{논제가 제기된 배경}
폐지에 찬성하는 측과 반대하는 측 토론자가 '입론-반론-최
_{토론의 절차를 안내함}
종 발언'의 순서로 토론한 뒤 배심원들이 판정하도록 하겠습니
다. 먼저 찬성 측 토론자께서 입론해 주십시오.

찬성 1: 저희는 '동물원을 폐지해야 한다.'에 찬성합니다. 그 첫 번째
_{찬성 측의 주장}   _{□: 담화 표지}
이유는 동물원이 동물을 제대로 보호하지 못하기 때문입니다.
_{쟁점 ①에 대한 찬성 측의 주장}
사진에서 보시는 것처럼 「동물원의 많은 동물이 좁은 사육장에
_{사진 자료 제시}   _{「: 쟁점 ①에 대한 찬성 측의 근거}
갇혀 살면서 관람객의 시선과 소음에 시달리고 있습니다. 이
때문에 동물들이 극심한 스트레스를 받아 이상 행동을 보이며
심지어 죽기도 합니다.」동물원을 폐지해야 하는 두 번째 이유는
동물원이 교육적인 기능을 하지 못하기 때문입니다. 「관람객은
_{쟁점 ②에 대한 찬성 측의 주장}
동물을 전시와 오락의 대상으로 여기고 동물의 생명과 생태를
존중하지 않는 그릇된 인식을 지니게 될 수 있습니다.」이와 같
_{「: 쟁점 ②에 대한 찬성 측의 근거}
이 동물을 제대로 보호하지 못하고 교육적이지도 않은 동물원
_{주장과 근거 요약}
은 폐지해야 합니다.

사회자: 네, 잘 들었습니다. 이어서 반대 측 토론자께서 입론해
주십시오.

반대 1: 저희는 '동물원을 폐지해야 한다.'에 반대합니다. 먼저 동
_{반대 측의 주장}
물원은 야생의 다양한 위험으로부터 동물들을 보호하고 멸종 위
_{쟁점 ①에 대한 반대 측의 주장}
기종을 보존하는 역할을 하고 있습니다. 「동물원의 동물들은 먹
_{「: 쟁점 ①에 대한 반대 측의 근거}
이를 안정적으로 제공받고 건강 상태도 수시로 점검받습니다.
그리고 최근에는 이 사진처럼 실제 서식지와 유사하게 환경을
_{사진 자료 제시}
조성하고 야생의 습성을 고려한 사육 시설을 마련해 동물의 스
트레스를 줄이려고 노력하는 동물원이 늘고 있습니다.」다음으로
동물원이 담당하는 교육적인 기능도 중요합니다. 「동물원을 방
_{쟁점 ②에 대한 반대 측의 주장}   _{「: 쟁점 ②에 대한 반대 측의 근거}
문하는 관람객은 동물을 직접 보면서 동물의 생태나 습성을
자세히 알 수 있습니다. 또한 다양한 동물을 접하면서 생물 다

양성을 인식하고 생명 존중 의식을 기를 수 있습니다.」그리고
많은 사람이 동물을 보면서 어린 시절의 추억을 떠올리기도
_{쟁점과 관련 없는 근거}
합니다. 따라서 [[A]   ]

사회자: 양측의 입론을 잘 들었습니다. 지금부터 2분간 반론 준
비 시간을 드리겠습니다. (2분 뒤) 이제 반박과 재반박의 순서
_{절차에 따라 토론을 진행함}
로 양측의 반론을 듣겠습니다. 먼저 반대 측에서 찬성 측 입론
의 내용을 반박해 주십시오.

반대 2: 찬성 측에서는 동물들이 극심한 스트레스를 받는다는 이
_{쟁점 ①에 대한 찬성 측의 입장 요약}
유를 들어 동물원이 동물을 제대로 보호하지 못한다고 했습니
다. 그러나 야생의 동물들도 위험한 상황에 노출될 수 있고 불행
_{쟁점 ①에 대한 반대 측의 반박}
하게 죽는 일도 많습니다. 「동물원은 오히려 이런 야생의 위험으
_{「: 반박의 근거}
로부터 동물을 안전하게 보호하고 있습니다. 또 입론에서 말씀
드린 것처럼 많은 동물원이 동물의 스트레스를 줄이려고 노력
하고 있습니다. 예를 들어 2018년에 한 동물원은 곰이 생활하
_{동물원이 동물의 스트레스를 줄이기 위해 노력하는 예시}
던 기존의 공간을 열 배 이상 넓히고, 곰의 생태 특성에 맞는 다
양한 시설을 마련했습니다. 이뿐만 아니라 동물원은 반달가슴
곰이나 삵 등 멸종 위기종을 보호하고 성공적으로 복원하고 있
습니다.」이렇게 동물을 보호하려는 동물원의 노력을 보더라도
_{반론}
동물원을 폐지해야 한다는 찬성 측의 주장은 옳지 않습니다.

---

01 사회자의 역할 파악하기   답 | ②

윗글에 나타난 사회자의 말하기 방식으로 적절하지 않은 것은?

정답 선지 분석

② 토론 참여자의 태도를 지적하고 있다.
  윗글에서 사회자가 토론 참여자의 태도를 지적한 부분은 찾아볼 수 없다.

오답 선지 분석

① 토론의 진행 순서를 안내하고 있다.
  사회자의 첫 번째 발화에서 '동물원 폐지에 찬성하는 측과 반대하는 측 토론자가 '입
  론-반론-최종 발언'의 순서로 토론한 뒤 배심원들이 판정하도록 하겠습니다'라고 하
  며 토론의 진행 순서를 안내하고 있다.

③ 논제가 제기된 배경을 설명하고 있다.
  사회자의 첫 번째 발화에서 '최근 동물원을 둘러싼 사회적 논란이 커지고 있습니다'라
  고 하며 논제가 제기된 배경을 설명하고 있다.

④ 양측에 번갈아 가며 발언권을 주고 있다.
  사회자의 첫 번째 발화에서 '먼저 찬성 측 토론자께서 입론해 주십시오'라고 하고, 두
  번째 발화에서 '이어서 반대 측 토론자께서 입론해 주십시오'라고 하며 양측에 번갈아
  가며 발언권을 주고 있다.

⑤ 논제와 관련된 주요 개념을 정의하고 있다.
  사회자의 첫 번째 발화에서 '동물원은 '동물 보호와 연구를 진행하고 관람객에게 동물
  관련 지식과 오락을 제공하려는 목적으로 동물을 모아 기르는 곳'입니다'라고 하며 논
  제와 관련된 주요 개념을 정의하고 있다.

02 토론 내용 이해하기 답 | ⑤

위 토론의 입론에 대한 이해로 적절하지 않은 것은?

⑤ '반대 1'은 통계 결과를 제시하여 동물원의 필요성을 강조하고 있다.
  '반대 1'은 사진 자료를 근거로 들기는 했으나, 통계 결과를 제시하지는 않았다.

① '찬성 1'과 '반대 1'은 모두 사진 자료를 통해 주장을 뒷받침하고 있다.
  '찬성 1'이 '사진에서 보시는 것처럼'이라고 말한 것과, '반대 1'이 '이 사진처럼'이라고 말한 것을 통해 '찬성 1'과 '반대 1' 모두 사진 자료를 통해 주장을 뒷받침하고 있음을 알 수 있다.

② '찬성 1'은 부정적 결과를 가정하며 동물원 폐지를 주장하고 있다.
  '찬성 1'은 '관람객은 동물을 전시와 오락의 대상으로 여기고 동물의 생명과 생태를 존중하지 않는 그릇된 인식을 지니게 될 수 있습니다'라고 하며 동물원이 가져올 수 있는 부정적 결과를 가정하며 동물원 폐지를 주장하고 있다.

③ '찬성 1'은 쟁점을 두 가지로 나누어 설정하고 각각의 근거를 들고 있다.
  '찬성 1'은 쟁점을 '동물원은 동물을 보호하는가?'와 '동물원은 교육적인가?'로 설정하고 각각의 근거를 들고 있다.

④ '반대 1'은 쟁점과 관련이 없는 내용을 근거로 제시하고 있다.
  '반대 1'이 '동물원은 교육적인가?'라는 쟁점에 대해 '많은 사람이 동물을 보면서 어린 시절의 추억을 떠올리기도 합니다'라고 한 것은 쟁점과 관련이 없어 타당하지 않은 근거를 제시한 것이다.

03 토론에서 자료, 매체 활용하기 답 | ④

보기 는 찬성 측에서 반대 측의 반박에 재반박하기 위해 찾은 자료이다. ㉮~㉰의 활용 방안으로 적절하지 않은 것은?

㉮ 신문 기사

2015년 대전오월드에서 죽은 한국호랑이(멸종위기 1종)의 배 속에선 신발 한 짝이 나왔다. 관람객이 장난삼아 던진 신발을 먹고 변을 당했다. 서울동물원에서 죽은 물범의 배 속에선 120개가 넘는 동전이 나왔고, 악어의 위에선 페트병이 발견됐다.

－ 〈○○사이언스〉 2017. 04. 28

㉯ 통계 자료

다음은 전국 동물원 71.3%의 17개 복지 문항 조사 결과의 일부이다.

70	관람객의 눈을 피할 공간이 없다.
68	모든 개체가 쉬기엔 쉼터가 부족하다.
59	습성에 맞는 바닥과 구조물이 없다.
54	동물에게 맞는 먹이를 주지 않는다.

출처: 어린이과학◇◇(2021)

㉰ 전문가 인터뷰

"돌고래는 사실 야생에서 수십 마리에서 만 마리까지 무리를 지어서 굉장히 빠른 속도로 하루에 천 킬로미터가 넘게 시간을 보내는 동물입니다. 이런 돌고래가 깊이 3미터의 수족관에서 사육이 된다고 생각을 해보세요. 그러면 정신적 스트레스 때문에 반복적 행동이나 폭력성이라든지⋯⋯. 국내에서도 돌고래가 머리를 수족관에서 박는 행동을 관찰을 한 바가 있거든요. 이런 병 때문에 치사율도 야생 돌고래보다 두 배 가까이 되고 생명도 짧습니다."

④ ㉮, ㉯를 활용하여 동물원이 멸종 위기종을 제대로 보호하지 못한다는 주장을 내세운다.
  ㉮의 한국호랑이는 멸종 위기종이지만 동물원 관람객의 장난으로 인해 죽음을 맞이했으므로 동물원이 멸종 위기종을 제대로 보호하지 못한 사례로 들 수 있지만, ㉯는 멸종 위기종에 대한 언급이 없으므로 적절하지 않다.

① ㉮를 활용하여 동물원의 동물이 인간으로부터 위협받고 있다는 반론을 제시한다.
  ㉮는 관람객이 던진 신발과 동전, 페트병 등으로 인해 죽음을 맞이한 동물들의 사례를 보여 주고 있다. 따라서 ㉮를 활용하여 동물원이 야생의 위협으로부터 동물을 보호할 수 있을지라도, 관람객이라는 또 다른 위협에서는 동물을 보호하지 못한다는 반론을 제시할 수 있다.

② ㉯를 활용하여 동물에게 적합한 시설을 제공하지 않는 동물원이 많다는 근거를 제시한다.
  ㉯는 동물원을 대상으로 복지 문항을 조사한 결과로, 조사한 동물원 절반 이상에서 동물에게 제공하는 공간이 동물의 복지를 충족시키지 못함을 보여 주고 있다. 따라서 ㉯를 활용하여 동물에게 적합한 시설을 제공하지 않는 동물원이 많다는 근거를 제시할 수 있다.

③ ㉰를 활용하여 동물원의 동물이 극심한 스트레스를 받는다는 주장을 강화한다.
  ㉰는 동물원의 수족관에서 사육되는 돌고래에 대한 전문가의 인터뷰로, 좁은 수족관에서 사육되는 돌고래는 정신적 스트레스를 받아 이상 행동을 보이고 치사율이 높아진다는 것을 알려 주고 있다. 따라서 ㉰를 활용하여 동물원의 동물이 극심한 스트레스를 받는다는 주장을 강화할 수 있다.

⑤ ㉯, ㉰를 활용하여 동물원이 조성하는 환경이 실제 서식지에 미치지 못한다는 근거를 제시한다.
  ㉯는 동물원을 대상으로 복지 문항을 조사한 근거로, '습성에 맞는 바닥과 구조물이 없다(59%)', '동물에게 맞는 먹이를 주지 않는다(54%)'에서 동물원이 조성하는 환경이 실제 동물에게 필요한 야생의 서식지에 못 미침을 알 수 있다. ㉰는 동물원의 수족관에서 사육되는 돌고래에 대한 전문가의 인터뷰로, 야생 돌고래는 무리를 지어 하루에 천 킬로미터가 넘게 바다에서 시간을 보내지만 동물원의 수족관은 깊이가 3미터밖에는 안 됨을 알 수 있다. 따라서 ㉯, ㉰를 활용하여 동물원이 조성하는 환경이 실제 서식지에 미치지 못한다는 근거를 제시할 수 있다.

04 토론 내용 생성하기

다음은 [A]에 들어갈 말이다. ㉠, ㉡에 들어갈 말로 적절한 것을 차례대로 쓰시오.

동물을 안전하게 (㉠)하고 (㉡)인 효과가 있는 동물원을 폐지해서는 안 됩니다.

보호, 교육적

우리는 하루에도 수백 개가 넘는 광고와 만난다.「신문, 잡지, 건
물의 벽면이나 간판, 택시, 버스 등에서도 광고를 볼 수 있다. 또
「」: 일상생활에서 쉽게 볼 수 있는 광고
한 라디오나 텔레비전에서는 시간대별로 다양한 광고가 나오고,
인터넷 사이트에는 수많은 배너 광고가 뜬다.」한자어인 '광고(廣
告)'는 '널리 알리다'라는 뜻이다. 광고의 영문인 'advertising'은
'돌아보게 하다, 주의를 돌리다'라는 의미의 라틴어 'adverter'
광고의 어원
에서 유래했다고 한다. 구체적인 목적에 따라 광고를 분류하면,
특정 상품을 판매하기 위해 만들어지는 '상업 광고', 기업의 역사
광고의 종류 ① 상업 광고
및 업적을 알려 사람들이 그 기업에 좋은 인상을 갖게 하기 위한
광고의 종류 ② 기업 광고
'기업 광고', 그리고 에너지 절약이나 바른 언어생활 등 공공의
이익에 부합하도록 대중을 설득하기 위한 '공익 광고'가 있다.
광고의 종류 ③ 공익 광고　　　　　　▶1문단: 광고의 어원과 종류
광고를 만들 때에는 소비자의 관심을 끌기 위해 다양한 전략*을
사용한다. 전문가의 의견을 제시해 신뢰감을 주거나, 우스운 행
광고의 전략 ①
동이나 상황을 연출해 친근감을 주기도 한다. 또 같거나 비슷한
광고의 전략 ②
음을 반복해 기억에 남도록 하는 등 사람들의 눈길을 끌기 위해
광고의 전략 ③
광고는 점점 새로워지고 있다.
　　　　　　　　　　　　　　　　　▶2문단: 광고의 전략
　일반적으로 광고를 내려고 하는 사람이나 기업, 브랜드는
광고주
전문적으로 광고를 만드는 회사에 광고 제작을 의뢰한다*. 이때
광고 대행사
광고 제작을 의뢰한 회사를 '광고주', 광고 제작과 관련된 전반적
광고주의 개념　　　　　　　　　광고 대행사의 개념
인 일을 하는 곳을 '광고 대행사'라고 한다. 광고 대행사에서는 제
품을 주로 사용하는 사람들이 어떤 사람들인지, 그들이 어떤 매체
광고 대행사에서 분석하는 대상
를 주로 이용하는지 등을 분석한 뒤 제품의 특징이 잘 드러나도록
광고 대행사의 업무
전략을 짠다. 예를 들어, 치킨은 주요 소비 계층인 청소년의 취향을
소비자를 고려한 광고의 예시
고려해 이들이 좋아하는 아이돌 그룹이나 배우를 모델로 내세운다.
　　　　　　　　　　　　　　　　▶3문단: 광고의 제작 방식
　상업 광고나 기업 광고를 볼 때는 소비자의 입장에서 메시지에만
주목하기보다는 그 안에 담긴 의도 또한 비판적으로 살펴보아야 한
다. 그 이유는 첫째, 광고가 불필요한 소비를 촉진하기* 때문이다.
상업 광고와 기업 광고를 비판적으로 보아야 하는 이유 ①
이를 위해 광고는 우리 마음속 깊은 곳에 자리 잡은 욕망을 자극하
면서 진실이 아닌 정보를 그대로 믿도록 만든다. 때로는 제품의 효
과를 과장하기도 해 사람들은 불필요한 것을 구입하게 된다.
　　　　　　　　　　　　　　　▶4문단: 광고를 볼 때의 주의점 ①
　둘째, 광고는 우리에게 왜곡된* 가치관과 고정 관념을 심어 줄
상업 광고와 기업 광고를 비판적으로 보아야 하는 이유 ②
가능성이 있다. 예를 들어, 몇몇 광고에서는 비싼 집과 자동차를
친구에게 과시하는 것이 행복이며, 여성은 반드시 아름다워야 하
광고가 심어주는 왜곡된 가치관의 예시 ①
고, 대기업은 언제나 사회 발전을 위해 노력하고 있다고 말한다.

그밖에도 이기주의나 남녀 차별 등을 당연한 것으로 표현하는 경
광고가 심어주는 왜곡된 가치관의 예시 ②
우도 있으므로 광고를 볼 때는 그 안에 담긴 왜곡된 가치관을 가
려낼 수 있어야 한다.
　　　　　　　　　　　　　　　▶5문단: 광고를 볼 때의 주의점 ②

* 전략(戰略): 정치, 경제 따위의 사회적 활동을 하는 데 필요한 책략.
* 의뢰하다(依賴하다): 남에게 부탁하다.
* 촉진하다(促進하다): 다그쳐 빨리 나아가게 하다.
* 왜곡되다(歪曲되다): 사실과 다르게 해석되거나 그릇되게 되다.

01 내용 전개 방식 파악하기　　　　　　　답 | ⑤

윗글에 대한 설명으로 적절하지 않은 것은?

정답 선지 분석

⑤ 광고를 보게 되는 상황을 공간의 순서에 따라 제시하고 있다.
　1문단에서 광고를 보게 되는 상황을 제시하고 있지만, 공간의 순서에 따라서가 아닌
　매체의 종류에 따라 제시하고 있다.

오답 선지 분석

① 광고에 사용되는 전략을 나열하여 제시하고 있다.
　2문단에서 소비자의 관심을 끌기 위한 광고의 전략을 나열하여 제시하고 있다.

② 광고라는 단어의 어원을 밝히며 글을 시작하고 있다.
　1문단에서 광고의 영문인 'advertising'이 라틴어 'adverter'에서 유래했음을 밝히며
　글을 시작하고 있다.

③ 광고의 종류를 일정한 기준에 따라 나누어 제시하고 있다.
　1문단에서 광고의 종류를 목적에 따라 상업 광고, 기업 광고, 공익 광고로 나누어 제시
　하고 있다.

④ 광고를 볼 때 주의할 점에 대해 근거를 들어 제시하고 있다.
　4~5문단에서 광고를 볼 때는 주의해야 하며, 이는 광고가 불필요한 소비를 촉진하고, 왜곡
　된 가치관과 고정 관념을 심어 줄 가능성이 있기 때문이라고 근거를 들어 제시하고 있다.

02 세부 내용 이해하기　　　　　　　답 | ⑤

윗글에 대한 이해로 적절하지 않은 것은?

정답 선지 분석

⑤ 광고 대행사는 소비자와 그들이 사용하는 매체를 분석하여 소비자의 특징이
　잘 드러나도록 전략을 짠다.
　3문단에 따르면, 광고 대행사는 소비자의 특성과 소비자가 주로 이용하는 매체를 분석
　하여 제품의 특징이 잘 드러나도록 전략을 짠다. 소비자의 특징이 잘 드러나도록 전략
　을 짜는 것은 아니다.

오답 선지 분석

① 광고를 내려고 하는 기업이나 사람을 광고주라고 한다.
　3문단에서 광고를 내려고 하는 사람이나 기업, 브랜드 등을 광고주라고 부른다고 하였다.

② 광고 대행사는 광고주의 의뢰를 받아 광고 제작에 관한 전반적인 일을 한다.
　3문단에서 광고 대행사는 광고주의 의뢰를 받아 광고 제작과 관련된 전반적인 일을 한
　다고 하였다.

③ 광고에 잘못된 표현이 사용되면 사람들에게 왜곡된 가치관을 심어 줄 수도 있다.
　5문단에서 광고의 표현이 사람들에게 왜곡된 가치관과 고정 관념을 심어 줄 가능성이
　있다고 하였다.

④ 전문가의 의견을 제시하거나 우스운 상황을 연출하는 것은 모두 소비자의 눈길을 끌기 위함이다.

2문단에서 광고를 만들 때에는 소비자의 관심을 끌기 위해 다양한 전략을 사용하는데, 전문가의 의견을 제시해 신뢰감을 주거나, 우스운 행동이나 상황을 연출해 친근감을 주는 것도 이러한 전략 중 하나라고 하였다.

03 구체적 사례에 적용하기

답 | ③

윗글과 보기 를 보고 이해한 내용으로 적절하지 않은 것은?

보기

㉮

㉯

> (나무가 아름다운 숲과 푸른 들판이 있는 곳.
> 아이들이 웃으며 달리는 화면에 다음과 같은 글씨를
> 띄우며 엔딩)
>
> **사람과 자연을 생각하는 기업,**
> **○○ 에너지**

㉰

> 뚱뚱하고 게을러 보이는 모습은 이제 그만!
> 날씬한 몸매로 매력적인 여성이 되어 보세요.
>
> 일주일에 8kg 감량!
> 부작용 없음!
> 유명 연예인 몸매의 비결은 △△ 다이어트

정답 선지 분석

③ ㉯는 사람들이 기업에 대해 긍정적인 인식을 갖도록 해 주는 상업 광고이군.
㉯는 사람들이 기업에 좋은 인상을 갖도록 해 주는 기업 광고이다.

오답 선지 분석

① ㉮는 광고의 목적에 따라 분류하면 공공의 이익에 부합하도록 설득하기 위한 광고이군.
㉮는 에너지 절약과 환경 보호를 권장하는 공익 광고로, 공공의 이익에 부합하도록 설득하는 광고이다.

② ㉮는 같은 단어이지만 다른 상황에 사용되는 예를 반복하면서 대조되는 내용을 제시해 대중을 설득하고 있군.
'밟다, 올리다, 잡다' 등의 동사가 에너지 절약과 환경 보호에 도움이 되지 않는 부정적인 상황에 사용되는 경우와 반대로 긍정적 상황에 사용되는 경우를 반복하면서 대조적으로 제시해 설득하고 있다.

④ ㉰를 보고 물품을 구입하기 전에 불필요한 소비는 아닌지 생각해 봐야겠군.
㉰와 같은 상업 광고는 우리 마음 속의 욕망을 자극하거나 효과를 과장하여 소비자가 불필요한 제품을 구입하도록 유도하므로 구입하기 전에 불필요한 소비인지를 생각해 봐야한다.

⑤ ㉯, ㉰의 광고를 볼 때는 왜곡된 가치관이나 고정 관념을 심어줄 가능성이 있으므로 비판적으로 살펴야 하겠군.
㉯, ㉰는 각각 기업 광고와 상업 광고로 5문단에 따르면 이런 광고는 왜곡된 가치관이나 고정 관념을 심어줄 가능성이 있으므로 비판적으로 살펴봐야 한다.

04 세부 내용 파악하기

빈칸에 들어갈 말을 찾아 쓰시오.

> 광고는 불필요한 (　　　)을/를 촉진하기 때문에 비판적으로 보아야 한다.

정답

소비

문학 1　　절친(복효근)

빠른 정답 체크　　01 ③　　02 ⑤　　03 ③　　04 비익조

[ⓐ] ┌ 내 건 검은색에 흰 줄 　　　┐ 비슷한 문장 구조
　　 └ 진영이 건 하늘색에 흰 줄 　┘ → 운율 형성

□: '-ㅂ니다'의 반복 → 운율 형성
진영이와 나는 슬리퍼 한 짝씩 바꿔 신었습니다.
　　　　　　시적 상황
[ⓑ] ┌ 나는 내 것 왼쪽에 진영이 것 오른쪽 　┐ 비슷한 문장 구조
　　 └ 진영이는 내 것 오른쪽에 진영이 것 왼쪽 ┘
　　　　　　▶ '나'와 진영이가 슬리퍼를 한 짝씩 바꾸어 신음

서로의 절반씩을 쥐 버리고 나니
자신의 슬리퍼 한 짝
우린 그렇게 절반씩 부족합니다.
　　　　　　▶ 둘 다 절반씩 부족해짐

㉠ 서로의 부족한 절반을 알고 있기에
부족한 절반을 상대가 채워 줌 → 관계가 돈독해짐
그 서로의 반쪽이 우리를 하나로 묶어 주었습니다.
　　　　　　▶ 서로의 반쪽이 '나'와 진영이를 하나로 묶어 줌

「한쪽 날개밖에 없는 두 마리 새가 만나
『」: 비익조의 특징 → 짝을 지어야 날 수 있음
두 날개로 하나 되어 날아간다는 비익조*처럼」
　　　　　　'나'와 진영이의 관계를 비유함
ⓒ 우린 둘이서 하나입니다.
　　역설적 표현　　　　▶ '나'와 진영이는 비익조처럼 둘이서 하나가 됨

실내화 한 짝씩 바꾸어 신었을 뿐인데

[ⓓ] ┌ 「내가 두 개가 된 느낌 　┐ 비슷한 문장 구조
　　 └ 『」: 친구가 주는 자신감
　　　　내가 두 배가 된 느낌」┘

힘도 꿈도 깡도

ⓔ 하나이면서 둘인, 둘이면서 하나인
　비슷한 문장 구조, 역설적 표현
온 세상이 온통 우리 것 같은 느낌입니다.
　친구가 주는 만족감　　▶ '나'는 친구의 존재로 자신감과 만족감을 얻음
　　　　　　　　　　　　　- 복효근, 〈절친〉 -

* 비익조(比翼鳥): 암컷과 수컷의 눈과 날개가 하나씩이어서 짝을 짓지 아니하면 날지 못한다는 전설상의 새.

01 작품의 내용 파악하기　답 | ③

윗글에서 화자의 경험으로 가장 적절한 것은?

정답 선지 분석

③ 친구와 실내화를 한 짝씩 바꾸어 신었다.

　2연의 '진영이와 나는 슬리퍼 한 짝씩 바꿔 신었습니다', 6연의 '실내화 한 짝씩 바꾸어 신었을 뿐인데'를 통해 화자는 친구 진영이와 실내화를 한 짝씩 바꾸어 신었음을 알 수 있다.

오답 선지 분석

① 슬리퍼가 없어서 친구에게 빌렸다.

　화자는 친구와 슬리퍼를 한 짝씩 바꾸어 신었지만, 이는 슬리퍼가 없었기 때문에 친구에게 빌린 것이 아니다.

② 잘 모르는 과목을 친구에게 물어보았다.

　화자가 잘 모르는 과목을 친구에게 물어보았는지는 윗글에서 알 수 없다.

④ 두 마리의 새가 나란히 날아가는 것을 보았다.

　화자가 한쪽 날개밖에 없는 두 마리 새가 만나 두 날개로 하나 되어 날아가는 비익조를 언급하기는 했지만, 두 마리의 새가 나란히 날아가는 것을 본 것은 아니다.

⑤ 친구가 자신의 부족함을 지적하자 속상해졌다.

　화자는 친구가 자신의 부족함을 지적하자 속상해진 것이 아니라, 친구와 서로의 부족한 절반을 알고 있기에 그 서로의 반쪽이 자신과 친구를 묶어 주었다고 생각하고 있다.

02 구절의 의미 파악하기　답 | ⑤

윗글을 보았을 때, ㉠에 담긴 의미로 가장 적절한 것은?

정답 선지 분석

⑤ 부족한 절반을 상대가 채워 주었기 때문에 관계가 단단해졌다는 의미이다.

　㉠은 '나'와 진영이가 서로의 부족한 절반을 알고 있고, 그 부족한 절반을 상대가 채워 주었기 때문에 관계가 더욱 돈독해졌다는 의미이다.

오답 선지 분석

① 가장 친한 친구는 하나로 충분하다는 의미이다.

　진영이가 '나'의 가장 친한 친구이기는 하지만, ㉠에 가장 친한 친구는 하나로 충분하다는 의미는 담겨 있지 않다.

② 무엇이든 반씩 나누어 가지는 친구 사이라는 의미이다.

　㉠에서 '서로의 반쪽이 우리를 하나로 묶어 주었다'는 것은 '나'와 진영이가 무엇이든 반씩 나누어 가진다는 것이 아니라, 서로의 부족해진 절반을 채워 준다는 의미이다.

③ 상대에게 필요한 것이 있으면 언제든지 빌려준다는 의미이다.

　㉠에서 '우리를 하나로 묶어 주었습니다'라고 하는 것을 보아, 이는 '나'와 진영이의 관계가 돈독해졌음을 의미하는 것이다. 상대에게 필요한 것이 있으면 언제든지 빌려준다는 의미가 담겨 있는지는 알 수 없다.

④ 상대의 약점을 알고 있기 때문에 어쩔 수 없이 가까이 지낸다는 의미이다.

　윗글은 절친한 친구에 대한 글이므로, ㉠에 '나'와 진영이가 상대의 약점을 알고 있기 때문에 어쩔 수 없이 가까이 지낸다는 의미는 담겨 있지 않다.

03 표현상의 특징 파악하기　답 | ③

ⓐ~ⓔ 중, 보기 에서 설명하는 것이 형성되지 않은 것은?

보기

　시를 읽을 때 느껴지는 가락을 뜻한다. 소리의 규칙적인 질서에 따른 음악적 효과를 주며, 주제와 연결되어 독특한 어조를 형성하고 의미를 강조한다.

정답 선지 분석

③ ⓒ

　〈보기〉에서 설명하는 것은 운율이다. ⓒ는 '둘이서 하나'라는, 논리적으로 잘못된 표현이 사용된 역설법으로, 운율을 형성하고 있지는 않다.

오답 선지 분석

① ⓐ

　ⓐ는 '~건 ~에 흰 줄'이라는 문장 구조를 반복하여 운율을 형성하고 있다.

② ⓑ

　ⓑ는 '~는 내 것 ~쪽에 진영이 것 ~쪽'이라는 문장 구조를 반복하여 운율을 형성하고 있다.

④ ⓓ

　ⓓ는 '내가 ~가 된 느낌'이라는 문장 구조를 반복하여 운율을 형성하고 있다.

⑤ ⓔ

　ⓔ는 '~이면서 ~인'이라는 문장 구조를 반복하여 운율을 형성하고 있다.

04 소재의 의미 파악하기

윗글에서 화자와 진영이의 관계를 비유한 소재를 찾아 쓰시오.

정답

비익조

<table>
<tr><td>문학 2</td><td>표구된 휴지(이범선)</td></tr>
</table>

빠른 정답 체크　01 ③　02 ④　03 ①　04 자식, 부모

> 3년 전 가을이었다. 저녁 무렵 친구가 찾아왔다. 어느 은행 지
> 　　　　회상의 도입부
> 점장*이나 지점장 대리인가 하는 그 친구는 퇴근길에 잠깐 들렀
>
> 다는 것이었다.
>
> "부탁이 있는데." / ㉠ "부탁? 설마 은행가가 가난한 화가더러
> 자신이 가져온 휴지를 표구해 달라는 것
> 돈을 꾸잔 건 아닐 테고."
> 자신의 가난을 농담 소재로 삼을 수 있는 사이임
> 나는 농담으로 그를 맞아들였다.
>
> "그런 건 아니고…… 이거 좀 보게."
>
> 그는 신문지로 돌돌 만 것을 불쑥 내밀었다.
> 　　　　편지가 쓰인 휴지
> "뭔데. 그림인가?"
>
> "글쎄 펴 보게. 그림이라면 그림이고 글이라면 글인데 그게……
>
> 국보*급이야."
> 휴지에 대한 친구의 평가

친구는 장난기 어린 눈으로 안경 속에서 웃고 있었다. 나는 조심조심 신문지를 폈다. 그건 아무렇게나 구겨져 던졌던 휴지를 다시 편 것이었다.

"뭔가, 이건?" / "한 번 읽어 보게나."

친구는 눈으로 내가 들고 있는 휴지를 가리켰다. 나는 그 구겨졌던 종이 위에 먹으로 쓴 글자를 한 자 한 자 읽으면서 속으로 철자법*을 교정해야* 했다.
종이에 쓰인 편지가 철자법을 지키지 않음

"무슨 편지 같군." / "그래." / "무슨 편진가?" / "나도 모르지." / "그런데!"

"어쨌든 재미있지 않나. 뭔가 뭉클하는 게 있단 말야."
친구는 편지에서 감동을 느낌

[중간 부분 줄거리] 친구는 '나'에게 휴지를 표구해* 달라고 부탁하며 휴지에 얽힌 이야기를 들려준다.

그 친구 은행 창구에 저녁때면 날마다 빼지 않고 들르는 지게
친구가 들려준 이야기를 '나'가 독자에게 전달함
꾼이 있단다. 은행 문 앞에 지게를 벗어 세워 놓고는 매우 죄송스러운 태도로 조용히 은행 안으로 들어서는 스물 댓 나 보이는 그 꺼먼 얼굴의 청년을 처음엔 안내원이 막았다.
육체 노동을 한다고 짐작할 수 있음   청년의 외양만 보고 강압적인 태도를 보임
"뭐지요?" / "예. 예, 저어……" / "여긴 은행이요, 은행!" / "예, 그러니까 저 돈을……"

청년은 어리둥절해서 말도 제대로 하지 못했다.

"글쎄, 은행이라니까!" / "예, 그런데 그 조금도 할 수 있습니까?"

"조금이라니 뭘 말이요?" / ㉡ "저금을 조금두 할 수 있습니까?"
저금을 해 본 적이 없음이 드러남
/ "저금요?"

은행 안의 모든 시선들이 그 지게꾼에게로 쏠렸다.

청년은 점점 더 당황하였다. 얼굴이 붉어져서 돌아서 나가려는
사람들의 시선이 자신에게 쏠렸기 때문
그를 불러 세운 것이 예금 창구의 여직원이었다. 청년은 손에 말아 쥐고 있던 라면 봉지에 꼬깃꼬깃한 백 원짜리 지폐 다섯 장과
시대적 배경이 드러남 → 백 원이 동전이 아닌 지폐임
새로 새긴 목도장*을 꺼내어 떨리는 손으로 여직원에게 바쳤다. 청년은 저만큼 한구석으로 가 서서 불안스러운 눈으로 멀리 여직원을 지켜보고 있었다. ㉢ 한참 만에 그는 흠칫 놀랐다. 생전 처음 그는 씨 자가 붙은 자기 이름을 들었던 것이다. 그는 여직원
지금까지 사회에서 이만큼도 존중받은 적이 없었음
앞으로 달려와 빳빳한 통장을 받았다. 청년은 여직원과 안내원에
순박하고 예의바른 성격이 드러남
게 굽신굽신 절을 하고는 한 손에 통장을 받쳐 든 채 들어올 때처럼 조심스럽게 문을 열고 나갔다. 통장을 확인할 경황*도 없이.

다음날부터 그 청년은 매일 저녁 무렵이면 꼭꼭 들렀다. ㉣ 하루에 2백 원 혹은 3백 원 또 어느 날은 5백 원, 그의 통장에는 입금
성실하고 근면한 태도로 돈을 모음

만 있고 출금란은 비어 있었다. 이제는 제법 안내원과는 익숙해졌으나 여직원 앞에서는 여전히 얼굴을 붉히며 수고를 끼쳐서 대단히 죄송하다는 표정 그대로였다.

그러던 어떤 날이었다. 그 날은 여느 날보다 조금 일찍 청년이
새로운 사건의 예고
은행엘 들렀다.

"오늘은 일찍 오셨네요. 얼마 넣으시겠어요?" / 여직원이 미소로 물었다.

"예, 기게 오늘은 좀……" / 청년은 무언가 종이 뭉텅이를 들고 머뭇거렸다.

"이거 정말 죄송합니다. 이거 얼마 되지 않는 걸 동전으로…… 그동안 저금통에 넣었던 걸 오늘 깨었죠. 기래 여기 이렇
저금통에 모아 온 동전을 가져옴
게……"

청년은 종이에 싼 것을 내밀었다.
친구가 가져온 휴지
"아이, 많이 모셨어요." / "죄송합니다. 정말 이거……"

청년은 뒤통수를 긁적거리며 언제나 그가 서서 기다리던 구석으로 갔다.

"이게 바로 그 지게꾼 청년이 동전을 싸 가지고 온 종이지." / 친구는 내 손의 편지를 가리켰다.

"그래. 그럼 그의 집에서 그 친구에게 보낸 편지란 말인가?"
편지의 내력에 대한 '나'의 추측
"글쎄. 반드시 그렇다고는 할 수 없겠지. 동전을 세는 여직원을
편지의 수신인이 지게꾼 청년이라고 단정지을 수는 없다고 생각함
거들어 주다가 우연히 발견하고 재미있다고 생각돼서 가지고 온 것뿐이니까."

(중략)

어쨌든 나는 그 창호지*를 아는 표구사에 맡겼다. 그게 어떤 편지냐고 묻는 표구사 주인한테는

"굉장한 겁니다. 이건 정말 국보급입니다."
친구의 표현을 빌림
하고 얼버무렸다. ㉤ 표구사 주인은 머리를 갸웃거렸다.
휴지가 국보급이라고 하는 이유를 이해하지 못함
그 후 나는 그 창호지 편지를 감감히* 잊어버리고 있었다. 그런데 은행 친구가 어느 외국 지점으로 전근*이 되었다. 비행기가 떠날 때 나는 문득 그 편지 생각이 났다.
편지를 가져다 준 친구가 외국으로 떠나자 편지 생각이 남

니 떠나고 메칠 안이서 송아지 낫다.
= 너 떠나고 며칠 안 되어 송아지를 낳았다.
그길로 나는 표구사로 갔다. 구겨진 휴지였던 그 편지는 깨끗이 펴져서 액자 속에 들어 있었다. 그렇게 치장하고 보니 그게 정말
표구된 휴지가 정말 국보처럼 보인다고 생각함
무슨 국보나 되는 것 같았다.

돈 조타. 그러나 너거 엄마는 돈보다도 너가 더 조타 한다.
= 돈 좋다. 그러나 너의 엄마는 돈보다도 네가 더 좋다 한다.
밥 묵고 배 아프면 소금 한 줌 무그라 하더라.
타지에서 돈을 버는 아들에 대한 염려가 드러남

그날부터 그 액자는 내 화실에 그냥 걸어 두었다. 그저 걸어 둔 거다.
별 의미 없이 액자를 화실에 걸어 두었음

그런데 그게 이상하게도 차츰 내 화실의 중심점이 되어 갔다. 그건
액자가 '나'에게 의미 있어짐

그림 같기도 하고 글 같기도 하다. 아니 그건 분명 그 둘이 합쳐진

것이었다.

나는 친구가 외국으로 떠나고 이태* 동안 그 액자를 간간 바라

보고 있는 사이에 차츰 그 친구의 심정을 느껴 알 것 같았다.
'나'의 인식 변화 → 친구가 편지에서 감동을 느낀 이유를 알아차림

니 무슨 주변에 고기 묵건나. 콩나물 무거라. 참기름이나 마니 처서 무그라.
= 너 무슨 주변에 고기 먹겠냐. 콩나물 먹어라. 참기름이나 많이 쳐서 먹어라.

순이는 시집 안 갈라꼬 하더라. 니는 빨리 장가 안 들어야건나.
고향의 소식을 전해 줌   나이가 찼는데도 장가들지 못한 아들을 걱정함

돈 조타. 그러나 너거 엄마는 돈보다도 너가 더 조타 한다.

그리고 채 이어지지 못하고 끊어진 맨 끝줄.
여운과 감동을 남김

ⓐ 밤에는 솟적다 솟적다 하며 새는 운다마는……
소쩍새 울음소리를 들으며 아들을 그리워하는 부모의 마음이 드러남

— 이범선, 〈표구된 휴지〉 —

* 지점장(支店長): 지점의 업무를 총괄하며 지점을 맡아 다스리는 직위. 또는 그 직위에 있는 사람.
* 국보(國寶): 나라에서 지정하여 법률로 보호하는 문화재.
* 철자법(綴字法): 어떤 문자로써 한 언어를 표기하는 규칙. 또는 단어별로 굳어진 표기 관습.
* 교정하다(校訂하다): 남의 문장 또는 출판물의 잘못된 글자나 글귀 따위를 바르게 고치다.
* 표구하다(表具하다): 그림의 뒷면이나 테두리에 종이 또는 천을 발라서 꾸미다.
* 목도장(木圖章): 나무로 만든 도장.
* 경황(景況): 정신적·시간적인 여유나 형편.
* 창호지(窓戶紙): 빛깔이 조금 누르스름하고 줄 진 결이 또렷한 재래식 종이.
* 감감히: 어떤 사실을 전혀 모르거나 잊은 모양.
* 전근(轉勤): 근무하는 곳을 옮김.
* 이태: 두 해.

---

01 서술상의 특징 파악하기   답 | ③

윗글에 대한 설명으로 가장 적절한 것은?

정답 선지 분석

③ 과거 회상 장면을 삽입하며 주요 소재에 대한 배경을 밝히고 있다.

'나'가 3년 전 가을에 친구가 찾아온 일을 회상하고, 친구가 지게꾼 청년의 이야기를 해 주는 장면을 삽입하며 주요 소재인 편지에 대한 배경을 밝히고 있다.

오답 선지 분석

① 동시에 일어나는 두 개의 사건을 나란히 제시하고 있다.

동시에 일어나는 두 개의 사건을 나란히 제시하는 부분은 윗글에서 찾을 수 없다.

② 작품 안 서술자가 관찰자의 입장에서 사건을 서술하고 있다.

서술자가 작품 안에 존재하는 것은 맞으나, 관찰자의 입장에서 사건을 서술하는 것이 아니라 주인공인 '나'가 직접 자신의 이야기를 하는 1인칭 주인공 시점이다.

④ 인물 간의 대화를 통해 주요 소재에 대한 인식 변화를 드러내고 있다.

주요 소재인 편지에 대한 '나'의 인식 변화가 드러나기는 하지만, 이는 인물 간의 대화가 아닌 '나'의 서술에 의해 드러난다.

⑤ 시대적 배경을 알 수 있는 소재를 통해 역사적 교훈을 전달하고 있다.

'지게', '백 원짜리 지폐' 등에서 시대적 배경을 알 수는 있지만, 이를 통해 역사적 교훈을 전달하지는 않는다.

---

02 소재의 의미 파악하기   답 | ④

휴지에 대해 이해한 내용으로 적절하지 않은 것은?

정답 선지 분석

④ '나'는 휴지를 표구사에 맡기고 표구가 끝나기만을 기다렸다.

'나'는 휴지를 아는 표구사에 맡긴 뒤 감감히 잊어버리고 있다가, 은행 친구가 외국 지점으로 전근을 갈 때 문득 그 편지 생각이 났다고 하였다. 따라서 '나'가 표구가 끝나기만을 기다렸다는 것은 적절하지 않다.

오답 선지 분석

① '나'의 친구는 휴지가 국보급이라고 생각했다.

'나'의 친구는 '나'에게 휴지를 내밀면서 국보급이라고 했으므로 적절하다.

② 지게꾼 청년은 저금통을 깬 동전을 휴지에 싸 왔다.

지게꾼 청년은 저금통에 넣었던 동전을 종이 뭉텅이에 싸 왔다. 그리고 '나'의 친구에 따르면, 휴지는 지게꾼 청년이 동전을 싸 가지고 온 종이이므로 적절하다.

③ 휴지에 쓰인 편지의 글자는 철자법에 어긋난 것이 많았다.

'나'는 구겨진 휴지 위에 먹으로 쓴 글자를 한 자 한 자 읽으면서 속으로 철자법을 교정해야 했다고 하였고, 인용된 편지 내용을 보아도 철자법에 어긋난 것이 많으므로 적절하다.

⑤ '나'의 친구는 휴지에 쓰인 편지가 누구에게 온 것인지 몰랐다.

'나'가 휴지에 쓰인 편지가 지게꾼 청년의 집에서 지게꾼 청년에게 보낸 편지냐고 묻자, '나'의 친구는 반드시 그렇다고는 할 수 없다고 대답하고 있으므로 적절하다.

---

03 인물의 특성 파악하기   답 | ①

보기를 참고하여 ㉠~㉤을 이해한 내용으로 적절하지 않은 것은?

보기

간접적 제시는 외양이나 대화, 행동 등을 통해 인물의 특성을 간접적으로 설명하는 방법이다. 이때 작가와 인물의 거리는 멀어지는 반면 독자와 인물의 거리는 가까워진다. 인물의 특성이 생생하게 묘사되어 입체성을 가진다는 장점이 있다.

정답 선지 분석

① ㉠: '나'가 친구가 무리한 부탁을 할까 봐 불안해하고 있음을 알 수 있다.

'나'가 친구에게 ㉠과 같이 말하는 것은 자신의 처지를 두고 농담을 하는 것으로, '나'와 친구가 그만큼 가까운 사이임을 의미한다. '나'가 진심으로 친구가 무리한 부탁을 할까 봐 불안해하는 것은 아니다.

오답 선지 분석

② ㉡: 지게꾼 청년이 은행에서 저금을 해 본 적이 없음을 알 수 있다.

㉡에서 지게꾼 청년은 적은 돈도 저금을 할 수 있는지 알지 못하여 안내원에게 묻고 있으므로, 이를 통해 지게꾼 청년이 은행에서 저금을 해 본 적이 없음을 알 수 있다.

③ ㉢: 지게꾼 청년이 지금까지 사회에서 제대로 된 존중을 받지 못했음을 알 수 있다.

지게꾼 청년이 ㉢과 같이 놀란 것은 생전 처음으로 씨 자가 붙은 자기 이름을 들었기 때문으로, 이를 통해 지게꾼 청년이 지금까지 이름조차 높여 불리지 못했을 정도로 사회에서 제대로 된 존중을 받지 못했음을 알 수 있다.

④ ㉣: 지게꾼 청년이 성실하고 근면한 삶의 태도를 가졌음을 알 수 있다.

㉣애서 지게꾼 청년은 적은 돈이나마 매일 저금하면서 돈을 모으기만 하고 쓰지는 않고 있으므로, 이를 통해 지게꾼 청년이 성실하고 근면한 삶의 태도를 가졌음을 알 수 있다.

⑤ ㉤: 표구사 주인이 '나'가 말하는 휴지의 가치를 이해하지 못했음을 알 수 있다.

'나'가 휴지가 국보급이라고 얼버무리자 표구사 주인은 ㉤과 같이 머리를 갸웃하고 있으므로, 이를 통해 표구사 주인이 '나'가 휴지가 국보급이라고 말하는 이유를 이해하지 못했음을 알 수 있다.

04 구절의 의미 이해하기

다음은 ⓐ에 담긴 의미를 설명한 것이다. 빈칸에 들어갈 말을 골라 차례대로 쓰시오.

> ⓐ에는 새 울음소리를 들으며 (부모 / 자식)을/를 그리워하는 (부모 / 자식)의 마음이 담겨 있다.

정답

자식, 부모

| 본문 | 213쪽

작문   주장하는 글 쓰기

빠른 정답 체크   **01** ②   **02** ②   **03** ②   **04** 현대인은, 만든다.

㉠ 길거리에서 쓰레기통을 찾지 못해 불편을 겪어 본 경험이 있
의문의 형식을 사용함
는가? 현재 우리 지역은 길거리에 쓰레기통이 부족하여 쓰레기
를 버리려면 수백 미터를 걸어야 하는 상황이다. 이는 일부 사람
현재의 문제 상황
들이 길거리 쓰레기통에 가정에서 발생한 쓰레기를 함부로 버리
고, 쓰레기통 주변이 지저분해서 거리의 미관*을 해친다는 등의
쓰레기통의 수를 줄인 이유
이유로 쓰레기통의 수를 줄였기 때문이다. 현대인은 너무 많은
양의 쓰레기를 만든다. 그러나 길거리에 쓰레기통의 수를 늘리면
통일성을 해치는 문장
다음과 같은 좋은 점이 있다.

첫째, 길거리에 쓰레기통의 수를 늘리면 거리 환경을 개선할 수
근거 ①
있다. 쓰레기통의 수를 줄인 뒤로 많은 시민이 쓰레기를 버릴 곳
을 찾지 못해 불편하고, 화단이나 가로수 주변, 정류장 등에 쓰
쓰레기통의 수를 줄인 뒤 오히려 거리에 쓰레기가 많아짐
레기를 아무렇게나 버리기도 한다. ㉡ 쓰레기통을 없애 거리를 깨
끗하게 만들려던 본뜻은 온데간데없고 길거리는 오히려 예전보다
지저분해졌다. 따라서 쓰레기통을 충분히 설치한 뒤 사람들이 쓰
레기통을 잘 이용하도록 유도한다면* 함부로 버려지는 쓰레기가
줄어들어 우리 지역의 거리는 지금보다 훨씬 깨끗해질 것이다.
예상되는 결과 제시
둘째, 길거리에 쓰레기통의 수를 늘리면 재활용 쓰레기의 수거
근거 ②
율을 높일 수 있다. ㉢ 한 조사에 따르면 길거리에서 발생하는 쓰
레기의 약 70퍼센트는 재활용이 가능한 플라스틱 컵이나 종이컵
근거 ②를 뒷받침하는 조사 결과
등이었다고 한다. 따라서 길거리에 쓰레기통의 수를 늘려서 이러
한 재활용 쓰레기를 더 많이 수거하면 폐기되는 쓰레기는 줄이고
자원 재활용률은 높일 수 있다. ㉣ 경제적으로 이득을 얻으면서
환경도 보호하는 일석이조의 효과를 거둘 수 있는 것이다. 실제
관용 표현을 활용함
로 ○○구에서 재활용 쓰레기통을 시범 설치한 결과, 플라스틱과
종이컵 등 재활용이 가능한 쓰레기를 더 많이 수거할 수 있었다
다른 지역의 사례를 근거로 듦
고 한다.

㉤ 지금까지 살펴본 것처럼 길거리에 쓰레기통의 수를 늘리면 거
주장과 근거를 요약함
리 환경을 개선하고, 재활용 쓰레기의 수거율을 높일 수 있다. 물
론 쓰레기통의 수만 늘린다고 길거리가 저절로 깨끗해지는 것은
아니다. 지역 주민이 모두 거리의 주인이라는 성숙한 시민 의식으
지역 주민에 대한 당부
로 쓰레기통 문제에 관심과 노력을 기울일 때 걷고 싶은 거리, 쓰

레기통이 있어서 더욱 깨끗한 거리를 만들어 나갈 수 있을 것이다.

* 미관(美觀): 아름답고 훌륭한 풍경.
* 유도하다(誘導하다): 사람이나 물건을 목적한 장소나 방향으로 이끌다.

01   주장하는 글 내용 이해하기   답 | ②

윗글에서 주장을 뒷받침하기 위해 언급한 근거로 적절하지 않은 것은?

정답 선지 분석

② 쓰레기통에 가정에서 발생한 쓰레기를 버릴 수 있다.

윗글은 길거리에 쓰레기통의 수를 늘려야 한다고 주장하고 있다. 일부 사람들이 길거
리 쓰레기통에 가정에서 발생한 쓰레기를 함부로 버렸다는 것은 윗글의 주장을 뒷받침
하는 내용이 아니라, 거리의 쓰레기통의 수를 줄인 이유이다.

오답 선지 분석

① 거리에 함부로 버려지는 쓰레기가 줄어든다.

2문단에서 '쓰레기통을 충분히 설치한 뒤~함부로 버려지는 쓰레기가 줄어들어'라고
했으므로 적절하다.

③ 거리에 버려지는 쓰레기의 대부분은 재활용이 가능하다.

3문단에서 '한 조사에 따르면 길거리에서 발생하는 쓰레기의 약 70퍼센트는 재활용이
가능한 플라스틱 컵이나 종이컵 등이었다고 한다'라고 했으므로 적절하다.

④ 폐기되는 쓰레기를 줄이고 자원 재활용률을 높일 수 있다.

3문단에서 '길거리에 쓰레기통의 수를 늘려서 이러한 재활용 쓰레기를 더 많이 수거하
면 폐기되는 쓰레기는 줄이고 자원 재활용률은 높일 수 있다'라고 했으므로 적절하다.

⑤ 쓰레기를 버릴 곳을 찾지 못해서 시민들이 불편함을 겪는다.

2문단에서 '쓰레기통의 수를 줄인 뒤로 많은 시민이 쓰레기를 버릴 곳을 찾지 못해 불
편해하고'라고 했으므로 적절하다.

02   주장하는 글 표현 전략 파악하기   답 | ②

㉠~㉤을 이해한 내용으로 적절하지 않은 것은?

정답 선지 분석

② ㉡: 미래의 상황을 가정하여 문제를 드러내고 있다.

㉡은 미래의 상황을 가정한 것이 아니라, 쓰레기통을 없앤 뒤 길거리가 오히려 지저분
해진 현재의 문제 상황을 드러내고 있다.

오답 선지 분석

① ㉠: 의문문의 형식으로 독자의 주의를 끌고 있다.

㉠은 '불편을 겪어 본 경험이 있는가?'라는 의문문의 형식으로 독자의 경험을 환기하
며 주의를 끌고 있다.

③ ㉢: 조사 결과를 인용하여 근거로 들고 있다.

㉢은 길거리에서 발생하는 쓰레기의 약 70퍼센트는 재활용이 가능한 종류였다는 조사
결과를 인용하여, 길거리에 쓰레기통의 수를 늘리면 재활용 쓰레기의 수거율을 높일
수 있다는 주장의 근거로 들고 있다.

④ ㉣: 관용 표현을 활용하여 주장을 강화하고 있다.

㉣은 '일석이조'라는 관용 표현을 활용하여 쓰레기통의 수를 늘리면 재활용 쓰레기의
수거율을 높일 수 있다는 주장을 강화하고 있다.

⑤ ㉤: 주장과 근거를 요약하여 제시하고 있다.

㉤은 '길거리에 쓰레기통의 수를 늘려야 한다'는 주장과, '길거리에 쓰레기통의 수를
늘리면 거리 환경을 개선할 수 있다', '길거리에 쓰레기통의 수를 늘리면 재활용 쓰레
기의 수거율을 높일 수 있다'는 근거를 요약하여 제시하고 있다.

친구의 의견을 반영하여 윗글에 제목과 부제를 지었을 때, 가장 적절한 것은?

> 친구: 제목은 주장과 관련이 있게 짓되 대구법을 활용해서 읽는 사람의 흥미를 끌고, 부제에는 주장을 직접적으로 드러내면 좋을 것 같아.

정답 선지 분석

② 깨끗한 거리, 아름다운 양심
- 길거리에 쓰레기통의 수를 늘려야 한다

제목인 '깨끗한 거리, 아름다운 양심'에서 대구법을 활용하였고, 부제인 '길거리에 쓰레기통의 수를 늘려야 한다'에서 주장을 직접적으로 드러내고 있다.

오답 선지 분석

① 요즘의 길거리는 쓰레기통?
- 쓰레기를 줄이려면 쓰레기통을 늘려야 한다

부제인 '쓰레기를 줄이려면 쓰레기통을 늘려야 한다'에서 주장을 직접적으로 드러내고 있지만, 제목에 대구법이 아닌 비유법을 활용하였다.

③ 거리의 쓰레기통, 마음의 안정
- 쓰레기를 줄이려면 쓰레기통을 없애야 한다

제목인 '거리의 쓰레기통, 마음의 안정'에서 대구법을 활용하였지만, 부제는 글의 주제와 관련이 없다.

④ 청결을 위한 우리 모두의 노력
- 작은 노력이 세상을 바꾼다

제목에 대구법을 활용하지 않았고, 부제에 주장이 직접적으로 드러나 있지도 않다.

⑤ 아름다운 사람은 머문 자리도 아름답습니다
- 쓰레기통을 늘려야 하는 이유

제목에 대구법을 활용하지 않았고, 부제에 주장이 직접적으로 드러나 있지도 않다.

04 주장하는 글 내용 점검하기

윗글의 1문단에서 글의 통일성을 해치는 문장을 찾아 첫 어절과 마지막 어절을 쓰시오.

정답

현대인은, 만든다.

독서 구름의 입자

빠른 정답 체크 01 ③ 02 ④ 03 ② 04 커지고, 감소한다

뭉게구름이라고도 부르는 적운은 언뜻 가벼워 보이지만 실은 그렇지 않다. 모든 구름은 구름 입자*라고 하는 작은 물방울이나
<u>구름은 구름 입자로 구성되어 있음</u>
얼음 입자의 집합체이며, 보통 구름 한 점을 구성하는 구름 입자의 총량은 수십 톤이나 된다. 이렇게 큰 질량을 가진 구름이 왜 지상으로 떨어지지 않을까?
▶ 1문단: 구름을 구성하는 구름 입자

구름 입자 하나의 크기는 대개 반경* 0.01mm이다. 작지만 질량이 있기 때문에 지구 중력이 작용한다. 따라서 구름 입자도 낙
<u>구름 입자가 낙하하는 이유</u>

하한다. 17세기 과학자 뉴턴은 낙하하는 물체의 속도가 1초당 9.8m씩 증가한다는 사실을 밝혔다. 즉, 낙하 시작부터 1초 후 속
<u>낙하하는 물체에는 가속도가 붙음</u>
도는 초속 9.8m, 2초 후 속도는 19.6m, 3초 후 속도는 29.4m가 된다. 이는 물체의 중량에 상관없이 동일하다.
▶ 2문단: 구름 입자의 크기와 낙하 속도

그러나 현실에서는 공기 저항*이 있어 이런 가속도는 생기지 않는다. 낙하하는 물체의 공기 저항은 중력의 반대 방향으로 작
<u>현실에서는 가속도가 계속해서 생기지 않음</u>
용하며, 물체의 속도에 비례하여 증가한다. 하지만 특정 속도에 도달한 물체는 속도가 일정해지는데, 이는 물체에 작용하는 중력과 공기 저항이 균형을 이루었기 때문이다. 여기서 속도가 일
<u>특정 속도에 도달한 물체의 속도가 일정해지는 이유</u>
정해지는 사례로 반경 1mm인 비 입자의 낙하 속도를 생각해
<u>구름 입자보다 큼</u>
보자. 공기 저항이 없다면 상공 1000m에서 낙하하는 비 입자의 속도는 초속 140m가 된다. 이는 공기총에서 발사한 탄환 속도와 맞먹는다. 그러나 실제 비 입자는 초속 6~7m에 도달하면 공
<u>비 입자의 종단 속도</u>
기 저항과 중력 크기가 동일해져 더는 속도가 증가하지 않는다. 이렇게 일정해진 속도를 '종단 속도'라고 한다.
<u>공기 저항과 중력 크기가 동일해져 일정해진 속도</u>
▶ 3문단: 공기 저항에 영향을 미치는 요인 ① - 종단 속도

공기 저항을 결정하는 요인은 낙하 속도뿐만이 아니다. 공기 저항은 물체의 표면에서도 발생하므로 표면적이 클수록 커진다. 비
<u>공기 저항은 표면적에 비례함</u>
입자를 정육면체로 가정하고 절반으로 잘라보면 단면적*이 생기므로 표면적이 늘어난다. 입자를 나눌수록 공기 저항은 커진다.
<u>공기 저항이 커짐</u>
다음으로 비 입자보다 훨씬 작은 구름 입자의 낙하 속도를 살펴보자. 반지름이 1mm인 빗방울의 종단 속도는 초속 6.5m이지만 반
<u>종단 속도는 반지름에 비례함</u>
지름이 0.01mm인 구름 입자의 종단 속도는 초속 0.01m이다. 반지름이 100분의 1일 때 종단 속도는 650분의 1로 급격하게 감소한다. 즉 구름 입자도 낙하하지만 종단 속도가 겨우 초속 1cm이기 때문에 1m를 낙하하는 데 1분 이상이 걸린다. 낙하하더라도
<u>낙하가 눈으로 보이지 않음</u>
멀리서 보면 쉽게 알아차릴 수 없는 것이다. 정리하자면, 수십 톤이나 되는 구름이 떨어지지 않는 이유 중 하나는 <u>미세한 구름 입자의 표면적이 너무 커서 낙하를 알아차릴 수 없을 정도로 종단 속도</u>
<u>표면적이 크면 공기 저항도 큼</u>
가 느려지기 때문이다.
▶ 4문단: 공기 저항에 영향을 미치는 요인 ② - 표면적

적운은 대부분 지상 부근에서 거품처럼 피어오르는 공기 덩어리에서 발생한다. 지표면의 한 부분이 강한 태양 광선에 노출되면 그 부분에 있던 공기 덩어리의 온도가 주위의 공기보다 올
<u>온도가 높아지면 공기가 상승함</u>
라가면서 가벼워진 공기가 상승한다. 작은 구름 입자 하나하나가 상승 기류*를 타기 때문에 구름 전체가 떠 있는 것이다. 초속
<u>상승 기류가 구름 입자를 지탱함</u>
1cm 정도의 상승 기류만 있어도 구름 입자를 지탱할 수 있는데, 이것이 구름이 지상으로 떨어지지 않는 이유이다.
▶ 5문단: 상승 기류를 타는 구름 입자

* 입자(粒子): 물질을 구성하는 미세한 크기의 물체.
* 반경(半徑): 원이나 구의 중심에서 그 원둘레 또는 구면상의 한 점에 이르는 선분. 또는 그 선분의 길이.
* 저항(抵抗): 물체의 운동 방향과 반대 방향으로 작용하는 힘.
* 단면적(斷面積): 물체를 하나의 평면으로 자른 면의 넓이.
* 기류(氣流): 온도나 지형의 차이로 말미암아 일어나는 공기의 흐름.

01 세부 내용 이해하기   답 | ③

윗글에 대한 내용으로 적절하지 않은 것은?

정답 선지 분석

③ 낙하하는 물체의 중량이 무거울수록 가속도도 커진다.

2문단에서 뉴턴은 낙하하는 물체의 속도가 1초당 9.8m씩 증가한다는 사실을 밝혔으며, 이는 물체의 중량에 상관없다고 하였다. 따라서 낙하하는 물체의 중량이 무거울수록 가속도도 커진다는 것은 적절하지 않다.

오답 선지 분석

① 공기 저항은 표면적에 비례한다.

4문단에서 공기 저항은 물체의 표면에서도 발생하므로 표면적이 클수록 크다고 하였다.

② 종단 속도는 표면적의 크기에 영향을 받는다.

3문단에서 종단 속도는 공기 저항에 영향을 받는다고 하였는데, 4문단에 따르면 공기 저항은 표면적이 클수록 크므로 종단 속도는 표면적의 크기에 영향을 받는다.

④ 구름 한 점을 구성하는 구름 입자의 총량은 수십 톤이다.

1문단에서 보통 구름 한 점을 구성하는 구름 입자의 총량은 수십 톤이라고 하였다.

⑤ 구름 입자는 작지만 질량이 있기 때문에 중력이 작용한다.

2문단에서 구름 입자 하나의 크기는 대개 반경 0.01mm이며, 작지만 질량이 있기 때문에 지구 중력이 작용한다고 하였다.

02 중심 내용 이해하기   답 | ④

다음은 구름이 공중에 떠 있을 수 있는 이유를 정리한 것이다. ㉠~㉢에 들어갈 말을 바르게 연결한 것은?

• 구름 입자의 반지름이 비 입자보다 작아 표면적이 (㉠) 때문이다.
• 구름 입자의 종단 속도가 낙하를 알아차릴 수 없을 만큼 (㉡) 때문이다.
• 작은 구름 입자 하나하나가 (㉢)하기 때문이다.

정답 선지 분석

	㉠	㉡	㉢
④	넓기	느리기	상승

㉠ 2문단과 3문단에서 각각 구름 입자의 크기는 반경 0.01mm, 비 입자의 크기는 반경 1mm임을 알 수 있다. 또한 4문단에서 미세한 구름 입자의 표면적이 크다고 하였다.

㉡ 4문단에서 구름 입자는 표면적이 크기 때문에 낙하를 알아차릴 수 없을 정도로 종단 속도가 느려진다고 하였다.

㉢ 5문단에서 지표면의 한 부분이 강한 태양 광선에 노출되면 그 부분에 있던 공기 덩어리의 온도가 주위의 공기보다 올라가면서 가벼워진 공기가 상승한다고 하였다.

03 자료를 통해 내용 이해하기   답 | ②

윗글과 보기 를 보고 이해한 것으로 적절하지 않은 것은?

보기

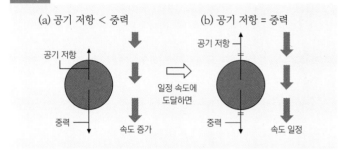

(a) 공기 저항 < 중력   일정 속도에 도달하면   (b) 공기 저항 = 중력
공기 저항 / 중력 / 속도 증가   공기 저항 / 중력 / 속도 일정

정답 선지 분석

② (b) 이후에는 공기 저항이 중력보다 더 커진다.

3문단에서 낙하하는 물체에는 가속도가 붙지만, 현실에서는 공기 저항이 있어 일정한 속도에 도달하면 중력과 공기 저항의 크기가 같아져 일정한 속도로 내려오게 된다고 하였다. 그 이후에 공기 저항이 중력보다 커진다는 내용은 윗글에서 찾아볼 수 없다.

오답 선지 분석

① (a)의 공기 저항은 속도에 비례하여 증가한다.

3문단에서 공기 저항은 물체의 속도에 비례하여 증가한다고 하였다.

③ (b)는 공기 저항과 중력이 같아진 것으로 '종단 속도'라 한다.

3문단에서 실제 비 입자가 초속 6~7m에 도달하면 공기 저항과 중력 크기가 동일해져 더는 속도가 증가하지 않으며, 이렇게 일정해진 속도를 종단 속도라고 한다고 하였다.

④ (a)와 (b)에서 공기 저항이 없다면 낙하 속도는 점점 더 빨라진다.

3문단에서 현실에서는 공기 저항이 있어 일정한 속도에 도달하면 중력과 공기 저항의 크기가 같아져 일정한 속도로 내려오게 된다고 하였다. 따라서 공기 저항이 없다면 물체에 계속해서 가속도가 붙어 낙하 속도가 점점 더 빨라질 것이다.

⑤ (a)와 (b)에서 낙하하는 물체의 공기 저항은 중력의 반대 방향으로 작용한다.

3문단에서 낙하하는 물체의 공기 저항은 중력의 반대 방향으로 작용한다고 하였다.

04 세부 내용 파악하기

보기 의 빈칸에 들어갈 말로 적절한 것을 골라 차례대로 쓰시오.

보기

표면적이 늘어날수록 공기 저항은 (커지고 / 작아지고), 반지름이 줄어들수록 종단 속도는 (증가한다 / 감소한다).

정답

커지고, 감소한다

나 보기가 / 역겨워 /
　　　　7·5조, 3음보 율격
가실 때에는 //   □: '-우리다'의 반복으로
이별의 상황 가정   운율을 형성함
말없이 / 고이 보내 / 드리우리다. //
　　　임에 대한 순종적 자세, 반어법 –
　　　실제로는 하고 싶은 말이 많음

수미상관의 형식

▶ 이별의 상황을 가정하고 체념함

영변*에 약산*
구체적 지명으로 향토적 분위기를 조성함
진달래꽃 ① 시적 화자의 분신 ② 헌신, 순종
　　　　　③ 축복 ④ 슬픔 ⑤ 사랑의 표상
아름 따다 가실 길에 뿌리우리다.
　　　임이 가시는 길을 축복함

▶ 떠나는 임을 향한 축복

가시는 걸음 걸음
(임이) 가시는
놓인 그 꽃을

사뿐히 즈려밟고* 가시옵소서.
역설법 – '사뿐히'와 '즈려밟고'가 의미상 충돌함

▶ 임에 대한 희생적 사랑

나 보기가 역겨워

가실 때에는

죽어도 아니 눈물 흘리우리다.
반어법 – 실제로는 눈물을 흘릴 것임

▶ 이별의 정한 극복

- 김소월, 〈진달래꽃〉 -

* 영변(寧邊): 평안북도 영변군에 있는 면.
* 약산(藥山): 평안북도 영변 서쪽에 있는 산. 진달래가 곱기로 유명함.
* 즈려밟다: 지르밟다. 위에서 내리눌러 밟다.

01 표현상의 특징 파악하기   답 | ④

윗글에 대한 내용으로 적절하지 않은 것은?

정답 선지 분석

④ 대조적인 이미지를 제시하여 부정적인 현실을 강조하고 있다.

　윗글에 임과 이별하는 상황이 드러나 있기는 하나 이는 현실이 아니라 화자의 가정이
며, 대조적인 이미지가 제시되지도 않았다.

오답 선지 분석

① 동일한 종결 어미를 반복하여 운율을 형성하고 있다.

　1, 2, 3연에서 동일한 종결 어미인 '-우리다'를 반복하여 운율을 형성하고 있다.

② 임과 이별하는 상황을 가정하여 시상을 전개하고 있다.

　1연의 '나 보기가 역겨워 / 가실 때에는'을 통해 임과 이별하는 상황을 가정하여 시상
을 전개하고 있음을 알 수 있다.

③ 수미상관의 구조를 취하여 구조적인 안정감을 꾀하고 있다.

　1연의 '나 보기가 역겨워 / 가실 때에는 / 말없이 고이 보내 드리우리다.'가 4연에서
'나 보기가 역겨워 / 가실 때에는 / 죽어도 아니 눈물 흘리우리다.'로 변형되어 수미상
관의 구조를 취하고 있다.

⑤ 반어법을 활용하여 화자의 슬픔을 효과적으로 표현하고 있다.

　1연의 '말없이 고이 보내 드리우리다.'와 4연의 '죽어도 아니 눈물 흘리우리다.'에서
반어법이 활용되어 화자의 슬픔을 효과적으로 표현하고 있다.

02 소재의 의미 파악하기   답 | ②

진달래꽃에 대해 이해한 내용으로 적절하지 않은 것은?

정답 선지 분석

② 재회에 대한 화자의 기대감을 뜻한다.

　윗글에서 화자가 임과의 재회를 기대하는지는 알 수 없으며, 진달래꽃이 재회에 대한
화자의 기대감을 뜻하지도 않는다.

오답 선지 분석

① 화자의 분신과도 같은 존재이다.

　진달래꽃은 화자의 분신과도 같은 존재로, 화자의 감정을 드러내기 위해 사용되었다.

③ 떠나는 임을 향한 축복의 의미를 갖는다.

　2연에서 화자가 진달래꽃을 따다 임이 가실 길에 뿌리겠다고 하는 것은 떠나는 임을
향한 축복의 의미이다.

④ 임을 향한 화자의 애절한 마음을 나타낸다.

　진달래꽃은 임을 향한 화자의 애절한 마음, 슬픔과 한을 나타낸다.

⑤ 임에 대한 화자의 헌신과 희생을 의미한다.

　진달래꽃은 임에 대한 화자의 헌신과 희생, 순종적인 태도를 의미한다.

03 작품 간의 공통점, 차이점 비교하기   답 | ②

윗글과 보기 를 비교한 내용으로 가장 적절한 것은?

보기

가시리 가시리잇고 나난
버리고 가시리잇고 나난
위 증즐가 대평성대

날러는 어찌 살라 하고
버리고 가시리잇고 나난
위 증즐가 대평성대

붙잡아 두어리마는
서운하면 아니 올세라
위 증즐가 대평성대

서러운 님 보내옵나니 나난
가시는 듯 돌아오소서 나난
위 증즐가 대평성대

- 작자 미상, 〈가시리〉 -

* 나난: 의미 없는 여음구.
* 위 증즐가 대평성대(大平盛代): 후렴구.

정답 선지 분석

② 윗글의 화자는 〈보기〉와 달리 이별의 원인을 외부 요인으로 돌리고 있다.

　〈보기〉의 화자가 이별의 원인을 무엇이라고 생각하는지는 알 수 없으며, 윗글의 화자
는 '나 보기가 역겨워 / 가실 때에는'이라고 하며 이별의 원인을 자신에게 돌리고 있다.
따라서 이별의 원인을 외부 요인으로 돌리고 있다고 할 수 없다.

오답 선지 분석

① 윗글과 〈보기〉의 화자는 모두 시간의 흐름에 따른 감정 변화를 보이고 있다.

　윗글과 〈보기〉의 화자 모두 시간의 흐름에 따른 정서 변화는 찾아볼 수 없으며, 임과의
이별을 슬퍼하고만 있다.

③ 윗글의 화자는 〈보기〉와 달리 떠난 임에 대한 원망을 표현하고 있다.
　윗글의 화자가 떠난 임에 대한 원망을 표현하는 부분은 찾을 수 없다. 〈보기〉에서는 '날러는
　어찌 살라 하고 / 버리고 가시리잇고 나난'이라고 한 것을 통해 화자가 떠난 임을 원망하고
　있다고 볼 수 있다.

④ 〈보기〉의 화자는 윗글과 달리 떠나려는 임을 간절히 붙잡고 있다.
　〈보기〉에서 '붙잡아 두어리마는 / 서운하면 아니 올세라'라고 한 것을 통해 화자가 임
　을 붙잡고 싶어 하지만 괜히 붙잡았다가 임이 자신에게 돌아오지 않을 것을 두려워하
　여 붙잡지 못했음을 알 수 있다.

⑤ 〈보기〉의 화자는 윗글과 달리 재회의 의지를 보이지 않고 있다.
　〈보기〉의 화자는 '서러운 님 보내옵나니 나난 / 가시는 듯 돌아오소서 나난'이라고 하
　며 임과의 재회에 대한 의지를 보이고 있다.

04 시구의 의미 파악하기

윗글에서 향토적인 정서를 느낄 수 있는 시구를 찾아 2어절로 쓰시오.

정답

영변에 약산

문학 2　　운영전(작자 미상)

빠른 정답 체크　01 ④　02 ③　03 ④　04 감정

[앞부분 줄거리] 수성궁에서 술에 취해 잠든 <u>유영은 꿈속에서 김 진사</u>
와 운영을 만나 그들의 사랑에 대해 듣게 된다. <u>안평 대군의 궁녀인 운영</u>
　　　　　　　액자식 구성을 취함
은 대군을 찾아온 김 진사와 사랑에 빠진다. 운영이 벽의 구멍으로 김 진
　　　신분의 차이가 있음
사에게 몰래 편지를 전하자, 김 진사 역시 무녀를 통해 편지를 전한다.

　제가 방으로 돌아와 ㉠<u>편지를 뜯어 보니</u>, 그 편지에 일렀습니다.
　　　　　　　　　김 진사가 운영에게 쓴 편지
'그대를 한 번 본 이후로 날아갈 듯 기뻐 마음을 안정시킬 수가
　　　　　　처음 보았을 때부터 사랑에 빠짐
없었습니다. 그래서 매번 궁성*의 서쪽을 바라볼 때마다 애가
　　　　　　　　　운영을 만날 수 없었기 때문
끊는 듯했습니다. 지난번 벽 틈으로 전해 준 편지로 잊을 수 없
는 그대의 고운 글을 경건하게 받들긴 했으나, 다 펼치기도 전
운영이 벽의 구멍으로 전해 준 편지
에 숨이 막히고 절반도 채 못 읽어 눈물이 글자를 적시었습니
다. 이때부터 저는 잠자리에 들어도 잠을 이룰 수가 없고, 밥을
　　　　　　　　운영에 대한 그리움으로 일상생활을 하지 못함
먹어도 음식이 넘어가지 않았습니다. 병이 고황*에 들어 온갖
　　　　　　　　　　　　　　　상사병에 걸림
약이 무효한지라, 다만 저승에서나마 뜻밖에 만나 서로 따를 수
　　　　　　　　　　　　　　불교의 윤회 사상
있기를 바랍니다. 푸른 하늘은 굽어 불쌍하게 여기시고 귀신은
묵묵히 도와주소서. 만약 생전에 이 한을 한 번 풀어 주신다면,
　　　　　　　서로 사랑하면서도 만나지 못하는 한
마땅히 몸을 빻고 뼈를 갈아서 천지의 모든 신령께 제사를 올리
분골쇄신(粉骨碎身) - 정성으로 노력함을 이르는 말
겠나이다. 종이를 대하니 목이 멥니다. 다시 무슨 말을 할 수 있
겠습니까? 예의를 갖추지 못한 채 삼가 올립니다.'
　이 글 아래 다시 칠운시* 한 수를 써서 일렀다.
　　　　　　　　　삽입 시

　　깊고 깊은 누각에 저녁 사립문은 닫혔고,
　　　수정궁 - 사랑의 장애물
　　나무 그늘과 구름 그림자는 온통 흐릿하기만 하네.

　　흐르는 물에 떨어진 꽃은 도랑 따라 흘러나오고,

　　어린 제비는 흙을 물고 난간으로 돌아가네.
[A]　　　　　　　　　　　　　　　　　　▶ 굳게 닫힌 수정궁의 풍경
　　베갯머리에 누워도 호접몽* 이루지 못하고,
　　　꿈속에서 나비가 되어서라도 운영을 만나러 가고자 함
　　공연히 눈을 돌려 오지 않을 소식 기다리네.

　　옥 같은 얼굴 눈앞에 있는데 어찌 말이 없는가?
　　　운영의 얼굴
　　푸른 숲에서 우는 꾀꼬리 소리에 눈물로 옷깃 적시네.
　　　　　　　　객관적 상관물　　　▶ 운영을 그리워하는 김 진사의 마음

　저는 이 글을 다 읽고 난 뒤에 소리가 끊기고 기가 막혀서, 입으
로는 말을 할 수가 없었고 눈에서는 눈물이 다하여 피가 흘렀습
　　　　　　　김 진사의 편지를 읽고 큰 슬픔을 느낌
니다. 그러나 몸을 병풍 뒤에 숨기고 오로지 남이 알까 두려워했
　　　　　　　안평 대군은 궁녀들이 외간 남자와 교류하지 못하게 함
을 뿐입니다.

　이때부터 저는 단 한 순간도 낭군을 잊지 못하여 바보나 미치광
이가 된 것 같았습니다. 이러한 제 마음이 말과 얼굴에 나타나니,
주군이 의심하고 남들이 이상하게 여겼던 것은 실로 헛된 것이
안평 대군
아니었습니다. 자란 역시 원한이 맺힌 여자인지라, 이 말을 듣고
　　　　　　　자란 또한 대군의 명으로 외부와의 출입이 차단된 궁녀임
눈물을 머금으며 말했습니다.

　ⓐ"시는 성정*에서 나오는 것이니 속일 수가 없구나."
　　　　　시에는 시를 쓴 이의 감정이 담겨 있음

[중간 부분 줄거리] 안평 대군은 김 진사와 운영의 관계를 의심하여 운
영과 다른 네 궁녀를 서궁으로 보낸다. 중추절*에 궁녀들이 빨래를 하러
나갈 기회를 얻자, 운영은 무녀를 통해 김 진사에게 연락하여 사랑을 확
인하고 다시 만날 것을 약속한다. 이후 김 진사는 노비 특의 계책을 따라
궁궐의 담장을 넘어가 운영을 만난다. 그러다 안평 대군이 운영의 시를
보고 다시금 김 진사와 운영의 사이를 의심한다.

　이에 저는 즉시 뜰에 내려 머리를 조아리고 울면서 말했습니다.
　　　　　　　　자신의 결백을 호소하고 의심에서 벗어나기 위함
"대군께 한 번 의심을 보이고는 바로 곧 스스로 죽고자 했으니
나이가 아직 스물이 안 되었고, 또 부모님도 보지 못하고 죽으
처음 의심받았을 때 죽지 못한 이유. 궁녀들이 억압되어 살아감이 드러남
면 구천지하*에 죽어서도 유감이 있는 까닭으로 살기를 구차히
생각하다가 이제 다시 의심을 받게 되었사오니 한 번 죽기를 어
찌 애석히 여기겠습니까? 천지신명*이 굽어보고 궁녀 오 인이
　　　　　　　　　자신이 외간 남자를 만날 수 없는 이유를 댐
한시도 떨어지지 아니하는데, 더러운 이름이 유독 첩에게 돌아
　　　　　　　　　외간 남자를 만난다고 의심받음
오니 살아 있는 것이 죽는 것만 같지 못합니다. 첩은 지금 죽을
　　　　　　　의심을 받으며 사는 것은 죽는 것보다 못함
곳으로 가겠습니다."

　저는 곧 수건으로 스스로 목을 매고 죽으려 하였습니다. 이때
자란이

"주군께서 이처럼 죄 없는 시녀로 하여금 스스로 사지*로 나가게 하시니, 오늘부터 저희들은 맹세코 붓을 들어 글을 쓰지 않겠습니다."

<small>단호한 어조 – 운영이 의심을 받아 자결할 때의 결과를 이야기함</small>

하니, 대군은 비록 크게 노하였으나, 마음속으로는 정말로 저를 죽이고 싶지 않은 고로, 자란으로 하여금 저를 구하여 죽지 못하게 하였습니다.

<small>안평 대군은 마음속으로는 운영을 아낌</small>

(중략)

진사가 그날 밤 들어오셨으나, 저는 병이 들어 일어나지 못하고, 자란이 맞아들여 술 석 잔을 권하고 ⓒ 봉서*를 전했습니다.

<small>운영이 김 진사에게 쓴 편지</small>

'이후로는 다시 낭군을 볼 수 없나이다. 삼생*의 인연과 백 년의 가약이 오늘 밤으로 다한 것 같습니다. 혹 하늘이 정해 준 인연이 끊어지지 않았으면 구천지하에서 만날 밖에는 다른 도리가 없나이다.'

<small>백년가약(百年佳約) – 부부가 되어 평생을 함께 살아갈 것을 다짐하는 아름다운 약속</small>
<small>살아서는 사랑이 이루어지지 않고 죽어서야 이루어질 것을 암시함</small>

진사는 편지를 받고 우두커니 서서 묵묵히 바라보다가 가슴을 치고 눈물을 흘리면서 나갔습니다. 자란은 저희들이 처량하여 차마 볼 수 없어 몸을 숨기고 눈물을 흘리면서 서 있었습니다. 진사가 집으로 돌아와 봉서를 뜯어보니,

<small>김 진사와 운영을 안타까워함</small>

'박명한* 운영은 낭군께 두 번 절하고 엎드려 사룁니다. 첩이 변변치 못한 자질로서 불행하게도 낭군님께서 유념하여* 주시어 서로 생각하기를 몇 날이며, 서로 바라보기를 몇 번이나 하다가 다행히 하룻밤의 즐거움을 나누었을 뿐, 바다같이 크고 넓은 정은 다하지 못하였나이다. 인간사 좋은 일에는 조물주*의 시기함이 많사와, 궁인이 알고 대군이 의심하시어 조석*으로 화가 다가왔으매, 죽은 뒤에나 이 재앙이 그칠 것입니다. 엎드려 바라옵건대「낭군께서는 저와 작별한 후에 저를 가슴에 품어 두시고 상심하지 마시고, 힘써 공부하시어 과거에 급제하여 벼슬길에 오르고 후세에 이름을 날리시어 부모님을 기쁘게 해 주시옵소서.」 첩의 의복과 보화*는 모두 팔아서 불공*을 드리되, 온 정성으로 빌어 지성으로 발원하시어*, 삼생의 미진한* 연분을 후세에 다시 잇게 하여 주시옵소서.'

<small>운영의 신분이 대군의 궁녀이기 때문</small>
<small>안평 대군의 의심을 받음</small>
<small>사랑이 이루어지지 않아 차라리 죽기를 결심함</small>
<small>『』: 자신의 안위보다 김 진사의 미래를 더 걱정함</small>
<small>유교적 출세주의가 드러남</small>
<small>후생에서도 김 진사와의 연을 이어가고자 함</small>

진사는 편지를 다 읽지 못하고 기절하여 땅에 넘어졌습니다.

<small>운영에 대한 간절한 그리움 때문</small>

– 작자 미상, 〈운영전〉 –

* 궁성(宮城): 임금이 거처하는 집.
* 고황(膏肓): 심장과 횡격막의 사이. 고는 심장의 아랫부분이고, 황은 횡격막의 윗부분으로, 이 사이에 병이 생기면 낫기 어렵다고 한다.
* 칠운시(七韻詩): 칠언 율시. 한 구가 일곱 자이며, 여덟 구로 이루어진 시.
* 호접몽(胡蝶夢): 나비에 관한 꿈이라는 뜻으로, 인생의 덧없음을 이르는 말.
* 성정(性情): 성질과 심정. 또는 타고난 본성.

* 중추절(仲秋節): 음력 팔월에 있는 명절이라는 뜻으로 '추석'을 달리 이르는 말.
* 구천지하(九泉地下): 땅속 깊은 밑바닥이란 뜻으로, 죽은 뒤에 넋이 돌아가는 곳을 이르는 말.
* 천지신명(天地神明): 천지의 조화를 주재하는 온갖 신령.
* 사지(死地): 죽을 지경의 매우 위험하고 위태한 곳.
* 봉서(封書): 겉봉을 봉한 편지.
* 삼생(三生): 전생, 현생, 내생인 과거세, 현재세, 미래세를 통틀어 이르는 말.
* 박명하다(薄命하다): 복이 없고 팔자가 사납다.
* 유념하다(留念하다): 잊거나 소홀히 하지 않도록 마음속에 깊이 간직하여 생각하다.
* 조물주(造物主): 우주의 만물을 만들고 다스리는 신.
* 조석(朝夕): 썩 가까운 앞날. 또는 어떤 일이 곧 결판나거나 끝장날 상황.
* 보화(寶貨): 썩 드물고 귀한 가치가 있는 보배로운 물건.
* 불공(佛供): 부처 앞에 공양을 드림. 또는 그런 일.
* 발원하다(發願하다): 신이나 부처에게 소원을 빌다.
* 미진하다(未盡하다): 아직 다하지 못하다.

01 인물의 태도, 심리 파악하기 답 | ④

윗글의 인물에 대한 이해로 적절하지 않은 것은?

정답 선지 분석

④ 안평 대군은 자란의 말에 감명받아 운영을 죽이지 않았다.

'대군은 비록 크게 노하였으나, 마음속으로는 정말로 저를 죽이고 싶지 않은 고로'에서 안평 대군이 내심 운영을 아꼈기 때문에 자란으로 하여금 운영을 구하게 했음을 알 수 있다. 자란의 말에 감명을 받았다고는 할 수 없다.

오답 선지 분석

① 운영은 안평 대군에게 자신의 결백을 호소했다.

운영은 '천지신명이 굽어보고~살아 있는 것이 죽는 것만 같지 못합니다'라고 하며 죽음으로써 자신의 결백을 증명하고자 호소하였다.

② 자란은 김 진사와 운영의 관계를 안타깝게 여겼다.

김 진사에 대한 운영의 마음을 알게 된 자란이 눈물을 머금은 것이나, 김 진사와 운영이 '처량하여 차마 볼 수 없어 몸을 숨기고 눈물을 흘리면서 서 있었'다는 것을 통해 김 진사와 운영의 관계를 안타깝게 여겼음을 알 수 있다.

③ 김 진사는 운영을 그리워하는 마음이 깊어 병을 앓았다.

김 진사는 운영의 글을 읽은 뒤 '병이 고황에 들어 온갖 약이 무효한' 상태가 되었다. 이는 운영을 그리워하는 마음이 깊어졌기 때문이다.

⑤ 운영은 자신이 죽은 뒤 김 진사가 상심하지 않기를 바랐다.

'엎드려 바라옵건대 낭군께서는 저와 작별한 후에 저를 가슴에 품어 두시고 상심하지 마시고'를 통해 자신이 죽은 뒤 김 진사가 상심하지 않기를 바라는 운영의 마음을 알 수 있다.

02 소재의 의미 파악하기 답 | ③

㉠과 ㉡을 비교한 내용으로 가장 적절한 것은?

정답 선지 분석

③ ㉠은 자신이 느끼는 그리움을, ㉡은 자신의 당부를 상대에게 전달하고 있다.

㉠은 김 진사가 운영에게 준 편지이고, ㉡은 운영이 김 진사에게 준 편지이다. ㉠에서 김 진사는 '매번 궁성의 서쪽을 바라볼 때마다 애가 끊는 듯했습니다'라고 말하는 등 자신이 느끼는 그리움을 운영에게 전달하고 있고, ㉡에서 운영은 '엎드려 바라옵건대~다시 잇게 하여 주시옵소서'에서 자신의 당부를 김 진사에게 전달하고 있다.

① ㉠은 상황에 대한 원망을, ㉡은 상대에 대한 원망을 드러내고 있다.

　㉠에서 김 진사가 운영을 만날 수 없는 상황에 대한 원망을 드러내고 있다고 볼 수는 있지만, ㉡에서 운영이 김 진사에 대한 원망을 드러내고 있는 것은 아니다.

② ㉠은 자신의 감정을 간접적으로, ㉡은 직접적으로 이야기하고 있다.

　㉠에서 김 진사는 '그대를 한 번 본 이후로 날아갈 듯 기뻐 마음을 안정시킬 수가 없었습니다'라고 하는 등 자신의 감정을 직접적으로 이야기하고 있다. ㉡에서 운영이 자신의 감정을 직접적으로 이야기한 부분은 찾아볼 수 없다.

④ ㉠은 과거에 자신이 저지른 잘못을, ㉡은 미래에 자신이 할 일을 설명하고 있다.

　㉡에서 '인간사 좋은 일에는~죽은 뒤에나 이 재앙이 그칠 것입니다'라는 운영의 말을 통해 운영이 죽음을 결심했음을 알 수는 있지만, ㉠에서 김 진사가 과거에 자신이 저지른 잘못을 설명하지는 않았다.

⑤ ㉠은 상대의 생각을 바꾸기 위해, ㉡은 상대의 행동을 유도하기 위해 상대를 설득하고 있다.

　㉡에서 운영이 김 진사로 하여금 힘써 공부하여 과거에 급제하는 등의 행동을 유도하고 있다고 볼 수는 있지만, ㉠에서 김 진사가 운영의 생각을 바꾸기 위해 운영을 설득하고 있는 것은 아니다.

04　구절의 의미 이해하기

다음은 ⓐ의 의미를 설명한 것이다. 빈칸에 들어갈 말로 적절한 것을 골라 쓰시오.

　ⓐ는 시에는 시를 쓴 사람의 (감정 / 이성)이 담겨 있다는 의미이다.

감정

03　외적 준거를 바탕으로 작품 감상하기　　　　　답 | ④

보기 를 참고할 때, [A]에 대한 이해로 적절하지 않은 것은?

　고전 소설 속에 삽입된 시는 서사 속에서 다양한 역할을 수행한다. 인물의 심리 혹은 상황을 비유적, 함축적으로 전달하기도 하고, 주제를 집약적으로 전달하기도 한다. 또한 사건을 전개하거나 사건 전개의 방향을 암시하기도 한다. 한편으로는 분위기를 형성하고, 인물들 간 의사소통의 매개체로 작용하기도 한다.

④ 김 진사가 운영으로부터 소식을 듣지 못할 것을 암시하고 있다.

　[A]의 6행에서 '공연히 눈을 돌려 오지 않을 소식 기다리네'라고 한 것은 운영으로부터 소식을 듣지 못하고 있는 김 진사의 상황을 드러내는 것이지, 김 진사가 운영으로부터 소식을 듣지 못할 것을 암시하고 있는 것이 아니다.

① 서정적이고 낭만적인 분위기를 형성하고 있다.

　[A]는 산문의 서사적 전개 속에 서정적 감흥을 일으키며, 낭만적인 분위기를 형성하고 있다.

② '꾀꼬리'는 김 진사의 심리를 전달하기 위한 자연물이다.

　[A]의 8행에서 '푸른 숲에서 우는 꾀꼬리 소리'에 '눈물로 옷깃 적'신다고 했으므로 '꾀꼬리'는 김 진사의 그리움과 슬픔을 전달하기 위한 객관적 상관물이다.

③ 작품의 주제인 남녀 간의 사랑을 집약적으로 전달하고 있다.

　[A]의 1~4행은 굳게 닫혀 있는 수정궁의 풍경을, 5~8행은 운영에 대한 김 진사의 그리움을 표현하고 있다. 이는 작품의 주제인 남녀 간의 사랑을 집약적으로 전달하는 것이다.

⑤ 김 진사와 궁궐에 있는 운영이 쉽게 만날 수 없는 상황을 표현하고 있다.

　[A]의 1행인 '깊고 깊은 누각에 저녁 사립문은 닫혔고' 등에서 김 진사와 궁궐에 있는 운영이 쉽게 만날 수 없는 상황을 표현하고 있다.

문법 형태소

빠른 정답 체크 01 ② 02 ③ 03 ⑤ 04 10개

01 형태소 이해하기
답 | ②

형태소에 대한 설명으로 적절하지 않은 것은?

정답 선지 분석

② 실질 형태소는 모두 자립 형태소에 해당한다.

자립 형태소는 홀로 자립하여 쓰일 수 있는 형태소로 명사, 대명사, 수사, 관형사, 부사, 감탄사가 이에 해당한다. 실질 형태소는 실질적인 뜻을 지니고 구체적인 상태나 동작, 대상을 표시하는 형태소로 자립 형태소에 속하는 품사들은 모두 실질 형태소이다. 하지만 예외적으로 용언의 어간의 경우 홀로 쓰이지 못해 다른 말에 붙여서 사용하는 의존 형태소이지만 실질적인 뜻을 가지고 있기 때문에 실질 형태소이다. 따라서 자립 형태소는 모두 실질 형태소일 수 있으나 실질 형태소는 모두 자립 형태소가 아니다.

오답 선지 분석

① '을'과 '를'은 이형태 관계로 의미가 같다.

이형태는 의미는 같으나 주위 환경에 따라 모양이 다른 형태소를 말한다. '을'과 '를'은 의미가 같으나 '을'은 앞말이 자음으로 끝날 때 사용되고, '를'은 앞말이 모음으로 끝날 때 사용된다.

③ 조사의 경우 의존 형태소이자 형식 형태소이다.

조사의 경우 홀로 쓰이지 못하고 다른 말에 붙어서 쓰이기 때문에 의존 형태소이며, 실질적인 의미를 갖는 것이 아닌 실질 형태소에 붙어서 말과 말 사이의 관계를 표시하는 형태소이기 때문에 형식 형태소이다.

④ 형태소는 더 이상 나눌 수 없는 가장 작은 말의 단위이다.

형태소는 뜻을 가지는 가장 작은 말의 단위이기 때문에 더 나눌 경우 본래의 뜻이 사라지게 된다.

⑤ 형태소는 자립성의 유무에 따라 자립 형태소와 의존 형태소로 나눌 수 있다.

형태소는 크게 자립성의 유무와 실질적 의미의 유무에 따라 나눌 수 있다. 자립성의 유무에 따라서는 자립 형태소와 의존 형태소로 나눌 수 있고 실질적 의미의 유무에 따라서는 실질 형태소와 형식 형태소로 나눌 수 있다.

02 형태소의 분류 파악하기
답 | ③

보기 의 ㉠~㉤에 대한 설명으로 적절하지 않은 것은?

보기

㉠아름다운 ㉡꽃 ㉢이 ㉣활짝 ㉤피었다.

정답 선지 분석

③ ㉢은 실질 형태소이자 의존 형태소이다.

㉢의 '이'는 조사이기 때문에 홀로 쓰이지 못하고 주로 체언에 붙어서 사용해야 하는 의존 형태소이다. 그러나 조사는 실질적인 뜻을 지닌 실질 형태소가 아니라, 실질 형태소에 붙어서 말과 말 사이의 관계를 표시하는 형식 형태소이다.

오답 선지 분석

① ㉠의 '아름-'은 실질 형태소이자 의존 형태소이다.

㉠의 '아름다운'의 '아름-'은 용언의 어간이기 때문에 실질적인 뜻을 지닌 실질 형태소이자 홀로 쓰이지 못하여 다른 말에 붙어서 사용하는 의존 형태소이다.

② ㉡은 실질 형태소이자 자립 형태소이다.

㉡의 '꽃'은 명사이기 때문에 실질적인 뜻을 지닌 실질 형태소이자 홀로 자립하여 쓰일 수 있는 자립 형태소이다.

④ ㉣은 실질 형태소이자 자립 형태소이다.

㉣의 '활짝'은 뒤에 오는 '피었다'를 수식하는 부사이기 때문에 실질적인 뜻을 지닌 실질 형태소이자 홀로 자립하여 쓰일 수 있는 자립 형태소이다.

⑤ ㉤의 '-다'는 형식 형태소이자 의존 형태소이다.

㉤의 '-다'는 용언의 어미이기 때문에 실질 형태소에 붙어서 말과 말 사이의 관계를 표시하는 형식 형태소이자 홀로 쓰이지 못하는 의존 형태소이다.

03 형태소 분석하기
답 | ⑤

보기 의 문장에서 실질 형태소이면서 의존 형태소인 것을 모두 고른 것은?

보기

나는 물고기를 놓아 주었다.

정답 선지 분석

⑤ 놓-, 주-

실질 형태소이면서 의존 형태소인 것에는 용언의 어간만 해당한다. '놓-'과 '주-'는 용언의 어간이기 때문에 실질 형태소이자 의존 형태소이다.

오답 선지 분석

① 나, 물고기, 놓-, 주-

실질 형태소이면서 의존 형태소인 것에는 용언의 어간만 해당한다. '놓-', '주-'의 경우 용언의 어간이기 때문에 실질 형태소이자 의존 형태소이지만, '나'와 '물고기'는 실질 형태소이자 자립 형태소이다.

② 나, 놓-, 주-

실질 형태소이면서 의존 형태소인 것에는 용언의 어간만 해당한다. '놓-', '주-'의 경우 용언의 어간이기 때문에 실질 형태소이자 의존 형태소이지만, '나'는 실질 형태소이자 자립 형태소이다.

③ 는, 를, -다

실질 형태소이면서 의존 형태소인 것에는 용언의 어간만 해당한다. '는', '를', '-다'는 모두 형식 형태소이며 의존 형태소이다.

④ 나, 물고기

실질 형태소이면서 의존 형태소인 것에는 용언의 어간만 해당한다. '나'와 '물고기'는 실질 형태소이자 자립 형태소이다.

04 형태소 분류하기

보기 의 문장을 이루고 있는 형태소의 개수를 쓰시오.

보기

푸른 하늘을 보니 기분이 좋다.

정답

10개

태양 에너지는 태양광 발전이나 태양열 발전을 통해 이용할 수
있다. 최근 그 사용이 확산되고 있는 태양열 발전과 태양광 발전
에 대해 알아보자.
　▶1문단: 태양 에너지를 이용하는 방법
　　　　　　　　　▶1문단: 태양 에너지를 활용하는 태양열 발전과 태양광 발전
태양열 발전이란 태양이 복사하는* 열에너지를 흡수, 저장, 변
　태양열 발전의 개념
환하여 건물의 난방과 온수 공급 등에 활용하는 기술이다. 태양
열 시스템은 집열부, 축열부, 이용부로 구성된다. 집열부는 태양
　　　　태양열 시스템의 구성 요소
으로부터 오는 에너지를 모아서 열로 변환하는 장치로, 가장 중
　　　집열부의 역할
요한 부분이며 빛을 잘 흡수하는 검은색 관 속으로 물을 흐르게
　　　　　　집열부의 일반적인 형태
하는 평판* 집열관 형태가 기본이다. 집열부는 빛을 투과하는*
외부층(유리나 플라스틱)이 빛을 흡수하는 검은색의 내부구성물
　　　　　　집열부의 구조
을 둘러싼 형태로 이루어져 온실효과를 일으킨다. 이 안으로 들
어온 빛은 검은색의 내부에 부딪혀 적외선으로 바뀌고, 적외선은
　　　　집열부가 열을 모으는 원리
투명층을 통과하지 못하므로 내부는 점점 더 뜨거워진다. 이렇게
뜨거워진 내부에는 열을 흡수하였다가 전달하는 매체가 흐르는
데, 뜨거워진 매체는 물과 열을 교환하여 난방용 또는 온수용 물
　　　　　　　　　열 교환이 일어남
을 생산한다. 축열부는 열 교환되어 사용처에 사용될 매체, 즉 난
　　　　　　　축열부의 역할
방용 물 등을 저장하고 이용부에서 이를 운반한다.
　　　　　이용부의 역할 ▶2문단: 태양열 발전의 원리
태양광 발전은 발전기의 도움 없이 태양전지를 이용하여 태양
　　　　태양광 발전의 개념
광을 직접 전기에너지로 변환하는 발전방식으로, 태양광의 열에
너지를 이용해 발전하는 태양열 발전과 구분된다. 『P형 반도체와
　　태양열 발전과 태양광 발전의 차이　　　『 』: 태양전지의 셀 구조
N형 반도체를 접합시킨 태양전지의 셀은 상하 2층으로 나누어져
있다. 위층은 전자(-)가 많은 N형 반도체이며, 아래층은 정공*(+)
이 많은 P형 반도체이다.』 N형 반도체와 P형 반도체를 고온으로
　　　　　　　　　　　　　태양광 발전의 과정 ①
접합시켜 셀을 만드는데, 두 반도체가 접합되는 순간 접합 경계
면 부근에 있는 N형 반도체의 전자들은 경계면을 넘어 P형 반도
　　　　　　　　태양광 발전의 과정 ②
체로 이동하여 정공들과 결합한다. 이 결합은 경계면 부근의 제한
적인 범위에서만 일어나며, 순식간에 완료된다. 그 결과 원래 전
자들이 있던 N형 반도체 속의 원자들은 전자를 잃어 +전하를 가
　　　　　　　　　　　　　　공간 전하
지게 되고, 전자를 새로 받아들이게 된 P형 반도체 속의 원자들은
-전하를 가지게 된다. 이들 두 대칭적인 전하를 '공간 전하'라고
부른다. 태양광이 N형 반도체를 통과하면 경계면 부근의 반도체
　　　　　　　　　　　　　　태양광 발전의 과정 ③
원자들은 에너지 충격으로 +전하와 - 전하로 분리된다. 분리된
전하들은 이미 형성되어 있는 공간 전하의 정전기에 의해 +전하
는 아래(P형 반도체)로, - 전하는 위(N형 반도체)로 이동하여 모
　　　　　　　　　태양광 발전의 과정 ④

여 있게 되는데, 이때 위층과 아래층을 회로로 연결하면 - 전하가
　　　　　　　　　　　　　　　태양광 발전의 과정 ⑤
회로를 통해 아래층으로 흘러 들어가면서 전기를 일으키게 된다.
　　　　　　　　　　　　　▶3문단: 태양광 발전의 원리
태양열 발전과 태양광 발전은 모두 태양 에너지를 이용하므로
지속 가능하고 공해를 일으키지 않는 친환경적 기술이지만, 설치
　　　태양열 발전과 태양광 발전의 장점
장소가 한정적이며 설치 비용이 비싸다는 단점이 있다.
　　　태양열 발전과 태양광 발전의 단점 ▶4문단: 태양열 발전과 태양광 발전의 장단점

* 복사하다(輻射하다): 물체로부터 열이나 전자기파가 사방으로 방출되다.
* 평판(平板): 평평한 판.
* 투과하다(透過하다): 광선이 물질의 내부를 통과하다.
* 정공(正孔): 절연체나 반도체의 원자 간을 결합하고 있는 전자가 밖에서 에너지
　를 받아 보다 높은 상태로 이동하면서 그 뒤에 남은 결합이 빠져나간 구멍. 마치
　양의 전하를 가진 자유 입자와 같이 동작한다.

01　내용 전개 방식 파악하기　　답 | ③

윗글에 대한 설명으로 적절하지 않은 것은?

> 정답 선지 분석

③ 태양 에너지 이용의 어려움과 해결 방법을 설명하고 있다.

　4문단에 태양 에너지 이용의 어려움이 제시되어 있으나, 해결 방법을 설명하고 있지는
　않다.

> 오답 선지 분석

① 태양광 발전의 과정과 원리를 설명하고 있다.

　3문단에서 태양광 발전의 과정과 원리를 설명하고 있다.

② 태양열 시스템의 구성과 기능을 설명하고 있다.

　2문단에서 태양열 시스템의 구성과 기능을 설명하고 있다.

④ 태양열 발전과 태양광 발전의 장점과 단점을 설명하고 있다.

　4문단에서 태양열 발전과 태양광 발전의 장점과 단점을 설명하고 있다.

⑤ 태양열 발전과 태양광 발전의 공통점과 차이점을 설명하고 있다.

　4문단에서 태양열 발전과 태양광 발전의 공통점을, 3문단에서 차이점을 설명하고 있다.

02　핵심 내용 파악하기　　답 | ⑤

보기 의 발전 기술에 대한 설명으로 적절하지 않은 것은?

보기

> 정답 선지 분석

⑤ 〈보기〉는 집열판을 통해 태양으로부터 오는 에너지를 모아 직접 전기를 일
　으키는 장치이다.

　〈보기〉는 태양열 발전이다. 2문단에 따르면, 태양열 발전은 태양이 복사하는 열에너지
　를 흡수, 저장, 변환하여 활용하는 기술이다.

오답 선지 분석

① 〈보기〉의 집열판에서는 온실효과가 일어난다.

　2문단에서 태양열 발전에서는 온실효과가 일어난다고 하였다.

② 〈보기〉의 기술은 지속적이고 친환경적인 발전 기술이다.

　4문단에서 태양열 발전은 지속 가능하고 공해를 일으키지 않는 친환경적 기술이라고 하였다.

③ 〈보기〉는 태양의 열에너지를 이용해 발전하는 기술이다.

　2문단에서 태양열 발전은 태양이 복사하는 열에너지를 흡수, 저장, 변환하여 활용하는 기술이라고 하였다.

④ 〈보기〉의 발전은 건물의 난방 또는 온수 공급에 활용된다.

　2문단에서 태양열 발전은 태양이 복사하는 열에너지를 건물의 난방과 온수 공급 등에 활용하는 기술이라고 하였다.

04　세부 내용 파악하기

㉠, ㉡에 들어갈 말을 찾아 차례대로 쓰시오.

> 태양열 발전에서, 집열부의 관이 (　㉠　)색인 것은 (　㉠　)색이 (　㉡　)을/를 잘 흡수하기 때문이다.

정답

검은, 빛

03　핵심 내용 파악하기　　답 | ⑤

보기 에 관한 설명으로 적절하지 않은 것은?

보기

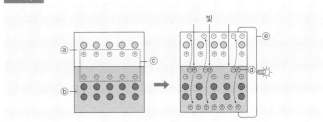

정답 선지 분석

⑤ ⓔ를 연결하면 −전하가 아래층에서 위층으로 흘러 들어가면서 전기를 일으킨다.

　〈보기〉는 태양광 발전이고, ⓔ는 회로이다. 3문단에서 태양광 발전에 사용되는 태양전지의 위층과 아래층을 회로로 연결하면 −전하가 회로를 통해 아래층으로 흘러 들어가면서 전기를 일으킨다고 하였다. 따라서 아래층에서 위층으로 흘러 들어간다는 것은 적절하지 않다.

오답 선지 분석

① ⓐ의 전자들은 경계면을 넘어 ⓑ의 정공들과 결합하였다.

　ⓐ는 N형 반도체이고, ⓑ는 P형 반도체이다. 3문단에서 N형 반도체와 P형 반도체가 접합되는 순간 접합 경계면 부근에 있는 N형 반도체의 전자들은 경계면을 넘어 P형 반도체로 이동하여 정공들과 결합한다고 하였다.

② ⓑ는 두 반도체의 접합으로 −전하를 갖는다.

　3문단에서 P형 반도체는 N형 반도체와의 접합으로 전자를 새로 받아들이게 되어 −전하를 가지게 된다고 하였다.

③ ⓒ는 서로 대칭적인 공간 전하이다.

　3문단에서 N형 반도체와 P형 반도체의 결합으로 인해 N형 반도체는 +전하를, P형 반도체는 −전하를 가지게 되는데 이들 두 대칭적인 전하를 공간 전하라고 부른다고 하였다.

④ 태양광이 ⓓ를 통과하면 ⓓ 중 +전하는 ⓑ로, −전하는 ⓐ로 이동한다.

　ⓓ는 경계면 부근의 반도체 원자들이다. 3문단에서 태양광이 N형 반도체를 통과하면 경계면 부근의 반도체 원자들은 에너지 충격으로 +전하와 −전하로 분리되어 +전하는 P형 반도체로, −전하는 N형 반도체로 이동한다고 하였다.

문학 1　제가야산독서당(최치원)

바른 정답 체크　01 ⑤　02 ①　03 ⑤　04 흐르는 물

시각적·청각적 심상, 활유법 – 흐르는 물의 움직임을 표현함

첩첩 바위 사이를 미친 듯 달려 **겹겹 봉우리** 울리니
　　　물소리 때문에 사람 말소리가 들리지 않음 ▶ 격렬하게 흐르는 계곡물
사람 말소리야 지척*에서도 분간하기 어렵네
△: 속세의 소리(부정적)　　　▶ 사람의 말소리가 들리지 않게 하는 물소리
항상 **시비하는* 소리** 귀에 들릴까 두려워
화자의 의지가 드러남　속세에 대한 화자의 비판적 태도　▶ 세상에 대한 부정적 인식
일부러 ㉠흐르는 물로 온 산을 둘러 버렸다네
　　○: 자연의 소리(긍정적)　화자가 스스로를 속세와 단절시킴
　　　　　　　　　　　　▶ 세상과 단절하고 싶어 하는 마음

狂奔疊石吼重巒(광분첩석후중만)

人語難分咫尺間(인어난분지척간)

常恐是非聲到耳(상공시비성도이)

故教流水盡籠山(고교유수진롱산)

　　　　　　　　　　　- 최치원, 〈제가야산독서당〉 -

* 지척(咫尺): 아주 가까운 거리.
* 시비하다(是非하다): 옳고 그름을 따지는 말다툼을 하다.

01　표현상의 특징 파악하기　　답 | ⑤

윗글에 대한 내용으로 적절하지 않은 것은?

정답 선지 분석

⑤ 말을 건네는 방식으로 대상과의 친밀감을 나타내고 있다.

　윗글은 독백조로 이루어져 있다. 화자는 누군가에게 말을 건네는 방식을 사용하지 않았으며, 대상과의 친밀감 또한 나타나 있지 않다.

오답 선지 분석

① 시각적 심상을 이용하여 자연을 묘사하고 있다.

　1행의 '첩첩 바위 사이를 미친 듯 달려 겹겹 봉우리 울리니'에서 시각적 심상을 이용하여 자연을 묘사하고 있다.

② 풍경을 묘사한 뒤에 화자의 감정을 그리고 있다.

　1행과 2행에서 자연 풍경을 묘사하고, 3행과 4행에서 화자의 감정을 그리고 있다.

③ 무생물을 생물처럼 표현하여 생동감을 더하고 있다.

　1행의 '첩첩 바위 사이를 미친 듯 달려'의 주체는 '흐르는 물'로, 무생물인 물이 '달린다'고 하며 생물처럼 표현하는 활유법을 통해 생동감을 더하고 있다.

④ 대조를 통해 화자의 심리를 효과적으로 드러내고 있다.

속세의 소리인 '사람 말소리'와 '시비하는 소리'를 자연의 소리인 '흐르는 물'과 대조하여 속세와 거리를 두고 자연에서 살고자 하는 화자의 심리를 효과적으로 드러내고 있다.

02 소재의 의미 파악하기
답 | ①

㉠을 이해한 내용으로 적절하지 않은 것은?

정답 선지 분석

① 화자가 지닌 생명력을 표현한다.

'흐르는 물'은 화자가 '시비하는 소리'로부터 자신을 차단하기 위해 온 산에 두른 것이다. 1행에서 '흐르는 물'을 생물처럼 표현하고 있기는 하지만, 이것이 화자가 지닌 생명력을 표현하지는 않는다.

오답 선지 분석

② 화자의 의지가 드러나는 소재이다.

㉠은 속세를 벗어나 자연에서 은둔하고자 하는 화자의 의지가 드러나는 소재이다.

③ 화자를 속세로부터 단절하는 존재이다.

㉠은 온 산에 둘러져 화자를 '시비하는 소리'와 같은 속세로부터 단절하는 존재이다.

④ 화자가 은거하고 있는 자연을 의미한다.

㉠은 '사람 말소리', '시비하는 소리'와 대조되는 존재로, 화자가 은거하고 있는 자연을 의미한다.

⑤ 화자의 두려움을 해소해 주는 존재이다.

㉠은 '시비하는 소리'가 귀에 들릴까 하는 화자의 두려움을 해소해 주는 존재이다.

03 외적 준거를 바탕으로 작품 이해하기
답 | ⑤

보기 를 참고하여 윗글을 이해한 내용으로 가장 적절한 것은?

보기

치원이 스스로 서쪽에 유학하여 얻은 바가 많았다고 생각하여서 돌아와서는 자기의 뜻을 실행하려고 하였으나 말세여서 의심과 시기가 많아 용납되지 않으니 지방 관직으로 나가 태산군 태수가 되었다. (중략) 치원은 서쪽에서 당을 섬기다가 동쪽으로 고국에 돌아온 후까지 모두 혼란한 세상을 만나 운수가 꽉 막히고, 움직이면 매번 비난을 받으니 스스로 불우함을 한탄하여 다시 관직에 나갈 뜻이 없었다. 산림의 기슭과 강이나 바닷가에서 자유롭게 이리저리 돌아다니며 스스로 구속되지 않았다. 누각을 짓고 소나무와 대나무를 심었으며, 책을 베개 삼고, 풍월을 읊었다.
　　　　　　　　　　　　　　　　　　　　 - 김부식, 〈삼국사기〉 권 제46 열전 제6

* 말세(末世): 정치, 도덕, 풍속 따위가 아주 쇠퇴하여 끝판이 다 된 세상.
* 태산군(太山郡): 현재의 전북 정읍시 칠보면.
* 태수(太守): 신라 때에, 각 고을의 으뜸 벼슬.

정답 선지 분석

⑤ '일부러'는 최치원이 스스로 결심하여 속세에서 벗어났음을 의미하는군.

'시비하는 소리'가 들릴까 두려워 '일부러 흐르는 물로 온 산을 둘러 버렸다'고 했는데, 여기서 '시비하는 소리'는 분쟁과 갈등을 일으키는 속세의 소리를 가리킨다. 따라서 〈보기〉를 참고했을 때, '일부러'라는 부사는 최치원이 스스로 결심하여 속세의 구속에서 벗어났음을 의미한다.

오답 선지 분석

① '첩첩 바위'는 최치원이 뜻을 펴는 것을 가로막은 말세의 상황을 의미하는군.

'첩첩 바위'는 물이 빠르게 흐르는 곳으로, 자연을 의미한다.

② '겹겹 봉우리'는 최치원이 살아간 혼란한 세상을 의미하는군.

'겹겹 봉우리'는 물소리가 울리는 곳으로, 자연을 의미한다.

③ '사람 말소리'를 '지척에서도 분간하기 어렵'다고 한 것은 최치원이 관직을 포기한 이유이군.

'사람 말소리'가 '지척에서도 분간하기 어렵'다는 것은 자연이 속세와 단절된 공간임을 의미한다.

④ '시비하는 소리'는 당시 상황을 비판하는 최치원의 목소리를 가리키는군.

'시비하는 소리'는 분쟁과 갈등을 일으키는 속세의 소리를 가리킨다.

04 작품의 내용 파악하기

윗글의 1행의 주어가 무엇인지 찾아 2어절로 쓰시오.

정답

흐르는 물

문학 2 　 황만근은 이렇게 말했다(성석제)

빠른 정답 체크 　1 ② 　2 ④ 　3 ② 　4 국도, 경운기

아침밥을 먹기도 전 황만근의 아들이 찾아와 황만근이 집에 돌
　　　　　　　　　　　　　　민 씨가 동네 사람들을 불러모은 이유
아오지 않았다고 하길래 얼결에 동네 사람들을 불러모으는 역할

을 하게 된 민 씨는 분위기가 이상하게 돌아간다 생각하고 참견

을 했다.

「"어제 궐기* 대회 한다 하고 간 사람이 누구누구십니까. ㉠ 황만
「 」: 황만근의 부재에 대한 실마리를 찾기 위한 질문
근 씨하고 같이 간 사람은요? 궐기 대회 하는 동안 본 사람은 없

나요?"」

자리에 모인 대여섯 명의 황 씨들은 서로의 얼굴을 마주 보더니
　　　　　　　　　　　　　　　　아무도 황만근을 신경 쓰지 않음
모두 고개를 흔들었다.

"사람이라고 및 밍이나 되나. 군 전체 사람이 모도 모있다는 기
　　　　　　　　　　　　　　　　　사람이 적은 시골
백 밍이 될라나 말라나 한데 반그이는 돼지고기 반 근만 해서
　　　　　　　　　　　　　　　　　　　　황만근을 비하하며 빈정거림
그런지 안 보이더라칸께."

이장은 계속 빈정거리듯 말을 이었다. 민 씨는 이장이 궐기 대

회 전날 황만근을 따로 불러 무슨 말을 건네던 것을 기억해냈다.
　　　　　　이장은 황만근에게 궐기 대회에 앞장서라고 말했음
"그제 밤에 내일 궐기 대회 한다고 사람들 모였을 때 이장님이

황만근 씨에게 뭐라고 하셨죠. 모임 끝난 뒤에."

이장은 민 씨를 흘기듯 노려보았다.

"왜, 농민보고 농민 궐기 대회 꼭 나오라 캤는데, 뭐가 잘못됐나?"
　　　　　　　　　　　　　　　　　　자신의 책임을 회피함
민 씨는 자신도 모르게 따지는 어조가 되었다.

"군 전체가 모두 모여도 몇 명 안되었다면서요. 그런 자리에 황

만근 씨가 꼭 가야 합니까. 아니, 황만근 씨만 가야 할 이유라도
황만근이 가야 했던 이유를 납득하지 못함
있습니까. 따로 황만근 씨한테 부탁을 할 정도로."

"이 사람이 뭐라 카는 기라. 이장이 동민*한테 농가 부채 탕감 촉구
　　　　　　　　　　　　　　　　궐기 대회의 목적 – 당시 농촌의 상황을 드러냄

전국농민 총궐기대회가 있다, 꼭 참석해서 우리의 입장을 밝히자 카는데 뭐가 잘못됐단 말이라."

"잘못이라는 게 아니고요, 다른 사람들은 다 돌아왔는데 왜 황만근 씨만 못 오고 있나 하는 겁니다."

"내가 아나. 읍에 가보이 장날이더라고. **보나 마나 어데서 술 처**
〔이장이 말하는 황만근이 돌아오지 않는 이유 ①〕
먹고 주질러 앉았을 끼라. 백릿길을 깅운기를 끌고 갔으이 시간
〔이장이 말하는 황만근이 돌아오지 않는 이유 ②〕
도 마이 걸릴 끼고."

다른 사람들은 말이 없었고 민 씨와 이장만이 공을 주고받는 꼴
〔책임을 회피함〕　　　　〔황만근의 부재에 대한 책임 소재를 두고 언쟁을 벌임〕
이 되어버렸다.

"글쎄, 그 자리에 꼭 황만근 씨만 경운기를 끌고 갔어야 했느냐
이 말입니다. 그것도 고장 난 경운기를."
〔황만근의 죽음의 원인이 됨〕
"깅운기를 끌고 오라는 기 내 말이라? 투쟁 방침*이 그렇다카
이. 깅운기도 그렇지, 고장은 무신 고장, 만그이가 그걸 하루 이
〔황만근의 경운기는 고장 난 것을 여러 번 고친 것이기 때문에 황만근만 몰 수 있음〕
틀 몰았나. 남들이 못 몬다뿌이지."

"그럼 이장님은 왜 경운기를 안 타고 가고 트럭을 타고 가셨나요.
〔투쟁 방침을 알면서도 트럭을 탄 이장의 이중적 면모〕
ⓛ 이장님부터 솔선수범*을 해야지 다른 동민들이 따라할 텐데,
지금 거꾸로 되었잖습니까."

"내사 민사무소에서 인원 점검하고 다른 이장들하고 의논도 해
〔트럭을 탄 이유를 정당화함 ①〕
야 되고 울미나 바쁜 사람인데 깅운기를 타고 언제 가고 말고
자빠졌나. 다른 동네 이장들도 민소 앞에서 모이가이고 트럭 타
고 갔는 거를. 진짜로 깅운기를 끌고 갔으마 군 대회에는 늦어
〔트럭을 탄 이유를 정당화함 ②〕
도 한참 늦었지. 군청에 갔는데 비가 와 가이고 온 사람도 및 없
〔궐기 대회가 무의미했음을 알 수 있음〕
더마. 소리마 및 분 지르고 왔지. 군청까지 깅운기를 타고 갈 수
나 있던가. ⓒ 국도에 차들이 미치꽤이맨구로 쌩쌩 달리는데 받
〔트럭을 탄 이유를 정당화함 ③〕
치만 우애라고. 다른 동네서는 자가용으로 간 사람도 쎘어."

"그러니까 국도를 갈 때는 여러 사람이 한꺼번에 경운기를 여러
〔투쟁 방침〕
대 끌고 가자는 거였잖습니까. 시위도 하고 의지도 보여 준다면
〔투쟁 방침을 지켰을 때의 기대 효과〕
서요. 허허. 나 참."

"아침부터 바쁜 사람 불러내놓더이, 사람 말을 알아듣도 못하고
〔민 씨를 이상한 사람 취급을 함〕
엉뚱한 소리만 해싸. 누구맨구로 반동가리가 났나."
〔황만근을 들먹임〕
기어이 민 씨는 버럭 소리를 지르고야 말았다.

"반편*은 누가 반편입니까. 이장이니 지도자니 하는 사람들이
모여서 방침을 정했으면 그대로 해야지, 양복 입고 자가용 타고
〔정작 방침을 정한 사람들은 그 방침을 지키지 않음〕
간 사람은 오고, 방침대로 경운기 타고 간 사람은 오지도 않고,
　　　　　　　　　　　　　　　　　　　〔황만근〕
이게 무슨 경우냐구요."
〔황만근이 부당한 대우를 받는 것에 분노함〕

(중략)

그러는 동안 모든 사람들이 알게 되었다. 황만근이 집으로 돌아
　　　　　　　　　　　　　　〔소설의 주요 사건〕

오지 않았다. 동네 사람 누구든 하루 이틀, 또는 한두 달 집을 비
울 수도 있지만 그렇다고 그 사실을 모든 사람이 알게 되는 것은
아니다. ② 그러나 황만근만은 하루밤에 지나지 않았음에도 모
　　　　　　　　　　〔평소 황만근이 마을에서 맡은 일이 많았음〕
든 사람이 그의 부재를 알게 되었다. 그렇지만 누구도 적극적으
로 황만근을 찾아 나서려 하지 않았다. 그는 있으나 마나 한 존재
〔황만근을 적극적으로 위하는 사람이 없음〕
이면서 있었고 없어서는 안 되는 존재이면서 지금처럼 없기도 했
　　　　　　〔마을에서의 황만근의 존재〕
다. 동네 사람들은 그를 바보라고 했다. **두어 해 전에야 신대 1리**
로 들어와 황만근의 탄생과 성장, 삶을 처음부터 지켜보지 못한
　　　〔객관적 인물상 – 외지인으로서의 지위〕
민 씨만은 그렇게 생각하지 않았다.
〔황만근이 바보라고 생각하지 않음〕
마을에서 젊은 축에 드는 마흔다섯 살의 황영석은 황만근이 벽
　　　　　　　　　　　〔□ : 황만근의 부재에 대한 마을 사람들의 반응 예시〕
돌을 찍고 구덩이를 파서 지은 마을 회관 변소에서 분뇨*를 퍼내
〔황만근이 직접 마을 회관 변소를 지음〕　　　　　　　〔원래는 황만근이 하던 일〕
면서 황만근의 부재를 알게 되었다.

"ⓜ 만그이 자석이 있었으마 내가 돈을 백만 원 준다 캐도 이런
　　　　　　　　〔황만근에게 궂은일을 시키는 것을 당연하게 생각함〕
일을 안 할 끼네. 아이구, 이 망할 놈의 똥 냄새, 여리가 싸놔 그
런지 독하기도 하네. 이기 곡석한테 독이 될지 약이 될지도 모
르겠구마."

황만근이 있었으면 군말 없이 했을 일이었다. 늘 그렇듯이 벙글
　　　　　　〔궂은일을 군말 없이 하는 이타적인 성격〕
벙글 웃으면서.

"만그이가 있었으모 저 거름이 우리 밭으로 올 낀데. 만그이가
도대체 어데 갔노."

마을 회관 곁 조그만 밭에 채소를 심어 먹는 여 씨 노인도 황만
근의 부재를 알게 되었다. 황만근은 마을 공통 분뇨를, 역시 자신
이 판 마을 공통의 분뇨장으로 가져가서 충분히 익힌 뒤에, **공평**
　　　　　　　　　〔분뇨를 쓸만하게 만들어 마을 사람들에게 나누어 줌〕
하게 나누어주었다. 황영석처럼 **제가 펐다고 바로 제 밭에 가져**
　　　　　　　　　　　　〔자기 몫의 분뇨만 챙기는 황영석과 대조되는 황만근의 모습〕
가다 뿌리지는 않았다. 특히 여 씨 노인처럼 일찍 남편을 잃고 혼
　　　　　　　　　　　　　　　　　　　〔사회적 약자〕
잣몸이 된 노인들에게는, 알고 그러는지 모르고 그러는지 더 자
주 거름을 가져다주었다.
〔약자를 챙기는 성품〕
"만그이한테 물어보자."

아이들은 소꿉장난을 하다가 황만근의 부재를 알게 되었다. 공평
무사*한 것이 황만근의 평생의 처사*였다. 그에게는 **판단 능력이**
　　　　　　　　　　　　　　　　　〔황만근이 지닌 덕〕
없는 듯 했지만 시비를 물으러 가면, 가노라면 언제나 **공평무사**
〔마을 사람들의 눈에는 모자란 바보임〕
한 자연의 이법*에 대해 깨우치게 되고 분쟁은 종식되었다.
　　　　　〔세상에 오염되지 않은 순수함을 가지고 있음〕
　　　　　　　　　　　　　　　 - 성석제, 〈황만근은 이렇게 말했다〉 -

* 궐기(蹶起): 어떤 목적을 이루기 위하여 마음을 돋우고 기운을 내서 힘차게 일어남.
* 동민(洞民): 한동네에서 같이 사는 사람.
* 방침(方針): 앞으로 일을 처러 나갈 방향과 계획.
* 솔선수범(率先垂範): 남보다 앞장서서 행동해서 몸소 다른 사람의 본보기가 됨.
* 반편(半偏): 지능이 보통 사람보다 모자라는 사람을 낮잡아 이르는 말.

* 분뇨(糞尿): 똥과 오줌을 아울러 이르는 말.
* 공평무사(公平無私): 공평하여 사사로움이 없음.
* 처사(處事): 일을 처리함. 또는 그런 처리.
* 이법(理法): 원리와 법칙을 아울러 이르는 말.
* 종식되다(終熄되다): 한때 매우 성하던 현상이나 일이 끝나거나 없어지다.

01　서술상의 특징 파악하기　답 | ②

윗글에 대한 설명으로 가장 적절한 것은?

정답 선지 분석

② 인물 간의 대화를 제시하여 갈등 상황을 드러내고 있다.

윗글에서는 민 씨와 이장 간의 대화를 제시하여 갈등 상황을 드러내고 있다.

오답 선지 분석

① 계절적 배경을 묘사하여 사건의 전개를 암시하고 있다.

윗글에서 계절적 배경을 묘사한 부분을 찾아볼 수 없다.

③ 장면을 빈번하게 전환하여 긴박한 분위기를 조성하고 있다.

장면이 전환되며 황만근을 찾는 황영석, 여 씨 노인, 아이들의 모습이 차례대로 나타나기는 하지만, 이로써 긴박한 분위기를 조성하고 있는 것은 아니다.

④ 현재형 어미를 사용하여 사건을 현장감 있게 전달하고 있다.

윗글에는 '-ㄴ다' 등의 현재형 어미가 사용되지 않았다.

⑤ 인물의 내력을 요약적으로 서술하여 성격 변화를 나타내고 있다.

민 씨가 '두어 해 전에야 신대 1리로 들어'왔다는 것이나, 여 씨 노인이 '일찍 남편을 잃고 혼잣몸이 된 노인'이라는 것은 서술되어 있지만, 이로써 성격 변화를 나타내고 있지는 않다.

02　구절의 의미 파악하기　답 | ④

㉠~㉤을 이해한 내용으로 적절하지 않은 것은?

정답 선지 분석

④ ㉣: 마을 사람들이 황만근의 존재를 소중하게 여겨 왔음이 드러나고 있다.

하루밖에 지나지 않았음에도 마을 사람들이 그의 부재를 알게 된 것은, 그동안 황만근이 마을에서 여러 가지 일을 해 왔기 때문이다. 황만근의 부재가 알려졌으면서도 '누구도 적극적으로 황만근을 찾아 나서려 하지 않았다'는 것을 통해 마을 사람들이 황만근을 소중하게 여기지 않는다는 것을 알 수 있다.

오답 선지 분석

① ㉠: 민 씨가 황만근의 부재에 대한 단서를 찾고자 하고 있음이 드러나고 있다.

민 씨가 동네 사람들에게 궐기 대회에 황만근과 같이 간 사람이 있는지, 궐기 대회를 하는 동안 황만근을 본 사람은 없는지 묻는 것은 황만근의 부재에 대한 단서를 찾기 위해서이다.

② ㉡: 민 씨가 이장의 태도와 행동에 대해 불만을 가지고 있음이 드러나고 있다.

민 씨는 이장이 황만근에게는 경운기를 끌고 오라는 투쟁 방침을 지키게 했으면서, 정작 이장 본인은 트럭을 타고 간 것에 대해 불만을 가지고 이를 비판하고 있다.

③ ㉢: 이장이 자신과 황만근에게 서로 다른 잣대를 적용하고 있음이 드러나고 있다.

이장은 국도를 갈 때 경운기를 끌고 갔다가 차에 치일지도 모르기 때문에 자신은 트럭을 탔다고 말하면서, 황만근이 경운기를 끌고 간 것에 대해서는 걱정하지 않는 이중적인 모습을 보이고 있다.

⑤ ㉤: 황영석이 그동안 황만근에게 궂은일을 시켰음이 드러나고 있다.

황영석은 황만근이 지은 마을 회관 변소에서 분뇨를 퍼내면서, 황만근이 있었다면 돈을 백만 원을 준다고 해도 직접 분뇨를 퍼내지 않았을 것이라고 말하고 있다. 이는 그동안 황만근에게 분뇨 퍼내는 일을 시켰기 때문이다.

03　외적 준거를 바탕으로 작품 이해하기　답 | ②

보기 를 참고할 때, 작품을 이해한 내용으로 적절하지 않은 것은?

보기

〈황만근은 이렇게 말했다〉에는 세 부류의 인간상이 등장한다. 첫 번째는 이상적 인간상으로, 모자란 듯 그려지지만 세상에 오염되지 않은 순수한 모습을 지녔다. 이기심이 존재하지 않으며, 근면하고 성실한 바람직한 삶의 양식을 행동으로 보여 준다. 두 번째는 이기적 인간상으로, 이중적인 면모를 보인다. 권위를 내세우며 책임을 회피하고, 이상적 인간과는 달리 자기 자신만을 생각하는 위선적 인물이다. 세 번째는 객관적 인물상으로, 앞의 두 인간상을 객관적인 시선에서 바라보며 독자에게 전달한다.

정답 선지 분석

② 이장이 황만근이 '보나 마나 어데서 술 처먹고 주질러 앉았'을 거라고 말하는 것은, 근면하다고 알려진 황만근의 이중적인 면모를 알려 주는군.

이장과 민 씨의 대화를 통해 이장이 황만근에게 경운기를 몰고 궐기 대회에 참가하라고 지시했고, 이후 황만근이 돌아오지 않았음을 알 수 있다. 따라서 이장이 '보나 마나 어데서 술 처먹고 주질러 앉았'을 거라고 말하는 것은, 황만근의 이중적인 면모를 알려 주는 것이 아니라 황만근의 부재에 대한 책임을 회피하려는 이장의 모습을 보여 주는 것이다.

오답 선지 분석

① 이장이 '농민보고 농민 궐기 대회 꼭 나오'라고 하는 것이 잘못되었냐고 되묻는 것은, 황만근의 부재에 대한 책임을 회피하기 위해서이군.

이장은 이장으로서의 자신의 권위를 이용하여 황만근에게 농민 궐기 대회 참가를 지시한 것은 정당하며, 그러니 황만근의 부재는 자신의 탓이 아니라고 말하고 있다.

③ 민 씨가 '두어 해 전에야 신대 1리로 들어'온 사람이라는 사실은, 민 씨가 작품 속에서 객관적인 시선을 보일 수 있는 근거가 되는군.

황만근의 탄생과 성장, 삶을 처음부터 지켜본 마을 사람들은 황만근을 바보라고 하는 반면, 민 씨는 '두어 해 전에야 신대 1리로 들어'온 외지인이기 때문에 황만근과 마을 사람들을 객관적인 시선에서 보며 황만근을 변호하고 있다.

④ 황영석이 분뇨를 '제가 폈다고 바로 제 밭에 가져다가 뿌리'는 것은, 분뇨를 '공평하게 나눠주'는 황만근과 대조되는 이기적인 성격을 드러내는군.

황만근은 마을 공통 분뇨를 '공평하게 나눠주었'던 이타적인 인물이지만, 황영석은 분뇨를 '제가 폈다고 바로 제 밭에 가져다가 뿌리'는 이기적인 인물임이 드러난다.

⑤ 황만근이 '판단 능력이 없는 듯 했지만' '공평무사한 자연의 이법'을 깨우쳐 주었다는 것은, 모자라 보이지만 실은 순수한 사람임을 알려 주는군.

황만근은 '판단 능력이 없는 듯'하여 바보라고 불렸지만, 황만근에게 시비를 물으러 가면 '공평무사한 자연의 이법'을 깨우쳐 주었다는 것을 통해 황만근이 세상에 오염되지 않은 순수함을 간직하고 있음을 알 수 있다.

04　작품의 내용 이해하기

다음은 투쟁 방침 을 설명한 것이다. ⓐ, ⓑ에 들어갈 말을 찾아 차례대로 쓰시오.

투쟁 방침이란, (ⓐ)을/를 갈 때 (ⓑ)을/를 끌고 군 대회에 가자는 것이다.

정답

국도, 경운기

20강

문법   어근과 접사

빠른 정답 체크 **01** ⑤ **02** ③ **03** ④ **04** 접미사, 접두사

---

01   어근과 접사 구별하기   답 | ⑤

보기를 참고하여 단어를 이루는 요소를 구분한 것으로 적절한 것은?

보기

어근은 단어에서 실질적인 의미를 나타내는 중심 부분이다. 실질 형태소인 명사, 대명사, 수사, 관형사, 부사, 감탄사, 용언의 어간은 모두 어근이 될 수 있다. 반면, 접사는 어근에 붙어 그 뜻을 제한하는 주변 부분을 말한다.

정답 선지 분석

⑤ '날고기'의 '날-'은 어근 '고기' 앞에 붙어 어근의 뜻을 제한하고 있는 접사이다.
'날고기'는 실질적 의미를 갖는 어근 '고기' 앞에 '말리거나 익히거나 가공하지 않은'의 뜻을 더하고 있는 접사 '날-'이 결합한 것이다. 즉, 어근+접사의 구조이다.

오답 선지 분석

① '맨발'의 경우 어근과 어근이 결합한 것이다.
'맨발'은 실질적 의미를 갖는 어근 '발'의 앞에 '다른 것이 없는'의 뜻을 더하고 있는 접사 '맨'이 결합한 것이다. 즉, 접사+어근의 구조이다.

② '행복하다'는 접사 없이 하나의 어근 단독으로 이루어져 있다.
'-하다'는 접미사로 명사를 동사나 형용사로 바꾸는 역할을 한다. '행복하다'는 명사 '행복'에 접미사 '-하다'가 붙어 형용사가 된 것이다. 즉, '행복하다'는 어근+접사의 구조이다.

③ '논밭'의 경우 실질적 의미를 가진 '밭'에 '논'이 결합하여 뜻을 제한하고 있다.
'논밭'은 '논'과 '밭'이 모두 명사로 모두 실질적 의미를 가지고 있다. 따라서 '논밭'은 접사+어근의 결합이 아닌 어근+어근의 구조이다.

④ '첫사랑'의 '첫-'은 어근 '사랑' 앞에 붙어 어근의 뜻을 제한하고 있는 접사이다.
'첫사랑'은 '첫'은 관형사, '사랑'은 명사로 모두 실질적 의미를 가지고 있다. 따라서 '첫사랑'은 접사+어근의 결합이 아닌 어근+어근의 구조이다.

---

02   접두사와 접미사 이해하기   답 | ③

㉠과 ㉡이 활용된 예시로 적절한 것은?

보기

어근의 앞에 붙어 특정한 뜻을 더하는 접사를 (㉠)라고 하고, 어근의 뒤에 붙어 특정한 뜻을 더하거나 품사를 바꾸는 접사를 (㉡)라고 한다.

정답 선지 분석

	㉠	㉡
③	군말	더하기

〈보기〉의 ㉠은 접두사이고 ㉡은 접미사이다. '군말'은 명사 '말' 앞에 '쓸데없는'의 뜻을 더하는 접두사 '군-'이 결합하였다. '더하기'는 동사의 어간 '더하-' 뒤에 명사를 만드는 접미사 '-기'가 결합하여 품사를 동사에서 명사로 바꾸고 있다.

오답 선지 분석

①	풋사과	책가방

'풋사과'는 명사 '사과' 앞에 '처음 나온', 또는 '덜 익은'의 뜻을 더하는 접두사 '풋-'이 결합하였다. 그러나 책가방은 '책'과 '가방', 즉 명사끼리 결합한 것이기 때문에 접사가 사용되지 않았다.

②	지우개	아버지

'지우개'는 동사의 어간 '지우-' 뒤에 '그러한 행위를 하는 간단한 도구'의 뜻을 더하고 명사를 만드는 접미사 '-개'가 결합하여 품사를 동사에서 명사로 바꾸고 있다. '아버지'는 더 이상 쪼갤 수 없는 하나의 형태소이다.

④	심술쟁이	시동생

'심술쟁이'는 명사 '심술' 뒤에 '그것이 나타내는 속성을 많이 가진 사람'의 뜻을 더하는 접미사 '-쟁이'가 결합하였다. '시동생'은 명사 '동생' 앞에 '남편의'의 뜻을 나타내는 접두사 '시-'가 결합하였다.

⑤	우리들	헛수고

'우리들'은 대명사 '우리' 뒤에 '복수'의 뜻을 더하는 접미사 '-들'이 결합하였다. '헛수고'는 명사 '수고' 앞에 '이유 없는', '보람 없는'의 뜻을 더하는 접두사 '헛-'이 결합하였다.

---

03   품사를 바꾸는 접미사 파악하기   답 | ④

접사가 결합하여 품사가 변한 경우가 <u>아닌</u> 것은?

정답 선지 분석

④ 짓누르다
'짓누르다'는 동사 '누르다' 앞에 '마구, 함부로, 몹시'의 뜻을 더하는 접두사 '짓-'이 결합하여 형성된 동사이다. 즉, 접사가 결합하기는 했으나 품사는 변하지 않았다.

오답 선지 분석

① 덮개
동사의 어간 '덮-'에 접미사 '-개'가 결합하여 동사를 명사로 바꾸고 있다.

② 죽음
동사의 어간 '죽-'에 접미사 '-음'이 결합하여 동사를 명사로 바꾸고 있다.

③ 달리기
동사의 어간 '달리-'에 접미사 '-기'가 결합하여 동사를 명사로 바꾸고 있다.

⑤ 사람답다
명사 '사람'에 접미사 '-답다'가 결합하여 명사를 형용사로 바꾸고 있다.

---

04   접두사와 접미사 차이점 파악하기

빈칸에 들어갈 말을 골라 차례대로 쓰시오.

'나무꾼'은 (접두사 / 접미사)가 결합하여 만들어진 단어이고, '한겨울'은 (접두사 / 접미사)가 결합하여 만들어진 단어이다.

정답

접미사, 접두사

지금보다 오케스트라의 규모가 작고 음악이 복잡하지 않았던 옛 음악에선 지휘자 없이 연주자들끼리 박자를 맞추고 신호를 주
<u>옛 음악에서는 지휘자가 필요하지 않음</u>
고받으면서도 얼마든지 좋은 연주가 가능했다. 하지만 15~16세기에 르네상스 시대에 접어들면서 음악의 표현력이 풍부해지자
<u>지휘자의 필요성이 대두된 배경</u>
지휘에 대한 통념*도 변하게 되면서 지휘 방식에 좀 더 융통성이 생기게 되고, 지휘자는 단순히 박자를 맞추는 것에 그치지 않고
<u>15~16세기 지휘자의 역할</u>
음악을 '해석'하고 적절하게 '표현'해내는 책임까지 떠맡게 된다. 17세기의 음악가 륄리는 긴 지팡이처럼 생긴 지휘봉으로 바닥을
<u>륄리의 지휘 방법</u>
두드려 템포를 유지하며 프랑스의 루이 14세의 궁정악단 오케스트라를 효율적으로 연습시키고 음악작품을 설득력 있게 해석해냈다. 륄리 이후 독일의 만하임을 중심으로 근대적인 오케스트라가 그 모습을 갖추고 좀 더 복잡하고 다양한 관현악이 나타나게
<u>지휘자의 역할이 중요해진 배경</u>
되자 지휘자의 역할은 더욱 중요해졌다.

▶ 1문단: 르네상스 이후 지휘자의 책임과 륄리의 지휘 방법

19세기에 들어와 오케스트라의 규모가 커지고 음악이 더욱 복
<u>전문적인 지휘자가 필요해진 배경</u>
잡해지면서 지휘만 전담하는 전문적인 지휘자가 필요하게 되었다. 이때부터 지휘자가 단원들 앞에 서서 지휘봉을 휘두르며 연습을 시키고, 음악의 세밀한 부분의 해석을 지시하며 성공적인
<u>19세기 이후 지휘자의 역할</u>
연주를 위해 전체 오케스트라를 통솔하기 시작했다.

▶ 2문단: 19세기 지휘자의 역할 변화

19세기의 뛰어난 지휘자는 대개 작곡가인 경우가 많았다. 베토벤 역시 종종 자신의 작품을 지휘했는데, 그는 대단히 표현력이 풍부한 지휘자였기 때문에 주요 교향곡들은 대부분 그 자신의 지휘에 의해 성공적으로 연주되었다. 베토벤의 격정적*인 지휘는 특히 교향곡 7번에서 화제를 모았다. "악센트가 나올 때 그는 팔을 잡아채듯 흔들었으며 여린 부분에선 몸을 낮게 구부렸고, 포르테
<u>베토벤의 지휘를 표현하기 위해 인용함</u>
에 도달했을 때 공중으로 껑충 뛰어올랐다"는 주변의 증언처럼, 베토벤은 음악을 효과적으로 표현해내기 위해 온몸으로 지휘하
<u>베토벤의 지휘 방법</u>
는 지휘자였다.

▶ 3문단: 베토벤의 지휘 방법

멘델스존은 깔끔하고 정교한 지휘로 유명하다. 멘델스존의 우아
<u>멘델스존의 지휘 방법</u>
하고 고전적인 성향과 빠르고 활기찬 템포감각, 오케스트라의 밝
<u>멘델스존의 지휘의 특징</u>
은 음향은 당대 청중을 사로잡았다. 바그너는 이러한 멘델스존의 지휘와는 완전히 다른 스타일을 구사했다. 바그너는 "선율의 흐름을 제대로 파악해야 맞는 박자를 찾아낼 수 있다"고 주장했던
<u>박자에 대한 바그너의 주장</u>
지휘자로 선율의 흐름과 함께 박의 성격도 변해야 한다고 생각했
<u>바그너의 지휘 방법</u>
다. 그래서 그는 정확한 박을 알려주는 기계인 메트로놈을 비음
<u>악보에 쓰인 박자를 중요시하지 않았기 때문</u>

악적으로 여겼다. 바그너가 지휘대에 서면 음악의 성격과 선율의 흐름에 따라 템포가 자유분방하게 변하면서 밑바닥으로부터 끓
<u>바그너의 지휘의 특징</u>
어오르는 폭풍 같은 에너지가 느껴졌다고 한다. 바그너의 지휘는 청중을 매료시켰지만, 정확성을 추구하는* 지휘자들에겐 비난받기도 했다.

▶ 4문단: 멘델스존과 바그너의 지휘 방법

한편, 정확한 템포와 밝은 음향을 추구했던 베를리오즈는 지나
<u>베를리오즈의 지휘 방법</u>
치게 자유분방한 바그너의 지휘를 못마땅하게 생각했다. 그는 바그너의 음악을 "느슨하게 늘어진 밧줄 위에서 추는 춤 같다"라고
<u>바그너에 대한 베를리오즈의 비난</u>
비난했고 바그너는 베를리오즈가 런던에서 지휘하는 모차르트의 교향곡을 가리켜 "저급한 박자 기계"라고 놀리기도 했다. 이처럼
<u>베를리오즈에 대한 바그너의 비난</u>
같은 음악작품이라도 지휘자의 음악관과 개성에 따라 표현된 음악은 천차만별이 될 수 있다.

▶ 5문단: 베를리오즈의 지휘 방법

* 통념(通念): 일반적으로 널리 통하는 개념.
* 격정적(激情的): 감정이 강렬하고 갑작스러워 누르기 어려운 것.
* 추구하다(追求하다): 목적을 이룰 때까지 뒤쫓아 구하다.

01   내용 전개 방식 파악하기   답 | ②

윗글에 대한 설명으로 적절하지 않은 것은?

정답 선지 분석

② 음악의 종류에 따라 달라지는 지휘법을 설명하고 있다.
윗글에서는 지휘자에 따라 서로 다른 지휘법을 설명하고 있는 것이지, 음악의 종류에 따라 달라지는 지휘법을 설명하고 있는 것이 아니다.

오답 선지 분석

① 전문적 지휘자가 나오게 된 배경을 설명하고 있다.
2문단에서 19세기에 들어 오케스트라의 규모가 커지고 음악이 더욱 복잡해지면서 전문적인 지휘자가 필요하게 되었다고 하였다.

③ 여러 음악가의 지휘 스타일을 병렬적으로 설명하고 있다.
1문단에서 륄리, 3문단에서 베토벤, 4문단에서 멘델스존과 바그너, 5문단에서 베를리오즈 등 여러 음악가의 지휘 스타일을 병렬적으로 설명하고 있다.

④ 시간의 흐름에 따른 지휘자의 역할 변화, 발전 과정을 설명하고 있다.
1~3문단에서 15세기부터 19세기까지 지휘자의 역할이 변화하고 발전한 과정을 설명하고 있다.

⑤ 음악가나 관련자의 말을 인용하여 각 음악가의 지휘 스타일을 설명하고 있다.
3문단에서 베토벤 주변의 증언을, 4문단에서 바그너의 말을, 5문단에서 베를리오즈와 바그너의 말을 인용하여 각 음악가의 지휘 스타일을 설명하고 있다.

02 세부 내용 확인하기

답 | ⑤

윗글에 대한 이해로 적절한 것은?

⑤ 르네상스 시대에 접어들어 지휘자는 음악을 해석하고 적절히 표현하는 역할까지 하게 되었다.

1문단에 따르면, 15~16세기에 르네상스 시대에 접어들면서 음악의 표현력이 풍부해지자, 지휘자는 단순히 박자를 맞추는 것에 그치지 않고 음악을 해석하고 적절하게 표현해내는 책임까지 떠맡게 되었다.

① 바그너는 모차르트의 음악이 지나치게 박자를 중시한다는 이유로 싫어했다.

5문단에 따르면, 바그너는 베를리오즈가 런던에서 지휘하는 모차르트의 교향곡을 가리켜 "저급한 박자 기계"라고 하였다. 모차르트의 음악이 지나치게 박자를 중시한다는 이유로 싫어한 것은 아니다.

② 멘델스존은 자신의 주요 교향곡을 효과적으로 표현하기 위해 온몸으로 지휘하였다.

3문단에 따르면, 자신의 주요 교향곡을 효과적으로 표현해내기 위해 온몸으로 지휘한 지휘자는 베토벤이다.

③ 베토벤은 고전적인 성향과 빠르고 활기찬 템포감각으로 당대 청중들을 사로잡았다.

4문단에 따르면, 고전적인 성향과 빠르고 활기찬 템포감각으로 당대 청중들을 사로잡은 지휘자는 멘델스존이다.

④ 륄리는 궁정악단 오케스트라 연습 때 단원들 앞에 서서 지휘봉을 휘두르며 지휘하였다.

1문단에 따르면, 륄리는 궁정악단 오케스트라 연습 때 긴 지팡이처럼 생긴 지휘봉으로 바닥을 두드려 템포를 유지했다. 지휘자가 단원들 앞에 서서 지휘봉을 휘두르게 된 것은 19세기의 일이다.

---

03 구체적 사례에 적용하기

답 | ④

윗글과 보기 에 대한 이해로 적절하지 않은 것은?

보기

베토벤 교향곡 5번을 여는 '따따따딴~'의 네 음은 베토벤이 운명이 문을 두드리는 소리라고 했다고 하여 흔히 '운명의 동기'라고 불린다. 베토벤은 운명의 동기가 나타나는 1악장의 첫 페이지에 '빠르고 활기 있게' 연주하라고 적고 그 옆에는 정확한 템포를 지시하기 위해 2분음표를 메트로놈 108로 연주하라고 적었다. 이는 연주자들을 긴장시킬 만큼 빠른 템포이다.

토스카니니와 푸르트벵글러는 20세기의 지휘자로, 서로 라이벌 관계였다. 그러나 둘의 지휘 스타일은 상반되었다. 정확하고 무자비하기로 유명한 지휘자 토스카니니는 베토벤이 원하는 템포 그대로 운명의 동기를 지휘하였다. 운명의 동기를 반복적으로 구축함으로써 운명이 추적해 오는 것 같은 뒷부분도 사정없이 몰아치게 하였다.

반면 음악을 주관적으로 해석하기로 유명한 푸르트벵글러는 베토벤이 적어놓은 메트로놈 기호에 별로 신경을 쓰지 않고 매우 느린 템포로 연주하였다. 하지만 한 음 한 음 힘 있고 또렷하게 표현된 그 소리는 그 어느 노크 소리보다 가슴을 울리는 웅장함이 있다.

---

④ 토스카니니와 푸르트벵글러는 모두 작곡가의 의도를 지휘에 정확하게 반영하였군.

〈보기〉에서 토스카니니는 베토벤이 원하는 템포 그대로 운명의 동기를 지휘했다고 했지만, 푸르트벵글러는 베토벤이 적어놓은 메트로놈 기호를 신경 쓰지 않고 매우 느린 템포로 연주했다고 하였다. 따라서 푸르트벵글러는 작곡가의 의도를 지휘에 정확하게 반영하였다고 할 수 없다.

① 베토벤은 자신의 교향곡 5번 도입부를 온몸으로 격정적이게 연주했겠군.

3문단에서 베토벤은 음악을 효과적으로 표현해내기 위해 온몸으로 지휘하는 지휘자였으며, 격정적으로 지휘했다고 하였다. 따라서 〈보기〉의 교향곡 5번 도입부도 격정적으로 지휘하였을 것이다.

② 베를리오즈는 푸르트벵글러의 연주가 지나치게 자유분방하다고 비판하겠군.

5문단에서 베를리오즈는 지나치게 자유분방한 바그너의 지휘를 못마땅하게 여겼다고 하였는데, 바그너의 지휘는 선율의 흐름과 함께 박도 바뀌었다. 따라서 베를리오즈는 〈보기〉의 푸르트벵글러의 연주 역시 지나치게 자유분방하다고 비판할 것이다.

③ 토스카니니의 지휘는 베를리오즈에, 푸르트벵글러의 지휘는 바그너에 가깝군.

4문단에서 바그너는 선율의 흐름과 함께 박의 성격도 변해야 한다고 생각하면서 메트로놈을 비음악적으로 여겼다고 하였고, 5문단에서 베를리오즈는 정확한 템포를 추구했다고 하였다. 따라서 〈보기〉의 토스카니니의 지휘는 베를리오즈에, 푸르트벵글러의 지휘는 바그너에 가깝다.

⑤ 토스카니니와 푸르트벵글러는 모두 음악의 해석이라는 지휘자의 역할에 충실하였군.

1문단에서 지휘자의 지휘 방식에 융통성이 생기며 지휘자에게 음악을 해석하고 적절하게 표현해내는 책임까지 생겼다고 하였고, 2문단에서 지휘자는 음악의 세밀한 부분의 해석을 지시해야 한다고 하였다. 따라서 〈보기〉의 토스카니니와 푸르트벵글러는 모두 음악의 해석이라는 지휘자의 역할에 충실하였다.

---

04 세부 내용 파악하기

빈칸에 들어갈 말을 골라 차례대로 쓰시오.

(바그너 / 멘델스존)와/과 베를리오즈는 모두 (정확한 / 자유로운) 지휘를 추구하였다는 공통점이 있다.

멘델스존, 정확한

빠른 정답 체크   **01** ④   **02** ③   **03** ②   **04** 복어의, 사랑이다

□: 보호의 주체

은행나무 열매에서 <u>구린내</u>가 난다

○: 보호의 대상   후각적 심상

㉠ <u>주의해 주세요</u> 구린내가 향기롭다

       ~: 역설적 표현   ▶ 은행나무 열매의 구린내가 향기로움

<u>밤톨</u>이 여물면서 ㉡ <u>밤송이가 따가워진다</u>

<u>날카롭게 찌르는</u> ㉢ <u>가시가 너그럽다</u>

   촉각적 심상   ▶ 날카롭게 찌르는 밤송이의 가시가 너그러움

㉣ <u>복어 알을 먹으면 죽는다</u>

<u>복어의 독</u>이 복어의 사랑이다

             ▶ 복어의 독이 복어의 사랑임

<u>자식</u>을 낳고 술을 끊은 <u>친구</u>가 있다

㉤ <u>친구의 독한 마음이 아름답다</u>

   자식에 대한 사랑으로 술을 끊은 의지 ▶ 술을 끊은 친구의 독한 마음이 아름다움

                 - 함민복, 〈독은 아름답다〉 -

01 표현상의 특징 파악하기   답 | ④

윗글에 대한 내용으로 적절하지 않은 것은?

정답 선지 분석

④ 촉각적, 미각적 심상을 활용하여 시적 대상을 표현하고 있다.

   2연의 '날카롭게 찌르는 가시'에서 촉각적 심상이 활용되기는 했지만, '복어 알을 먹으면 죽는다'를 미각적 심상이라고 볼 수는 없으므로 미각적 심상이 활용된 부분은 찾을 수 없다. 대신 1연의 '구린내가 난다'에서 후각적 심상이 사용되었다.

오답 선지 분석

① 부정적인 속성을 긍정적인 시각에서 바라보고 있다.

   은행나무의 구린내, 밤송이의 가시, 복어의 독 등 시적 대상의 부정적인 속성을 '향기롭다', '너그럽다', '사랑이다'라고 하며 긍정적인 시각에서 바라보고 있다.

② 비슷한 문장 구조를 반복하여 운율을 형성하고 있다.

   각 연의 두 번째 행에서 '~이/가 ~다'의 문장 구조를 반복하여 운율을 형성할 수 있다.

③ 일상에서 접할 수 있는 소재를 시적 대상으로 삼고 있다.

   은행나무, 밤, 복어 등 일상에서 접할 수 있는 소재를 시적 대상으로 삼고 있다.

⑤ 표면에 드러나지 않은 화자가 시적 대상의 특성을 말하고 있다.

   윗글에는 화자를 가리키는 표현이 나타나지 않으므로, 화자가 표면에 드러나 있지 않은 채 은행나무의 구린내, 밤송이의 가시, 복어의 독 등 시적 대상의 특성을 말하고 있다.

02 시구의 의미 파악하기   답 | ③

㉠~㉤을 이해한 내용으로 적절하지 않은 것은?

정답 선지 분석

③ ㉢: 동물들이 밤톨을 먹을 수 있게 해 주기 때문이다.

   ㉢에서 '가시가 너그럽다'고 한 것은 동물들이 밤톨을 먹을 수 있게 해 주기 때문이 아니라, 밤송이의 가시가 밤톨을 보호하기 때문이다.

오답 선지 분석

① ㉠: 은행나무 열매를 밟지 않게 주의해 달라는 의미로 해석할 수 있다.

   ㉠은 은행나무 열매에서 구린내가 나는 이유로 볼 수 있으며, 이는 은행나무 열매를 밟지 않게 주의해 달라는 의미로 해석할 수 있다.

② ㉡: 밤톨을 보호하기 위한 밤송이의 변화이다.

   ㉡은 밤톨이 여물면서 밤송이에게 생긴 변화로, 밤송이에 가시가 나 따가워지는 것은 밤톨을 보호하기 위해서이다.

④ ㉣: 복어 알의 해로운 속성이 드러나 있다.

   ㉣은 복어 알을 먹으면 죽는다는, 복어 알의 위험성이 드러나 있다.

⑤ ㉤: 자식에 대한 사랑으로 술까지 끊은 친구의 의지를 의미한다.

   ㉤은 자식을 낳고 술을 끊은 친구의 마음을 가리키는 것으로, 자식을 위해 술을 끊은 친구의 의지를 의미한다.

03 작품의 내용 파악하기   답 | ②

보기 의 ⓐ, ⓑ에 해당하는 시어가 알맞게 연결된 것은?

보기

   〈독은 아름답다〉의 주제를 'ⓐ 자식에 대한 ⓑ 부모의 사랑'으로 볼 도 있다. 이 경우, 1~3연은 결국 4연과 같은 의미를 지닌다.

정답 선지 분석

	ⓐ	ⓑ
②	밤톨	가시

   ⓐ는 보호받는 대상, ⓑ는 보호의 주체로 보아야 한다. 2연에서 밤톨이 여물면서 밤송이가 따가워지고, 날카롭게 찌르는 가시가 밤톨을 보호한다고 하였다. 따라서 ⓐ에는 밤톨, ⓑ에는 가시가 들어가는 것이 적절하다.

오답 선지 분석

1~3연의 시어 중 ⓐ-ⓑ를 알맞게 연결한 것은 '은행나무 열매-구린내', '밤톨-가시(밤송이)', '복어알-복어의 독'이다.

04 표현상의 특징 파악하기

윗글의 3연에서 논리적 모순이 드러나는 시행을 찾아 첫 어절과 마지막 어절을 쓰시오.

정답

복어의, 사랑이다

빠른 정답 체크 01 ⑤ 02 ② 03 ③ 04 열, 아홉

오늘은 아홉과 열이라는 수가 지니고 있는 뜻에 대해서 생각해
　　　　　　　　　이어질 내용 제시
보기로 합시다.

잘 아시다시피 열은 십·백·천·만·억 등의 십진급수*에서 제일
먼저 꽉 찬 수입니다. 그러므로 이 열에 얼마를 더 보태거나 빼거
나 한다면 그것은 이미 열이 아닌 다른 수가 됩니다.

무엇을 하기에 그 이상 좋은 수가 없이 알맞은 경우에 '십상* 좋
다'고 말하는 십상도, 열 십(十) 자와 이룰 성(成) 자에서 나온 말
　　　　　　　숫자 '열'이 쓰인 표현
입니다. 그만큼 열이란 수는 이미 이룰 것을 이룩한* 완전한 수이
　　　　　　　　　　　　　　　　숫자 '열'의 의미
며, 성공을 한 수인 것입니다.

그러면 아홉이란 수는 어떤 수입니까? 두말할 필요도 없이 열
　　　　　　　　　자문자답의 방식을 활용함
보다 하나가 모자라는 수입니다. 다시 말하면, 완전에 거의 다다
른 수, 거기에 하나만 보태면 완전에 이르게 되는 수, 그래서 매
　　　　　　　　　　숫자 '아홉'의 의미
우 아쉬움을 느끼게 하는 수인 것입니다.

그러면 아홉은 정녕 열보다 적거나 작은 수일까요? 그렇지 않
　　　　　　　자문자답의 방식을 활용함
습니다. 예를 들어 보겠습니다.

끝없이 높고 너른 하늘을 십만 리 장천이라고 하지 않고 구만리장천
　　　　　　　　　　　　　　　　　　　　　　'구만리장천'의 뜻
이라고 합니다. 젊은이더러 앞길이 구만리 같은 사람이라고 하는
　　　　　　　　　□: 숫자 '아홉'이 쓰인 표현 → 아홉이 열보다 작지 않음을 보여 줌
말과 같은 뜻이지요.

굽이굽이 한없이 서린 마음을 구곡간장이라고 하고, 굽이굽이
　　　　　　　　　　　　　'구곡간장'의 뜻
에워 도는 산굽이가 얼마인지 모르는 길을 구절양장이라고 하고,
　　　　　　　　　　　　　　　　'구절양장'의 뜻
통과해야 할 문이 몇이나 되는지 모르는 왕실을 구중궁궐이라고
　　　　　　　　　　　　　　'구중궁궐'의 뜻
하고, 죽을 고비를 수도 없이 넘기고 살아난 것을 구사일생이라
　　　　　　　　　　　　　　　　　'구사일생'의 뜻
고 표현하고 있습니다.

또 있습니다. 끝 간 데가 어디인지 모르는 땅속이나 저승을 구천
　　　　　　　　　　　　　　　　　　　　　　　'구천'의 뜻
이라고 하고 임금보다 한 계급 모자라는 대신인 삼공육경을 구경
　　　　　　　　　　　　　　　　　　　　　　　'구경'의 뜻
이라고 합니다. 문화재로 남아 있는 탑들을 보면, 구 층 탑은 부지
기수*로 많아도, 십 층 탑은 아직 보지 못하였습니다.

동양에서는, 그중에서도 특히 우리나라에서는, 오랜 옛날부터
열보다 아홉을 더 사랑했습니다. 『얼마나 사랑했으면 아홉 구 자가
　　　　　　　　　　　　　『: 숫자 '열'과 '아홉'의 의미를 대조적으로 제시함
두 번 든 음력 구월 구일을 중양절이니, 중굿날이니 하는 이름으
　　　　　　　　　　　　　　　　우리나라에서 옛날부터 열보다 아홉을 더 사랑했다는 근거
로 부르면서, 천 년이 넘도록 큰 명절로 정하고 쇠어 왔겠습니까.』

우리의 조상들이 열보다 아홉을 더 사랑한 것은 무슨 까닭이었
을까요? 간단히 말해서 모든 일에 완벽함을 기대하지 않았다는
　　　　　　　　　　　　조상들이 열보다 아홉을 더 사랑한 이유
뜻이 아니었을까요? 다시 말하면, 이 세상에 완전한 것은 없다는
　　　　　　　　　　　　　　　　조상들이 옛날부터 알고 있었던 사실

사실을, 우리의 선조들은 아주 오랜 옛날부터 익히 알고 있었다
는 것입니다.

우리가 흔히 듣는 말에 "모든 기록은 깨어지기 위해서 있다."라
　　　　　　　　　　　　　　　　명언을 인용함
는 말이 있습니다. 이 말이 맞지 않는 말이라면, 여러분이 아시다
시피 세계 제일의 기록만을 수록하는 〈기네스북〉도 해마다 다시
　　　　　　　　　　　　　　　세계 제일의 기록도 반드시 깨어지기 때문
찍어 내야 할 까닭이 없겠지요.

모든 기록이 반드시 깨어지기 마련인 것은, 그 기록을 이룩한
것이 인간이기 때문이라고 생각합니다. 인간은 저마다 무한한 가
능성을 타고난 사실과 아울러서, 이 세상에 완전한 인간은 결코
인간의 존재가 증명하는 사실 ①
어디에도 있을 수가 없다는 사실 또한 그 스스로가 증명해 주는
　　　　　　인간의 존재가 증명하는 사실 ②
존재이기도 합니다.

『열이란 수가 넘치지도 않고 모자라지도 않고, 또 조금도 여유
『: 숫자 '열'과 '아홉'의 의미를 대조적으로 제시함
가 없는 꽉 찬 수, 그래서 다음도 없고 다음다음도 없이 아주 끝
나 버린 수라는 점에서, 아홉은 열보다 많고, 열보다 크고, 열보
다 높고, 열보다 깊고, 열보다 넓고, 열보다 멀고, 열보다 긴 수였
　　　　　　　　　비슷한 문장 구조를 반복함
으며, 그리하여 다음, 또 그다음, 그도 아니면 그 다음다음을 바
라볼 수 있는, 미래의 꿈과 그 가능성의 수였기에,』슬기롭고 끈기
　　　　　　　　　　　　청소년과의 유사성
있는 우리의 선조들에게 일찍부터 열보다 열 배도 넘는 사랑을
담뿍 받아 왔던 것입니다.

하물며 여러분은 지금 한창 자라고, 한창 배우고, 한창 놀아야
할 중학생입니다. 여러분은 지금 무엇 한 가지도 완벽할 수가 없
으며, 항상 어딘가가 부족하고 어설픈 것이 오히려 정상적인 학생
　　　　　　　　　　　　숫자 '열'보다 '아홉'과 닮음
입니다.『행여 무엇이 남들보다 모자란 것이 아닌가 싶어서 스스로
　　　　　　　『: 자신의 모자람을 부정적으로 바라보는 청소년들에 대한 당부
괴로워하고 외로워하고 서글퍼해 온 학생이 있다면, 어떨까요, 이
제부터라도 열이란 수보다 아홉이란 수를 더 사랑해 보는 것은,』
　　　　　　　　　　　　　　　　도치법
　　　　　　　　　　　　　　　- 이문구, 〈열보다 큰 아홉〉 -

* 십진급수(十進級數): 십진법으로 얻은 여러 가지의 단위에 붙는 이름.
* 십상: 꼭 맞게.
* 이룩하다: 어떤 큰 현상이나 사업 따위를 이루다.
* 부지기수(不知其數): 헤아릴 수가 없을 만큼 많음. 또는 그렇게 많은 수효.

01 서술상의 특징 파악하기   답 | ⑤

윗글에 대한 설명으로 적절하지 않은 것은?

정답 선지 분석

⑤ 명언을 인용하여 과거의 '아홉'과 현재의 '아홉'을 비교하고 대조하고 있다.

11문단에서 "모든 기록은 깨어지기 위해서 있다."라는 명언을 인용하였고, 6~9문단에서 과거부터 조상들이 열보다 아홉을 더 사랑했다는 내용은 찾아볼 수 있지만, 명언을 이용하여 과거의 아홉과 현재의 아홉을 비교하고 대조하지는 않았다.

오답 선지 분석

① 다양한 예시를 들어 '아홉'이 '열'보다 크다는 주장을 뒷받침하고 있다.

6~9문단에서 '아홉'이 들어간 표현의 예시를 들어 아홉이 열보다 크다는 주장을 뒷받침하고 있다.

② 비슷한 문장 구조를 반복하여 '아홉'이 의미 있는 수임을 강조하고 있다.

13문단의 '아홉은 열보다 많고, 열보다 크고, ~열보다 긴 수였으며'에서 비슷한 문장 구조를 반복하여 아홉이 의미 있는 수임을 강조하고 있다.

③ 자문자답의 방식을 사용하여 '아홉'의 의미를 효과적으로 전달하고 있다.

4문단의 '그러면 아홉이란 수는 어떤 수입니까? 두말할 필요도 없이 열보다 하나가 모자라는 수입니다', 5문단의 '그러면 아홉은 정녕 열보다 적거나 작은 수일까요? 그렇지 않습니다'에서 자문자답의 방식을 사용하여 아홉의 의미를 효과적으로 전달하고 있다.

④ 도치법을 활용하여 청소년에게 '아홉'에 애정을 가질 것을 설득하고 있다.

14문단의 '어떨까요, 이제부터라도 열이란 수보다 아홉이란 수를 더 사랑해 보는 것은'에서 도치법을 활용하여 청소년에게 아홉이라는 숫자에 애정을 가질 것을 설득하고 있다.

02 감상의 적절성 평가하기   답 | ②

윗글을 읽은 학생의 감상으로 적절하지 않은 것은?

정답 선지 분석

② 내가 이미 성공한 사람이라고 자만해서는 안 되겠어.

14문단에서 학생들은 완벽할 수 없으며, 부족하고 어설픈 것을 자책할 필요가 없다고 말하고 있다. 성공한 사람의 자만심에 대해서는 말하고 있지 않으므로 내가 이미 성공한 사람이라고 자만해서는 안 되겠다는 감상은 적절하지 않다.

오답 선지 분석

① 아홉이라는 수가 쓰인 관용 표현을 더 찾아봐야겠어.

6~8문단에서 아홉이라는 수가 쓰인 관용 표현의 예시를 들고 있으므로, 아홉이라는 수가 쓰인 관용 표현을 더 찾아봐야겠다는 감상은 적절하다.

③ 내가 부족하고 어설프다고 해서 괴로워하지 말아야겠어.

14문단에서 항상 어딘가가 부족하고 어설픈 것이 오히려 정상적인 것이라고 말하며 스스로 괴로워하고 외로워하고 서글퍼하지 않아도 된다고 말하고 있으므로, 내가 부족하고 어설프다고 해서 괴로워하지 말아야겠다는 감상은 적절하다.

④ 제목의 모순적 표현에 담긴 의미가 재미있다고 생각했어.

제목인 '열보다 큰 아홉'은 표면적으로는 모순된 진술이지만 내면적으로는 진리가 함축된 역설적 표현이므로, 제목의 모순적 표현에 담긴 의미가 재미있다고 생각했다는 감상은 적절하다.

⑤ 이 세상에 완전한 것은 없다는 조상들의 마음가짐을 본받아야겠어.

10문단에서 우리의 선조들은 이 세상에 완전한 것은 없다는 사실을 아주 오랜 옛날부터 익히 알고 있었다고 했으므로, 이 세상에 완전한 것은 없다는 조상들의 마음가짐을 본받아야겠다는 감상은 적절하다.

03 작품의 내용 이해하기   답 | ③

윗글의 내용을 보기 와 같이 정리할 때, ㉠과 ㉡에 들어갈 표현이 알맞게 연결되지 않은 것은?

보기

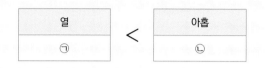

열		아홉
㉠	<	㉡

정답 선지 분석

	㉠	㉡
③	미래의 꿈과 그 가능성의 수	성공을 한 수

3문단에서 '열'은 '성공을 한 수'라고 하였고, 13문단에서 '아홉'은 '미래의 꿈과 그 가능성의 수'라고 하였다.

오답 선지 분석

①	다음이 없이 끝나 버린 수	완전에 거의 다다른 수

13문단에서 '열'은 '다음도 없고 다음다음도 없이 아주 끝나 버린 수'라고 하였고, 4문단에서 '아홉'은 '완전에 거의 다다른 수'라고 하였다.

②	이룰 것을 이룩한 완전한 수	아쉬움을 느끼게 하는 수

3문단에서 '열'은 '이미 이룰 것을 이룩한 완전한 수'라고 하였고, 4문단에서 '아홉'은 '매우 아쉬움을 느끼게 하는 수'라고 하였다.

④	조금도 여유가 없는 꽉 찬 수	다음과 그다음을 바라볼 수 있는 수

13문단에서 '열'은 '조금도 여유가 없는 꽉 찬 수'라고 하였고, '아홉'은 '다음, 또 다음, 그도 아니면 그 다음다음을 바라볼 수 있는 수'라고 하였다.

⑤	넘치지도 모자라지도 않은 수	하나만 보태면 완전에 이르게 되는 수

13문단에서 '열'은 '넘치지도 않고 모자라지도 않'다고 하였고, 4문단에서 '아홉'은 '하나만 보태면 완전에 이르게 되는 수'라고 하였다.

04 작품의 주제 파악하기

다음은 제목에 담긴 의미를 설명한 것이다. ⓐ, ⓑ에 들어갈 말을 찾아 차례대로 쓰시오.

제목에는 아주 끝나 버린 수인 '(ⓐ)'와/과는 달리, '(ⓑ)'은/는 미래의 꿈과 가능성을 품은 수라는 의미가 담겨 있다.

정답

열, 아홉

MEMO

MEMO

한